COLLECTION TEL

Emmanuel Le Roy Ladurie

Le territoire de l'historien

Gallimard

*Ce livre a initialement paru
dans la « Bibliothèque des Histoires » en 1973.*

© *Éditions Gallimard, 1973.*

Rédigés à l'occasion d'enquêtes ou de circonstances variées, les textes contenus dans ce volume concernent des provinces de la recherche historique qui sont assez diverses, et qui demeurent néanmoins contiguës, voire mêlées. Parmi ces « provinces », figurent, au premier chef, l'histoire matérielle, sociologique, culturelle des civilisations rurales pendant l'époque « moderne » (depuis la fin du Moyen Age jusqu'au début du XIXe siècle); et l'histoire sérielle et quantitative, à base et à méthode statistiques, appliquée par exemple à la démographie. Figurent aussi les zones interdisciplinaires, sur le territoire desquelles l'historien côtoie, contacte, et quelquefois rudoie les autres sciences sociales, (ethnographie, économie), ainsi que les sciences de la nature et de l'environnement: que celles-ci soient à vocation biologique (phytogéographie, dendrochronologie...); ou bien à vocation purement physique (climatologie dynamique, glaciologie, etc). Ces incursions pluridisciplinaires et sérielles m'ont obligé, en maintes occasions, à m'engager dans une recherche collective: en compagnie des mes amis de la VIe Section de l'École pratique des Hautes Études; en compagnie, également, de tel ou tel spécialiste, issu de la « discipline d'en face » (botaniste, physicien nucléaire, etc.). Je remercie donc Y. Pasquet, N. Bernageau, P. Dumont, J.-P. Desaive, J. Goy, P. Couperie, A. et J. Gordus, et D. Richet qui m'ont autorisé à inclure dans ce recueil des articles préparés avec eux dans le cadre d'une recherche commune.

J'ajoute que (dans une direction un peu différente), les travaux réunis dans ce recueil impliquent souvent, depuis 1966, l'utilisation, devenue aujourd'hui banale, de l'ordinateur, attelé à la découverte historique.

Première partie

DU COTÉ DE L'ORDINATEUR :
LA RÉVOLUTION
QUANTITATIVE EN HISTOIRE

L'historien et l'ordinateur [1]

Voici quelque temps, un historien germaniste décidait d'analyser, ordinateur en main, la *composition sociale de l'entourage de Guillaume II*. Il compila donc les biographies des courtisans du Kaiser, coda leurs caractéristiques individuelles, leurs généalogies, leurs origines géographiques. Puis, bravement, il enfourna le tout, en cartes perforées comme il se doit, dans la « machine ». Le verdict de celle-ci fut sans appel : l'entourage de Guillaume se composait, pour l'essentiel... d'aristocrates nés à l'est de l'Elbe. L'ordinateur avait accouché d'un truisme.

Cette anecdote illustre une évidence : en histoire, comme ailleurs, ce qui compte, ce n'est pas la machine, mais le problème. La machine n'a d'intérêt que dans la mesure où elle permet d'aborder des questions neuves, originales par les méthodes, les contenus et surtout l'ampleur.

Ce point admis, bien des directions fécondes s'ouvrent aux recherches d'historiens assistés par l'informatique. L'une des orientations les plus claires, c'est l'analyse de vastes *corpus* de documents, dont les données étaient capitales, mais dont les dimensions avaient jusqu'ici défié les efforts des chercheurs.

A Florence, par exemple, le *Catasto* (cadastre) de 1427 attendait depuis cinq siècles que des historiens voulussent bien s'intéresser aux prodigieux amas d'informations démographiques qui sont déposées dans ses registres ventrus. Les enquêteurs florentins du xve siècle avaient, en effet, noté en détail, dans ces documents, les situations familiales de 50 000 foyers.

1. *Le Nouvel Observateur*, 8 mai 1968.

Deux médiévistes, D. Herlihy et C. Klapisch viennent de saisir les possibilités qu'offrent les techniques récentes pour le dépouillement de ces vieux dossiers. Bientôt, grâce à ces historiens, l'ordinateur de l'université de Madison (Wisconsin) n'aura fait qu'une bouchée du *Catasto*. Pour la première fois, une population médiévale apparaîtra massivement dans la pleine lumière, pour le siècle qui suit la peste noire. Et un ruban *machine-readable* (lisible en machine), reproductible, peu encombrant et sur lequel sont inscrites toutes les informations recueillies, rendra accessible à de nouvelles recherches, manipulations ou corrélations, les données jusqu'à ce jour ensevelies dans l'illisible et massif document florentin, rescapé, par chance, des inondations de l'Arno.

Grand mangeur d'informations, l'ordinateur-historiographe s'accommode du reste des problématiques, voire des idéologies les plus diverses. L'une des premières études d'« histoire-machine » parue voici quelque temps dans la revue *Annales* était l'œuvre d'un chercheur soviétique qui voulait établir le taux d'exploitation des paysans russes par les grands propriétaires d'autrefois : c'était du Marx ou du Lénine tout pur, mais accommodé à l'électronique. Dans un ordre d'idée un peu différent, aux États-Unis, les nouveaux historiens radicaux, comme Lockridge, qui tentent de réévaluer la révolution de 1776 et qui veulent lui trouver un contenu révolutionnaire, voire castriste, effectuent cette recherche avec la technologie la plus « sophistiquée » : dépouillant, au moyen d'ordinateurs, les centaines de milliers de chiffres contenus dans les documents fiscaux des treize colonies, ils tentent de montrer que les soulèvements de la guerre d'Indépendance procédaient d'un état de crise sociale : les petits fermiers, victimes de cette dépression, paupérisés par le morcellement de leurs terres, polarisèrent leur ressentiment contre les maîtres britanniques.

En Europe, spécialement en Angleterre et surtout en France, où l'histoire quantitative a marqué tant de points depuis trente ans, l'ordinateur se place progressivement au centre d'une des disciplines les plus fécondes de la nouvelle école : la démographie historique. La tâche la plus difficile et surtout la plus épuisante dans ce domaine consistait à reconstituer les familles qui ont vécu, par exemple, aux XVIIe et XVIIIe siècles.

Les chercheurs qui s'y attelèrent étaient contraints, jusqu'ici, de mettre en fiches, pour un village donné qu'ils étudiaient, tous les mariages, baptêmes et enterrements enregistrés en deux cents ans par les registres paroissiaux que tenaient à jour les curés successifs. Il fallait ensuite regrouper ces dizaines de milliers de données sur des fiches de famille. Celles-ci reconstituaient, pour chaque couple, la naissance, le mariage et la mort des parents et des enfants. Ce travail de fiches était titanesque et déprimant; il pouvait prendre des mois, voire bien davantage, sans que pointât à l'horizon la moindre lueur de découverte intellectuelle. C'est seulement au terme, quand les familles enfin avaient été reconstituées, que des calculs éclairants sur la fécondité, sur la limitation des naissances, sur la mortalité, etc., devenaient possibles. Aussi divers chercheurs, à Cambridge et à Paris, travaillent-ils à créer des programmes pour que l'ordinateur prenne en charge toute la phase préparatoire la plus ingrate, à partir des feuilles de dépouillement initiales, jusqu'à la reconstitution et à l'exploitation statistique des dossiers de famille. L'historien n'aurait plus ensuite, ou peu s'en faut, qu'à penser : ce qui devrait constituer, en effet, sa vocation propre.

Autre type de recherche : tout récemment, un groupe de chercheurs de l'École des Hautes Études vient d'achever une enquête sur les loyers parisiens du xve au xviie siècle. Là aussi, l'ordinateur était la clef du succès. Les données de base, sur ces loyers, dormaient depuis longtemps dans des registres de notaires ou dans des comptabilités d'hôpitaux ou de couvents. Grâce à cette enquête, considérablement accélérée par les machines, on a pu tirer ces données poussiéreuses de leur long sommeil et leur poser les questions de base, qui préoccupent l'histoire quantitative, et par exemple : quand se situe à Paris la vraie renaissance économique ? Y a-t-il réellement eu, dans cette ville, un « essor du xvie siècle », ou bien une « crise du xviie siècle », ou une dépression de la fin du Moyen Age ? L'ordinateur a permis de traiter ces problèmes avec une marge de sécurité beaucoup plus grande que par les procédés classiques du calcul manuel. On a obtenu, en effet, dans des délais assez brefs, non pas un seul graphique moyen des loyers parisiens, mais plus d'une centaine de courbes qui se corroborent les unes les autres et qui, en outre, éclairent toutes sortes d'aspects divers : courbes des loyers selon les professions des locataires, selon les quartiers, selon les types d'immeuble ou de propriétaire, etc.

L'histoire à base d'informatique n'aboutit pas seulement à une catégorie de recherches bien déterminées. Elle débouche aussi sur la constitution d'une « archive ». Une fois mises en cartes perforées ou en rubans, et après leur utilisation par un premier historien, les données peuvent en effet être stockées et cela à l'intention de futurs chercheurs, désireux d'obtenir des corrélations inédites. Un « dépôt » d'archives de ce genre existe déjà au « Consortium interuniversitaire pour les sciences sociales » de l'université d'Ann Arbor : ce « Consortium » stocke actuellement les recensements et les données des élections américaines depuis le début du XIXe siècle. Un type nouveau d'archiviste y apparaît, sorte d'ingénieur en histoire, très différent des grands érudits formés par l'école des Chartes.

Est-il besoin d'ajouter, sans vouloir sacrifier au vocabulaire de la mode, qu'il y a, dans ce domaine aussi, un « défi américain » ? Pendant vingt ou trente années, l'école historique française a vécu, admirablement, sur l'héritage des pères fondateurs, Lucien Febvre et Marc Bloch. Et, au moins dans le domaine de l'histoire sociale, économique et quantitative, cette école a constitué, pour les historiens des autres pays, le groupe de pointe et d'avant-garde. La révolution technologique que nous vivons risque de changer tout cela. Aux États-Unis, chaque université un peu importante a désormais son centre d'informatique et les jeunes *graduates* s'habituent comme à une chose normale à utiliser le nouvel outillage, dès leur premier travail d'historien, recherche, article ou thèse de *Ph. D.* Ces jeunes gens sont dans l'informatique comme des poissons dans l'eau. En France aussi, un pronostic s'impose, en ce qui concerne l'histoire quantitative telle qu'elle sera pratiquée dans les années 1980 : dans ce domaine au moins, l'historien de demain sera programmeur ou il ne sera plus.

La révolution quantitative et les historiens français[1] *: bilan d'une génération (1932-1968)*

Les spécialistes d'histoire économique, depuis Levasseur, Hauser et Mantoux, ont toujours utilisé les chiffres : la chose allait de soi. Mais c'est vers 1932, avec les grands livres de Simiand et de Labrousse que l'usage systématique de la quantité a pris force de loi chez les historiens. Bien entendu cet usage est resté simple, fruste même, au regard des exigences sophistiquées que formulent les économètres et « cliométristes » des U.S.A. Telle quelle cependant, la révolution quantitative a totalement transformé, dans notre pays, le métier d'historien.

Rétrospectivement, il apparaît qu'elle s'est organisée autour de quelques concepts. Née à l'origine à partir d'une réflexion sur les prix, elle a débouché, voici maintenant dix années, sur une étude de la croissance à travers les facteurs de l'offre et de la demande : population, production, revenus.

Le patriarche des prix, dans les années 1930, c'est François Simiand, maître à penser, directement ou par intermédiaires, d'une génération d'historiens. Tout est centré chez lui sur une vue à grande échelle des fluctuations de prix, conçus comme indicateurs essentiels : si, dans le long terme (un tiers de siècle ou davantage), les prix montent sous l'influence, en général, d'arrivages d'or ou d'argent, ils emportent nécessairement avec eux, dit Simiand, dans une prospérité triomphante, le profit et, en fin de compte, la production : c'est la phase « A ». Mais si, à l'opposé, par suite de quelque « famine monétaire », ils baissent au cours d'une chute de plusieurs décennies (phase « B »), ils installent du même coup la dépression, la faillite et le chômage, et le recul final du produit brut. Les

1. *Le Monde*, 25 janv. 1969.

phases A (hausse des prix et bonne conjoncture) alternent au fil des siècles avec les phases B (baisse des prix, donc récession, et succession d'années tristes et creuses). L'ensemble des phases A et B forme la trame même de l'histoire économique, et quelquefois de l'histoire tout court : la *conjoncture*.

Les conceptions de Simiand que j'ai simplifiées à l'excès, en les abrégeant, étaient souvent schématiques, et parfois unilatérales. Telles quelles, elles étaient néanmoins illuminantes. Elles stimulèrent les chercheurs, qu'avaient impressionnés à juste titre l'écroulement des prix, et la dépression américaine et mondiale des années 30. Quelques grands livres ou articles ressuscitèrent, par pans entiers de conjoncture reconstruite, les siècles d'or et les siècles noirs. Postan et Abel dont l'influence directe ou indirecte sur les médiévistes français fut immense, opposèrent aux triomphes de l'âge gothique et du XIIIe siècle, les longs marasmes qui s'appesantissent sur les campagnes d'occident, asphyxiées par la baisse des prix, entre les crises de 1310-1320 et les commencements de la Renaissance. La guerre de Cent Ans, les désastres du Roi fou, les égorgements des Armagnacs et le bûcher de la Pucelle cessèrent d'être considérés, par la nouvelle vague des médiévistes, comme les symptômes uniques des malheurs français, pendant les années terribles du XVe siècle. Par-delà ces péripéties, la France crucifiée de Charles VII n'apparut plus désormais, sous le regard froid des historiens quantitatifs, que comme une partie spécialement éprouvée de l'Europe souffrante, de cette Europe tout entière déprimée par la crise rurale, aux *Trecento* et *Quattrocento*.

Et puis surgissent, dans la foulée de ces malheurs, les admirables revanches du Siècle d'Or : Hamilton en 1936, Braudel en 1949 matérialisent la Renaissance par le jaillissement des prix, et par les gonflements plus que proportionnels des rentes et des plus-values, réalisées sur le dos des salariés, entre 1500 et 1600. Cette « révolution des prix », selon les deux auteurs, est le fruit d'une hausse des demandes, elle-même provoquée par la montée du peuplement, et par l'afflux des métaux précieux, arrachés au Mexique et au Potosi.

Arrive le XVIIe siècle, et de nouveau, comme le découvrent les jeunes ou moins jeunes chercheurs des années 1940 et 1950, c'est la phase B : les prix se tassent après 1630 ou 1660 ; le soi-disant Grand Siècle n'est que l'ornière interminable d'une dépression. Du coup, Colbert, sous l'éclairage peu flatteur des courbes de prix déprimées, cesse d'être le personnage d'Épinal que dépeignaient les manuels scolaires.

Il n'est plus le grand commis, des mains duquel sortaient toutes armées les manufactures du royaume. Il apparaît plutôt comme le gérant féroce de la déflation. Lui mort, les choses se gâtent encore plus. L'inflation revient certes, après 1690, mais sous forme de hausses si violentes, qu'elles mettent le pain hors de portée de la bourse des pauvres, et qu'elles couchent dans la tombe une partie d'entre eux.

Ce XVIIe siècle souffreteux, décrit sans ménagements par Meuvret et par Goubert, ne s'efface tout à fait qu'après 1730. Au-delà de cette date, et toujours dans l'optique durable de Simiand, le paysage s'éclaircit de nouveau, dans les splendeurs d'une phase A dont bien des livres, après ceux d'Ernest Labrousse, ont scruté les moindres détails. L'argent du Mexique, l'or du Brésil abondamment extraits au temps des Lumières, contribuent à faire repartir la lourde machine : tandis que la monnaie reste stable, et le demeurera — mis à part le bref intermède des assignats — de 1726 à 1914, prix, profits, rentes et production s'élancent à nouveau. Une prospérité sans précédent submerge la bourgeoisie, les façades atlantiques du royaume, le commerce colonial. Tout cela ne prend fin, momentanément, que vers 1780, quand s'écroulent les prix du vin et du blé, quand se répandent la crise, la surproduction, la mévente et l'appauvrissement, bouillon de culture pour les fureurs populaires, qui exploseront en 89 et au-delà.

Résumer, comme je viens de le faire, c'est, de toute évidence, trahir. La pensée d'hommes comme Labrousse, Braudel, Meuvret et Goubert déborde largement le cadre étriqué d'une réflexion sur le mouvement des prix. Elle les transcende, selon les cas, vers l'histoire sociale, et vers le marxisme, vers la géographie ou l'étude des civilisations; vers la démographie etc. Est-il exagéré de dire, pourtant, si l'on met à part une volonté générale d'aller au-delà de l'événementiel, que le dénominateur commun, quant à l'œuvre de ces quatre hommes, est une méditation sur la conjoncture, dans laquelle la chronologie des prix offrait, à l'époque, les repères les plus solides. La problématique proposée par Simiand voici plus de trente-six années, a eu, en tout cas, l'incontestable mérite d'unifier, provisoirement, la périodisation de plus de cinq siècles d'histoire. Belle performance. Cette problématique pourtant fut peu à peu condamnée à sortir d'elle-même : il lui fallait, en effet, recourir à des indicateurs plus complexes que les prix, si elle ne voulait pas dépérir, sous la pression des données nouvelles, découvertes chaque jour; sous l'accumulation des faits têtus, qui peu à peu la faisaient craquer de toutes parts. Déjà le xixe siècle infligeait aux idées de Simiand un démenti assez fracassant. La période 1820-1850, phase B s'il en fut jamais, est caractérisée par une assez longue stagnation des prix. Or cette léthargie des cours, bien loin d'avoir paralysé l'économie, s'est au contraire accompagnée d'une augmentation superbe du produit brut. La phase B de dépression des prix, dans ce cas particulier de la France louis-philipparde, n'était pas mère de dépression, mais au contraire fille de prospérité. Cette phase B découlait d'une offre toujours croissante des biens produits, qui pesait sur les cours, et qui les empêchait de monter. Le modèle proposé par Simiand, dans ce cas précis, était pris en flagrant délit d'inversion du réel. Il fallait trouver autre chose.

Cet « autre chose », pourtant, n'est pas la simple conséquence de réfutations théoriques, comme celle qui vient d'être évoquée. En fait, depuis dix ans, l'histoire économique et quantitative connaît une seconde jeunesse. Elle doit ce rajeunissement aux nouvelles théories sur la croissance, importées d'assez fraîche date en notre pays. L'ensemble de ces théories a été popularisé grâce au concept pédagogique, mais simplificateur, de « décollage », ou *take-off*. Historiens économistes et économistes historiens distinguent couramment, aujourd'hui, la société stable, traditionnelle, d'avant le *take-off* (par exemple l'Europe rurale du xviie siècle); et d'autre part les sociétés de croissance, postérieures au *take-off*, dans lesquelles le produit brut, disponible par tête d'habitant, s'accroît lentement, continûment et sûrement. Dès 1960-1965, Baehrel, Chaunu, Delumeau, Vilar, Marczewski surtout, mettent ces nouvelles données au centre de leurs travaux : à l'indicateur-prix, ils juxtaposent, systématiquement, les indices d'échanges et de protection, sous forme de revenu global, ou individuel.

Aujourd'hui, le concept de croissance (ou bien, pour les sociétés plus anciennes, celui de non-croissance) a partie gagnée, dans l'historiographie. Son application modifie, dans une grande mesure, l'idée qu'on se faisait jadis de la modernisation française au xixe siècle[1]. Les notions de « révolution industrielle » et de « bouleversement technologique », qui furent longtemps si populaires, passent à l'arrière-plan. L'expansion économique, très marquée dans notre pays pendant les deux premiers tiers du xixe siècle, est en effet, pour une grande part, fournie par les secteurs traditionnels

---

1. Cf. à ce propos les articles de F. Crouzet, D. Richet et M. Lévy-Leboyer dans les *Annales* de 1966 et 1968.

(agriculture, bâtiment, commerce international des produits agricoles), que n'ont modifiés pendant bien longtemps aucune innovation technologique d'importance. Les historiens français, dans leurs analyses, rejoignent sur ce point (mais non sans quelques précautions), leurs collègues, les « cliométristes » des États-Unis dont Fogel est l'un des chefs de file : Fogel a voulu, par exemple, faire justice de la fameuse légende des chemins de fer, qui encombre encore, pour la plus grande joie des amateurs de Western, l'imagerie populaire. Il a voulu prouver, grâce à ses chiffres et par des hypothèses de remplacement *(counterfactual hypothesis)*, que sans les chemins de fer, l'essor prestigieux de l'économie des U.S.A., pendant les quatre-vingts premières années du XXe siècle, n'aurait guère été différent de ce qu'il fut. Ce n'est pas la machine à vapeur ou la locomotive, dit-il, c'est l'effort du fermier, et c'est l'institution antique de l'esclavage, celle-ci parfaitement rentable jusqu'à son dernier souffle, qui ont porté en avant la richesse américaine, au siècle dernier. Si l'on en croit les conceptions et les équations de Fogel, peut-être trop ingénieuses pour être tout à fait convaincantes, l'épopée de la frontière ne fut en rien une bataille du rail : elle fut une expansion de type ancien, pas si différente, par certains aspects, de celle de l'Occident rural au XIe siècle... Quoi qu'il en soit, les études nouvelles et quantitatives sur la croissance majorent la part des éléments traditionnels, dans l'essor, apparemment révolutionnaire, de l'économie du XIXe siècle. En même temps, et par contraste, elles délimitent les traits des sociétés sans croissance, telles que celles-ci fonctionnaient autrefois en Occident.

Société sans croissance, celle qui sévit dans les campagnes françaises, de 1330 à 1730, dates rondes. D'innombrables livres, de Marc Bloch à Poitrineau nous la font connaître. Elle mérite, sous certains aspects, le nom de société stable. Stabilité toute relative bien sûr : la vieille société rurale est parcourue, de façon constante, par d'immenses et lentes fluctuations ; et elle est sujette, de temps à autre, à des convulsions atroces. Mais ce qui la distingue néanmoins, c'est son inaptitude au changement, ou bien si l'on préfère, c'est sa prodigieuse faculté de récupération. Même perturbée, même profondément blessée, cette société tend invinciblement à se rebâtir et à se cicatriser selon les lignes originelles de son archétype. Fourquin et Tulippe l'ont bien montré, à propos de la guerre de Cent Ans : à peine le dernier soudard, le dernier Anglais eurent-il disparu, que les paysans d'Ile-de-France commencèrent à reconstruire leurs paroisses, leurs paysages et leur démographie exactement selon les schémas canoniques qui fleurissaient un siècle et demi plus tôt. Sous Louis XII et François Ier, ces rustres refirent, sans vergogne, « du Philippe le Bel »...

Ce qu'ont mis récemment en valeur les études chiffrées, c'est en somme l'existence, dans ces sociétés d'ancien type, de blocages et de crispations irrémissibles. Les blocages les plus évidents (matérialisés par les famines) affectent la production des subsistances, et plus précisément, la productivité de l'agriculture, résolument incapable de s'accroître. Un récent débat d'historiens, entre Slicher van Bath et Morineau, apporte sur ce point beaucoup de lumière : documents et comptes en main, Morineau et quelques autres démontrent que le rendement du blé à l'hectare, même dans les sols français les plus riches, n'a pas augmenté d'un quintal entre saint Louis et Louis XV, voire jusqu'à Louis-Philippe... L'étude des dîmes, ces bonnes vieilles jauges si contestées, des productions globales, telle que l'ont menée ces temps-ci Goy et d'autres historiens, aboutit à des conclusions analogues : pendant de longs intervalles, du xve au premier xviiie siècle, la production des grains, pressentie grâce aux dîmes, a plafonné ; elle a imposé, de ce fait, des limites infranchissables à l'expansion de la société tout entière. Cela n'exclut pas, bien entendu, qu'il existe à l'intérieur de cette société des îlots dynamiques de croissance ; mais de tels îlots, dans ces conditions, étaient condamnés à demeurer longtemps minoritaires ou même minuscules.

Ces blocages se retrouvent à divers niveaux, et ils ossifient tout le corps social. Le blocage des salaires par exemple, même à Paris, ville en plein essor, est d'une rigidité saisissante, entre le xve et le xviiie siècle. Micheline Baulant vient de le chiffrer : de 1470 à 1750, il y a, dans Paris, appauvrissement salarial ; puis survient « au plancher » une longue période de stagnation des gages, qui traverse désespérément toute l'époque classique. Marx voyait, dans la paupérisation des ouvriers, l'acte de baptême du capitalisme ; en fait, celle-ci semble être surtout la marque distinctive d'une société bloquée, incapable d'élever la productivité, et donc le niveau de vie des classes inférieures.

Autres blocages traditionnels : ceux qui découlent des prélèvements autoritaires ou parasitaires qu'exigent les rentiers du sol, de la dîme, du fisc. Chaque fois que l'administration monarchique, par exemple, essaie d'augmenter sous forme d'impôts accrus sa part du gâteau national, tandis que le gâteau en question demeure égal à lui-même ou faiblement croissant, elle déclenche comme par réflexe, de violents chocs en retour ; Richelieu en fait l'expérience : il donne, sans prévenir, à partir de 1625-1630, un tour de vis fiscal assez rude ; il obtient automatiquement, par contrecoup, ces révoltes populaires en chaîne, dont Porchnev et Mousnier ont mis l'étude à la mode. Et finalement, au temps du second cardinal, c'est la Fronde.

Dans ce contexte, la notion de fluctuation prend un sens assez différent de celui qui lui était attribué par Simiand. Les mouvements de prix notamment, sans être négligeables, perdent leur prépondérance exclusive : l'historien constate de plus en plus que ceux-ci interviennent (avant 1700) au sein d'une économie fruste où d'innombrables produits sont troqués, autoconsommés, bref ne passent pas par la médiation du marché, ni des prix. Les mouvements des cours, en phases A ou B, n'ont donc pas vocation pour tout éclairer. En outre, dans la mesure où ils sont néanmoins doués d'importance, ils renvoient nécessairement à autre chose qu'eux-mêmes puisqu'ils se situent à l'intersection d'une offre et d'une demande. Demande élastique : celle que formule, tant bien que mal, une population fluctuante. Offre rigide : celle des subsistances.

C'est cette contradiction fondamentale, demande-offre, population-subsistances, peuplement-produit brut, qui donne, provisoirement, à l'histoire économique des campagnes sa périodisation, telle que la jalonnent d'une manière approximative les indicateurs quantifiés. En gros (si je me fie à ma propre expérience, certes très partielle et régionale), je vois se dessiner deux grands cycles multiséculaires, séparés l'un de l'autre par le coup de hache de la peste noire. D'abord le cycle médiéval, avec ses contradictions topiques d'un côté, montée de la demande, solvable ou non, et du nombre des hommes, depuis le xie siècle jusqu'au début du xive siècle ; et, face à cette hausse, d'autre part, l'inadéquation croissante des subsistances, qui culmine en disettes vers 1310-1340 ; le tout sanctionné, finalement, par la vague des épidémies et des malheurs, qui décongestionne tragiquement la démographie, entre 1348 et 1450. Et puis passé ce temps ultime des grosses pestes et des grands malheurs, débute au terme du xve siècle la seconde fluctuation géante. Elle va par diverses phases de Louis XII à Louis XIV. Elle implique une récupération démographique, une nouvelle ascension du peuplement ; et derechef une saturation malthusienne des terres, des subsistances et des emplois, par la surcharge en êtres humains ; on ne sortira de ce dilemme, et des dures dépressions qu'il entraîne avec lui, que par la croissance, enfin déclenchée, peu à peu, au temps des Lumières. De cette croissance, semble être responsable, initialement, le secteur non agricole.

Je me suis cantonné, dans cet exposé, au domaine de l'histoire économique où le quantitatif est à la fois une obligation et un fait acquis. L'histoire « nombrée » ou « sérielle » comme on l'appelle aussi de temps à autre, a pourtant contaminé bien d'autres régions du savoir : la pratique religieuse de jadis, les mentalités anciennes ont fait l'objet d'études statistiques (voir les travaux du P. Pérouas; et ceux de François Furet et de ses collaborateurs sur *Livre et société au XVIIIe siècle*). Cependant, les disciplines pionnières et prometteuses (celles qui concernent, par exemple, la psychologie historique) demeurent résolument qualitatives; et elles refusent, avec raison, de se laisser « quantifier ». Car elles en sont encore à conceptualiser leur démarche, à bâtir des modèles intelligibles et opératoires, bref à se donner les *qualifications*, qui sont, en quelque domaine que ce soit, le préalable nécessaire à toute analyse statistique. Sans un tel préalable, toute approche numérique risquerait, en effet, de sombrer dans la platitude, ou dans le ridicule. A long terme cependant, et même quand il s'agit des branches les plus ésotériques de l'histoire, on peut se demander s'il ne vient pas toujours un moment où l'historien, une fois ses bases conceptuelles solidement vérifiées, doit se mettre à compter; à dénombrer des fréquences, des répétitions significatives, des pourcentages de cas; seuls, en effet, des comptages de ce genre, même fastidieux, même élémentaires, peuvent finalement valider les données recueillies; et montrer qu'elles sont, par-delà l'anecdote, typiques et représentatives. A la limite (mais c'est une limite très lointaine, et qui dans certains cas est tellement hors de portée des recherches actuelles qu'elle n'est peut-être qu'imaginaire), il n'est d'histoire scientifique que du quantifiable.

Du quantitatif en histoire[1] :
la VIe Section de l'École pratique
des Hautes Études

Robert Forster avait proposé pour cette conférence le titre suivant : « *Aims and methods of the 6th Section.* » Ce titre est mystérieux pour ceux, fort nombreux ici même et en France, qui ignorent généralement ce qu'est la VIe Section de l'École pratique des Hautes Études (sciences économiques et sociales). A d'autres, mieux informés, le même exergue paraîtra peut-être quelque peu provocateur. N'importe. J'ai conservé cet intitulé, à peine modifié, tout en informant mon auditoire que mon rapport sera principalement centré sur les *publications* et *recherches* de cette Institution, laquelle ne prétend pas détenir le monopole de certaines *méthodes*.

La VIe Section a été fondée, en 1947, dans le cadre confédéral de l'École des Hautes Études. Son but était de promouvoir des recherches et un enseignement de pointe, dans le domaine des sciences économiques et sociales.

La tâche était tentante, puisque, au moins en ce qui concerne les « sciences humaines », beaucoup restait à faire, en France, pour parvenir jusqu'au niveau déjà atteint dans les pays de langue anglaise. Et les réalisations n'ont pas manqué : avec des hommes comme Claude Lévi-Strauss, Roland Barthes, Pierre Bourdieu, et bien d'autres, et aussi avec la vogue du « Structuralisme », la VIe Section est certainement au tout premier plan des recherches françaises dans le domaine de l'anthropologie, et de la sociologie : sociologie proprement dite (P. Bourdieu), sociologie et méthodes linguistiques appliquées aux méthodes littéraires (R. Barthes).

Mais nous sommes ici pour parler des historiens. Et le fait demeure que la VIe Section, en dépit de son titre (sciences

1. Conférence prononcée lors de la convention de l'*American historical Association* à Toronto, déc. 1967.

économiques et sociales) qui n'impliquait pas nécessairement une activité historiographique, est l'un des lieux privilégiés, dans lequel s'élabore ou s'édite en France l'histoire vivante. Les raisons de cette situation sont diverses. Certaines peuvent sembler conjoncturelles : les présidents successifs de la VIe Section furent ou sont des historiens prestigieux. Mais les causes sous-jacentes dépassent probablement la question des personnes, si éminentes que soient celles-ci. Ces causes tiennent à la place privilégiée que l'histoire a longtemps occupée en France sous l'influence des courants successifs de sensibilité et de pensée. Bien des « modes » françaises ont été profitables aux historiens, qu'il s'agisse du Romantisme au temps de Michelet et de Thiers, ou des courants hégéliano-marxistes dans les années 30. Quand le moment vint dans notre pays de développer les sciences sociales, les historiens français bénéficièrent de positions déjà solides; et ils surent, très simplement, se mettre à la tête du courant nouveau, et coopérer de façon constante avec ces disciplines de fraîche date et de grand avenir. Cette intelligence stratégique, (si évidente, dès les années 1930-1950, dans la revue *Annales*), est tout à l'honneur des instigateurs du mouvement, Marc Bloch, Lucien Febvre, Fernand Braudel, Ernest Labrousse. On sait en effet qu'en d'autres pays d'Europe l'histoire est loin d'avoir connu fortune semblable.

De « mauvaises langues » diront peut-être que la position dominante, occupée par la VIe Section dans le domaine historiographique, tient essentiellement au fait qu'elle dispose de crédits pour les recherches et les éditions. Il est facile de répondre à cette objection : le C.N.R.S., par exemple, a joué lui aussi un rôle stimulant quant au financement de la recherche et de l'édition historiques. Et pourtant cette institution, parfaitement utile et bienfaisante, n'a pas attaché son nom à une tendance particulière du travail d'historien, comme a fait la VIe Section.

Les raisons du succès (et par conséquent aussi les buts et méthodes) de la VIe Section sont évidemment d'ordre intellectuel. Énumérons-les, dans un ordre qui n'est pas nécessairement logique ou chronologique.

Premier aspect positif : l'ouverture au monde. Il est fascinant, quand on séjourne dans le département d'histoire de Princeton par exemple, de constater le caractère quasi mondial des recherches qui y sont menées [1]. Et bien des

---

1. Cette conférence a été élaborée alors que l'auteur était *visiting professor* à Princeton.

professeurs de cette université incrimineraient volontiers, amicalement, le caractère supposé provincial de la recherche historique française. « Vos collègues sont de très grande classe, me disait l'un d'eux, quand il s'agit d'histoire française. Mais sortis de votre pays, vous êtes comme le poisson cher à Mao Tsé-toung : hors de l'eau, vous voilà perdus. » Le reproche, mérité dans quelques cas, demeure globalement injuste : il serait facile de le réfuter en citant bien des œuvres récentes sorties des universités parisiennes et provinciales. En ce qui nous concerne, toute l'œuvre de Braudel, président de la VIe Section, a tendu à faire éclater ce cadre étriqué des études nationales. Avec *La Méditerranée et le monde méditerranéen à l'époque de Philippe II*, l'historiographie française se situait dans l'histoire mondiale. Depuis la première parution de ce livre (récemment réédité [1]), le monde ibérique est devenu un terrain favori pour les éditions et, éventuellement, pour les chercheurs de la VIe Section. *Séville et l'Atlantique* de Pierre Chaunu, *La Catalogne dans l'Espagne moderne* de Pierre Vilar, *Simon Ruiz* et *Géographie de l'Espagne morisque* de Henri Lapeyre, *La Population catalane de 1553 à 1717* de Nadal et Giralt [2], marquent divers aspects d'un effort continu pour fonder sur des bases nouvelles l'historiographie de l'Espagne et du monde ibérique, — Amérique et Philippines — du XVIe au XVIIIe siècle. En ce sens, il est exact de dire que l'effort entrepris par Hamilton [3] dans les années 30 à trouvé son prolongement en France, autant et peut-être plus que dans son pays d'origine. Récemment encore, nous avons édité deux nouveaux livres, *Valladolid au Siècle d'or* de Bennassar et *Barcelone au XVe siècle* de C. Carrère [4] qui viennent tout à la fois illustrer la vitalité de cette tendance et aussi la fécondité de la coopération entre l'École des Hautes Études et les grandes universités de province comme Toulouse.

Cependant, plus important encore que l'extension des domaines est l'approfondissement des méthodes. L'essentiel

---

1. Fernand Braudel, *La Méditerranée et le monde méditerranéen à l'époque de Philippe II*, Paris, 1949. 2e éd., 1967.
2. P. et H. Chaunu, *Séville et l'Atlantique, de 1504 à 1650*, Paris, 1955-1957. — P. Vilar, *La Catalogne dans l'Espagne moderne*, Paris, 1962. — H. Lapeyre, *Géographie de l'Espagne morisque*, Paris, 1959. — J. Nadal et E. Giralt-Raventos, *La Population catalane de 1553 à 1717*, Paris 1960.
3. E. J. Hamilton, *American Treasure and the Price Revolution in Spain, 1501-1650*, Cambridge, 1936.
4. B. Bennassar, *Valladolid au Siècle d'or. Une ville de Castille et sa campagne au XVIe siècle*, Paris, 1967. — C. Carrère, *Barcelone, centre économique à l'époque des difficultés, 1380-1462*, Paris, 1967.

évidemment réside dans l'emploi des techniques quantitatives. Les ouvrages publiés par la VIe Section n'ont absolument pas le monopole de celles-ci Mais il est équitable de reconnaître qu'ils en ont fait une utilisation particulièrement systématique et fructueuse.

Les progrès mêmes de la méthode quantitative, dans l'historiographie française, méritent d'être brièvement évoqués, car les circonstances de son achèvement et de son triomphe ne sont pas nécessairement connus de tous, en ce qui concerne la France. Les meilleurs historiens des années 30, dans notre pays, ont été, pour une grande part de leur œuvre des « qualitatifs ». Parmi eux figure Georges Lefèbvre, dont les livres admirables ont connu aux U.S.A. un rayonnement si grand qu'ils ont parfois fait négliger, dans notre pays, d'autres développements majeurs de l'historiographie française. Lucien Febvre et Marc Bloch (fondateurs de la Revue et de « l'École » des *Annales*, dont est issu en quelque sorte le groupe des historiens de la VIe Section) furent eux aussi, pour le meilleur de leur œuvre, des hommes du qualitatif. La nouveauté essentielle de Febvre et Bloch n'était pas dans le passage de la « qualité » à la « quantité »; elle résidait bien plutôt dans le fait que ces deux historiens délaissaient systématiquement « l'événement » pour s'intéresser aux données profondes, aux structures, et à la longue durée. La logique même d'une telle démarche impliquait le recours aux chiffres, et aux statistiques (on le voit bien par l'exemple de *La Méditerranée*[1], livre structural par excellence, où la part du nombre, déjà forte en 1947, est devenue beaucoup plus grande encore en 1967, dans la deuxième édition). Toutefois, et pour en revenir aux « grands ancêtres », Febvre et Bloch, le passage aux chiffres s'est opéré hors de leur influence immédiate. C'est un autre groupe ou « sous-groupe » d'historiens qui s'est engagé dans cette voie d'une histoire « numérique », que postulait pourtant la conception même du *Rabelais*[2] et des *Caractères originaux*[3]. L'impulsion première, vers la poursuite du quantitatif, est venue d'un troisième homme, Ernest Labrousse.

Ernest Labrousse, devenu depuis directeur d'études à la VIe Section et professeur à la Sorbonne, donnait, dès 1933,

---

1. F. Braudel, *op. cit.*
2. L. Febvre, *Le Problème de l'incroyance au XVIe siècle : la religion de Rabelais*, Paris, 1947.
3. M. Bloch, *Les Caractères originaux de l'histoire rurale française*, Paris, 1931-1956.

dans son *Esquisse de l'histoire des prix au XVIIIe siècle*[1], un modèle d'histoire quantitative, rigoureuse et substantielle. Un second livre, *La Crise de l'économie française à la veille de la Révolution*[2], qui connut en France un immense succès scientifique, déclenchait, entre 1945 et 1960, des vocations littéralement innombrables d'historiens quantitatifs. La VIe Section allait devenir pour ce groupe en vigoureuse croissance un port d'attache (parfois provisoire); un sanctuaire, quelquefois; un lieu de rencontre, toujours; un éditeur providentiel le plus souvent. Disons aussi qu'elle fût un lieu de formation, puisque beaucoup d'étudiants et de chercheurs, jeunes, ou moins jeunes, y suivirent les séminaires de Braudel, Labrousse, Meuvret, Vilar, et Goubert.

Faire le bilan du succès final c'est tout bonnement présenter quelques œuvres. D'abord Pierre Goubert, *Beauvais et le Beauvaisis au XVIIe siècle*[3]. A la base, une idée : appliquer la méthode quantitative, non seulement aux prix, comme c'était surtout le cas jusqu'alors, mais à un nouveau type de documents : les registres paroissiaux. Le résultat : une vision absolument renouvelée de la famille populaire de l'Ancien Régime[4]...

Un autre type d'histoire quantitative intéresse l'évolution économique : pendant longtemps, répétons-le, les historiens de l'économie française, fascinés par la pensée de F. Simiand, se sont intéressés massivement à l'histoire des prix. Cet intérêt a du reste été fort stimulant. Citons par exemple, à nos éditions, la publication de *La Mercuriale de Paris*, par Jean Meuvret et M. Baulant[5]. Mais le danger, c'était l'oubli des autres variables...

Une recherche plus neuve aborda donc le *trend* des trafics : Pierre Chaunu, élève de Fernand Braudel, a reconstitué, à partir des archives de Séville[6], tout le mouvement de la navigation espagnole dans l'Atlantique (1500-1650), et aussi dans le Pacifique (voir son excellent livre, trop peu connu, sur les Philippines[7]). Il a pu ainsi marquer les limites de

---

1. C. E. Labrousse, *Esquisse du mouvement des prix et des revenus en France au XVIIIe siècle*, Paris, 1933.
2. C. E. Labrousse, *La Crise de l'économie française à la fin de l'Ancien Régime et au début de la Révolution*, Paris, 1943.
3. P. Goubert, *Beauvais et le Beauvaisis au XVIIe siècle*, Paris, 1960.
4. Cf. *infra*, p. 301 sq.
5. M. Baulant et J. Meuvret, *Prix des céréales extraits de la mercuriale de Paris*, Paris, 1960-1962.
6. P. et H. Chaunu, *Séville et l'Atlantique de 1504 à 1650*, Paris, 1955-1957.
7. P. Chaunu, *Les Philippines et le Pacifique des îles ibériques (XVIe-XVIIe-XVIIIe siècle)*, Paris, 1960.

l'essor du XVIe siècle, et de la crise du XVIIe dans l'espace influencé par les Ibériques. Toute une collection (ports, routes, trafics) est née de tentatives semblables, aux éditions de la VIe Section. Dans cette collection, ou dans son rayonnement immédiat, citons par exemple les travaux de P. Jeannin sur les comptes du Sund [1]. Ou bien le *Livourne* de F. Braudel et R. Romano [2]. Et aussi, fort intéressant du point de vue méthodologique qui nous concerne ici, *L'alun de Rome* de Delumeau [3] : Delumeau y suit, décennie par décennie, les productions et les ventes mondiales d'un grand produit (l'alun) indispensable à l'industrie drapière; il parvient ainsi à donner une première idée de la marche séculaire et même multiséculaire (XVe-XVIIIe siècle) de l'industrie textile, en divers pays d'Europe, notamment en France du Sud. Dernier exemple, en ce domaine, l'ouvrage de Louis Dermigny sur la Chine [4], dont les graphiques, au terme de trois volumes, donnent une idée claire du *trend* du « commerce de la Chine », de 1650 à 1800. Comme dans le cas du *Séville* de Chaunu, c'est un livre qu'il n'est pas déraisonnable de commencer par la fin, en « lisant » d'abord le magnifique album des graphiques.

Dans un ordre d'idées assez analogue, il faut citer, comme un exemple de collaboration « internationale » réalisée par la VIe Section, le livre de Frank Spooner [5] sur les frappes monétaires. Là aussi, quelques graphiques décisifs, plus une série de cartes magistrales (où l'on reconnaît le « coup de patte » de Jacques Bertin, cartographe de la VIe Section) disent en un raccourci saisissant, l'histoire tendancielle de la monnaie, dans la France des XVIe et XVIIe siècles.

Le *breakthrough* quantitatif, accompli par Pierre Chaunu, a eu des conséquences de grande portée. Dans le prolongement de ce qu'il a réalisé avec l'aide de la VIe Section (qui a permis l'édition, impensable autrement, d'un monumental ouvrage de dix volumes), Pierre Chaunu a fondé, dans l'université de Caen où il enseigne maintenant [6], un groupe d'histoire quantitative; ce groupe quantifie toutes sortes de pro-

---

1. P. Jeannin, « Les comptes du Sund comme source pour la construction d'indices généraux de l'activité économique en Europe », in *Revue historique*, 1964.
2. F. Braudel et R. Romano, *Navires et marchands à l'entrée du port de Livourne (1547-1611)*, Paris, 1951.
3. J. Delumeau, *L'Alun de Rome (XVe-XVIe siècle)*, Paris, 1963.
4. L. Dermigny, *La Chine et l'Occident. Le commerce à Canton au XVIIIe siècle (1719-1833)*, Paris, 1964.
5. F. C. Spooner, *L'Économie mondiale et les frappes monétaires en France (1493-1680)*, traduction de M. C. Macmillan, Paris, 1956.
6. Rappelons que ce texte fut écrit en 1967.

blèmes régionaux : évolution ancienne de la production agricole, de la population, du bâtiment... Et aussi, réalisation remarquable, les jeunes disciples normands de Pierre Chaunu ont entrepris une histoire statistique du crime, du XVIe au XVIIIe siècle [1].

Le cas Chaunu montre clairement que le quantitatif est comme une méthode contagieuse, qui gagne un domaine après l'autre. Tenons-nous en pour le moment à l'histoire économique. Par-delà l'échange commercial, il est évident qu'il faut viser plus loin : jusqu'à la base, jusqu'à la production elle-même. En ce sens l'ouvrage pionnier et souvent méconnu de René Baehrel [2] a marqué une date. Édité par la VIe Section « contre le courant », et en dépit de l'accueil glacial que lui ont réservé les milieux académiques, ce livre, malheureusement obscur, apparaît de plus en plus aujourd'hui comme précurseur. Prenant pour base de son étude les comptabilités ecclésiastiques, il atteint du premier coup à des données fondamentales, telles que la production et le revenu agricoles (connus par les dîmes), le salaire, la rente foncière, les prélèvements de l'impôt, des droits seigneuriaux et de l'usure. Le premier aussi, il définit, sur courbes longues, une chronologie absolument originale du XVIIe siècle. Jusqu'à Baehrel non compris (c'est le cas de le dire), on se fiait essentiellement aux courbes de prix; et l'on pensait, en raison de la longue phase de baisse observée sur les prix européens après 1600, ou après 1630 ou 1650, qu'une grande partie du XVIIe siècle était en état de dépression économique. On avait lancé un peu vite l'expression « crise générale du XVIIe siècle » ou « tragique XVIIe siècle », expression valable certes pour l'Espagne, mais qui était beaucoup moins évidente quant aux problèmes français (du moins quant à ceux de notre Midi). Baehrel plongea délibérément dans les comptes ecclésiastiques; il en ramena des courbes de production qui prouvaient à l'évidence que l'agriculture provençale avait connu une expansion modérée, mais soutenue, jusque vers 1680, date large [3].

On ne pouvait donc en l'occurrence parler de crise « du XVIIe siècle », puisque la dépression se situait en réalité

---

1. B. Boutelet, « La criminalité dans le baillage de Pont-de-l'Arche », in *Annales de Normandie*, 1962.
2. R. Baehrel, *Une croissance: la Basse-Provence rurale (fin XVIe siècle-1789)*, Paris, 1961.
3. En revanche et dans un temps moins long que le siècle, les conceptions de R. Baehrel sur les régularités du « cycle de trente ans » paraissent moins évidentes.

aux environs de 1680-1720. S'il m'est permis de me citer[1] en tant que membre de la VIe Section et édité par elle, je dois dire que mes propres recherches quantitatives, entreprises en toute indépendance en Languedoc, ont confirmé sur ce point (mais non sur tous) celles de Baehrel : la cassure languedocienne, dans le *trend* séculaire, se situe aux alentours de 1680. Il semble que la guerre de Hollande, cette « *World War I* » du règne personnel de Louis XIV, ait joué dans toute cette affaire un rôle provocateur fort important. Nos courbes rejoignent ainsi l'évidence purement quantitative, mais tout à fait pertinente, qu'a donnée l'historien américain Rothkrug dans son beau livre *Opposition to Louis XIV*[2].

Dans le même ordre d'idées méthodologique, mais cette fois à propos du XVIIIe siècle, il convient de faire une large place au grand livre de Pierre Vilar, directeur d'études à la VIe Section, *La Catalogne dans l'Espagne moderne*, publié également par les éditions du S.E.V.P.E.N.[3].Vilar emploie la méthode quantitative à plusieurs niveaux : sa démographie est basée sur les recensements, qui, comparés les uns aux autres, témoignent d'un doublement de la population catalane au XVIIIe siècle; quant à l'étude de la production, elle est centrée, comme chez Baehrel, sur les revenus des communautés ecclésiastiques, des hôpitaux, des fermes seigneuriales et royales. Enfin, des séries de salaires sont également publiées dans *La Catalogne*... Le résultat de cette investigation *totale* (c'est-à-dire rassemblant en un faisceau de courbes unique des éléments décisifs de l'offre et de la demande) est saisissant. Pierre Vilar démontre qu'en plein XVIIIe siècle catalan, il y a eu, au sein même de la société traditionnelle, un phénomène de *take-off*. La population a augmenté, mais la production a crû bien davantage. En conséquence, et quelle qu'ait pu être l'évidente inégalité des répartitions, le produit brut, disponible pour la consommation par tête d'habitant, s'est accru; en dépit du pullulement démographique, il n'y a donc pas eu les phénomènes classiques de paupérisation qu'on s'attend à rencontrer dans les économies sous-développées, visitées par l'explosion du peuplement. A preuve, la courbe des salaires catalans a grimpé (plus vite que celle des prix), démontrant ainsi l'amélioration progressive du niveau de vie des salariés; un niveau de vie qui reste bas,

---

1. E. Le Roy Ladurie, *Les Paysans du Languedoc*, Paris, 1966.
2. Rothkrug, *Opposition to Louis XIV*. Princeton, 1965, p. 268.
3. P. Vilar, *La Catalogne dans l'Espagne moderne*, Paris, 1962.

bien sûr, en dépit de ce léger mieux... Bien des historiens économistes seront surpris, et même scandalisés par l'émersion de ce *take-off* en pleine économie traditionnelle. Qu'ils se rassurent. Pierre Vilar en propose une explication simple, quoique non exhaustive : c'est, entre autres raisons, l'irrigation, largement développée en Catalogne au XVIIIe siècle, qui a permis la hausse de la productivité agricole, et le décollage de la production.

Tout autre est le tableau qu'on trouve dans les livres d'histoire quantitative publiés par la VIe Section à propos des siècles précédents (XIVe-XVIIIe siècle). J'évoquerai par exemple, à travers ma propre expérience de chercheur, *La Démographie provençale* de Baratier [1]. L'auteur de ce livre établit, à partir des recensements fiscaux, que la population provençale, en chiffres ronds, n'a guère augmenté du XIIIe siècle au XVIe siècle. Elle a connu d'immenses fluctuations (effondrement consécutif à la peste noire, etc.). Mais les effectifs finaux (vers 1540) ont simplement rattrapé, puis dépassé de peu ceux de 1300. Cette image d'une société de ruraux stable dans la très longue durée (en dépit de formidables soubresauts temporaires) me semble être l'une des données fondamentales qui ressort des travaux d'histoire quantitative que nous avons menés ou publiés. Au XVIe siècle, par exemple, dans le Midi de la France tel que je le connais, il n'y a pas de *take-off*. La population augmente très vite, récupérant ses niveaux d'avant la peste noire. Mais les rendements du blé restent stables, la production agricole et la productivité sont bloquées. Du coup, des processus de paupérisation se déclenchent; ils s'incarnent dans la baisse des salaires réels; et dans le morcellement, jusqu'à l'infime, des petits domaines paysans; deux conséquences logiques de l'essor démographique, quand celui-ci intervient sans hausse corrélative du produit brut. A la longue, ces processus finissent par accroître la misère, et par bloquer l'essor démographique lui-même. On est donc en présence d'une société qui possède ses propres mécanismes malthusiens d'autolimitation des effectifs : une société stable, — par opposition à la société de croissance qui apparaît, çà et là au XVIIIe siècle et qui triomphe au XIXe siècle. La description correcte de ces phénomènes et l'élaboration de modèles, qui correspondent à ces divers types d'évolution, est, je crois, l'une des contri-

---

1. E. Baratier, *La Démographie provençale du XIIIe au XVIe siècle. Avec chiffres de comparaison pour le XVIIIe siècle*, Paris, 1961.

butions utiles de l'historiographie française, telle qu'elle est pratiquée ou publiée à la VIe Section.

A la base de presque tous les travaux de ce genre, se trouve la notion de « conjoncture », difficilement traduisible en anglais *(trend, tendency?)* : étudier vraiment la conjoncture d'une période, ce n'est pas simplement se fier à quelques signes (les prix); mais bien plutôt, c'est comparer entre elles les tendances des diverses variables (population, production, prix, salaires), et c'est constituer, à partir de là, un modèle dynamique. Beaucoup des livres publiés sous l'égide de la VIe Section ont été construits sur ces bases.

La grosse objection qu'on pourrait faire, c'est que la « conjoncture », dans ces livres, est avant tout chose agricole. C'est net chez Baehrel et, *mea culpa*, dans mes contributions personnelles. Mais il semble que cette tendance trop exclusive est en train de changer. Un livre important, que nous venons de publier, jette une vive lumière sur la face sombre de la conjoncture, sur le mouvement de la production industrielle ancienne (Deyon : *L'Industrie textile à Amiens au XVIIe siècle*[1]). Pour établir le mouvement du produit des manufactures, Deyon ne dispose pas de données brutes, sur le comptage du nombre des pièces tissées. Mais il supplée avec bonheur à cette lacune en utilisant et en « graphiquant » des données chiffrées indirectes, telles que le nombre des métiers battants, les octrois et le recensement des jeunes apprentis. Deyon a pu montrer ainsi, sur courbes, que la production textile, au moins pour une part, est bien influencée par le cycle de la production agricole[2]. Il ressort d'autre part, de cet *Amiens*, que le XVIIe siècle industriel, localement, ne peut être uniformément caractérisé par les termes de *crise* ou de *croissance :* en fait il y a une belle période qui se termine vers 1628, d'épouvantables accidents au milieu du siècle, une reprise enfin dans les dernières décennies : elle prépare le décollage du XVIIIe siècle.

Ces résultats intéressent surtout l'histoire de la civilisation matérielle. De fait, cette partie du savoir historique a suscité d'importants travaux, individuels ou collectifs, dans la VIe Section. Citons le dernier livre de F. Braudel, *Civilisation matérielle et capitalisme*[3]; et aussi l'enquête

---

1. P. Deyon, *Étude sur la société urbaine au XVIIe siècle: Amiens, capitale provinciale*, Paris, 1967.
2. C. E. Labrousse, *op. cit.* — Cf. aussi D. Landes, « The statistical Study of french Crises », in *Journal of economic history*, X, 1950, pp. 195-211.
3. F. Braudel, *Civilisation matérielle et capitalisme*, Paris, 1967.

internationale sur les *villages disparus*[1] qui a groupé des contributions relatives à la France, à l'Angleterre, à l'Allemagne et à l'Italie. Cette enquête a prouvé, semble-t-il, que les disparitions de villages, et notamment celles des xive et xve siècles, ont relativement peu affecté la France, môle démographique de l'Occident, tandis qu'elles dévastaient au même moment toutes les nations environnantes.

L'histoire quantitative, telle qu'on la pratique à la VIe Section, a cependant largement débordé le cadre de la vie matérielle proprement dite. Les réalisations dans le domaine de l'histoire sociale en portent témoignage. Dès 1961 François Furet et Adeline Daumard donnaient une première étude sur les structures sociales à Paris, à partir des archives notariales [2]. Prenant pour base de leur travail le contrat de mariage, les deux jeunes auteurs définissaient les groupes sociaux de la capitale par un double système de références : clivages hiérarchiques et fortunes. Ils replaçaient, à l'intérieur de cette matrice, diverses variables : mobilité familiale, choix du conjoint, etc., et ils aboutissaient ainsi à des conclusions neuves sur l'articulation interne de la société parisienne. D'autres travaux ont suivi (Daumard : *La Bourgeoisie parisienne au XIXe siècle;* Meyer, *La Noblesse bretonne;* Bennassar : *Valladolid au Siècle d'or* [3]).

L'histoire psychologique elle-même a été contaminée, chez nous comme ailleurs, par le quantitatif. Cette histoire brillamment inaugurée par Lucien Febvre, prolongée aujourd'hui par des hommes comme Jacques Le Goff, Robert Mandrou, Alain Besançon [4], est profondément enracinée à l'École des Hautes Études. Et dans ce domaine, déjà anciennement exploré, l'utilisation des méthodes quantitatives a représenté un cas classique de migration culturelle : venu de l'histoire économique et sociale, où il a donné plusieurs ouvrages importants, François Furet a appliqué au xviiie siècle les méthodes statistiques qui ont fait antérieurement leurs

---

1. Centre de recherches historiques : *Villages désertés et histoire économique, XIe-XVIIIe siècle*, Paris, S.E.V.P.E.N., 1965.

2. F. Furet et A. Daumard, *Structures et relations sociales à Paris au milieu du XVIIIe siècle*, Paris, 1961.

3. A. Daumard, *La Bourgeoisie parisienne, de 1815 à 1848*, Paris, 1963. — J. Meyer, *La Noblesse bretonne au XVIIIe siècle*, Paris, 1966. — B. Bennassar, *op. cit.*

4. J. Le Goff, *Les Intellectuels au Moyen Age*, Paris, 1957. — *La Civilisation de l'Occident médiéval*, Paris, 1967. — R. Mandrou, *De la culture populaire aux XVIIe et XVIIIe siècles, la Bibliothèque bleue de Troyes*, Paris, 1964. — A. Besançon, *Le Tsarevitch immolé*, Paris, 1967.

preuves en sociologie historique. Classant et ventilant, par genres divers, les dizaines de milliers de titres de livres qui furent publiés en France à l'époque des Lumières et jusqu'à la Révolution, Furet a pu quantifier, pas à pas, le processus de laïcisation, « d'évacuation du surnaturel » qui caractérise la conscience française au temps des philosophes. Dans le même ouvrage, Roche a donné pour la première fois une analyse quantitative d'un « milieu de culture » : le milieu académique provincial. Il a démontré statistiquement (entre autres choses) que les frontières du monde des Lumières passent à l'intérieur de la bourgeoisie; elles excluent les manufacturiers et les négociants; elles incluent au contraire, en communauté de culture avec la Noblesse, la bourgeoisie éclairée des grands Notables [1].

★

Peut-être est-ce le moment de clore ce bilan, du reste incomplet, car il faudrait aussi commenter des ouvrages comme celui de Pérouas, *Le Diocèse de La Rochelle au XVIIe siècle* [2], qui applique les méthodes de la sociologie religieuse quantitative aux siècles de la Contre-Réforme et des Lumières. Il me reste maintenant à présenter une perspective des projets actuels du Centre de Recherches historiques de la VIe Section. Le quantitatif reste l'obsession dominante, là aussi.

L'une des premières enquêtes en chantier a pour titre : « Production et revenu agricoles du XVIe au XVIIIe siècle. » La source essentielle est constituée par les baux de dîmes qui permettent, sur une longue durée, de se faire une idée (très approximative bien sûr) de la marche de la production et aussi de celle de la rente foncière [3]. Les premiers résultats vont être publiés. Ils tendent à préciser la conjoncture du XVIIe siècle.

Autre investigation : « Maison et bâtiment dans l'histoire économique. » Nous sommes partis d'un constat de carence : des deux industries de base de l'économie d'ancien type, l'une est assez bien connue (c'est le textile); l'autre l'est

---

1. G. Bollème, J. Ehrard, F. Furet, D. Roche, *Livre et société dans la France du XVIIIe siècle*, Paris, 1965.
2. L. Perouas, *Le Diocèse de La Rochelle de 1648 à 1724. Sociologie et pastorale*, Paris, 1964.
3. Voir à ce propos le présent volume, pp. 271 à 280; et aussi l'ouvrage collectif intitulé *Les Fluctuations du produit de la dîme*, édité par J. Goy et E. Le Roy Ladurie, Paris, Mouton, 1972.

beaucoup moins (c'est l'industrie du bâtiment). Nous avons donc, en collaboration avec les chercheurs du groupe d'histoire quantitative de la faculté de Caen, abordé toute une série de points, quant à ce deuxième problème. A savoir : géographie de l'industrie du bâtiment dans la France traditionnelle (XVIIIe-XIXe siècle); construction de la maison rurale moderne (XVIIIe siècle). Histoire des loyers surtout, dans diverses villes et notamment à Paris. Tout l'intérêt du loyer urbain réside dans le fait qu'il nous permet d'apprécier, en fonction de sa hausse ou de sa baisse, l'évolution de la conjoncture longue dans la ville en question. Du côté de la *demande* de logements, la *hausse* des loyers est fonction de la pression démographique et de l'abondance des revenus disponibles pour le paiement de la rente. Du côté de l'*offre* de logements, la baisse des loyers peut être motivée par la construction massive de logements neufs. Le tout est de construire les courbes des rentes en question!

Nous avons donc recueilli, dans les archives hospitalières et ecclésiastiques, les loyers de plusieurs centaines de maisons parisiennes que nous suivons, si possible, chacune sur plusieurs dizaines d'années ou davantage, l'ensemble total s'étalant sur trois gros siècles (1450-1789). Comme l'élaboration des moyennes posait beaucoup de problèmes (il fallait faire des moyennes par quartier; par grand établissement propriétaire; des moyennes en valeur nominale de la monnaie, c'est-à-dire en « livres tournois »; et d'autres moyennes déflatées par l'usage d'un équivalent-blé; il fallait enfin tenter d'établir les corrélations entre niveau des loyers et profession des locataires), nous avons utilisé l'ordinateur pour extraire ces différentes séries temporelles à partir de la masse impressionnante de nos fiches. Ce travail qui doit sortir l'an prochain sera donc l'un des premiers en France qui utilise l'ordinateur pour des travaux historiques. Il donnera des précisions capitales sur la conjoncture parisienne; bref essor de la Renaissance, développement de Paris entre 1600 et 1671, en dépit de la Fronde, essor du XVIIIe, grave dépression des années 1565-1595 et 1672-1715 [1].

D'une façon générale, et à l'instar d'autres équipes d'historiens à l'étranger, nous nous orientons de plus en plus vers l'utilisation de l'ordinateur. L'un des problèmes intéressants,

---

[1]. Cf. l'ouvrage dirigé par Pierre Chaunu, *Maison et bâtiment dans l'histoire économique*, Paris, Mouton, 1970. Voir également P. Couperie et E. Le Roy Ladurie, « Les loyers à Paris », in *Annales*, juillet 1970 : *infra*, p. 116-129.

c'est l'élaboration d'une méthode *ad hoc* pour l'entrée des documents en cartes ou bandes perforées dans les mémoires des machines. Le document historique, même quand il est quantifiable (voir par exemple les inventaires de notaire, les contrats de mariage, etc.), présente en effet une spécificité, une complexité, et bien sûr un archaïsme qui le différencient des matériaux mieux calibrés et formalisés que les spécialistes des sciences sociales (statisticiens, sociologues, politicologues) font digérer par les ordinateurs. Un chercheur de la VIe Section, Marcel Couturier, a donc élaboré une technique qui comporte à la fois des astuces simplificatrices et des ajustements réellement nouveaux : formalisation du document, usage de « définiteurs » et de « descripteurs » qui permettent d'éviter le codage numérique avant l'entrée en machine [1].

L'un des premiers bancs d'essai de cette méthode, ce sont les archives militaires de la France. Nous souhaitions réaliser une série de *cross-sections* sur la population française. Ces *cross-sections* devaient dans notre esprit :

1. Donner une image de la France encore traditionnelle, pas encore bouleversée complètement par la révolution industrielle.

2. Présenter un schéma national et pas seulement régional (ceci pour éviter de tomber dans une tendance habituelle de l'histoire sociale française, trop régionaliste).

3. Conserver, malgré cette extension au national, l'échantillonnage individuel (ceci afin d'éviter la « tromperie écologique », *ecological fallacy* [2], justement dénoncée par les sociologues : les corrélations calculées au « niveau de base » des individus sont toujours plus pertinentes qu'au niveau des unités administratives).

4. Intéresser un nombre suffisant de variables.

5. S'appuyer sur des documents centralisés à Paris (nos moyens financiers ne nous permettant pas d'enquêter auprès des 90 dépôts des archives départementales).

Le document qui s'est trouvé répondre le mieux à ces exigences est le premier recensement militaire (des conscrits) centralisé à Paris, pour l'an 1868. Nous avons là, pour les 300 000 hommes du contingent, des données qui intéressent pour chacun d'entre eux leur profession, leur richesse (définie simplement par leur aptitude à se faire remplacer ou non),

---

1. M. Couturier, « Vers une nouvelle méthodologie mécanographique. La préparation des données », in *Annales*, 1966.
2. W. S. Robinson, « Ecological correlations and the behaviour of individuals », in *American sociological review*, 1950, pp. 351-357.

leur niveau d'analphabétisme ou d'instruction, leurs maladies, leurs condamnations anciennes et *futures* dans la vie civile (le dossier étant tenu à jour pendant les vingt années de la période de réserve), leurs migrations anciennes ou à venir, et celles de leurs parents, enfin des critères d'anthropologie physique dont certains dépendent partiellement du niveau de vie (stature) et dont d'autres, qui n'intéressent pas directement l'historien, mais qu'on peut néanmoins stocker à l'usage des biologistes, sont purement génétiques (couleur des yeux et des cheveux). Nous disposons donc là d'un véritable document anthropologique permettant, par corrélations multiples, l'étude et la mise en perspective de chacune des variables énumérées ci-dessus. D'ores et déjà nous avons dépouillé les années 1868, puis, aux fins de comparaison, 1887 (soit deux gros sondages balayant toute la France, canton par canton, et prenant pour chacune des deux années susdites, 10 000 hommes sur les 300 000 du contingent total [1]).

Un tel projet va cependant bien au-delà de la simple publication d'un nouveau volume d'histoire sociale. Il aboutit implicitement à la constitution d'archives quantitatives. Les cartes ou rubans sur lesquels sont inscrites les données collectées devraient pouvoir un jour être mises à la disposition d'autres chercheurs qui y puiseraient des corrélations inédites, négligées ou inaperçues par les premiers historiens responsables de la collecte et de la publication initiale. Ce projet « archive » est en convergence remarquable avec les travaux cyclopéens réalisés actuellement par l'*Inter-University Consortium for political research* d'Ann Arbor, qui engrange, à l'usage des historiens futurs, les données des élections et des recensements américains. Il n'est pas exclu que cette convergence se matérialise un jour sous la forme d'une coopération directe [2], sur un pied d'égalité, entre les Archives d'Ann Arbor, et les collecteurs de données de la VIe Section. Cette coopération, dans l'intérêt mutuel, ne devrait soulever que des problèmes diplomatiques mineurs. Elle offrirait en revanche des perspectives réconfortantes pour l'histoire quantitative, et pour la communauté académique des historiens américains et français.

---

1. Voir certains résultats de cette enquête, dans le présent volume, pp. 88-115.
2. La mise sous forme « lisible en machine » des volumes de la statistique générale de la France (1800-1950) a été, en effet, entreprise en commun par la VIe Section, l'*Inter-University Consortium* d'Ann Arbor, et le C.N.R.S.

*Exploitation quantitative et cartographique
des archives militaires françaises (1819-1826)* [1]

Les archives militaires françaises, en particulier celles du recrutement, soulèvent, quant aux orientations de l'histoire quantitative, divers problèmes spécifiques.
D'abord (et c'est en cela qu'au départ elles nous intéressaient), ces archives mettent en cause les différences régionales qui, à l'intérieur d'une nation comme la France, et au sein des classes jeunes frappées par la conscription, opposent les populations des provinces sous-développées à celles des zones plus développées du pays. Vers 1820, à une époque où les statistiques nationales détaillées n'intéressent encore que quelques secteurs, certes essentiels, des activités humaines (démographie, production agricole...), la fiche individuelle du conseil de révision, elle, présente — brièvement il est vrai — le conscrit sous toutes ses faces : métier, stature, anomalies physiques, alphabétisation, vocation ecclésiastique éventuelle; et même (dans un domaine dont bien entendu on pourrait discuter indéfiniment les significations), délinquance, au sens « national » du terme (propension à refuser la conscription). Totaliser respectivement ces données, puis les confronter entre elles, par cartographie et par corrélation, dans le cadre des diverses unités administratives, ou « écologiques » (canton, arrondissement, département), c'est se donner des critères statistiques pour déterminer certains aspects du développe-

---

[1]. E. Le Roy Ladurie, en collaboration avec Paul Dumont. Extrait d'un recueil collectif intitulé *Anthropologie du conscrit français*, Paris, Mouton, 1972. Toutes les cartes mentionnées dans la suite de ce texte se trouvent reproduites dans le recueil collectif auquel renvoient les numéros des cartes citées ci-après. Nous n'avons, dans le présent ouvrage, reproduit que 24 cartes dont chacune est indexée par une lettre alphabétique éventuellement indiquée entre crochets dans le texte ci-dessous.

ment auquel est parvenue telle ou telle région par comparaison avec les autres. Ces aspects, en niveau et en qualité, peuvent être approchés à l'aide de nombreux indices, puisés dans les dossiers des conseils de révision, et qui sont d'ordre économique, social, professionnel, médical, culturel, etc.

Envisagée de ce point de vue, l'archive du recrutement renvoie *ipso facto* à une anthropologie. Précurseurs, les sociologues des années 1830, comme d'Angeville, Dupin et Guerry, avaient également ressenti cette exigence : ils construisaient en effet des modèles qui mettaient en rapport le degré de civilisation, atteint dans une zone donnée, avec toutes sortes de facteurs, détectés par les statistiques de l'époque, qu'ils avaient découvertes et défrichées, pris par une ardeur de néophytes. Partisans d'une approche globale et systématique, Dupin, d'Angeville et Guerry s'efforçaient de décrire les masses populaires et juvéniles (respectivement connues par la « Statistique générale » et par les archives militaires). Ils proposaient à cet effet, implicitement, une anthropologie physique (relative à la stature, aux maladies)...; une anthropologie culturelle et sociale (qui traitait de l'éducation, de la délinquance contre les personnes et les choses, du suicide); enfin une analyse économique et sociologique; sans jamais séparer ces divers secteurs. Par la suite, Durkheim, lui aussi, s'orienta incidemment, et sur un problème très particulier, dans cette direction. Frappé, comme d'autres auteurs, par la coïncidence qui sévissait entre régions de hautes statures, et propension géographique au suicide, il ridiculisa, d'entrée de jeu, les affirmations génético-racistes que formulait à ce propos, en son époque, une anthropologie de corps de garde. A en croire certains auteurs en effet, les habitants des régions septentrionales, peuplées d'hommes à stature plus élevée, se suicidaient en plus grand nombre, parce que, descendant des « grands aryens blonds », ils souffraient de cet ennui incurable qui caractérise, comme chacun sait, le romantisme inhérent à toute ethnie germanique... Durkheim n'eut aucune peine, certes, à pourfendre ces sornettes! Mais la partie positive de sa réfutation est novatrice : remettant sur ses pieds la réalité sociale, Durkheim suggéra, implicitement au moins, que haute stature et tendance suicidaire connotaient, chacune en son domaine, le niveau relativement élevé qu'avaient dès lors atteint le standard de vie et la civilisation dans la moitié Nord de la France. Ce n'était pas, en l'occurrence, la biologie qui déterminait la culture, mais très exactement l'inverse.

Cette brève excursion méthodologique, au cours de laquelle Durkheim tenta d'unifier des domaines aussi variés que le physique, le socio-économique, et le mental, resta malheureusement sans lendemains, pour la sociologie comme pour l'histoire. Cet inachèvement s'expliquait par plusieurs raisons : d'une part l'anthropologie physique, au moins en France, avec Vacher de Lapouge — qui eut en Allemagne plus d'un disciple fâcheux —, s'est fourvoyée quelque temps dans des sentiers racistes, discréditant ainsi, pour une longue période, tout rapprochement avec les sciences sociales; d'autre part — dans un ordre d'idées différent — l'influence marxiste a privilégié de façon féconde, parmi la constellation des variables, les facteurs économiques et sociaux. Bien d'autres éléments, qui ressortissent pourtant eux aussi à l'infrastructure massive, et qui peuvent être, par exemple, biologiques ou culturels (au sens large que les anthropologues donnent au mot « culture »), ont été laissés de côté, en notre temps, par l'histoire sociale, et, dans une certaine mesure, par l'histoire sérielle. Une telle mise entre parenthèses de tout un donné, normale dans un premier temps, s'avérerait fâcheuse à la longue. Il existe plusieurs méthodes, déjà explorées çà et là, pour mettre fin à cette injuste jachère. Parmi celles-ci doit figurer, nous semble-t-il, l'étude des archives du recrutement, avec leur approche multiple; leur avantage essentiel étant qu'elles permettent, elles, d'attaquer l'individu, — et des centaines de milliers d'individus jeunes —, à plusieurs niveaux (biologie, insertion professionnelle, instruction, comportements, etc.). Ces niveaux eux-mêmes étant envisagés chacun pour soi, puis dans leur multiplicité d'interrelations.

Suivant la ligne d'une recherche de ce genre, l'exposé qu'on va lire est le fruit d'une enquête collective qui concerne les dossiers relatifs au recrutement militaire, de 1819 à 1826. Essentiellement introductif, cet exposé vise à présenter une série d'images cartographiques, concernant divers aspects régionaux, si possible reliés entre eux, relatifs à la jeunesse française, dans la décennie 1820. Il s'agit bien entendu, de bout en bout, d'une entreprise d'histoire quantitative.

Le document de base (Archives nationales, séries F^9 150 à F^9 261) se présente sous la forme de tableaux statistiques groupés en cartons dont chacun concerne un département. On trouve, en principe, un décompte statistique par an et par département. Bien que les limites chronologiques à l'intérieur desquelles se situent ces dossiers aillent de 1816 à 1832, nous nous sommes cependant restreints, pour le moment du moins, à la période 1819-1826, parce qu'il y avait de très

nombreuses lacunes dans nos archives avant 1819 et après 1826. Ces décomptes statistiques, qu'on appelle, dans le langage administratif, des « comptes numériques et sommaires comportent pour chacun d'entre eux 4 tableaux qui mettent en cause dans un département et dans une année donnée :
 a) Les données militaires sur le contingent;
 b) La stature des conscrits;
 c) Les informations professionnelles;
 d) Les données sur les anomalies physiques qui entraînent l'exemption.

Revenons brièvement sur ces quatre points :
 a) Le premier tableau, « Situation de la classe » (données militaires sur le contingent), comprend des chiffres relatifs aux exemptés, au contingent, aux bons pour le service, aux dispensés, aux absents, aux remplaçants. Chacun de ces groupes comprend, du reste, des sous-ensembles.
 b) Le tableau relatif à la stature répartit les jeunes gens en quatorze catégories, depuis ceux qui ont moins de 1,598 m, jusqu'aux plus grands qui mesurent plus de 1,923 m.
 c) D'autres données sont consacrées aux différentes professions : il s'agit, bien entendu, des professions qui peuvent avoir une utilité directe ou indirecte pour l'armée; par exemple : tailleurs ou cordonniers. Un groupe capital, celui du textile proprement dit, est entièrement laissé de côté par les rédacteurs des comptes numériques et sommaires : les tisserands et autres ouvriers de l'industrie textile ont dû, en principe, être versés en bloc et en compagnie de bien d'autres groupes professionnels dans la catégorie des conscrits qui nous sont présentés comme « exerçant des professions autres que celles indiquées dans toutes les colonnes précédentes » (en d'autres termes : métier non précisé).
 d) Quant aux anomalies physiques ou maladies qui entraînent l'exemption, elles sont représentées par des rubriques telles que goitres, perte des doigts ou des dents, gale, teigne, hernies, défaut de taille, etc. Dans l'ensemble, ces intitulés concernent surtout, mais non exclusivement, une vision des parties externes du corps (doigts, yeux, peau, etc.). D'autre part, il peut s'agir d'un vocabulaire issu de la médecine ancienne, donc archaïque, et dont l'interprétation, de ce fait, est délicate : « maladies de poitrine ».
 Enfin, à partir de 1827, les décomptes contiennent également des données sur l'instruction élémentaire des conscrits : analphabétisme; ou bien, au contraire, aptitude à lire ou à

écrire. Cependant, ces données relatives à l'alphabétisation sont postérieures au *terminus ad quem* chronologique de notre enquête (1826); nous réservons leur cas pour une étude ultérieure, et nous nous bornerons pour le moment à présenter quelques cartes à leur sujet.

Toutes ces caractéristiques contenues dans les quatre parties des comptes numériques et sommaires concernent les *colonnes* des tableaux. Dans les lignes de ces mêmes tableaux se trouvent indiqués les différents arrondissements et cantons dont se compose le département mis en cause; avec pour chacun d'eux, le chiffre des conscrits qui sont porteurs de telle ou telle variable. On est donc en présence d'une statistique très fine puisqu'elle atteint jusqu'au niveau cantonal : c'est là, précisément, l'une des raisons de l'intérêt de notre document.

Actuellement, nous en sommes restés au niveau des unités écologiques les plus vastes, et nous avons réalisé 55 cartes *départementales*. Bien entendu, il ne s'agit pour nous — sur ce point aussi, répétons-le — que d'un stade provisoire et intermédiaire de l'enquête. Le but final étant d'utiliser le filigrane *cantonal* pour la cartographie et pour le calcul des corrélations, les cartes départementales, dans l'époque actuelle de notre recherche, nous aident à poser certains problèmes. Elles ne sauraient les résoudre de façon exhaustive.

On a vu que nous avons choisi de concentrer notre recherche sur les années 1819-1826 car, d'un point de vue documentaire, elles étaient dans l'ensemble relativement complètes. Au contraire, les années 1816-1817-1818 et 1827-1828-1829-1830 présentaient d'énormes lacunes. Cela ne signifie pas, hélas, que notre bloc de huit ans consécutifs soit totalement irréprochable. Certes, dans la grosse majorité des cas, nos statistiques, nos moyennes, nos pourcentages et nos cartes sont établis sur les huit années fatidiques; ou bien, à tout le moins, sur six ou sept. Dans un certain nombre de départements, cependant, on ne dispose que de quatre ou cinq années environ. Dans deux cas, enfin (Ain, Vendée), la statistique repose sur une base étroite (deux ou trois années seulement; en ce qui concerne l'Ain, on peut se demander si ce n'est pas le député d'Angeville, grand amateur de statistiques et député de ce département, qui a, subrepticement, conservé les dossiers manquants dans ses archives personnelles).

Bien entendu, le préfet ou bien les scribes du recrutement qui travaillaient sous la responsabilité préfectorale, ont commis certaines erreurs d'addition. Ces erreurs heureusement sont assez faciles à détecter : par exemple, en additionnant toutes les catégories des conscrits des différentes professions, on doit retrouver un total égal à celui des « jeunes gens inscrits sur la liste départementale du contingent ». Si on ne retrouve pas ce second total au terme d'une vérification, on recherche l'erreur; et notre équipe a pu en découvrir un certain nombre, de cette façon.

MÉTHODE DE CALCUL

Nous présentons pour chaque variable envisagée (par exemple « cordonniers »), le nombre des conscrits qui sont porteurs de cette variable, en pourcentage d'un total plus vaste, ainsi :

a) Les pourcentages relatifs à la stature des conscrits sont déterminés par rapport à la somme des individus dont on a mesuré la taille;

b) Le pourcentage des conscrits des différentes professions a été calculé par rapport au chiffre total inscrit en notre tableau A dans la colonne qui porte la rubrique « contingent départemental »; en principe, en effet, le conseil de révision recense les professions de tous les jeunes gens « inscrits sur la liste départementale du contingent »;

c) Les conscrits porteurs d'anomalies physiques justifiant une exemption sont comptés en pourcentage du « total des jeunes gens examinés » (colonne 4 du tableau « situation de la classe »);

d) Les pourcentages de conscrits remplacés et substitués ont été calculés par rapport au total des hommes « déclarés bons pour le service en vertu de décisions définitives » (colonne 14 du tableau « situation de la classe » du document);

e) Les pourcentages afférents aux différentes catégories de dispensés (enrôlés volontaires, inscrits maritimes, étudiants ecclésiastiques, « élites ») ont été calculés en pourcentage du contingent (colonne 15 du tableau « situation de la classe » du document). En effet, les groupes des dispensés font partie du contingent, et ils sont constitués à partir de celui-ci.

Donnons un exemple de nos méthodes : dans le département de l'Ain, nous avons travaillé au total pour la période 1819-1826 sur trois années complètes seulement (1819-1820-1826). Nos calculs ont porté en tout sur 9 850 hommes qui représentent le total de la « force de la classe » pour ces trois années.

Après tirage au sort, 3 508 conscrits ont été examinés, dont 1 972 ont été exemptés pour des raisons diverses. 1 466 ont été déclarés bons pour le service. Le contingent assigné au département étant de 1 527 personnes, la différence entre les bons pour le service : 1 466 et le contingent : 1 527, est de 61. Cette différence s'explique puisque d'une part, elle sera partiellement compensée par l'apport de 31 volontaires; puisque d'autre part, 26 élèves ecclésiastiques et 4 membres de « l'élite », soit 30 individus, ont été dispensés. On retrouve donc le chiffre de 61 (31 + 26 + 4).

Et voici encore quelques autres exemples des méthodes employées dans notre enquête; certaines de nos cartes géographiques ont impliqué l'utilisation de plusieurs colonnes du document originel; par exemple, la carte « ouvriers en bois » représente le total des colonnes « charpentiers », « menuisiers », « charrons », « scieurs de long », « constructeurs de bateaux ». Bien entendu, ces regroupements (dont nous empruntons le principe taxinomique aux classifications professionnelles utilisées par les autorités militaires en 1820) peuvent susciter certaines critiques; et de toute façon ils n'auraient plus été entièrement valables quelques décennies plus tard. Par exemple, à la fin du xixe siècle, le travail de charron mettra toujours en cause une matière première comme le bois (comme c'était le cas en 1820), mais il impliquera aussi de plus en plus une qualification de métallurgiste.

En ce qui concerne notre cartographie, nous avons utilisé la méthode de J. Bertin en l'adaptant au caractère spécifique de notre travail. L'ensemble de la carte de France a été divisé en carrés de 5 mm de côté. Le centre du carré est aussi le centre du « point Bertin ». L'aire du « point », ou plus exactement le diamètre du cercle, correspond aux différents degrés du pourcentage dont est affectée la variable, envisagée de département en département; les dimensions des cercles s'échelonnent donc des plus faibles aux plus gros pourcentages: l'échelle employée est évidemment changeante selon les variables. Par exemple, pour les charrons, l'intervalle entre les pourcentages extrêmes va de 0,06 % à 1,93 %. Pour les laboureurs de 7,94 % à 79,83 %. Les valeurs extrêmement petites sont simplement indiquées par un blanc sur la carte, et les valeurs nulles par un zéro également cartographié. Quant aux valeurs maximales, elles sont représentées par un noircissement total du département concerné; avec, au centre de cette zone entièrement sombre, un cercle à circonférence blanche, dont le rayon est proportionnel à l'importance de ce pourcentage. Ces diverses techniques, directement empruntées à J. Bertin, nous ont permis de faire face au problème des valeurs, pour les extrémités minimales et maximales.

Il nous reste maintenant à faire un commentaire des différentes cartes, et à nous efforcer de les grouper, dans la mesure du possible, en « familles ».

ÉLITES ET FUTURS PRÊTRES

Commençons par deux cartes [c et b] 4 et 3 qui nous mettent éventuellement sur la piste de deux structures géographiques différentes : « élite » d'une part, « étudiants ecclésiastiques » d'autre part.

Nous avons appelé conventionnellement membres de l'élite, les conscrits « membres de l'instruction publique, élèves de Polytechnique ou des écoles spéciales militaires ou de la marine, élèves des hautes écoles de services publics, jeunes gens ayant obtenu des grands prix ». Notons que parmi les membres de ce groupe figurent tous les instituteurs dont les qualifications sont conformes aux ordonnances en vigueur sur l'instruction publique.

On notera sur cette carte, la localisation fondamentale de ces « élites » dans la France développée et instruite du Nord-Est. Dans ces régions précisément qui, depuis la fin du XVIIe siècle au moins, sont connues pour avoir davantage d'écoles et davantage d'hommes alphabétisés que n'en ont les zones moins développées de l'Ouest, du Centre et du Sud (Fleury et Valmary dans *Population*, 1957). On observera cependant la présence de certains îlots élitistes dans quelques départements du Centre, et dans le midi pyrénéen (Hautes-Pyrénées, et surtout Basses-Pyrénées).

Quant à la carte qui visualise les distributions spatiales des étudiants ecclésiastiques, elle annonce de façon suggestive les cartes de la pratique religieuse dans l'hexagone, telles que les dessinera pour le XXe siècle le chanoine Boulard. La France cléricale ou à vocations cléricales révélée par notre cartographie comporte trois grandes zones, dont deux sont essentielles, tandis que la dernière est un peu moins marquée. Nous rencontrons d'abord les zones toujours pieuses et fidèles du massif Armoricain : nul ne s'étonnera de voir les circonscriptions de Bretagne figurer presque au premier rang parmi les départements producteurs d'ecclésiastiques. Prévisibles aussi sont les forts pourcentages d'étudiants ecclésiastiques qu'on aperçoit dans les franges méridionales du Massif Central, et d'une façon générale dans un certain nombre de régions pauvres et montagnardes du Sud : Hautes-Pyrénées, Massif Central, Hautes-Alpes et Basses-Alpes, Corse. Enfin, de façon plus atténuée, certaines régions de l'Est, notamment Bas-Rhin, Vosges et Jura, offrent une démographie cléricale relativement forte, qu'on peut mettre en parallèle avec une pratique religieuse plus intense.

Il convient pourtant d'apporter quelques retouches et nuances méthodologiques à ce tableau qui, autrement, deviendrait simpliste. Il est certain, par exemple, que les évêques bretons dispensaient avec libéralisme des certificats de vocation au sacerdoce : les bénéficiaires de ces faveurs épiscopales échappaient ainsi au service militaire. Ils n'en devenaient pas pour autant serviteurs de Dieu dans tous les cas. En dépit de cette restriction, nul ne contestera que les grandes masses de l'influence cléricale sont bel et bien présentes sur notre carte. D'un autre côté, une grande trouée de « décléricalisation » est visible sur le document graphique que nous présentons. Elle s'étend depuis Paris jusqu'à la Gironde, le long d'une diagonale Nord-Est Sud-Ouest; elle éventre pour ainsi dire la France cléricale; et elle sépare l'un de l'autre les deux blocs à forte production d'ecclésiastiques de l'Armorique et du Massif Central méridional. Une autre trouée (moins affirmée) d'absence de vocations ecclésiastiques semble se dessiner vers les régions du Centre-Est (Ain, Saône-et-Loire, Allier, Nièvre, Yonne).

En ce qui concerne la grande diagonale décléricalisée Paris-Bordeaux ou Paris-Charente, elle pourrait s'expliquer, en partie, par des phénomènes migratoires. Nous y reviendrons. Autre problème : dans certaines régions (Bretagne, et sud du Massif Central) les variables « élites » et « étudiants ecclésiastiques » sont nettement discordantes. On a donc l'impression d'une hétérogénéité entre, d'une part, la mobilité sociale traditionnelle qui consiste à pousser un enfant doué vers des études cléricales; d'autre part, la mobilité sociale plus moderne qui aboutira à la formation « d'élites » laïques : il est certain que les Bretons, d'une part, et les Aveyronnais, d'autre part, ont peu « d'élites », et beaucoup de futurs prêtres. Cependant, cette opposition est loin de se vérifier partout. L'Ain et le Haut-Rhin, par exemple, produisent à la fois des « élites » nombreuses et des étudiants ecclésiastiques en grande quantité. Plus frappant encore est le cas des Hautes-Pyrénées qui détiennent un double record : maximum d'élites (1,93 %), et maximum de prêtres (8,26 %).

Ces deux cartes de la France entière nous introduisent

respectivement à deux types de distributions assez différents : d'un côté, (élites), on a le classique contraste Nord/Sud, plus exactement Nord-Est/reste du pays, entre une France développée et des régions moins développées ; d'un autre côté, en ce qui concerne les étudiants ecclésiastiques, on accède à une géographie plus subtile et dont l'interprétation soulève plus de problèmes qu'elle n'en résout.

LES LABOUREURS (CARTE [K] 24)

Leur répartition par grands ensembles contrastés est conforme à ce qu'on sait d'une France où les masses profondes des agriculteurs (ou plus exactement les pourcentages départementaux, révélateurs d'écrasantes majorités d'agriculteurs) sont au Centre, à l'Ouest, et au Sud de la nation ; l'extrême Nord étant déjà affecté par une certaine diversification des activités professionnelles, laquelle réduit dans le relatif (mais non dans l'absolu) le poids des professions purement agricoles.

Néanmoins, et précisément de ce point de vue, la meilleure carte, plus pertinente encore que celle des laboureurs, est celle qui concerne les « employés aux travaux de la campagne » ([m] 27) : Celle-ci, en effet, additionne diverses branches agricoles (« laboureurs », « employés aux travaux de la campagne »), ou liées, d'une façon au moins partielle à l'agriculture (« charretiers »). Sur cette carte, l'omnipotence de l'agriculture ne s'atténue vraiment de façon sensible qu'au Nord d'une ligne Évreux-Haguenau.

Quant à la carte précitée des laboureurs, elle est tout autant sémantique qu'économique ou socio-professionnelle. Elle distingue :

a) Les pays où le mot « laboureur » a un sens restreint, et s'applique surtout à un groupe important mais minoritaire de fermiers ou entrepreneurs de culture. D'où, paradoxalement, l'assez faible pourcentage des laboureurs dans les zones où l'on a le plus étudié ce groupe social, comme est par exemple la région parisienne.

b) Et, d'autre part, les régions où ce mot signifie simplement travailleur agricole en général, soit parce qu'il a été traduit, par faux sens, de l'occitan *laurador*, soit pour toute autre raison.

Bien entendu, l'arbitraire des administrations militaire et préfectorale, et les caprices de la géographie sémantique, créent de fortes variations selon les départements. C'est ainsi que dans l'Aveyron, pendant plusieurs années, les rédacteurs des comptes numériques et sommaires évitent systématiquement le mot « laboureur » au profit du mot « employé de la campagne ». En conséquence, c'est bien notre carte globale « employés aux travaux de la campagne », dans laquelle nous avons totalisé *toutes* les catégories agricoles ou para-agricoles mentionnées par les dossiers du recrutement, qui est la plus significative du point de vue d'une géographie professionnelle.

La prédominance de ces « employés aux travaux de la campagne » dans des départements comme les Landes, l'Aveyron, la Vendée, l'Ain, les Hautes et Basses-Alpes, n'est pas étonnante, puisqu'il s'agit de départements fondamentalement ruraux et dénués d'urbanisation majeure.

BOIS, CUIR, MÉTAL

La carte « ouvriers en bois, cuir, fer et autres métaux » ([i] 21) est représentative d'une certaine géographie à la fois artisanale et industrielle, en tout cas non agricole (cela n'exclut pas qu'un certain nombre de jeunes gens visés par ces dénominations aient une double activité d'artisan et d'agriculteur à mi-temps). Restons-en cependant au point de vue artisanal et industriel qui nous intéresse pour le moment : même vue sous cet angle, cette carte est incomplète, dans la mesure où il y manque les professions du textile qui n'intéressent pas le recrutement militaire (seuls les tailleurs, au sein du groupe textile, exercent en effet un métier dont les compétences sont utilisables par l'armée).

Cela dit, cette carte est tout de même significative : elle indique une localisation nette des activités de type secondaire (bâtiment et textile étant mis à part) dans la moitié nord de la France, le massif Armoricain étant néanmoins exclu de ce « Nord ». Il y a cependant quelques foyers secondaires au Sud (Loire, à cause du fer; Cantal, à cause du cuir et de la chaudronnerie; Gironde, à cause du bois).

Dans la zone Nord définie plus haut, les départements les plus denses, du point de vue de ces répartitions artisanales, sont : l'Oise, les Ardennes, et la Haute-Marne.

« CLAUDICATION » (CARTE [t] 38)

Cette carte n'intéresse au total qu'un assez petit nombre de conscrits, boiteux, par rapport au nombre des jeunes gens examinés dans chaque département : entre 0,10 % (minimum) : Seine-et-Oise; et 1,32 % (maximum) : Vendée. Ces petits chiffres n'ont bien sûr rien d'étonnant. Nous nous permettons cependant de suggérer une hypothèse dont rien ne dit qu'elle sera confirmée par une analyse plus fine au niveau cantonal. Il nous semble que les « claudicants » sont relativement plus nombreux dans les régions de la carte précitée, où prédominent de façon écrasante les employés aux travaux de la campagne. *A priori*, cette coïncidence n'est pas absurde : si l'on est paysan, on tombe aisément de sa grange, de sa charrette, de sa meule; et l'on se casse une jambe. D'autre part, un certain nombre parmi ces boiteries peuvent provenir de luxations congénitales de la hanche, anomalie fréquente dans les régions endogamiques, elles aussi profondément rurales, de Bretagne, de Vendée, et du Sud du Massif Central.

CARTE DES « CHARRETIERS »

En ce qui concerne la carte des « charretiers » ([l] 26), le mot lui-même peut être affecté d'une certaine ambiguïté, tout comme le mot « laboureur ». Il peut s'agir, en effet, de charretiers de ferme ou de charretiers de route; en d'autres termes, nos charretiers peuvent être simplement des ouvriers agricoles affectés au charroi des domaines et à la charrue; ou bien de véritables rouliers, ou enfin des fermiers qui sont rouliers à mi-temps, etc. Toutes sortes de combinaisons sont possibles. Néanmoins, certaines distributions géographiques sont assez claires. Notre carte fait ressortir nettement la nébuleuse parisienne : les transports routiers y sont importants; les charrettes et les chevaux nombreux; les routes bien développées; la production d'avoine intense; les fermes grandes et bien équipées. Tous ces facteurs à la fois divers et cumulatifs concourent pour multiplier le nombre des charretiers.

Il y a, d'autre part, des zones de négativité; ainsi les régions arriérées du Massif Central ont peu de chevaux, des routes insuffisantes ou même inexistantes. Dans ces zones montagneuses, les transports routiers se font par animaux bâtés autant que par véhicules.

Un dernier point, purement méthodologique, mérite d'être évoqué, en ce qui concerne les charretiers : certains départements présentent une haute densité de charretiers qui s'explique assez mal, sinon par des raisons de sémantique militaire. C'est par exemple le cas du département de la Manche, où les autorités du recrutement semblent avoir compté, comme charretiers, un grand nombre de conscrits pour la simple raison que ceux-ci étaient capables de conduire une charrette. Beaucoup d'ouvriers agricoles paraissent avoir été inclus dans cette catégorie qui prend, de ce fait, des dimensions énormes, et professionnellement injustifiées.

CARTE DES « CHARRONS »

La carte des « charrons » [(g) 13], de ce même point de vue, est moins ambiguë que celle des charretiers, puisque le charron, par définition, est l'homme qui possède une qualification professionnelle lui permettant de fabriquer ou de réparer des charrettes, des voitures, des instruments agricoles, etc. L'équivoque, nous l'avons dit, réside dans le fait que le charron, bien que considéré par les militaires comme un ouvrier du bois, était probablement, dans certains cas, un spécialiste du fer également. Cela dit, de la carte des charrons se dégage immédiatement quelques points assez clairs : ces personnages sont particulièrement nombreux dans le grand Nord-Est de la France, c'est-à-dire dans la région caractérisée par le développement des routes et par l'usage très répandu du cheval. Une localisation secondaire assez atténuée apparaît dans le bassin d'Aquitaine.

CARTE DES « BOURRELIERS ET SELLIERS »

La carte « bourreliers et selliers » ([h] 18) présente des répartitions spatiales assez comparables à celles des charrons. Une telle ressemblance n'étonnera personne, du moins en ce qui concerne la zone chevaline, charretière et routière du grand Nord-Est, précédemment définie à propos des charrons et charretiers. En revanche, la France du Centre, du Sud, et de l'Ouest, est moins bien pourvue en bourreliers et selliers, du fait probablement d'un usage moins intense du cheval de selle ou de charrette. De curieuses divergences s'affirment du reste, à ce propos, à l'intérieur du Bassin Aquitain; on y trouve un assez grand nombre de charrons, relativement peu de bourreliers et selliers. Pourquoi? Nos documents ne nous permettent pas encore de trancher ce point.

« CORDONNIERS »

Il est intéressant de comparer aux bourreliers-selliers ces autres travailleurs du cuir que sont les cordonniers. La carte « cordonniers » (19) laisse entrevoir des localisations préférentielles des travailleurs de la chaussure : d'une part, dans l'extrême Nord-Est (Ardennes, Alsace, Doubs); d'autre part, de façon moins intense, dans le Midi; avec une grosse concentration dans le département du Cantal. La France de l'Ouest, qui se distingue par le port des sabots, apparaît comme relativement indigente quant à l'effectif de ses cordonniers.

La carte des « ouvriers en cuir » (20) qui regroupe les diverses catégories précédentes n'apporte rien de bien neuf par rapport à celle des cordonniers : ce n'est pas étonnant, puisque ceux-ci écrasent par leur nombre les autres travailleurs des cuirs et peaux, et qu'ils contribuent de ce fait à influencer de façon décisive le modelé de la carte « ouvriers en cuir ».

CARTE DES « TAILLEURS D'HABITS »

La carte des « tailleurs d'habits » ([n] 29) révèle des groupements régionaux assez divers. D'une part, comme pour les cordonniers, l'extrême Nord-Est; d'autre part, et de façon intensive, le Sud-Ouest. Des traditions vivantes semblent confirmer ces données : le personnage du tailleur de village, jusqu'à une date récente, était, dans le département du Gers, important, populaire, et répandu; les spécialistes de cette région, comme Ph. Wolff et Pierre Féral ont du reste insisté sur l'importance du vêtement, dans la civilisation aquitaine d'autrefois, comme forme de consommation ostentatoire (de ce point de vue, une comparaison avec l'Espagne où existent certaines tendances analogues est à considérer).

Enfin, la Bretagne qui, en général, a peu d'artisans, possède cependant beaucoup de tailleurs. Ce fait est du reste confirmé par les données historiques et ethnographiques. L'enquête interdisciplinaire sur Plouzevet a en effet révélé l'importance sociologique et numérique des tailleurs dans la civilisation bretonne au XIXe siècle, les tailleurs bretons étant à la fois promoteurs des modes folkloriques et porteurs des idées politiques nouvelles.

BOIS

Avec les tailleurs et les cordonniers, nous nous sommes fortement écartés de cette distribution Nord-Sud qui constituait, quant à nos cartes, un premier thème de réflexion. Avec les « ouvriers en bois » (carte 14), nous y revenons (partiellement).

Précisons d'abord que cette carte des ouvriers en bois a été obtenue en additionnant plusieurs catégories, à savoir : menuisiers, scieurs de long, charpentiers, charrons, constructeurs de bateaux, et « autres travailleurs du bois ». Dans l'ensemble, le bois est bien (comme on pouvait s'en douter!) l'une des industries de base des années 1810 et 1820. Dans certains cas (Gironde, Haute-Marne), ce groupement peut inclure jusqu'à 10 % du total des conscrits, ce qui implique, probablement, chez certains d'entre eux, l'exercice d'une double activité : bois et agriculture par exemple. Graphiquement, la carte fait ressortir la présence d'un vaste groupe septentrional qui s'étend, non sans inégalités, depuis la Haute-Marne à l'est, jusqu'à l'Indre-et-Loire et à la Sarthe dans l'ouest. D'autre part, un groupe secondaire se détache nettement en Gironde, autour de Bordeaux, en liaison probable avec certaines industries locales (tonneaux, etc.). Enfin, on note certaines régions apparemment dépourvues de, ou peu pourvues en travailleurs du bois : ainsi la Bretagne et les départements du sud du Massif Central. Bien entendu, on peut voir là un indice de sous-développement; mais il ne faut pas oublier, en ce qui concerne par exemple la Bretagne, que cette région de bocages est peuplée de paysans qui pratiquent un véritable bricolage à domicile. Beaucoup de ruraux bretons travaillent le bois, au moins pour leurs besoins familiaux. L'absence de conscrits officiellement recensés comme spécialistes du bois ne signifie donc pas que l'usage de cette matière première est inconnue...!

MÉTAUX

La carte des « ouvriers en fer et en métaux » (carte 17) inclut serruriers, taillandiers et forgerons, couteliers, armuriers, maréchaux-ferrants, autres ouvriers en métaux. Ce groupe comprend donc à la fois des ouvriers d'industries authentiques, travaillant dans d'importantes entreprises de forge; et par ailleurs des maréchaux-ferrants et autres artisans de village. La carte fait ressortir des départements de métallurgie développée, voire industrielle : ainsi les Ardennes, la Haute-Marne, la Loire; et curieusement, le Cantal, peut-être à cause de la chaudronnerie locale et régionale; et d'autre part elle souligne aussi l'importance de départements moins industriels, mais qui se distinguent tout de même des autres régions françaises par un assez grand nombre de maréchaux-ferrants ou autres artisans du métal. C'est le signe d'une certaine diversification des activités, et d'un niveau plus élevé de développement que dans les départements à pourcentages très faibles de métallurgistes.

« JEUNES GENS VIVANT DE LEURS REVENUS »

La carte des « jeunes gens qui vivent de leurs revenus » ([p] 33) indique, de façon assez paradoxale, des concentrations maximales dans la France de l'Ouest, et surtout du « Sud » au sens très large de ce terme; notamment en Vendée, Bourgogne, bassin d'Aquitaine, sud du Massif Central. Il semble que cette carte ne reflète pas nécessairement une richesse réelle plus grande de ces régions, par tête d'habitant. Elle indique surtout un état d'esprit et un système de valeurs. Dans ces régions méridionales, les petits et surtout moyens propriétaires (qui, dans des contrées plus prosaïques, se seraient simplement présentés sous l'étiquette « laboureurs » ou « travailleurs de la campagne ») ont tendance à mettre en valeur le fait qu'ils peuvent, grâce à leurs propriétés, vivre de façon théoriquement indépendante. C'est particulièrement net en Corse : dans ce département pauvre, de mentalité archaïque, le travail manuel est situé à un très bas niveau dans l'échelle des valeurs et du prestige. Beaucoup de jeunes gens qui sont probablement des fils de petits propriétaires plus ou moins désargentés y déclarent donc noblement qu'ils vivent de leurs revenus. Cet état d'esprit semble associé à des régions (méridionales) qui, en moyenne, sont moins développées économiquement que celles du Nord et du Nord-Est. Au nord d'une ligne Caen-Besançon, les conscrits même aisés déclarent plus volontiers un métier précis (laboureur) qu'un statut de propriétaire ou de rentier (jeune homme vivant de ses revenus). Oserons-nous dire que ces mentalités septentrionales nous apparaissent plus modernes, et plus en conformité avec les caractéristiques professionnelles de régions actives et en expansion?...

« ABSENTS »

La carte des « absents » ([d] 6) peut servir à illustrer une certaine forme de résistance au service militaire : les « absents » sont des jeunes gens qui ne se sont pas présentés au conseil de révision et qui, d'autre part, n'ont pas pris soin de se faire représenter par quelqu'un d'autre. Apparemment, ces « absents » sont essentiellement localisés dans la France occitane; celle-là même où l'on rencontre également, largement répandue, d'après les cartes de d'Angeville, la résistance à l'impôt.

Bien entendu, certains aspects de cette carte tiennent à la conjoncture politique : ainsi la Vendée catholique et royale, si hostile à la conscription en 1793, est devenue, au contraire, fort docile à celle-ci au temps des « bons gouvernements » de la Restauration. Cependant, il existe aussi des facteurs plus généraux. Il conviendrait de se demander si le grand nombre des « absents » dans les régions occitanes, peuplées de minorités linguistiques, ne traduit pas en fait un certain manque d'intégration nationale du Midi à cette époque. La frontière d'Espagne est aisément franchie par les déserteurs; et certains départements comme la Creuse sont réputés pour leur mentalité traditionnellement réfractaire au service obligatoire. La gendarmerie répugne, du reste, à faire la chasse aux insoumis dans ce pays « montagneux et couvert ».

« PERTE DES DOIGTS » (CARTE [q] 34)

Nous avons juxtaposé ce document à celui qui concernait les absents. En effet, beaucoup de textes indiquent que la mutilation volontaire est souvent, elle aussi, un moyen d'échapper au service militaire : des jeunes gens se coupent le pouce ou l'index, afin d'être hors d'état de tirer au fusil. C'est parfois la mère du conscrit qui coupe le pouce de son fils sur un billot, plutôt que d'accepter le départ du jeune homme à la conscription! D'autres conscrits se font arracher ou scier les dents ou se proclament bègues, quitte ensuite, une fois exemptés du service, à venir faire un discours aux autorités pour présenter les revendications de leurs camarades. Quoi qu'il en soit, la carte des doigts manquants souligne (principalement dans la France occitane) d'importantes analogies avec la cartographie des absents. C'est spécialement net pour la Haute-Loire et pour les départements environnants. Dans la France du Nord en revanche (région parisienne, Normandie, départements du Nord), la situation est moins claire : les nombreux doigts coupés peuvent provenir de mutilations volontaires; mais aussi, plus simplement, d'accidents du travail.

« STATURE »
(CARTES 9, 10, [f] 11, 12 et [w] 50)

Les cartes de la « stature » soulignent, de façon redondante et convergente, l'existence de deux blocs assez bien tranchés : ces cartes concernent, en effet, les hommes qui furent exemptés parce qu'ils étaient de stature trop petite (moins de 1,570 m); les petits hommes (jeunes gens ayant entre 1,570 m et 1,625 m), les hommes grands (ceux qui ont plus de 1,679 m). Enfin, une dernière carte représente ou visualise la stature moyenne calculée sur l'ensemble des conscrits pour chaque département.

Toutes ces cartes trahissent l'existence de deux blocs, hommes plus grands au Nord-Est d'une ligne Saint-Malo / Genève; hommes plus petits dans l'Ouest, le Centre et le Midi. Certes, de nombreux facteurs purement génétiques peuvent intervenir pour expliquer cette distribution. Mais il est clair aussi qu'une telle répartition reflète l'influence, dans certaines régions, des facteurs de pauvreté, parfois d'extrême misère, et donc de moindre développement physique. C'est évident pour les terres pauvres de Bretagne et du Massif Central. Au XXe siècle, du reste, comme le montrent les travaux de M. C. Chamla, l'élévation du niveau de vie provoquera une véritable révolution dans l'anthropologie physique des conscrits français; la stature des conscrits du Midi, particulièrement du Sud-Est, deviendra désormais égale à celle des hommes traditionnellement grands du Nord et du Nord-Est. Autant dire que dans le cas du Midi, par exemple, ce ne sont pas des permanences génétiques qui rendaient compte des petites statures de la décennie 1820. Ce sont tout autant des facteurs socio-économiques, susceptibles de changements et d'améliorations.

« EXEMPTÉS » (CARTE 51)

D'une façon générale, et pour aborder le problème des exemptions dans son ensemble, les départements qui comptent le plus d'exemptés, avec parfois des pourcentages incroyablement élevés (53 %) font partie de la France « du sud de la Loire ». Ce sont, par exemple, la Corrèze, les Hautes-Pyrénées, la Haute-Garonne et l'Allier. Bien entendu, ces groupements peuvent refléter, pour une part, une géographie du « piston » et du « pot de vin ». Certains médecins sont corrompus, et cela permet à beaucoup de jeunes gens, par exemple dans l'Allier, de présenter des plaies factices, des hernies insufflées etc., qui font le désespoir des rapports préfectoraux.

BILAN GÉNÉRAL

Finalement, de nombreuses cartes présentent (à des degrés divers) des distributions où apparaît un contraste entre une France du Sud sous-développée, plus particulariste, éventuellement moins intégrée; et, d'autre part, une France du Nord (et parfois plus précisément du Nord-Est) aux activités plus diversifiées, plus modernes. L'écart entre les développements régionaux pouvant même se répercuter, dans certains cas, sur l'anthropologie physique, puisque la France du Nord-Est, pour des raisons qui ne sont pas seulement génétiques, recense à cette époque, des conscrits qui, en moyenne, sont plus grands que ceux des régions du Centre, du Sud et de l'Ouest. Parmi ces cartes qui mettent en valeur les contrastes Nord-Sud, notons dans un registre positif, celles relatives à l'élite, aux transports (bourreliers, selliers, charretiers, charrons), aux activités non agricoles, aux hautes statures; dans un registre négatif, il faut mentionner les cartes qui concernent : les forts pourcentages de laboureurs (essentiellement localisés au Sud et à l'Ouest), les employés aux travaux de la campagne, les boiteux, les petites statures, et (au niveau de la sémantique et des mentalités plus que des faits sociaux réels) la carte des jeunes gens vivant de leurs revenus. La carte des absents illustre aussi, à sa façon, le particularisme du Sud.

Tout cela tend à démontrer l'existence d'un gradient géographique et septentrional bien caractérisé : les facteurs divers et apparemment hétérogènes qui sont liés au développement et à la modernisation sont localisés de façon prédominante dans la partie Nord de la France (en ce qui concerne la géographie de l'éducation élémentaire, on retrouverait des distributions analogues). Les sociologues de la première moitié du xixe siècle, comme d'Angeville et le Baron Dupin, étaient, du reste, parfaitement conscients de ces phénomènes d'aires culturelles contrastées. Ils les avaient symbolisés par le tracé d'une ligne de démarcation, séparant les régions développées d'avec les zones moins développées, qu'ils avaient appelée la ligne Saint-Malo/Genève. Une telle vue est trop schématique (comme l'indiquent nos cartes), mais l'existence même des contrastes Nord/Sud (ou Nord/Ouest-Centre-Sud) est indéniable. Certaines variables pourtant ne peuvent pas se ramener à ce contraste trop simpliste. C'est ainsi, nous l'avons vu, que la carte des étudiants ecclésiastiques ([b] 3) met en relief l'existence de deux blocs de traditionalisme (massif Armoricain d'une part; sud du Massif Central, et plus généralement zones montagneuses du Midi de la France, d'autre part). Cependant qu'un troisième bloc clérical beaucoup plus effacé se trouve situé en pleine zone de relatif développement économique : dans les régions de l'Est (Jura, Haute-Marne, Alsace, Lorraine). Par ailleurs, une zone de modernisation anticléricale, caractérisée par le petit nombre de vocations ecclésiastiques, se fait jour dans les régions économiquement sous-développées du Centre et du Sud-Ouest, autour d'un axe qui va, *grosso modo*, de la région parisienne à la Gironde.

De même une catégorie professionnelle capitale, celle des maçons et tailleurs de pierre (carte [j] 22), présente une distribution absolument originale et qui correspond, du reste, à des données bien connues sur les migrations des maçons (« Limousins » et autres) vers la capitale. Les maçons et tailleurs de pierre semblent se répartir de façon privilégiée dans les zones qui s'échelonnent depuis la région parisienne jusqu'à la Creuse et la Haute-Vienne, en passant par l'Indre, l'Indre-et-Loire, l'Eure-et-Loir. Ces migrations pouvaient donc être porteuses d'influences culturelles en provenance de la capitale (voir à ce propos les mémoires du maçon creusois Martin Nadaud pour une période postérieure). Ce rayonnement parisien n'était pas nécessairement favorable à l'Église... Nous sommes en tout cas très frappés par la coïncidence peut-être fortuite, peut-être révélatrice, entre les régions à maçons, d'une part; et les régions décléricalisées, d'autre part.

La carte des étudiants ecclésiastiques dénonce l'existence

de zones de conservatisme culturel situées notamment dans le sud du Massif Central et dans le massif Armoricain. Or, d'autres facteurs d'archaïsme peuvent également y être diagnostiqués : dans ces mêmes régions par exemple, le fait qu'on trouve très peu de taillandiers, forgerons et maréchaux-ferrants (cartes 15 et 16) est l'indice d'une certaine faiblesse de l'artisanat rural et même probablement de l'outillage agricole en métal. Une autre carence caractéristique de ces provinces arriérées, c'est leur déficit en ce qui concerne la catégorie qu'on pourrait généralement appeler des « préposés aux écritures » : commis, petits comptables, éventuellement écrivains publics (carte 28).

A côté des *patterns* de développement plus ou moins accentués (contraste des régions septentrionales ou du Nord-Est avec le reste du pays) et des *patterns* d'archaïsme extrême (Bretagne et sud du Massif Central), se font jour des distributions géographiques qui intéressent un moins grand nombre de variables et qui sont souvent tout à fait prévisibles : on notera par exemple que la carte des bateliers et mariniers (carte 30) localise ces personnages près des côtes et accessoirement des bassins fluviaux (Loire, Rhône, Garonne, Rhin). De même, les inscrits maritimes (carte 2) habitent, logiquement..., au bord de la mer! On remarquera cependant l'énorme proportion de ces catégories dans les péninsules du massif Armoricain : le Finistère dépasse les 10 % d'inscrits maritimes, et les 10 % de mariniers; à Ouessant, les quatre conscrits annuels sont tous inscrits maritimes. Bretagne et Cotentin ont bien davantage d'inscrits maritimes que les divers départements, pourtant côtiers eux aussi, des Landes, du Calvados ou du Bas-Languedoc : cette ouverture à la mer, cependant, n'a pas guéri la Bretagne de l'archaïsme dont elle souffrait dès cette époque.

Les cartes « Volontaires » [a] 1 et « Remplacements » [e] 8 affirment certaines complémentarités : ainsi, il y a beaucoup de volontaires dans les départements montagneux et pauvres des Basses-Pyrénées et Hautes-Pyrénées; et beaucoup de remplacés en Gironde, département riche, viticole, urbanisé. Ces distributions révèlent un marché : offre d'hommes dans la montagne; demande de remplaçants dans la région bordelaise. Cependant, au plan national, les cartes « Remplacements » et « Volontaires » n'affirment pas les complémentarités spatiales qu'on pourrait raisonnablement attendre. (On imaginerait volontiers : d'un côté, une France riche, celle des remplacés; de l'autre, une France pauvre, celle des volontaires). La réalité semble différente : les volontaires sont spécialement nombreux aux frontières du Nord et de l'Est, et sur les lisières méditerranéenne et pyrénéenne. La localisation de multiples volontaires à la frontière du Nord-Est évoque, naturellement, le stéréotype traditionnel de « nos vaillantes populations de l'Est ». Plus concrètement, les hautes statures qu'on rencontre en grand nombre dans ces régions nord-orientales (cf. carte [f] 11) sont une indication favorable pour le volontariat : les officiers du recrutement raffolent, pour les parades, des beaux et grands militaires. Les départements du Centre et de Bretagne dans lesquels « l'espèce est chétive » forment, pour le racolage, un vivier moins intéressant que ceux du Nord-Est où, selon nos sources, « l'espèce est belle ». N'y a-t-il pas aussi influence de la frontière? Les casernes frontalières sont nombreuses et les défilés fréquents. Les jeunes gens ont ainsi, présent à l'esprit, le modèle d'une possible carrière dans l'armée; ces facteurs « socio-culturels » sont moins actifs dans les provinces du Centre où les casernements ne fleurissent guère. On peut se demander, d'autre part, si ces répartitions privilégiées des volontaires le long d'une auréole frontalière n'ont pas créé un marché et stimulé, *dans ces mêmes régions*, l'institution du remplacement (carte 8). Cela dit, la répartition géographique des remplacés souligne tout de même assez clairement l'existence de certaines zones de pauvreté spécifique dans lesquelles les familles capables de payer un remplaçant à leur fils sont proportionnellement moins nombreuses : ainsi dans le centre et dans la région pyrénéenne.

La carte des substitutions (carte 7) offre certaines ressemblances avec celle des remplacés et des volontaires. Les problèmes de solidarité qu'implique l'acte même de la substitution entre deux jeunes gens demeurent une question ouverte : le très grand nombre des substitués qu'on rencontre dans les Bouches-du-Rhône et dans les régions du Doubs et du Haut-Rhin propose d'intéressants thèmes de méditations pour une ethnographie de la France ancienne.

Nous réservons pour la fin certaines cartes à la fois fascinantes et énigmatiques, relatives au problème de la santé. La carte des goitres ([s] 37) dénonce des facteurs bien connus : régions montagneuses où les eaux ne sont pas suffisamment iodées (le cas des Alpes est fameux à cet égard); il s'agit de régions pauvres et surtout éloignées de la mer, dans lesquelles le poisson joue pour l'alimentation un rôle plus faible que dans la France de l'Ouest. En revanche, le cas de la Bretagne est parfaitement éclairant : cette province, qui consomme du poisson en quantité, a fort peu de goitres (même si par ailleurs elle présente beaucoup d'indices affligeants quant aux autres anomalies physiques).

La carte des vices scrofuleux et maladies de poitrine (carte 46) peut donner une idée, bien entendu approximative, de la géographie ancienne des affections tuberculeuses (les scrofules, comme la tuberculose pulmonaire, sont provoqués par le bacille de Koch). En dehors du cas net de la zone tuberculeuse qui, pour des raisons de pauvreté urbaine, s'individualise autour de Marseille, il est difficile de se prononcer sur les causes profondes qui sous-tendent cette cartographie. Cette carte demeure donc un chantier ouvert pour une étude historique des épidémies, de l'urbanisation, et de la pauvreté.

La carte de la perte des dents [r] 35 intègre probablement des facteurs multiples : manque de fluor dans les eaux potables; consommation du cidre en Normandie; dans certains cas même, mutilations volontaires (cf. *supra*).

Les maladies de la peau ([u] 43) comprennent théoriquement teigne, gale, lèpre et autres maladies de la peau (4 rubriques). En fait, le plus grand nombre des conscrits qui sont victimes vraies ou fausses de ces infections cutanées se trouvent dans les colonnes relatives à la *teigne*, ou bien aux *autres maladies de la peau*. Il y a peu de gale, et encore moins de lépreux (dans la Seine : 15 lépreux en 8 ans).

Dans ces conditions, la carte des maladies de la peau est assez difficile à interpréter : d'Angeville, qui s'était intéressé à cette question, y voyait l'influence fondamentale du facteur « propreté ». Il distinguait hardiment, à partir d'une carte analogue à la nôtre, les régions où les conscrits se lavaient, de celles où ils ne procédaient pas aux ablutions nécessaires. Inutile de dire qu'il ne s'agit là que d'une hypothèse qui peut s'avérer partiellement, ou même radicalement fausse. Ces maladies de peau offrent par ailleurs une large carrière à la simulation : beaucoup de textes nous parlent de teigne simulée, d'emplâtres appliqués sur le sommet de la tête pour attaquer le cuir chevelu, etc.

La carte des hernies [v] 47 assez curieusement laisse apparaître deux grands vides dans les régions les plus archaïques : Bretagne d'une part, Massif Central d'autre part. Inversement, Seine-Inférieure et Bouches-du-Rhône ont beaucoup de conscrits « herniaques ». Il serait donc tentant de mettre cette variable en parallèle avec certains travaux de force effectués par les intéressés, notamment dans les ports (Rouen et Marseille). Inversement, l'absence relative de hernies dans les départements ultra-arriérés de Bretagne et du Massif Central pourrait s'expliquer par les faibles pourcentages de travailleurs qui y sont employés dans les professions du fer, du bois, ou de la pierre, lesquelles demandent de très gros efforts physiques. Mais, en fait, il s'agit là purement et simplement d'un champ d'hypothèses *dont rien ne permet à l'heure actuelle d'affirmer qu'elles sont exactes :* car la hernie est l'un des terrains d'expérimentation favori des simulateurs, dont tous, il s'en faut, ne sont pas détectés. Par dizaine, les textes nous parlent de hernies « insufflées », « insufflées par les bourses », etc. Cette anomalie physique qu'est la hernie peut donc dans certains cas être révélatrice d'une vraie géographie médicale; ou bien au contraire elle peut être versée au dossier des « farces et attrapes », ou comme disaient plus noblement les préfets des « mutilations volontaires et supercheries ».

Les *patterns* essentiels à nous révélés par les cartes demeurent finalement l'opposition développement/sous développement (Nord-Est d'un côté; Est, Centre et Sud d'autre part); et simultanément, à l'intérieur même de ce *pattern* fondamental, les cartes détectent des zones de super-traditionalisme : Bretagne, sud du Massif Central. D'autres *patterns* apparaissent, mais de façon moins importante; ainsi les influences maritimes, le rôle des frontières, etc. La poursuite des recherches jusqu'au niveau cantonal nous permettra d'élucider peut-être un certain nombre de questions posées par une enquête qui, comme il est normal, soulève pour le moment, répétons-le, davantage de problèmes qu'elle n'en résout.

Parmi ces problèmes, figurent certaines questions de méthode, qu'on nous permettra d'évoquer brièvement, au terme de cet exposé. On sait que la technique classique des historiens, aux prises avec tel ou tel document, consistait d'abord à critiquer celui-ci. Et ensuite, au cours d'un second stade, à lui faire rendre gorge : autrement dit à lui faire dire ce qu'il avait à dire, en l'explicitant pour lui-même, puis en le confrontant avec d'autres sources, convergentes ou contradictoires. Mais dans le cas qui nous occupe le document était par avance trop gigantesque (quelques centaines de milliers de données provenant, par addition, de trois mille cantons et de plus de deux millions d'examens individuels) pour qu'il fût possible d'en donner une critique exhaustive avant d'en avoir déployé le contenu; en fait, et sous peine de mettre, en l'occurrence, la charrue avant les bœufs, il convenait d'inverser la procédure critique habituelle. Nous avons donc admis d'entrée de jeu — ce que, pensons-nous, nul ne pourra contester — que les masses documentaires envisagées (les « comptes numériques et sommaires »), n'étaient pas totalement dénuées, au départ, d'une certaine valeur historiographique. Nous avons commencé, sur-le-champ, à mettre en œuvre ce dossier; nous en avons tiré, dans un premier stade, une cartographie multiple, dont la stricte publication fait l'objet du présent travail. Du coup, la critique interne, légitimement chère à l'historiographie de toujours, devient possible pour de bon : elle jaillit spontanément de l'analyse des cartes et de leur mutuelle comparaison. Il est apparu ainsi que certaines variables et cartes dans le cadre de la nation, ou simplement d'un département donné, n'étaient guère significatives, ni intéressantes : ainsi celles qui concernent les « autres employés de la campagne » (carte 26 bis), ou « l'épilepsie » (carte 48); elles n'exhibent, a vue de carte, aucun *pattern* valable ou évocateur. N'est pas valable non plus, dans le cas particulier du département de la Manche, la carte [l] 26 des « charretiers ». En revanche, d'autres cartes (et c'est même le cas du plus grand nombre) renvoient, elles, à une réalité effective, qu'on peut du reste contrôler à l'aide d'une évidence indépendante : ainsi en va-t-il de celles qui sont relatives à l'alphabétisation (53 et [x] 54), ou aux étudiants ecclésiastiques ([b] 3). Enfin on pourrait dire d'un troisième groupe de cartes qu'elles sont plus sémantiques que réalistes. Celles qui visualisent, par exemple, les *laboureurs* ([k] 24) ou les *jeunes gens vivant de leurs revenus* ([p] 33) renvoient souvent non pas à une position sociale ou professionnelle véritable, mais à une certaine idée prestigieuse que les conscrits se font d'eux-mêmes, ou qu'ils voudraient faire accroire à propos d'eux-mêmes (jeunes gens « vivant de leurs revenus »); ou bien elles renvoient à un mot *(laboureurs)* dont la signification varie selon les provinces : la carte dans ce cas est influencée par des fluctuations linguistiques.

En même temps apparaissent les avantages et les inachèvements de notre méthode. Avantages : grâce à elle, nous avons pu explorer, balayer de façon totalisante (mais non pas encore exhaustive) la masse des données contenue dans les « comptes numériques et sommaires ». Inachèvements : le carroyage départemental, on le sait bien, est un filet à mailles trop larges. Une cartographie cantonale, que nous mettons actuellement au point, permettra des différenciations plus précises, qui sépareront les cantons urbains des cantons ruraux. La comparaison des cartes entre elles, d'autre part, telle que nous l'avons largement pratiquée, représente un instrument d'analyse et de description commode et puissant, mais limité. Il faudra la compléter par un calcul rigoureux des corrélations entre variables. Celui-ci cependant ne prendra vraiment tout son sens que lorsqu'on disposera des données élaborées, à définition fine, de type cantonal. C'est pourquoi nous proposerons ces calculs dans une deuxième phase de notre recherche, à paraître ultérieurement, et qui concernera simultanément l'évidence cantonale et les coefficients de corrélation.

Enfin, ultime objection : nos cartes sont sujettes à l'accusation, percutante et bien connue, d'*ecological fallacy*. Les comparaisons que nous instituons à leur propos ne reposent pas en effet sur les croisements de variables les plus sûrs : ceux qui sont effectués *à la base*, au niveau des individus eux-mêmes; elles dérivent, au départ, d'agrégats statistiques (nécessairement destructeurs d'informations) qui regroupent les conscrits dans le cadre des circonscriptions « écologiques » (administratives); nous sommes pleinement conscients de la valeur de cette accusation; et c'est pourquoi dans un autre article, nous avons présenté une étude prosopographique et détaillée, basée sur les dossier *individuels* extraits eux aussi des archives militaires. Les deux approches, écologique et individuelle, se complètent ainsi mutuellement.

Par-delà ces considérations de méthodes, et quels que puissent être les développements ultérieurs de notre enquête, il reste que l'image ou la série d'images qui vient d'être proposée, relative aux quelques dizaines de variables dont sont porteurs les conscrits des classes 1819-1826, est pertinente bien au-delà d'elle-même. Elle est la représentation, sur le terrain, d'une nation traditionnelle encore, avec ses foules rustiques et artisanales, ses problèmes de santé, de développement inégal des régions, et d'ignorance crasse. En dépit des changements immenses, d'ordre politique et social, qui sont intervenus trente ans plus tôt, le peuple des jeunes hommes sous Louis XVIII émerge encore à peine de cet ancien régime que pourtant il n'a pas connu. Sur nos cartes des années 1820, ce qui se profile en filigrane, c'est, toujours vivante au niveau de ses masses profondes et de ses géographies fondamentales, la France paysanne et populaire d'un XVIIIe siècle archaïque, qui se refuse à péricliter.

[a] 1. ENROLÉS VOLONTAIRES (1819-1826)

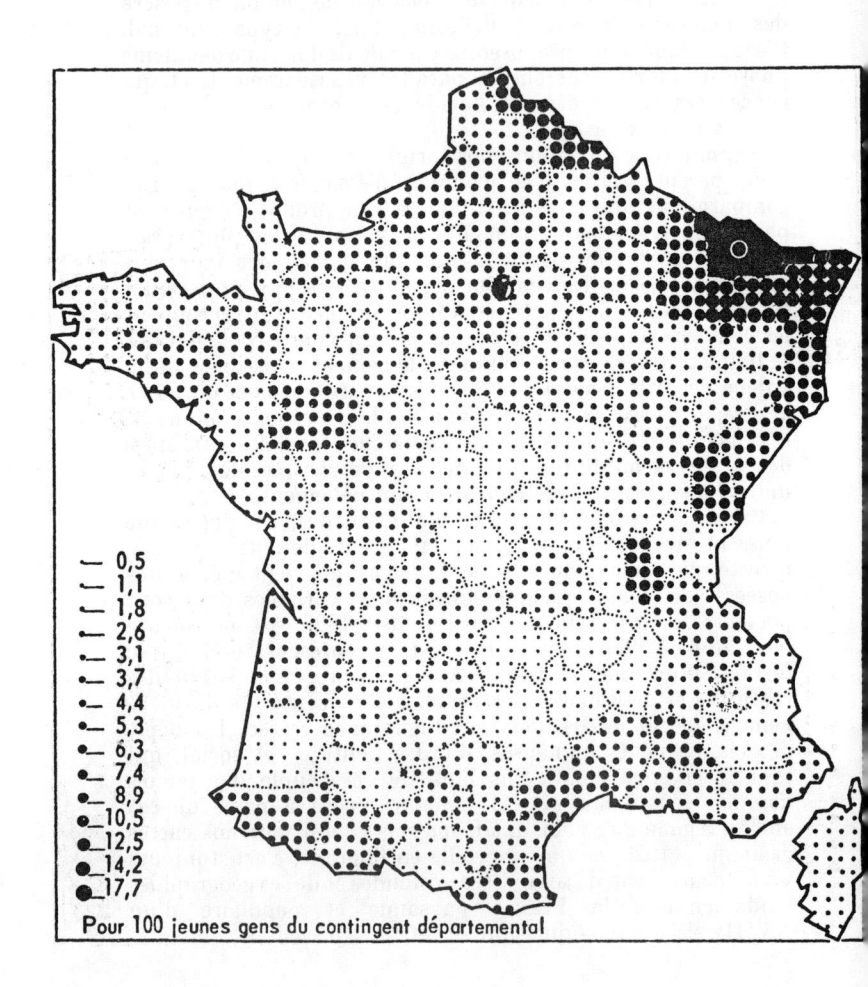

— 0,5
— 1,1
— 1,8
— 2,6
— 3,1
— 3,7
•— 4,4
•— 5,3
•— 6,3
•— 7,4
•— 8,9
•—10,5
•—12,5
•—14,2
•—17,7

Pour 100 jeunes gens du contingent départemental

Les archives militaires françaises (1819-1826)   65

[b] 3. ÉTUDIANTS ECCLÉSIASTIQUES (1819-1826)

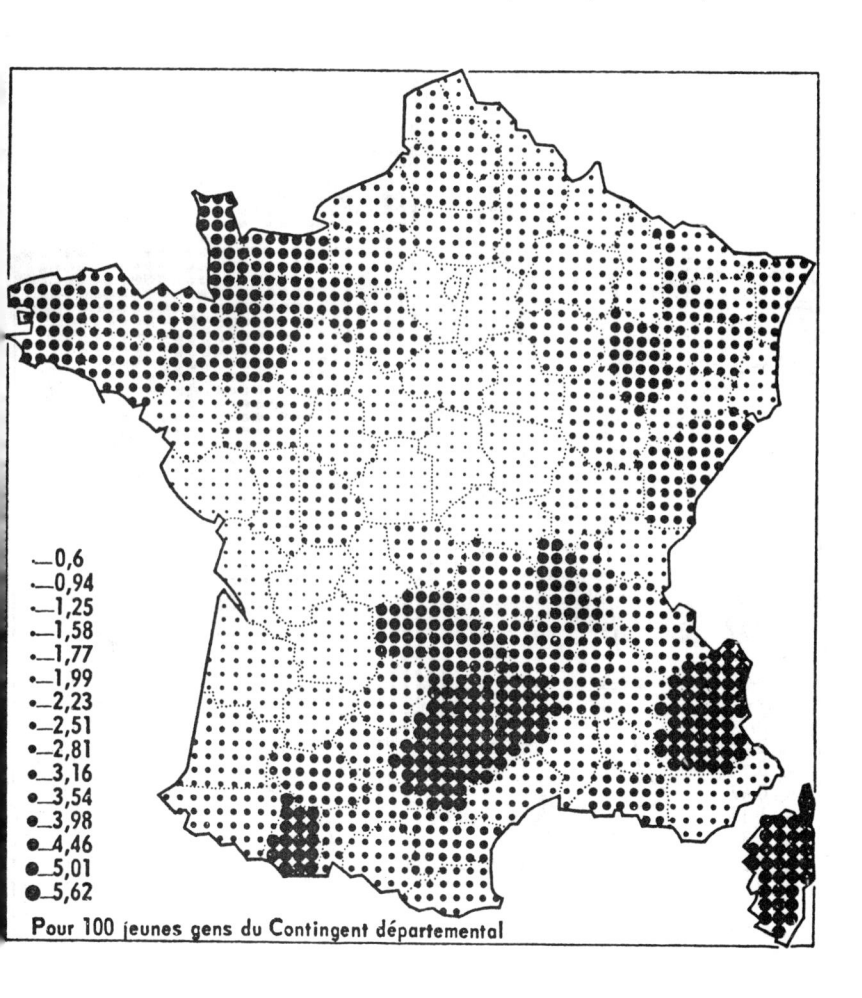

—0,6
—0,94
—1,25
—1,58
—1,77
—1,99
—2,23
—2,51
—2,81
—3,16
—3,54
—3,98
—4,46
—5,01
—5,62

Pour 100 jeunes gens du Contingent départemental

[c] 4. ÉLITE (1819-1826)

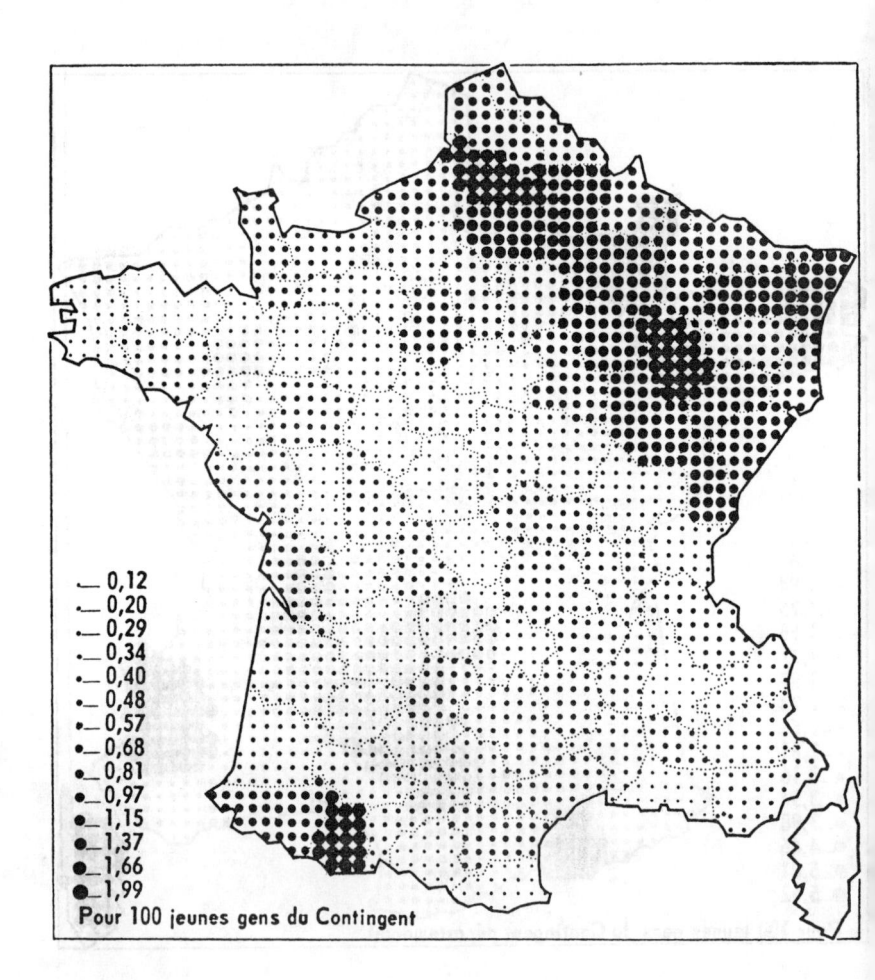

```
— 0,12
— 0,20
— 0,29
— 0,34
— 0,40
— 0,48
— 0,57
— 0,68
— 0,81
— 0,97
— 1,15
— 1,37
— 1,66
— 1,99
```
Pour 100 jeunes gens du Contingent

[d] 6. ABSENTS... NE S'ÉTANT NI FAIT REPRÉSENTER
NI FAIT VISITER (1819-1826)

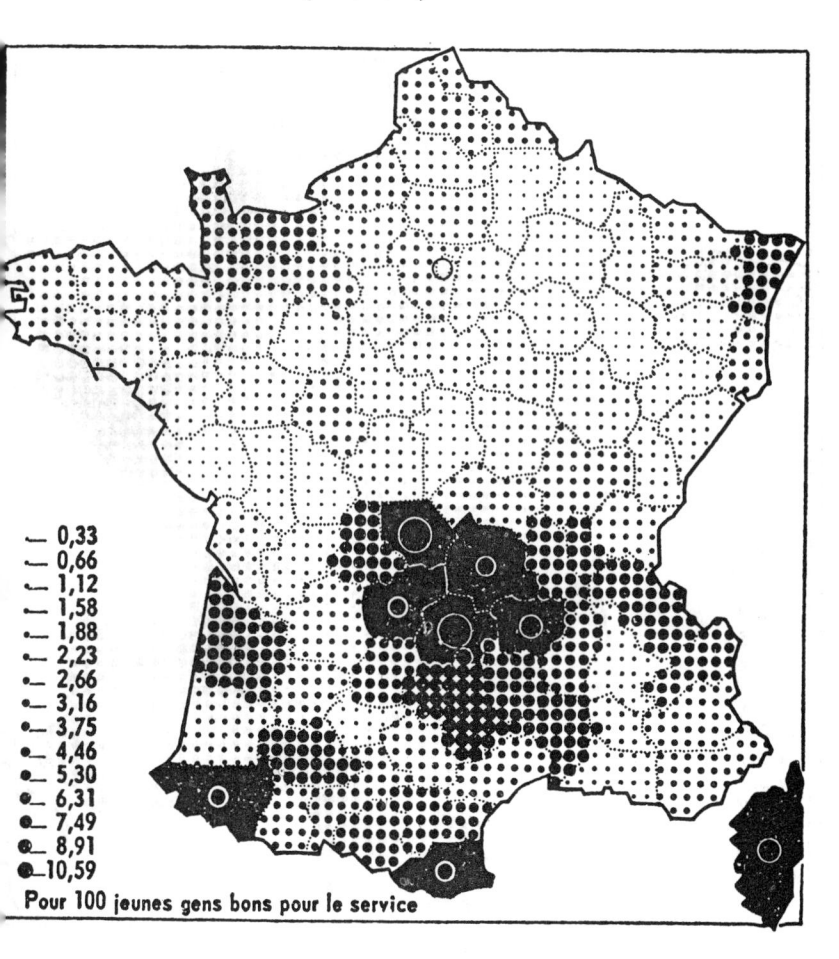

- 0,33
- 0,66
- 1,12
- 1,58
- 1,88
- 2,23
- 2,66
- 3,16
- 3,75
- 4,46
- 5,30
- 6,31
- 7,49
- 8,91
- 10,59

Pour 100 jeunes gens bons pour le service

[e] 8. REMPLACEMENTS (1819-1826)

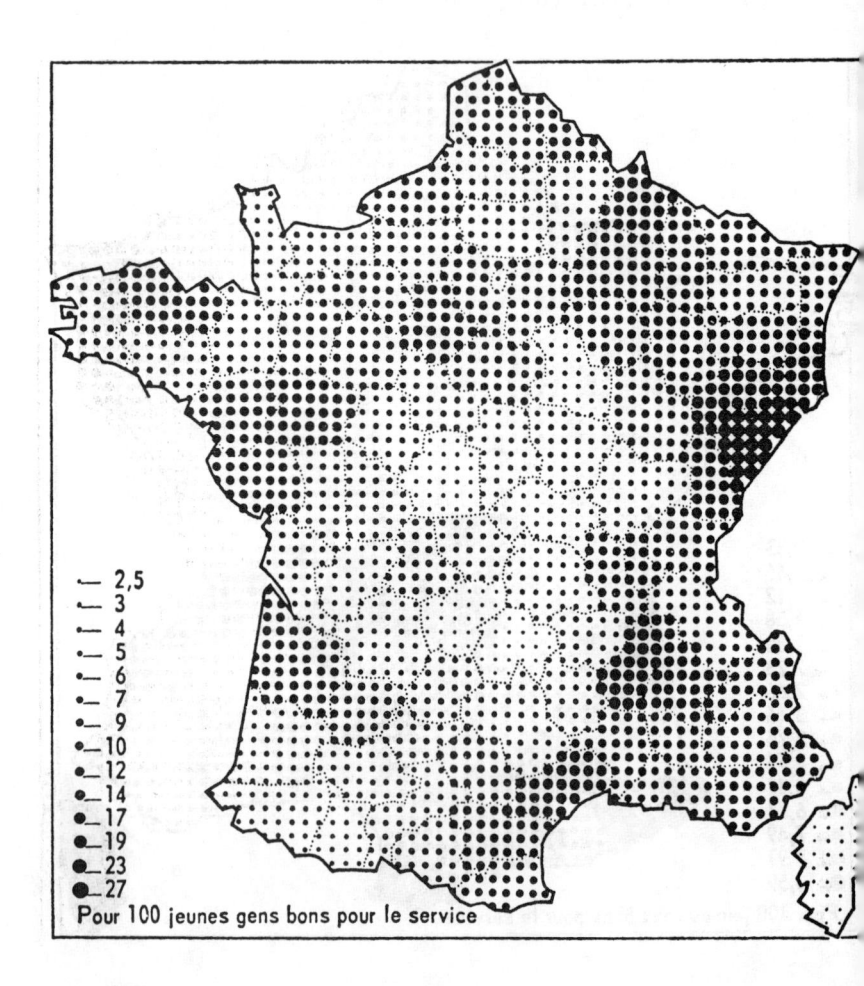

[f] 11. GRANDES TAILLES (1819-1826)

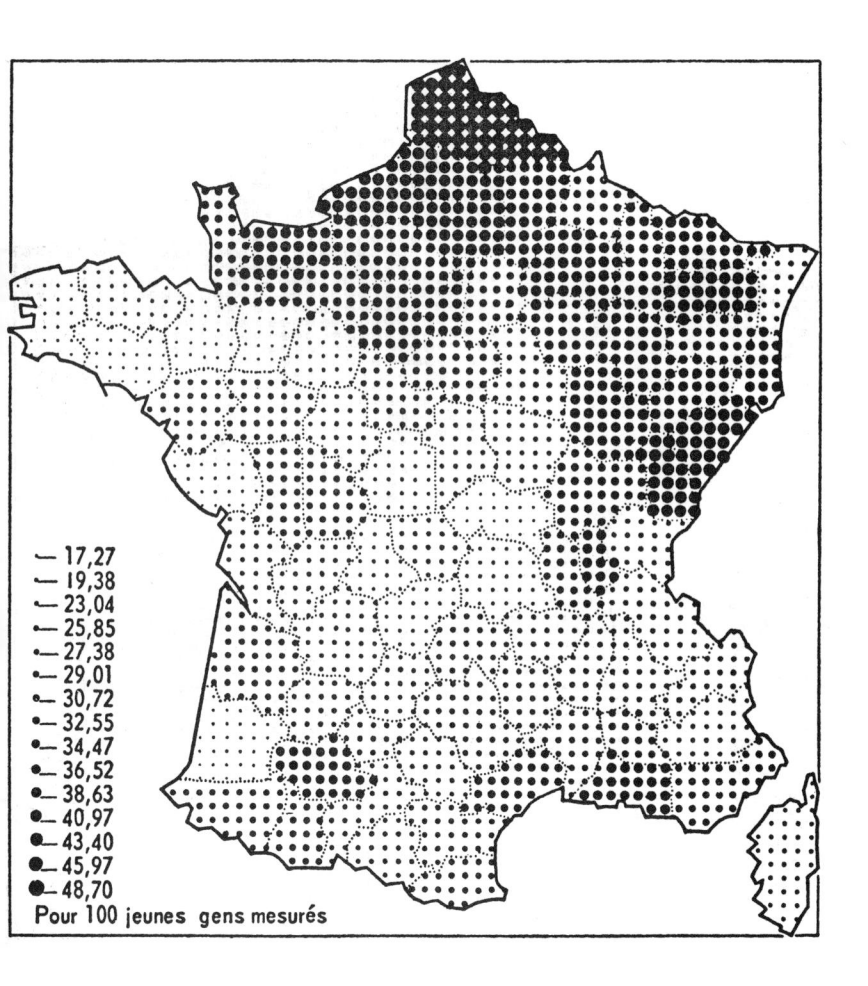

— 17,27
— 19,38
— 23,04
— 25,85
— 27,38
— 29,01
— 30,72
— 32,55
— 34,47
— 36,52
— 38,63
— 40,97
— 43,40
— 45,97
— 48,70

Pour 100 jeunes gens mesurés

[g] 13. CHARRONS (1819-1826)

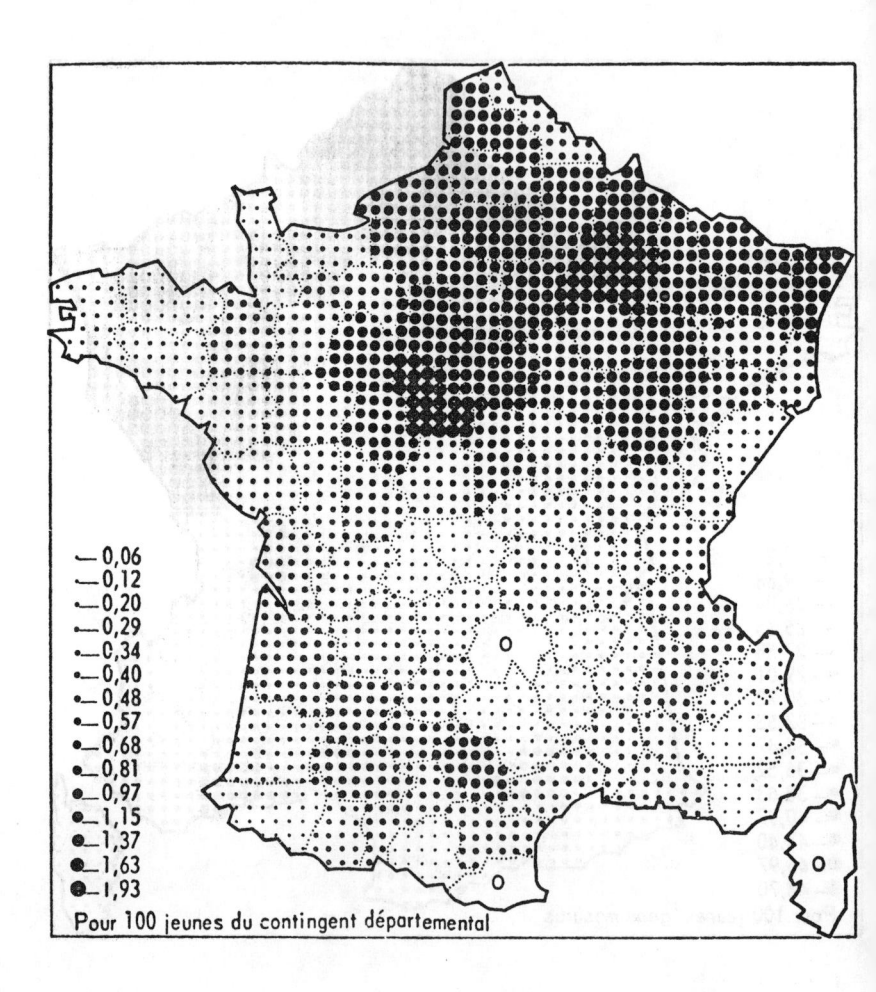

Les archives militaires françaises (1819-1826) 71

[h] 18. BOURRELIERS ET SELLIERS (1819-1826)

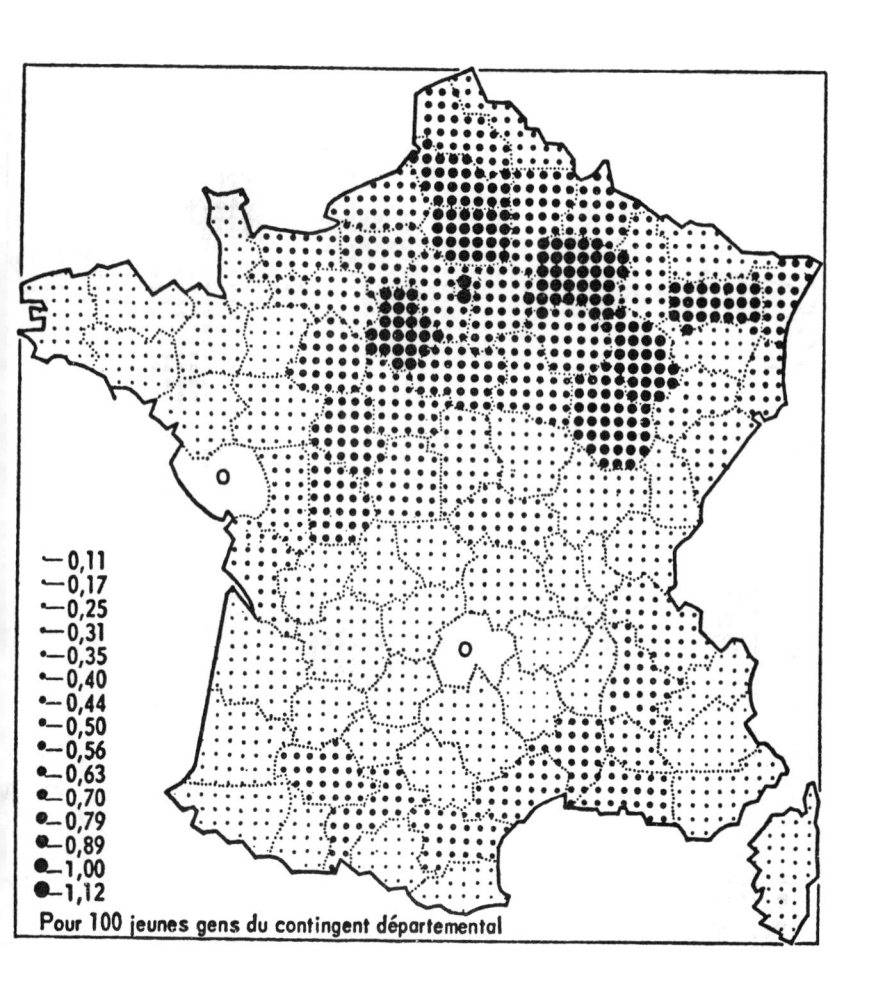

72 Du côté de l'ordinateur

[i] 21. BOIS, CUIR, MÉTAL (1819-1826)

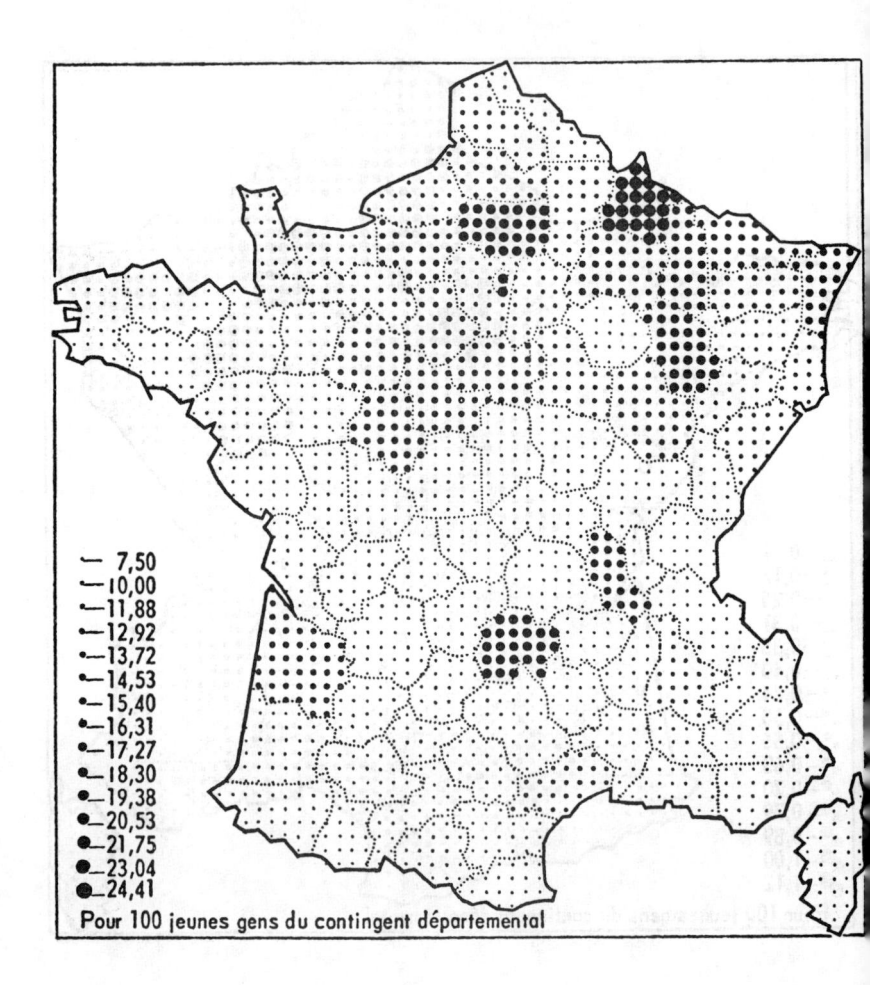

— 7,50
— 10,00
— 11,88
— 12,92
— 13,72
— 14,53
— 15,40
— 16,31
•— 17,27
•— 18,30
•— 19,38
•— 20,53
•— 21,75
•— 23,04
•— 24,41

Pour 100 jeunes gens du contingent départemental

Les archives militaires françaises (1819-1826) 73

[j] 22. MAÇONS ET TAILLEURS DE PIERRE (1819-1826)

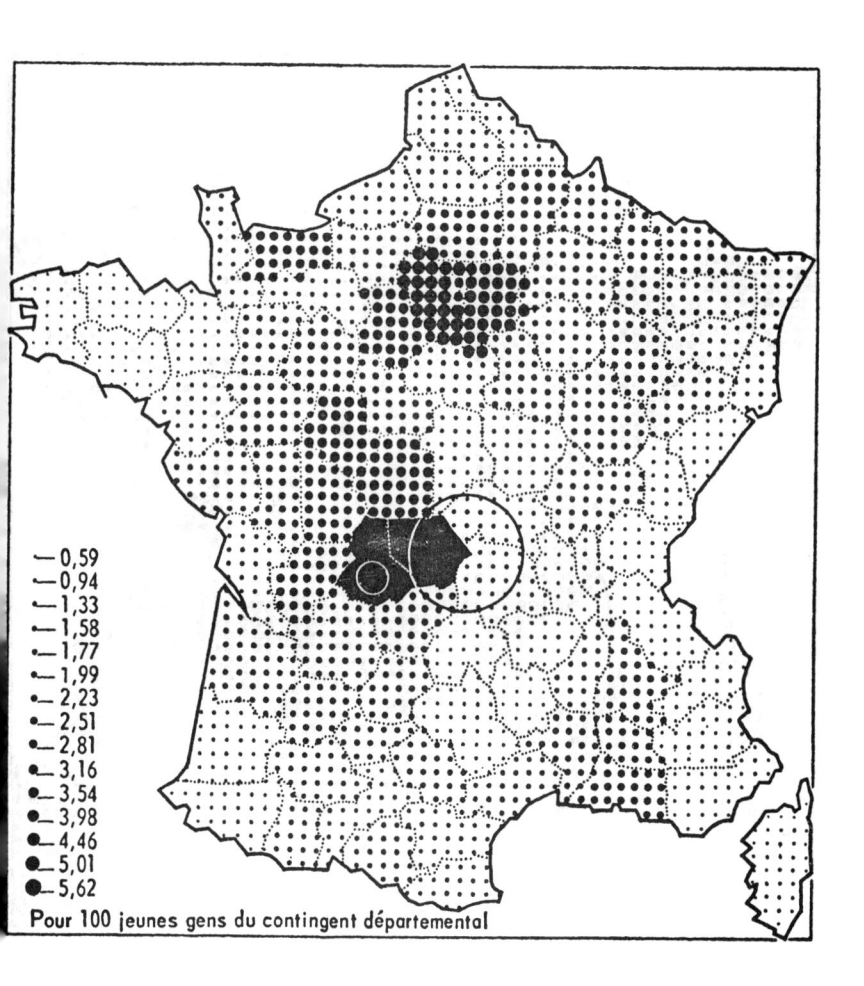

74   *Du côté de l'ordinateur*

[k] 24. LABOUREURS (1819-1826)

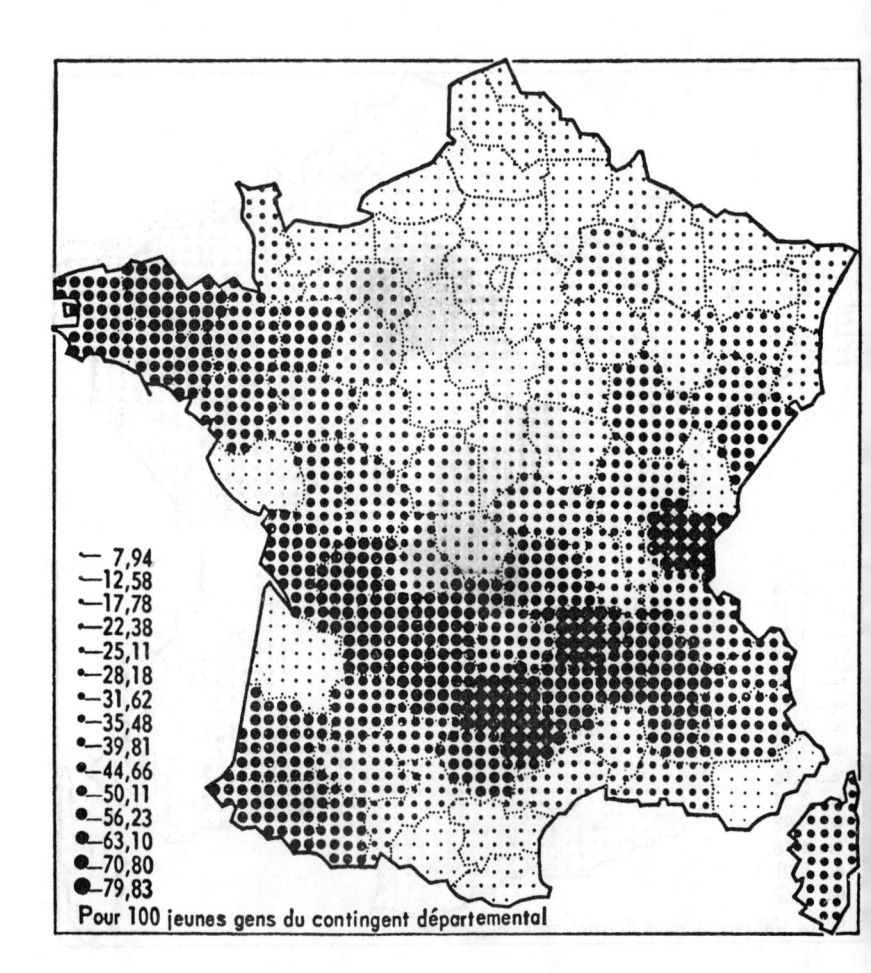

- — 7,94
- —12,58
- —17,78
- —22,38
- —25,11
- —28,18
- —31,62
- —35,48
- —39,81
- —44,66
- —50,11
- —56,23
- —63,10
- —70,80
- —79,83

Pour 100 jeunes gens du contingent départemental

Les archives militaires françaises (1819-1826)   75

[1] 26. CHARRETIERS (1819-1826)

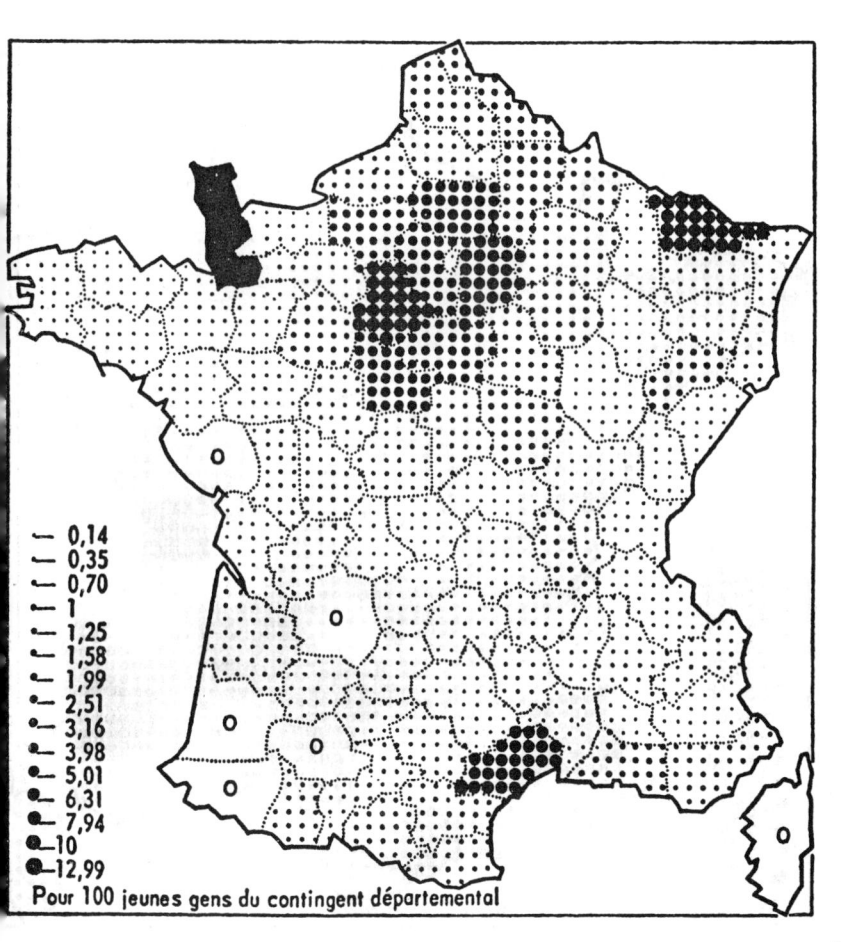

- 0,14
- 0,35
- 0,70
- 1
- 1,25
- 1,58
- 1,99
- 2,51
- 3,16
- 3,98
- 5,01
- 6,31
- 7,94
- 10
- 12,99

Pour 100 jeunes gens du contingent départemental

[m] 27. ENSEMBLE DES EMPLOYÉS AUX TRAVAUX DE LA CAMPAGNE (1819-1826)

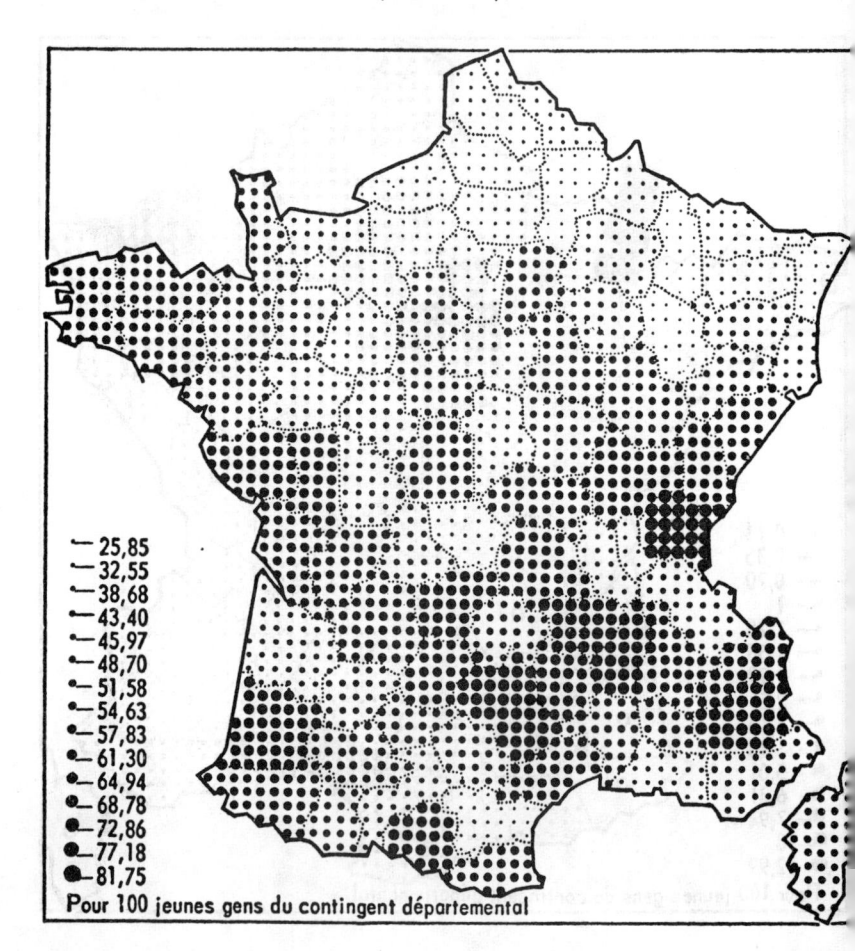

— 25,85
— 32,55
— 38,68
— 43,40
— 45,97
— 48,70
— 51,58
— 54,63
— 57,83
— 61,30
— 64,94
— 68,78
— 72,86
— 77,18
— 81,75

Pour 100 jeunes gens du contingent départemental

[n] 29. TAILLEURS D'HABITS (1819-1826)

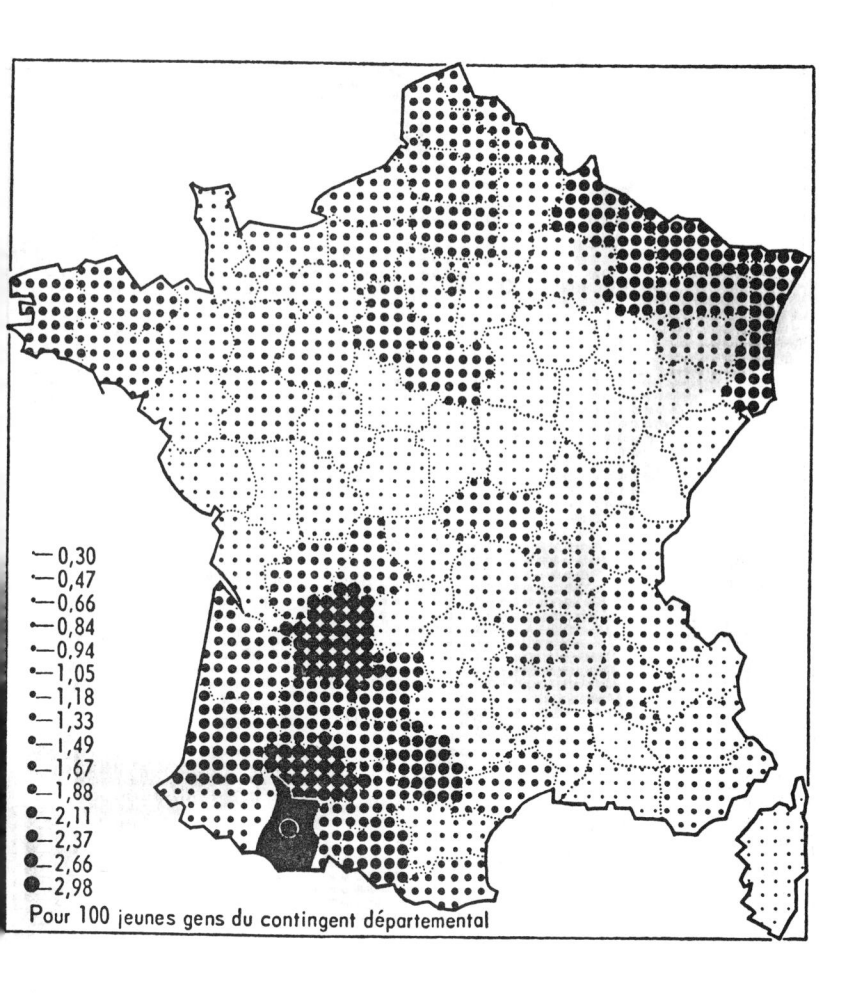

— 0,30
— 0,47
— 0,66
— 0,84
— 0,94
— 1,05
— 1,18
— 1,33
— 1,49
— 1,67
— 1,88
— 2,11
— 2,37
— 2,66
— 2,98

Pour 100 jeunes gens du contingent départemental

78   *Du côté de l'ordinateur*

[o] 30. BATELIERS ET MARINIERS (1819-1826)

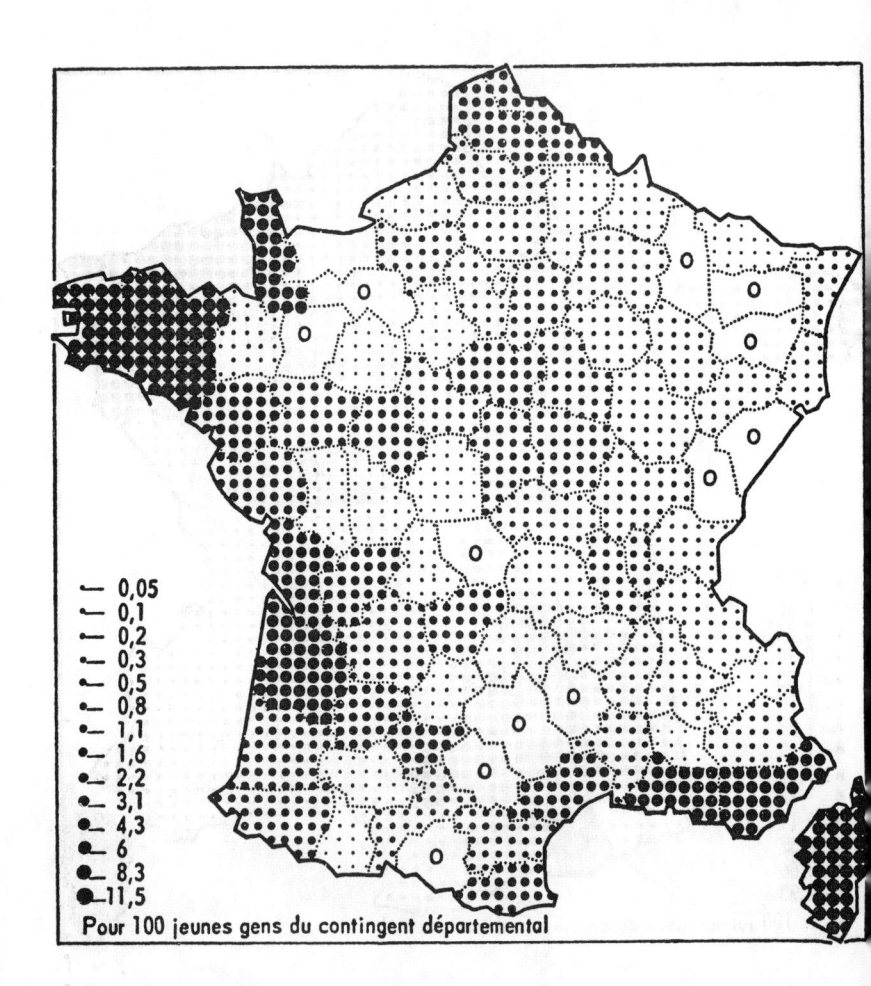

— 0,05
— 0,1
— 0,2
— 0,3
— 0,5
— 0,8
•— 1,1
•— 1,6
•— 2,2
•— 3,1
•— 4,3
•— 6
•— 8,3
•—11,5

Pour 100 jeunes gens du contingent départemental

Les archives militaires françaises (1819-1826) 79

[p] 33. JEUNES GENS... VIVANT DE LEURS REVENUS
(1819-1826)

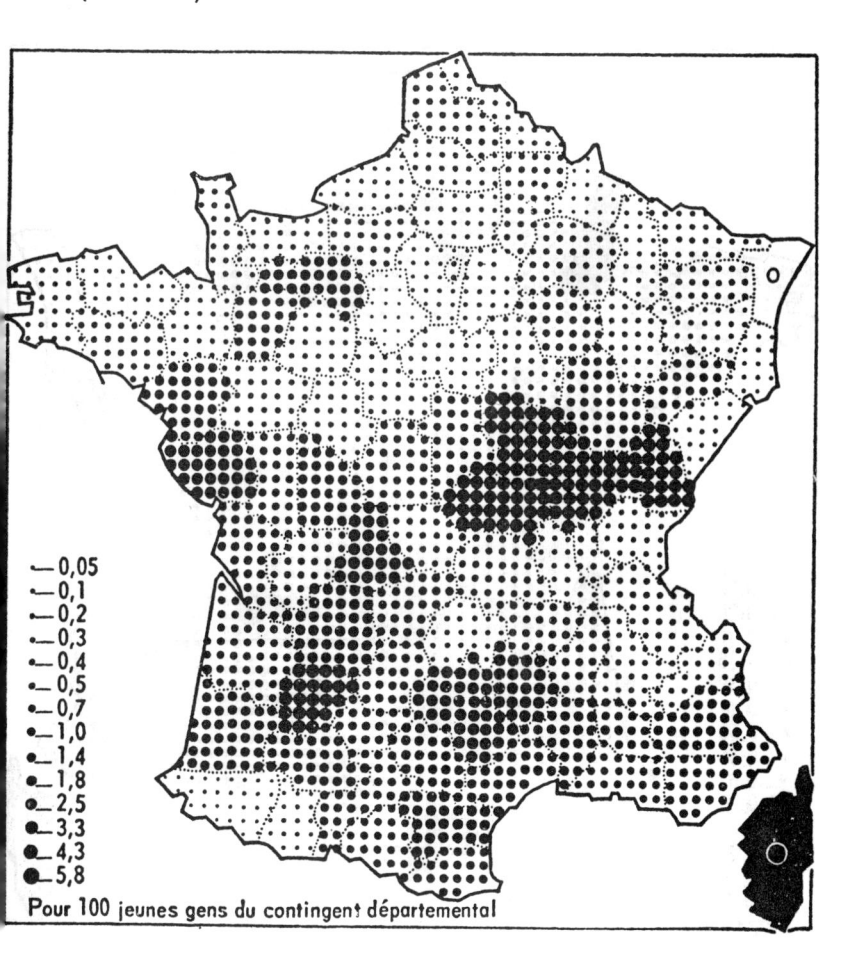

—0,05
—0,1
—0,2
—0,3
—0,4
—0,5
•—0,7
•—1,0
•—1,4
•—1,8
•—2,5
•—3,3
•—4,3
•—5,8

Pour 100 jeunes gens du contingent départemental

[q] 34. PERTE DES DOIGTS (1819-1826)

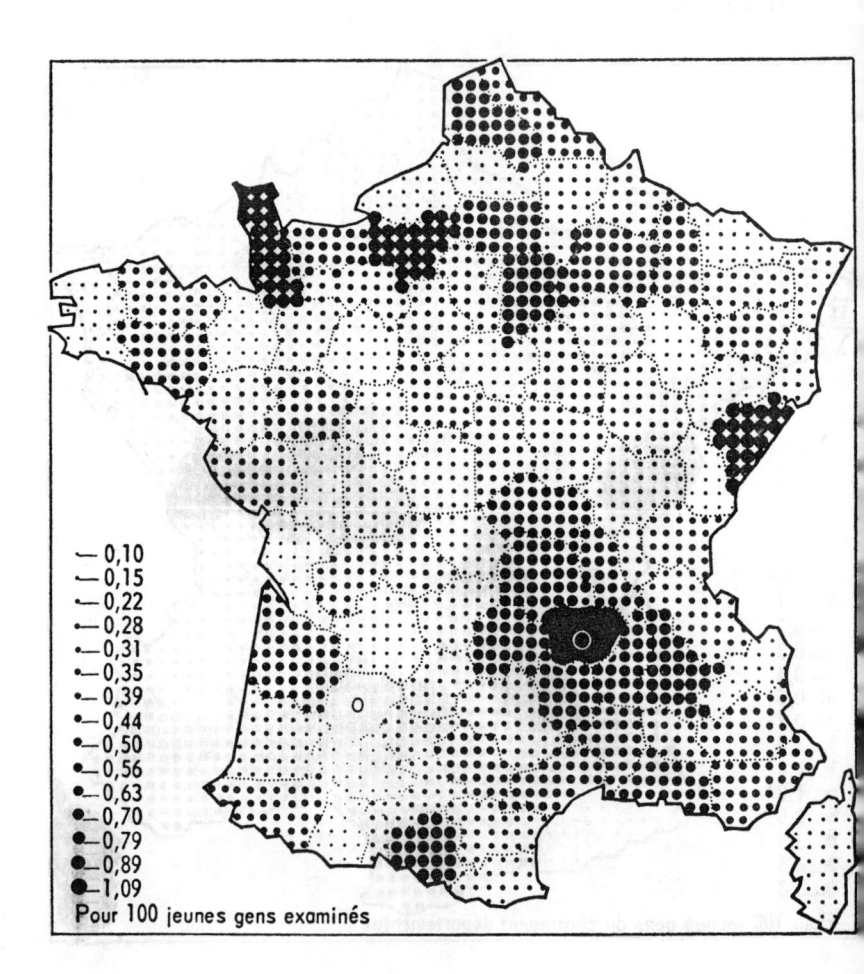

— 0,10
— 0,15
— 0,22
— 0,28
— 0,31
— 0,35
— 0,39
— 0,44
— 0,50
— 0,56
— 0,63
— 0,70
— 0,79
— 0,89
— 1,09

Pour 100 jeunes gens examinés

Les archives militaires françaises (1819-1826)   81

[r] 35. PERTE DES DENTS (1819-1826)

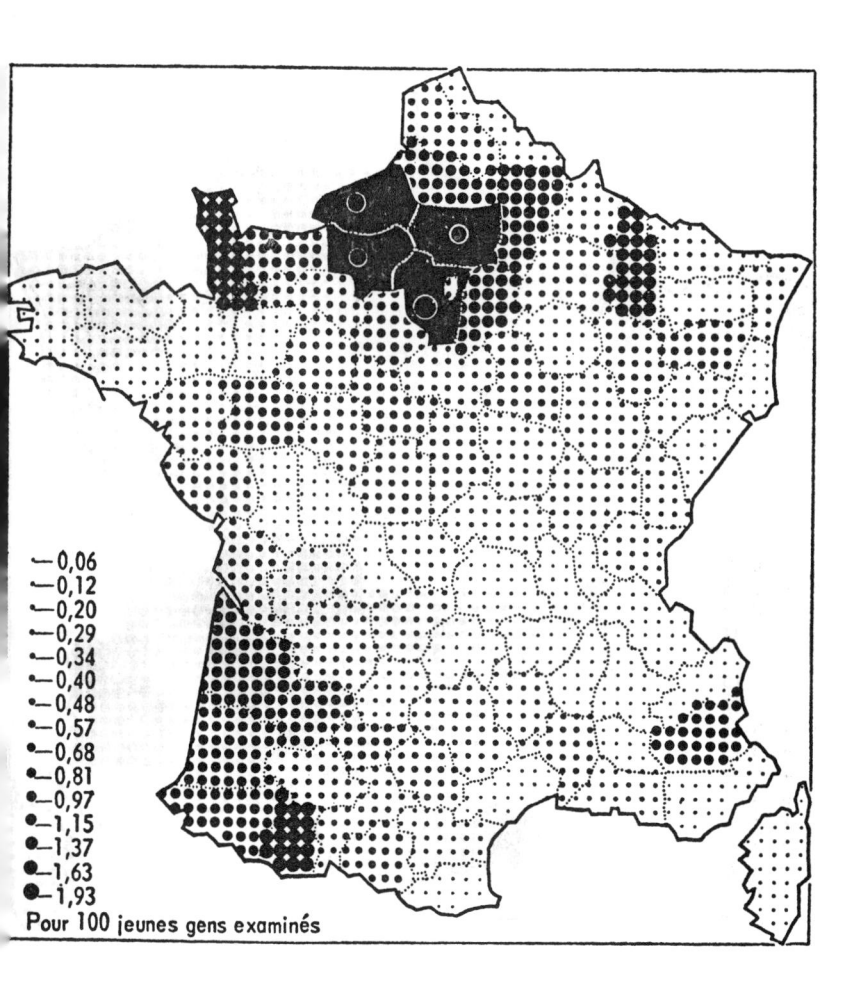

—0,06
—0,12
—0,20
—0,29
—0,34
—0,40
—0,48
—0,57
•—0,68
•—0,81
•—0,97
●—1,15
●—1,37
●—1,63
●—1,93

Pour 100 jeunes gens examinés

82 *Du côté de l'ordinateur*

[s] 37. GOITRES (1819-1826)

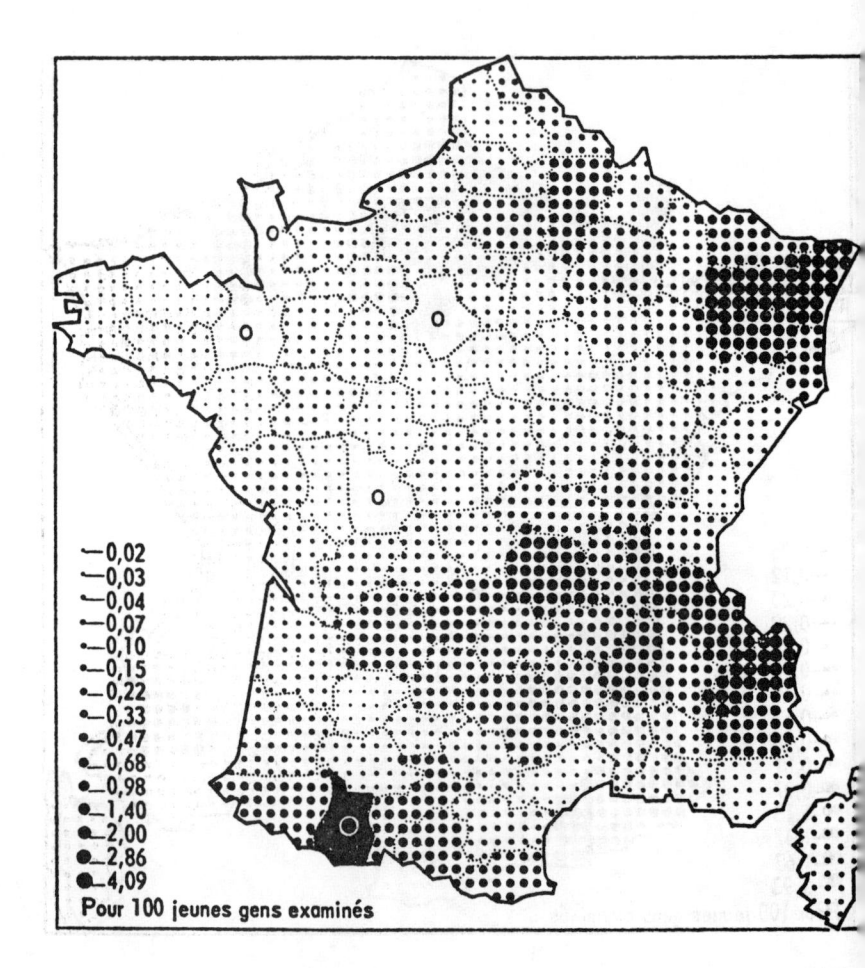

— 0,02
— 0,03
— 0,04
— 0,07
— 0,10
— 0,15
— 0,22
— 0,33
— 0,47
— 0,68
— 0,98
— 1,40
— 2,00
— 2,86
— 4,09

Pour 100 jeunes gens examinés

[t] 38. CLAUDICATION (1819-1826)

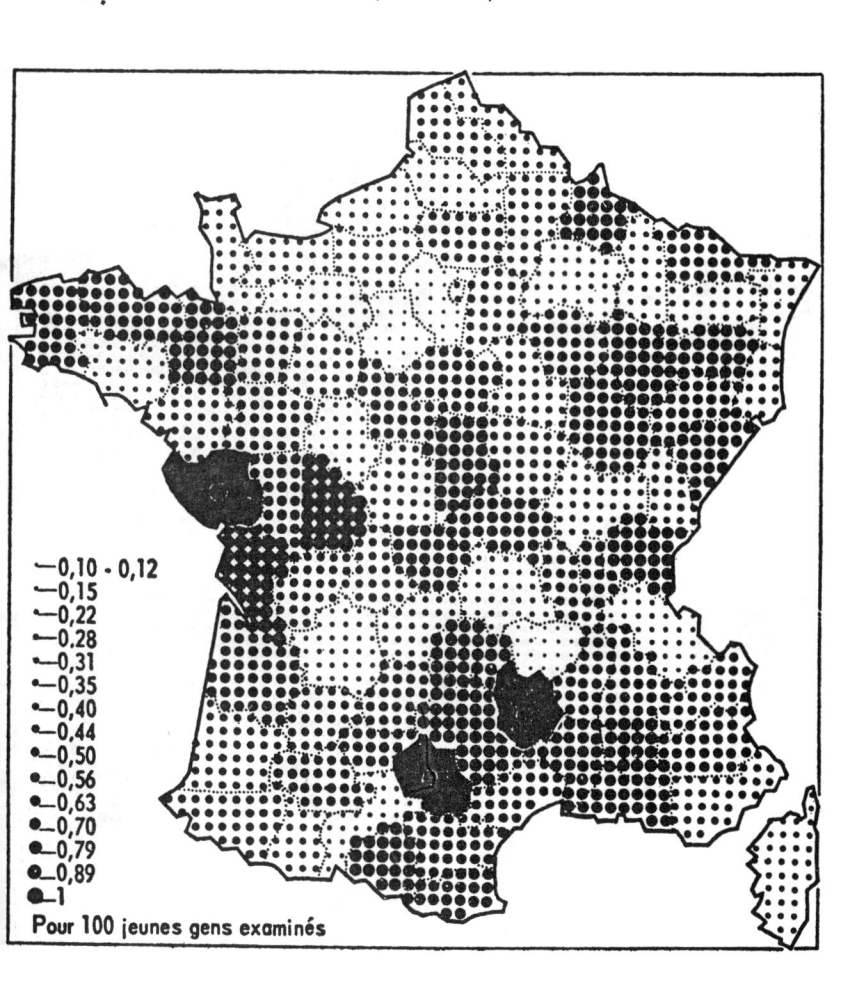

—0,10 - 0,12
—0,15
—0,22
—0,28
—0,31
—0,35
—0,40
—0,44
—0,50
—0,56
—0,63
—0,70
—0,79
—0,89
—1
Pour 100 jeunes gens examinés

[u] 43. MALADIES DE LA PEAU (1819-1826)

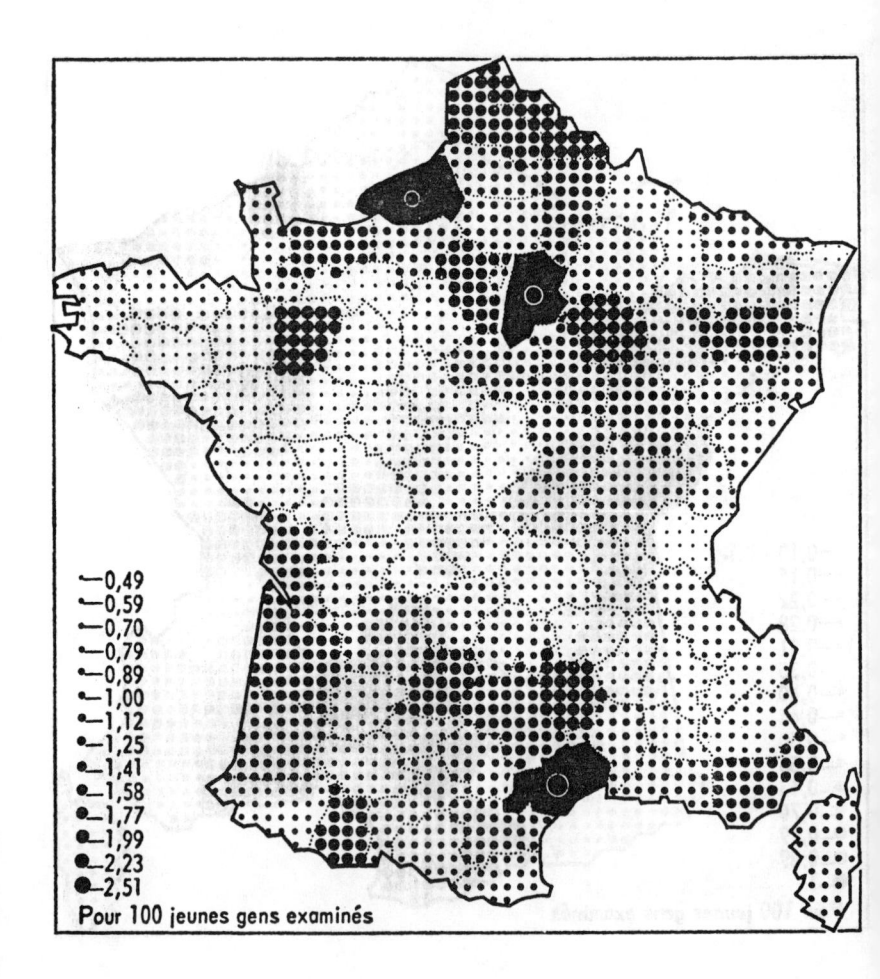

—0,49
—0,59
—0,70
—0,79
—0,89
—1,00
—1,12
—1,25
—1,41
—1,58
—1,77
—1,99
—2,23
—2,51

Pour 100 jeunes gens examinés

Les archives militaires françaises (1819-1826)   85

[v] 47. HERNIES (1819-1826)

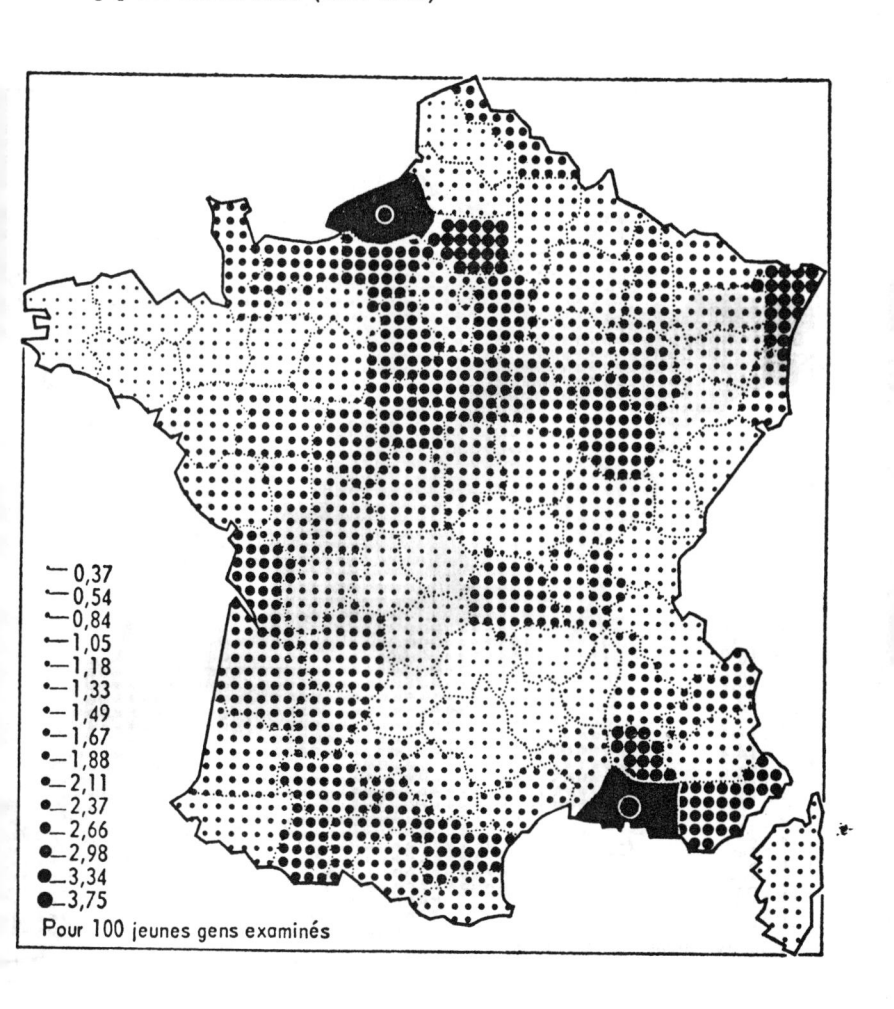

— 0,37
— 0,54
— 0,84
— 1,05
— 1,18
— 1,33
— 1,49
— 1,67
— 1,88
— 2,11
— 2,37
— 2,66
— 2,98
— 3,34
— 3,75

Pour 100 jeunes gens examinés

86   *Du côté de l'ordinateur*

[w] 50. DÉFAUT DE TAILLE (1819-1826)

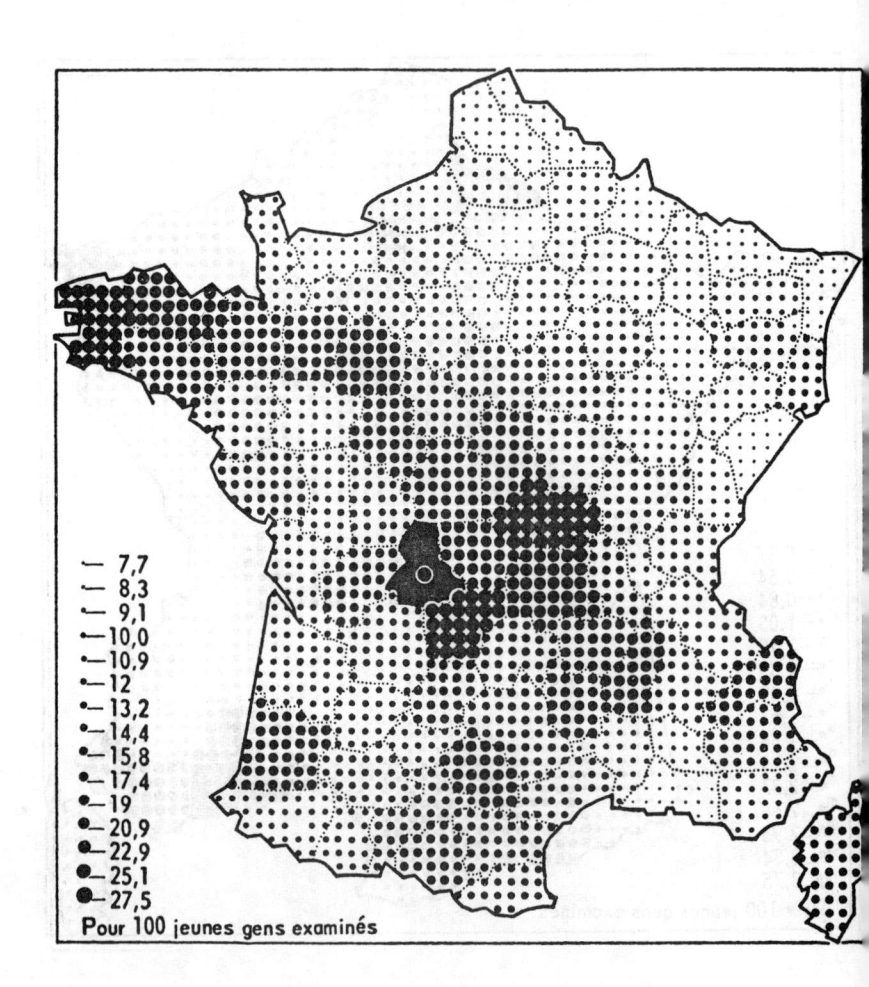

- 7,7
- 8,3
- 9,1
- 10,0
- 10,9
- 12
- 13,2
- 14,4
- 15,8
- 17,4
- 19
- 20,9
- 22,9
- 25,1
- 27,5

Pour 100 jeunes gens examinés

Les archives militaires françaises (1819-1826) 87

[x] 54. JEUNES GENS DE LA CLASSE NE SACHANT NI LIRE NI ÉCRIRE (1827-1830)

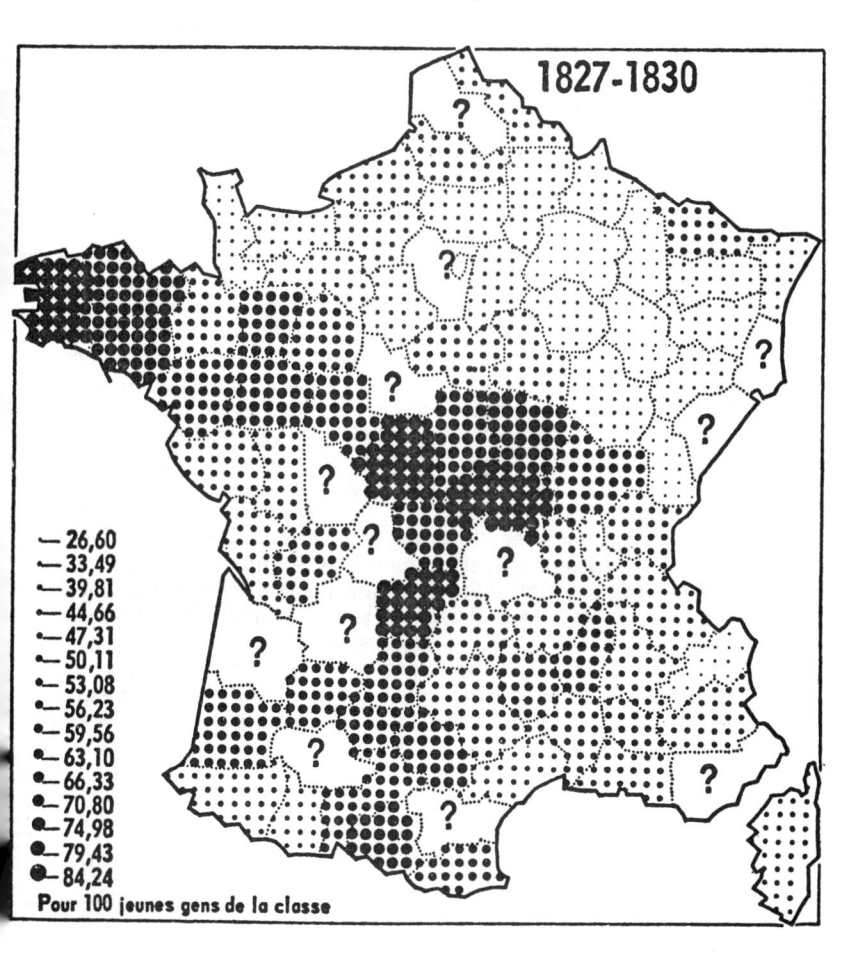

1827-1830

— 26,60
— 33,49
— 39,81
— 44,66
— 47,31
— 50,11
— 53,08
— 56,23
— 59,56
— 63,10
— 66,33
— 70,80
— 74,98
— 79,43
— 84,24

Pour 100 jeunes gens de la classe

*Étude sur un contingent militaire (1868) :
mobilité géographique, délinquance et stature,
mises en rapport avec d'autres aspects
de la situation des conscrits* [1]

La note suivante représente le prolongement d'une étude dont la revue *Studi Storici* [2] publia en 1969 la partie méthodologique et initiale. Nous n'avions analysé dans ce premier travail qu'un échantillon restreint, (1 637 conscrits) de nos recrues, à titre d'exemple et d'expérience. Cette fois-ci nous opérons sur la totalité de notre sondage : rappelons que celui-ci concerne au total 11 819 conscrits; il représente la dixième partie, tirée au hasard, du groupe national des jeunes Français de la classe 1868 qui obtinrent un « mauvais numéro », lors du tirage au sort préalable au service militaire. Notre sondage a retenu tous les mauvais numéros se terminant par cinq.

Nous avons essayé de mettre en rapport divers phénomènes les uns avec les autres. Parmi ceux-ci la *délinquance* représente l'une des données les plus intéressantes. Rappelons que nos indications sur la délinquance sont extrêmement variées, puisqu'elles apparaissent dans les registres du recrutement, à la fiche des conscrits mis en cause, sous des rubriques et titres très divers :
— mendicité,
— ivresse,
— outrage à agent, violence à agent,
— grivèlerie,

1. *Annales de démographie historique*, 1971, en collaboration avec N. Bernageau.
2. Sur les bases archivistiques, documentaires, méthodologiques et classificatoires de cette étude, nous renvoyons une fois pour toutes à l'article suivant : E. Le Roy Ladurie, N. Bernageau, Y. Pasquet, « Le conscrit et l'ordinateur. Perspectives de recherches sur les archives militaires du xix⁰ siècle français » paru dans *Studi Storici* a. X, n° 2, avril-juin, 1969. La lecture du présent article implique normalement un recours et une référence constante à ce travail antérieur.

— tapage,
— fraude, soustraction frauduleuse,
— bris de clôture,
— rébellion à la force publique,
— vagabondage,
— vols (depuis les « vols de récolte » jusqu'aux « vols à main armée »),
— coups et blessures volontaires,
— complicité de vol,
— attentats et outrages à la pudeur,
— viols et tentatives de viol,
— incendies volontaires,
— assassinats.

Les phénomènes de délinquance inscrits au dossier peuvent correspondre à des condamnations qui sont intervenues avant, pendant, ou même après le service militaire pendant les vingt années de la période de réserve. Comme on voit, ils peuvent se grouper autour d'un certain nombre de rubriques plus générales comme :
— délits ruraux,
— tapage et bris de clôture,
— errance,
— ivresse,
— vols, fraudes et faillites,
— violence,
— délits sexuels.

Dans l'ensemble, sauf cas minoritaires, il s'agit naturellement d'une délinquance de type quotidien où prédominent les délits ruraux, l'ivresse, et l'outrage à agents. Statistiquement, et au niveau de notre échantillon les assassinats sont très rares. Des condamnations à la déportation pour délits politiques indiquent la place (fort réduite on s'en doute), qu'occupent les Communards parisiens dans notre sondage, lequel est trop largement national pour donner beaucoup d'importance aux remous, même gigantesques, qui affectent la capitale.

Dans cette étude, nous avons enregistré d'abord la délinquance en bloc. Nous essaierons plus tard de fournir une étude plus diversifiée, en tenant compte des grandes catégories de délits les plus fréquemment représentées [1]. Mais au départ, il était absolument nécessaire, pour aboutir à une confrontation valable avec les autres données, de travailler sur le plus grand nombre de cas possible (précisément parce

1. Ce seront notamment, les vols et les fraudes, la violence et le vagabondage.

que ce « plus grand nombre » n'est pas très élevé, et que nou ne considérons pas comme raisonnable de faire éclater dès le début de l'enquête cet ensemble déjà réduit) : nous avons donc (sur un total de 11 918 conscrits de l'échantillon), 284 individus, soit 2,40 %, qui ont une mention de délinquance quelconque à leur fiche.

Nous avons d'abord essayé de mettre en rapport la délinquance, ainsi prise en bloc, avec trois des facteurs les plus accessibles et les plus prévisibles qu'on pouvait rencontrer à ce propos dans notre document, soit le *secteur de production occupé par le conscrit* (agriculture; ou « non-agriculture »); le *remplacement* dont nous avons montré dans *Studi Storici* qu'il est, comme on pouvait s'y attendre, un indice d'aisance minimale, ou en tout cas de *relative non-pauvreté*); enfin l'*alphabétisation* (cf. tableaux I et I *bis*).

TABLEAU I[1]
*Pourcentage de délinquants
dans les diverses catégories de conscrits*

			Total
I	a) Non-instruits b) Instruits	3,40 % (58 sur 1 706) 2,05 % (115 sur 5 623)	2,36 % (173 sur 7 329)
II	a) Non-agriculteurs b) Agriculteurs	3,27 % (118 sur 3 605) 1,48 % (55 sur 3 724)	2,36 % (173 sur 7 329)

TABLEAU I *bis*
*Pourcentage de délinquants
dans les diverses catégories de conscrits (suite)*

		Total
Hommes non remplacés Remplacés	3,19 % (187 sur 5 866) 0,54 % (9 sur 1 670)	2,60 % (196 sur 7 536)

Ce tableau I *bis* regroupe les mêmes catégories professionnelles que le tableau I ci-dessus; cependant il n'inclut pas les

---

1. Pour l'explication absolument détaillée du contenu de ce tableau, voir la version complète de cet article, parue dans *Annales de démographie historique*, 1972.

remplaçants ; en revanche, il prend en charge, non seulement les conscrits instruits et analphabètes, mais aussi tous ceux, assez nombreux, dont l'instruction n'a pas été mesurée. C'est ce qui fait qu'au total l'effectif utilisé dans ce tableau I *bis* (7 536 hommes) est plus élevé que celui qu'on rencontre dans le tableau I (7 329 hommes).

Pour étudier plus commodément ces trois groupes de données, nous avons donc isolé le bloc des conscrits qui appartiennent aux groupes de la production et des transports (groupes essentiellement populaires [1] : agriculture, artisanat et industrie, mer, transports divers [2]. Au total, 7 536 jeunes gens [3]. Bien entendu, on peut prévoir par avance qu'on trouvera davantage de délinquants : chez les analphabètes ; chez les non-agriculteurs ; enfin chez les non-remplacés (puisque ceux-ci se recrutent essentiellement parmi les groupes les plus pauvres). Il est donc intéressant de pouvoir apprécier les poids respectifs de ces divers facteurs. Laissons parler, à ce propos, les pourcentages (tableau II, p. 92) :

Sur 7 536 conscrits des groupes « populaires » définis ci-dessus (voir note 2, ci-dessus), les non-remplacés [4] sont délinquants à 3,19 % (187 délinquants sur 5 866 non-remplacés) ; les remplacés (qui forment, rappelons-le, le groupe le plus aisé ou, pour être tout à fait exact, le moins pauvre), sont délinquants à 0,54 % seulement (9 délinquants sur 1 670 remplacés). Cet effet positif de la donnée remplacement-richesse comme facteur « antidélinquance » se vérifie au niveau des divers groupes sociaux : par exemple, les agriculteurs remplacés (relativement « aisés » en général) ont 5 délinquants pour 1 032 individus (soit 0,48 %) ; les agriculteurs non-

---

[1]. Dès qu'on arrive aux groupes moyens, ou supérieurs, la délinquance est (prévisiblement) beaucoup plus faible : en additionnant les catégories de conscrits parmi lesquelles un grand nombre d'individus se rattache aux groupes moyens et même supérieurs (catégories = *clergé, propriétaires* et *rentiers, étudiants, professions libérales, cadres moyens, artistes, enseignants, employés d'État, autres employés*), et aussi ceux de la catégorie *commerce* et *alimentation* (qui comprend, dans une mixture inséparable, des jeunes hommes de niveau populaire, et d'autres qui se rattachent à la petite bourgeoisie, et même aux classes moyennes), on trouve au total : *1 367* jeunes gens, dont *24* délinquants, soit 1,76 %, alors que la délinquance moyenne pour l'ensemble de notre échantillon est de 2,40 %.

[2]. Plus précisément ces groupes « populaires » comprennent les catégories : cultivateurs-forêts, résiniers, charbonniers, vignerons, jardiniers, salariés agricoles, ouvriers-travailleurs, domestiques, gens de maison, salariés non spécialisés, métiers des rues et des champs, mer, transports traditionnels, bâtiment, artisanat et industrie, grande industrie et textile.

[3]. Non compris les remplaçants. Voir les chiffres précis dans les tableaux I et I *bis*.

[4]. Ce terme exclut les remplaçants.

TABLEAU II

Catégories professionnelles	Remplacés		Non-remplacés		Remplaçants	
	Délinquants	Total	Délinquants	Total	Délinquants	Total
1. Cultivateurs-forêts	5	1 032	43	2 408	6	584
2. Résiniers - Charbonniers	0	5	1	16	0	2
3. Vignerons-jardiniers	1	69	2	163	0	45
4. Salariés Agricoles	0	26	12	172	2	38
5. Ouvriers-travailleurs	0	33	27	412	4	200
6. Domestiques	0	41	14	348	3	73
7. Gens de maison	0	2	0	6	0	1
8. Salariés non spécialisés	0	9	4	64	1	69
9. Métiers des rues et des champs	0	6	4	28	0	12
10. Mer	0	1	11	237	1	22
11. Transports traditionnels	1	18	2	72	4	48
12. Bâtiment	0	75	17	392	4	186
13. Artisanat et industrie	2	291	35	1 156	6	486
14. Grande Industrie	0	30	9	163	2	98
15. Textile	0	32	6	229	0	84
16. Total des « groupes populaires »	9 0,54 %	1 670	187 3,19 %	5 866	33 1,69 %	1 948

Sur la classification utilisée dans ce tableau, laquelle tient compte de la spécificité et des faiblesses du document, cf. *Studi Storici*, 1969, pp. 274 à 284.

La grande industrie ainsi dénommée est l'industrie de type nouveau qui donne naissance à des métiers tels qu' « employé de machine — lamineur — tôlier-naval — tourneur sur métaux — raffineur ouvrier du gaz, etc. ».

remplacés ont 43 délinquants pour 2 408 personnes (soit 1,79 %, pourcentage triple du précédent). Dans le groupe des classes inférieures qui contient les personnages qualifiés de « salariés agricoles », « ouvriers-travailleurs », « domestiques », et « salariés non-spécialisés », cet effet est particulièrement sensible : alors que les jeunes gens de ces catégories qui sont remplacés (et qui sont probablement fils de parents ayant quelques petits moyens financiers) ne comptent, dans notre échantillon du moins, pas de délinquants (0 délinquant pour 109 individus), ceux d'entre les jeunes qui sont vraiment des prolétaires au sens antique et plein du terme (c'est-à-dire ceux qui sont à la fois membres de ces catégories, et pauvres « non-remplacés [1] ») comptent 57 délinquants pour 996 personnes (soit 5,7 %). De même, dans les groupes « artisanaux et industriels [2] », les conscrits remplacés (qui sont souvent fils de petits patrons ou, en tout cas, fils d'ouvriers pas trop pauvres), comptent seulement 2 délinquants, pour 428 individus (0,47 %); tandis que les non-remplacés dans ces catégories (qui, eux, sont véritablement artisans désargentés ou authentiques prolétaires industriels) recensent 67 délinquants pour 1 940 individus (soit 3,45 % : pourcentage sept fois supérieur).

Être ou naître pauvre, c'est donc être davantage exposé à devenir un jour délinquant. On peut bien sûr, pour un tel phénomène, proposer diverses explications, qui ne s'excluent pas nécessairement les unes les autres : une « justice de classe » sanctionne, sans doute, plus sévèrement la délinquance des misérables, tandis qu'elle est plus indulgente à celle des aisés... Mais nul ne contestera par ailleurs que la pauvreté soit sinon mauvaise conseillère, du moins nourrice de délinquance [3].

Un autre facteur de différenciation par rapport à la délinquance ou non-délinquance, procède du secteur de la production dans lequel est situé le conscrit : dans les différents groupes, agricoles, artisanaux, industriels, et transports qu'envisage le tableau III [4], les agriculteurs sont nettement moins délinquants que les non-agriculteurs : les premiers comptent seulement 1,48 % de délinquants (55 délinquants sur 3 724 individus); les seconds, 3,27 % (118 délinquants sur 3 605 personnes), soit deux fois plus. Les lieux communs

1. Compte non tenu des remplaçants.
2. Soit l'ensemble des catégories : Bâtiment — artisanat et industrie — grande industrie et textile.
3. Cf. tableau III ci-après.
4. Voir aussi le tableau I *(supra)*.

TABLEAU III

Catégories professionnelles	Illettrés : 0		Sachant lire et écrire : 2		Total	
	Délinquants	Total	Délinquants	Total	Délinquants	Total
Total des groupes agricoles	22 2,09 %	1 052	33 1,24 %	2 672	55 1,48 %	3 724
Total groupes populaires, moins les groupes agricoles	36 5,50 %	654	82 2,78 %	2 951	118 3,27 %	3 605
Total des « groupes populaires »	58 3,40 %	1 706	115 2,05 %	5 623	173 2,36 %	7 329

sur l'innocence champêtre ne sont donc pas dénués de fondement. Cette différence tient bien au genre de vie agraire; et pas seulement aux décalages prévisibles entre agriculteurs et non-agriculteurs, décalages qu'on pourrait expliquer simplement par des écarts d'instruction et de richesse entre les deux groupes. En effet, à niveau d'instruction égal, et à niveau de remplacement égal, les *agriculteurs* sont toujours moins délinquants que les non-agriculteurs (tableau IV ci-après).

TABLEAU IV
Pourcentage de délinquants

	Analphabètes	Instruits	Remplaçants	Non-Remplacés	Remplacés
Agriculteurs	2,09 % (22 /1 052)	1,24 % (33 /2 672)	1,20 % (8 /669)	2,10 % (58 /2 759)	0,53 % (6 /1 132)
Non-agriculteurs	5,50 % (36 /654)	2,78 % (82 /2 951)	1,95 % (25 /1 279)	4,15 % (129 /3 107)	0,56 % (3 /538)

Données extraites des tableaux II et III.

Seuls les non-agriculteurs remplacés ont une délinquance, d'ailleurs très faible (0,56 %) qui surclasse à peine, et de façon non significative, celle des agriculteurs remplacés : cela confirme qu'en ce qui concerne la délinquance, le remplacement (comme symptôme de non-pauvreté) constitue une variable écrasante, qui pratiquement élimine la délinquance à tous les niveaux et rend insignifiantes les différences d'environnement (telles que « agriculteurs /non-agriculteurs »), ces différences qui sont au contraire tellement prégnantes parmi les autres colonnes du tableau IV.

La variable « instruction /analphabétisme » n'est pas non plus négligeable, quand il s'agit de différencier les différents niveaux de délinquance. Cette variable cependant est nettement moins active dans ce domaine que ne sont les variables « remplacement », et « environnement » (agriculteurs/ non-agriculteurs). Laissons en effet parler les chiffres (tableau I) : sur 1 706 conscrits analphabètes[1], on en compte 58 qui se sont rendus « coupables » d'un ou plusieurs actes de délinquance : soit 3,40 %; chez les conscrits instruits[2] la délinquance est nettement moins forte : 115 délinquants sur 5 623 conscrits, soit 2,05 %. La différence n'est pas fortuite, puisqu'on la retrouve aussi bien dans les groupes agricoles que dans les groupes non agricoles, comme le montre l'extrait suivant du tableau IV (tableau IV bis).

TABLEAU IV bis
Pourcentage de délinquants

	Agriculteurs	Non-agriculteurs
Chez les analphabètes	2,09 % 22 /1 052	5,50 % 36 /654
Chez les instruits	1,24 % 33 /2 672	2,78 % 82 /2 951

1. Il s'agit des hommes ne sachant ni lire ni écrire : ils sont placés en catégorie « zéro » dans les registres du recrutement qui nous ont servi de source.
2. « Sachant lire et écrire » : catégorie 2 des registres du recrutement. Nous n'avons pas fait entrer en ligne de compte la catégorie n° 1 (« sachant lire, mais non pas écrire ») puisque nous souhaitions travailler sur des groupes nettement tranchés de jeunes gens : ou analphabètes, ou instruits.

Les bienfaits de l'instruction et des Lumières sont donc réels, et ils contribuent, au xixe siècle du moins [1], à conjurer la délinquance... Cela dit, on aurait tort de majorer leur importance. Une lecture attentive du tableau I montre en effet que l'instruction ne vient qu'au troisième rang des facteurs décisifs en ce qui concerne la délinquance. Elle vient en effet après le remplacement, et après l'environnement (agriculteurs/non-agriculteurs) : si on prend (tableaux I et I *bis*) les trois catégories les plus susceptibles de délinquance (non-instruits, non-agriculteurs, et non-remplacés), on s'aperçoit que chacune d'entre elles contient en gros un pourcentage analogue de délinquants : 3,40 % (58 sur 1 706) chez les non-instruits; 3,27 % (118 sur 3 605) chez les non-agriculteurs; et 3,19 % (187 sur 5 866) chez les non-remplacés. Mais si l'on fait disparaître, dans chaque secteur, le critère négatif mis en cause (*non*-instruit, *non*-agriculteur, ou *non*-remplacé), on s'aperçoit que les résultats obtenus sont bien différents selon le facteur auquel on a affaire : en passant des non-instruits aux instruits, la délinquance tombe seulement de 3,40 % à 2,05 %; des non-agriculteurs aux agriculteurs (variable « environnement »), la délinquance tombe davantage, de 3,27 % à 1,48 %; enfin c'est en passant des non-remplacés aux remplacés qu'on obtient la diminution la plus spectaculaire de la délinquance : de 3,19 % à 0,54 %. Autant dire que les facteurs de pauvreté ou de non-pauvreté (dont le remplacement est l'expression grossière, mais incontestable) prédominent, en matière de délinquance, sur ces autres facteurs d'adoucissement des mœurs, que sont l'environnement champêtre, et l'alphabétisation; celle-ci venant très en retrait des deux autres.

Des monographies portant sur telle ou telle catégorie professionnelle confirment le rôle prédominant de la richesse, et le rôle secondaire de l'alphabétisation en ce qui concerne la diminution de la délinquance : ainsi chez les cultivateurs (tableau V), la délinquance est nettement plus forte chez ces *underdogs* sur toute la ligne que sont les « non-remplacés-illettrés » : 2,42 % de délinquants dans ce groupe [2]; elle est, au contraire, beaucoup moins forte chez ces *topdogs* sur toute la ligne que sont les remplacés-instruits (0,48 % de délinquants [3]; cinq fois moins, en proportion, que dans le cas qui

---
1. Le problème se pose sans doute en termes différents dans les sociétés contemporaines.
2. 17 délinquants sur 702 individus.
3. 4 délinquants sur 832 individus dans ce groupe.

TABLEAU V

	Remplacés instruits (« top-dogs »)	Non-remplacés illettrés (« Under-dogs »)	Sachant lire et écrire	Ne sachant ni lire ni écrire	Remplacés	Non-remplacés	Total (sans les remplaçants)
Cultivateurs-Forêts Délinquants :							
— en %	0,48 %	2,42 %	0,99 %	1,91 %	0,48 %	1,79 %	1,40 %
— en nombre absolu	4	17	23	18	5	43	48
Total	832	702	2 326	944	1 032	2 408	3 440

Le total comprend des catégories qui ne sont pas dans ce tableau.

précède). Cependant si l'on essaie de discriminer entre les deux facteurs (remplacement et instruction) qui s'entremêlent dans cette statistique, on s'aperçoit que c'est bel et bien le premier qui l'emporte sur le second : dans ce même groupe d'agriculteurs en effet, les délinquants sont deux fois plus nombreux (1,91 %) parmi l'ensemble des illettrés (remplacés plus non-remplacés) qu'ils ne le sont parmi l'ensemble des instruits (0,99 % de délinquants). Si l'on prend maintenant, toujours dans ce même groupe de cultivateurs, l'opposition remplacés/non-remplacés, on constate que le gradient de délinquance est beaucoup plus fort que dans le cas qui précède, et qu'il varie non plus du simple au double mais du simple au triple ou même davantage. On compte en effet 1,79 % de délinquants chez les non-remplacés contre 0,48% chez les remplacés. Dans ce cas particulier des cultivateurs comme dans le cas général de l'ensemble de notre échantillon de conscrits, le non-remplacement l'emporte nettement sur l'analphabétisme, comme corrélat de la délinquance. C'est la pauvreté qui pousse au délit davantage que l'ignorance. Sans oublier bien entendu que l'ignorance fort souvent est fille de la pauvreté... Au total, il suffit donc de se reporter aux pourcentages précédemment cités pour voir que l'alternative remplacement/non-remplacement, introduite aux divers niveaux professionnels, différencie beaucoup plus fortement les niveaux de délinquance que ne fait l'alternative instruction/analphabétisme.

Même remarque pour les salariés agricoles, les ouvriers travailleurs, les domestiques, les gens de maison, les salariés non spécialisés, les métiers des rues et des champs, catégories généralement pauvres, et assez portées à la délinquance : la délinquance y est maximale chez les non-remplacés [1] (61 délinquants sur un total de 1 030, soit 5,9 %); minimale et même nulle chez les remplacés : aucun délinquant sur un total de 117.

MOBILITÉ GÉOGRAPHIQUE

Une seconde donnée, fort intéressante, est constituée par la mobilité géographique (nos sources sont assez riches en ce qui concerne ce problème, alors qu'elles contiennent peu d'informations sur la mobilité sociale).

La mobilité géographique est influencée sans aucun doute par la pauvreté. C'est particulièrement net chez les jeunes gens des professions agricoles (ligne 1 du tableau VI) : prenons d'abord le cas [2] où la *résidence* départementale du jeune conscrit est différente du *domicile* départemental de ses parents (ce qui implique par exemple que le jeune homme a dû quitter sa famille pour gagner sa vie comme salarié, etc.). Chez les conscrits non remplacés (qui sont par définition les plus pauvres, ou les moins aisés, comme on voudra les appeler), le pourcentage des jeunes gens qui sont affectés par ce genre de mobilité s'établit à 12,21 % (337 sur 2 759 [3]). Au contraire, chez les remplacés, le pourcentage des « mobiles » de ce genre est trois fois moins élevé, au bas mot : les remplacés comptent seulement 3,89 % de mobiles (44 sur 1 132). La différence est flagrante. On a d'un côté une population de paysans aisés, stable, enracinée. De l'autre, des pauvres que leur pauvreté même pousse à bouger.

1. Voir le tableau II : dans ces six catégories, soit, pour le total de délinquants non-remplacés, 12 + 27 + 14 + 0 + 4 + 4 = 61; pour le total des non-remplacés délinquants et non délinquants : 172 + 412 + 348 + 6 + 64 + 28 = 1 030; pour le total des délinquants remplacés : zéro; pour le total des remplacés, délinquants et non délinquants : 117.
2. Nous avons demandé à l'ordinateur de différencier les jeunes gens qui ont élu résidence dans un autre département que celui où se trouve le domicile de leurs parents. Ce type de mobilité géographique étant plus radical et plus prononcé que celui qui impliquerait simplement un transfert de la résidence à une commune différente de celle où se trouve le domicile, mais située toujours à l'intérieur du même département.
3. Consulter le tableau VI.

TABLEAU VI
Résidence ≠ Domicile

	Remplacés		Non-Remplacés		Total	
	A Mobiles	B Total	C Mobiles	D Total	E	F
Total des groupes agricoles	44 3,89 %	1 132	337 12,21 %	2 759	381 9,79 %	3 891
Total des salariés supposés de bas niveau y compris les salariés agricoles	28 25,22 %	111	242 24,15 %	1 002		
Total des groupes populaires non agricoles	81 15,06 %	538	596 19,18 %	3 107	677 18,57 %	3 645
Total des groupes moyens	115 27,85 %	413	131 31,57 %	415	246 29,71 %	828

Dans les groupes populaires non-agricoles en revanche, (ligne 3 du tableau VI), la différence est beaucoup moins flagrante. En effet, ces groupes qui appartiennent notamment à l'industrie et à l'artisanat sont de toute façon beaucoup plus mobiles que les paysans : ils comptent 18,57 % (677 sur 3 645) de conscrits mobiles[1], selon le critère défini plus haut (résidence départementale ≠ domicile départemental); soit deux fois plus que le groupe paysan au total (remplacés et non-remplacés) qui dénombre seulement 9,79 % de mobiles (381 sur 3 891 [2]). Et cette mobilité, cette « bougeotte » des groupes non agricoles, affecte presque autant, mais néanmoins pas tout à fait autant, les remplacés (moins mobiles) et les non-remplacés (plus mobiles). On retrouve une dénivellation entre les deux groupes, mais nettement moins accentuée que chez les paysans. Les remplacés des groupes populaires non agricoles sont mobiles à raison de 15,06 % de leurs effectifs (81 sur 538); les non-remplacés, les pauvres,

1. Colonnes E et F du tableau VI.
2. *Ibid.*, ligne 1.

sont *un peu plus* mobiles, le pourcentage en ce qui les concerne étant de 19,18 % (596 sur 3 107). On voit que la différence existe, qu'elle va dans le même sens que celui qu'on a rencontré précédemment, mais qu'elle est bien loin d'être du simple au triple comme c'était le cas chez les ruraux.

Enfin, dans les groupes qu'on peut qualifier de moyens, (ligne inférieure du tableau VI) la mobilité (résidence $\neq$ domicile) de l'ensemble des hommes (remplacés + non-remplacés) est maximale (29,71 % : 246 sur 828); et il subsiste comme il se doit, même dans ces groupes relativement favorisés, une différence, mais légère, « en faveur » des moins aisés, des non-remplacés qui une fois de plus sont plus mobiles que les aisés (remplacés) : les pourcentages de « mobiles » sont respectivement de 31,57 % (chez les non-remplacés) et de 27,85 % (chez les remplacés). Au total, la pauvreté stimule partout la mobilité; mais c'est spécialement vrai chez les ruraux, qui sont fondamentalement stables quand ils ont un minimum d'aisance; tandis qu'ils affirment une certaine propension à bouger, dès lors qu'ils sont non-remplacés (et, vraisemblablement, pauvres).

*

Toujours à propos de la mobilité du premier type (« résidence » $\neq$ « domicile » : cf. *supra*), on peut se demander quelle est l'incidence de l'instruction (ou de l'analphabétisme) sur ce phénomène [1].

Question de fait d'abord : cette incidence, en tant que telle, est indubitable; et elle va dans le même sens que les facteurs de pauvreté qui ont été envisagés précédemment. Les analphabètes (qui très souvent sont aussi des pauvres) bougent plus que les hommes instruits. Chez les hommes des groupes agricoles, 14,26 % des hommes ignorants (degré zéro : ne sachant ni lire ni écrire) sont mobiles (150 sur 1 052). Alors que ce pourcentage tombe à 8,83% (236 sur 2 672) chez les hommes instruits.

On notera (constatation déjà faite à propos des facteurs de la délinquance), que le gradient dû à la non-instruction est nettement moins fort que celui dû au non-remplacement, celui-ci demeurant le révélateur fondamental d'une « culture de la pauvreté ». Dans le cas qui nous occupe, le gradient « instruction » crée des différences (de pourcentages d'hommes mobiles) qui ne vont même pas du simple au double; alors

---

[1]. Cf. tableau VII.

TABLEAU VII

	Instruits (2)		Illettrés (0)	
	A Mobiles	B Total	C Mobiles	D Total
Total des groupes agricoles	236 8,83 %	2 672	150 14,26 %	1 052
Total partiel des salariés de bas niveau (y compris les salariés agricoles.)	184 23,26 %	791	91 27,74 %	328
Total groupes populaires non agricoles	545 18,47 %	2 950	146 22,32 %	654

que ces différences variaient du simple au triple, quand on faisait intervenir (ou non) les critères de remplacement [1].

Parmi les groupes populaires non-agricoles [2], la mobilité est également plus forte chez les analphabètes qu'elle n'est chez les hommes instruits. Mais le gradient est faible : 22,32 % d'hommes mobiles dans le premier cas (analphabètes), soit 146 sur 654; contre 18,47 % dans le second (instruits), soit 545 sur 2 950. Même remarque que dans le paragraphe précédent (relatif au remplacement [3]) : les non-agricoles étant de toute façon très mobiles, les différences qu'introduisent les critères d'analphabétisme apparaissent somme toute comme assez minimes. Elles existent cependant, et vont toujours dans un sens analogue : moins on est instruit, plus on bouge.

On notera aussi que la pauvreté, à la fois culturelle et matérielle, demeure le facteur de mobilité fondamental : comme il est indiqué par le fait que ce sont les analphabètes qui migrent le plus. Or, si on se plaçait du strict point de vue des « Lumières », sans tenir compte des facteurs de pauvreté, on tendrait au contraire à penser que les hommes instruits devraient « remuer » davantage (l'instruction étant censée leur ouvrir davantage d'horizons...). Le fait que néanmoins,

1. *Supra* p. 99, tableau VI.
2. Étage inférieur du tableau VII.
3. *Supra* p. 99.

à tous les niveaux, ce sont les analphabètes qui se déplacent le plus, indique bien que la tendance au changement de résidence leur est suggérée par l'appartenance à un groupe inférieur et pauvre. L'alphabétisation, au contraire, ne paraît pas, en l'occurrence, stimuler spécifiquement la migration.

TABLEAU VIII

Cultivateurs-Forêts

	Remplacés instruits	Non-remplacés illettrés	Militaires instruits	Militaires illettrés	Remplacés	Non-remplacés	Total (sans les remplaçants)
Mobiles	3,12 % (26)	13,11 % (92)	7,57 % (176)	12,9 % (122)	3,39 % (35)	11,17 % (269)	8,84 % (304)
Total	832	702	2 326	944	1 032	2 408	3 440

Nous avons du reste essayé (cf. tableau VIII), pour une catégorie au moins (les « cultivateurs-forêts[1] »), de combiner les deux critères de bas niveau (non-remplacement, et analphabétisme). On voit que les résultats sont extrêmement orientés : les cultivateurs les plus aisés et les plus instruits bougent peu (3,12 % d'entre eux ont une résidence différente du domicile de leurs parents); alors que les pauvres ignares (non-remplacés analphabètes) sont quatre fois plus mobiles (le pourcentage homologue s'élevant chez eux à 13,11 %). Si l'on décompose les facteurs combinés dans ce raccourci, on s'aperçoit que c'est la pauvreté proprement dite, plus que l'ignorance proprement dite qui constitue le facteur fondamental de « bougeotte » : pour le critère précité (résidence ≠ domicile), dans le groupe des « cultivateurs-forêts », les non-remplacés sont presque quatre fois plus mobiles que les remplacés (pourcentages respectifs : 11,17 % contre 3,39 %); alors que chez les analphabètes, par rapport aux hommes instruits, la différence de mobilité n'est même pas du simple au double (12,9 % contre 7,57 %). C'est bien la pauvreté, fondamentalement, qui pousse l'homme à migrer (cf. tableau VIII). C'est, sinon la faim, du moins la gêne qui fait « sortir le loup du bois ».

---

1. Cette catégorie groupe les cultivateurs *et* les travailleurs des forêts.

★

Un autre critère intéressant est celui de la mobilité des parents (qui se traduit par le fait que le lieu de naissance du conscrit est différent du domicile des parents [1], ce domicile étant enregistré vingt ans après la naissance, au moment où le conscrit est fiché par le conseil de Révision). *A priori* on s'attendrait à ce que ce genre de « parents mobiles » au moins en milieu populaire, soit en moyenne plus pauvre et plus « déshérité » matériellement et culturellement, que les « parents stables ». La réalité vérifie cruellement (et si l'on peut dire : brillamment) cette « expectation » théorique (voir tableau IX) : les enfants de « parents mobiles » dans le groupe des « *cultivateurs-forêts* » comptent 21,15 % de remplacés seulement par rapport au total des « non-remplacés plus remplacés » (165 remplacés sur 780 « non-remplacés plus remplacés »); les enfants de « parents stables », eux, (toujours dans ce groupe « cultivateurs-forêts »), dénombrent des pourcentages beaucoup plus forts de remplacés : 867 remplacés sur 2 660 « non-remplacés plus remplacés », soit 32,59 %. En ce qui concerne l'analphabétisme, on constate un gradient analogue : l'ensemble des conscrits « cultivateurs-forêts », fils de parents mobiles, compte 41,95 % d'analphabètes; l'ensemble des conscrits « cultivateurs-forêts », fils de parents stables, compte seulement 24,20 % d'analphabètes.

Au total, si l'on oppose, comme nous l'avons fait maintes fois, la catégorie cumulative « déshérités » (analphabètes non-remplacés) à la catégorie cumulative « favorisés » (remplacés « d'instruction 2 ») [2] (voir tableau IX *bis*), on constate que les parents mobiles chez les « cultivateurs-forêts » engendrent beaucoup plus de déshérités que ne font les « parents stables ». La catégorie « cultivateurs-forêts » fils de « parents mobiles » produit 241 « déshérités » contre 116

---

1. Dans le cas de cette étude, sur le « lieu de naissance » différent ou non du « domicile », l'ordinateur n'enregistre pas seulement la mobilité d'un département à un autre, mais en général *toute* mobilité *d'une commune à une autre;* que cette mobilité soit intradépartementale ou interdépartementale. Notre étude dans ce cas porte donc en général sur le mouvement « brownien » des conscrits et de leurs familles, et pas seulement comme dans le cas précédent sur les mouvements de plus grande ampleur qui mènent d'un département à un autre. Les conclusions qu'on peut tirer quant à la relation des différentes données (remplacement — délinquance — instruction...) avec la mobilité des conscrits ne sont pourtant pas substantiellement différentes selon qu'on a affaire à l'un ou à l'autre des deux types de mouvement qu'on vient d'évoquer dans cette note.
2. « Instruction 2 » : conscrit sachant lire et écrire.

TABLEAU IX

	A Illettrés	B [1] Ins- truits 1	C Ins- truits 2	D Rem- placés	E Non- rem- placés
Cultivateurs-forêts					
1. a) Parents mobiles	318	18	422	165	615
b) — stables	626	57	1 904	867	1 793
Salariés agricoles					
2. a) Parents mobiles	30	2	38	6	64
b) — stables	38	3	91	20	108
Ouvriers-travailleurs					
3. a) Parents mobiles	44	3	84	3	127
b) — stables	75	4	267	30	285
Doméstiques					
4. a) Parents mobiles	52	6	75	14	132
b) — stables	51	8	170	27	216
Gens de maison					
5. a) Parents mobiles	0	0	4	2	3
b) — stables	0	0	3	0	3
Salariés non spécialisés					
6. a) Parents mobiles	18	1	23	4	30
b) — stables	20	0	36	5	34
Bâtiment					
7. a) Parents mobiles	24	1	111	16	120
b) — stables	42	5	311	59	272
Artisanat et Industrie					
8. a) Parents mobiles	65	3	355	66	398
b) — stables	103	11	958	225	758
Grande industrie					
9. a) Parents mobiles	22	1	65	10	67
b) — stables	30	0	102	20	96
Textile					
10. a) Parents mobiles	20	2	44	7	59
b) — stables	37	0	167	25	170
Employés d'État					
11. a) Parents mobiles	0	1	18	16	7
b) — stables	0	2	20	15	7
Autres employés					
12. a) Parents mobiles	1	0	96	58	44
b) — stables	2	1	158	118	55
Professions libérales, cadres moyens et artistes					
13. a) Parents mobiles	0	0	6	6	5
b) — stables	1	1	10	6	6
Étudiants					
14. a) Parents mobiles	0	0	49	32	26
b) — stables	0	0	115	65	64
Groupes supérieurs					
15. a) Parents mobiles	1	0	6	6	2
b) — stables	1	0	54	40	19

1. Rappelons que les instruits 1 (colonne B) correspondent aux conscrits sachant lire, *mais non écrire*, tandis que les instruits 2 (colonne c) correspondent aux conscrits sachant lire *et écrire*.

« favorisés ». La catégorie « cultivateurs-forêts » fils de « parents stables » produit 461 « déshérités » contre 716 « favorisés ». Les proportions comme on voit se renversent d'un groupe à l'autre.

TABLEAU IX bis
Cultivateurs-Forêts

	Remplacés d'inst. 2	Non-remplacés illettrés
Parents mobiles	116	241
Parents stables	716	461

Même situation, mais en moins accentué, dans le vaste groupe des salariés non spécialisés, ou peu spécialisés[1] : on y trouve 7,53 % de remplacés chez les conscrits fils de parents mobiles contre 11,26 % de remplacés chez les conscrits fils de parents stables. Chez ces ouvriers de bas niveau, pauvres ou peu aisés dans l'ensemble, l'instabilité géographique est donc bien un symptôme *supplémentaire* de pauvreté. Cette impression est plus forte encore, si l'on utilise le critère d'alphabétisation : les conscrits qui sont ouvriers non spécialisés ou peu spécialisés fils de parents *mobiles* comptent 37,89 % d'analphabètes, ceux du même groupe qui sont fils de parents stables comptent seulement 24,02 % d'analphabètes. Donc, même en un milieu qui par avance est pauvre, et démuni, comme c'est le cas pour ces jeunes ouvriers dont la qualification est nulle, ou médiocre, le déracinement des parents introduit une dose supplémentaire, très forte, de probabilité d'analphabétisme pour les enfants!

Prenons maintenant la catégorie des conscrits qui, ouvriers ou artisans, travaillent dans l'industrie ou l'artisanat, et qui sont en principe du moins, d'après l'indication professionnelle qu'on leur affecte, qualifiés, ou, au minimum, spécialisés[2] : parmi ceux qui sont fils de parents mobiles, 13,32 % se font remplacer[3]; la situation, comme on pouvait s'y attendre est bien meilleure dans ce même groupe, chez les

---

[1]. Salariés agricoles, ouvriers travailleurs, domestiques, gens de maison, salariés non spécialisés (tableau IX).
[2]. Nous avons retenu pour la définition de ce groupe les lignes bâtiment, artisanat et industrie, grande industrie et textile (tableau IX).
[3]. Soit 99 remplacés sur 743 non-remplacés plus remplacés.

enfants de familles stables : 20,25 % d'entre eux se font remplacer [1]. Donc dans l'industrie et l'artisanat (où l'on sait que le niveau de vie des travailleurs, qu'ils soient conscrits ou parents de conscrits, est loin d'être toujours brillant), l'instabilité géographique des parents est liée, une fois de plus, à une certaine médiocrité du niveau de vie (quel que soit le sens dans lequel joue la liaison causale : pauvreté → migration, ou migration → pauvreté; nous nous intéressons, pour le moment, à la seule existence d'une relation).

En ce qui concerne l'analphabétisme : ces catégories industrielles-artisanales sont relativement éduquées. Néanmoins, la présence du facteur « mobilité des parents » *versus* stabilité introduit, comme dans les paragraphes précédents, une nette discrimination : les conscrits « artisans-industriels » fils de parents mobiles comptent 18,37 % d'illettrés [2]. Ceux qui dans le même groupe sont fils de « parents stables » comptent très exactement 12 % d'illettrés seulement [3]. Nettement moins. Et comme on voit, la différence va toujours dans la même direction.

Dans la catégorie qui rassemble les groupes « moyens et supérieurs [4] », la différence, fait remarquable, est toujours de même direction; elle est cependant beaucoup moins marquée que pour les catégories précédentes, puisque, il s'agit (pour ainsi dire, par définition) de groupes d'hommes caractérisés par une forte mobilité géographique, laquelle est bien loin, on s'en doute, de conduire toujours à un échec socio-économique. C'est à ce niveau en effet que le phénomène « Rastignac » joue le plus pleinement.

Il n'en reste pas moins que, même dans ces groupes aisés, les conscrits fils de parents mobiles comptent 58,42 % de remplacés [5], alors que ceux qui sont fils de parents stables sont remplacés à 61,77 % [6]. Il est donc permis de suggérer (ce qui n'étonnera personne, mais constitue tout de même une intéressante confirmation) qu'à tous les niveaux, et bien entendu surtout dans les strates inférieures, la société française des années 1848-1868 pénalise la mobilité géogra-

---

1. Soit 329 remplacés sur 1 625 non-remplacés et remplacés.
2. Soit 131 illettrés sur 713 conscrits dont l'instruction a été examinée.
3. Soit 212 illettrés sur 1 766 conscrits dont l'instruction a été examinée.
4. Soit les employés d'État, les autres employés, les professions libérales, cadres moyens, et artistes, les étudiants et groupes supérieurs; nous n'avons pas retenu, dans cette catégorie, les jeunes gens qui sont qualifiés « d'enseignants » ou « membres du clergé » puisqu'ils bénéficient de dispenses spéciales.
5. 118 remplacés sur un total de 202 remplacés plus non-remplacés.
6. 244 remplacés sur un total de 395 remplacés plus non-remplacés.

phique et privilégie la stabilité et le « localisme ». Du moins en ce qui concerne le cas précis de la classe 1868.

★

Nous donnons du reste, ci-après, une autre présentation d'ensemble de nos chiffres pour faire ressortir le lien entre mobilité des parents et pauvreté des enfants (nous ne prétendons pas bien sûr que la mobilité engendre la pauvreté, — encore que ce puisse être quelquefois le cas —, mais nous concluons simplement que mobilité parentale et pauvreté des fils se profilent sur un même arrière-plan socio-économique qui est la pauvreté d'un groupe socio-économique donné). Le tableau X ci-après montre bien qu'à tous les niveaux (agricoles; non-agricoles; et même, groupes moyens et supérieurs) les remplacés (jeunes gens relativement aisés), comprennent nettement moins d'enfants de parents mobiles, que les non-remplacés et les remplaçants. Ces deux dernières catégories (qui sont toutes deux caractérisées par la pauvreté en tout cas par la non-richesse), présentent, du reste, quand on les confronte l'une à l'autre, des pourcentages généralement comparables — et toujours élevés — d'enfants de parents mobiles (cf. tableau X).

TABLEAU X

Pourcentage d'« enfants de parents mobiles », par rapport au total des conscrits dans la catégorie considérée

	Remplaçants	Non-remplacés	Remplacés
I. Agricoles	27,80 %	26,53 %	15,99 %
II. Travailleurs manuels non agricoles	32,37 %	33,47 %	24,35 %
I et II. Groupes agricoles et non agricoles	30,80 %	30,20 %	18,69 %
III. Commerce alimentation et groupes moyens	42,04 %	37,38 %	32,67 %
Total complet (I, II, III) [sans les groupes supérieurs]	31,64 %	30,66 %	21,39 %

Ces décrochages, entre, d'une part, les niveaux de non-richesse et de pauvreté (remplaçants, et non-remplacés, qui en moyenne ont des parents plus mobiles), et, d'autre part, les niveaux d'aisance ou de moindre pauvreté (remplacés, qui en moyenne ont des parents moins mobiles), n'empêchent pas que par ailleurs la mobilité s'accroisse de toute façon à *tous* les niveaux, pauvres ou moins pauvres, moins aisés ou aisés, dès lors qu'on passe du groupe agricole au groupe des travailleurs manuels non agricoles; et de celui-ci aux groupes moyens.

★

L'archive militaire nous permet également de suivre la mobilité *après* la période passée à la caserne, et une fois le conscrit rendu à la vie civile (et cela pendant toute la période de réserve : jusqu'à l'âge de 40 ans). Nous appelons ce phénomène « mobiles 2 » ou « résidence 2 ». Celle-ci est beaucoup moins stimulée par la pauvreté initiale, — pauvreté du jeune homme et (ou) de ses parents —, que ne l'étaient les formes de mobilité précédente (mobilité jusqu'à 20 ans).

TABLEAU XI

	Remplacés		Non-remplacés	
	A Mobiles 2	B Total	C Mobiles 2	D Total
Cultivateurs-forêts	150 14,53 %	1 032	487 20,22 %	2 408
Total du groupe agricole	181 15,99 %	1 132	573 20,77 %	2 759
Total partiel des groupes populaires non agricoles	123 22,86 %	538	786 25,30 %	3 107

Certes, les paysans non-remplacés sont plus mobiles que les remplacés, du point de vue de la « résidence 2 ». Dans le groupe des cultivateurs-forêts, on compte en effet : 20,22 % de conscrits qui seront affectés d'une « résidence 2 », chez les non-remplacés; contre 14,53 %, chez les remplacés. Et, dans l'ensemble des groupes agricoles, ces pourcentages sont respectivement de 20,77 % et 15,99 %. Parmi les groupes populaires non-agricoles partie inférieure du tableau XI, il y a aussi une tendance un peu plus forte à la « résidence 2 » chez les non-remplacés, par rapport aux remplacés (25,30 % contre 22,86 %). Mais ces différences ne se retrouvent pas, et même s'inversent dans le groupe des salariés de bas niveau (voir tableau XI *bis* ci-après), (25,45 % contre 27,93 %); et aussi dans les groupes moyens (voir tableau XII ci-après), (29,16 % contre 36,32 %). Par conséquent, il n'y a pas, dans ces derniers cas, d'influence univoque de la pauvreté initiale sur le changement de résidence après 20 ans : un tel changement est beaucoup moins, si l'on peut dire, corrélé par l'échec, que ne l'étaient les changements de résidence des jeunes hommes, *avant* que ceux-ci aient atteint 20 ans. Les causes de ces disparités peuvent fort bien être conjoncturelles : en effet, ceux qui parmi les parents de nos jeunes gens ont « joué la mobilité » entre 1848 et 1868, n'ont pas, semble-t-il, obtenu des résultats particulièrement brillants (à en juger par leur faible capacité à faire remplacer et éduquer leurs rejetons). Au contraire, la mobilité de nos jeunes gens eux-mêmes après 20 ans, autrement dit après 1868, ne paraît pas liée universellement, pour tous les niveaux, à un handicap initial. Bien loin de là. Nos dossiers proposent là des contrastes qui demanderaient pour être éclaircis la mise en cause de documentations plus vastes. Celles-ci ne sont pas envisagées dans le cadre de notre étude, laquelle est délibérément consacrée à l'explication d'un grand document, et de lui seul; nous nous bornons donc à poser le problème.

TABLEAU XI *bis*

Relatif à la donnée « résidence 2 » et portant sur le total des salariés supposés de bas niveau (soit salariés agricoles, ouvriers travailleurs, domestiques, gens de maison et salariés non spécialisés).

Remplacés		Non-remplacés	
dont Jeunes gens affectés d'une résidence 2	Total	dont Jeunes gens affectés d'une résidence 2	Total
31 soit 27,92 %	111	255 soit 25,45 %	1 002

Ces salariés sont nettement plus mobiles que les agriculteurs. Quant à l'effet négatif du facteur « remplacement-richesse » comme frein à la mobilité, effet si net pour les formes de migrations précédemment envisagées, il n'existe plus au niveau de la résidence 2.

TABLEAU XII
Relatif à la donnée « résidence 2 », et portant sur le total des « groupes moyens »

	Remplacés		Non-remplacés	
	Mobiles 2	Total	Mobiles 2	Total
Commerce aliment.	65	194	85	291
Employés d'État	21	31	4	14
Autres employés	57	176	31	99
Cadres moyens - Profes. libérales et artistes	7	12	1	11
Total	150	413	121	415
		36,32 %		29,16 %

Donc ici, c'est le « riche », ou du moins le « moins pauvre » qui bouge le plus.

Une autre donnée suggère que la « résidence 2 » est assez indépendante du handicap initial de la pauvreté (alors que les formes antérieures de mobilité étaient au contraire fortement affectées par celui-ci) : la « résidence 2 » en effet n'est nullement influencée par l'analphabétisme, au moins dans la masse capitale des paysans : les jeunes paysans analphabètes comptent 17,96 % de conscrits qui seront affectés d'une « résidence 2 » (ligne 5, colonnes C et D du tableau XIII); les instruits, 17,93 % (ligne 5, colonnes A, B, du tableau XIII). L'analphabétisme ou l'instruction n'introduisent donc dans ce cas aucune disparité; alors que, parmi d'autres symptômes de dénuement, l'analphabétisme faisait nettement partie (en ce qui concerne les formes de mobilité précédemment évoquées), de ce complexe de la pauvreté, qui contribuait à engendrer la « bougeotte », et aussi la délinquance, chez les ruraux.

TABLEAU XIII

	A — B Instruction degré 2		C — D Instruction degré 0	
	Mobiles 2	Total	Mobiles 2	Total
Total du groupe agricole	479	2 672 17,93 %	189	1 052 17,96 %
Total du groupe populaire non agricole	697	2 950 23,63 %	122	654 18,65 %
Total des groupes moyens	235	741 31,71 %	14	52 26,92 %

★

LA STATURE

Par ailleurs, et une fois traités ces problèmes de délinquance et de migration, nous ne reviendrons pas sur les autres conclusions du précédent article [1], sauf pour un point, la stature : il s'agit là en effet d'une variable où de plus en plus il apparaît que les facteurs « culturels » (au sens anthropologique du mot culture : culture matérielle *et* spirituelle) concurrencent les facteurs génétiques; parmi les conscrits, il est aisé de voir par le tableau ci-après (tableau XIV), que les illettrés sont décidément plus petits que les hommes instruits; les seuils décisifs se situant :

a) à moins de 1,60 m : 20,31 % des conscrits illettrés ont moins de 1,60 m; alors que seulement 13,82 % des conscrits instruits se trouvent dans cette même situation physique.

b) à 1,70 m, et au-dessus, où le contraste est inverse : seuls 15,32 % des illettrés atteignent ou dépassent cette taille contre 22,50 % des instruits. Nous avons montré dans

1. *Studi Storici*, 1969, *art. cité*, p. 291.

Studi Storici (1969) que ces différences physiques ne dérivaient pas fondamentalement de l'origine géographique des illettrés (qui certes se recrutent surtout dans les départements du Centre, du Sud, et de l'Ouest, peuplés de petits hommes). Mais qu'elles tenaient bel et bien au fait lui-même de la pauvreté (dont l'analphabétisme est un symptôme parmi d'autres); et aussi au temps plus ou moins long passé à l'école; la scolarisation, en diminuant la dose de travail physique infligé au jeune enfant, a-t-elle tendance à stimuler la pousse humaine?

TABLEAU XIV
Effet de l'analphabétisme sur la stature

	Illettrés		Instruits degré 2	
	%	Nombre absolu	%	Nombre absolu
≤ 1,59 m	20,31 %	362	13,82 %	923
entre 1,60 m et 1,64 m	35,52 %	633	31,61 %	2 112
entre 1,65 m et 1,69 m	28,84 %	514	32,08 %	2 143
≥ 1,70 m	15,32 %	273	22,50 %	1 503
Total	100	1 782	100	6 681

De ce point de vue, le précédent sondage *(Studi Storici)*, était topique : il écartait les grandes villes et fut effectué pour l'essentiel dans des régions tendanciellement moins riches, sises au Centre, à l'Ouest, et au Sud de la France où fleurissent les illettrés et les petites tailles; ce sondage y faisait néanmoins ressortir que même dans ces zones relativement défavorisées, les hommes instruits étaient de plus grande taille que leurs contemporains illettrés. Ce qui paraît être mis en cause, donc, c'est, à identité de région, le niveau de vie et le mode de vie des uns et des autres plus que le recrutement géographique.

De même, et pour en revenir maintenant au gros sondage à 11 819 conscrits qui fait l'objet du présent article, les remplacés y sont nettement plus grands que les non-remplacés et que les remplaçants : les remplacés se répartissent en effet à raison de 33,6 % et de 26,7 % dans les catégories respectives d'hommes moyens-grands (1,65 m-1,70 m) et grands ($\geqslant$ 1,70 m). (Cf. tableau XV). Alors que ces pourcentages sont seulement de 30,4 % et 18,9 % chez les non-remplacés et de 30,9 % et 20,8 % chez les remplaçants. Et inversement, au-dessous de 1,65 m, et surtout de 1,60 m, on compte des pourcentages partout plus élevés chez les non-remplacés et chez les remplaçants que chez les remplacés.

TABLEAU XV

Stature et remplacement
(les pourcentages s'additionnent verticalement)

	Remplaçants	Non-remplacés	Remplacés
$\leqslant$ 1,59 m	15,6 % (350 sur 2 234)	17,2 % (1 083 sur 6 283)	10,6 % (242 sur 2 265)
entre 1,60 m et 1,64 m	32,4 % (726 sur 2 234)	33,3 % (2 096 sur 6 283)	28,8 % (653 sur 2 265)
entre 1,65 m et 1,69 m	30,9 % (692 sur 2 234)	30,4 % (1 913 sur 6 283)	33,6 % (763 sur 2 265)
> 1,70 m	20,8 % (466 sur 2 234)	18,9 % (1 191 sur 6 283)	26,7 % (607 sur 2 265)

En dépit du fait que les remplaçants sont « sélectionnés », théoriquement du moins, parmi des hommes « plus grands » et en principe plus âgés, ils ont pratiquement la même taille que les non-remplacés, preuve qu'il s'agit de deux groupes de jeunes gens dont les conditions économico-socio-culturelles de croissance physique furent en gros analogues de la naissance à l'âge de 20 ans. Au contraire, les remplacés se détachent nettement par leur stature plus haute.

On peut se demander aussi quel est le facteur qui contribue de la façon la plus importante à « faire » des hommes petits (ou grands). Est-ce le *mode* de vie (agricole, non agricole)? Ou, est-ce le *niveau* de vie (pauvreté, bas niveau d'existence dénoncé par l'analphabétisme, ou bien l'inverse : aisance)? La réponse de nos tableaux est assez claire : le niveau de vie est plus important que le mode de vie. En effet, prenons les deux groupes extrêmes quant au *niveau :* d'un côté, les illettrés non-remplacés (groupe le plus déshérité); de l'autre, les hommes instruits remplacés (groupe le plus favorisé). Et suivons leur comportement respectif quant à la stature dans les diverses branches (agricoles, travailleurs manuels non agricoles; commerce alimentation; et groupes moyens et supérieurs [1]). Nous voyons que les « favorisés » (instruits-remplacés, (colonne A du tableau XVI), comptent 9,83 %

TABLEAU XVI

	A Remplacés d'instruction 2	B Non-remplacés d'instruction 0
Cultivateurs-Forêts 1. $\leq$ 1,59 m $\geq$ 1,70 m	9,83 % (81 /824) 26,09 % (215 /824)	21,63 % (151 /698) 13,90 % (97 /698)
Salariés agricoles et ouvriers-travailleurs, domestiques, salariés non spécialisés 2. $\leq$ 1,59 m $\geq$ 1,70 m	13,25 % (11 /83) 30,12 % (25 /83)	23,82 % (61 /256) 16,01 % (41 /256)
Bâtiment, Industries traditionnelles, grande industrie et textile 3. $\leq$ 1,59 m $\geq$ 1,70 m	10,74 % (39 /363) 28,65 % (104 /363)	21,43 % (48 /224) 15,18 % (34 /224)
Groupes, moyens et supérieurs, Commerce alimentation, employés d'État, autres employés, enseignants, professions libérales, cadres moyens, artistes étudiants, groupes supérieurs 4. $\leq$ 1,59 m $\geq$ 1,70 m	7,22 % (34 /471) 28,87 % (136 /471)	sont en nombre insuffisant

d'hommes de moins de 1,60 m, et 26,09 % d'hommes de plus de 1,69 m, chez les « cultivateurs-forêts »; ces pourcentages ne sont pas fondamentalement différents chez les manuels non agricoles (10,74 % et 28,65 %); et dans l'ensemble des jeunes gens qui appartiennent au commerce alimentation, et aux groupes moyens et supérieurs (7,22 % et 28,87 %);

1. Cf. tableau XVI.

et même chez les jeunes gens ayant un statut de salarié pas ou peu spécialisé (respectivement 13,25 % et 30,12 %).

Mais dès que dans chacun des quatre ensembles précités, on passe de la fraction favorisée (remplacés-instruits), à la fraction déshéritée (analphabètes-non-remplacés), (colonne B du tableau XVI), quel contraste! Et là également, il s'agit d'une disparité qui s'affirme dans chaque ensemble, indépendamment de la tonalité de cet ensemble; que celui-ci soit, ou non, agricole. C'est ainsi que, dès lors qu'ils font partie des « déshérités » (analphabètes-non-remplacés), les « cultivateurs-forêts » comptent 21,63 % d'hommes petits (moins de 1,60 m) et 13,90 % d'hommes grands; les manuels non-agricoles 21,43 % et 15,18 %, les salariés divers 23,82 % contre 16,01 %.

C'est donc bien le niveau de vie (favorisés *versus* déshérités) plus que le mode de vie (agricoles *versus* non-agricoles) qui crée en l'occurrence le contraste dans l'anthropologie physique.

Ailleurs, au contraire, dans les domaines qui furent étudiés aux paragraphes initiaux de cet article, les deux complexes, celui du « mode » et celui du « niveau de vie » combinent leur action pour influencer les données majeures qui concernent la délinquance et les migrations.

Le mouvement des loyers parisiens de la fin du Moyen Age au XVIIIe siècle [1]

Les archives des communautés ont constitué, pour des générations de chercheurs, l'une des sources fondamentales de l'histoire économique. Qu'elles soient universités, hôpitaux, chapitres de chanoines, ou fabriques, les communautés sont immortelles; ou du moins leur longévité n'a pas de commune mesure avec celle des individus. Les files de registres communautaires ont donc fourni, comme on sait, la substance de nombreux travaux sur les courbes de longue durée des prix, des rentes, des salaires, des dîmes.

Dans cette prolifération de graphiques, le secteur des loyers citadins est demeuré l'un des parents pauvres, parmi les études d'histoire quantitative à base « communautaire ». Les raisons de cette carence sont simples : d'une part, les historiens de l'économie, fascinés par les questions agraires, se sont intéressés en premier lieu aux baux des champs; autrement dit à la rente foncière rurale; la rente foncière urbaine avant 1789 a été délaissée. D'autre part, les difficultés d'identification des maisons, les problèmes posés par le vieillissement de celles-ci ont souvent découragé la recherche sur les baux citadins, avant même qu'elle soit entreprise. En outre, l'énormité de la documentation semble avoir paralysé les chercheurs, une fois acquises les premières explorations du marquis d'Avenel, dont les résultats ne sont d'ailleurs pas sans valeur. La question posée par les loyers urbains, dans le long terme, était pourtant passionnante; mais elle était si épineuse qu'elle en paraissait quelquefois insoluble.

Il semble, cependant, que le moment soit venu pour une

---

1. *Annales*, juil.-août 1970 (en collaboration avec P. Couperie).

nouvelle approche du problème : les techniques modernes, issues des ordinateurs, permettent une véritable révolution historiographique; elles autorisent le traitement exhaustif d'un très grand nombre de données : un nombre dont les historiens d'autrefois, si éminents qu'ils fussent, ne pouvaient rêver, prisonniers qu'ils étaient de leurs méthodes artisanales. Or, précisément, toute étude sur les loyers citadins, du fait même des embûches propres au sujet, implique, pour être représentative, l'usage d'informations très nombreuses et d'une assise documentaire à larges bases : mettre à contribution des sources abondantes c'est, en effet, la possibilité de bâtir des courbes multiples, de les corréler entre elles, d'utiliser ces fameux tests de concordance qui fondent la validité de toute histoire économique d'ancien régime. L'étude que nous présentons est fondée sur un stock de plus de 20 000 baux, ou mentions de loyers, dont chacun ou chacune comporte plusieurs informations intéressantes. En utilisant, quand il le fallait, l'ordinateur, nous avons pu mettre en œuvre, par dizaines de milliers, les données contenues dans notre corpus documentaire; et nous avons pu tirer, de l'ensemble ainsi ordonné, des séries qui, à l'examen, se sont révélées résistantes à la critique, puisqu'elles étaient compatibles les unes avec les autres.

Des deux auteurs de cette étude, l'un est spécialiste d'histoire urbaine et notamment de Paris; l'autre s'intéresse, en tant qu'historien de l'économie, aux tendances longues de la conjoncture; l'étude des baux citadins se situe au confluent de ces deux préoccupations.

Pris en tant qu'indicateur conjoncturel, le mouvement du loyer reflète des tendances complexes. Il se situe en effet, de façon vraisemblable, au point d'intersection d'une demande et d'une offre. Côté demande, les facteurs essentiels, posés, en terme frustes, paraissent dériver de la démographie et du pouvoir d'achat : quand une ville se peuple, quand le nombre de ses habitants augmente, quand ces habitants disposent pour une partie d'entre eux, au moins, d'un revenu réel ascendant, il y a gros à parier qu'une pression à la hausse s'exercera sur les loyers *réels* de la ville en question. Mais à ce moment bien sûr, tout dépend de l'offre de logements : selon que l'on bâtit peu ou beaucoup de maisons et d'appartements, la tendance précitée à la hausse devient vertigineuse; ou bien, au contraire, elle est contenue dans des limites plus raisonnables. Les baisses de loyers s'interprètent éventuellement, côté offre et côté demande, en termes inverses.

D'où l'utilité de disposer sur plusieurs siècles, et pour une grande ville, d'une courbe des loyers solidement assise. Il va de soi que cette courbe ne répond de façon définitive à aucun des problèmes (démographie, pouvoir d'achat, bâtiment), que nous venons d'évoquer. Mais elle permet de poser toutes ces questions, en termes de chronologie fine, sur une base plus précise. Elle permet aussi de recouper, pour les accepter ou pour les questionner, les informations dont nous disposons par ailleurs, sur ces problèmes capitaux : population, revenu, construction.

L'élaboration de cette courbe devient passionnante quand il s'agit de Paris et de sa région. Aujourd'hui encore, alors que nous savons tant de choses sur les trends anversois, beauvaisins, ou sévillans, la vie économique de Paris sous l'Ancien Régime demeure un mystère et sa population une énigme. Une énigme que les incendies des archives ont rendue par endroits impénétrable. Dans ces conditions, éclairer l'histoire du loyer, même sous l'angle modeste des comptabilités communautaires, c'est contribuer à dissiper un peu de cette brume opaque. Et l'on ne peut oublier, dans cette perspective, que Paris témoigne au-delà de lui-même; le diagramme des loyers de la capitale, une fois mis au point, autorise mainte entreprise comparative avec la rente foncière rurale, dans le plat pays d'Ile-de-France ; comparaison aussi avec d'autres conjonctures plus lointaines, françaises ou étrangères, quand celles-ci se prêtent aux confrontations.

Un bref éclaircissement méthodologique s'impose d'abord sur les problèmes de déflation ou de conversion. Nos chiffres peuvent se présenter en effet sous une double forme : en *nominal* (en livres tournois) et en *déflaté* (équivalent en setiers ou en hectolitres de blé). Pourquoi cette distinction?

Elle répond bien sûr au problème lancinant de la dépréciation de la monnaie de compte (la livre tournois). Toutes nos courbes nominales, quand on les laisse en livres tournois, semblent bondir littéralement, si l'on examine leur comportement sur trois siècles. Le marché des locations n'est pas responsable, ou bien peu, quant à ces ascensions vertigineuses. Galopante ou larvée, c'est toujours l'inflation, dépréciant constamment la livre tournois, qui pousse vers de nouveaux sommets la courbe nominale des baux.

Cette courbe, il convient donc de la déflater, littéralement de la dégonfler, pour assurer entre les divers siècles un minimum de comparabilité. Il faut pour cela découvrir l'unité stable à substituer à la livre tournois, et qui demeure comparable à elle-même, tout en restant économiquement significative, d'un bout à l'autre de la période, depuis Jeanne d'Arc jusqu'à Necker.

Cette unité stable pourrait être le gramme de métal précieux, or ou argent. Du point de vue de la fixité il est, certes, quoi qu'on en ait écrit, plus satisfaisant que la livre tournois. Il n'est pas immuable, mais il est à coup sûr moins friable que cette unité déliquescente qu'est notre monnaie de compte d'Ancien Régime. Une courbe des loyers-or ou des loyers-argent représente une réalité fort intéressante.

Cependant, la courbe la plus éclairante, c'est celle qui nous restitue l'évolution moyenne des loyers, du XVe au XVIIIe siècle, en termes de biens et services réels, ou, si l'on préfère, en termes de pouvoir d'achat. Une telle courbe répond en effet à une question précise de l'histoire sociale : étant donné le groupe des propriétaires de maisons, collectifs ou privés, quels sont les pouvoirs d'achat changeants, quels sont les revenus déflatés (réels) qui se trouvent conférés à ce groupe, par les recettes fluctuantes qu'il tire des baux successifs de ses immeubles, entre 1400 et 1780? Pour répondre de façon exhaustive à une telle question, on devrait, bien sûr, disposer d'un indice pondéré des prix, et aussi des salaires à Paris de 1400 à 1800... Nous n'en sommes pas là! Mais à défaut, nous pouvons utiliser, comme déflateur, le seul prix, — évidemment capital! — pour lequel nous disposons à Paris d'une série continue sur toute notre période : à savoir le cours du blé. Nous avons donc systématiquement déflaté nos loyers, en divisant leur montant par le prix du setier de blé, dont les fluctuations brèves sont préalablement adoucies par l'emploi d'une moyenne mobile de dix ans. Nous obtenons ainsi, de tranche triennale en tranche triennale, l'équivalent-blé du loyer primitivement nominal.

Bien entendu, il conviendrait d'aller plus loin et de déflater nos loyers nominaux à l'aide d'un indice pondéré des prix et des salaires dans la capitale, pour les trois ou quatre siècles mis en cause. C'est seulement à cette condition qu'on pourrait avoir une idée complète de la marche du pouvoir d'achat des propriétaires des immeubles. La déflation par le prix du blé ne représente qu'une première et provisoire approche, destinée à atténuer quelque peu les ballonnements illusoires de la courbe nominale. Dans une prochaine étude, nous nous proposons de calculer aussi les valeurs successives de nos loyers, au fil des siècles, en journées de salaires d'une part, et en grammes d'argent d'autre part.

En conclusion, et sans anticiper sur la publication détaillée des résultats, on peut dire que la courbe moyenne de nos

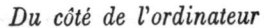

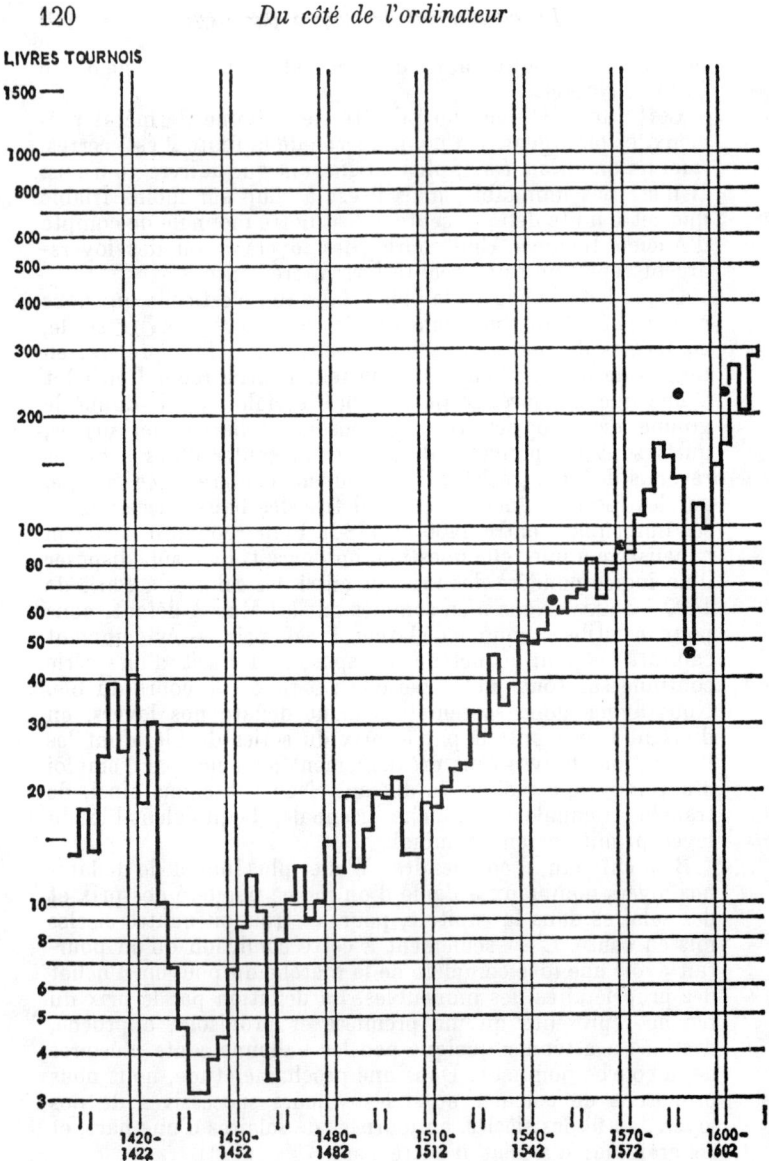

GRAPHIQUE 1. — *Loyer nominal moyen pour l'ensemble de Paris. Chaque point représente un sondage au Minutier central.*

Le mouvement des loyers parisiens

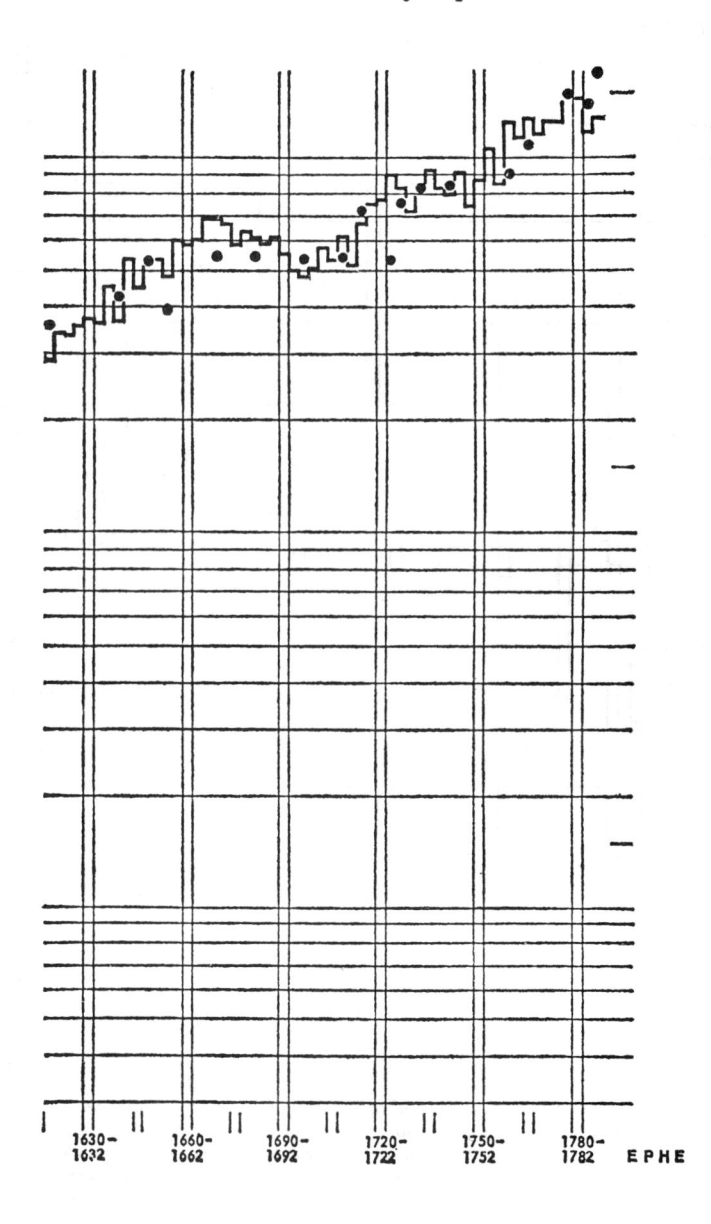

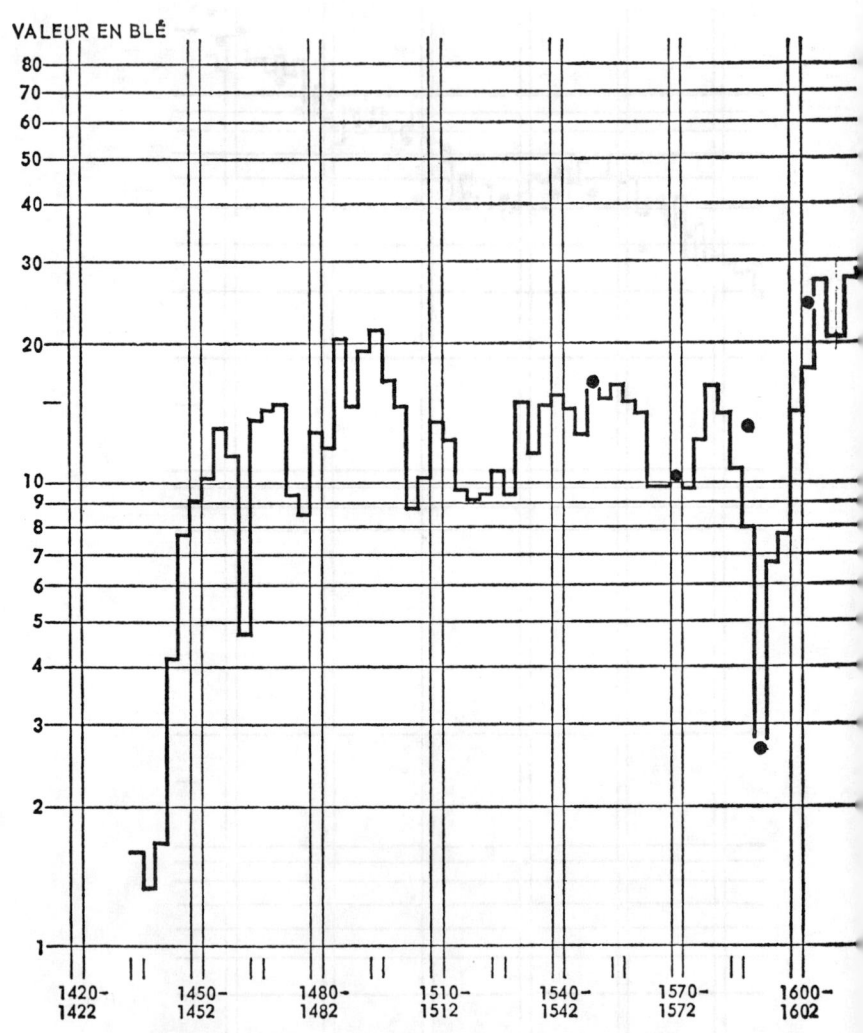

GRAPHIQUE 2. — Loyer moyen déflaté pour l'ensemble de Paris. Chaque point représente un sondage (déflaté) au Minutier central. L'échelle verticale est en setiers de blé.

Le mouvement des loyers parisiens   123

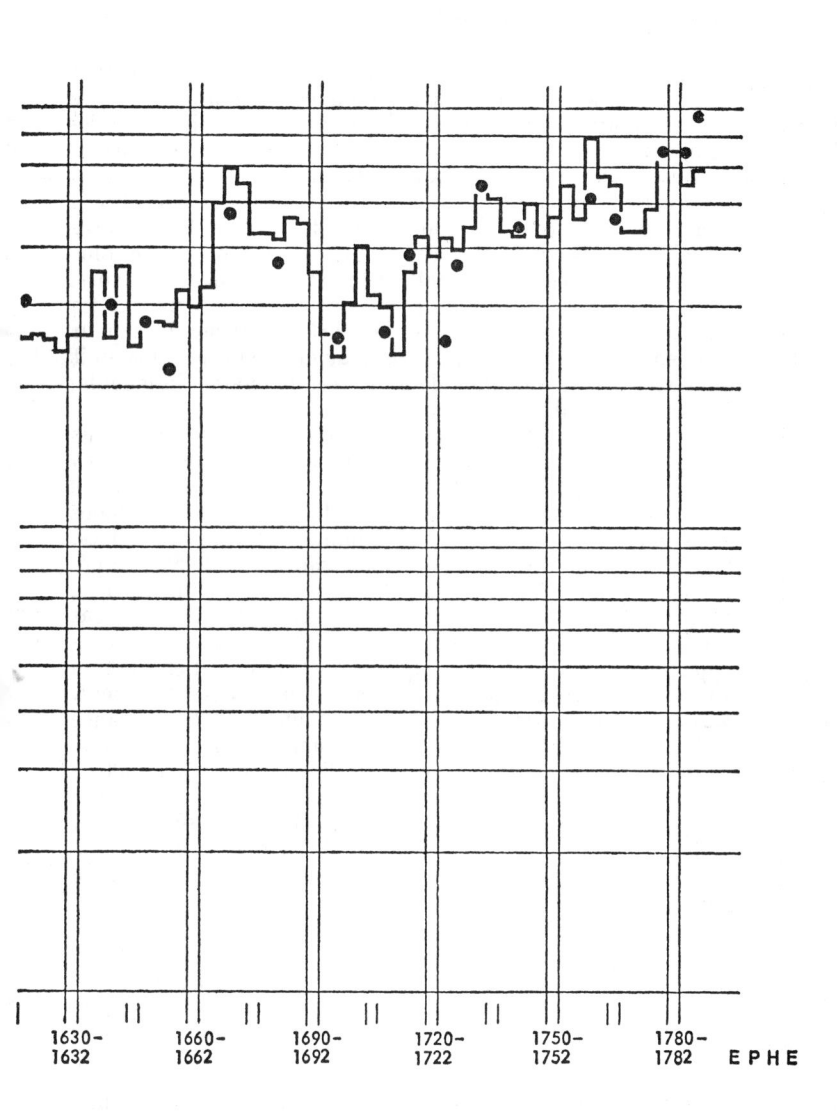

| 1630– | 1660– | 1690– | 1720– | 1750– | 1780– |
| 1632 | 1662 | 1692 | 1722 | 1752 | 1782 | E P H E

loyers, qu'elle soit nominale ou déflatée, manifeste, dans le très long terme, une tendance soutenue à la croissance, du xve au xviiie siècle. Cette montée qui contraste totalement avec la baisse, puis la stagnation multiséculaire du salaire réel, s'explique, bien sûr, par la croissance de la ville elle-même, et par la hausse de la demande solvable de logements. Mais n'est-elle pas causée aussi, du moins en partie, par la surélévation graduelle des immeubles parisiens au fil des siècles? Beaucoup de nos locations, de 1400 à 1800, dates rondes, concernent des maisons prises en bloc; donc plus les maisons progressivement acquièrent d'étages et aussi plus elles empiètent, par de nouveaux corps de logis, sur les cours et anciens jardins, plus les surfaces disponibles pour le logement dans chacune d'elles augmentent et plus doit monter la valeur moyenne de loyer réel de chaque immeuble, pris dans son ensemble.

Regardé de plus près et dans des intervalles un peu moins longs, notre diagramme nominal commence très normalement par une chute prévisible de 1420-1423 à 1440-1443; c'est le « plongeon Jeanne d'Arc » qui coïncide avec les affres finales de la guerre anglaise. Puis en nominal, comme en déflaté, c'est la vive montée, la vraie Renaissance : d'abord récupération (1445-1455); puis jolie croissance (1455-1500). Ensuite, entre 1510 et 1560, on s'attendrait, en vertu des schémas canoniques sur « l'essor du xvie siècle » à rencontrer un développement marqué du loyer. Quant au nominal, il en va bien ainsi; la révolution des prix exerce un effet d'entraînement. Mais les courbes déflatées, elles, donnent de la Renaissance parisienne une image moins « ascendante ». Le loyer réel paraît très lourd, voire même déclinant, de 1504-1506 à 1527-1530; cette lourdeur pouvant s'expliquer par une offre abondante de logements, ou de façon plus plausible, par un certain tassement ou essoufflement de la demande solvable (qu'on songe, par exemple, aux grandes crises et disettes de la décennie 1520) : les historiens de Paris pourraient éventuellement départager ces deux hypothèses.

De 1530 à 1560-1563, tandis que les loyers nominaux continuent leur hausse infernale, les loyers déflatés, eux, sont caractérisés par une montée plus modeste; et ils se rétablissent simplement aux alentours d'un « haut plateau », typique des décennies 1540 et 1550; celui-ci retrouve, approximativement, les niveaux déjà élevés de la fin du xve siècle.

Viennent les guerres de religion : nous disposons dès lors et jusqu'à la fin de la série, des données supplémentaires fournies par l'enquête-sondage sur les baux des propriétaires privés, que nous avons évoquée précédemment. Les deux séries concordent bien, et permettent ainsi de préciser la périodisation de nos loyers pendant les guerres civiles : un premier « moment difficile » se situe autour de 1564 à 1575; sur la courbe nominale, il se traduit simplement par un léger ralentissement de la hausse (tant les tendances à l'inflation, en cette période de guerre, et d'arrivages de métaux précieux d'Amérique, sont prédominantes). Sur la courbe déflatée, en revanche, un véritable creux est perceptible en ces années-là.

Une seconde crise, naturellement beaucoup plus grave, coïncide de façon prévisible avec le siège, ses préparatifs et ses séquelles : cette fois, les deux courbes, nominale et déflatée, accusent le coup de façon « plébiscitaire ». Toutes les séries, — courbes des communautés, sondages privés, graphiques nominaux ou déflatés — placent le point le plus bas de cette chute dans le « triennat » 1591-1593. Le contraire eût étonné!

La brillante reprise d'après guerre, au début du xviie siècle, marque le commencement d'une nouvelle phase dans l'histoire de Paris : l'essor des loyers, en nominal comme en déflaté, coiffe désormais tous les records antérieurs et confirme ainsi le tableau traditionnel, fondé sur les évidences plus qualitatives, dont on trouvera le dernier état dans un livre magistral de Jean-Pierre Babelon.

Jusqu'en 1648, documentation communautaire et sondages privés se corroborent de façon satisfaisante, et soulignent, en nominal, une hausse continue pendant presque toute la première moitié du xviie siècle; en déflaté, cependant, ils laissent percevoir un certain plafonnement, sensible entre 1620 et 1648.

L'impact de la Fronde apparaît assez clairement, en nominal comme en déflaté, après 1650. L'enquête par sondages dans les baux privés, basée sur une documentation très large (448 baux en 1648; 383 baux en 1655; 521 baux en 1669), encadre cet épisode et en fait bien ressortir les conséquences négatives; les loyers des communautés, en revanche, semblent avoir été moins perturbés par les dégâts consécutifs à la révolution parisienne du milieu du siècle.

La période 1657-1671 se caractérise en nominal par une récupération totale du niveau de l'immédiate avant-Fronde : les sondages au Minutier l'affirment nettement; et les loyers des communautés vont plus loin encore, puisque leur courbe pendant la décennie 1660 dépasse même ce niveau d'avant-Fronde. Le pouvoir d'achat de ces loyers des temps colbertiens est évidemment très élevé, puisque les décennies 1660 et 1670 se caractérisent par une certaine baisse des prix des produits de consommation, et surtout du blé (voir notre courbe des loyers déflatés). Pendant la période cruciale qui va de 1672 à la fin du règne de Louis XIV, nos courbes en nominal posent certains problèmes : les loyers des communautés offrent l'image d'un déclin, suivi de velléités de reprises à partir de 1699. Quant aux sondages effectués au Minutier, ils offrent simplement le spectacle d'une stagnation : leur immobilisme entre 1669 et 1710 est même d'une durée impressionnante, jamais égalée dans les autres segments de la courbe parisienne. Mais de nouveaux sondages sont en cours quant à ces quatre décennies qui vont de 1671 à 1710, et peut-être nuanceront-ils sur quelques points cette impression curieuse de calme plat.

En déflaté, au moment des grandes flambées de prix postérieures à 1690 et aussi à 1709, le pouvoir d'achat de ces loyers nominalement stables a été quelque peu amputé. Le XVIIIe siècle proclame un essor qu'on retrouve bien entendu partout, en nominal et en déflaté, dans les communautés comme aux sondages du Minutier. Les loyers des communautés en situeraient le début dès 1715. Un sondage au Minutier, pour cette même année, laisse supposer que cet essor a dû commencer un peu plus tôt, à moins qu'il ait été très brusque : le loyer moyen qui était de 542,52 livres en 1710 (sondage) est de 724,44 livres en 1715. En 1727, la reprise est définitive, après un accident, aux limites encore indéterminées, décelé par le sondage de 1723 [1]. Quant aux courbes des quartiers, elles font apparaître des évolutions différenciées et une hiérarchie bien marquée, quoique changeante selon les époques. Dans l'état actuel des connaissances sur les divers secteurs de Paris, il sera sans doute difficile d'expliquer les divers accidents de ces diagrammes locaux.

Au total, notre enquête porte sur plus de 23 000 baux (ou mentions de baux dans les comptabilités), en incluant communautés et loyers privés. Les tendances d'ensemble, dégagées par les courbes communautaires, et confirmées ou nuancées par les sondages au Minutier, constituent un témoignage de première main sur l'un des mouvements de fond d'une grande économie citadine.

---

1. En ce qui concerne les années 1783-1791, notre courbe des communautés n'est plus établie que sur un nombre décroissant de maisons, parmi lesquelles s'opposent violemment grands immeubles « modernes » et mesures héritées du XVIe siècle, sinon du Moyen Age. Les sondages au Minutier de 1784 et 1788 sont dès lors les seules sources sûres (cf. les tableaux de données *in fine*).

ANNEXE

Problème des concordances : à titre d'exemple, en 1778, d'après un sondage au Minutier central portant au total sur 508 baux, tant de particuliers que de communautés, le loyer moyen des baux de propriétaires particuliers est de 1 524,25 livres tournois (chiffre calculé sur 434 baux); le loyer moyen des baux de logement appartenant à des communautés est de 1 526,51 livres tournois (chiffre calculé sur 74 baux). Quant au loyer moyen des baux provenant des archives communautaires tirées de la Série S — et non plus du Minutier central — il s'élève à 1 468,62 livres tournois, pour la période 1777-1779 (calcul établi sur 100 baux). L'écart entre ce dernier chiffre et les deux premiers est de 3,75 %, ce qui est très satisfaisant.

TABLEAU I
Moyenne arithmétique des loyers (sources communautaires)

Périodes de trois ans	Loyer moyen nominal en livres tournois	Loyer moyen déflaté en set. blé	Périodes de trois ans	Loyer moyen nominal en livres tournois	Loyer moyen déflaté en set. blé
1402 /04	13,75		1486 /88	19,30	20,3
1405 /07	18,00		1489 /91	12,81	14,72
1408 /10	14,00		1492 /94	15,87	19,12
1411 /13	25,00		1495 /97	19,50	21,19
1414 /16	38,75		1498 /1500	19,16	16,66
1417 /19	25,62		1501 /03	21,84	14,85
1420 /22	40,97		1504 /06	13,60	8,77
1423 /25	18,75		1507 /09	13,54	10,18
1426 /28	30,71		1510 /12	18,50	13,60
1429 /31	10,07		1512 /15	18,09	12,39
1432 /34	6,80		1516 /18	20,29	9,61
1435 /37	4,70	1,60	1519 /21	22,95	9,18
1438 /40	3,16	1,33	1522 /24	23,60	9,40
1441 /43	3,15	1,68	1525 /27	32,21	10,63
1444 /46	3,89	4,18	1528 /30	28,02	9,37
1447 /49	5,44	7,77	1531 /33	45,73	14,99
1450 /52	6,77	9,15	1534 /36	33,60	11,69
1453 /55	8,71	10,2	1537 /39	38,07	14,91
1456 /58	12,00	13,3	1540 /42	51,14	15,45
1459 /61	9,61	11,4	1543 /45	48,92	14,51
1462 /64	3,40	4,7	1546 /48	53,54	12,90
1465 /67	8,00	13,8	1549 /51	64,24	16,77
1468 /70	10,23	14,4	1552 /54	59,58	15,16
1471 /73	12,66	14,8	1555 /57	65,03	16,17
1474 /76	9,15	9,4	1558 /60	68,43	15,03
1477 /79	10,10	8,5	1561 /63	81,91	14,14
1480 /82	14,79	13,0	1564 /66	64,43	9,79
1483 /85	12,25	12,0	1567 /69	77,20	9,84

Périodes de trois ans	Loyer moyen nominal en livres tournois	Loyer moyen déflaté en set. blé	Périodes de trois ans	Loyer moyen nominal en livres tournois	Loyer moyen déflaté en set. blé
1570/72	89,09	10,20	1678/1680	635,39	43,37
1573/75	85,83	9,72	1681/1683	612,01	41,91
1576/78	108,13	12,37	1684/1686	589,32	46,55
1579/81	126,53	16,15	1687/1689	615,76	45,34
1582/84	168,39	14,23	1690/1692	557,28	35,61
1585/87	157,26	10,86	1693/1695	500,73	26,15
1588/90	137,80	8,09	1696/1698	481,96	23,41
1591/93	48,00	2,67	1699/1701	508,82	30,67
1594/96	114,16	6,68	1702/1704	572,30	40,34
1597/99	99,10	7,77	1705/1707	530,01	31,93
1600/1602	148,76	14,16	1708/1710	615,58	29,90
1603/1605	168,39	17,81	1711/1713	514,60	23,80
1606/1608	269,77	27,12	1714/1716	664,08	35,67
1609/1611	205,89	20,58	1717/1719	753,76	42,38
1612/1614	286,85	27,64	1720/1722	773,49	38,43
1615/1617	296,27	28,71	1723/1725	893,85	42,14
1618/1620	289,70	25,47	1726/1728	821,13	39,84
1621/1623	340,63	26,00	1729/1731	720,50	44,39
1624/1626	337,51	25,42	1732/1734	835,55	55,70
1627/1629	357,60	24,06	1735/1737	923,04	51,02
1630/1632	371,84	26,04	1738/1740	822,65	43,64
1633/1635	362,34	25,90	1741/1743	804,34	42,51
1636/1638	454,33	35,60	1744/1746	906,83	49,90
1639/1641	369,18	25,93	1747/1749	741,96	42,34
1642/1644	538,39	36,88	1750/1752	874,34	46,80
1645/1647	452,34	24,86	1753/1755	1 050,91	54,22
1648/1650	546,54	28,14	1756/1758	850,34	46,44
1651/1653	539,63	27,63	1759/1761	1 246,34	69,78
1654/1656	486,57	27,18	1762/1764	1 135,48	57,69
1657/1659	601,97	32,32	1765/1767	1 286,14	54,52
1660/1662	586,24	30,00	1768/1770	1 177,28	43,17
1663/1665	604,50	33,08	1771/1773	1 262,23	43,59
1666/1668	683,76	50,01	1774/1776	1 252,20	48,67
1669/1671	686,70	59,66	1777/1779	1 468,62	64,70
1672/1674	662,10	54,99	1780/1782	1 434,62	65,81
1675/1677	585,84	43,07	1783/1785	1 196,03	54,74
			1786/1788	1 281,04	58,63

TABLEAU II
Sondages au Minutier central

Date	Loyer moyen nominal (livres tournois)	Loyer moyen déflaté	Date	Loyer moyen nominal (livres tournois)	Loyer moyen déflaté
1550	63,72	16,64	1697	531,00	25,79
1572	91,53	10,48	1710	542,52	26,34
1588	226,19	13,29	1715	724,44	38,90
1593	46,28	2,58	1723	536,00	25,27
1604	229,00	24,23	1727	760,40	36,89
1620	356,32	31,34	1734	818,35	54,55
1640	430,40	30,22	1743	842,10	44,50
1648	531,57	27,37	1760	909,00	50,89
1655	393,75	22,00	1766	1 090,00	46,20
1669	546,78	47,45	1778	1 480,00	65,19
1682	547,83	37,52	1784	1 408,00	64,43
			1788	1 697,65	77,69

Le Potosi et la physique nucléaire [1]

L'auteur expose d'abord ce qu'est la méthode d'analyse par activation neutronique mise au point par le professeur Gordus[2] et dont celui-ci a déjà parlé aux Journées numismatiques d'Auxerre (*Bulletin de la Société française de Numismatique*, juin 1970, p. 543; cf. également à ce sujet : F. Dumas, C. Morrisson, F. Widemann et J. Yvon. « Un symposium sur les méthodes d'analyse des monnaies », Londres, décembre 1970, dans *B.S.F.N.*, janvier 1971, p. 3).

Il continue ensuite en ces termes :

Le matériel numismatique sur lequel A. Gordus s'est jusqu'ici penché se composait surtout de monnaies sassanides et ommeyades, dont on cherchait à déterminer, grâce aux méthodes radioactives précitées, la provenance géographique exacte, en termes de mines et d'ateliers monétaires. Il nous a paru cependant que de telles méthodes pouvaient aussi présenter beaucoup d'intérêt, dès lors qu'on se donnait la tâche d'élucider l'un des grands problèmes qui ont passionné les historiens de la modernité : à savoir celui de l'arrivée en Espagne, et dans les différents pays européens, de l'argent du Potosi. Inutile d'insister sur la portée d'une telle recherche :

---

1. *L'apparition de l'argent des mines du Potosi dans les monnaies françaises et espagnoles des* XVIe *et* XVIIe *siècles*. Texte abrégé d'une communication présentée aux Journées numismatiques de Clermont-Ferrand, tenues les 3 et 4 juin 1972; publié dans le *Bulletin de la Société française de Numismatique* (juin 1972); en collaboration avec A. et J. Gordus et D. Richet.

2. Cette méthode consiste à prélever d'infimes échantillons à partir des monnaies mises en cause, et à rendre ceux-ci radioactifs en les plaçant dans un réacteur nucléaire. Une mesure de la radioactivité des différents éléments contenus dans chaque échantillon permet ensuite d'analyser celui-ci; on obtient ainsi l'équivalent d'une analyse chimique de la monnaie, et notamment de son contenu en masses ou en traces de différents métaux et autres corps simples.

Jean Bodin, puis Earl J. Hamilton et leurs continuateurs ont souligné le rôle massif joué par l'argent, qui vient des mines du Pérou, comme facteur d'inflation et de « révolution des prix » au XVIe siècle. Tandis qu'inversement la « panne d'argent », qui commence au Pérou à partir de 1620 surtout, fut souvent invoquée, comme facteur de la «longue dépression» du XVIIe siècle. Mais à ce propos, bien des voix discordantes se sont élevées : Ingrid Hammarstrom, dans le grand article qu'elle a donné à la *Scandinavian economic history review* en 1957, a contesté de telles façons de voir, et elle affirme la radicale insuffisance — ce qui ne signifie pas pour autant la totale irrelevance — de la théorie quantitative de la monnaie (même parée du prestige de Jean Bodin ou de Milton Friedmann) dès lors qu'il s'agit d'expliquer la révolution des prix du début de l'âge moderne.

Mais à vrai dire, ces discussions de principe se situent à un plan beaucoup plus élevé que celui, très terre à terre, de notre enquête. Le but initial de la recherche que nous présentons dans cet article vise simplement à déterminer un point d'érudition chronologique. On sait que l'argent du Potosi arrive en Espagne après 1550, et qu'il afflue massivement après 1571 et surtout après 1575. Dans les autres pays d'Europe, et notamment en France, son entrée doit être à peine plus tardive. Les méthodes radioactives envisagées ci-dessus devaient permettre, pensions-nous, de préciser ces datations qui, pour le moment, sont plus ou moins nettes (cas de l'Espagne) ou plus ou moins floues (cas de la France).

Nous avons donc cherché à analyser un certain nombre de monnaies, si possible d'argent, contemporaines d'une longue période qui s'étend de 1416 à 1665 et même un peu au-delà.

Pour chaque pièce retenue, deux prélèvements ont été faits : l'analyse aboutit en fin de compte à calculer le résultat moyen de ces deux prélèvements [1].

Parmi les pièces utilisées, figurent d'abord de nombreuses monnaies françaises. Dans cet exposé, nous nous bornerons à utiliser une classification par règnes, insuffisante mais commode et rapide. Nous avons donc 4 pièces d'époque Charles VIII (1483-1498); 4 pièces d'époque Louis XII (1498-1515); 13 pièces d'époque François Ier (1515-1547); 15 pièces datant du règne d'Henri II (1547-1559); 6 pièces d'époque Charles IX (1560-1574); 9 pièces du règne d'Henri III (1574-1589); 3 pièces de « Charles X, Roi de la Ligue »;

---

1. Les monnaies analysées appartiennent aux collections du Cabinet des Médailles de Paris et de l'American Numismatic Society à New York, ainsi qu'à la collection particulière de A. A. Gordus.

4 pièces du règne d'Henri IV (1589-1610); 5 pièces d'époque Louis XIII (1610-1643) et 2 pièces du début du règne de Louis XIV (1643-1715). Au total 65 pièces françaises : 21 d'entre elles sont décidément antérieures à tout arrivage réellement substantiel d'argent du Potosi, les 44 autres se situant à une époque (postérieure à 1550, et surtout, pour 24 d'entre elles, postérieure à 1570) où elles sont susceptibles de contenir cette matière première prestigieuse. Parmi ces monnaies françaises, toutes celles (à cinq exceptions près), qui sont postérieures à 1521, et qui s'échelonnent ensuite jusqu'au point terminal de notre recherche (1647), sont des pièces d'argent : elles contiennent, d'après le titre légal comme d'après l'analyse radioactive, plus de 83 % de « métal blanc »; et même, dans presque tous les cas, plus de 87 %. Le reste de l'alliage (moins de 17 % et, en général, moins de 13 %), se compose de cuivre.

Avant 1521, en revanche, toutes les pièces françaises que nous avons utilisées se sont révélées contenir, en titre légal comme en réalité radioactive, moins de 42 % d'argent et en général, moins de 37 %; le reste en cuivre. Ce qui compte néanmoins pour la recherche que nous avons entreprise, c'est, comme on va le voir, le pourcentage des *traces d'or* par rapport à la quantité d'argent contenue dans la monnaie mise en cause; la présence d'une forte quantité de cuivre dans celle-ci n'est donc pas, en soi, un inconvénient.

Notre lot de monnaies analysées comprend, d'autre part, des pièces espagnoles. Soit, 3 pièces du règne de « Ferdinand et Isabelle » (1479-1504); 9 pièces de Ferdinand le Catholique (1504-1516); 1 de l'époque de Ferdinand le Catholique ou des débuts du règne de Charles-Quint; 2 de Charles-Quint (1516-1556); 2 pièces de quatre réaux et d'un demi-réal respectivement frappées, avec quelques variantes, dans le style de Ferdinand le Catholique : mais ces deux-là, on le sait précisément grâce aux variantes, datent en réalité du règne de Charles-Quint (1516-1556) ou de celui de Philippe II (1556-1598). Nous avons enfin 21 pièces du règne de Philippe II, règne « potosien » par excellence (1556-1598); 5 pièces du règne, potosien lui aussi, de Philippe III (1598-1621); 3 pièces du règne de Philippe IV (1621-1665). Soit 46 pièces d'Espagne (Catalogne non comprise, comme on va le voir). Sur ces 46 pièces, 44 sont à fort contenu d'argent (plus de 90 %), d'après le titre légal et d'après l'analyse radioactive, l'une confirmant l'autre). 2 pièces ou *Blancs* de Castille, toutes deux d'époque Philippe II, contiennent seulement 21 % ou 22 % d'argent, le reste en cuivre.

En plus de ces 46 pièces espagnoles, nous mentionnerons encore — à part, car leur cas est spécial — 17 pièces également analysées par nous, et qui furent originellement frappées dans le Comté de Barcelone. Elles contiennent toutes plus de 92 % d'argent, sauf une seule, datant de Philippe IV. En dépit de son titre légal élevé, celle-ci ne contient, d'après l'analyse radioactive, que 63,5 % d'argent; le reste étant de cuivre. Au total, ces 17 pièces catalanes se répartissent en une pièce du règne d'Alphonse V (1416-1458); 4 pièces du règne de Ferdinand (1479-1516); 8 pièces du règne de Philippe III (1598-1621); 2 pièces du règne de Philippe IV (1621-1665); et 2 pièces du règne de Charles II (1665-1700).

Au total, l'Espagne — Catalogne incluse — nous a donné 63 pièces, contre 65 pièces, pour la France. Il ne s'agit là, redisons-le, que d'un premier échantillonnage.

Par ailleurs, afin de disposer de repères tout à fait topiques, nous avons également recueilli des échantillons en provenance de diverses pièces qui sont originaires, elles, de frappes directement péruviennes ou mexicaines. Soit :

a) 15 monnaies péruviennes, dont : 5 du règne de Philippe II (1556-1598); 3 qui sont contemporaines de la période 1556-1665, sans plus de précision possible; 4 du règne de Philippe IV (1621-1665); 3 du règne de Charles II (1665-1700). Toutes sont du Potosi, avec une teneur en argent d'au moins 92 %.

b) 17 monnaies mexicaines, toutes contenant plus de 93 % d'argent; 14 de ces pièces sont contemporaines de « Charles et Jeanne », le « Charles » en question (1516-1556) étant, bien entendu, Charles-Quint; 2 sont contemporaines de Philippe II (1556-1598) et une, de date mal déterminée (pièce de 8 réaux) est postérieure au début du règne de Philippe II (1556) et antérieure à la fin du règne de Philippe IV (1665).

Au total, nos recherches ont donc porté sur 160 pièces (63 hispaniques; 65 françaises; 17 mexicaines et 15 péruviennes).

Les résultats des analyses radioactives de ces 160 pièces sont figurés dans le tableau joint (p. 135).

Dans les 15 monnaies péruviennes, dont l'argent, en l'occurrence, provient nommément du Potosi, le % d'impuretés d'or par rapport à l'argent n'est jamais supérieur à 0,011 %. Au contraire, les 17 pièces d'argent expressément mexicaines ont un pourcentage d'impuretés d'or contenues dans l'argent *supérieur* à 0,015 %. La même remarque (% Au in Ag. > 0,015 %) vaut pour *toutes* les monnaies d'argent européennes dont nous savons avec certitude, par leur date de frappe, qu'elles sont *antérieures* à l'arrivée de l'argent péruvien en Europe. Nous disons bien pour *toutes* ces monnaies d'argent européennes, antérieures au règne de Philippe II, à l'exception d'une seule (échantillon J 1027-1028, B.N., Z-105, Tolède, demi-réal). Mais celle-ci qui, si l'on met à part l'écriture de son intitulé, offre un style de type « Ferdinand le Catholique », est en fait, d'après les catalogues, contemporaine de Charles Quint ou de Philippe II ; donc très probablement potosienne, et remontant, au plus tôt, à l'extrême fin du règne de Charles-Quint. L'apparente exception confirme donc la règle, une fois réfutée la discordance chronologique qui semblerait, à tort, antidater cette unique monnaie.

On remarquera au passage que l'argent mexicain offre des niveaux d'impuretés d'or qui sont du même ordre de grandeur que ceux qu'on trouve dans les plus anciennes frappes espagnoles ou françaises ; celles-ci sont — par définition temporelle — antérieures à toute arrivée d'argent du Nouveau-Monde ; elles proviennent, c'est évident, de minerais d'argent qui sont strictement européens ; et, par exemple, des mines de Hongrie ou d'Allemagne. La méthode radioactive qu'a proposée A. Gordus, permet donc de distinguer entre un groupe A (Potosi) et un groupe B (Mexique-Europe). Mais, à l'intérieur même de ce groupe B, elle ne discrimine pas, hélas ! entre le sous-groupe « Mexique », et le sous-groupe « Allemagne-Hongrie ». A. Gordus espère cependant pouvoir opérer un jour cette seconde discrimination, en prélevant de nouveaux échantillons sur les mêmes monnaies, et en mesurant à partir de ceux-ci des traces d'éléments tels que le cobalt, le mercure ou l'iridium. La teneur respective de ces trois éléments dans la monnaie devrait, en effet, varier de façon significative parmi les pièces d'argent qui proviennent du Mexique d'une part, et d'Europe centrale et occidentale d'autre part.

Quoi qu'il en soit, *quid* du Potosi ?

En ce qui concerne d'abord nos monnaies espagnoles postérieures à 1479 et antérieures à 1556, aucune d'entre elles — à l'exception, possible mais nullement certaine, d'une seule (voir *supra*) — ne contient d'argent dont la teneur en impuretés d'or serait inférieure à 0,015 %. Elles ne contiennent donc pas — et c'est bien normal, vu leurs dates de frappes ! — d'argent qui soit en provenance du Potosi.

MEXIQUE	1536-1556 1556-1669
POTOSI	1556-1598 1556-1650 1621-1687
ESPAGNE : excepté la Catalogne	1479-1505 1512-1516 1516-1556 1556-1598 1598-1621 1621-1665
ESPAGNE : Barcelone	1416-1458 1479-1516 1598-1621 1621-1665 1665-1700
FRANCE : Ateliers monétaires divers	1483-1498 1498-1515 1515-1547 1547-1559 1560-1574 1574-1589 1589-1610 1610-1643 1643-1715

Pourcentage d'impuretés d'or dans l'argent

A partir de 1556, en revanche, pas de problème. Un certain nombre de pièces, parmi nos monnaies espagnoles, proviennent, c'est indiscutable, du Potosi. Dans la période 1556-1598, 7 pièces espagnoles ont moins de 0,011 % d'impuretés d'or par rapport à l'argent ou ne dépassent pas ce pourcentage; et 9 pièces espagnoles, au total, sont dans ce cas, pour l'ensemble de la période potosienne ou post-potosienne qui s'étend de 1556 à 1665.

Passons sur les détails : le fait fondamental, et qui demeure, c'est que, conformément aux prévisions les plus raisonnables, l'argent du Potosi apparaît bien en Espagne entre 1556 et 1628 : la méthode radioactive se borne ici à confirmer les conclusions antérieures des historiens; plus simplement, elle valide les données même du bon sens.

D'autant plus irritants sont les résultats de nos recherches relatives aux monnaies catalanes et surtout françaises. Il est vrai qu'il ne s'agit là que d'un premier bilan. D'autres prélèvements, et d'autres analyses sont indispensables, si l'on tient à y voir clair.

En tout cas, au stade actuel de notre enquête, nous n'avons pas encore trouvé d'indices probants d'argent du Potosi, parmi les monnaies françaises et catalanes, trop peu nombreuses sans doute, que nous avons analysées jusqu'à présent. Nos pièces catalanes d'époque Philippe III (1598-1621) et Philippe IV (1621-1665) ont une proportion d'Au/Ag largement supérieure à 0,011 %, seuil au-dessus duquel se situent précisément les argents « non-potosiens ». Il est vrai que l'analyse éventuelle, non encore réalisée par nous de pièces catalanes d'époque Philippe II (1556-1598), permettra peut-être d'y détecter enfin l'argent du Pérou.

De toute manière, on nous objectera, non sans raison, que notre ensemble de pièces, en provenance des ateliers catalans, est trop restreint pour que nous puissions espérer y découvrir d'entrée de jeu le « fabuleux métal » du Potosi.

En ce qui concerne la France, cependant, cette objection serait déjà moins valable. Pour la période d'après 1560, nous avons analysé, en effet, 29 pièces françaises qui seraient susceptibles chronologiquement de contenir l'argent potosien. Si l'on y ajoutait, à l'extrême rigueur, les 15 pièces d'époque Henri II, on arriverait même à 44 pièces éventuellement intéressantes (contre 31 pièces intéressantes ou éventuellement intéressantes, pour l'Espagne). Or, le tour de la question

Le Potosi et la physique nucléaire 137

sera très vite fait : l'argent du Potosi, à aucun moment, n'apparaît dans nos analyses du monnayage français d'après 1550. Toutes ces pièces françaises ont un pourcentage d'impuretés d'or (par rapport à l'argent) qui s'avère largement supérieur à 0,011 % : autrement dit, elles ont été fabriquées en bonne partie avec de l'argent qui provenait du Mexique ou bien d'Europe orientale et centrale, et pas du Pérou ; ou du moins (pour être tout à fait exact !) il est permis d'affirmer que cet argent-là, devenu français, ne provenait pas de ceux des minerais précis du Pérou dont furent tirées les pièces nommément potosiennes qui nous ont servi d'échantillon de référence.

Nous n'inférerons pas, de cette recherche inachevée, la conclusion qui serait absurde, selon laquelle l'argent du Potosi n'est pas parvenu en France. Disons simplement que l'explication du mystère, si elle existe, devrait probablement être cherchée dans les habitudes du monnayage français, pendant l'époque moderne : chaque émission monétaire, ordonnée par le Roi, résultait en effet, bien souvent, du décri d'espèces qui se trouvaient précédemment en circulation. Dans ces conditions, l'argent du Potosi qui était arrivé en France sous une forme déjà monnayée n'entrait de toute façon qu'à dose assez faible ou, du moins, minoritaire dans les frappes monétaires nouvelles que réalisaient nos ateliers ; ceux-ci, en effet, récupéraient surtout la matière première des frappes françaises antérieures, qui se composait pour une bonne part d'argent venu du vieux stock européen (ou plus récemment mexicain) « pré-potosien ». Il reste que si l'argent du Potosi avait joué, notamment en France, le rôle capital qu'on lui a quelquefois prêté, par exemple dans la révolution des prix, il devrait, nous semble-t-il, apparaître davantage dans le tableau de la page 135, sur lequel décidément, Espagne et Pérou mis à part, il ne se manifeste pas du tout ! Du reste, même en ce qui concerne le monnayage hispanique, beaucoup plus influencé que le nôtre par les arrivages du Pérou, ceux-ci y demeurent en fin de compte, et jusque pendant leur plus belle époque, résolument minoritaires. Le métal blanc d'Amérique andine n'a nullement submergé, telle une lave, le vieux stock d'argent européen puis mexicain, qui continuait à circuler toujours, bon an mal an, dans la péninsule ibérique. Et, à fortiori, dans le royaume de France.

Quoi qu'il en soit, cette première enquête devrait logiquement être prolongée par quelques autres : elles compléteront ou elles contrediront nos résultats initiaux. En tout état de cause, ces techniques nouvelles nous paraissent proposer une intéressante approche pour l'histoire monétaire, voire économique, des xvie et xviie siècles. Après le carbone 14, voici qu'est mise à notre disposition, désormais, l'analyse radioactive des prélèvements numismatiques... Clio, une fois de plus, devra-t-elle une fière chandelle à la physique nucléaire [1] ?

---

[1]. Un article plus complet, avec tableaux statistiques et annexes, a été publié à ce sujet dans *Annales*, déc. 1972.

Deuxième partie

L'HISTORIEN AUX CHAMPS :
LA NOUVELLE HISTOIRE RURALE

La civilisation rurale [1]

DÉFINITION

La civilisation rurale se définit d'abord par oppositions. Qui dit campagne dit villes : qui dit paysans dit citadins. La civilisation rurale est un tissu monotone qui rapproche les uns des autres un certain nombre de groupes cellulaires, villages, paroisses ou communes : ces groupes étant selon les cas englobés ou dominés par des pouvoirs ou (et) par des forces économiques et sociales qui sont extérieures ou supérieures aux cellules en question : parmi ces pouvoirs et forces, qui coexistent, ou qui se succèdent les uns aux autres, on peut citer la féodalité, les villes, les États, le commerce et l'industrie, le capitalisme, les bureaucraties partisane ou policière, etc. Chaque village, comme le note Mendras, est donc flanqué par une société environnante (les autres villages) et par une société englobante ou dominante (citadins, féodaux, capitalistes, bureaucrates, prêtres ou policiers).

HISTOIRE

La civilisation rurale est d'abord le produit d'une histoire (nous nous intéresserons de ce point de vue au cas ouest-européen, et spécialement au cas français : il est utile et commode, parce que bien connu). Cette histoire est stratigraphique : l'apport spécifique qu'elle reçoit de chaque siècle ou groupe de siècles, et de chaque millénaire, n'est pas annulé,

1. Article écrit pour l'*Encyclopaedia Universalis*, à propos de « Civilisation rurale ».

mais il est simplement recouvert, ou tout au plus érodé, et malmené, par l'apport des périodes ultérieures. La somme de ces apports, avant même qu'il soit possible de les comprendre dans leur arrangement structural, doit donc se lire comme une coupe géologique : de bas en haut, si l'on est historien; et de haut en bas, si l'on est géographe ou ethnologue. Le cas des paysanneries occidentales est très éloquent à ce propos : leurs sociétés constituent des édifices d'une grande complexité : pendant leur phase d'expansion maximale (xɪᴠe-xɪxe siècle), elles mettent en jeu des apports, anciens ou neufs, qui sont représentatifs de près d'une dizaine de millénaires. En Provence par exemple, la domestication locale du mouton sauvage, engagée de longue date, devient un fait acquis à partir de 6 000 avant Jésus-Christ (« — 6000 »). Les peuples de la culture « cardiale » puis les Chasséens, qui sont à l'origine de ces innovations « moutonnières », disparaîtront en tant que tels, mais leurs contributions agricoles resteront à tout jamais incrustées dans la grande province du Midi. Les cultures passent, les apports culturels demeurent.

A partir de — 2000, et notamment pendant l'âge de fer (vers — 500, et jusqu'à l'époque de l'empire romain), une nouvelle vague d'innovations se répand pour toujours dans la civilisation rurale d'occident. Avoines, et surtout seigles qui donneront pendant longtemps ses caractères au pain noir des paysans d'Europe, viennent compléter la panoplie disponible des céréales, jusqu'alors bornée à l'orge et au froment. Les blés de printemps, pères lointains de cet assolement triennal qui connaîtra une immense fortune, font eux aussi une timide apparition. Et avec eux, les fèves, les pois, lentilles et autres légumineuses : elles fournissent des protéines végétales aux humains, et elles implantent, dans les sols, l'azote atmosphérique comme fertilisant. Dans la seconde moitié du dernier millénaire avant le Christ arrivent aussi, sur les rivages actuellement français de la Méditerranée, propagées par les Rhodiens, les vignes et l'art de la greffe : les origines helléniques de celle-ci se sont conservées dans le mot dialectal français *enter* (allemand *impfen*) qui veut dire greffer, et qui vient du grec *emphuteueïn*. La greffe permet aussi la production massive de châtaignes et de noix, sources de glucides et de lipides pour le populaire. La vigne, elle, est un apport fondamental : elle offre à bien des gens la possibilité de boire un liquide relativement stérile (le vin), dans lequel l'alcool joue le rôle d'antiseptique. Ainsi sont limités les dégâts de beaucoup d'épidémies qui autrement seraient propagées par l'eau de boisson. (Dans d'autres civilisations, on obtient des résultats analogues au moyen de méthodes différentes : l'usage très populaire du thé, en Chine, de toute antiquité, impliquait l'eau bouillie, donc l'asepsie.) Quoi qu'il en soit, à partir du Ier siècle après Jésus-Christ se répand en Gaule une véritable viticulture indigène; elle y deviendra l'une des bases essentielles des civilisations rurales du cru; elle utilise non plus des cépages helléniques ou italiens; mais bel et bien des plants autochtones, apprivoisés ou hybridés sur place par quelques vignerons géniaux : plant *pinot* sur l'axe Rhône-Saône, ou Côtes du Rhône/Bourgogne; cépage *Cabernet* sur la verticale Bayonne-Bordeaux-Muscadet. Une invention annexe, le *tonneau*, fils des montagnes forestières du Bas-Dauphiné, consacre pour vingt siècles la fortune de la viticulture nationale.

CHEVAL, CHEVALIERS, DOMINATION SUR LES RUSTRES

Un autre flux culturel influence, et même traumatise violemment la vie agraire : il s'agit de l'arrivée du cheval domestiqué, venu de l'Est, et qui entre — 1 500 et — 500, s'installe assez largement dans l'Europe de l'Ouest. Non pas que le cheval, sur le moment, ait transformé de façon directe les techniques agricoles elles-mêmes : le temps des charrues attelées d'équidés ne viendra que beaucoup plus tard (XIIIe siècle, ou même XVIIIe siècle). Mais le « noble animal » accompagne une différenciation sociale : il souligne à sa manière l'apparition d'un groupe d'aristocrates, vivant du prélèvement sur le rustre, et qui sont aussi et très logiquement des cavaliers, ou des chevaliers *(equites)* combattant à char ou sur monture. Les petites sociétés agricoles du néolithique, elles, avant l'usage des métaux, étaient restées relativement égalitaires; et Jean-Jacques Rousseau aurait sans doute aimé ces populations super-archaïques dont les tombes sans prétention ni pièces d'apparat indiquaient une absence sympathique de hiérarchisation sociale. Or, à partir de l'âge du bronze et du fer, et simultanément, à partir de l'introduction du cheval, — lequel n'est du reste, en cela, qu'un symptôme parmi bien d'autres, les choses effectivement changent. Un groupe de chefs apparaît, et se détache du tissu paysan. Ce groupe est riche des trésors qu'accumulent déjà la civilisation des métaux et les échanges. Il est fort aussi du prestige militaire et mobilier que lui confère la possession du cheval (notons incidemment que l'ultime animal domestique dont hériteront les paysanneries d'occident, bien après l'arrivée des équidés, sera... le dindon d'Amérique...; les « retombées » sociales de ce volatile seront évidemment insignifiantes par rapport à celles du cheval).

Quoi qu'il en soit, avec des méthodes et des techniques qui varieront beaucoup selon les ethnies, les régions et les mentalités, un groupe de *Dominants*, qui pendant longtemps se comporteront en « hommes de cheval », place la civilisation rurale d'Occident devant un fait accompli : les paysans, ou la majorité d'entre eux apparaissent désormais dans les textes et dans les fouilles, comme un groupe de *Dominés*. Dominés, ils le resteront souvent pendant une quinzaine ou une vingtaine de siècles au minimum, jusqu'aux approches de la Révolution française, et parfois même au-delà. Marc Bloch note judicieusement que, dès le premier siècle avant Jésus-Christ, César trouve en Gaule la masse de la population rurale assujettie par des liens de dépendance ou d'endettement à un groupe d'*equites* (chevaliers) et de maîtres du sol. Les textes antérieurs des géographes grecs, et les découvertes de l'archéologie, dont le trésor de la Dame de Vix est simplement la donnée la plus populaire, confirment qu'il s'agissait là, décrite par César, d'une situation beaucoup plus ancienne. Par la suite les modalités de la Domination varieront beaucoup, et les médiévistes du très haut ou du très beau Moyen Age souligneront avec raison, — comme le fait par exemple Guy Fourquin —, l'originalité certaine de chaque situation d'aliénation paysanne, — par rapport à l'oppression précédente ou suivante. Le Dominant moustachu qui manipule les clientèles de l'époque celtique et pré-romaine diffère évidemment beaucoup du maître de la *villa* esclavagiste et gallo-romaine; la *villa* en question, dans une province comme la Gaule, ne représente du reste qu'une forme de colonisation importée, plaquée en superstructure sur le monde autochtone; et de toute manière elle n'y concerne qu'une minorité de la population rurale... Quant au *colonat*, très ancien, mais qui n'apparaît pleinement dans la lumière des textes qu'à partir du IVe siècle de notre ère, il implique déjà une forme bien réalisée de seigneurie : le colon, autrement dit le paysan y est en effet attaché à la glèbe par des liens juridiques et folklorico-mystiques qui font de lui le quasi-dépendant de ses nobles maîtres : le colon, disent les textes, est « comme un membre de la terre ». Enfin d'autres formes de pouvoir terrien surgiront aux siècles suivants : seigneurie haut-médiévale à servage et à corvée; seigneurie du Moyen

âge classique moins contraignante que celle qui la précède...
En dépit des différences importantes qui existent entre eux,
ces deux derniers types de pouvoir manorial proposent l'un et
l'autre une relation triangulaire entre Paysan (P), Terre (T),
et Seigneur (S) : P est plus ou moins attaché à T ; P est dominé
par S auquel il doit respects, redevances et (ou) corvées;
S a des droits de propriété intégrale ou simplement éminente
sur T et quelquefois aussi sur P. Concluons donc sur ce point
en plaidant pour une certaine « longue durée » millénaire
ou inter-millénaire : dans l'admirable chapitre qu'il donna
en 1942 à la *Cambridge Agrarian History*, et qui constitue
en quelque sorte son testament intellectuel, Marc Bloch
a insisté sur l'incontestable continuité qui par une chaîne
d'institutions chronologiquement ininterrompue, rattache
en fin de compte les cheffaillons locaux de la Gaule chevelue
aux féodaux du Moyen âge. Les uns et les autres étant investis
de droits de commandements et de prélèvements, et de
facultés mystérieuses de fécondité raciale qui en imposeront
pendant bien longtemps au bon peuple des clairières. Et
puis, dès lors qu'on veut bien considérer le problème en se
plaçant du côté des plus faibles, du point de vue des générations successives de paysans, être client du premier, esclave ou
colon du suivant, serf du troisième et simple dépendant rede-
vable de l'ultime variété des maîtres du sol, c'était toujours,
en des conditions très variables, vivre le fait permanent
d'être un Dominé. Et dans le raccourci chronologique que
nous impose cet article de l'*Encyclopaedia Universalis* sur la
civilisation rurale, c'est cela qui compte d'abord.

LE BŒUF ET L'ARAIRE

Néanmoins, l'histoire des civilisations rurales n'est pas
seulement, il s'en faut de beaucoup, constituée par une dialectique du Maître à cheval et du Serf à pied. Un coup d'œil
d'ensemble sur la stratigraphie temporelle de notre objet,
distingue immédiatement une autre innovation d'importance :
c'est *l'araire*, machine à labourer, flanquée du bœuf de traction, sans lequel la technique aratoire est inconcevable. Venus
du Moyen-Orient, araire et bœuf d'araire s'imposent en Gaule
(après des débuts locaux qui sont obscurs et quelque peu
antérieurs) au cours du dernier millénaire avant le Christ.
Instrument symétrique, l'araire diffère des charrues dissy-
métriques à versoir, qui lui succéderont au cours des millénaires à venir. En dépit de la modestie de ses performances,

l'araire sécrète les surplus agricoles, qui assurent l'entretien de la classe des chefs ; il pourvoit aussi à l'essor démographique en augmentant le nombre des hommes que peut nourrir une heure de travail humain (une heure de labourage, en l'occurrence).

Les innovations qui sont enregistrées, en gros, à partir du début de notre ère, sont moins sensationnelles que celles qui précèdent. Elles survivent tout de même assez notablement dans notre stratigraphie historique. Passons sur l'apport gallo-romain. Il se définit comme entreprise de colonisation, menée de l'extérieur et plaquée sur la réalité indigène. Il est souvent le fait d'aristocrates locaux, mais romanisés. Il laisse derrière lui un impressionnant semis de *villae*, dont un certain nombre ont survécu soit sous forme de grands domaines, soit transformées en villages. Dans les régions les plus pénétrées (sud de la France), cet apport s'est matérialisé sur le terrain par un carroyage durable du sol : l'esprit de géométrie des arpenteurs des premiers siècles a en effet donné naissance au grand damier des *centuriations* dont un certain nombre se révèlent aujourd'hui encore en Languedoc par le tracé des champs et des chemins. Autre acquis durable : l'époque gallo-romaine se caractérise par une assez forte montée démographique, et par la mainmise du peuplement sur les plateaux, grands producteurs de céréales. Cette mainmise requiert sur le moment un outillage très productiviste, mais gaspilleur de céréales, et qui ne survivra guère à l'empire romain : je pense à la fameuse moissonneuse gauloise.

La vraie, la grande révolution agricole se dessine plus tard : entre les Ve et XIIIe siècles. Elle est faite d'une série d'innovations et de bricolages, et de processus de diffusion. Les « astuces » techniques qui caractérisent tous ces changements proviennent les unes d'Asie, de Chine ou de l'Inde ; les autres, tout bonnement d'Europe centrale. Soit par exemple la nouvelle *charrue* médiévale à roues, coutre et versoir la pièce essentielle (le *versoir* qui retourne le sol) semble être apparue dans le monde germanique, tandis que les roues et le coutre viennent tout simplement de la Gaule cisalpine et de l'Italie classique. Le « mariage à trois » (roues-coutre-versoir) est chose faite dès la seconde moitié de notre premier millénaire. Du côté de l'équipement chevalin, l'étrier, le fer à cheval, et le collier d'attelage sont venus de Chine, d'Europe orientale ou simplement de Gaule rhénane ; et ils ont donné en Occident, à partir des VIIIe-IXe siècles de notre ère, une nouvelle synthèse de l'art équestre : dériveront de là, entre autres, la chevalerie dans sa modalité médiévale, et aussi la puissante charrue, tractée par cheval, des agriculteurs septentrionaux du XIIIᵉ siècle (R. Fossier). Quant au moulin à eau, surgi d'Orient mais qui était en Occident dès l'époque romaine, il est déjà largement diffusé dans les grands domaines carolingiens. Il continuera à se multiplier bien après l'an mil, et sera conforté par le moulin à vent, nouveau personnage de l'époque gothique : ces procédés révolutionnaires de fabrication de la farine font sauter un goulot d'étranglement dans la série des processus qui mènent de la pousse du blé à la fabrication du pain : avant les moulins en effet, la trituration des grains se faisait à coup de pilons et de mortiers, très lentement maniés par des ménagères ou par des esclaves. Qui dit moulin dit donc possibilité accrue de produire du froment ou du seigle puisqu'il devient plus facile et plus rapide d'en moudre les grains en grandes quantités.

L'adoption et l'utilisation générale de ces nouveautés (charrue, moulin, attirail équestre) aurait été impossible, si elles n'avaient pas été soutenues après l'an mil par un grand courant de fécondité humaine et économique, de hausse démographique, de diffusion de l'argent et du fer, le tout étant facilité par la dislocation du vieux domaine oppressif et cultivé par corvées, lequel avait sévi au temps des Carolingiens. Une sorte de réforme agraire spontanée, combinée avec les grands défrichements des XIᵉ-XIIᵉ siècles, a permis aux paysans de proliférer et de s'emparer de nouvelles méthodes : dorénavant, dans le Nord du Bassin parisien, aux XIIᵉ-XIIIᵉ siècles, les exploitants s'offrent le luxe d'atteler leurs chevaux (ferrés à la moderne), avec colliers *new look*, à la charrue nouveau style. Encore ne faut-il pas majorer l'ampleur de cette « révolution agricole » du haut et surtout du beau Moyen Age (IXᵉ siècle et XIIᵉ siècle, respectivement) : accoucheuse de structures agraires remodelées, qui marqueront pour longtemps nos paysages, elle ne se compare pas, pourtant, à la véritable « révolution verte » qu'opèrent à la même époque (IXᵉ-XIIᵉ siècles) les agronomes chinois; ceux-ci font venir d'Indochine un riz à maturité précoce; ils le sélectionnent par une génétique empirique. Ils le répandent à coup de brochures et de propagande gouvernementale jusqu'au fin fond du Céleste Empire. Imagine-t-on Hugues Capet agissant de la sorte?

La stratigraphie de la civilisation rurale ne se ramène pas, cependant, aux chroniques faciles des grandes inventions. Elle oblige à considérer, aussi, la succession des vagues démographiques qui peu à peu mettent en place le peuplement massif : celui-ci étant destiné à durer, à s'incruster dans les campagnes densément peuplées de l'Europe occidentale jusqu'à l'apogée du nombre (rural) des hommes, enregistré aux XVIIIe et XIXe siècles.

Cette mise en place s'est opérée au long d'une série de « grands bonds en avant ». A ce propos, on pense surtout aux défrichements massifs du XIe siècle. Image simplifiante. Nous avons vu qu'en Gaule romaine, déjà, l'époque impériale s'était soldée par une importante expansion du nombre des hommes et des exploitants sur les plateaux à céréales. Moins connue, et néanmoins très spectaculaire est l'expansion démographique de l'époque mérovingienne. Au temps des rois fainéants (dont la fainéantise était peut-être une garantie de non-intervention et donc de non-malfaisance!), des milliers de villages, de fermes, de lieux-dits, de hameaux sont fondés dans les terroirs actuels de France du Nord et d'Allemagne occidentale. Nos campagnes prennent dès lors, au moins partiellement, leur configuration de clairières encore encerclées par les forêts. L'époque suivante (carolingienne) parviendra cependant à brider pour une certaine période, ce flux puissant d'humanité paysanne. Les contemporains de Charlemagne, malthusiens avant la lettre, ont-ils recouru, dans leurs villages, à l'infanticide des filles afin de limiter l'accroissement excessif du nombre des ventres fertiles? Une telle hypothèse est assez plausible, si l'on en juge par le déséquilibre de la *sex ratio*, et par le déficit en femmes (surtout dans les couches les plus pauvres), recensé par les documents du IXe siècle. L'an mil et les siècles qui suivront seront témoins d'une nouvelle crue démographique des campagnes et des villes, bien connue. Ainsi se mettent en place (dans le cadre comptable des frontières récentes) la France des 17 à 20 millions d'habitants, et l'Europe nord-occidentale (France, Allemagne, Angleterre) des 40 millions d'habitants, attestées toutes deux dès le début du XIVe siècle. Ces millions d'hommes étant (dans 85 % des cas au moins) des paysans.

Mais la civilisation rurale est bien davantage et bien autre chose qu'un fait démographique superposé aux champs labourés. Elle se ramène aussi et surtout à l'image tellement familière (du moins pour les Occidentaux), du *village*, centré sur *l'église* et sur le *cimetière*. L'image en question — qui bien sûr n'est nullement éternelle! —, est en fait relativement récente : c'est seulement au cours du dernier tiers ou du dernier quart de notre premier millénaire que les hommes ont commencé à rassembler les corps de leurs défunts dans un emplacement proche de l'église. Signe décisif de la première christianisation des campagnes, enfin opérée en profondeur. Quant à la communauté paysanne ou villageoise, sous une forme ou sous une autre, elle a dû exister depuis fort longtemps et probablement depuis la préhistoire. Mais elle n'a pris sa forme classique que dans la mesure où, à partir des XIIe et XIIIe siècles, elle s'est définie : face au seigneur d'abord, et souvent contre lui. Puis, un peu plus tard, face à l'État monarchique, et souvent en coopération avec lui. La communauté paysanne, qui du reste est maintes fois (mais non toujours!) identifiée avec la paroisse, a fourni aux rois un cadre commode, en vue de leurs ponctions fiscales et locales : sur elle, ils ont assis les impôts, qu'à partir du XIVe siècle surtout, ils ont pris l'habitude de lever. Cette fonction de réservoir fiscal a conféré à la communauté paysanne bien des soucis et bien des misères, mais aussi un lustre nouveau. Elle est désormais, davantage que ne l'est la seigneurie, l'interlocuteur valable du roi. Et cela d'autant plus que la distribution du pouvoir, dans le cadre du village classique, en dépit d'un regrettable chauvinisme mâle, est plus démocratique que de nos jours. Pas question en effet de conférer le monopole des décisions à un conseil municipal restreint. Le pouvoir communautaire appartient (jusqu'à la Révolution française) à l'assemblée de tous les chefs de famille, auxquels s'adjoignent pour la circonstance quelques veuves qui, de par leur malheur personnel, sont investies des fonctions de politique locale, normalement dévolues à feu leur mari.

*

A partir du XIVe siècle, et jusqu'au début du XVIIIe, puis de nouveau pendant la période 1720-1860 (voire 1720-1913 en ce qui concerne la France), il devient possible d'observer la civilisation rurale pour ainsi dire *in vitro*, on n'ose pas dire « au repos... » Certes, elle reste agitée par des fluctuations négatives et gigantesques (je pense notamment à la période 1340-1450 en Occident, et aussi à la période 1630-1660 en Allemagne, et même en France). Mais entre 1300 et 1700 le temps des très grands progrès semble passé. Les défricheurs, vers 1300, ont atteint une sorte de limite qu'ils dépasseront certes par la suite, mais d'assez peu, et seulement aux XVIIIe et XIXe siècles. Le cercle vert des forêts subsistantes ne reculera plus beaucoup désormais, au profit des grandes clairières. Quant aux populations rurales, elles sont stabilisées. Elles fluctuent certes. Mais elles ne dépasseront guère, jusque vers 1720-1730, le niveau qu'elles avaient atteint une première fois vers 1300-1310. Ainsi, crispée, bloquée, stabilisée « au plafond », la civilisation rurale, en son âge classique, avant sa désintégration progressive par la société industrielle ou post-industrielle, se prête convenablement à l'observation structurale, et à la description fonctionnelle.

La civilisation rurale, disons au xvııe siècle (mais ce siècle présente beaucoup de caractéristiques qu'on trouverait déjà à la fin du Moyen Age et encore au xvıııe...) c'est d'abord une démographie. Et cela, bien avant d'être un art du bois ou un style du vêtement ou une littérature populaire, ou telle autre spécialité folklorique à laquelle on penserait d'abord en prononçant le mot « civilisation rurale ».

Cette démographie est d'équilibre; ou du moins, tant bien que mal elle tend vers un certain équilibre. (Une telle observation, à vrai dire, vaut surtout pour l'Occident; en Chine, au contraire, les sociétés paysannes semblent douées de facultés d'expansion du peuplement qui donnent le vertige. Mais il est vrai que nous n'avons pas, — et pour cause! —, dans «l'Empire du Milieu», les registres paroissiaux qui permettraient de jauger le cas chinois [1]...)

S'agissant des structures cellulaires du peuplement rural, on se doit également d'évoquer ici les problèmes de la famille ou du « groupe domestique » (R. Mendras). En règle usuelle, dans les portions septentrionales du monde paysan de l'Europe de l'ouest, la famille rustique est *nucléaire* : autrement dit, elle est centrée pour l'essentiel sur le couple marié des petits exploitants ou des journaliers agricoles. Ce couple est chargé en moyenne d'une paire d'enfants survivants; et quelquefois aussi, quand la mortalité de l'époque n'est pas trop forte, ou la pauvreté du ménage pas trop marquée, ce couple peut avoir à son foyer, respectivement, un ascendant, ou bien une servante ou un valet; chez les gros exploitants qui ne constituent de toute façon qu'une faible minorité parmi les chefs de famille, on pourra trouver, bien entendu, plusieurs domestiques qui font partie du « foyer ». Quoi qu'il en soit des fioritures et variations toujours possibles, la famille nucléaire, comme modèle prédominant depuis le xıııe siècle (R. Fossier), se rencontre dans la moitié nord de la France, ainsi qu'en Angleterre, aux Pays-Bas, et, somme toute, dans les vastes zones de la paysannerie la plus développée (ou la moins sous-développée, eu égard à nos critères contemporains). Dans la moitié sud de la France, et en général dans les pays méditerranéens, la famille nucléaire conserve certes sa préémi-

---

[1]. Sur la démographie rurale, voir la troisième partie de ce livre.

nence numérique et majoritaire dans l'effectif total des ménages. Mais elle perd le monopole quasi-absolu qu'on lui reconnaissait plus au nord... Elle coexiste, dans le Midi, avec diverses formes de familles élargies : celles-ci, aux époques de crise (xive-xve siècles) et même quelquefois pendant les siècles plus tardifs (xviie-xviiie siècles), peuvent, le cas échéant, concerner des minorités importantes de la population rurale totale (jusqu'à 30 % ou 40 %). La famille élargie, dont il existe divers types, associe à un même foyer le couple précité des parents, leurs enfants et en outre :

a) le couple des ascendants, ou un fragment du couple des ascendants, grand-père ou grand-mère suivant les cas (c'est la famille élargie verticalement);

b) ou bien un (ou plusieurs) frère, sœur, ou cousin, célibataire, ou marié; et, dans ce second cas, flanqué de son conjoint et éventuellement de ses enfants (c'est la famille élargie *horizontalement*).

La combinaison de (*a*) et de (*b*) au sein d'une même famille élargie est extrêmement rare. La succession chronologique en revanche de (*a*) à (*b*) est largement concevable.

Qu'en est-il du *leadership* de la famille élargie? Dans le Midi de la France, où le problème est bien connu grâce aux travaux de Jean Hilaire, c'est le *pater familias* qui dirige la famille large. En Pays basque, celle-ci comporte même des survivances matriarcales assez perceptibles; en revanche, dans le nord du Massif Central (Auvergne, pays de Thiers, Nivernais), les familles élargies qu'on trouve encore au xviiie siècle sont organisées selon un style qui n'est ni patriarcal, ni paternaliste, mais très proche de la *zadruga* yougoslave : ce « style » implique :

1) la collaboration intra-familiale de trois, quatre ou cinq couples mariés, liés les uns aux autres par phratrie ou cousinage;

2) l'élection d'un *maître* et d'une *maîtresse*, non mariés l'un avec l'autre, et qui correspondent respectivement au *domacin* et à la *domacina* de la zadruga yougoslave.

3) la communauté de biens, l'autarcie, et même l'endogamie « intra-zadruga », s'il est permis d'user de cette redondance commode.

Les dernières familles élargies d'Auvergne et de Nivernais, bâties sur ce modèle, ont fourni à Restif de la Bretonne ses premiers modèles pour la construction d'un socialisme utopique et lignager.

Qui dit famille dit aussi coutumes d'héritage, et circulation des biens par régulations successorales. Ces problèmes spécifiques ont été magnifiquement traités dans le livre de Jean Yver intitulé *Géographie coutumière de la France* (Sirey éd.), et dans deux articles du même auteur.

Le livre d'Yver donne un aperçu par provinces ou groupes de provinces, des coutumes d'héritage dans la France des très anciens régimes et dans les régions ou peuplades frontalières. Deux mots donc, à ce sujet. D'abord, en ce qui concerne le Nord français : là, parmi des populations qui ont de solides traditions ethniques (Normandie, Flandre), règne le partage égalitaire des biens : on distribue le bien de famille en parts égales à chacun des enfants (ou le cas échéant, à chacun des héritiers qui ont droit à ce titre de par leur position dans le lignage), quand s'ouvre à la suite d'un décès, la succession d'un père de famille ou de quelque autre personne. Cette coutume encourage le morcellement. En ce sens, elle est à la fois archaïque (puisque liée à l'ethnie, flamande ou normande) et moderniste (puisque égalitaire). Dans le Midi en revanche, de par le droit romain notamment, sévit le pouvoir souverain du *pater familias* : celui-ci est autorisé à donner sa terre indivise à l'un de ses fils, et pas nécessairement à l'aîné, afin de préserver l'unité de son domaine. Plus profondément, dans le Midi, et aussi et surtout dans d'assez vastes régions du Nord, on rencontrait puissamment répandue (lors de la Renaissance des coutumes), l'idée suivante : que la terre de la famille ou de la maisonnée ne doit pas être divisée; cette terre doit être transmise d'un couple marié vivant dans une maison donnée au couple suivant. L'héritage était donc censé se transmettre d'un père à un fils ou, à défaut de fils, d'un beau-père à un gendre. Avec *exclusion des autres enfants mariés*, qui obtenaient seulement une dot au moment de leurs noces.

En d'autres termes, on avait essentiellement deux systèmes : l'un était de morcellement successoral, effectué en fonction de la structure du lignage; l'autre où l'héritage était de préférence indivisible, se basait sur la succession de vieux ménages à jeunes ménages. L'un des systèmes (normand ou flamand) privilégiait la *consanguinité*. L'autre l'*alliance*.

Mais en fin de compte, au xvie siècle, l'essor démographique est le plus fort. Bien que les distinctions « ethnographiques » qu'on vient d'évoquer ne soient pas totalement effacées, il y a une poussée générale en direction de la division successorale et du morcellement, spécialement dans la région parisienne et même dans le Midi. A la longue une telle tendance est contraire à la stabilité du monde rustique.

*

Les structures économiques de la civilisation rurale sont basées sur la coexistence d'une économie de subsistance, qui s'incarne dans les petits lopins du paysan, et d'une économie du surplus (ou pour le moins du surplus *alimentaire*..., car en ce qui concerne le surplus *monétaire*, le lopin précité en fournit lui aussi sa quote-part); cette seconde catégorie (celle du « surplus ») est basée sur des domaines moyens ou étendus qui sont généralement possédés par des nobles, par des clercs, ou par des bourgeois citadins : les uns et les autres exploitent leurs vastes terres quelquefois par eux-mêmes, et généralement grâce à des fermiers ou à des métayers.

Bien entendu ce schéma souffre de nombreuses exceptions qui le complètent et qui le nuancent sans pour autant l'infirmer tout à fait. Les dîmes et autres redevances prélèvent du grain sur les petites possessions, et le font finalement consommer par des citadins; les petites parcelles des vignerons et des jardiniers, d'autre part, ne sont pas destinées à ravitailler l'autoconsommation paysanne, mais bien davantage les marchés urbains. Et, s'agissant maintenant de la production des grands domaines, ce n'est pas toujours la portion frumentaire de celle-ci qui voyage le plus vers les halles de la ville proche. Le blé des grands, bien souvent, est mangé (au moins dans les régions arriérées), par la maisonnée des maîtres; ou bien il est acheté, tant bien que mal, par les journaliers du village proche dont les minuscules « propriétés » sont insuffisantes pour faire subsister une famille; ou bien il est consommé sur place... par les rats ou par les charançons dans les granges. En fait, dans les régions périphériques (Cotentin par exemple), les grands domaines sont surtout, plus que de grains, vendeurs de bétail : montés sur quatre pattes, bœufs, veaux et porcs se déplacent plus facilement vers les villes que ne le feraient au long des mauvaises pistes, les chariots chargés de grain.

Dans le Temps et dans le *Trend*, l'économie agricole de la civilisation rurale peut également être considérée du point de vue de ses mécanismes d'équilibre : les phénomènes de rétroaction ou de *feedback* permettent en effet, en cas de dérèglements accidentels ou momentanés du système, de ramener celui-ci à la position stable vers laquelle il tend du fait même de ses structures. De très grands exemples historiques, étalés sur plusieurs siècles, montrent la civilisation rurale s'écartant largement de cette « position d'équilibre », pour ensuite y retourner de façon graduelle. Soit par exemple la série des catastrophes en chaîne, pestes successives, guerre de Cent Ans, famines conséquentes ou concomitantes, qui, multipliées les unes par les autres à la Hiroshima, détruisent, à partir de 1348 surtout, l'architecture savante de l'économie et de la démographie rurales, telle qu'elle s'était établie en Occident, depuis le XIIIe siècle et l'époque gothique. Paysanne essentiellement, la population « française », évaluée dans le cadre des frontières actuelles, dépassait, c'est vraisemblable, 17 millions d'habitants vers 1320-1330. Elle tombe à moins de 10 millions d'âmes, et peut-être à beaucoup moins que ce chiffre, vers 1440... Du coup se révèlent, dans l'économie rurale, des mécanismes qui, vers 1460-1480, s'avèrent graduellement compensateurs : en un monde désormais vide d'hommes, les lopins des quelques paysans survivants s'agrandissent : ils phagocytent, en effet, par le jeu des héritages concentrés sur un légataire unique —, les petits lopins des disparus. Sur ces possessions devenues plus vastes, les exploitants vivent mieux, le malheur des uns contribuant au bonheur des autres. Plus généralement, sur les terroirs des villages qui furent entièrement désertés du fait de la dépopulation, les forêts vers 1450 repoussent; ou bien les pacages prennent la place des céréales. Les paysans ont donc du gibier, du bois pour se chauffer ou se loger, de l'espace herbu pour faire paître leur bétail... D'autre part, vers 1450 toujours, la main-d'œuvre manque, et les terres à défricher sont nombreuses : la productivité marginale du travail (productivité du dernier ouvrier pris à l'embauche) est donc très haute, et les salaires agricoles sont fort élevés. Le concept de salaire rural, en l'occurrence, n'est du reste pas lié nécessairement aux circuits de la monnaie. Il peut fort bien, dans une économie qui souvent reste quasi « naturelle », s'appliquer aux gages en nature ou à la part de moisson que touchent les domestiques agricoles et les saisonniers. En même temps que s'impose après 1460 une haute conjoncture salariale, il apparaît que la demande de terres exercée par des exploitants peu nombreux est faible : de ce fait, la rente foncière que sont en mesure d'exiger les seigneurs et les grands propriétaires est misérable. Bonne affaire pour les paysans : n'étant ni tondus ni écorchés par les maîtres du sol, ils peuvent s'offrir un standard de vie fort convenable. Hélas! cette situation plaisante, qui culmine vers 1480, a de fâcheuses et logiques tendances à se renverser : en effet, qui dit bon salaire, bon revenu d'exploitant, gros lopin,

La civilisation rurale 155

forte ration de pain, de viande, de bois, et de gibier, dit aussi et par définition niveau de vie tout à fait correct; et donc, — à titre probable —, mortalité plus basse, natalité plus forte (dans un régime de type traditionnel), et, en fin de compte, hausse démographique. Du coup se mettent en place des mécanismes inverses de ceux qui viennent d'être décrits. C'est le *feedback!* Au XVIe siècle, au fur et à mesure qu'augmente derechef la population rurale, les lopins individuels des paysans s'effilochent comme peau de chagrin, au point d'instaurer une « agriculture en miettes ». Les salaires réels baissent, et la paupérisation des ouvriers campagnards s'affirme, affectant aussi bien les gages en nature que les salaires en monnaie. En même temps, au fur et à mesure que monte la houle démographique, la demande de terres s'accroît. La *classe propriétaire* des maîtres du sol (noblesse foncière, clergé qui perçoit la dîme, État qui lève l'impôt sur les paysans) est en mesure d'augmenter ses exigences, puisque les ruraux, devenus fourmillants, n'ont pas le choix. Désintégrée sur sa gauche par un morcellement à causes démographiques, happée sur sa droite par les rassembleurs de terre, écrasée par les prélèvements divers et croissants des maîtres du sol, la petite tenure paysanne vers 1550-1660 ne sait plus où donner de la tête. Le niveau de vie de la masse des cultivateurs tombe, le paupérisme devient général; un contexte de famines, d'épidémies —, et aussi de retard au mariage, afin de limiter les dégâts du paupérisme — s'instaure. La mortalité augmente, la natalité baisse, l'essor démographique est finalement jugulé, à la fin du XVIe et au XVIIe siècle, par les mécanismes de *feedback* qu'on vient d'évoquer. A coup de souffrances et d'ascétisme, la civilisation rurale s'avère donc capable d'obtenir cette « croissance démographique zéro » qui constituera de nos jours le rêve (difficilement réalisable) des démographes du monde entier, nostalgiques de l'équilibre. Au prix d'épreuves et de privations aiguës, cette civilisation démontre qu'elle porte en elle-même l'énergie nécessaire à son autostabilisation.

Dans un tout autre ordre d'idées, la civilisation rurale se trouve placée devant des problèmes de pouvoir, de politique, de contestation et de révolte. Elle possède ses cellules de sociabilité politique (la communauté d'habitants), et même ses cellules de sociabilité militaire (le groupe des jeunes gens non mariés du village, organisé en association folklorique, et qui peut, éventuellement, contribuer à fournir la piétaille d'une armée rustique). Cependant, les centres essentiels de décision et de prélèvement (l'État, l'Église, la ville, la seigneurie) échappent plus ou moins au contrôle paysan. De là, des frictions et des conflits; de là aussi l'occurrence, — assez fréquente dans la société traditionnelle —, de révoltes et de guerres paysannes : elles peuvent se comparer aux grèves et aux insurrections ouvrières dans la société industrielle. Les soulèvements agraires ne visent point à prendre possession de l'intégralité du pouvoir : un tel rêve, utopique, n'est guère caressé que par une poignée de millénaristes, beaucoup moins influents dans le milieu rural qu'ils ne le sont dans la population citadine. Prosaïques, les révoltes rurales visent surtout à récupérer, au profit des villages, une partie du pouvoir détenu par la société englobante; elles visent à diminuer ainsi, voire à annuler, certains des prélèvements qu'effectue celle-ci.

La révolte rurale est rarement le fait unique des éléments les plus pauvres parmi les habitants des paroisses ou des communautés. On trouve cependant, — dans le cas certes particulier des civilisations rurales qui sont déjà très pénétrées par le capitalisme —, des luttes de classe bien caractérisées entre riches *laboureurs* et pauvres *manouvriers:* l'exemple, isolé, de la *guerre des farines*, dans les campagnes parisiennes, en 1775 est typique à cet égard. Mais fondamentalement, les révoltes paysannes, quand elles sont importantes, mettent en cause le noyau dur et relativement aisé (tout est relatif) de la communauté villageoise : autrement dit les laboureurs, les exploitants petits et moyens; et quelquefois les gros exploitants, quand ils existent. Très frappante, quant à ce problème, est la statistique que publia jadis Pirenne, à propos des guerres paysannes en Flandre au début du xive siècle : la plupart des rebelles, qui, en ce temps-là, furent capturés les armes à la main, étaient des possesseurs-laboureurs petits et souvent moyens, voire gros; ils étaient propriétaires d'un ou plusieurs hectares ou même bien davantage. Eric Wolf qui a étudié les « guerres paysannes du xxe siècle » en Chine, en Russie, au Viêt-nam, à Cuba et en Algérie, aboutit à des conclusions analogues.

Le type de soulèvement rustique le plus connu, mais pas nécessairement le plus fréquent, dans la civilisation rurale traditionnelle, c'est la révolte *anti-seigneuriale;* au xie siècle par exemple, les rustres de Normandie, « par vingt, par cinquante, par cent » forment une puissante conspiration contre la classe nobiliaire et seigneuriale : elle les exploite, disent-ils, à coups de redevances, et aussi de corvées trop lourdes; elle leur enlève les communaux, les bois, les rivières et les épines, pour y installer ses domaines et ses prairies.

Mal en prend à ces campagnards normands contestataires; ils sont massacrés. Quant aux *Jacques* de 1358, près de Paris, ils sont dirigés, semble-t-il, par des laboureurs aisés; et ils font un massacre de la noblesse... Les paysans allemands, en 1525, groupés autour de leurs communautés ou *Gemeinde* mènent une lutte sur plusieurs fronts; ils se gardent tout à la fois contre le pouvoir seigneurial qui les opprime et contre l'Église, qu'ils accusent d'être infidèle à l'Évangile (on est en période de Réforme); de même en France (dans le bassin de Paris et en Languedoc), les redevables ruraux vers 1560 font la grève contre les dîmes dues au clergé. En 1789, dans une situation qui certes diffère beaucoup de celles qui viennent d'être évoquées, les masses paysannes, idéologiquement réactivées grâce à la miniculture que distribue l'école paroissiale, retrouvent et cultivent leur vieille hostilité contre les seigneuries et les noblesses; celle-ci se conjugue efficacement avec les frustrations « anti-privilégiées » des masses citadines.

Cependant, la lutte anti-seigneuriale n'est pas, il s'en faut de beaucoup, l'élément le plus typique de la contestation paysanne. Pendant une très longue période, du xve au xviiie siècle, les paysans « français » (par exemple) ont dirigé l'essentiel de leur mince activité « militante », — quand celle-ci existait —, contre l'État et contre ses séides, chargés de collecter les impôts; éventuellement, par ricochet, ils se sont dressés contre l'armée royale, utilisée par le pouvoir pour la répression des révoltes. Une agressivité de ce type est fort logique : dans une société essentiellement paysanne, l'État est l'une des clés de voûte où même quelquefois l'organe essentiel de la partie non paysanne ou « englobante » de ladite société. Cette dichotomie (paysan/non-paysan, dominant/ dominé, englobant/englobé) peut donc se traduire en luttes anti-étatiques.

Quelques révoltes antifiscales et anti-étatiques assez remarquables ont été récemment étudiées par Mousnier, Porchnev, Foisil ou Bercé. En Normandie, les *Nu-pieds* (ruraux du bocage qui se rebellent en 1639) sont solidaires des bouilleurs de sel, qui font évaporer l'eau de mer dans leurs marmites sur les plages du Mont Saint-Michel : ces bouilleurs vendent le sel à bon marché aux villages; alors que Richelieu, lui, prétend faire casser les marmites, afin d'obliger les Bas-Normands à consommer le sel vendu très cher par la gabelle gouvernementale... La révolte des Nuspieds de 1639, issue des petites communautés villageoises de laboureurs du bocage, est dirigée par des curés et vicaires, par de petits seigneurs et des nobles endettés, par des avocats besogneux. Elle a donc *son* clergé, *sa* noblesse, *son* Tiers état; et elle se dresse contre la société officielle et contre l'élite du pouvoir (fiscal...) au nom d'une contre-société à format réduit, chlorophyllienne et contestataire. Les Nuspieds revendiquent le rabais des impôts, le retour à l'âge d'or symbolisé par les noms d'Henri IV et Louis XII, deux rois dont la voracité fiscale était modérée...; ils demandent enfin l'autonomie ou même l'indépendance de la Normandie. En Périgord, les *nouveaux croquants* de 1637 sont conduits par la Mothe la Forêt, petit noble mystique et régimentaire. Ils souhaitent une société débureaucratisée : les représentants des villages y viendraient verser leur obole, modeste, informelle, et fiscale, au roi lui-même, assis sous son chêne : ce versement se ferait directement, *de la main à la main*, sans prélèvement intermédiaire au profit des sangsues du fisc.

Il faut mentionner enfin les révoltes paysannes contre la *ville:* celle-ci étant accusée de faire monter les prix par le marché noir; de donner asile aux receveurs des impôts et autres maltôtiers; d'être l'antre des rassembleurs de terre qui rachètent le lopin du pauvre monde; d'être la caverne des brigands qui, bien protégés par les murs de la cité, viennent de temps à autre faire des sorties et des raids contre les hameaux sans défense.

> *Vous crèverez dans vos villes*
> *Maudits patauts*
> *Tout comme les chenilles*
> *Les pattes en haut*

chantent les Vendéens de 1793, à l'encontre des *Bleus* ou *Républicains* qui résident dans les villes. Et deux cents ans plus tôt, les premiers *Croquants* du Limousin-Périgord en 1593 auraient pu proférer à peu près la même chanson contre leurs ennemis et exploiteurs habitant les villes; contre Périgueux et Bergerac, détestées par les Croquants à l'égal de Sodome et de Gomorrhe. D'une façon générale, à l'égard de ses éventuels ennemis de tous les bords, — seigneurie, État, ville, haut clergé —, le village est fort capable de se battre alternativement ou même — simultanément — sur tous les fronts; il pratique, dans ces conditions, une stratégie « tous azimuts ».

Le *leadership* des révoltes rurales pose des problèmes : le village, en effet, est trop souvent tourné vers son propre nombril, le porche de l'église paroissiale étant, pour les membres de la communauté, l'ombilic de leur petit univers.

Les rustres, quand ils ont affaire au monde extérieur, ont donc tendance à puiser leurs leaders parmi ces médiateurs naturels que sont, vis-à-vis des forces étranges de la société englobante, les petits notables, les curés, et aussi, quand ils ne sont pas en conflit direct avec les paysans, les seigneurs locaux.

RELIGION, CULTURE ET FOLKLORE
DANS LA CIVILISATION RURALE

Dans le cas des sociétés paysannes d'Europe occidentale, la religion rustique est essentiellement un christianisme, interprété selon les modalités du folklore local. En principe, à l'apogée de la civilisation rurale (XIIIe-XIXe siècle), les éléments les plus flagrants du paganisme ont été éliminés, depuis belle lurette, de la religiosité paysanne : le culte, en tant que tels, des pierres, des arbres, des plantes et des bêtes a disparu. Enchâssées dans un corps de bois, les pierres de lune sont devenues des vierges noires. Les missionnaires chrétiens, jusqu'à une date tardive (VIIe siècle...) ont brûlé les idoles monstrueuses et abattus les arbres-dieux. Des légions de saints se sont installées sans façon sur l'emplacement des sources et des bois sacrés. Ils ont personnalisé, *humanisé* le vieux paganisme folklorique. Ils ne l'ont pas fait disparaître : saint Médard fait tomber la pluie, sainte Barbe protège de l'orage; et des centaines de saints thaumaturges, judicieusement postés aux fontaines miraculeuses veillent, des pieds à la tête, sur les organes respectifs des malades qui se présentent à la cure. Certes l'Église, surtout après le concile de Trente (1545 et années suivantes) peut bien rappeler mollement aux villageois, de temps à autre, que les saints, et même la Vierge, ne sont que simples intercesseurs auprès de la Trinité. Mais pour les paysans qui célèbrent le culte de saint Joseph ou de saint Antoine, cette casuistique ne vaut rien : le saint, de leur point de vue, possède bel et bien des pouvoirs personnels; il n'a pas à passer par l'intermédiaire du Tout-Puissant pour obtenir telle ou telle grâce sur la Terre. En ce sens le saint demeure un petit dieu rustique et même touristique (cas des pélerinages) : on reste très près du paganisme. Mieux vaut du reste ne pas affronter trop violemment cette théologie boiteuse, mais efficace et crédible, que se sont forgé les villages *ad usum rustici:* au temps de la Réforme, les ministres huguenots tentèrent souvent, en France, d'évangéliser les campagnes et de briser les statues de la Vierge : ils durent plus d'une fois s'enfuir, trop heureux de n'être pas massacrés par les paroissiens en furie. Et de même la seconde tentative de défolklorisation du christianisme rural, menée par les curés jansénistes à partir du début du xviiie siècle se soldera souvent par un désastre pour l'Église : en tentant d'épurer le culte des Saints et de désamorcer le culte des morts (celui-ci souligné pendant si longtemps par l'enterrement des cadavres sous le pavé des églises), le catholicisme aboutira finalement à creuser sa propre tombe : il s'aliénera les très nombreux paysans pour lesquels la religion ne se conçoit pas sans folklore.

Le folklore cependant déborde très largement le terrain des cultes et des sanctuaires. Il se concrétise aussi par la vivacité d'une *culture orale:* celle-ci s'incarne par exemple dans le *conte populaire*, déposé dans la mémoire de conteurs spécialisés qui apprennent leurs histoires par cœur. L'âge venant, ils transmettent les récits à un jeune homme doué d'une bonne mémoire, qui à son tour, en vieillissant passera le flambeau à un plus jeune. Ainsi se transmet, venue du fond des âges, une sagesse narrative et normative qui circule, se transforme, se décompose et se recompose sans cesse, en voyageant par aller et retour de Gibraltar à l'Oural, et bien au-delà, à travers les espaces de l'Eurasie. La France rurale, de ce point de vue, n'était jusqu'au xixe siècle, qu'une province culturelle parmi bien d'autres, au sein d'un très vaste monde. Chez nous, le conte populaire est parvenu jusqu'à la notoriété de l'imprimerie, et même jusqu'à la très grande littérature, grâce à l'œuvre de Perrault. En Russie, Vladimir Propp, qui a étudié de près ce genre à la fois littéraire et paysan, se demande si la structure extrêmement rigide et canonique du conte ne reflète pas quelque religion très ancienne du voyage des morts et de la transmigration des âmes vers l'au-delà. Sans aller nécessairement jusque-là, constatons que les deux premiers récits (n°s 1 et 2, tous deux tirés du cycle du *Renard*) qu'ont recueillis Aarne et Thompson dans leur immense classification systématique du conte populaire aux xixe et xxe siècles, étaient aussi les deux premières histoires qui venaient spontanément à la bouche du narrateur paysan que Noël du Fail (vers 1540) a dépeint, dans l'une de ses nouvelles, comme actif à l'extrême fin du xve siècle : preuve, s'il en était besoin, du formidable immobilisme du folklore rural à travers les siècles : les transformations et renouvellements constants qui affectent le conte populaire représentent bien souvent un perpétuel retour sur soi-même, comme d'un serpent qui se mordrait la queue. Qu'il y ait aussi, dans le fonds légendaire des récits qui circulent au sein de la civilisation rurale, une conception quasi religieuse, mais non chrétienne de la fécondité-fertilité, c'est bien certain : l'immense popularité du thème de Mélusine, l'être à corps de femme et à queue de serpent, est significative à cet égard : jaillie des sources, Mélusine est simultanément bonne mère des grands lignages paysans et nobles, et gardienne de la forêt : elle sait quand il le faut, après ses noces fécondes avec un mortel, autoriser la coupe des arbres et les défrichements; elle garantit la fertilité des récoltes et la prospérité des maisons (au double sens du mot *maison :* bâtisse et lignage). Elle symbolise un culte des puissances de la reproduction, au sein duquel se mêlent inextricablement les intérêts de l'agriculture et de la famille, et les obsessions du sexe relatives à la mère phallique. N'allons pas déduire de cela, pourtant, que le folklore de la civilisation rurale est purement archaïque et donc politiquement conservateur; il contient, en fait, des éléments nettement subversifs, éventuellement révolutionnaires. Mélusine elle-même, dans certaines régions, est lapidée dans son puits par les paysans pour avoir été méchante seigneuresse; et les légendes paysannes sont bien bavardes, dès lors qu'il s'agit de raconter l'histoire de tel ou tel détestable seigneur qui a exploité ou trompé ses fermiers ou tenanciers. Ledit seigneur se parjure-t-il, affirme-t-il qu'il a toujours été honnête et correct avec ses sujets... : il est alors foudroyé sur le champ, et transformé en grand chien noir ou en loup; le voilà condamné à servir d'ancêtre-totem pour ses descendants. On le revoit de temps à autre, sous sa forme de bête, les soirs d'orage, devant la cheminée familiale.

L'espace manque ici pour parler en détail de la *civilisation matérielle* du village : elle est fort médiocre à la fin du Moyen Age et encore à l'époque classique (les paysans s'habillent par exemple d'habits rapiécés d'occasion achetés aux citadins; leur mobilier consiste surtout en quelques coffres prudemment fermés à clef contre les voleurs). Mais plus tard, aux XVIIIe et XIXe siècles, cette « culture matérielle » s'épanouira pendant la phase de croissance économique et démographique de la civilisation rurale : l'armoire normande incarnera dès lors, en milieu rustique, une conception cartésienne de l'ordre; et les costumes régionaux, coiffe bretonne en tête, affirmeront l'acculturation des tailleurs de village, sensibles tout à la fois aux modes de la ci-devant cour et de la bourgeoisie, et aux idées républicaines venues de Paris.

La culture folklorique concerne aussi la distribution des rôles et des pouvoirs à l'intérieur même de la communauté paysanne. Le groupe des jeunes hommes non mariés se distingue de celui des hommes mariés; il l'affronte parfois dans de sévères parties de *soule* (jeu de balles qui est l'ancêtre, ou du moins « l'oncle » de notre rugby). Cette ségrégation des jeunes célibataires affirme une bipartition qu'on retrouve parfois, de façon imprévue, jusque dans la stratification officielle des couches sociales (P. Chéreau) : la distinction entre citoyens actifs (électeurs) et citoyens passifs (non électeurs), à l'époque de la Révolution française, reflète souvent, au village du moins, une différenciation de fait des groupes d'âges, plutôt qu'une véritable séparation des classes sociales. Si l'on tient compte aussi de l'existence (beaucoup plus discrète) de groupes de femmes mariées et de jeunes filles, la communauté paysanne peut se trouver écartelée comme un blason, entre quatre secteurs d'appartenance, selon l'âge et le sexe; (à quoi se superposent, pour compliquer le *pattern*, les différences sociales entre riches et pauvres, laboureurs et manouvriers, etc.). Il existe ou il existait, d'autre part, dans certaines de nos provinces, — tout comme en Polynésie! —, des « maisons des hommes » : chambrées, clubs, ou bistrots; elles développaient spécifiquement, au village, la sociabilité masculine.

Autre fait de folklore, la *sorcellerie* rurale pose des problèmes un peu différents : elle est exacerbée à partir du xvie siècle par la Réforme et par la Contre-Réforme : celles-ci, en épurant la religion de ses aspects les plus magiques, expulsent le Prêtre de ses fonctions médiumniques, et le transforment en petit fonctionnaire du culte. Réforme et Contre-Réforme, à force de tonitruations néo-théologiques contre le péché et contre Satan, donnent donc au Malin des rôles toujours plus importants. Elles confèrent de ce fait à la sorcière et à la sorcellerie villageoises une importance très grande aux xvie et xviie siècles. Douée de pouvoirs maléfiques, dont peu de gens, à l'époque, contestent l'efficacité, la sorcière est en mesure de faire souffrir et de faire chanter ses adversaires, souvent haut placés. Elle incarne ainsi la revanche de la pauvresse contre le riche, et de la femme contre le chauvinisme mâle des phallocrates.

Stable, stabilisée, équilibrée, la civilisation rurale est néanmoins ouverte au changement. Elle l'est plus ou moins selon les régions. En France, où de bonnes études historico-statistiques permettent d'y voir clair, on peut distinguer, dès le xviiie siècle et *a fortiori* vers 1830, deux types de zones (cette dichotomie se retrouverait sans doute, en plus ou moins accentuée, parmi les autres « nations » de l'Europe occidentale). Dans la partie Nord-orientale du ci-devant royaume français — au nord-est d'une ligne qu'on a baptisée de façon un peu simpliste la ligne Saint-Malo-Genève —, vivent des groupements humains qui sur les grands *openfields* limoneux se sont laissé plus ou moins contaminer, dès la fin du XVIIe siècle, par l'alphabétisation née des écoles paroissiales ou communales : les unes et les autres marquant une progression *grosso modo* constante de la Renaissance à la Révolution, et de la Révolution à l'époque de Jules Ferry. Ces populations agrestes plus éclairées qu'ailleurs sont, d'autre part, dès le XVIIIe siècle plus diversifiées dans leurs occupations et métiers que ne le sont les peuples ruraux de l'Ouest (pauvre Bretagne), du Centre (pauvre Massif Central), ou du Midi (pauvres Pyrénées); ces peuples divers de l'Ouest, du Centre et du Midi, étant, quant à eux, essentiellement voués pendant belle lurette à une agriculture de subsistance (sauf exception viticole). Les « limoneux » du grand Nord-Est, eux, ont davantage de charrons, de forgerons, de maréchaux-ferrants, d'ouvriers ou d'artisans du bois, du cuir et du fer, et de maîtres d'école que leurs concitoyens occidentaux, centraux ou méridionaux des autres régions de France. Mieux nourris aussi que le reste des paysans français, les paysans plus « développés » qui siègent au nord de la ligne Saint-Malo/Genève, sont plus grands de quelques centimètres que la moyenne nationale : cette différence de stature, très accusée par comparaison avec les hommes petits, rachitiques et souvent souffreteux qu'on trouve au sud de la ligne précitée, ne tient nullement, ou si peu, à des raisons génétiques. Elle s'explique par la meilleure nourriture (davantage de viande et de froment); peut-être aussi par la scolarisation plus forte en milieu septentrional, celle-ci arrachant quelque peu les enfants de la campagne à un travail physique trop écrasant. Les hommes du « grand Nord-Est » sont par ailleurs mieux intégrés à la vie nationale. Ils paient plus fidèlement l'impôt du fisc et l'impôt du sang. De Jeanne d'Arc au capitaine Coignet, ils sacrifient plus volontiers leur vie sur les champs de bataille, pour la personne mystique du roi ou de l'empereur, que ne le font les Occitans; ceux-ci murés dans leur dialecte ont peu d'affection pour une France du Nord qui ne les aime guère et à laquelle de temps à autre ils le rendent bien. De bonnes routes, créées par la monarchie ou par les autorités locales à coups de corvées paysannes sillonnent, d'autre part, à partir du XVIIIe siècle, la France rurale plus développée du Nord-Est : elles y favorisent le commerce des grains; elles y conjurent les crises de subsistance; grâce à elles, la brillante économie céréalière des plateaux à limon peut déployer ses potentialités, qui sont bien supérieurs à celles des terres froides à seigles et à châtaignes, dont doit se contenter le Massif Central.

Les causes de la supériorité agricole du Nord-Est français sont anciennes. Elles valent aussi — en plus du Nord de la France —, pour les Pays-Bas, la Belgique, l'Ouest de l'Allemagne, le Sud de l'Angleterre, voire le Nord de l'Italie... Dès le xiie-xiiie siècle, ces pays du Nord-Est français (pour nous en tenir à leur cas précis) ont largement adopté la charrue, la herse, l'assolement triennal, l'avoine, la traction par le cheval. Les rendements du grain, en Picardie, et autour de Paris atteignent 15 à 20 hectolitres à l'hectare, — et 8 à 10 grains récoltés pour un semé — dès la fin du Moyen Age et pendant toute la période moderne. Ils se haussent ainsi du premier coup, — et avec une bonne marge d'antériorité! — au niveau de ces productions élevées de blé à l'hectare que l'Angleterre, elle, avec sa « révolution agricole » n'atteindra péniblement qu'à la fin du xviie siècle ou au xviiie. En ce qui concerne les Pays-Bas, la « révolution verte » y a été réalisée dès le xve siècle. Profitant d'une démographie relaxée, d'un pouvoir d'achat élevé, d'une forte demande urbaine de viande et de lait, et des possibilités de substitution qu'offrent les grains importés de la Baltique, les paysans flamands de l'époque Memling-Breughel — qui n'ont pas lu les traités d'agronomie — font la révolution agricole dans une faits au lieu de l'imaginer dans leur tête. Ils se jettent avec audace dans la production du houblon, du lin, du chanvre, du trèfle, du sarrasin, de la prairie cultivée temporairement. Du coup la jachère, — qui restera pendant longtemps si dirimante encore sur le territoire français —, disparaît, en Flandre, au profit des cultures; et le troupeau bovin, producteur de lait, beurre et fromage se multiplie sur les petites exploitations. Le fumier ainsi engendré accroît la productivité végétale; ce qui permet par un effet induit de consacrer davantage de terrain aux prairies (et donc au fumier!); il va de soi en effet que les champs rendant mieux, on n'a plus besoin de les expandre indéfiniment. Le cercle vicieux de l'agriculture ancienne (bas rendements du blé → emblavures trop vastes → manque de prairies → manque de bétail → manque de fumier → bas rendements du blé, etc.) fait donc place, en ce qui concerne les régions belgo-néerlandaises à un « cercle vertueux »; celui-là même qui contribuera au développement « en spirale » de l'économie hollandaise jusqu'au xviie siècle. Cette révolution agricole de style hollandais propagée ensuite jusqu'à l'Angleterre (xviie-xviiie siècle) puis à la France (xviiie-xixe siècle), permettra finalement de nourrir des populations urbaines et rurale qui seront beaucoup plus abondantes que par le passé. Elle facilitera le décollage de l'économie globale à partir de l'âge des Lumières.

En termes de paysages, l'opposition entre les régions tôt développées du Nord-Est français, et plus généralement de l'Europe tempérée Nord occidentale, d'une part, et d'autre part les régions rurales moins développées du Sud méditerranéen, du Massif Central et de l'extrême Ouest péninsulaire et breton, ne présente pas toujours et partout les mêmes caractères. En France, les oasis de modernité ou de modernisation rurale se trouvent dans les grands *openfields* limoneux du Nord-Est avec leurs champs nus plats et découverts; avec leurs grosses paroisses d'habitat groupé, entrecoupées de grands domaines intercalaires, pourvus de fermiers capitalistes. Inversement les bocages français de l'Ouest et du Centre, et les pays de champs irréguliers du Midi sont souvent voués à l'archaïsme, à la pérennité du métayage, à la petite culture exécutée par des bœufs et par des araires jusque vers 1850... En Angleterre, c'est tout différent! Le bocage britannique ou *enclosure* est à la fois le soutien et le garant de la révolution agricole *modern style* (xviie-xviiie siècle) : il favorise, au profit des grands propriétaires et des gros fermiers innovateurs, l'individualisme agraire et l'esprit d'entreprise. A l'archaïsme du *bocage* français s'oppose la modernité de l'*enclosure* anglaise.

Cependant les différences fort anciennes entre régions plus développées et moins développées (dans le cadre de la civilisation rurale traditionnelle) se marquent aussi au niveau des mentalités, et tout simplement au niveau des comportements individuels et collectifs. Dans la zone méditerranéenne en général (péninsules et surtout îles) et dans la France de l'extrême Sud, la criminalité agraire jusqu'au xviiie siècle, surtout dans les montagnes et dans les îles, demeure une délinquance de type ancien : contre les personnes. Le maximum semble avoir été atteint en Corse à la fin du xviie siècle : la mortalité annuelle par homicide y est en moyenne de 0,7 cadavre pour cent habitants. (A titre de comparaison, signalons que dans l'un des points les plus chauds de la criminalité violente en 1971-1972, — dans le 28e *precinct* de Manhattan-Harlem à New York, la mortalité par homicide n'est encore que de 0,2 morts pour cent habitants, soit à peine le tiers du niveau précité de la Corse.) La mortalité par homicide, dans la Corse agraire du xviie siècle, atteint donc des niveaux dignes des hécatombes françaises de la première guerre mondiale. On est en présence, au Grand Siècle, dans l'île de Beauté, d'une démographie tempérée par l'assassinat. Au contraire, dans les campagnes relativement développées du Nord de la France, la criminalité par homicide diminue nettement du xvie au xviiie siècle. L'agressivité du paysan se retourne contre soi-même (le suicide en ces régions septentrionales est plus fréquent que dans les zones situées plus au sud). Ou bien cette agressivité se sublime en crime contre les choses : filouterie, vol, escroquerie. De toutes façons, les courbes *générales* de criminalité rurale sont en baisse au xviiie siècle, par exemple en Normandie. Tout se passe comme si la société agraire en voie de développement du temps des Lumières parvenait désormais à mieux contrôler les émotions des hommes qui la composent : de ce point de vue, cette société aurait peut-être beaucoup à enseigner à notre civilisation industrielle ou « post-industrielle », volontiers encline à l'ultra-violence.

*

Il n'y a pas loin pourtant du Capitole à la roche tarpéienne. Du xive au début du xviiie siècle, à travers des soubresauts gigantesques, et sans forte croissance, la civilisation rurale s'était en quelque sorte stabilisée dans la misère et dans le folklore ; dans l'immobilisme démographique et économique des très longs termes, qui triomphait finalement des fluctuations les plus lourdes, négatives et séculaires. Or, à partir de 1720-1730, tout change : cette même civilisation agreste connaît dans tout l'Occident, — sans pour autant perdre ses caractères originaux —, une fièvre de croissance. La population paysanne, pour plus d'un siècle s'augmente et bourgeonne sur place, tout en fournissant des hommes aux villes en expansion. En même temps, les structures démographiques du monde rural se modernisent à partir du xviiie siècle : la mortalité recule sous l'influence de la médecine, d'un meilleur niveau de vie, et d'une hygiène personnelle ou infantile un peu moins déplorable que par le passé. Face à la montée démographique, dont on peut craindre qu'elle ne dissémine le paupérisme, les paysans tâchent d'élever de fragiles barrières. Ils s'initient par exemple en France, et surtout après 1800, aux secrets essentiellement masculins du *coïtus interruptus :* ceux-ci sont largement diffusés chez les jeunes paysans et les conscrits, grâce aux conversations de taverne et de caserne ; ils sont ensuite appliqués par ceux qui désormais les connaissent, dans leur comportement conjugal. Une croissance économique, notamment agricole et frumentaire, se dessine elle aussi aux xviiie-xixe siècles; elle fait face aux besoins des nouvelles bouches à nourrir; elle réussit aussi à augmenter légèrement la ration moyenne, urbaine et rurale, *per capita*. Cette croissance agricole s'opère d'abord par le simple jeu des défrichements et de l'intensification du travail humain et animal. Puis, à partir de dates qui varient (en général au xixe siècle, ou quelquefois dès le xviiie siècle, dans l'Europe continentale), une véritable Révolution agricole s'instaure : on sélectionne les grains (Vilmorin) et le bétail (ce second type de sélection se trouvant à l'origine d'un des courants de pensée qui bâtiront le darwinisme). Les plantes fourragères — et « nitrateuses » — évincent tout à fait la jachère. L'adoption de charrues perfectionnées prélude, très en avance, à la diffusion de la moissonneuse Mac Cormick, — et beaucoup plus tard du tracteur. En France, ces deux dernières catégories de machines ne seront introduites en masse respectivement qu'au début, puis au milieu du xxe siècle.

Culturellement, l'horizon paysan s'élargit lors de la phase de croissance : j'ai déjà mentionné le très bel essor du costume régional (mais il s'agit surtout de vêtement « à manger de la tarte », pour les jours de fête...); le très bel essor aussi du mobilier des laboureurs, aux xviiie et xixe siècles... Au plan de la culture proprement intellectuelle, le vieux folklore oral tend de plus en plus à coexister avec une grandissante *littérature populaire*, imprimée par la Bibliothèque bleue de Troyes, au xviiie siècle par exemple. Cette Bibliothèque bleue transmet aux quelques paysans lettrés (qui, à haute voix, la lisent ensuite aux auditoires des veillées), une culture d'origine urbaine, et de type... médiéval qui arrive ainsi dans les villages, grâce à l'édition, avec trois ou quatre siècles de retard! La culture politique des ruraux se modifie elle aussi beaucoup au xviiie siècle : elle encourage la contestation paysanne; celle-ci désormais s'attaque, avec plus de force que par le passé, à la seigneurie, pierre angulaire de cet « ordre éternel des champs », auquel justement et pour la première fois, beaucoup de rustres ne croient plus ou n'adhèrent plus. La Révolution paysanne de 1789 et des années suivantes sortira tout armée de ce nouvel état d'esprit, fréquent parmi l'élite alphabétisée qu'ont formée les écoles de paroisses. L'école primaire du xixe siècle ne fera qu'accentuer cette orientation antinobiliaire et anticléricale qu'on rencontre dorénavant dans certaines régions campagnardes.

Depuis 1915-1920, cependant, on assiste à la mort lente, ou du moins à la décrépitude de la « civilisation rurale » qui vient d'être décrite : celle-ci connut son apogée au moment même du plafond démographique de nos campagnes, vers le milieu du xixe siècle. Son déclin rapide commence surtout depuis 1915-1920 : car la guerre de 1914 a exterminé chez nous la jeunesse mâle de villages entiers; et puis plus « efficace » encore, la technologie industrielle (et agricole) a chassé la main-d'œuvre des campagnes vers les villes. Simultanément, les *mass media* de la presse écrite, de la radio et de la télévision substituent à l'ancien folklore des laboureurs, le folklore plus frappant des bandes dessinées, et de la violence citadine. Les fermiers veulent des réfrigérateurs, et non plus des contes de fées.

On ne doit pas — bien entendu — regretter ces intrusions, car il serait absurde d'affirmer le caractère idyllique de la civilisation rurale (celle-ci était bâtie, on doit le reconnaître, sur la misère du plus grand nombre). La civilisation rurale cependant n'est pas encore décédée de sa belle mort ou de sa laide mort. Elle survit plus ou moins, même aujourd'hui, dans les sociétés surdéveloppées du monde occidental, d'une existence minoritaire et végétative. Elle n'y a peut-être pas dit son dernier mot.

Événement et longue durée
dans l'histoire sociale : l'exemple chouan [1]

L'historiographie contemporaine, qui se veut quantifiée, massique, structurale, a été contrainte, préjudiciellement, de tuer pour vivre : elle a condamné à une quasi-mort, voici quelques décennies, l'histoire événementielle et la biographie atomistique. Ces genres estimables, et justifiés quelquefois, mais qui trop souvent sautaient, au fil du récit, de tuerie en boudoir et d'alcôve en antichambre, survivent aujourd'hui dans les supermarchés de la culture, grâce au multiplicateur que constituent les *mass media*, sous les auspices de MM. Castelot et Decaux. Clio, elle, se détourne maintenant des « longues chaînes d'événements tout simples et tout faciles » dont se gargarisaient les historiens d'ancien type. Elle s'oriente, on le sait, vers l'étude des structures; des permanences de longue durée; des collections de données susceptibles d'une exploitation sérielle ou quantitative. En France, ces tendances, maintenant bien établies s'affirmèrent d'abord dans l'œuvre de Bloch, de Febvre, et de leurs amis, disciples ou continuateurs de l'École des *Annales*. Ainsi, Fernand Braudel, reléguant dans l'ultime partie de sa *Méditerranée* les épisodes guerriers ou diplomatiques, présente essentiellement, au cœur de son livre, l'archéologie d'une mer : avec ses strates de temporalité ultra-longue, ou simplement séculaire. Ernest Labrousse, dans son ouvrage initial, découvre d'un ample coup d'œil toute l'histoire des prix au XVIIIe siècle : son matériau, c'est le chiffre; son espace normal, la centaine d'années; sa tranche de temps la plus brève, détaillée dans un second livre, s'appelle l'*intercycle* (une décennie et demie); peu d'événements dans tout cela. Et cette abstinence événementielle, tout à fait

---

[1]. *Communications*, n° 18, 1972.

justifiée dans la perspective de l'auteur, se retrouvera parmi les études plus récentes de J. Marczewski sur la croissance. Dans un autre ordre d'idées, Pierre Goubert, en son *Beauvaisis*, ramène à la vie d'innombrables registres paroissiaux qui dormaient dans les archives des églises et des villages; il ressuscite de cette façon l'ancien régime démographique, tel qu'il sévissait en France aux xviie et xviiie siècles, avec ses pourcentages impressionnants de femmes grosses, de morts précoces, de mariages tardifs... Goubert, au cours de cette analyse en profondeur, se heurte à l'événement; celui-ci étant constitué en l'occurrence par la famine, ou à tout le moins, par la disette, aléa-type des populations du bon vieux temps. Mais cet « événement » n'est évoqué par Goubert que pour être mieux dépassé; pour être ramené à une structure récurrente, qui fait revenir avec régularité, en vertu d'un concept à portée universelle, la « crise de subsistances »; elle-même accompagnée d'une série de traits caractéristiques, négatifs et quantifiables : hauts prix du blé; morts nombreuses des pauvres par dénutrition, et des riches par épidémies; absence des mariages, qui sont remis à des temps meilleurs; stérilité temporaire des femmes normalement fécondes, par suite d'aménorrhées de famine, ou pour diverses raisons.

L'histoire « structurale » ou « totale » ou « systématique », tente même légitimement de rapporter à ses normes propres l'événement qui s'avère en apparence le plus irréductible, tellement il est sauvage, monstrueux, hors du commun : soit par exemple la peste noire de 1348 qui, en Occident, extermine le tiers et souvent la moitié des populations. Considérée de très haut, et d'un point de vue international ou intercontinental, cette pandémie perd son caractère tératologique. Elle n'apparaît plus que comme un épisode prévisible, au sein du processus d'ensemble, engagé du xive au xvie siècle, et qu'on pourrait appeler l'unification microbienne du monde. Cette unification étant elle-même conditionnée par des phénomènes globaux comme sont, depuis le xie siècle : la montée démographique de trois grandes masses humaines (la Chinoise, l'Européenne, l'Amérindienne); et la mise en communication inéluctable de ces masses l'une avec l'autre, par suite de l'ouverture de routes continentales et maritimes, militaires et commerciales. Il suffit à ce propos de mentionner, comme typiques d'une telle « ouverture », l'intégration de l'Eurasie par suite de la création de l'empire mongol et mondial de Gengis Khan; l'établissement par les Génois, au long de cet empire, d'une route des soies, propice aux courts-circuits microbiens, entre l'Asie centrale et la Crimée; vers l'Ouest enfin, à l'époque suivante, la découverte (génoise elle aussi), et la pénétration de l'Amérique. Tout cela, bien sûr, rendait hautement probable l'occurence de grandes vagues de pollution microbienne, propagées d'Est en Ouest : la peste noire d'abord, importée d'Asie centrale en Europe via le port criméen de Caffa; puis, bien plus grave encore, mais comparable dans le principe, l'extermination des populations amérindiennes, perpétrée par les bacilles de colonisateurs espagnols, entre 1500 et 1700. Les catastrophes épidémiques n'apparaissent plus, dans cette perspective réductrice, que comme l'aboutissement logique d'une expansion inconsidérée du nombre des hommes, du commerce, des raids militaires et de la colonisation. Elles perdent leur caractère d'événement unique. Elles sont digérées par l'histoire globale.

L'historiographie totalisante, si possible quantitative et structurale, essaie donc de transcender l'événement ou de le phagocyter, ou de le récupérer. Le temps ne s'en trouve pas pour autant supprimé : même les structures les plus logiquement construites (en histoire rurale par exemple, où tout est plus simple qu'ailleurs) ont leurs phases de déséquilibre, leurs balancements, leurs cycles, leurs moments de rétroaction et de restauration, leurs oscillations séculaires enfin, qui désormais peuvent constituer la trame de la narration de Clio.

De telles conquêtes du savoir, par les historiens du dernier demi-siècle, sont irréversibles; mais elles seraient plus satisfaisantes encore, si vraiment l'histoire, de bout en bout, s'avérait logique, intelligible, prévisible; si l'on pouvait une fois pour toutes en exorciser l'événement ou le hasard; et radier cette part de l'aléa, qui constitue, pour l'historien, le résidu irritant de la découverte. Bien entendu, l'exorcisme intégral est impensable; un *trend*, une structure peuvent bien se laisser facilement décortiquer. On n'a besoin pour cela que d'un peu de patience, d'énormément de travail, et de beaucoup d'imagination. En revanche, le passage aléatoire d'une structure à une autre, la *mutation* demeure le plus souvent, en histoire comme en biologie, la zone spécifiquement scandaleuse, où semblent régner les faits de hasard : à partir de cette zone, des facteurs souvent mystérieux découpent, dans le champ des possibles, des plages de nécessité, dont l'évidence s'impose dès qu'elles affleurent, mais qui, à l'instant qui précédait leur apparition, étaient aussi imprévisibles qu'inédites.

En fait, certaines écoles d'historiens, ou bien des chercheurs

individuels, ont tenté de diverses manières de résoudre ce scandale; et d'apprivoiser l'événement, même quand celui-ci se présente comme une rupture. Ils ont voulu lui donner sa place spécifique, dans l'histoire quantitative ou structurale. Les auteurs américains de la *new economic history*, par exemple, ont procédé par le biais de la *counterfactual hypothesis* (hypothèse de remplacement, qui pose l'alternative d'une histoire imaginaire). Ils ont remis en cause, à propos de tel ou tel événement majeur, les thèses, parfois éculées, de l'histoire américaine la plus classique : la guerre d'Indépendance, menée par les treize colonies, a-t-elle eu pour fonction et pour résultat de remédier aux pertes intolérables que causaient dans l'économie du nouveau monde, les tarifs et monopoles anglais sur l'importation du thé ou l'exportation du tabac? La création des chemins de fer au xixe siècle a-t-elle déclenché ou stimulé la croissance économique des U.S.A.? Le *New Deal* a-t-il porté remède aux difficultés nées de la crise des années 1930? Partis de ces questions, les historiens américains, tels Fogel, North, et leurs émules, ont imaginé des situations fictives où n'auraient eu lieu, à leurs époques respectives, ni la guerre d'Indépendance; ni l'invention ou la mise en place des chemins de fer; ni le *New Deal*. Puis utilisant les techniques les plus sophistiquées de l'économétrie, ils ont calculé les conséquences qu'auraient comportées, pour la vente du tabac au xviiie siècle, pour la croissance économique jusqu'en 1880, ou pour la reprise des affaires de 1930 à 1940, les situations fictives qu'on vient de mentionner. Autrement dit (selon une méthode dont la fécondité n'est plus à démontrer) pour calculer l'impact de tel événement sur les *trends* du développement de leur nation, ils ont postulé la non-existence de cet événement, et ils ont chiffré la différence ainsi introduite. Le résultat de ces calculs (est-ce le fait d'une préméditation des chercheurs de la *new economic history*) n'a du reste pas été favorable à ceux qui souhaitent, pour l'histoire événementielle, une cure de rajeunissement. Dans les trois cas que j'ai évoqués, l'absence, forgée de toutes pièces, de l'événement mis en cause, n'a pas entraîné de modification radicale dans les taux de croissance des économies concernées. Soit par exemple le cas des chemins de fer : leur non-construction éventuelle, et leur remplacement *de facto* par des moyens de transport plus traditionnels (charrettes, canaux supplémentaires qu'il aurait fallu creuser) n'auraient entraîné qu'une perte de l'ordre de 5 % sur la croissance globale de l'économie américaine au xixe siècle. Déficit quasi négligeable... Et il semble, à partir de recherches analogues, que l'économie américaine aurait fort bien pu se passer, pour ce qu'on en connaît, du « traitement de cheval » que fut la guerre d'Indépendance; ou de la méditation de choc qu'était censé apporter le *New Deal*.

L'approche, que pratiquent ainsi les jeunes historiens économètres des U.S.A., demeure pourtant, si sophistiquée qu'elle soit, un peu triviale. Elle consiste en effet à prendre, comme objets de référence, des événements fameux, et qui font partie de l'imagerie d'Épinal du peuple américain (guerre d'Indépendance, épopée des chemins de fer, *New Deal*); à partir de ceux-ci on descend, d'amont en aval, vers la totalité que ces événements influencèrent (ou non). Une autre méthode heuristique, plus subtile (et qui rendrait à l'événement la dignité qu'il mérite, même en histoire quantifiée ou structurale) ne consisterait-elle pas à remonter d'aval en amont; et à rechercher par-delà telle structure bien attestée, résistante, solidement étudiée, mais dont la genèse reste nimbée de mystères, l'événement traumatique initial qui catalysa sa venue au monde. Cet événement étant lui-même à réinsérer, compte tenu bien sûr de son caractère aléatoire, dans les structures qui sévissaient en son temps. C'est le type même d'approche qu'emploie Paul Bois, dans le livre important, quant à nos problèmes, qu'il a consacré aux *Paysans de l'Ouest*. L'édition bon marché de cet ouvrage, récemment parue[1], devrait permettre, à ceux des lecteurs que le sujet intéresse, de se reporter facilement à ces *Paysans*, et d'y juger, sur pièces, la démarche structuralo-événementialo-structurelle, utilisée par l'auteur. Celle-ci en tout cas me paraît avoir une portée suffisamment exemplaire pour être exposée ici tout au long. En conclusion, j'évoquerai du reste brièvement les tentatives, parallèles à celles de Paul Bois, qu'ont risquées quelques auteurs qui veulent eux aussi donner à l'événement, fût-il unique, le statut qui doit être le sien dans une histoire qui se voudrait pourtant systématique.

Au point de départ des réflexions de l'auteur des *Paysans de l'Ouest*, se situait l'œuvre capitale d'André Siegfried *(Tableau politique de la France de l'Ouest)*. Le fondateur de la « géographie électorale » y constatait, dans l'ensemble des zones bocagères du massif Armoricain, la prépondérance, parmi les populations paysannes, des partis de droite, anti-républicains et cléricaux. Cette prépondérance était due, selon lui, au maintien « d'une tradition toujours vivante de l'Ancien

---

1. Flammarion éd., 1971.

Régime, qui est hiérarchique, catholique et conservatrice, par opposition à la tradition républicaine ou démocratique, qui est laïque, égalitaire et d'avant-garde ». On retrouvait dans l'Ouest, pour qui voulait reprendre la terminologie de la Monarchie de Juillet, un bastion de la « Résistance » contre le « Mouvement ». Le problème ainsi posé par les attitudes politiques de la France extrême-occidentale était d'intérêt durable, puisque bien après la parution du livre de Siegfried, et pratiquement jusqu'au Gaullisme, l'Ouest a préservé ce rôle de môle du conservatisme politique et social. Et pourtant... : autant la description de Siegfried est illuminante, autant l'explication qu'il donne (et qui renvoie de ces superstructures politico-mentales aux infrastructures sociales et locales, spécifiques de l'Ouest contemporain), est peu convaincante, si l'on suit l'éreintement qu'en fait Paul Bois. Les causes du conservatisme de ces régions sont-elles à chercher, en effet, dans le régime de la propriété du sol? Mais celle-ci n'a pas, tant s'en faut, dans tout le massif Armoricain, le caractère féodal et paternaliste que lui attribue Siegfried. Faut-il incriminer alors le système d'exploitation de la terre, qui serait, toujours selon Siegfried, à base de métayage, et donc productif d'arriération socio-politique? Illusion sémantique, répond Bois. Le métayage de l'Ouest n'est qu'un phénomène marginal, et la plupart des soi-disant « *métairies* » de ces provinces sont tenues en fait par des *fermiers*, selon un système d'arrentement tout à fait moderne. Quant au clergé, qui à l'époque de Siegfried, soutenait la droite, il est certes puissant dans l'Ouest, mais moins universellement qu'on ne l'a dit. Le cidre se marie souvent, mais pas toujours avec l'eau bénite! Et de toute façon n'est-ce pas une tautologie que d'expliquer le cléricalisme politique d'une région, dans les années 1900, par son cléricalisme religieux? Bref, ni le féodalisme, ni le métayage, ni le prêtre ne constituent, dit Bois, les facteurs d'explication pertinents qui rendraient compte des tendances politiques de l'Ouest. André Siegfried avait du reste fini par s'apercevoir des carences de son système; et il avait invoqué, en désespoir de cause, pour expliquer le réactionnarisme têtu du Bocage, le mystère des personnalités ethniques!

Quoi qu'il en soit, pour sortir des apories siegfriediennes, s'impose la monographie micro-régionale : grâce à elle, on peut passer une petite contrée au peigne fin et repérer les facteurs qui comptent.

La circonscription choisie par Bois, c'est la Sarthe : on y trouve en effet, bien marquée, l'opposition entre une droite majoritaire, solidement campée dans les cantons de l'ouest du département, et une gauche minoritaire, mais indéracinable, dont les fiefs sont localisés dans le Sud-Est. Là, fidèles à la cendre des morts et au génie du sol, les descendants ou les continuateurs (tous agriculteurs, ou du moins ruraux) des paysans et tisserands qui votaient « montagnard » en 1849, donnent, dans les années 1960 encore, des pourcentages de voix massifs au parti communiste.

Inutile de dire que le bipartisme sarthois (Ouest/Sud-Est, ou Droite/Gauche) qui confirme les analyses de Siegfried quant au fait même de l'enracinement du conservatisme, les infirme en revanche, au niveau de l'explication : le dessin de la carte électoralo-politique du département manceau n'offre en effet aucune corrélation, ni positive ni négative avec celui des répartitions de la grande propriété : le schéma siegfriedien, selon lequel le vote conservateur est fils des grands domaines, et du paternalisme rural que ceux-ci ne manqueraient pas d'engendrer, n'est donc pas vérifié. De même, dans la diachronie, le recul sarthois de la grande propriété, enregistré depuis 1850, n'aboutit pas à un recul parallèle de la droite : la démocratisation foncière ne démocratise pas *ipso facto* la vie politique. D'une façon générale, les différences sociales et écologiques actuelles, dont raffolent les politicologues à l'américaine, férus de corrélations, ne jouent ici qu'un rôle faible ou nul quant à la différenciation du tissu politico-mental : dans la Sarthe, au XXe siècle, conservateurs de l'Ouest, et gens de gauche du Sud-Est sont tous fils d'un semblable bocage, et leurs sabots pataugent dans le même fumier. Seule nuance importante, les hommes de l'Ouest du département — nous y reviendrons — détiennent un revenu par tête plus élevé que leurs congénères du Sud-Est, dans la mesure où ceux-ci labourent un sol plus infertile que ceux-là.

Quant au facteur religieux, en première analyse, il semble évidemment fondamental : l'ouest du département, comme « domaine de la droite » est demeuré pour une longue période « fortement chrétien » : les villages y furent longtemps peuplés d'ardentes bigotes, et de pieux laïques; chaque dimanche, l'église, et le bistrot paroissial, où, la messe ouïe, on sirotait en famille le café arrosé de goutte, faisaient salle comble. Tandis que le sud-est, bastion de la gauche, pouvait être considéré, dès 1920, voire dès 1856, comme « une région détachée », où les hommes, et, dans leur sillage, les femmes, cessaient, sauf grandes occasions (naissance, mariage, mort) de fréquenter l'église et les sacrements. Seulement, il convient, là aussi, d'être circonspect, car la prégnance vraie du facteur religieux, quant à ses implications politiques, fait problème; de nos jours, à son tour, l'Ouest sarthois, ci-devant catholique et même dévot, tend, quoique sans drame ni fanatisme, à se détacher sans bruit de l'Église. Or, il demeure, en dépit de cela, malgré l'effacement graduel de ses curés, et la disparition comme tel du parti prêtre, politiquement conservateur, et même réactionnaire comme par le passé.

Il est donc impossible en fin de compte, dans cette Sarthe mi-figue, mi-raisin (deux tiers droite, et un tiers gauche), d'expliquer le présent par le présent et d'élucider les options politiques actuelles, par des structures sociales ou religieuses sous-jacentes. Même au prix d'une mathématisation très poussée du réel, on n'y parviendrait pas : les ordinateurs s'y casseraient les dents.

Le recours au passé, par conséquent, semble de rigueur. Et plus spécialement, — dans la Sarthe où l'Ouest fut chouan, et le Sud-Est, bleu —, s'impose le recours à l'*événement* majeur qui déchire le pays : la Chouannerie. Une analyse régressive permet en effet à l'auteur des *Paysans de l'Ouest* de conférer à cette grande guerre paysanne, le statut d'événement-matrice, d'où sont issues, quant aux mentalités, les permanences durables qui frapperont Siefgried.

Cette analyse régressive est d'abord — tradition française oblige — cartographique. Oui : le soulèvement géorgique de 1793-1799 (avec ses retours de flamme en 1813, 1815, 1832), coïncide exactement, dans sa distribution spatiale, avec les régions de l'Ouest sarthois, qui, aux xixe et xxe siècles, voteront blanc. Bel exemple, en vérité, d'une constance multiséculaire, que le gaullisme finalement récompensera, en faisant savourer aux élus de cette contrée opiniâtre, les joies du pouvoir, après des générations de « traversée du désert »!

Veut-on pourtant parachever cette démonstration d'un lien entre la longue durée, et l'événement? On se doit, dans ce cas, de faire la preuve que la chouannerie elle-même n'était pas le pur et simple résultat de prises de position politiques, spirituelles et idéologiques, déjà enracinées dans la région mise en cause, et bien antérieures à la Révolution. A défaut de cette preuve, on n'aurait fait, à travers les apparences de l'événement « chouannerie », que rester constamment au niveau d'une très ancienne structure politico-mentale, vieille de plusieurs dizaines de décennies; on n'aurait rien expliqué; on aurait seulement renvoyé très en amont, et bien avant

1789, le problème destiné, dès lors, à rester pour toujours non résolu, de l'éclaircissement des raisons d'être des options politiques actuelles.

C'est à ce point du raisonnement qu'intervient ce qui me paraît être la partie la plus remarquable de l'exposé de Bois. Remarquable du moins pour qui s'intéresse de près au problème du rapport événement-structure. Un repérage strict du *terminus a quo* permet en effet à Bois de démontrer que l'état d'esprit « Ancien Régime » et « conservateur » qui caractérisera de 1793 à 1799, et jusqu'en 1969, les pays de l'Ouest sarthois, n'était *pas encore* formé en 1789.

Brusque changement d'échelle : le livre passe dès lors d'une « macrochronologie » étalée sur cent soixante-quinze ans, à une microhistoire pincée dans deux couples d'années, et centrée sur quelques faits décisifs : « *les événements* ».

Le « repérage » évoqué ci-dessus est mis au point par Paul Bois, grâce aux cahiers de doléances de 1789. Inutile de rappeler à quel point ceux-ci, bien maniés, révèlent la mentalité paysanne dans la décennie 1780.

On raisonnera sur ces cahiers, par commodité, selon l'hypothèse « contre-factuelle »; si l'opposition « droite-gauche », avec ses frontières tirées au couteau qui s'imposent de 1793 à 1969, reposait sur une différenciation politico-mentale *antérieure* à 1789, il faudrait s'attendre à rencontrer, dans l'Ouest sarthois (pays blanc), des cahiers de doléances extrêmement mous, peu contestataires de l'oppression « féodale »; et à l'inverse, dans le Sud-Est, des cahiers durs, attaquant sans trêve la noblesse et surtout le clergé; ainsi serait, de côté et d'autre, « annoncée la couleur » pour les siècles à venir... Or, cette hypothèse, dont la logique est impeccable, ne se réalise nullement. Où donc, en 1789, est le pays « rouge », comme nous dirions : le pays antiféodal et antiseigneurial, antidécimal surtout (la dîme étant, jusqu'en 1789, le gros prélèvement qui incarne l'oppression sur les paysans)? Ce pays-là, mais voyons, c'est l'Ouest sarthois! L'Ouest des futurs chouans! Tellement hostile aux dîmes qu'on pourrait le croire « mangeur de curé » (en fait, quant à ce point spécial, il n'en est rien; la protestation antidécimale n'attaque pas le prêtre de paroisse, généralement respecté; elle vise beaucoup plus haut, en direction du gros décimateur, du haut clergé, de l'abbé de monastère et du prélat, trop richement rentés au gré des rustres).

Par contraste, le Sud-Est sarthois des futurs républicains, des *Bleus* de 1793, aïeux des *Rouges* de 1848 ou de 1946, semble (autre paradoxe) excessivement modéré en 1789, si l'on en juge par les revendications sans vigueur qu'y proposent les cahiers, quant à la seigneurie, à la féodalité, ou à la dîme. L'intuition de base de l'historien « événementialo-structural » qu'est Paul Bois se trouve ainsi justifiée; en 89, les jeux n'étaient pas faits; en 93, au point de départ de la chouannerie, ils le sont, et pour cinq générations. Il y aura eu, en quelque sorte événement à double détente : brève et vive « prise de conscience » (de 1789 à 1793); puis guerre subversive; tragédie de sept ans (1793-1799); celle-ci scellant de façon irréversible le choix brutal qu'avaient fait les paysans au terme des quatre premières années de révolution.

Grâce aux documents sarthois, on peut baliser pour mieux la comprendre cette phase initiale, celle de la prise de conscience. Quelques *flashes* successifs en éclairent les étapes rapprochées.

L'étape initiale est constituée par les premières élections : celles de 1790 et de 1791. Elles sont beaucoup plus démocratiques, et donc beaucoup plus expressives de la conscience paysanne, qu'on ne l'a pensé généralement. Car le système des citoyens passifs n'excluait du vote qu'un nombre restreint de misérables, de vagabonds, de domestiques : et ces derniers, s'ils avaient voté, eussent été, de toute manière, influencés de façon peu démocratique par leurs patrons. Or, ces élections de 1790-1791, qui donc sont vraiment libres et valables, même au regard des critères parfois exigeants du XXe siècle, traduisent à la fois une forte orientation anti-cléricale et anti-nobiliaire, conforme à ce qu'on pouvait lire un an plus tôt dans les cahiers sarthois de 1789; mais aussi, — et c'est là que perce pour la première fois le bout de l'oreille des futurs Chouans —, elles expriment une volonté radicale de bouter les bourgeois des grandes villes, — en l'occurrence ceux du Mans —, hors des fonctions officielles. Autrement dit, l'événement décisif, qui constitue dans tout cela le facteur commun, c'est l'émergence d'une conscience de classe de la paysannerie; conscience dont l'agressivité, orientée d'abord contre l'oppression féodale, se retournera de très bonne heure contre les bourgeois du cru (les Sarthois somme toute n'ayant eu que le tort, en se comportant ainsi, d'avoir été des précurseurs). D'abord anti-seigneuriale, puis devenue ensuite, en raison des *événements*, anticitadine, cette prise de conscience rurale « tous azimuths » est donc typiquement *Janus bifrons*. Au moment du référendum du 21 juillet 1793 sur l'acceptation de la constitution de l'an I, ce transfert d'hostilité, et cette réorientation d'une conscience rustique sont déjà chose faite, ou presque faite. Les riches paysans de l'Ouest sarthois, *vendeurs* de blé, refusent de recevoir, en échange de leurs céréales, la monnaie d'assignats dévaluée; et l'un des symptômes de leur mauvaise humeur, et de leur aversion croissante pour la République, c'est leur abstention massive au référendum. Ils trouvent aussi le moyen, par cette attitude, de protester contre les persécutions qui frappent « les bons prêtres », et contre les levées de jeunes paysans, qu'on envoie se faire tuer aux frontières. Inversement, les pauvres agriculteurs de l'Est et du Sud-Est sarthois, *acheteurs* de blé, se lancent, eux, dans une campagne de randonnées taxatrices, qui visent à minimiser le prix du grain; et ils se mettent ainsi en harmonie avec les sans-culottes de la ville, soutiens naturels de la République. Désormais (en 1793), la scission idéologique, entre les deux pôles du département de la Sarthe, se trouve préparée pour l'essentiel : l'Ouest, jadis antiféodal, mais qui dorénavant va se donner tout entier à la Chouannerie, est sur le point d'affronter le Sud-Est, qui reste fidèle à la République. Les deux camps sont en place : en quelques années l'événement fugitif a sécrété la mentalité durable; le temps court a mis en place le temps long.

Mais ce temps bref, cet « instantané » n'est pas seulement porteur des structures politiques à venir. Il renvoie aussi à une infrastructure pré-existante. Là réside l'un des caractères originaux du livre de Bois : remonter de l'idéologie et de la personnalité paysannes actuelles jusqu'à l'événement qu'on croyait mort à tout jamais, parce qu'aboli par son enfouissement dans le passé; puis, à partir et au-delà de cet événement, chercher plus loin encore dans l'économie et dans la société pré-révolutionnaires, les bases fondamentales; celles qui, sans pour autant prédéterminer un avenir encore très ouvert, dessinaient par avance, dès avant 89, le « clavier », ou le champ des forces, sur lequel joueront librement les aléas de 1790-1793.

Ce champ des forces, dans les bocages manceaux d'avant la Révolution, quel était-il? Au niveau de la propriété d'abord, les nobles et autres privilégiés (contrairement à ce qu'on aurait pu attendre) ne jouissaient pas, dans la future « Sarthe » (à l'Est et à l'Ouest) d'une influence prédominante avant 89 : pas même en vérité, surtout pas, dans la région qui deviendra chouanne! En fait, ils étaient déjà déracinés; ils résidaient dans des villes souvent lointaines. Quant au prélèvement seigneurial, dîme mise à part, il était infime. Les liens d'exploitation enfin pouvaient être symbolisés par le pourcentage suivant, assez faible : 7 % seulement des paysans dépendaient de la noblesse, en tant qu'exploitants de ses domaines. On voit que peu nombreux en fin de compte étaient les ruraux, que des raisons pures et simples de clientèle pouvaient inciter à se soulever en faveur des aristocrates.

Beaucoup plus importante que la propriété noble était celle des bourgeois, qui s'appropriait 51 % du sol! Celle-ci polarisait contre elle, en toute virtualité, dès avant les épisodes de Révolution et de contre-révolution, les frustrations de la masse paysanne. Surtout dans l'ouest de la Sarthe, où des agriculteurs dynamiques, vigoureux, enrichis (qui contrastaient avec les pauvres hères du sol sableux du Sud-Est, incapables de penser propriété), visaient énergiquement à s'approprier le sol cultivable; et à donner la terre à ceux qui la travaillaient, fût-ce aux dépens des bourgeois qui l'avaient accaparée. On verra sur ce point comme sera déçu cet espoir.

Sociologiquement, la région, dès avant 89, ignorait l'arriération du métayage. Le peuple paysan du Maine en effet se composait surtout de fermiers; on avait donc affaire dans cette France des haies, comme dans l'Angleterre modernisatrice des enclosures, à une couche rurale, que son statut juridico-social, somme toute moderne, ne prédisposait nullement à une mentalité retardataire. En outre ce peuple rustique n'était pas divisé de façon irrémédiable, comme c'était parfois le cas dans les grands *openfields* du Nord-Est français, entre gros laboureurs et pauvres manouvriers, s'opposant délibérément et parfois physiquement les uns aux autres. La société paysanne de la « Sarthe » d'avant 89, notamment dans son Ouest, formait un tout moralement homogène; fermiers, bordagers (petits fermiers) et journaliers s'y trouvaient unis par les liens de la parentèle; de la clientèle intra-paysanne; et de la cohabitation dans les hameaux. On conçoit donc aisément que cette « masse de rustres » ait pu, selon les époques, ériger un front de classe, en 1789, contre la dîme; et, en 1790-1799, avec de plus en plus d'âcreté, *contre* les bourgeois des villes, et, par ricochet, *pour* les curés réfractaires.

Il existait pourtant avant 1789 une vraie différenciation intra-paysanne qui préparait le clivage géographique entre régions chouannes et non chouannes; elle résidait dans la bipartition spatiale (déjà mentionnée) des revenus. Les paysans dynamiques de l'Ouest de la Sarthe, vendeurs de grains et futurs chouans, jouissaient sur leurs bonnes terres d'un excédent de chanvre et de céréales; et d'un revenu par tête supérieur de 50 % à celui de leurs congénères mal lotis du Sud-Est; ceux-ci étant obligés, de par leurs pauvres sols, à s'acheter du grain, et donc à se solidariser avec les consommateurs qui vivaient en ville. En outre, l'Est et le Sud-Est fourmillaient de bûcherons et surtout de tisserands, animés de revendications et de motivations catégorielles (besoins de subsistances, tels que ceux qu'on vient d'évoquer; position d'acheteurs de grain et de chanvre; hostilité à la réglementation tatillonne qui, sous l'Ancien Régime, corsetait l'industrie textile; docilité, pour toutes sortes de raisons, au *leadership* des marchands urbains). Tout cela poussait ces hommes des bois et des toiles à faire cause commune avec les masses bourgeoises ou populaires des villes, contre les éleveurs, contre les producteurs de chanvre; et surtout contre les gros céréaliers de l'Ouest, qu'on accusait de faire « danser devant le buffet » les consommateurs au ventre vide.

Il y avait donc, comme l'écrit Paul Bois, « deux peuples du bocage » : celui de l'Ouest, juché sur son tas de grains, et qui fait bloc tendanciellement contre les cités (que celles-ci soient dominées, comme c'est encore le cas en 1789, par des élites nobles ou à prétentions nobiliaires; ou bien, comme dans les années qui suivront, par telle ou telle fraction de la bourgeoisie ou des non-privilégiés). Et puis, de l'autre côté d'une frontière anthropologique, on trouvait le peuple d'en face : celui du Sud-Est sarthois, plus pauvre, plus pénétré par les influences urbaines : fort peu révolutionnaire en 89 à l'encontre de l'oppression « féodale », il s'avérera au contraire, dans les années qui suivront, prêt à se solidariser avec les villes contre la masse paysanne « pur sang » de l'occident sarthois.

L'étude de ces structures très anciennes, sous-jacentes à l'événement traumatique, permet enfin à Paul Bois, au prix d'un ultime rétablissement, de revenir à cet événement lui-même : au terme des enquêtes patientes qu'on a décrites ici, il devient en effet possible de préciser, de façon exhaustive, la texture de l'événement; et donc son rôle, dans l'accouchement des structures politico-mentales qui domineront la Sarthe, pour très longtemps, à partir de 1793.

Dire ce qu'est l'événement « chouannerie » dans ses tenants et aboutissants (respectivement immédiats et lointains), c'est d'abord préciser ce qu'il n'est pas : la chouannerie n'est pas, bien sûr, et tout le monde le sait, une entreprise originellement nobiliaire. Elle n'est pas non plus, et sur ce point la démonstration de Paul Bois est plus neuve, le fruit d'une initiative cléricale, machinée par les prêtres insermentés. Une analyse serrée du clergé réfractaire indique en effet que la plus grande partie des prêtres (proportionnellement plus nombreux dans l'Ouest Sarthois que dans le Sud-Est) qui refusèrent le serment, se déterminèrent moins, — si l'on met à part une poignée de courageux à toute épreuve —, par conviction personnelle, que par suite d'une pression du milieu rural : les paysans, dans l'Ouest de la Sarthe précisément, se refusaient à voir leur guide religieux, l'animateur culturel de leurs dimanches, passer à l'ennemi, et trahir la terre pour la ville.

Car le ciment de la chouannerie, attesté du reste par les slogans des révoltés eux-mêmes, c'est l'union « des campagnards contre les citadins ». Plus précisément des paysans contre les « bourgeois » nommément haïs et désignés : cette haine, on la porte au « gars d'la ville », au « bougre de bourgeois », au *Bleu*, au garde national qui, venu de sa cité, arrive au village pour y piller, pour y boire impunément le vin des paysans, et pour déshabiller leurs filles afin de leur arracher les scapulaires.

Cette haine anticitadine, un aristocrate angevin, le comte Walsh de Serrant, l'avait du reste diagnostiquée de bonne heure : dès les élections aux États généraux, « il avait organisé une sorte de campagne électorale contre les candidats bourgeois en essayant de dresser contre eux l'hostilité des ruraux ».

Or cette aversion, dont les racines tenaient à toute la texture du bocage, allait trouver dans l'événement révolutionnaire une justification de première force : car celui-ci, en dépit de ses prémisses heureuses, avait pris la « classe paysanne » à rebrousse-poil. Il n'avait apporté à cette « classe », qui peuplait l'Ouest de la Sarthe et plus globalement l'Ouest de la France, qu'une longue série de déceptions. Déception agraire d'abord : les droits seigneuriaux laïques, dont le poids était de toute façon insignifiant, furent certes abolis en même temps que l'Ancien Régime, mais la dîme, elle, fort lourde, fut simplement reversée au propriétaire du fonds; et donc imputée à charge au fermier, c'est-à-dire au paysan, pour lequel la nuit du 4 août prit de ce fait des allures de canular. « Déception fiscale », ensuite : la contribution foncière, qui remplaçait la taille, fut rendue paradoxalement par les autorités nouvelles, plus lourde que celle-ci afin de faire face à la suppression des gabelles; et elle fut également (comme la dîme) imputée au fermier, qui la payait à l'État au nom de son propriétaire. A tout cela s'ajoutait la déception fiduciaire (inflation des assignats) et militaire (appel des campagnards sous les drapeaux). La déception foncière enfin, la pire de toutes, s'était centrée sur le problème des Biens nationaux : les agriculteurs efficients de l'Ouest sarthois guignaient dès 1789 (leurs cahiers le prouvent) la fortune de l'Église. Ils furent frustrés de cet espoir; la bourgeoisie des villes, mieux armée financièrement que les fermiers (même riches) rafla au prix fort les terres du clergé, localement si fertiles et tellement tentantes. La frustration des ruraux de l'Ouest s'exprima dès lors en mots d'ordre vengeurs et pleins d'amertume : « que les acheteurs des biens nationaux (déclarent en substance les futurs chouans), partent donc les premiers aux frontières et aux armées, pour y défendre cette Révolution qui les a comblés de bonnes terres. Les fils des paysans eux n'ont pas de raison d'aller se faire tuer pour une marâtre ».

Ainsi, dans l'Ouest sarthois, put se réaliser, avec une incroyable vigueur, le couple structure-événement, qui donnera la chouannerie, matrice à son tour de conséquences interminables et séculaires. Une personnalité paysanne régionale, puissamment intégrée, douée par avance d'une autonomie peu commune, y reçut de plein fouet le choc imprévisible de frustrations en chaîne. Les années décisives de la Révolution furent ainsi vécues sur place par les hommes de la terre, comme un *aléa*, comme un phénomène extérieur et citadin, « chu d'un désastre obscur »; les ruraux eurent le sentiment qu'ils entraient en collision avec une série causale indépendante de leur système propre, laquelle interférait de façon indécente avec leur destin normal.

Dans le Sud-Est infertile du département au contraire, — sempiternel clivage! — tout se passa en famille; les bourgeois urbains n'étaient guère affriolés par les mauvaises terres du clergé du cru, et ils ne se ruèrent pas pour acquérir celles-ci. Les paysans et les petits bourgeois des villages locaux purent donc acheter sans grand mal le sol des prêtres; ces acquéreurs ruraux, devenus caciques en leur paroisse, fournirent autant de recrues pour les tendances révolutionnaires; ils vécurent ainsi le nouveau régime en sympathie, et devinrent disponibles pour servir la contre-chouannerie dans le court terme, et le parti républicain dans le très long terme.

Il reste, pour finir, à boucler la boucle : nous sommes allés, en compagnie de Paul Bois, de l'idéologie actuelle à l'événement traumatique qui l'accoucha; puis de cet événement aux données de base antérieures qui l'ont, sinon déterminé, du moins coloré et informé; de ces données, nous avons fait retour à l'événement, afin, éclairés que nous sommes, d'en mieux circonscrire la portée. Une question ultime demeure, toujours ouverte : pourquoi la chouannerie, en dépit de l'échec militaire, a-t-elle été une aussi formidable réussite, sur le plan de la longue durée culturelle? Pourquoi en somme, l'événement, cet événement-là et pas un autre, est-il, par privilège unique, devenu matrice et moteur ? Pourquoi et comment a-t-il réussi à se solidifier en structure ?

Sur cette question, la réponse de Bois, peut-être un peu rapide, tient en quelques idées simples : disons d'abord qu'on s'était trouvé, dans l'Ouest, en situation de table rase; à la veille de la Révolution, la conscience politique, à peine existante (sauf peut-être chez les tisserands) était à créer de toutes pièces. La pré-chouannerie et la chouannerie (trois ou quatre ans de maturation, de 1790 à 1793, et six ou sept ans d'épreuves atroces de 1793 à 1799), ont créé cette conscience politique; elles ont occupé le terrain qui devenait, de ce fait, extrêmement difficile à reconquérir par et pour les idéologies concurrentes (voir de même le cas des Cévennes, qui resteront protestantes encore aux xixe et xxe siècles, tout simplement parce que, pour des motifs qui deviendront périmés par la suite, elles avaient choisi de le devenir en 1560).

Dans l'Ouest sarthois, d'autre part, le socle socio-économique demeurera longtemps, jusque vers 1860 ou même 1900, analogue à ce qu'il était sous l'Ancien Régime : ce « socle » s'avère donc favorable à la conservation d'une superstructure politico-mentale de tendance chouanne. Sur ce « terrain » favorable jouent les phénomènes, habituels dans ce cas, de stabilisation, de consolidation, de récupération aussi; la conscience paysanne, si originale et solitaire au début du mouvement, a vite besoin d'alliés. Elle se laisse donc reprendre en main par les *lobbies* locaux de la noblesse et plus encore du clergé; ces lobbies qui seuls avaient eu le « mérite », inestimable aux yeux des militants chouans, de venir en aide aux insurgés, fût-ce en ouvriers de la onzième heure, au moment crucial. Ainsi purent intervenir les processus d' « homéostase » : la culture chouanne ou ci-devant chouanne, paradoxalement identifiée avec la droite royaliste ou conservatrice, devient peu à peu au xixe siècle le répondant et comme le « point d'honneur » de toutes sortes d'autres structures, anciennes ou nouvelles, de la campagne bocagère avec lesquelles elle fait finalement corps et système; qu'il s'agisse de la sociabilité dominicale et alcoolique des messalisants, ou du cacicat ecclésiastique et nobiliaire de seconde origine, lequel contaminera peu à peu jusqu'au syndicalisme agricole. Les faits de « reproduction », d'inculcation des traditions relatives à la geste guerrière de l'Ouest, sont également intervenus, au niveau tellement efficace du dressage familial, de l'éducation et du folklore paysans. En bref, les structures politico-mentales de l'Ouest du xixe siècle, qui n'étaient autres en l'occurrence que de l'événement congelé, de la chouannerie mise en conserve, étaient désormais là, comme la Jungfrau, indéracinables, indélogeables, jusqu'à nos jours. L'événement chouan avait fonctionné comme catalyseur contingent, comme trait d'union entre les structures socio-économiques de l'Ancien Régime, et les structures politico-culturelles de l'époque contemporaine. La déliquescence, puis l'abolition progressive de celles-là n'entraînaient pas *ipso facto* la disparition de celles-ci. Car le bocage matériel et végétal recule aujourd'hui sous les coups des bulldozers. Mais le bocage spirituel, enraciné dans les âmes depuis les chouans, s'avère encore plus coriace que l'autre.

L'auteur des *Paysans de l'Ouest* a pu ainsi établir, d'une façon magistrale, et presque comme un exercice d'école, le rôle de l'événement comme facteur d'innovation; et comme transition aléatoire — ordonnée vers le haut et décalée dans le temps —, de structure à structure; en l'occurence, d'infrastructure passée, à superstructure contemporaine. Les décalages dans le temps, qui brouillaient toutes les analyses dénuées de profondeur historique, avaient fait échouer, jusqu'à Bois, les enquêtes sur l'Ouest; et même les plus sophistiquées d'entre elles, comme celle de Siegfried. Il a fallu, pour sortir de l'impasse, le recours à Clio, dans sa modalité événementialo-structurale.

Mais l'œuvre réussie de Paul Bois n'est pas seule au monde. En toute indépendance, d'autres tentatives de même style, plus ambitieuses par leur projet, mais moins achevées quant à l'analyse, sont apparues récemment. Elles révèlent peut-être, dans l'historiographie, une tendance nouvelle. Elles méritent à ce titre, et pour conclure, d'être très brièvement évoquées, en cet article qui concerne leur problème. Je pense par exemple à l'essai de Jean Baechler sur « Les origines du système capitaliste » (*Archives européennes de sociologie*, 1968, 2). Ces « origines », médiévales, sont conçues par Baechler, elles aussi, comme un hasard opérant sur un donné; comme un accident ou « dérèglement » survenu aux xe-xie siècles, dans une société dont la technologie était féconde, mais dont l'anarchie segmentaire avait décomposé le tissu. Une telle situation, exceptionnelle, avait donc donné leur chance en cette fin du haut moyen âge aux petites cellules qu'étaient les châtellenies seigneuriales; mais aussi et dès le principe, aux villes, aux marchands, bref à ces individus « hors cadre » qu'étaient les bourgeois. Le hasard aurait ainsi favorisé la mise à jour d'une structure logique, le capitalisme, doué dès son avènement d'un dynamisme irrépressible et cancéreux. Cet avènement et ce dynamisme, contenus de toute façon dans le champ des possibles offert à l'humanité des deux derniers millénaires, devaient dès lors, une fois nés, tout balayer devant eux ; recouvrir et polluer en dix siècles la planète entière ; bref croître et embellir sans obstacle sérieux, si l'on en croit Jean Baechler, à la façon du poisson-chat colonisant les cours d'eau. A la différence des *Paysans de l'Ouest*, ces « Origines du capitalisme » sont plus suggestives que définitives, plus brillamment intuitives que vraiment rigoureuses et totalement convaincantes. Baechler, du reste, les a voulues telles, provocantes et provisoires, dans leur inachèvement même. Elles constituent elles aussi, ce me semble, un jalon important dans l'exploitation des possibilités qu'offre aux méditations de l'historien, la rencontre de l'événement et de la structure, du hasard et de la nécessité.

La verdeur du bocage [1]

C'est à travers l'expérience multiforme d'un seigneur et d'une seigneurie particulière, riches de contacts avec les villages, les marchés, la vie des maîtres et celle des rustres, qu'on apercevra le mieux, dans l'immédiateté du vécu, un monde agraire en plein fonctionnement, au milieu du XVIe siècle. Divers seigneurs nous ont laissé à ce propos leur livre de raison ou leur registre quotidien. Gilles de Gouberville est l'un d'entre eux; et au sein de ce petit groupe de mémorialistes il est sans doute l'un des mieux informés, des plus perspicaces, dans ses notations quotidiennes : son journal est donc un vrai gibier pour l'ethnographie historique; irremplaçable, il mérite d'être explicité, en quelques pages.

Né sous François 1er, d'authentique noblesse campagnarde, Gilles de Gouberville atteint la trentaine au début du règne d'Henri II; et la quarantaine au commencement des guerres de religion. Propriétaire exploitant, tablant, comme on va le voir, sur les blés, le bétail, la chasse et la pomme à cidre, il fait valoir, par ses garçons de ferme (la *garsaille de céans*, comme il les appelle sans cérémonie), un vaste domaine au Mesnil-en-Val, à une bonne heure de marche de Cherbourg et de la mer. Sa terre y est sise en plein bocage, quadrillée de haies, partiellement enrobée dans des forêts primitives, que les défricheurs n'en finissent pas de tuer. Elle est armoricaine, cette terre; autant dire médiocre, pleine de cailloux; et le roc à vif, cassant les charrues fragiles que Maître Clément Ingouf, forgeron du cru, inepte et prétentieux, « répare » ensuite, en attendant une nouvelle brisure! La technologie locale n'est

[1]. Introduction à la réédition d'*Un sire de Gouberville*, par l'abbé Tollemer, Paris-La Haye, Mouton, 1972 (1re édition dans le *Journal de Valognes*, 1870-1872).

pas précisément progressive : les charrues en question, « façon de Saint-Lô », sont légères (un seul homme peut en porter une sur l'épaule); elles sont de toute manière traînée par des bœufs comme c'est souvent le cas dans le Bocage normand.

Mal outillé donc, Gouberville est tout de même un cultivateur éclairé qui se situe dans la bonne moyenne de son époque : il a l'œil du maître, surveillant lui-même les laboureurs en action; il sait changer de semence (hélas, contre la sale semence de son voisin) quand ses blés à lui sont devenus trop gras. Certes il pratique, comme tout le monde, l'assolement triennal, blé-trémois-jachère, entrecoupé du reste (à l'armoricaine aussi) par de longues périodes pluriannuelles de repos, au cours desquelles repoussent, sur le sol provisoirement délaissé, les ajoncs fertilisateurs; du moins sait-il, comme beaucoup de ses contemporains, améliorer cet assolement par la semaille de pois sur les jachères de la troisième sole : ces pois fument la terre et fournissent des protéines aux humains. Par ailleurs, Gouberville, esprit curieux, essaie toutes sortes d'engrais sur ses propriétés; parmi ceux-ci : les sables de la mer, les composts à base de vase d'étang, les brûlis d'arbrisseaux et d'ajoncs, dont les cendres font pousser les navets, les chaux des fours à chaux, le varech des plages, le terreau des chancières, le fumier enfin, qu'il tire des pâtures de l'*outfield* et fait déverser sur l'*infield* ou zone cultivée. Passablement efficace donc, notre agronome n'est pas non plus trop superstitieux pour son temps. Il n'a pas (sauf en ce qui concerne le soin de ses osiers) cette manie absurde des jours de lune prétendus favorables qui tarabuste, à la même époque, les vignerons de Languedoc... Tout au plus, fortement marqué par l'achat en 1557 d'un livre de Nostradamus, suit-il les conseils de ce prophète pous fixer les dates de ses semailles en 1558. Le résultat, plutôt négatif, ne paraît pas l'avoir incité à recommencer cette expérience.

Le paradoxe c'est que ce gros exploitant actif, innovateur, pas sot du tout, produit en fin de compte un blé qui ne lui coûte, ni ne lui rapporte beaucoup : les coûts frumentaires sont assez faibles, puisque les moissons, poste salarial essentiel, sont assurées, dans un climat d'archaïsme carolingien..., par les corvées quasi gratuites des villageois! Mais faible aussi, très faible, est le produit monétaire fourni par la vente des céréales; Gouberville en effet commercialise d'infimes quantités de grains. Ses blés qui ne hantent guère les marchés, il les consomme ou les fait consommer par ses valets, ses parents, ses pique-assiettes; ou plus simplement encore par les charançons de ses granges ou par les mulots de ses champs;

ou bien il cède son grain à ses employés, sous forme de salaires ou demi-salaires en nature. C'est qu'il réside, après tout, dans la France de l'Ouest et des bocages, autoconsommatrice, médiocrement urbanisée, pas très fertile : quand le rustre de ces régions participe aux circuits monétaires, il le fait autant et plus par la médiation de l'élevage, et des marchandises à quatre pattes, que par celle des grands produits végétaux.

Gouberville quant à lui ne déroge point à cette habitude fréquente des hommes de l'Ouest; et son élevage brille par la quantité, même si par ailleurs la qualité laisse à désirer; le manoir du Mesnil-en-Val est en effet flanqué d'étables, toutes fort anciennement mises en place : l'une pour les bœufs; l'autre, écurie à chevaux; la troisième, pour les juments; la quatrième pour l'hivernage des vaches. Il existe, aussi, une laiterie, mais guère développée : car Gouberville et les siens mangent peu de fromage, achètent leur beurre en ville, font la cuisine au saindoux, et délaissent le lait pour le cidre. La devise de cet élevage pourrait donc être : tout pour la traction, bovine ou équine, ou pour la vente du bétail sur pied.

Sous-développée par rapport à la Normandie d'aujourd'hui, cette production animale est aussi très primitive quant à ses méthodes. Elle échappe en effet pour une part à la stabulation même simplement hivernale, qu'on vient d'évoquer. Beaucoup de vaches sont des bêtes à sonnailles, comme au xxe siècle encore, celles de Suisse ou de l'Alpe dauphinoise. Elles errent, loin du manoir, dans l'immense forêt de Brix, si représentative, à sa manière, des forêts, très vastes encore, de la France du Nord au xvie siècle. Pour récupérer ces bêtes, bovines ou porcines, dont on perd la trace pendant plus d'un mois ou plus d'un an, il faut organiser à coup de corvées villageoises d'immenses corridas forestières, dont les participants sont récompensés d'une chopine de vin. On devine les inconvénients de cet élevage aussi extensif qu'ambulatoire : des veaux perdent leur mère et restent trois jours sans têter; d'autres deviennent grands, échappent à la castration et se transforment en taureaux si furibonds qu'il faut sept hommes pour les maîtriser. Des vaches sauvages, évadées du bois, foncent en pleine ville et renversent les tables des drapiers. Inutile de dire que, dans ce Cotentin, où trois siècles plus tard quelques paysans géniaux inventeront la race bovine normande, aucune sélection génétique n'est encore pratiquée. La mentalité des éleveurs du xvie siècle reste empreinte sur ce point de laisser-faire.

Les bestiaux se reproduisent à la diable, sans choix d'un partenaire de race pure (ou prétendue « pure »). Seules les juments (et les chiennes) font exception à cette « règle » ou à cette absence de règle. On envoie les juments, au terme d'un long voyage, se faire couvrir par les étalons du pays de Caux... Tout comme la reproduction, enfin, la nourriture du bétail (glands pour les porcs, pâture et foin pour les grosses bêtes) n'est guère sophistiquée : le trèfle n'apparaîtra dans les cultures de cette région qu'au xviie, voire au xviiie siècle.

Tel qu'il est pourtant, avec ses insuffisances, cet élevage reste le trait d'union fondamental qui unit des hobereaux comme Gouberville à l'économie monétaire.

Au premier rang des sources de revenus figure, en effet, le porc, et tout ce qui alimente sa production. Gouberville vend très cher aux villageois (jusqu'à 50 *l.* par an, soit une somme plus haute que ce que lui rapportent ses grains au marché) la *paisson*, ou droit d'utiliser les glands, dans les forêts dont il est seigneur. Et ses propres cochons, fort gras, bardés de lard d'un demi-pied d'épaisseur, tués en hiver, il les vend, pour une bonne somme d'argent (60 à 80 *l.* par an de revenu global), les expédiant salés jusqu'à Paris. Ses bœufs, vaches et moutons sur pied en revanche n'alimentent qu'un commerce local, mais fort actif, branché sur un réseau de foires, qui quadrille les petites villes et les bourgades du Cotentin. Le hobereau et ses fidèles, suivis de leurs bétails à mettre en vente, se rendent régulièrement à ces foires : occasion de bavarder, de trinquer avec des noblaillons et rustres du secteur..., et de ramener chez soi, au total, chaque année, quelques dizaines de livres tournois, quand les ventes sont bonnes. La laine, elle, voyage plus loin que les bêtes sur pied : avant les guerres civiles, qui casseront les circuits commerciaux, des marchands parisiens venaient l'acheter jusqu'en Basse-Normandie, et l'expédier à Rouen ou même dans la capitale.

L'élevage, mieux que les blés, a donc réussi un mariage avec l'économie monétaire; la chasse, en revanche, se situe au niveau de relations plus archaïques et symboliques : elles mettent en jeu le don et le contre-don. Qu'il s'agisse en effet de fléchir un juge, ou de séduire une dame, la tactique de Gouberville est toujours la même et se résume en une phrase simple : *Dites-le avec des viandes...* Gouberville offre, donc, aux femmes successives qui occupent ses pensées, quelquefois un chevreau gras ou une cuisse de vache, mais, le plus souvent, du gibier : lapins, lièvres, pâtés de cerf, qui sont reçus, par leurs opulentes destinataires, à l'égal des fleurs les plus somptueuses. Les jeunes hommes qui entourent le hobereau normand — bâtards de son père, ou stagiaires prêtés par une famille noble voisine — ne sont pas en reste, et se montrent, eux aussi, grands chasseurs. Les paysans eux-mêmes, en dépit d'interdictions seigneuriales mollement appliquées, chassent sans vergogne. La productivité de ces actions est des plus faibles : il faut souvent une journée, à trois ou quatre chasseurs, pour forcer un lièvre. Mais les procédés mis en œuvre, dans ce petit canton du Haut-Cotentin, sont d'autant plus innombrables! On chasse à l'arbalète et à l'arquebuse bien sûr; mais aussi (méthodes qui peuvent du reste impliquer l'emploi de l'une de ces deux armes) au *juc* (au jucher, quand les ramiers se posent pour manger); à la voile, pour rattraper les étourneaux par dizaines; à la traque (autrement dit à la trace que laissent, en hiver, au bois et au marais, les sangliers et les lièvres sur la neige fraîche); on *fouit* au terrier les renardeaux et lapereaux; on travaille à la glu, ou à *l'yraigne* (filet en toile d'araignée pour attraper les merles); on piège les renards; on se sert des furets, à dents coupées, logés dans des tronçons de hêtre sec; on opère à l'anglaise, avec l'autour ou le chien rouge, importés d'outre-Manche; on tire les loups à l'affût d'arquebuse; on les encercle à la *huée*, avec le concours de tous les hommes de plusieurs villages...

Dans cet arsenal de méthodes et d'armements divers, plus proche de la chasse sauvage que de l'extermination permise aujourd'hui par les armes à feu, une hiérarchie sociologique est perceptible. Mettons à part les tout petits chasseurs, professionnels et spécialisés, comme les taupiers qui décorent les chemins, en guirlandes festonnées, avec les dizaines de taupes qu'ils attrapent. Au niveau du paysan, les techniques essentielles restent médiévales et bon marché : elles reposent sur l'arbalète, arme simple, fabriquée dans les villages et qui permet de « descendre » indifféremment les canards, les cerfs et mêmes les sarcelles. L'arme seigneuriale ou cléricale, en revanche, qui se répand vers 1550 parmi les manoirs et les presbytères, c'est l'arquebuse. Elle est lourde (exigeant deux hommes pour être maniée); elle est chère, aussi : alors qu'une corde d'arbalète ne vaut que trois sous, un canon d'arquebuse coûte le prix d'une vache, 5 ou 6 *l*. Mieux vaut par la suite, dans ces conditions, comme font Gouberville et ses amis, fabriquer soi-même sa poudre de chasse, en charbonnant du bois et en raclant du salpêtre. Très en dessus du niveau des Gouberville enfin, hors de portée de la bourse des petits seigneurs qui tuent pour leur plaisir le cerf ou le loup, s'inscrit l'activité cynégétique de la haute noblesse : la chasse à courre; en une vingtaine d'années, maître Gilles ne participe qu'à une seule sortie de ce type; il la quittera du reste, écœuré, un cerf avant crevé l'œil de sa levrette.

Qui dit bon chasseur suppose en effet chien compétent. Gouberville et ses semblables le savent bien, et la passion viscérale pour la chasse leur inspire, pour l'espèce canine, une sollicitude génétique qu'ils sont bien loin de déployer à l'égard des autres animaux de leur cheptel — chevaux mis à part. (Mais les chevaux eux aussi sont un objet privilégié d'affectivité : quand on sélectionne, c'est parce qu'on aime.) Le maître de chenil en Cotentin pratique donc les classiques infiltrations génétiques du Nord au Sud : il achète des chiens en Angleterre, et à son tour expédie des reproducteurs à Bordeaux. Il fait, si besoin est, couvrir ses chiennes en quelque région éloignée pour tirer d'elles le produit le meilleur possible. Il met ses chiots en nourrice et ne castre les femelles qu'à bon escient; il les recoud soigneusement, comme un haut de chausse, quand elles sont éventrées par un sanglier; au cas où ses chiens sont volés, il s'arrange, ni plus ni moins, pour faire excommunier le voleur, à coups de monitoires fulminés en chaire par un curé ami... Un chien est un être précieux. Si on le prête, c'est seulement dans un cas d'extrême urgence, et par exemple pour dépanner un jeune voisin, qui à tout prix doit tuer des lièvres, afin de célébrer ses fiançailles.

« Céréalier » souvent médiocre, éleveur routinier, mais sélectionneur valable de chiens et de chevaux, Gouberville d'autre part s'affirme passionnément innovateur en matière... de pommes et de cidres. Acteur et témoin tout à la fois, il éclaire, dans le détail, l'une des modifications marquantes qui affecte les paysages de l'Ouest, pendant le long xvie siècle.

En ce domaine aussi, les talents d'améliorateur de Gouberville ne procèdent pas d'une stimulation par le marché. Ses cidres en effet ne sont point destinés, sauf rarissime exception, au commerce. Ils abreuvent, sur place, le maître, la famille et la main-d'œuvre du manoir. Ou bien ils entrent dans les circuits du don pur et simple, libéralement distribués aux amis, parents, malades et hôtes de passage. L'idée même de vendre le jus de ses pommes ne paraît avoir effleuré qu'assez peu notre gentilhomme campagnard. Ses motivations, fort honorables comme on va le voir, se situent presque totalement « hors marché ». Au plan des idées générales, elles tiennent en deux mots : *le cidre, c'est la santé.* Comment ne pas souscrire à cet adage en effet, dès lors qu'on prend la peine de lire les ordonnances médicales, ou livres des bons docteurs, dans la Normandie de l'époque moderne. *Le cidre,* écrira au commencement du xviie siècle, l'un de ces Messieurs de la Faculté[1], *est restaurant de l'humeur et de l'humidité radicales.* Il maintient le ventre *mol et lasche;* il excite, par la *bénignité de ses vapeurs,* un sommeil plaisant. Il empêche, c'est indubitable, le moissonneur de *s'échauffer dans son travail;* mais il retient aussi l'homme d'affaires de *se colérer dans ses occupations.* Il est donc à la fois l'ami de la classe paysanne, et le consolateur de la classe moyenne, puisqu'il entretient l'homme dans la *modestie* et dans la *médiocrité* qui s'imposent. Plus précisément le cidre chasse la goutte, la gravelle, la néphrite. Il est spécialement recommandé, tout comme les œufs mollets ou le bouillon de poule, pour les malades, surtout quand ceux-ci ont le corps desséché par la chaleur, ou vidé par les purgations. Forts de ces doctes préceptes, les praticiens de la médecine prescrivent donc le cidre à tour de bras, pour des patients qui du reste ne demandent pas mieux que d'en boire, et du meilleur : cidre vieux, pour les femmes en couches, ou pour guérir de la fièvre; cidre franc pour la pleurésie; cidre nouveau pour les blessures à l'aine... Toute une pharmacopée à base alcoolique est mise en œuvre, au pays de Gouberville, vers 1560, contre les maux des gens de la campagne. Le cidre bien sûr n'y figure pas seul. Les personnes riches se soignent à la bouteille de Bordeaux ou à la clairette et au vin rosé d'Orléans. Et la bière n'est pas non plus négligée, dont un seul malade, à lui tout seul, boit quarante-huit litres à titre de désintoxiquant pendant le temps de sa cure... Mais !e cidre, du fait même qu'il est produit sur place, possède évidemment l'avantage d'être bon marché; il n'empiète pas comme fait la bière sur la provision indispensable de céréales; il pousse pour ainsi dire tout seul, puisque les pommiers viennent indifféremment dans les haies; et, comme la vigne, dans les mauvaises terres; boisson-miracle, il est donc disponible, en cas d'urgence, pour tous les milieux sociaux du monde paysan...

On sourira peut-être de cet engouement populaire, au xvie siècle, pour la production des boissons alcooliques, vin ici, et cidre ailleurs. On aurait tort. Car, par-delà le réseau, qu'on vient d'évoquer, des justifications secondaires et puériles, l'essor cidricole de la Normandie renaissante, ou viticole de la région parisienne, est pleinement fondé : boire

---

1. *Traité du Pommé* par le médecin Paulmier, cité par le Président La Barre, *Nouveau formulaire des élus,* 1628, VII, 3.

des vins ou des cidres à faible degré, et les boire massivement (la consommation de certains travailleurs de force ruraux pouvant atteindre, vers 1500-1560 en Languedoc, deux litres de vin, par jour) c'est ingérer quelques calories assez pauvres (d'origine alcoolique)... et qui sont les bienvenues. Mais c'est d'abord et surtout absorber un liquide relativement stérile, bien moins dangereux en tout cas que ne sont les boissons polluées auxquelles sont condamnés par définition les buveurs d'eau : qu'on songe en effet aux innombrables infiltrations (purin, immondices, jus de rouissages, eaux usées contaminées par les épidémies populaires) qui menacent, en cette Normandie granitique ou schisteuse, les eaux superficielles dont s'alimentent les ruisseaux, les étangs, les rivières, les puits, les sources même... Le cidre, dans ces conditions, constitue, contre la mort ou les maladies, la plus agréable des assurances. Une équipe d'historiens normands l'a démontré, en prouvant, courbes en main, que la mortalité d'épidémie, dans la Normandie classique, variait en relation directe avec le haut prix et la rareté du cidre (entre autres corrélats [1]). Le lien est logique : qui dit cidre plus cher dit, dans les classes pauvres, buveurs d'eau plus nombreux, plus intenses, et plus vulnérables aux contagions. Au niveau simpliste, mais finalement lucide, de leur intuition paysanne, Gouberville et ses covillageois raisonnaient donc juste : ils plantaient et greffaient du pommier, tant qu'ils pouvaient, dans l'intérêt de leur maisonnée. Ils participaient ainsi à une vraie croissance de l'économie, et à une amélioration de la santé publique. Car que pesaient les maux de quelques ivrognes de paroisse, et de quelques buveurs « bien pansés », comme les appelle notre mémorialiste, face aux milliers de vies humaines que sauvait, chaque année, la possibilité donnée à beaucoup de gens de ne plus boire d'eau, ou d'en boire le moins possible... Il faudra la découverte, enfin, connue dans l'Ouest non viticole, des procédés de distillation; il faudra, dans les campagnes, l'essor des consommations d'eau-de-vie de pomme, pour que les aspects négatifs de la cidriculture l'emportent, au XIXe siècle, sur ses côtés positifs, qui si longtemps prévalurent et contribuèrent à la prospérité des provinces occidentales.

Gouberville est donc porté en avant, dans ses recherches sur la pomme, par la confiance générale et justifiée que vouent aux cidres ses contemporains et compatriotes. Mais, par-delà cette adhésion chaleureuse d'une culture et d'un peuple,

1. Recherches d'histoire quantitative entreprises à Caen sous la direction de P. Chaunu.

les motifs qui sont personnels à notre auteur sont simples, précis : en dehors de tout esprit de lucre, — le journal intime en fait foi —, Gouberville se laisse aller à la joie de connaître, de créer, d'expérimenter. Ce gentilhomme pour rien au monde ne conduirait la charrue de ses mains ; mais il ne dédaigne pas de passer des heures à greffer, à émonder ses pommiers : « *je fus bien trois heures tout seul à émonder* » (21 avril 1562). Il expérimente pour voir ; par exemple il tente de greffer en avril : « *nous prîmes une greffe* (de pommier), *et vinsmes la greffer au jardin de la grange pour expérience si elle reviendroit, pour ce qu'il estoyt la mi-avril* » (15 avril 1554). Le journal du Sire de Gouberville offre ainsi un spectacle, rarement relaté dans les documents : celui du sélectionneur d'ancien type, en pleine action. Faisant laver le marc de cidre chez lui et dans le voisinage pour en extraire par milliers les pépins, maître Gilles sème ceux-ci sous un lit de feuilles de fougères ; et il en fait lever toute une pépinière d'arbrisseaux ou *surets*, porte-greffes, qu'il distribue par charretées, gratis, à ses amis. Le moment venu, à la tête de tout son monde, il greffe les surets qui lui restent, avec ciseaux, scie, ou couteau à deux manches, Monomane de la pomme, le Sire, qui n'a chez lui ni pêcher, ni figuier, ni framboisier, ni groseillier..., entretient dans son verger vingt-neuf variétés de pommiers, qu'il a fait venir de Rouen, du pays basque, ou de Basse-Normandie... Au terme de cette action strictement non commerciale, mais qui s'inscrit dans un effort accru d'autoconsommation sur le manoir, et d'amélioration du domaine, se produit la métamorphose d'une terre, et l'habillement d'un paysage où partout désormais l'arbre s'étale. La Normandie des pommiers en fleurs s'épanouit au xvie siècle, grâce aux initiatives multiples de Gouberville, et de ses nombreux émules dans la province.

Ce monde rural, archaïque et dynamique à la fois, où les hobereaux se meuvent à leur aise, c'est typiquement (mais pas intégralement bien sûr) la société d'autoconsommation. Non que Gouberville soit inconscient du rôle du négoce et de la monnaie : il note scrupuleusement dans son journal les dévaluations progressives de la livre tournois... Mais enfin, en ce temps où l'argent d'Amérique est censé irriguer les secteurs les plus commerciaux de l'économie, un gros richard comme est notre Sire se trouve, non point à court d'argent certes (il a du foin dans ses bottes), mais tout simplement à court de monnaie. Sans cesse dans son journal revient une phrase lancinante du type de celle-ci « acheté du drap à Cherbourg ; *je ne le payé point pour ce que je n'avais point de monoye*... Je le payerai lundi ». Faut-il ajouter que la notion même de ce « porte-monnaie » semble être inconnue du châtelain normand... Ses sous et autres piécettes, il les met tout bonnement dans son mouchoir, noué aux quatre coins. Mouchoir qu'il perd ou qu'on lui vole à plusieurs reprises bien entendu... Quant à ses ouvriers, il ne les paie souvent qu'avec un retard marqué, « faute de monnaie » comme toujours, ou bien pour leur faire sentir le caveçon. Quand il les salarie pour de vrai, c'est plus d'une fois en nature, d'un boisseau de semence, d'une rasière d'avoine, d'une génisse ou d'une paire de souliers, décomptés de la valeur de leurs gages. Autre signe enfin d'une certaine carence de métal précieux, en dépit des récents arrivages du Nouveau Monde : le Sire et ses gens soupent dans l'étain ; au Mesnil-en-Val, il n'y a pas d'argenterie dans le vaisselier.

En ce Cotentin des campagnes, florissant et passéiste, la société d'autoconsommation signale aussi sa présence par une division peu poussée du travail social. Faute de boutiques ou d'ateliers convenables, de matières premières en réserve, de capitaux (même minces) et d'une clientèle soutenue, les quelques artisans ruraux (qui ne le sont du reste qu'à mi-temps) besognent « au coup par coup », par intermittences. Ils viennent donc travailler, quand l'occasion leur en est fournie, au manoir d'un gros client comme Gouberville, qui leur procure la matière première et leur offre un « chantier » assez substantiel pour motiver un déplacement de leur part. C'est ainsi qu'on voit chez Maître Gilles, défiler tour à tour, le toilier, qui vient sur place pour fabriquer les quelques dizaines d'aunes d'étoffe à lui commandées par le châtelain ; le bourrelier ou charron local (qui en fait est agriculteur pour le plus clair de sa journée) : il s'installe chez Gouberville pour lui façonner des jougs et des attelages de charrue. Un autre jour, c'est le couturier qui se présente pour rhabiller toute la maisonnée, ou bien le forgeron, pour mettre au point des outils de menuiserie, qui resteront ensuite dans l'atelier du manoir. S'agit-il enfin, précisément, de tailler « des échelons et des chevrons pour une échelle neuve » ? Le Sire en chargera tout simplement l'un de ses domestiques, aux mains adroites. Tel Adalbert de Corbie, ou le doux abbé Irminon, notre homme est possédé par un idéal d'autarcie, quasi carolingienne, qui lui fait souhaiter de produire ou faire produire chez lui tout ce dont il a besoin, sans bourse délier autant que faire se peut. Ainsi bien, l'idée même de gagner de l'argent lui est-elle si profondément étrangère, qu'on comprend qu'il ait parfois lésiné pour dépenser les espèces, qu'il

réussissait tout de même à serrer dans son mouchoir.
 Nulle part peut-être on ne prendra mieux mesure de cette société d'autoconsommation, qu'en portant la vue pour un instant au-delà de ce « plancher des vaches », qui constitue l'assise naturelle de notre Sire. Gouberville en effet pose parfois sur la mer, toute proche, un regard bref : il indique alors la pleine portée de son localisme autarcique. Si loin qu'il s'étende, ce regard de terrien n'aperçoit guère, en effet, au fil des pages du journal, que quelques barques, chargées de bûches ou de lard, à destination de Rouen et quelquefois de Paris. Une barque de ce type, quand on ne l'utilise pas, est tirée tout bonnement sur les sables; elle peut recevoir le contenu de deux charrettes à bœufs. Pas davantage. Quant aux paysans-pêcheurs de la côte cotentinoise, dont certains sont les tenanciers de Maître Gilles, s'ils vont à la pêche au hareng, c'est pour en revenir le plus vite possible, afin de s'occuper des choses sérieuses : garder leurs vaches, scier les blés, coucher le marc de pommes... Bien sûr, il y a des exceptions, à cet ultra-provincialisme maritime. Une fois par exemple, une seule fois, Gouberville, en allant boire un pot de cidre à Barfleur chez Gillette la Blonde, aperçoit, étalées sur la plage, de la maniguette et des dents d'éléphant, venues d'Afrique. Une autre fois, son fidèle Cantepie envisage de participer à une expédition plus ou moins mythique vers le Pérou. Cantepie du reste ne tarde pas à renoncer, trop content de ce que désormais dans son village, on le considérera, sa vie durant, comme « *l'homme qui a failli aller au Pérou* ». La seule « expédition » maritime à laquelle participeront Gouberville et ses gars concerne... l'île anglo-normande d'Aurigny : la petite bande, prétextant un conflit avec les Anglais, s'en va rafler de force, et sans payer, les vaches et les juments des insulaires, pour ramener celles-ci sur le continent, au manoir du Mesnil. Un gentilhomme après tout ne déroge pas en se faisant pirate, même à la petite semaine! Mais enfin, une telle action, homérique certes, ne relève pas précisément du commerce petit ou grand. Aussi bien, ces notations minuscules, prises au long d'un journal qui dure une vingtaine d'années, traduisent-elles la participation absolument infime d'une société traditionnelle, aux actions du gros trafic maritime, qui pourtant, dans la grande histoire économique, occupent, peut-être indûment, le devant de la scène. Et cet esprit de clocher, cette fermeture obtuse au grand large, s'affirment sans équivoque, en dépit du fait que Gouberville et les siens habitent à proximité immédiate de Cherbourg, port qui n'est pas totalement négligeable... Dans

sa masse, cette société rurale est donc engoncée dans l'humus; braquée sur les circuits des échanges locaux, ou de l'autoconsommation villageoise. Certes les ultimes artérioles ou veinules du grand commerce qui pénètrent quand même jusqu'aux terroirs reculés du Cotentin exercent un rôle d'animation et d'excitation bien plus que proportionnel au volume minuscule des marchandises déplacées. Les achats de livres imprimés, ou d'épices, qu'effectuent de temps à autre Gouberville et ses pairs aboutissent peu à peu à modifier certains goûts littéraires ou culinaires. Les ventes de laine et de lard en direction de Paris font entrer quelque argent dans la région. Tout cela n'agissant guère, quand même, qu'à dose homéopathique. Au vrai, c'est surtout quand Gouberville tourne le dos à la mer vide, c'est quand il observe de fort près sa micro-société manoriale et villageoise, qu'il a vraiment quelque chose d'essentiellement positif à nous décrire.

Car Gouberville, noble de race et maître de plusieurs terres, se situe tout à la fois au sommet et au centre d'une minuscule construction sociale : celle que forment, autour de lui, en cercles concentriques, les hommes de sa famille domestique, de sa paroisse, de ses seigneuries.

Au foyer de ce vieux garçon endurci, qui par définition (et par exception) n'a pas constitué d'unité conjugale, la «famille», c'est d'abord la phratrie des bâtards et des bâtardes nés de son père, qui sont donc frères ou sœurs naturels de notre auteur, et dont plusieurs, notamment Simonet et Guillemette, continueront longtemps de vivre dans son entourage immédiat; pas un instant le sire du Mesnil en effet ne démentira l'affection qu'il porte à ces parents de rang inférieur, avec lesquels il a vécu depuis son enfance; cette affection constituant d'autre part un hommage rendu aux œuvres paternelles; et même aux plus contestables d'entre elles : « *Item*, écrit Gilles de Gouberville, dans l'un de ses testaments, *existant à mon lit malade, blessé de un ou plusieurs coups de arquebuses, connaissant rien n'être certain que la mort et rien n'être plus incertain que l'heure d'icelle... je donne cent sous de rente* (annuelle) *à chacun des enfants bâtards de mon père défunt, c'est à savoir à Simonet, à Hernouf, à Jacques, à Novel, et à Jehan le Jeune et Guillemette...* » A ce groupe des bâtards du père, s'ajoutera bientôt dans le cadre des corésidents de la famille du manoir, le groupe des bâtards de Gilles lui-même, nés d'une maîtresse très aimée qu'il lui est, sous peine de mésalliance, interdit d'épouser. La « famille de céans », pourtant, n'est pas une pure et simple collection d'enfants naturels. Elle comprend aussi à un niveau inférieur quatorze domestiques, dont le laquais Lajoie, neuf autres serviteurs mâles et quatre « serviteures » (servantes), chargés les uns et les autres des travaux agricoles courants et du ménage : on a curieusement l'impression d'un système agraire de grande exploitation, qui a utilisé un prolétariat sans pour autant sécréter le profit, ni valoriser la monnaie.

Il est vrai que l'entretien de cette nombreuse valetaille ne coûte pas très cher au patron; au terme d'un demi-siècle d'appauvrissement salarial, les gages sont bas : 6 *l.* par an pour un valet de ferme logé, responsable de la charrette et de la charrue; alors que dans la région languedocienne, à la même époque, pourtant paupérisée, le charretier se fait ses quinze livres annuelles — nourri et logé lui aussi.

Certes, en plus du salaire proprement monétaire, accru de la nourriture et du logement, Maître Gilles donne, chaque année, à chacun de ses serviteurs, une pièce d'habillement quelconque : chemise ou paire de souliers (qui vaut quinze sous), ou linge... Tout cela ne va pas très loin. Certains salaires sont même tellement bas qu'ils en deviennent négligeables : un garde-chèvres par exemple gagne 50 sous par an, plus une paire de souliers. Un petit garçon nommé Pierrot, qu'on embauche pour surveiller les moutons, et qui, la nuit, couchant dehors en compagnie de ses bêtes, voit briller dangereusement les yeux des loups, se fait vingt sous par an, plus une paire de chaussures et un agneau dans l'année. Les salaires féminins versés par le Sire sont eux aussi beaucoup plus bas que ceux du Midi languedocien. Une couturière de chemises gagne 6 den. par jour quand elle travaille au manoir normand, alors que la moindre ouvrière agricole près de Béziers ou Montpellier vers 1560 gagne 10 den. par jour. Même dénivellation du Sud au Nord ou plutôt du Midi à l'Ouest, quand on examine les salaires des artisans qui viennent occasionnellement exercer leur art au Mesnil-en-Val : un maître maçon y est payé 2 sous par jour contre 5 sous dans la région de Montpellier-Béziers à la même époque. L'étude des « zones de salaires », dans la France du très ancien régime économique, reste à faire. Bien des indices pourtant suggèrent que le Midi où l'abondance monétaire est plus forte, et la démographie moins congestive, bénéficie de salaires plus substantiels ou, disons, moins mauvais[1], que le nord-

---

1. Une seule exception à ce schéma : les batteurs du grain en grange touchent 13 % du blé battu, chez Gouberville, contre 5 % en Languedoc pour les dépiqueurs. Mais la part du travail humain, dans le dépiquage opéré avec des chevaux est beaucoup plus faible que dans le battage au fléau, pratiqué en Normandie. D'où probablement, cette différence.

Ouest armoricain, pauvre et déjà surpeuplé; donc, excédentaire en main-d'œuvre.

Une des raisons de cette pauvreté basse-normande réside-t-elle dans l'absence totale de combativité ouvrière? En plus d'une décennie d'un journal minutieusement tenu, Gouberville ne signale pas un seul cas, individuel ou concerté, d'opposition de ses domestiques à sa personne. Pourtant le Sire (qui dans la vie « courante » abhorre la violence et le métier militaire) n'hésite point à distribuer dans la fraction mâle de sa famille, à tous les niveaux, au noble stagiaire comme au frère bâtard, au valet comme à l'enfant « salarié », les châtiments corporels qui lui paraissent idoines : il gradue selon l'âge et le rang du coupable, la rossée pure et simple, la gifle, le coup de pied au cul ou la fessée (mais il n'a jamais battu une femme, fût-elle servante). Apparemment, ces marques de rigueur sont reçues par leurs destinataires avec la déférence qui s'impose. Elles n'entraînent pas de riposte physique, qui compromettrait le prestige du maître. La seule défense des domestiques mécontents, c'est l'absentéisme, que pratiquent avec maestria les servantes : Jeanne Botté « *serviteure* », à plusieurs reprises, s'en va sans dire adieu. Puis, pour faire pardonner sa disparition, elle revient au manoir suivie d'une amie vêtue de rouge (qui vraisemblablement passera la nuit avec le Sire et que ce dernier renverra le jour d'après, avec deux sous et une livre de lin pour récompense)... Du coup, voilà Jeanne Botté réintégrée dans la « famille »... jusqu'à sa prochaine absence.

Aussi bien, ne faut-il pas pousser au noir absolu l'image de la condition prolétarienne dans le Cotentin du XVIe siècle : les ouvriers de Gouberville ont des chaussures, dans une région où leurs arrière-neveux, à statut social équivalent, ne porteront guère, quelques siècles plus tard, que des sabots. Ils mangent, dans la même salle que le maître, à une table voisine de la sienne, une nourriture qui semble être abondamment carnée (cette nourriture, du reste, semble être le principal élément du salaire). Ils ont aussi, le fait est à noter, quelques petites possibilités d'épargne. D'épargne forcée, souvent : le Sire, au lieu de verser à ses salariés l'argent qu'il leur doit, donne, « à rabattre sur les gages », un poulain à tel domestique, une génisse à tel autre, ou encore une jument pâturante dans les forêts (à charge pour le bénéficiaire de récupérer celle-ci), un couple de génissons, etc.

Aptes à l'épargne, voulue ou forcée, les valets de ferme sont également capables, comme les hommes des autres groupes ou *états*, d'une sociabilité spécifique. Celle-ci s'incarne dans les assemblées de candidats domestiques, qui proposent leurs bras aux employeurs, une fois par an, aux alentours de la fête de la Madeleine (soit vers le 18-26 juillet). Chaque bourgade ou gros village bas-normand, vers 1560, possède ainsi sa louerie, qui tient du marché d'esclaves, et de la fête foraine : des jeux, des luttes entrecoupées de danses, y mettent en effet aux prises, sous les yeux des notables, des jolies femmes, des propriétaires et des curés — les aspirants à l'état de domestique agricole. Les combats rustiques, outre leur intérêt sportif, permettent de jauger judicieusement les « gros bras », qui seront les meilleurs aux travaux des champs...

Présente à l'œil du maître, la domesticité se détache, nettement, du groupe social inférieur, qui occupe l'étage le moins honoré de la société bas-normande : groupe des mendiants, des pouilleux, autrement dit des *pauvres*, au sens statutaire de ce terme. Presque transparents, invisibles en temps normal au regard d'un honnête homme, ces pauvres n'apparaissent sous la plume de Gouberville que dans des occasions bien déterminées : lors de l'enterrement d'un grand personnage, ils se présentent par centaines pour recevoir la donnée (l'aumône), celle-ci se terminant du reste par une volée de coups de canne, les dits pauvres s'étant montrés trop lents à se disperser après l'inhumation. Autre anecdote qui met en scène l'attitude vis-à-vis du pauvre : un jour Gouberville revient chez lui, couvert de plus de puces encore qu'à l'ordinaire, au point que ses fidèles, réunis en assemblée générale autour de sa personne, mettent un temps fou à exterminer les bestioles sur sa peau et sa chemise. L'explication de ce phénomène est vite trouvée : le Sire avait eu l'imprudence de poser son séant sur une souche, qui quelques heures auparavant avait servi de siège à un « *pauvre* »... Semeur de désordre dans un cas ou de parasites dans un autre, le pauvre est ainsi rangé dans la catégorie des suspects et finalement des exclus. Au contraire le domestique rural (mis à part les cas, certes fréquents, de chômage très prolongé ou de déchéance) est tenu pour un homme intégré, si dépenaillé qu'il puisse être. Tout le temps que dure son embauche, abreuvé d'ordres, de taloches, de pots de cidre et d'exhortations au devoir, le valet de ferme, du point de vue de son noble maître, fait fondamentalement *partie de la famille*.

Par-delà cet horizon étroit du groupe co-résidentiel, le second cercle, un peu plus étendu que le précédent, c'est la paroisse. En elle viennent se confondre (du moins dans le cas particulier de la civilisation bas-normande) des institutions qui, en d'autres régions de France, et par exemple dans le Midi, sont, à la même époque, soigneusement distinguées les unes des autres : ces institutions étant, d'une part, l'unité d'appartenance religieuse, centrée sur l'église paroissiale, et d'autre part la communauté d'habitants proprement dite. En fait, chez Gouberville, les bons paysans ont mélangé tout cela, sans penser à mal et pour le plus grand profit du seigneur, sinon du curé. Les assemblées des hommes du village, faites en vue de répartir l'impôt royal, ou en vue d'adjuger, au plus fort enchérisseur (par une sorte de cannibalisme des ancêtres), les pommes excrues dans le verger du cimetière, ont lieu tout bonnement dans l'église, après la messe du Dimanche. Maître Gilles, qui connaît son monde, laisse donc les paroissiens réunis de la sorte « s'étriver » et se chamailler sur qui d'entre eux paiera combien d'impôts... puis au moment psychologique, il entre dans l'église, fend la foule, apaise le tumulte... et fait nommer l'un de ses hommes de paille comme répartiteur ou comme fermier des « enchères ». Somme toute, le seigneur, plus séducteur et manœuvrier que despote, manipule l'assemblée de ses manants avec facilité : ce lui est d'autant plus facile qu'il a de bonnes relations avec les gros laboureurs de la paroisse (dans les familles desquels il rend d'accortes visites, et recrute à l'occasion ses petites amies). Quant aux prêtres, chargés de l'église locale, ils ne constituent pas un obstacle à ce genre de domination : le curé est absentéiste et ne visite ses ouailles qu'une fois l'an; et son vicaire est un plat personnage, qui, entre deux tournées de confession (où il vient à domicile décrasser les péchés du Sire et de ses gars), est employé dans le Manoir aux menues besognes domestiques, telles que fendre du bois ou curer le fumier des étables. Pas question, pour cet infime serviteur de Dieu, de contrevenir aux souhaits du châtelain : il faudra les guerres de religion pour qu'un parti contestataire et d'origine urbaine, du reste ultra-catholique, vienne ébranler, jusque dans son village, l'omnipotence bonasse de « Not'-maître », qui deviendra pour l'heure et à juste titre, suspect de sympathies calvinistes.

Plus vaste et plus lâche que la paroisse, enfin, le troisième cercle c'est la *seigneurie* (dont la *noblesse* du seigneur mis en cause est institutionnellement distincte, mais socialement inséparable). Les seigneuries de Gouberville, par exemple, concernent plusieurs villages où notre homme détient des cens et le droit de réquisitionner des corvéables. Elles rapportent peu : quelques sous, pour un cens; quelques livres tournois, pour un fermage ou « louage » de parcelles lointaines (celles-ci font partie de la réserve seigneuriale, mais trop éloignées du manoir, elles sont louées en bail temporaire à un fermier). Trois postes lourds, pourtant, s'individualisent, dans l'économie, par ailleurs légère et légèrement gérée, de la seigneurie goubervillienne; c'est d'abord la réserve, tenue en faire-valoir direct; autrement dit la terre du seigneur; elle est, on l'a vu, en déficit financier; mais de toute façon, elle implique de gros flux en produits et en travail; en second lieu, c'est le moulin, objet des soins attendris et des réparations justifiées qu'effectue Maître Gilles : le seul fermage de ce moulin lui rapporte en effet 331 boisseaux de froment par an, soit beaucoup plus que n'importe lequel de ses autres revenus, de type seigneurial ou locatif. Le troisième poste lourd enfin, dans la seigneurie, est constitué, mais oui, par les corvées : moissons toujours et foins parfois sont assurés chez le Sire, comme jadis au temps de « l'empereur à la barbe fleurie », par des corvéables! Du reste ces services en travail semblent se faire sinon dans l'allégresse, du moins par une sorte de consensus coutumier : elles sont annoncées aux redevables, à la veille des récoltes, par les curés dans leur chaire, qui pratiquent ainsi l'alliance du manoir et du goupillon. Et elles se terminent, aux belles soirées des jours de sciage du blé, par des fêtes et buvettes, ponctuées de danses jusqu'à minuit, dans la vaste grange du Mesnil-en-Val; ces festivités font-elles oublier aux corvéables (qui ne savent pas qu'ailleurs ont disparu depuis longtemps les prestations gratuites de main-d'œuvre) le caractère insolite de la tâche qu'ils accomplissent? Il existe en tout cas, chez Gouberville, un autre prélèvement seigneurial qui, plus classique, coûte peu et rapporte assez bien : c'est le droit de colombier; les pigeons seigneuriaux vont cueillir le grain sur les champs des rustres et le font transiter dans leur système digestif : ce qui permet finalement de le reverser, sous forme de fumier fertile, dans les labours du maître.

Mettons de côté, d'une part la réserve, qui de toute façon n'est pas spécifiquement seigneuriale (elle survivra sans conteste, en se rentabilisant plus ou moins, jusqu'à nos jours); et d'autre part les secteurs les plus lourds parmi ceux que j'ai mentionnés (moulin; et services de moissons; ceux-ci ridicules d'anachronisme, mais pas démesurés). On constate alors que, ces deux aspects mis à part, la seigneurie de type goubervillien n'écrase nullement ses assujettis. Elle est du reste assez bien acceptée par eux : le seigneur après tout leur rend lui aussi, et de son côté, des « services » incontestables. Sa « réserve », peu tournée vers le commerce, distribue les emplois et la subsistance aux rustres, et constitue de ce fait un volant de sécurité pour le village. Lui-même fait fonction, en l'absence d'un véritable *leadership* d'origine paysanne, de cheffaillon local, voire tribal [1]. Il arbitre les conflits, distribue la justice au petit pied, etc. Un indice plausible de cette acceptation bénigne ou contrainte, c'est l'extraordinaire rareté, ou tout simplement l'absence (au moins dans ce canton du Cotentin), de la contestation contre les seigneurs [2]. Rareté qui frappe déjà, dans l'histoire des révoltes populaires de ce temps, beaucoup plus antifiscales qu'antiseigneuriales; rareté plus saisissante encore quand, au sein d'une tranche de vie, comme est le journal de Maître Gilles, on peut comparer l'exception (c'est-à-dire la lutte contre le seigneur) avec la règle (autrement dit la résignation quotidienne à l'ordre existant). Un seul cas de conflit, du reste infime, se présente pendant les dix années que dure le journal, pourtant si attentif à la violence et à l'émotion populaires : c'est le cas d'un paysan qui proteste contre un champart; une bastonnade aura vite fait de remettre l'insolent dans le droit chemin, sans qu'à aucun moment se déclenche, en sa faveur, un réflexe de solidarité communale.

A la seigneurie conçue comme institution répond, sur un tout autre plan, la noblesse, comme valeur, et comme gradin ou gratin social, qui discrimine son titulaire d'avec le *vulgum pecus*. Comment donc Gouberville, authentiquement noble, et d'ancienne race, vit-il sa noblesse? Disons tout de suite que les affinités quasi mystiques, lyriquement décrites par Noël du Fail, qui semblent être le lot de cet ordre prestigieux, n'intéressent que de loin notre Bas-Normand, décidément terre à terre. Ni le sang bleu, transmis par son père et ses ancêtres, et qui théoriquement coule dans ses veines, ni non plus le sang rouge, que, pour être fidèle à sa vocation martiale d'aristocrate, il devrait de temps à autre verser, de ses artères ou de celles d'autrui, sur les champs de bataille, ne le tracassent outre mesure.

Cette double indifférence, aux exploits du paladin comme à l'obsession du pedigree, s'explique d'abord par une certaine psychologie. Gouberville est très peu l'homme d'une lignée, parce que, comme beaucoup de ses contemporains du monde rural, « il est Nature » : il vit dans l'instant,

---

[1]. Voir à ce propos les pages admirables de Marc Bloch, dans *The Cambr. econ. hist. of Eur.*, vol. I, *Agr. life*... chap. VI (Cambridge, 1966, réédition).
[2]. Celle-ci se manifeste certes, mais *après* le début des guerres civiles, et sur un plan essentiellement religieux.

dans l'indifférence au Temps historique. Même ses parents, décédés, sont très loin de sa mémoire, et de sa sensibilité. De sa mère, il est très rarement question dans son journal. De son père (dont par ailleurs il respecte la progéniture encore vivante), il n'est question qu'une ou deux fois. A propos par exemple d'une vieille affaire d'argent qui mit ce père face à face avec un certain Gilles le Maçon. Les seules personnes qui comptent profondément pour le Sire du Mesnil sont les vivants; et d'abord ses frères et sœurs, pour la haine ou pour l'amour. Quant aux morts, Dieu ait leur âme; et que périsse à tout jamais leur souvenir. Est-ce tellement étonnant? Dans un monde où père et mère meurent très tôt, où les perdre est un lot commun, la vraie valeur, ce sont les contemporains. C'est la phratrie.

Allons plus loin : ce paysan dégrossi, décoré d'un titre de gentilhomme, est à peine l'homme d'un nom de famille. La hantise de l'onomastique lignagère où nous serions tentés, lecteurs de Proust que nous sommes, de voir la marque authentique de la noblesse, n'existe guère pour Gouberville; et sur ce point il se conforme à la mentalité de ses semblables. Sa véritable identité n'est pas dans son nom, mais dans sa terre, support de sa seigneurie. Il y a là une forme passionnée d'attache à la glèbe : lui-même se nomme théoriquement Jacques Picot, écuyer. Mais il y a belle lurette qu'il se fait appeler Sire de Gouberville, du nom du long village-rue dont il est seigneur. Au point qu'un autre Picot, son cousin, lui conteste sans vergogne, comme étant usurpé, ce patronyme de Gouberville « *Picot fit instance de ce que je me nommais de Gouberville* ». Chez les amis du Sire, cette fureur d'identification à la terre dissout totalement tout homonymie fraternelle. La phratrie seigneuriale demeure certes l'un des lieux les plus puissants de l'affectivité. Elle est tout de même menacée — elle aussi! — par la fantaisie onomastique, d'une crise d'identité permanente. Qu'on en juge; de quatre frères (parents de notre auteur) l'un s'appelle Monsieur *de Saint-Naser*; le second Robert *du Moncel*, bailli de l'abbaye de Cherbourg; le troisième est Monsieur *de Vascognes*, chanoine; le quatrième enfin est le sieur *des Hachées*, qui un jour jouera et perdra aux dés contre Gouberville sa terre des Hachées, mais conservera tout de même le nom qu'il aura forgé sur ce toponyme! Et combien de frères encore, entre lesquels l'onomastique introduit des différenciations qui, dans notre Société aux noms bien fixés, seraient inconcevables : voici « le baron de Tubœuf et son frère Lalonde »; « mon cousin de Bretteville et son frère de Briqueville »; « mon cousin La Verge, frère de

Jacque Picot », etc. Parfois une notation du journal nous fait saisir le moment fugitif du changement de nom : « Jean Merigot m'a apporté la nouvelle du changement de nom du Sieur baron de la Luthumière », « Le baron d'Auney *à présent sieur de Neufville* fait bâtir un pont sur la rivière ». Ces nobliaux, qui changent de nom comme de chemise, ont un statut onomastique fluctuant, que connaissent seules aujourd'hui les épouses divorcées.

Fort peu « branché » sur son arbre généalogique, Gouberville ne semble guère conscient non plus des valeurs du combat guerrier qui, dans le système triparti des Très Anciens Régimes, correspondent à la fonction des Nobles. Ceux-ci étant, comme on sait, les *bellatores* (« ceux qui guerroient ») par opposition aux *oratores* du clergé (« ceux qui prient »), et aux *aratores* du Tiers État (« ceux qui labourent »); mais on sait bien qu'au xvie siècle, l'élite du Tiers et le gratin du Clergé ont bel et bien cessé depuis longtemps, qui de labourer, qui quelquefois de prier pour de bon! On aurait tort d'en vouloir à Gouberville de faillir lui aussi à sa mission propre : il se comporte en tout cas, quand retentit l'appel aux soldats, en *planqué* de première grandeur. Tous les prétextes lui sont bons (rhume, pied déboîté, etc.) pour ne pas répondre à la convocation du *ban*; dans le temps de guerre, celle-ci l'obligerait en effet théoriquement à faire quelques mois de service au sein d'une compagnie d'hommes d'armes, du reste fort mal payés. Mais sans vergogne, et sans que ses gens l'en critiquent, le Sire élude l'appel; bref il tire au flanc. C'est qu'il aime bien se battre, mais seulement contre ses inférieurs : eux du moins présentent l'avantage de ne jamais rendre les coups qu'ils reçoivent de lui!

Dans ces conditions, qu'est-ce donc que la noblesse pour Gouberville? La réponse est simple : fondamentalement, c'est l'appartenance à une caste, diversement privilégiée, d'agrariens locaux, avec qui l'on cousine; à qui l'on rend des visites de courtoisie ou d'affection; plus précisément, la noblesse est vécue comme une qualité spéciale, qui permet à celui qui en jouit de ne pas payer les impôts du roi. La savonnette à vilain c'est d'abord un préservatif contre le fisc. On le voit bien en 1555-1556, quand se produit, dans le Cotentin et le Bessin, une visite générale de vérification des titres nobles. Brusquement c'est l'affolement dans les manoirs : *ceux qui n'ont pas pu fournir les preuves de leur noblesse l'an passé ont été condamnés à payer six années de leur revenu... Jacques Davy bailli de Cotentin* (et pseudo-noble) *a été condamné à 8 000 l.* Du coup Gouberville, d'ordinaire si peu soucieux de ses ancêtres, s'enferme tout le jour dans sa maison, fourrage dans ses paperasses, y recherche désespérément les preuves de noblesse de sa famille depuis 1400 *(il étoit nuit quand je les trouvois)*, enfin les recopie jusqu'à minuit; il pourra ainsi, noblesse prouvée, sauver son exemption d'impôts!

En bref, Gouberville, qui assume, de par sa seigneurie, d'indiscutables et pour lui peu rentables fonctions de *leadership* villageois, en est assez largement récompensé, de manière imprévue, par les détaxations que lui vaut sa noblesse. Celle-ci fait de lui un perpétuel évadé fiscal, conscient et organisé. Le Sire n'a sûrement pas l'esprit de profit, au sens capitaliste du terme. Mais il a l'esprit de caste; et il sait apprécier comme il se doit les douceurs et les profits du privilège.

Gouberville a donc beaucoup à nous dire sur la production des biens et sur la hiérarchie des hommes, telles qu'on les voit vers 1555 d'un manoir de Basse-Normandie. En un domaine plus intime encore, son livre de raison déploie devant le lecteur les données de base, quotidiennes ou dramatiques, de l'existence socialisée : vie et mort, naissance et mariage, nourriture et maladie, violence et sexualité; et enfin, dans un secteur plus complexe, politique et religion. Bref, du matériau pour ethnographe.

La vie et la mort, c'est d'abord, au niveau le plus simple, la trinité canonique des cérémonies d'état civil; baptême, mariage, sépulture; chacun de ces actes ayant sa charge autonome de sociabilité spécifique, toujours symbolisée par l'ingestion d'aliments. Le baptême qui ouvre la marche est assez peu fêté, sinon dans la parenté la plus proche; bref, dans l'intimité. Célébration discrète, il n'est l'occasion de ripailles qu'à retardement, au moment des *relevailles* de la mère, signalées chez les laboureurs par un dîner, ou par une soûlerie d'une douzaine d'amis. Ce repas étant moins destiné à fêter l'entrée dans le monde d'un nouveau bébé qu'à concélébrer le retour d'une jeune mère à la vie féconde et sexuelle, à la Nature naturante, au monde des épouses disponibles.

Mais si le baptême et ses prolongements ne rassemblent ainsi qu'un groupe de personnes restreint, il n'en va pas de même du mariage. Les noces villageoises de 1550, d'après les descriptions goubervilliennes, font penser aux épousailles des Bovary dans le roman de Flaubert; elles sont accompagnées, chez les gentillâtres du cru, ou chez les laboureurs aisés, par une débauche de faste et de consommation ostentatoire. Une chevauchée initiale conduit en effet le jeune homme et les invités de son *parti* jusqu'au domicile de la jeune fille, où l'attend le *parti* de celle-ci. La mariée, parée comme une grosse relique, est accoutrée de bijoux, empruntés au châtelain pour la circonstance. Après la messe, un festin de noces fusionne les deux partis, en un diner qui chez un simple rustre peut rassembler quatre-vingts personnes en trois tablées. Repas moins ruineux peut-être qu'il ne paraît, car les cadeaux de nourriture apportés par les hôtes permettent de subvenir à une partie des frais de mangeaille : pour une noce noble, à laquelle il est invité, Gouberville par exemple offrira des viandes de gibier — sarcelles, canards, lapins, perdrix, le tout délicieusement faisandé. Pour une noce paysanne, il manifestera son amitié, un peu plus dédaigneuse, en se cantonnant, de haut en bas, dans le cadeau végétal : il offrira donc aux jeunes époux, et au banquet rustique auquel ceux-ci l'ont convié, un sac de froment, une citrouille, deux douzaines de poires, un pot d'hypocras...

Ces festivités paysannes, qui peuvent durer deux jours, sont accompagnées de danses, de *dictiers de Noël* récités par un berger. Leur font écho, quelques jours ou semaines plus tard, de nouvelles cérémonies : d'abord la *bienvenue* (petite fête pour accueillir la jeune épouse, quand elle fait son entrée au domicile du mari ou des beaux-parents); puis le *recroq*, nouvelle ripaille post-nuptiale, où sous prétexte d'invitations à rendre, on *recroque* de la nourriture en l'honneur du nouveau couple. Le mariage est bien l'un des actes culminants de la sociabilité paysanne : toute une fraction du village, ou du groupe local de villages (fraction qui, de par l'endogamie régnante, peut être assimilée à une pure et simple unité de parenté diffuse) s'y retrouve face à elle-même, et dichotomisée en deux « partis ».

La sépulture enfin est l'occasion de manifestations sociales certes moins gaies, mais à peine moins importantes quant au nombre de participants rassemblés. Les proches parents du défunt apparaissent au premier abord à l'inhumation, accablés d'un chagrin sincère, qu'en hommes frustes ils distinguent assez peu d'un sentiment plus général de colère ou d'ennui (ils s'y déclarent en effet, à l'exemple de Gouberville, *ennuyés ou faschés*, par le décès de leur proche). Et cette affliction est si puissante que, passé l'office funéraire, elle leur ôte pour un moment, fait prodigieux, l'envie de manger. Mais cet instant de faiblesse, indigne d'une âme normande, est vite surmonté. A table! Un double dîner, l'un plus étroit pour les intimes, l'autre plus nombreux pour la parenté diffuse, réunit les proches et les moins proches du décédé. Mangeaille faite, les « ayants droit », tout en pleurant d'un œil, procèdent à la division de l'héritage, avec cet implacabilité qui caractérise les coutumes normandes : celles-ci annulent, comme on sait, toute volonté du mort, et donnent à chaque héritier son lot selon son droit strict *(c'est mon dréit et mé j'y tiens!)*. Après le repas donc, on regarde au coffre. On compte et on partage les écus et les ducats. Et puis, continuant sur cette lancée, on partage (en lots égaux, ou inégaux, selon la qualité individuelle des hoirs) les vaches, les charrues, les charrettes et les harnais; les selles des chevaux dans l'étable, la laine au grenier, les cidres; les vins, s'il y en a; les pourceaux, la vaisselle d'étain, les poêles, les chaudrons, les pots de fer; les chaises, les escabeaux, les tables, les bancs; et puis le lin, les moutons, la graine de lin, le chanvre de l'année; enfin les champs au milieu desquels, pour mieux diviser, selon la méthode des Vikings, on tend des ficelles de séparation : *devises* ou pierres de bornage seront ensuite plantées le long des frontières ainsi tracées...

Avant de mourir, et de faire ainsi, quand on a du bien, le bonheur triste d'un héritier, il convient d'abord d'être malade; et plus d'une fois; et gravement. La maladie, la menace constante du décès, décrites sans ambage et philosophiquement acceptées, se trouvent au centre du livre de raison du maître du Mesnil-en-Val. Non pas que son auteur ait souvent affaire aux grandes épidémies, qui accaparent, indûment peut-être, l'attention des historiens; et qui sont en fait (comme sur un autre plan les révoltes) l'exception plutôt que la règle. Gouberville en dix ans ne mentionne qu'une seule vague de peste, en 1562 : elle épargne son manoir; et il se borne, à ce propos, à faire à sa sœur le don judicieux d'un bouc, dont l'odeur fera fuir les puces pesteuses... Les maladies auxquelles notre Sire est fréquemment confronté sont surtout celles, plus quotidiennes, de l'année commune : ce sont des épidémies mystérieuses qui mettent au lit la moitié de ses serviteurs, et qui font, du coup, vaquer les charrues, que nul n'a plus la force de manier. Ce sont ces gros « rhumes » énigmatiques qui vous remontent « de l'estomac au cerveau », et qu'on attrape en mangeant des crevettes au bord d'une plage de sable glaciale; ou en avalant, après dîner, un morceau de bœuf froid, manifestement trop avancé, dans une cuisine pleine de courants d'air. La symptomatologie des maladies anciennes est un vrai casse-tête, et je me garderai bien de préciser à quoi pouvaient correspondre ces maux contagieux, ces rhumes, ces fièvres qui de temps à autre désolaient le Cotentin, et causaient certainement beaucoup de morts. L'une des causes de tels fléaux consistait probablement dans l'absorption de nourritures avariées; un autre facteur résidait dans le manque d'hygiène : Gouberville en effet ne se rase jamais, achète du savon une fois en dix ans; et pour rien au monde, il ne s'offrirait un bain, même de mer; tout au plus se borne-t-il à surveiller chaque année l'unique et rituelle baignade que prennent, dans la Manche tout proche, ses jeunes faneurs. Probablement vérolé, ce noble personnage tenait du faune, hirsute et nauséabond.

Contre la maladie cependant, à l'exemple de ses voisins, il mène une lutte de tous les instants. Et d'abord il cherche à guérir, par la bonne nourriture, les effets de la mauvaise. Contre son fameux rhume, causé par le bœuf froid, et qui le tient à la tête, au rein, au cœur et à tous les membres, il se soigne avec des prunes au sucre, du raisin de Damas et du vin vieux. Pour remettre son estomac, lequel a lui aussi chaviré, il prend en abondance de la gelée de pieds de veau. Vomit-il? Une épaule de mouton arrosée d'un pot de vin vieux sera chargée de lui réconforter le tube digestif. Bien entendu Gouberville, seigneur de son village, s'y considère un peu comme « le médecin du bon Dieu », toujours prêt à « soigner » gratis ses vassaux et ses voisins. Quand l'un de ses paysans gît malade, en train de se faire suer, pour faire tomber la fièvre, dans un lit spécial au coin du feu, auprès duquel l'assistent par dizaines ses parents et amis, rassemblés en foule inquiète et bavarde, soyez sûr que le Sire ne tardera point à se présenter. Il sera là bien avant les barbiers, pour ne point parler des médecins, toujours absentéistes. Et le voilà qui arrive, qui perce les furoncles, qui déconseille ou permet doctement la saignée; qui fabrique, pour soigner les anthrax, des remèdes à l'oignon de lys; qui pose sur les jambes cassées des emplâtres de *tourmentine* (plante médicinale). Rebouteux à ses moments perdus, il remet « du mieux qu'il peut » (!), en compagnie du vicaire qui lui sert de garçon chirurgien, les genoux déboîtés de ses censitaires. Aux dames gravement malades, il expédie une avalanche de chevreaux et de pâtés, qui sont censés servir de remède à la maladie, mais qui en fait hâtent la mort de ces pauvres femmes. Car le gros Sire, on s'en serait douté, est violemment hostile à la diète. Aussi bien, quand ses serviteurs sont égrotants, mieux inspiré, il leur administre un potage de sa confection, à base de bette, de bourrache et d'épinards, assaisonnés de verjus, de jaune d'œuf et de beurre frais; potage, qui n'est pas nécessairement contre-indiqué. Et je n'aurai garde d'oublier son lait de chèvre pour la douleur de tête; son eau d'aubépine pour la colique-passion; ses feuilles de chou pour ôter le feu d'une jambe malade; enfin sa mystérieuse eau de cresson, toujours préparée par un prêtre, mais dont on ignore hélas l'utilité spécifique. Bien entendu, Gouberville, à lui tout seul, ne peut pas faire face à toutes les maladies qui pourrissent le canton qu'il habite. En fait, dans son secteur, est implantée, pendant la décennie 1550, une modeste organisation médicale, ou paramédicale, dont l'efficacité prête à sourire, mais dont les bonnes intentions sont indubitables. Le Sire entretient, avec les divers niveaux de cette hiérarchie du service de santé, des relations plus ou moins chaleureuses...

Celles-ci sont même plutôt fraîches, et parfois franchement hostiles, en ce qui concerne le petit groupe des barbiers locaux, situé tout en bas de l'échelle. Les barbiers sont en effet de minuscules personnages, dont la consultation vaut de 5 à 8 *s*. (3 *s*. seulement quand ils ne se déplacent pas et qu'on vient chez eux recourir à leurs services). Ils n'ont pas lu la littérature de médecine et de chirurgie, que Gouberville, lui, connaît ou prétend connaître. Et puis, surtout, leur technique savante, qui vise à évacuer par la saignée tel excès de sang, ou tel principe malin faisant résidence dans le corps, est à l'opposé des conceptions (résolument folkloriques et populaires) cultivées par Gouberville : si l'on en croit la pratique de celui-ci, en effet, les maladies ne résultent pas d'un trop plein d'humeur dangereuse (justiciable de la saignée, puis plus tard — aux temps moliéresques — de la purgation); elles dérivent bel et bien d'un manque de substance, d'un vide qu'on s'efforcera de combler par l'ingestion de viandes, de boissons alcooliques, d'épices et de simples. Ce creux une fois rempli, la santé fera retour. Ces deux prises de position, celle du barbier et celle du seigneur (la seconde étant probablement plus proche de la sagesse locale et paysanne), sont mutuellement contradictoires; et il n'est pas surprenant que, de temps à autre, un *clash* se soit produit entre les deux types de thérapeutique, celle qui fait le vide et celle qui fait le plein. De cette querelle, à vrai dire, les théories de Maître Gilles sortent toujours triomphantes, par la simple vertu du principe d'autorité seigneuriale!

Au-dessus des barbiers, sévissent, préposés eux aussi aux petites misères de la physiologie paysanne, les rebouteux.

Ce sont généralement des prêtres : vicaires ou *Missires* (un autre *hobby* de ces *Missires* étant l'élevage des abeilles et la fabrication du miel). Ces rebouteux cléricaux coûtent cher (33 *s.* la consultation); ils savent remettre, plus ou moins habilement, les foulures, et ils pratiquent, eux aussi, une médecine empirique à base d'herbes, inspirée des traditions locales. Tout cela leur confère un prestige supérieur à celui dont jouissent les artisans de la lancette et de la barbe, précédemment évoqués.

Enfin au sommet de la pyramide, lointains et presque inaccessibles, ne se déplaçant qu'à de rares occasions, siègent (en ville) les médecins brevetés et patentés. Ils coûtent très cher (le seul pourboire versé à leur laquais équivaut au prix de la consultation d'un barbier!). Et puis, bien entendu, le médecin de Cherbourg ou de Valognes ne daigne pas se déranger pour se rendre au chevet d'un rustre malade, perdu dans sa ferme du Bocage. C'est donc le patient qui vient au médecin; ou bien si ce patient, grabataire, est intransportable, c'est son urine; c'est l'*eaue* ou l'*estat* du client, qui lui tient lieu de dossier, et qu'un ami transporte, dans un flacon spécial, jusqu'au domicile du Morticole. Au vu de cette *eaue*, de ses troubles, de sa couleur et de ses particules en suspension, le médecin ordonnera tel ou tel remède : vin de cru, cidre de tel village, bière de l'abbaye de Cherbourg, etc. Sur les grands chemins qui mènent aux villes, en période d'épidémie, on voit voltiger les pots d'urine à l'aller, les pots de bière au retour.

A tout ce qui précède, on devine la place immense que tiennent, liquides ou solides, les nourritures fortes dans le système de valeur des hommes du groupe social auquel appartient Gouberville. Fondamentalement, le Sire n'est pas un cérébral, mais un « ventral », avec la bedaine proéminente du gros mangeur, le teint rouge brique, les pattes d'oie et le nez bourgeonnant de l'éthylique en formation. Chez ce gentilhomme campagnard, aux yeux de qui l'appartenance à l'Ordre noble a dévalorisé le travail de force, et qui d'autre part (sa maigre bibliothèque en fait foi) n'attache qu'une importance mineure aux activités de l'intellect, le « rapport au corps » est, pour une part essentielle, un rapport à l'estomac. Vraie des hobereaux, cette assertion est plus justifiée encore en ce qui concerne les membres du Clergé, lequel constitue par excellence, du moins en Basse-Normandie, l'ordre prédateur : à la fois gros buveur et gros mangeur (je mets à part bien entendu le prolétariat des vicaires, partiellement peuplé

La verdeur du bocage 213

de ventres creux). Aussi bien les rencontres entre Maître Gilles et tel ou tel prêtre d'un certain rang (prieur, chanoine) sont-elles l'occasion d'impressionnantes performances gastronomiques. Quelques menus, épinglés au hasard, seront de ce point de vue fort éloquents : au souper du 18 septembre 1554, au manoir, avec trois convives (soit Gouberville, un prieur et un bailli) :

> *Deux poulets tous lardés*
> *Deux perdreaux*
> *Un lièvre*
> *Un pâté de « venaison » (de cerf).*

A la « collation » du 24 janvier 1553 (prise par Gouberville, juste après son dîner, avec trois chanoines qui arrivent passablement saouls de Cherbourg pour régler les dîmes) :

> *Un courlis*
> *Un ramier*
> *Une perdrix*
> *Un pâté de sanglier*
> *Vin sec et ordinaire, à volonté.*

(Après cette collation d'après dîner, les convives sont allés mesurer les terres décimables!)

Dîner du 22 août 1553, avec Gouberville, le curé de Cherbourg, plus quatre hommes et l'épouse de l'un d'entre eux :

Viande valant pour une livre tournois et 2 sous
Des poulets
Huit bécassines
Sucre, cannelle, clou de girofle, poivre, safran, gingembre, bref quantité d'épices pour faire « descendre » toute cette viande
Quatre pots de vin achetés à Valognes
Quatre pots de vin achetés à Cherbourg
Un pot d'hypocras ou vin épicé (le « pot » fait environ deux litres).

Ces beuveries, ces indigestions de viande sont-elles compensées par l'ascétisme des temps du maigre? Nullement. Car une débauche de poissons succède alors à l'excès carné. On ne fait que changer de protéines, mais les quantités absorbées demeurent toujours aussi démesurées : le moindre repas maigre de Carême ou de vendredi, dès lors que des prêtres ou simplement des amis s'y trouvent priés, implique

que soient servis quatre, six ou sept espèces différentes de poissons, le dessert étant constitué d'un maquereau. Et qu'on n'aille pas dire que les poissons de mer des années 1550 étaient plus petits que ceux d'aujourd'hui! On voit bien, en fait, que les formidables traditions culinaires des classes dirigeantes françaises plongent des racines profondes dans le comportement des petits groupes de privilégiés du fond des campagnes, dès la fin du Moyen Age ou la Renaissance. A la même époque les couches supérieures de la paysannerie s'essayaient probablement, aux jours de fête ou de noces, à imiter ces ripailles nobiliaires. Quant à la masse des manouvriers ou des laboureurs les plus médiocres, elle était plutôt du côté de la pénurie, voire de la disette en année de mauvaise récolte; (le journal de Gouberville, sur dix années couvertes par sa prose, n'en indique à vrai dire qu'une seule — 1556 — qui soit disetteuse et calamiteuse quant aux blés, ce qui semble bien constituer, pour cette période, une proportion d'un an sur dix, assez normale).

Dans un monde de relative pauvreté, les gentilshommes ruraux du Cotentin ont donc su contribuer, autour de leur entourage immédiat, « de petits îlots de goinfrerie... [1] ». Ces îlots souvent sont aussi (davantage qu'au siècle suivant, plus policé) des repaires de paillardise et de violence.

La « paillardise » plus ou moins intense étant de tous les temps, seule importe ici son incarnation concrète dans les mœurs du moment que nous étudions. Disons que vers 1555, chez les gentilshommes campagnards, elle se distingue assez peu de la sexualité extra-conjugale, à laquelle elle est amalgamée au nom d'un blâme débonnaire; elle est alors, et tout à la fois, florissante, culpabilisée, seigneuriale. Florissante, chez les nobles mâles ou femelles, elle donne lieu au grand nombre des bâtards, et au sans-gêne des concubinats, les uns et les autres battant, semble-t-il, les records ultérieurs de l'âge classique. Coupable et honteuse, du moins au niveau de l'écrit, elle ne s'exprime dans un journal intime que sous le couvert de l'alphabet grec, certes facile à déchiffrer : Gouberville, grâce à ce déguisement « hellénique », peut raconter en catimini ses aventures amoureuses, qui lui sont en général communes avec Simonet — son demi-frère naturel, et compagnon de débauche. Ces récits, secs, gênés, pudiques, allusifs, ne sont marqués, est-il besoin de le dire, d'aucune faconde rabelaisienne. (Rabelais, après tout, ne représentait

---

1. G. Duby.

peut-être pas davantage l'esprit de son temps que les surréalistes ou les peintres de Montparnasse n'exprimeront la mentalité du Français moyen vers 1925...) Seigneuriale enfin, l'hétérosexualité du Sire célibataire s'exerce sous la forme atténuée d'une sorte de droit de cuissage, officieux et local, tacitement admis par les familles des femmes au dépens desquelles ce droit s'exerce. L'une des maîtresses les plus connues de Gouberville est Hélène Vaultier, sœur d'un laboureur dont la maison est proche du manoir. Cette fille plaît au seigneur Gilles en décembre 1553, un jour que chez elle, en sa présence à lui, elle chauffe le four et bat le fléau. Gilles l'engrosse, puis continue à la fréquenter en compagnie de Simonet (« *nous foutûmes Hélène* »); il informe de cette grossesse, comme le veut la coutume, le frère de la jeune fille auquel il verse, semble-t-il, la compensation prévue dans ce cas; il se confessera longuement de sa faute, en fin d'année, à un prêtre de Cherbourg qu'il aura au préalable régalé d'un bon repas. Condamné par cet ecclésiastique à la pénitence d'un pèlerinage, qu'il effectuera déguisé en marin, Gilles se retrouvera finalement lavé de son péché et prêt, comme toujours, à le recommencer.

Quelle que soit la paillardise de chacun, la violence, elle, n'est pas l'apanage de tous les nobles. Gouberville par exemple (si l'on met à part les corrections domestiques qu'il inflige à droite et à gauche pour la bonne marche de son manoir) use en général d'une politique de non-agression. Mais les hommes de son groupe social, et, d'une façon plus large, les gens de condition relevée, pratiquent très largement vers 1555, tout autant que les vilains, l'attaque physique contre autrui. Sur les huit assassinats qui ont retenu en dix ans l'attention de Maître Gilles en son journal, sept sont accomplis par des personnes de haut rang — généralement des nobles, quelquefois des gros propriétaires, ou des robins. On est donc typiquement devant une délinquance de type ancien ou très ancien : délinquance meurtrière, et perpétrée non seulement par les rustres mais aussi, massivement, par les membres des groupes supérieurs. En opposition avec la criminalité de type plus récent : celle-ci, en effet, comme le montreront Boutelet et Chaunu [1], s'adonnera plus au vol qu'à l'homicide; et, de toute façon, différence capitale avec le Moyen Age ou le XVIe siècle, elle sera davantage le fait des basses classes que des groupes élevés.

Autre différence avec les époques plus proches de nous,

1. Dans les *Annales de Normandie*, 1962.

évoquées par Boutelet et Chaunu : les tribunaux du XVIe siècle, bien souvent, négligent de sanctionner, d'évoquer même, cette violence archaïque des privilégiés de l'époque. Dans ce Cotentin de malheur, sous Henri II, chacun essaie, s'il le peut, de se faire justice lui-même; en poursuivant et châtiant, comme dans un *western*, le meurtrier qui a pris la vie d'un parent, ou le voleur qui a dérobé tel ou tel meuble, argent, ou bétail. Tout cela peut se terminer, dans les cas les moins dangereux, devant un déjeuner, offert par une tierce personne, qui fait office de médiateur. Ce tiers (Gouberville par exemple) couronne ainsi l'œuvre de conciliation, au cours de laquelle il a négocié une compensation financière, versée par l'offenseur à l'offensé : en principe, cet accord, ou appointement, clôt la querelle. L'appointement bas-normand du XVIe siècle, purement coutumier, est finalement assez proche du *Wehrgeld* légal, ou compensation financière des anciens Francs... Certes, il n'est guère inscrit dans les codes. Il a tout de même l'avantage d'éviter une interminable vendetta.

Tout cela ne veut pas dire que les juges ou les tribunaux soient en chômage. Bien au contraire, Gouberville, comme tout vrai Normand d'ancien régime, est chicaneur à l'extrême, d'une passion inutile et ruineuse qui n'aura d'égale en notre temps que celle des turfistes pour leur tiercé. Pour gagner ses procès, il se ruine en pots-de-vin, en dons de chevreaux, de levreaux, de perdrix, de lapins, distribués aux juges et aux avocats. Il dépense ainsi une petite fortune, soit des dizaines de livres tournois et des dizaines de pièces de gibier, pour récupérer, au terme d'un jugement favorable, une rente seigneuriale de 30 sous par an[1]! Lieu géométrique de tous les paradoxes (à nos yeux), cet homme qui pratiquement est incapable de vendre régulièrement ses sacs de blé sur un marché, incapable aussi d'orienter son domaine, en masse, vers les débouchés mercantiles, passe en revanche des heures à lésiner sur un panier de pommes qui doit faire l'objet d'un partage entre lui et d'autres héritiers; et il se ruine en chicanes...; et il dépense, à la cour et au tribunal, cent livres pour gagner cent sous. On voit qu'il y a loin de cette volonté d'acquisition obtuse (qui essaie, avant tout,

---

1. Mme Nicole Bernageau, qui prépare une recherche d'ensemble sur Gouberville, m'indique que les dépenses les plus lourdes sont constituées par les *vêtements et étoffes* de la maisonnée, puis les *salaires;* viennent ensuite les *procès*, les *voyages*, la *viande;* et tout le reste très loin derrière.

Quant aux recettes monétaires (par exemple 99 *l*. 12 *s*. par an provenant de vente de bétail, laine, et accessoirement grains), elles sont très inférieures aux dépenses.

de capter la rente ou de rafler l'héritage) au véritable esprit d'une économie plus moderne, orientée vers la vente et vers le profit; la mentalité novatrice, elle, n'étant destinée à se développer, dans la France traditionnelle, chez les Agrariens, gros et titrés, que bien plus tard.

Gouberville ne s'est donc plié ni à l'esprit du capitalisme ni à l'éthique protestante. Et cela malgré ses sympathies huguenotes, indubitables. Sa personnalité m'apparaît comme une curieuse mixture de traits dont les uns sont périmés, mais dont les autres sont empreints çà et là d'aspects modernes : au passif, on notera, chez cet homme, les attitudes économiques orientées vers la conservation et vers l'acquisition des biens, beaucoup plus que vers le profit; à l'actif, figurent ses inclinations huguenotes; et son goût paradoxal de l'innovation technique, dans un milieu d'autoconsommation traditionnelle.

Ce « curieux mélange », qui fusionne dans l'indéchirable unité d'une personnalité bien intégrée, est probablement loin d'être atypique, puisqu'on le retrouve, à doses variables, dans la culture et dans la société des paysans de ce temps-là, tels qu'en toute candeur les observe Maître Gilles au cours de ses notations journalières.

Dire que la culture des paysans de cette époque (au sens anthropologique du mot culture) est un composé d'archaïsme et de modernité, c'est énoncer bien entendu le plus redoutable des truismes. L'intérêt commence, néanmoins, pour l'historiographie des campagnes, dès lors qu'on essaie de doser les éléments du mélange, et l'harmonie de leurs proportions.

A l'actif de la modernité dans la culture agreste du Cotentin, on doit, d'abord, mettre l'instruction : les paysans de Basse-Normandie, dès le XVIe siècle, basculent vers la France la moins analphabète. En 1560-1580, leurs enfants (ou du moins une partie des garçons) sont scolarisés; ils forment le groupe d'âge spécifique des écoliers, distinct des jeunes hommes célibataires et des hommes mariés. Maître Gilles, toujours paternaliste, à la sortie de la messe, fait de temps à autre réciter les leçons ou les *dictiers* à ces enfants, en leur tapotant la joue, et en distribuant quelques liards aux plus sages d'entre eux : même chez les ouvriers agricoles, en 1576, un nombre non négligeable d'hommes saura signer (les femmes en revanche resteront dominées par l'ignorance). Cependant cette petite instruction se déploie dans des limites étroites... Le Cotentin rural fait son entrée dans la « Galaxie de Gutenberg », mais c'est à reculons qu'il y pénètre, et les yeux tournés vers un passé sans écriture. Même au manoir et au presbytère, seules maisons qui possèdent des ouvrages imprimés, le nombre des livres disponibles demeure ridiculement bas : chez Gouberville par exemple, *Amadis de Gaule, le Prince Nicolas, Nostradamus*, un traité juridique forment le fonds de la « bibliothèque », qui compte au total moins d'une dizaine de volumes. Certains de ces livres, on doit le reconnaître, détiennent une vraie popularité manoriale : un ouvrier du pays est surnommé *Nostradamus*; et le Sire, les jours de pluie, lit *Amadis de Gaule*, avec l'accent normand, à ses serviteurs réunis. Mais enfin, en dépit de ces efforts louables, l'incitation à la lecture vespérale n'est pas toujours des plus puissantes (au manoir même, une fois la nuit tombée, on se contente de chandelles; et le temps des lampes à huile est encore à venir).

Tout cela serait à verser au dossier d'une enquête plus générale sur les données matérielles de la culture, l'outillage mental, et la sensibilité des hommes du crû. Sur ce point, je me limiterai à quelques exemples, tirés du *Journal* : en ce qui concerne la perception du temps, Gouberville par exemple possède une horloge; mais il est bien le seul, de ce point de vue, parmi son canton et son lignage. Et dans un autre ordre d'idées, si la gamme de couleurs ou plutôt des teintures, telle qu'on les observe sur les robes des femmes ou les habits des hommes, est assez variée, incluant « le blanc, le noir, le rouge, le violet, le jaune, le tanné, le brun tanné et le gris », on est curieusement surpris par l'absence, sur ces étoffes pour paysans, du vert et du bleu. Ces carences s'expliquent-elles, dans le premier cas, par un tabou (le vert est la couleur des fols); et dans le second, par la cherté du pastel?

Quoi qu'il en soit de ces détails infimes, et pourtant significatifs, l'instruction « alphabétique » et la scolarisation, elles, sont encore des intruses, dans des groupes villageois, qui, pour le plus gros de leur vie culturelle, utilisent les anciennes habitudes de la transmission orale et de la sociabilité folklorique. Floklore d'hiver d'abord : il s'organise, dans la société goubervillienne, autour de la bûche de Noël, du gâteau des Rois, des déguisements, *momons*, et soûleries du Mardi gras. Pendant l'été, les feux de la Saint-Jean, les danses de la moisson, et le théâtre souvent urbain des *Mystères* et des *Moralités*, dont le public paysan raffole, continuent les unes et les autres leurs carrières traditionnelles. En toute saison, les exécutions capitales et supplices, grands spectacles d'exemplarité citadine, constituent, pour les ruraux qui venus de très loin s'y rendent nombreux, la plus sauvage des tragédies disponibles. Au village, des sports très variés, choule, paume, palet, boules, quilles, voleries (sorte de volley-ball), opposent les habitants les uns aux autres; et notamment les mariés aux non-mariés; les femmes elles-même, qui sont en principe à la base de cette démarcation tracée dans le groupe des mâles, ne tiennent dans ces jeux qu'un rôle passif de spectatrices ou de *supporters*. Quant aux distractions d'intérieur ou de société, surtout pendant l'hiver, les serviteurs « tapent le carton »; les nobles jouent au trictrac, pour des enjeux parfois considérables (terres, moulins). Des prêtres enfin disputent sur le pas de leur porte, au petit matin, de sévères parties de dés.

La culture massive et sérieuse de ce temps possède, bien entendu, au niveau des masses populaires et de leurs élites traditionnelles, son foyer central : c'est la religion; celle-ci souvent superstitieuse, et encombrée, notamment à la campagne, de survivances paganisantes. Gouberville et ses pairs ont su, dans ce domaine également, manifester leur souci de puissance : dans le saint lieu ils ont tissé leur toile, sauvegardé leurs intérêts, placé leurs hommes. Les curés de campagne, absentéistes et cumulards (liés au monde noble, du reste, par le privilège ou même la naissance), ne sont pas de ce point de vue rivaux bien dangereux pour un hobereau, quand celui-ci sait ce qu'il veut; car ils ont souvent la charge, pour chacun d'entre eux, de trois paroisses éloignées les unes des autres. En fait, ils n'en contrôlent aucune et ils se bornent à visiter l'une ou l'autre une fois l'an, à l'occasion d'un jubilé. Il leur arrive, certes, de « prier Dieu pour leur troupeau », mais ils le font presque toujours en se plaçant le plus loin possible de leurs ouailles. Dans ces conditions, les innombrables vicaires (sans parler des prêtres « haut-le-pied » dépourvus d'affectation précise) sont les responsables réels de l'âme rurale.

Leur pouvoir contestataire, à l'égard du seigneur, est extrêmement faible : quand le Sire grogne, ils marchent droit. Comment pourrait-il en être autrement? Pauvres, les vicaires exercent presque toujours un second métier, le plus souvent manuel, pour pouvoir vivre : ils plient la laine, coulent la cire, étreignent le miel, capturent les essaims, sèment le froment, colportent les greffes, réparent les huis du moulin, font office de facteur rural, charrient des membres de bœuf ou des pavés... que sais-je encore. Les plus chanceux, très rares, sont médecins, soignant d'un même mouvement les âmes et les corps. Gouberville mène donc à la baguette ce petit monde clérical et démuni qu'il entoure d'une amitié vigilante : les vicaires du Mesnil l'envoient respectueusement demander, chaque dimanche à l'aube, pour qu'il daigne assister à l'interminable office dominical (matines, suivie d'une messe Notre-Dame, elle-même suivie de la messe paroissiale, couronnée enfin par une dernière messe, funéraire ou autre)... Quand la foule est clairsemée, le chant faux, le vicaire ivre, le Sire n'hésite pas, en pleine église, à tancer vertement les coupables.

Car Gouberville est sincèrement pieux; il croit en Dieu, d'une foi émouvante; il est même dévot à l'ancienne mode, et court volontiers les indulgences; comme beaucoup de gentilshommes de l'Ouest, il est pourtant influencé par le protestantisme. Son tailleur est huguenot; lui-même va au prêche, à partir de 1561; il y envoie les gars de sa ferme, et il convertit tout doucement les laboureurs les plus influents du village, qui sont ses amis, à la nouvelle religion. On aurait pu imaginer qu'en Cotentin, en Bessin, une évolution « à l'anglaise » se serait finalement produite; les villages sous l'influence de leurs seigneurs et maîtres, glissant au protestantisme; et lesdits seigneurs en profitant pour happer, le plus pieusement du monde, les biens des églises. Mais l'opération, cette fois, était de trop grande envergure pour réussir aussi aisément. Tabler sur une évolution graduelle, massive, pacifique vers l'hérésie, c'était compter sans les villes, sans les petites villes notamment, bien plus influentes en France qu'en Grande-Bretagne, et qui finalement, dans un sens ou dans l'autre, ont fait pencher le plateau de la balance. Des communauté urbaines comme Avranches, Valognes surtout, ont des plèbes d'hommes simples, alphabétisées parfois, mais littérairement et bibliquement peu sophistiquées; ces plèbes sont travaillées par toute une moinerie prédicailleuse et mendiante, dont les sermons ont un autre souffle que les prônes secs des vicaires ruraux; elles sont noyautées par les confréries de métiers. Les petites villes, en leurs strates inférieures, ont bien donc des raisons d'être hostiles aux divers groupes de l'élite cultivée, qui sympathisent à Calvin; hostiles aux gentilshommes du Bocage, aux officiers royaux et aux juges, aux « élus » du fisc, considérés comme les sangsues du peuple, et qui par ailleurs sont suspects d'hérésie. Valognes, Avranches deviendront plus tard des nids à Ligueurs; dès 1562, ces villes utilisent pour faire la chasse aux *Christandins* (huguenots) des soldats primitifs, venus du fin fond de la Bretagne ultra-papiste. Voilà qui suffit pour faire entendre raison, par une menace de Saint-Barthélemy avant la lettre, aux petits seigneurs isolés dans leur campagne. Gouberville, craignant le pillage pour son manoir, et voyant ses plus fidèles laboureurs mis en chemise par les Catholiques, ne tarde pas comme on dit « à comprendre ». On le verra même par moments renier presque ses sympathies huguenotes; on le verra, dans l'intérêt de sa tranquillité, s'humilier, en expédiant un chevreau, un lièvre et « une fort belle truite » à une dame huppée du parti antiprotestant. En bien des villages de France, la Réforme ainsi lancée par quelques personnes éclairées, mais prudentes, de l'élite officière et noble, a dû finir de cette façon-là; elle a capoté sans gloire devant les menaces d'un pogrome...

C'est sur cette note attristée que se termine, en échec, comme bien des tentatives humaines, l'entreprise goubervillienne. Il en subsiste cet énorme journal, illisible et passionnant, dont quinze années seulement ont été conservées, et publiées en deux volumes massifs; une republication, par procédé photographique ou autre, serait souhaitable. Plus accessible et néanmoins fondamentale est l'œuvre, aujourd'hui introuvable, de l'abbé Tollemer, ethnographe normand, qui, vers 1860-1870, découvrit, aima, explicita Gouberville, informateur indigène [1].

---

1. La réédition que donnent, de cette œuvre, les éditions Mouton, la mettra désormais, à la portée d'un plus grand nombre.
Le Journal du Sire de Gouberville, pour les années 1553-1562, a été publié en un très gros volume, par la *Société des Antiquaires de Normandie* (Rouen-Paris, 1892); avec une introduction d'Eugène de Robillard de Beaurepaire, qui utilisa la copie Tollemer du manuscrit original. Un second volume, concernant les années 1549-1552, a été édité par la même *Société des Antiquaires*, et par les soins du Comte A. de Blangy, en 1895.

Système de la coutume [1]

Au point de départ d'une anthropologie historique [2] de la France, — discipline qui serait (dans l'esprit même de ce recueil) l'une des branches pionnières d'une histoire neuve —, il n'est pas possible, hélas, (au moins pour la période 1450-1700), de mettre ces « structures élémentaires de la parenté » qui sont venues voici vingt ans donner son assise universelle à l'ethnographie du monde sauvage : en dépit d'une évidente endogamie villageoise, les règles du mariage et de la parenté, même paysannes, dans la France classique, sont trop ouvertes et trop « anomiques » (les ordinateurs eux-mêmes y perdent leur *Fortran!*) pour qu'on puisse chercher parmi elles les critères d'une différenciation régionale, comparables à ceux qu'a proposés Claude Lévi-Strauss dans le domaine des sociétés indigènes. Du moins l'étude rigoureuse des règles successorales relatives à la dévolution des héritages, telles qu'elles sont énoncées dans les coutumes des provinces, fournit l'une des grilles qui permet de départager les aires culturelles : grâce à cette étude se trouvent définies, à partir d'éléments privilégiés, des techniques de transformation qui permettent de passer logiquement d'une aire à l'autre et d'une époque à l'autre. Ces recherches minutieuses et fastidieuses, sur l'ethnographie coutumière, offrent aussi à l'historien la possibilité de pressentir certaines divergences,

1. *Annales*, juil.-oct. 1972.
2. L'auteur de cet article s'est efforcé de proposer diverses voies pour la constitution d'une anthropologie historique du peuple français grâce notamment aux archives militaires, dans les articles parus dans *Studi Storici* (1969), *Daedalus* (printemps 1971); et dans une introduction à A. d'Angeville, *Essai sur la statistique de la population française* (réédition, Mouton, 1969). Voir aussi un article, paru en 1972 dans *Annales de démographie historique*. Tous ces textes, sauf le premier, sont reproduits dans ce *Territoire de l'historien*.

ou lignes de fracture essentielles, dans les soubassements de la vie familiale, selon les diverses zones de la France, envisagées par l'enquête. C'est Jean Yver qui, dans un livre dense accompagné d'une série d'articles, au fil d'une prose sans concession, a proposé, le premier, une géographie pertinente de nos vieilles coutumes, celle-ci prenant la relève à plus d'un siècle de distance, des travaux admirables, mais dépassés d'Henri Klimrath[1].

Je décrirai ici, en quelques pages, les grandes lignes de l'analyse de Jean Yver. Je m'efforcerai d'incorporer à celle-ci, autant que faire se peut, les préoccupations terre à terre d'un historien du monde paysan. Il faut dire d'abord qu'avec Jean Yver, ont pris corps et figure systématiques les données éparses amoncelées par le travail des pionniers : au nombre de ceux-ci on doit citer Bourdot de Richebourg[2] dont la vaste compilation ou *Coutumier général* publié en 1724 groupa pour la première fois sous un titre unique les textes jusqu'alors disjoints qu'avaient donnés autrefois, en volumes séparés, les juristes du XVIe siècle : on doit évoquer aussi Klimrath qui mit au point, dès les années 1830, une carte géographique des aires de coutumes, restée longtemps unique en son genre...

Transcrits pour l'essentiel à la fin du XVe siècle, et au cours du XVIe siècle[3], les coutumiers régionaux intéressent simultanément le médiéviste et le moderniste : ils photographient une certaine image du royaume, à la fois traditionnelle et nouvelle, tel qu'il s'est progressivement reconstruit et défini, après les guerres de Cent Ans. Les juristes de la Renaissance qui firent office, en la circonstance, de compilateurs locaux, collectèrent, en effet, des éléments de coutumes en provenance de plusieurs strates temporelles : certains parmi ceux-ci représentent une couche archaïque du droit rural et propriétaire dans l'état où il fonctionnait encore, plus ou moins activement, à la fin du Moyen Age. D'autres éléments, juxtaposés à ceux qui précèdent, sont significatifs d'une évolution de ce droit vers

---

1. Jean Yver, *Essai de géographie coutumière*, Paris, Sirey, 1966. Et, du même auteur, « Les caractères originaux du groupe de coutumes de l'ouest de la France », *Revue historique de droit français et étranger*, 1952, n° 1, pp. 18-79; ainsi que, « Les deux groupes de coutumes du Nord », *Revue du Nord*, numéros d'octobre 1953, et de janvier 1954; Henri Klimrath, « Études sur les coutumes » dans *Travaux sur l'histoire du droit français*, éd. posthume, Paris-Strasbourg, 1843 (2 vol.; carte de la France coutumière dans le tome II).
2. Ch. Bourdot de Richebourg, *Nouveau Coutumier général...*, Paris, 1724.
3. John P. Dawson, « The codification of the french customs », *Michigan law Review*, avr. 1940; (je remercie mon ami M. Gil Shapiro, qui m'a communiqué la référence de ce remarquable article).

des formes plus modernes, voire urbaines ou échevinales, qu'imposèrent, pendant le xvie siècle, ou même auparavant, la pratique des populations et les théories des hommes de loi. Placé devant ces strates quelquefois hétérogènes, l'ethnographe-historien doit se résoudre à sélectionner quelques critères pertinents, dont la présence, l'absence ou les modalités diverses sont associées à toute une famille de traits culturels, qui donnent eux-mêmes, à chaque aire coutumière, sa configuration originale.

Les critères choisis, contradictoires mais liés l'un à l'autre, sont, en l'occurrence, « l'égalité entre héritiers, et l'exclusion des enfants dotés ». A partir de là, en première analyse, trois grands foyers de différenciation des coutumes paraissent dans une vue cavalière, s'individualiser sur le territoire national. Disons pour simplifier : zone orléano-parisienne; Normandie et Armorique; régions occitanes (auxquelles s'ajoutent, comme on le verra, d'importantes fractions, parfois très septentrionales, et notamment wallonnes, des pays d'oïl). Le principe même de cette différenciation régionale a été excellemment décrit par Jean Yver, et je me bornerai à ce propos à citer cet historien; tout en explicitant de temps à autre son texte, à l'intention de ceux des lecteurs qui ne sont pas familiers d'historiographie coutumière. *De bonne heure*, écrit le juriste normand [1], *les coutumes françaises s'étaient orientées vers trois grandes solutions (A, B, C). L'une est celle du préciput possible entre enfants* (préciput : autrement dit avantage unilatéral, octroyé à l'un des descendants et qui lui permet de prélever à son profit, avant tout partage avec ses frères et sœurs, une partie déterminée d'un tout à partager) : *c'est cette solution préciputaire (A) que nous rencontrerons dans la sphère occitane et wallonne. A l'extrême opposé, les coutumes d'égalité parfaite (B) imposaient dans tous les cas aux enfants* qui avaient été *avantagés* avant la venue à échéance de la succession des père et mère *le rapport de ces avantages et dons*

---

1. Les passages en italique dans ce paragraphe, sont de Jean Yver (*Revue du Nord*, janv. 1954, p. 11). Le texte en romain a été inséré et ajouté par moi. A propos des diverses solutions évoquées dans le paragraphe, je rappellerai l'excellente comparaison que m'a proposée Pierre Bourdieu : le but des coutumes successorales est presque toujours (mais pas toujours : voir le cas aberrant de la Bretagne) d'éviter un morcellement successoral abusif; ... tout comme aux échecs, le but commun aux divers joueurs, c'est de mettre échec et mat le roi de l'adversaire. Mais de même que certains joueurs commenceront de préférence leur partie par le « coup du berger », et d'autres par telle ou telle autre tactique, de même les coutumes des diverses provinces choisissent respectivement des solutions et des moyens très différents, pour atteindre un objectif généralement identique, qui est d'empêcher un effritement exagéré du lopin familial.

reçus; les enfants ne pouvaient conserver ceux-ci, même en renonçant à la succession; il leur fallait, à tout le moins, rapporter l'excédent qui pouvait exister entre la gratification obtenue et la part égalitaire qui aurait été la leur dans la succession ab intestat : c'étaient des habitudes de rapport forcé, et c'est à cette catégorie qu'appartenait notamment tout le grand groupe des coutumes de l'Ouest. Entre ces deux solutions extrêmes (A et B) les coutumes de type parisien (C) s'étaient, comme toujours, décidées pour des systèmes plus nuancés : dans le premier de ces systèmes (C1), largement attesté au Moyen Age, l'enfant doté du vivant de ses père et mère, et par les soins de ceux-ci, était de ce fait purement et simplement exclu de la succession à venir; plus souple, un autre système parisien (C2), qui s'impose postérieurement au précédent, pendant la fin du Moyen Age et le XVIe siècle, prévoit que l'héritier avantagé pourra « opter »; il aura le choix : *s'en tenir à son avantage en renonçant à la succession; ou revenir à partage en « rapportant »* à la masse commune, *l'avantage* mis en cause : les coutumes parisiennes, dès lors *devenaient d'égalité simple et d'option*. Ces distinctions entre trois grands troncs coutumiers ne sont pas simplement théoriques. Elles aboutissent en effet à valoriser selon les régions, tel ou tel, parmi les rôles familiaux. On verra par exemple qu'on peut faire état d'un droit ou *mainbournie* des père et mère dans les vieux pays capétiens (droit qui tend, il est vrai, à se tempérer de façon progressive, en direction d'un égalitarisme qui s'affirme). En Normandie, ce serait plutôt d'un droit favorable au groupe des frères qu'il conviendrait objectivement de parler; enfin le Midi occitan dresse, au centre du processus de décision, la figure formidable d'un père souverain, chère aux juristes romanisés.

LES SOLUTIONS MITOYENNES

En droit orléano-parisien, dans le monde des solutions « centristes » (C1 et C2) au niveau de la plus vieille strate juridique (mentionnée au XIIIe siècle, mais destinée à survivre, officiellement du moins, jusqu'en 1510), c'est le vouloir des parents, père et mère, qui fait prime. Et c'est aussi, corrélatif, un certain souci d'indivision de la tenure. « Ce que fait père et mère est stable (quanquez fait père et mère est estable). » Telle était du moins la conception originelle des coutumiers, solidement signalés dès l'époque gothique; et qui, par la suite, subsiste ici ou là, mais s'effiloche ailleurs. Dans le droit crotté de la roture villageoise (devenu aussi, grâce peut-être à l'exode paysan, la loi des bonnes villes capétiennes), cette *stabilité* des dispositions parentales revêtait un sens précis : fort d'une telle disposition en effet, le couple des père et mère dotait d'une charrue, d'une vache, de quelques pièces de monnaie ou très rarement d'une parcelle de terre, le fils ou plus souvent la fille, qui abandonnait la maisonnée pour contracter mariage ailleurs ; et pour rejoindre ou fonder un foyer distinct de celui de son enfance. Quant à l'héritage, qui devait intervenir plus tard, lors de la disparition des ascendants, l'enfant ainsi « établi » était contraint par la coutume à y renoncer. S'envoler du nid familial pour convoler ailleurs, c'était d'un même mouvement, être doté et déshérité. En revanche, celui, celle (ou ceux) des enfants qui, bien enraciné sur la terre des siens, sur la tenure si misérable fût-elle, restait à la maison pour y continuer affectueusement, sous le joug des vieux, l'exploitation familiale, pouvait s'attendre à hériter du lopin paternel quand le jour viendrait. Peu importait en l'occurrence que cet héritier (présomptif parce que co-résident) fût mâle ou femelle, aîné ou cadet, unique ou multiple. Sévère à la progéniture qui partait s'établir ailleurs, la coutume des vieilles prévôtés capétiennes était au contraire indulgente et bonne pour les enfants qui demeuraient au foyer, afin d'y soutenir les parents dans leurs vieux jours. Les dispositions coutumières, de ce point de vue, ne s'embarrassaient d'aucun préjugé, qu'il s'agisse de primogéniture, de masculinisme, ou (dans ce cas) d'intégrité du bien familial. Elles promettaient l'héritage au cadet comme à la fille ; et elles garantissaient la division égalitaire ou « simple égalité » (autrement dit l'interdiction d'avantager l'un des descendants par rapport à l'autre), dès lors que plusieurs enfants ou héritiers, n'ayant pas usé de la faculté qu'ils avaient de s'établir ailleurs et d'être dotés en mariage, posaient leur candidature à la succession. De là le paradoxe de ces très anciennes coutumes orléano-parisiennes qui soufflent à la fois le chaud et le froid : elles préconisent d'une part la stabilité des établissements et donc un favoritisme toujours possible au profit ou au détriment de l'établi-marié-doté ; elles stipulent, d'autre part, l'égalité simple entre les enfants non établis. L'exclusion des dotés vise évidemment à rendre tant bien que mal compatibles entre elles ces deux assertions mal jointoyées l'une avec l'autre. Quoi qu'il en soit de ces contradictions toujours possibles, on voit que la succession d'un vilain (par exemple en système orléanais) n'était amputée au total que des fragments généralement minimes qu'avaient antérieurement prélevés les parents sur elle, afin de constituer les dots de ceux de leurs descendants qui étaient partis pour s'établir sous un autre toit.

Les caractères mêmes de ce système successoral appellent quelques réflexions d'ensemble; il est clair d'abord que les coutumes d'Ile-de-France ou d'Orléanais visent (ou du moins aboutissent) à mettre hors d'héritage la progéniture surnuméraire, ce qui devrait rendre plus difficile un morcellement abusif des terres. Ce « but » (qui n'est pas toujours atteint, tant s'en faut) est, du moins, objectivement consacré (sinon consciemment recherché) par ces vieilles lois, avec une remarquable constance. Les textes les plus anciens soulignent du reste le caractère souvent rural que prend la mise en déshérence des enfants dotés : celle-ci étant présentée sans détours, comme typique, du « vilainage ».

*

Ce souci tout paysan, qui s'efforce d'orienter la dévolution des héritages vers le fixisme d'un lopin substantiel, adéquat pour faire subsister une famille, s'ajuste bien, du reste, aux exigences de la démographie d'ancien type. On sait que dans les populations archaïques telles qu'on les a quantifiées ces derniers temps, l'effectif moyen des enfants d'un couple qui échappent à la mortalité infantile ou juvénile et qui parviennent en fin de compte à l'âge du mariage, ne dépasse que d'assez peu, bon an mal an, deux individus : soit statistiquement, selon les probabilités biologiques, un frère et une sœur. Dans ces conditions, le système d'héritage qu'on vient de décrire était plus ou moins consciemment programmé pour reproduire autant que faire se pouvait, d'une génération à l'autre, les structures de l'exploitation ou de la tenure paysanne, considérées comme les moins mauvaises possibles, dans le cadre statique d'une économie domaniale ou seigneuriale. L'un des deux enfants survivants (généralement le garçon) résidant avec ses père et mère, faisait dans cette communauté familiale, son apprentissage d'agriculteur : il était destiné, l'échéance venue, à être mis en possession de l'héritage. Quant à l'autre enfant, c'était la fille en bien des cas (l'exclusion des enfants dotés, dans les faits et même quelquefois dans la lettre du droit, était souvent synonyme d'exclusion des *filles* dotées). Cette fille donc, « on la mariait, et on n'en parlait plus » : elle quittait le foyer paternel, avec une dot plus ou moins maigre et sans espérance d'héritage, pour s'intégrer si possible à un autre groupe familial, dont elle contribuait du reste, elle aussi, à « reproduire » la structure. Bien entendu, les situations réelles s'écartaient souvent de ce schéma simple. Mais même dans les cas « aberrants » fort nombreux, le système était souple; il permettait, si nécessaire, de doter plusieurs enfants qui allaient s'établir ailleurs; en l'absence de fils, il se prêtait à l'installation d'un gendre dans la maison des parents; enfin, solution fâcheuse, mais fréquente (comme le prouve dès avant 1500 le morcellement des parcellaires) le vieux droit orléano-parisien se résolvait plus d'une fois au partage de la tenure entre plusieurs descendants, à condition que ceux-ci (en théorie du moins) aient accepté préalablement de collaborer avec leurs père et mère dans le cadre éventuel d'une co-résidence disciplinée. Aussi bien ces structures si pratiques pour les agriculteurs, à la fin du Moyen Age et parfois bien au-delà, semblent-elles avoir été répandues sur un territoire très vaste, qui déborde de loin l'aire orléano-parisienne. On les rencontre en effet sporadiquement dans la région de Lille et même d'Amiens; et, à l'est comme au sud-est des pays de la langue d'oïl : en Allemagne; en Pologne même; en Suisse enfin. L'étude des données germaniques, par exemple, fournit au chercheur français l'occasion d'un comparatisme à la Dumézil, et d'une réflexion sur les origines : outre-Rhin, l'exclusion de l'enfant doté, suivie de l'attribution de l'héritage aux co-résidents, n'est pas seulement un trait juridique. Elle demeure étroitement liée aux représentations mentales, au folklore, à la mythologie même! Chez certains paysans d'Allemagne, en effet, les meubles dans la maisonnée restaient autrefois indivis, quand survenait le décès du père; cette indivision, avantageuse à la continuité familiale, était rendue possible grâce à la ruse d'un morcellement fictif, triparti... et communautaire : une part de ces meubles allait aux enfants co-résidents; la seconde à l'épouse co-résidente elle aussi, et la troisième... à l'âme du père défunt! En Suisse romande, de même, dans les cantons les plus traditionnels, la coutume privilégiait les enfants « intronqués »; vivant à demeure dans la communauté familiale, ils étaient destinés à prendre part un jour à l'héritage; tandis que les « détronqués », ayant jugé bon d'épouser ailleurs, étaient dotés, puis déshérités.

Ces habitudes sont également attestées beaucoup plus au sud : dans certaines zones, agricoles ou urbaines, de la langue d'oc, diverses coutumes et surtout la pratique des testaments prouvent que l'exclusion de l'enfant doté avec monopole successoral aux co-résidents est largement pratiqué jusqu'au xvᵉ siècle; et cela dans le cadre, si populaire en Occitanie, de la famille large. On retrouve enfin les mêmes usages qui, selon les cas, sont autochtones ou bien importés par les colonisateurs, dans la Jérusalem des Croisés, comme dans l'ancienne coutume arménienne.

Restons-en à l'Europe occidentale, ou même tout simplement aux pays français : la diffusion vaste des institutions successorales qui viennent d'être décrites y rend assez tentantes les hypothèses qui font dériver ces coutumes d'un très lointain passé; d'un substrat ligure, celte, germanique... Mais faut-il vraiment, se demande Jean Yver avec humour, « remonter jusqu'à ces origines ethniques les plus lointaines? Avant de parvenir jusqu'aux Ménapes, voire aux Ligures, ne pourrions-nous pas, par économie des moyens, nous arrêter à quelque étape intermédiaire? »

Sans refuser, en effet, ces spéculations paléo-ethniques, il semble que l'on doive s'en tenir à des assertions plus modestes : disons, avec Jean Yver, que l'exclusion des enfants dotés, et le privilège successoral aux enfants co-résidents répond spécialement bien, quelle que soit l'ethnie d'origine, aux besoins d'une société agricole et seigneuriale très exigeante. Qui dit seigneurie forte dit, en effet (selon les époques), tissu cellulaire des manses, ou (plus tard) liens contraignants du vilainage. Or ces contraintes sont porteuses d'une structure : elles engendrent un droit successoral qui, pour être logique avec les exigences du seigneur, doit se fonder sur l'exclusion. Soit, en effet, un seigneur de type médiéval et classique, armé encore de pouvoirs exorbitants : comment pourrait-il tolérer, dans la mesure où il a son mot à dire, que les tenures des rustres, sur lesquelles il exerce un droit éminent, soient pulvérisées au profit d'héritiers dotés partis s'établir ailleurs; cet « ailleurs » pouvant fort bien se situer hors de l'espace généralement restreint où s'exerce la puissance de son manoir. Du point de vue du Dominant de la terre, l'exclusion du vilain migrateur est une solution tout indiquée. Quant aux tenanciers eux-mêmes, leur opinion sur ce problème risque fort de n'être pas tellement différente de celle de leur noble maître. Pendant bien longtemps, ils n'ont été, après tout, que les possesseurs encore fragiles d'un lopin, les détenteurs mainmortables « d'une tenure à peine héréditaire ». La notion même de succession se réduisait pour eux à la continuité *de facto* d'une famille sur une parcelle. Dans ces conditions, la co-résidence, préalable, des successeurs présomptifs, complémentaire de l'exclusion des dotés, représentait une sage précaution, sorte d'intronisation avant la lettre, comme celle qui fit la fortune des Capétiens ! Elle garantissait, dès le décès du chef de famille, la transmission routinière du manse ou de la tenure à ceux des descendants qui se trouvaient dans la place, sans que pût intervenir à leur encontre le risque fâcheux d'une récupération du lopin par le Dominant, au nom d'un quelconque « retrait seigneurial ». La coutume orléano-parisienne représenterait ainsi, si l'on en croit les suggestions de Jean Yver, la superstructure coriace, plus ou moins vivante encore à la fin du Moyen Age, d'un monde seigneurial et domanial jadis très puissant.

Autre signe d'archaïsme : les coutumes à base de succession co-résidentielle, et d'exclusion, qui caractérisent le ci-devant domaine capétien (et aussi à la fin du Moyen Age certaines régions occitanes), sont liées à divers types de familles larges ; dans le groupe orléano-parisien l'exclusion des dotés rejette, en effet, dans les ténèbres extérieures « les enfants qui par un établissement distinct ont été séparés *de la maison familiale, du ménage de leurs père et mère et du petit groupe domestique (grands enfants célibataires ou quelquefois mariés) qui vit en compagnie de ce ménage* ».

Quant au Massif Central occitan, l'exclusion des dotés y dérive expressément du souci de cohésion manifesté par la famille élargie la plus classique : deux ménages (ou plus), de parents et d'enfants, ou de frères et sœurs avec leurs conjoints vivent à feu et à pot sous le même toit, et réservent aux descendants co-résidents, dans un souci de continuité, l'essentiel de l'héritage.

Comme il s'agit d'institutions familiales qui sont en sérieux déclin dès le XIIIe siècle (Nord) ou dès le XVIe siècle (Midi), on conçoit que les coutumes d'exclusion fassent l'objet à leur tour d'attaques révisionnistes, à l'époque de la Renaissance.

Subsiste et subsistera pourtant, comme permanence de très longue durée, l'élément le plus stable et peut-être le plus émouvant des structures orléano-parisiennes : l'insistance que mettent celles-ci à privilégier la décision commune des père et mère, et à préconiser la collaboration « simple et confiante » des parents et des enfants, au sein du milieu campagnard. Sur ce point, les usages des vieilles terres capétiennes s'opposeront nettement au paternalisme viril de l'Occitanie, comme au fratriarcalisme féroce du droit normand ; celui-ci dur aux femmes et aux volontés du père mort. Le privilège accordé au couple et la part importante faite aux prérogatives maternelles constituent, sans doute, l'une des données qui nous informe le moins mal, sur les archétypes familiaux, voire sur la sensibilité des terriens du bassin de Paris, à l'époque de la formation des coutumes.

Favorable au couple géniteur, la coutume orléano-parisienne met aussi très haut, logiquement, la majesté du lit conjugal. Soit un homme marié diverses fois, et qui donc a des enfants « de plusieurs lits », on découpera son héritage non point au prorata de son nombre total d'enfants, mais en autant de portions qu'il y eut de lits dans la carrière conjugale du *de cujus*. C'est la « division par lit », largement répandue dans un espace qui s'étend de l'Orléanais au Beauvaisis; elle est, au contraire, introuvable dans la Normandie égalitaire, où l'on taille des parts équivalentes pour chaque enfant mâle, sans considération de lit, ni critère de co-résidence.

Néanmoins, tout en restant fidèle, apparemment, aux archétypes qu'on vient d'évoquer, les coutumes orléanoparisiennes, à partir de la Renaissance, évolueront. Ce mouvement s'est préparé de longue date : dès les XIIIe-XVe siècles, les coutumiers de Paris ou d'Amiens avaient prévu divers adoucissements pour améliorer le sort, jusqu'alors assez rude, qui attendait l'enfant migrateur. Si par exemple les parents faisaient insérer, au contrat de mariage de leur fille ou de leurs fils, une clause spéciale de *rappel*, le descendant doté pouvait, en dépit de son établissement sous un autre toit, revenir demander, après la mort de ses ascendants, une part d'héritage. Dans tous les autres cas, si ce *rappel exprès* n'était pas explicitement prévu, la progéniture dotée se trouvait bel et bien déshéritée... Cette clause de rappel était capitale dans les milieux urbains; elle y a garanti, par son ingénieuse souplesse, une longue survie à la vieille coutume d'exclusion; celle-ci était désormais en mesure de s'accommoder des situations les plus diverses, puisqu'on pouvait à tout instant décréter, grâce au *rappel*, qu'elle cessait de s'appliquer! En revanche, dans les zones rurales, un tel système de « rappel » n'était pas toujours facile à mettre en œuvre; rares sans doute, au moins dans la France du Nord, étaient les paysans qui s'offraient le luxe de se marier sous contrat écrit (leur nombre croîtra certes, mais plus tard, quand s'enflera l'activité des notaires lors de la fin du Moyen Age, ou même beaucoup plus tard). Or, sans contrat, aucune clause de rappel n'est coutumièrement concevable.

*

Telle était donc la vieille structure : exclusion, avec possibilité de rappel; celle-ci plus ou moins ouverte. En 1510, cependant, de nouveaux usages, autour de Paris, sont institués ou simplement consacrés (ils existaient de longue date, en effet, dans le Beauvaisis de Beaumanoir). Ces usages neufs tiennent en deux mots : option et rapport. Apparemment, certes, rien n'est transformé. L'enfant doté demeure toujours, en principe, exclu de l'héritage. Mais, en fait, tout comme dans une partie d'échecs, au cours de laquelle, selon une comparaison devenue banale, il suffit parfois de bouger une pièce pour changer tout l'équilibre du jeu, l'insertion d'une règle nouvelle modifie fortement l'esprit de la coutume. A partir de la seconde décennie du xvie siècle en effet, on admet officiellement que l'enfant qui, à l'occasion d'un mariage et d'un établissement qui l'a placé hors de la communauté constituée par ses parents, a été doté des bien de ceux-ci, peut, contrairement à tous les principes antérieurement posés, ne pas être exclu de la succession des ascendants. Pour cela il sufit que cet enfant veuille bien « rapporter », à la masse commune de la succession familiale, « ce qu'il a reçu en mariage ». S'étant ainsi préalablement dépouillé, il est admis au partage égalitaire de cette masse, en concurrence avec ses frères et sœurs, sans qu'aucune discrimination puisse intervenir contre lui. Ainsi se trouve défini, au terme d'une longue genèse dont Jean Yver suit les traces du xiiie au xvie siècle, le nouveau système, par simple gauchissement des règles anciennes. Celles-ci sont, en effet, complétées par l'option entre les qualités d'*aumônier*, *légataire ou donataire* d'une part; et celles d'*héritier*, *parchonnier*, *voire « communiste »* d'autre part. Alors qu'autrefois, dès son mariage (ou son non-mariage) un enfant s'engageait irrévocablement vers l'une ou l'autre de ces voies, il peut désormais non pas cumuler certes ces deux qualités, mais bifurquer tardivement vers l'une ou vers l'autre, bien après son union conjugale, et quand échoit l'heure de la succession des parents. C'est là le sens de la règle fameuse « *Aumônier et parchonnier nul ne peut être* ». Entendez qu'au moment décisif où se règle la question d'héritage, on peut et on doit *opter*. Ou bien s'en tenir aux droits acquis, qu'on tient d'un don, d'un legs, d'une aumône ou d'une dot, reçue jadis du vivant et des mains du *de cujus*. ou bien revenir à la succession, et pour cela rapporter, restituer cet avantage antérieur, le reverser à la masse; et par là même participer de plein droit en tant que membre à part entière de la communauté familiale ou *parsonnier*, au partage et à la dévolution des biens issus de cette communauté qui, de droit, vont aux héritiers. Option et rapport sont donc dans cette nouvelle version du système comme les deux faces d'une même médaille.

Ces structures rajeunies sont porteuses d'un droit plus souple, plus permissif, qui se soucie bien moins qu'autrefois de conserver l'intégrité de la tenure. Elles expriment à leur façon le desserrement intervenu de longue date dans la contrainte seigneuriale : la seigneurie en effet, bien qu'elle ait encore de très beaux restes, n'est plus en état, au xvie siècle, de s'opposer au morcellement de l'exploitation paysanne, effectué pour le compte d'héritiers établis ailleurs. Plus généralement, cet ultime avatar de la coutume traduit et consomme la ruine de la famille élargie ; dans la mesure où, depuis longtemps, chez les rustres des pays de langue d'oïl, prédominent les petits ménages nucléaires, il est normal que ceux-ci soient appelés à succéder facilement, et ne soient pas déshérités au profit d'une communauté taisible, qui de plus en plus, fait figure de mythe passéiste. L'évolution de la superstructure coutumière tire ainsi les leçons, à retardement, des changements survenus dans l'infrastructure seigneuriale ou familiale.

Cette évolution reflète-t-elle aussi les contrecoups qu'impliquait momentanément la démographie plus relaxée de la fin du Moyen Age ? Il est permis de se poser une question de ce type, envisagée aussi, à l'intérieur de leurs propres frontières, par les historiens des coutumes anglaises. La pression démographique s'étant atténuée pour un temps, il semble qu'on ait insisté moins que par le passé, par exemple au xve siècle, des deux côtés de la Manche, sur les impératifs jadis sacro-saints de la conservation du patrimoine. A quoi bon en effet conserver ce carcan, puisque de toute manière, on était au large, on avait assez de terre pour caser tout le monde. Du moins le crut-on pendant quelques temps : et cela contribuerait à expliquer le laxisme des rédactions de 1510.

Celles-ci pourtant, par-delà les conjonctures passagères du peuplement, traduisent à un niveau plus général la poussée durable de l'égalitarisme ; le courant égalitaire, qui se diffuse ainsi de façon progressive dans le milieu rural, finira plus tard par submerger, comme on le sait, toutes les hiérarchies des sociétés d'ordres. Mais, dès 1510, les conséquences des nouveaux textes, lesquels reflètent les mœurs, sont niveleuses : les enfants, qui pratiquent l'option et le rapport, repartent tous, en effet, au moment de « l'échoite » des biens parentaux, sur un pied d'égalité avec leurs co-héritiers (mais il est vrai, comme l'a fortement souligné J. Yver que cet égalitarisme n'est pas complet. Si le descendant généreusement doté, l'enfant chéri en l'occurrence, trouve plus avantageux de conserver sa dotation pré-successorale, il lui suffit, au jour de l'héritage, de ne pas rapporter cette dotation, quitte à

ne pas revenir à la succession. Une telle attitude est dans
ce cas le résultat d'un calcul, même fruste, qui tend à démontrer à son auteur qu'il vaut mieux pour lui demeurer dans
l'état d'aumônier ou de légataire, plutôt que d'assumer les
profits, en l'occurrence moindres, que lui donnerait la condition d'héritier ou de parsonnier).

Socialement, la vieille coutume orléano-parisienne était
montée, depuis les couches obscures du manse et du vilainage,
jusqu'aux pratiques plus relevées des tribunaux. La nouvelle
coutume, au contraire, officialisée en 1510, est un droit qui
descend, comme le prouve une référence décisive. Il descend
depuis l'élite robine, cléricale ou bourgeoise et depuis les
mœurs urbaines (favorables à l'égalitarisme, et qui donnent
leur chance à chacun des enfants), jusqu'au peuple des
campagnes : contaminé à son tour, celui-ci renonce donc
en fin de compte aux habitudes fossiles qui s'étaient longtemps incarnées dans l'exclusion d'ancien type.

Géographiquement, et en dépit d'innombrables variantes
et de contaminations frontalières, le système amélioré de
l'option-rapport avec ses traits caractéristiques (souplesse,
relatif égalitarisme, contraintes seigneuriales et familiales
plus légères) révèle son extension, entre 1505 et 1570, à
l'époque classique de la rédaction des coutumes, sur d'assez
vastes régions : celles-ci couvrant une grande partie des
openfields du centre du Bassin parisien, dans une zone qui
va selon l'axe Nord-Sud, du Beauvaisis à l'Orléanais et au
Blésois, tandis que les limites orientales et occidentales sont
fixées à la Champagne et au Grand Perche. En outre, à la
même période, des enclaves d'option-rapport et d'égalitarisme
mitigé s'individualisent aussi plus au nord et plus au nordest. Minuscules en Lorraine, elles sont au contraire très importantes en Flandre maritime, où elles prennent, du reste,
la relève d'un système d'égalité complète, qui semble avoir
fleuri dans les régions flamingantes auparavant, à l'époque
classique du Moyen Age.

L'OUEST : LE PÔLE ÉGALITAIRE ET LIGNAGER

En dépit des tendances égalitaires qu'on vient de signaler,
la coutume orléano-parisienne d'option-rapport (ci-devant
d'exclusion des enfants dotés) faisait encore une part non
négligeable aux volontés paternelles ou parentales, éventuellement porteuses d'un avantage ou d'un désavantage pour tel
ou tel des descendants : sujettes à caution, parce que sujettes

à option, ces volontés conservaient un certain empire, après la mort de celui qui les avait formulées. A l'inverse, une fois passées les frontières qui bordaient les bocages et provinces de l'Ouest (Normandie, Anjou), les coutumes occidentales, elles, proclament farouchement, et sur tous les tons, la mort du père, totale et définitive : *après moi le partage,* s'écrie ce père, dont les volitions sont révocables. « Se li peres, écrit la plus ancienne coutume normande, départ en sa vie les parties a ses emfanz e chascuns a tenue sa part longuement e en pes el vivant au père, les parties ne seront pas tenables après sa mort. » Autrement dit : les dons, dots et établissements des enfants lors de leur mariage, faits du vivant du père et par le consentement de celui-ci, n'ont pas de caractère permanent. Ils ne sont pas « fermes et estables ». Nécessairement précaires, sujets au rapport obligatoire, ils n'arrachent en aucun cas l'enfant qu'ils concernent à ses droits de succession aux patrimoine. La volonté paternelle est viagère, frappée de caducité après décès.

D'emblée, un système de ce type tend à conduire à l'égalité : en annulant les préférences parentales, on évite, en effet, qu'apparaisse, au sein de la progéniture, l'enfant chéri ou l'enfant maudit. L'égalitarisme, qui n'est atteint, on l'a vu, par les coutumes orléano-parisiennes qu'au terme d'une évolution séculaire et de ruses tortueuses telles que le rappel puis l'option-rapport, est au contraire visé du premier coup par le très ancien coutumier de Normandie, et il est confirmé avec éclat, dans cette province, par la nouvelle rédaction des coutumes en 1583. On y donne aux enfants l'automatisme des chances; et, dans bien des cas, l'égalité des portions, génératrice de comportements individualistes.

Automatisme des chances, d'abord : l'accès de tel enfant ou de tel descendant à telle portion d'héritage ou de dot consolidée, ne dérive pas des volontés du couple ou du père, comme c'est le cas respectivement dans les régions parisienne et occitane. Elle découle, simplement, de la position qu'occupe dans la généalogie, l'enfant mis en cause. Être né, c'est avoir vocation à succéder, quelles que puissent être, à votre égard, les bonnes ou mauvaises dispositions des parents. Bien entendu cet automatisme des chances n'exclut pas toujours l'injustice dans le découpage des parts d'héritier. En Normandie, où règne, on l'a vu, la loi des mâles, les filles sont exclues de la succession, dévolue aux fils. Elles doivent se chercher un mari (si besoin est, leur frère est tenu de les aider dans cette recherche); et elles se contentent d'une portion congrue de l'héritage (dans les autres provinces de l'Ouest en revanche, qui pratiquent elles aussi l'automatisme lignager, mais avec un esprit d'égalitarisme très strict, les filles roturières sont admises à « l'échoite » successorale à égalité avec leurs frères).

D'autre part, et pour en revenir à la Normandie, certaines régions, heureusement exceptionnelles, y pratiquent à fond, l'iniquité dans l'automatisme : c'est le cas du pays de Caux, où règne, même en roture, un droit d'aînesse à l'anglaise, lequel, *ipso facto*, défavorise énormément les puînés.

Les arbres, cependant, ne doivent pas cacher la forêt. En Normandie même (pays de Caux mis à part) le droit roturier, en « coutume générale » ignore l'aînesse; il pose comme donnée première, et sans bavures, un égalitarisme des mâles : celui-ci ferait rêver les garçons du Midi, de Wallonie ou même des vieilles terres capétiennes, qui, eux, dans bien des cas, sont si cavalièrement déshérités par leurs père et mère.

Cet esprit d'égalité complète prend sa pleine valeur, dès lors que, restant toujours dans la grande région des coutumes de l'Ouest, on quitte l'aire normande, pour pénétrer dans les domaines breton et angevin. Là aussi les coutumes, souvent rédigées au XVIe siècle, proclament avec force un égalitarisme qui n'est pas de circonstance, mais de fondation; et qui, cette fois, concerne tous les enfants, garçons *et filles*. Les textes de Touraine-Anjou, par exemple, quelle que soit la date de leur mise au point (XIIIe siècle, ou Renaissance), sont formels à cet égard. Non moins nettes sont les coutumes du Maine : elles rendent inévitables l'égalitarisme roturier, qui s'oppose de façon nette, le long d'une barrière de classe, au droit d'aînesse nobiliaire. « Car la coustume est telle que aucune personne non noble ne peut faire la condition d'aucun de ses héritiers présomptifs pire ou meilleurs l'un que l'autre. »

Même son de cloche en Bretagne; les gens du commun, à la différence des nobles, n'y ont pas le droit d'avantager. « Les enffanz es bourgeois ou à autres gienz de basse condicion doivent estre aussi granz les uns comme les autres tant en meubles que en héritages. » Les paysans bretons se chargeront du reste de démontrer lors des révoltes de 1590 et de 1675 que les revendications égalitaires, chez eux, ne sont pas simplement formule juridique ou vain mot. Les gentilshommes d'Armorique en revanche, et autres personnes « pourvues de sang » *(sic)* jouissent, comme d'un privilège, de la faculté d'avantager tel ou tel héritier, par exemple en usant du préciput.

Ennemi de cette iniquité nobiliaire, l'égalitarisme roturier se retrouve enfin, toujours dans l'Ouest, jusqu'en Poitou; là, malgré les influences préciputaires qui viennent du Sud et des pays du droit écrit, sévit la maxime qui interdit aux père et mère « de faire l'un des héritiers meilleur que l'autre ».

Ces tendances niveleuses si fortement enracinées dans la France occidentale n'y sont pas, pourtant, prisonnières d'une géographie : on les signale, en effet, très loin de cette région; à l'Est même des frontières orientales de la zone orléanoparisienne qui pratique l'option-rapport : soit en Champagne et en Brie; là se trouve, curieusement isolée, une enclave d'égalité *complète* que le Président de Thou, porteur des idées parisiennes d'égalité *simple* et d'option, s'efforcera en vain, de réduire... « Pas plus à l'un qu'à l'autre » lui répondront, en 1556, d'un même élan, les juristes champenois et briards...

Hostiles à l'inégalité entre héritiers, ces diverses coutumes tendent, objectivement, à dévaloriser les rôles parentaux ou paternels, au profit du groupe des « ayants droit » : qu'il s'agisse en l'occurrence des fils (en Normandie); ou des fils et filles (dans les autres provinces occidentales). En un monde où, statistiquement, les adultes mourraient avant d'atteindre un âge très avancé, de telles habitudes ne pouvaient en moyenne que favoriser des héritiers encore très jeunes, adolescents ou même petits enfants. Disons, pour suivre un courant de recherches à la mode, que ces coutumes de l'Ouest impliquaient une certaine idée de l'enfance; et finalement une appréciation très positive à l'égard de celle-ci. On n'en saurait dire autant, par exemple, du droit des pays du Sud.

Quoi qu'il en soit de cette incursion possible dans le domaine d'une histoire psychologique, l'égalité stricte, pratiquée dans les provinces occidentales, entraîne après la mort du père un « rapport », qui n'est plus seulement optionnel, comme c'était le cas dans la région parisienne, mais obligatoire. Ce régime du « rapport forcé », *voulist ou non*, est spécialement strict en Normandie. Là, — conformément à la règle qui frappe de caducité *post mortem* les établissements qu'effectua de son vivant au profit des siens le père de famille —, les héritiers sont tenus, en toute nécessité, de rapporter à la masse des biens communs, sujets à la division successorale, toutes les libéralités, dons, dots, avantages, que leur avait consentis, avant sa disparition, le *de cujus*. Pas question avec un tel système, d'obtenir, ou du moins de conserver, un statut spécial d'*enfant chéri*.

En Maine-Anjou, la coutume, de ce point de vue, semble

être un peu plus souple qu'en pays normand ; mais à tout prendre, elle revient presque au même : l'héritier angevin, qui fut avantagé du vivant de son père, doit rapporter, en effet, après la mort de celui-ci, non pas la totalité de cet avantage, mais simplement l'excédent : autrement dit la différence par excès qui sépare la libéralité qui le combla, d'une part ; et la portion normale d'héritage à laquelle il a droit, dans un système d'égalité complète, d'autre part. « Et se einsinc avenoit que ki uns aüst aü trop grant partie et il ne vousist retorner à la partie et à l'escheoite dou pere et de la mère, et li autre li deissent " Vos avez trop grant partie aüe " ; sa partie seroit veüe par prudes homes ; et s'il avoit trop aü, il lor feroit droit retour... » Cette règle de rapport d'excédent peut aller très loin : dans les variantes locales les plus rudes, elle s'étend aux meubles et aux acquêts, n'exceptant toutefois que les donations qui furent faites aux enfants et aux jeunes gens, à l'occasion d'écolage, d'équipement pour la guerre ou de frais de noces... L'égalitarisme ainsi mis en œuvre est tellement poussé que les enfants désavantagés peuvent toujours revenir à succession et réclamer l'excédent indûment détenu par des frères ou des sœurs plus « dorlotés » ; et cela, même quand ces désavantagés sont des fols, des dissipateurs, ou des filles aux mœurs légères.

Jean Yver a excellemment dégagé la philosophie de ces systèmes de la France et de l'Ouest. Ceux-ci pour l'essentiel ne privilégient point la communauté parentale, ni la consolidation de la tenure agricole au bénéfice desquelles jouait, au contraire, en régime archaïque de Paris, l'exclusion de l'enfant doté. Indifférents au danger du morcellement, dédaigneux de la double unité du couple et du lopin, les sytèmes occidentaux favorisent essentiellement, eux, la continuité longue et ramifiée du lignage : autrement dit la succession ininterrompue des descendants, à travers les générations, au long de laquelle les biens s'écoulent et filent, se divisent harmonieusement et se répartissent ; en fonction des troncs, des branchages et des ultimes bifurcations, rameaux et brindilles de la lignée ; ces biens, pour ainsi dire, dans les coutumes normandes ou angevines, paraissent *descendre* à la façon d'une sève, qui viendrait irriguer, en vertu d'une mystérieuse pesanteur, les branches retombantes et buissonnantes d'un grand arbre. Le but final étant d'octroyer à chaque enfant, et par-delà celui-ci à la descendance qu'à son tour il engendrera, sa part égalitaire et juste du bien primitif, issu du tronc commun de la *gens*. Les coutumes capétiennes, elles, s'intéressent à la stabilité du ménage : elles fortifient avant toute chose l'union des époux chrétiens qui, bravement, ne font qu'une seule chair, mettent tout en communauté, et s'efforcent d'organiser la vie de leur progéniture au mieux de ce qu'ils considèrent comme la perpétuation du bien de ménage, garanti si possible contre la dispersion parcellaire. Au contraire, les coutumes de l'Ouest (et aussi d'autres coutumes sises hors de l'Ouest, en Brie, Champagne et Flandre archaïque), préfèrent mettre en avant les anciennes valeurs lignagères; fidèles à la formule *paterna paternis, materna maternis* [1], elles accordent seulement une faible importance à l'acte conjugal, qui n'unit à les en croire que provisoirement deux êtres périssables, issus chacun d'une lignée différente dont la permanence fait tout le prix. Ces coutumes occidentales sont donc attentives avant tout à la stricte circulation des héritages, le long du réseau généalogique. Archaïques, elles semblent venir parfois (dans le cas des Normands), du tréfonds scandinave et même pré-chrétien de l'ethnie. Et, néanmoins, elles sont paradoxalement porteuses de modernité. Pour la plupart d'entre elles, en effet, elles se hissent du premier coup, dès les plus anciennes rédactions, à cet idéal d'égalitarisme complet et même d'individualisme farouchement partageux que la jurisprudence orléano-parisienne, elle, ne découvrira, sur le tard, qu'à tâtons, qu'à moitié, en faisant violence à sa propre structure.

De là découle toute une série de « caractères originaux », typiques des coutumes de l'Ouest : et d'abord la prédominance de la division par tête; et l'absence des partages opérés en fonction du lit. Rien d'étonnant à cela : le lit, ce meuble conjugal, trait d'union provisoire entre deux lignages, n'est guère valorisé par les coutumes de Normandie qui s'intéressent aux branches, aux fourches, et aux ultimes pousses d'un arbre généalogique; mais non pas aux alliances momentanées que celui-ci noue, par l'intermédiaire d'un mariage, avec telle autre lignée arborescente. En revanche, les hommes de l'Ouest pratiquent, unanimement, la représentation à l'infini; elle était ignorée logiquement par les coutumes orléano-parisiennes, du moins dans la mesure où celles-ci, à leur époque la plus archaïque, excluaient l'enfant doté. Au nom de quoi en effet, ayant déshérité ma fille après l'avoir pourvue d'une dot, autoriserais-je le fils né de cette fille (décédée depuis) à faire valoir ses droits à ma succession, et à être représenté

---

1. « Les biens paternels aux personnes du lignage paternel; les biens maternels aux personnes du lignage maternel. »

dans mon héritage...? (au contraire, dès que s'affaiblira en 1510 la clause parisienne d'exclusion de l'enfant doté, les rédacteurs du nouveau texte, parfaitement logiques avec eux-mêmes, s'empresseront d'introduire dans leurs formules la représentation en ligne directe).

Or, dans toutes les régions de l'Ouest, c'est d'emblée, sans hésitation, que les premières coutumes, suivies par les rédactions plus tardives, proclament le régime représentatif. Attitude normale : elles privilègient ainsi la parenté de sang; elles incitent les bourgeons et rameaux les plus lointains sis à l'extrémité d'une descendance, à se faire représenter dans la succession de celle-ci : elles n'hésitent pas enfin, quand l'une des branches, devenue stérile et morte, cesse définitivement de bourgeonner, à faire remonter les biens de celle-ci jusqu'à la *fourche* la plus proche, vers l'amont, dans le passé; autrement dit jusqu'à quelque aïeul; pour mieux pouvoir ensuite faire *redescendre* librement ces biens le long de la pente naturelle du lignage, en direction des rameaux toujours verdoyants, issus de la branche collatérale, qui part elle aussi de cette fourche. Ainsi est mise en échec, dans les provinces de l'Ouest, la règle « *propres ne remontent* » (les biens propres ne remontent pas). De cette règle au contraire, les coutumes orléano-parisiennes faisaient volontiers leurs délices : c'était normal dans la mesure où, quand elles le jugeaient bon, pour mieux favoriser les conventions des père et mère, elles verrouillaient sans vergogne, vers l'amont ou vers l'aval, les canalisations du lignage. Disons que la structure parentélaire est typique des coutumes de l'Ouest; alors que les modèles communautaires et conjugaux caractérisent, eux, le grand *openfield* capétien et son semis de bonnes villes.

De là aussi découle, dans la portion occidentale du royaume, l'application stricte de la règle *paterna paternis, materna maternis*. Tout se passe avons-nous dit, comme si le mariage ne créait, entre les deux rameaux issus de lignages différents, qu'un lien précaire et du reste dénué de conséquences, pour peu que ce mariage reste stérile : favorables à l'enfance, les coutumes de l'Ouest ne le sont guère à l'amour. Les plus extrémistes parmi elles, en Bretagne et Normandie notamment, poussent du reste cette règle à l'absurde; et plutôt que de donner, en cas d'absence de progéniture d'une union, les biens provenus du lignage paternel, aux non-lignagers du côté maternel, elles préfèrent abandonner ces biens au seigneur du lieu, et même (ô horreur, pour une âme normande et née fraudeuse!), elles préfèrent les délaisser au profit du fisc! Comme l'écrit froidement un juriste, au xviiie siècle encore, dans un texte sans humour, où il commente ces habitudes tout droit sorties de la barbarie lignagère : « Les parents paternels et maternels ne sont pas cohéritiers. Ils n'ont rien de commun *(sic)*, et le seigneur du lieu succéderait plutôt qu'un paternel à un maternel. »

On pourrait développer, presque à l'infini, les conséquences pour nous étranges, mais tout à fait logiques, de ce souci quasi caricatural, et normand, de protection du lignage. Mieux vaut néanmoins évoquer brièvement, dans le cadre limité de cet exposé, les problèmes de la genèse. Fasciné par la description des structures, Jean Yver n'élude pas en effet la difficile question des origines. Pourquoi sur les vieilles terres de l'Ouest ce formidable bloc de coutumes tendanciellement lignagères, égalitaires, partageuses... et en fin de compte (paradoxe qui n'est qu'apparent), individualistes? L'explication proposée par Jean Yver remonte régressivement jusqu'au xie siècle et même avant; elle s'oriente avec beaucoup de prudence, vers trois types de causalité, qui sont : la configuration politique et frontalière de la région; l'histoire sociale et domaniale (ou plutôt non domaniale) du pays; et, pour finir, en dernière analyse, l'apport éventuel de l'ethnie.

Histoire politique d'abord : si triviale que celle-ci puisse paraître, comme mode d'élucidation des origines, en ce qui concerne les coutumiers, il est bien certain qu'elle a joué un rôle, dans la cristallisation, par exemple, des coutumes normandes. L'aire de celle-ci coïncide, en effet, à peu de choses près, avec les frontières de l'ancien duché. Et cet « à peu de chose près » lui-même est significatif, pour la démonstration qui nous préoccupe : puisque c'est l'étude des « bavures » frontalières (et précisément de la curieuse enclave que constitue, sur la limite est de la province, un groupe de vingt-quatre paroisses ayant conservé le droit beauvaisin) qui a permis à R. Genestal de dater du règne de Guillaume le Bâtard la sédimentation du droit normand. Dans une optique plus large, c'est peut-être l'ensemble des pays bocagers de l'Ouest qui, à plusieurs reprises, a fait bande à part; au temps des ducs de Normandie, quant au Nord; et des Plantagenêts pour la partie Sud. Cet isolationnisme remonte-t-il, comme le suggère Jean Yver (dans un des très rares moments où il laisse libre cours au jeu des hypothèses), à la formation du *Tractus armoricanus* dès la fin de l'Empire romain?

Quoi qu'il en soit, et sans qu'il soit nécessaire de « régresser » aussi loin, les démarcations politiques ont certainement contribué à créer, au niveau coutumier, cette ligne « tirée au couteau », qui sépare les régions bocagères et autres de l'Ouest, de celles qui formèrent le cœur « capétien » de la France.

L'enquête génétique pourtant ne saurait se contenter de ces affirmations qui, prises au pied de la lettre, rappellent un peu trop la bonne vieille histoire événementielle. Historien du droit mais féru d'histoire sociale, Jean Yver ne sépare pas la genèse de ses groupes de coutumes, des conditions de milieu, et même du niveau précis de la société, où ceux-ci rencontrèrent l'environnement le plus favorable à leur formation. A l'inverse peut-être des coutumes orléano-parisiennes, le droit normand, lui, n'est pas né dans l'abjection du vilainage; il est davantage le fait d'une couche supérieure d'hommes francs, libres; pas encore gagnés, sauf exception cauchoise, par le snobisme de l'aînesse (qui fera fureur, au contraire, en Grande-Bretagne); mais sûrs de leur droit; peu menacés quant à leur bien rural, par l'empiétement de leur seigneur; ce que veulent avant tout ces hommes c'est faire parvenir équitablement, à chaque membre de leur descendance, ce bien qui leur est reconnu sans conteste. Le miracle d'une constitution politique et judiciaire déjà efficiente, et d'une structure sociale plus ouverte, où la population paysanne, libérée du servage, n'était pas enfoncée aussi profondément qu'ailleurs dans la dépendance domaniale, aurait permis (si l'on suit l'ingénieuse description de J. Yver), la diffusion ou « percolation » rapide de ce droit des lignages et des hommes libres, de haut en bas : depuis les groupes supérieurs qui le virent naître jusqu'aux basses classes qui l'accueillirent, à la grande époque du duché de Normandie.

Enfin, il n'est pas question, pour l'auteur dont nous suivons les démarches, d'éluder l'épineux dossier des origines les plus lointaines; celles-ci fournissent, en effet, des éléments d'explication nullement exhaustifs certes, mais irremplaçables. En ce qui concerne la coutume normande, qui réunit les conditions les plus commodes (pas toujours présentes dans d'autres régions) pour ce pèlerinage aux sources, une tournée dans les vieilles lois scandinaves, permet, immédiatement, au cours d'une démarche « dumézilienne », d'opérer quelques constatations d'importance : on est très loin en effet dans les patries originelles des Vikings, des habitudes chères aux coutumes germaniques proprement dites; celles-ci préconisant comme on l'a vu, à la parisienne, l'exclusion des enfants dotés, puis l'option-rapport. Les lois de Magnus Hakonarson en Norvège, le Jonsbok d'Islande de 1881, les coutumes de Scanie et de Sjaelland en Danemark offrent, au contraire, à l'intention du comparatiste, et jusque dans les détails les plus infimes, des règles très semblables au plus vieux droit des Normands (et donc probablement des Vikings) : stricte égalisation des lots d'héritage, partagés au cordeau, et garantis par le serment de douze co-jureurs; rapport forcé, etc. L'apport nordique n'est donc pas nécessairement négligeable dans la formation d'une partie du moins des coutumes de la France du Nord-Ouest. La description structurale, débouche bien, en l'occurrence, comme chez Dumézil sur l'explication génétique.

LE PÔLE PRÉCIPUTAIRE ET « MÉNAGER »

Face aux solutions bâtardes du droit orléano-parisien, lequel reste à mi-route entre la liberté d'avantager et l'égalité totale, les coutumes de Normandie et, plus encore, celles de l'Ouest en général, représentent bien la polarisation lignagère... vers l'égalitarisme complet, largement infusé dans une vieille culture paysanne et roturière. A l'autre extrême, le Midi occitan, et par-delà celui-ci, l'ensemble des régions préciputaires — dont certaines sont localisées très au Nord — présente l'exemple d'une tendance inverse, très favorable à la liberté d'avantager[1]. Les Normands tuaient le père. Les Romains, eux, dont le droit influencera tellement les populations occitanes, croient au contraire à la survivance en ce monde des volitions paternelles, même quand celui qui les a formulées a déjà transité vers l'au-delà.

Ces idées patriarcales ou paternalistes, directement implantées dans le Midi par la Renaissance du droit romain, s'étaient facilement enracinées, à la fin du Moyen Age et jusqu'au XVIe siècle, dans les régions campagnardes et montagnardes du Sud, sur le vieux tuf (antérieur à cette Renaissance) que formait un droit coutumier local, tacite et mal connu : de ce « vieux tuf » et de ce droit « taisible », nous savons seulement par quelques textes épars, et surtout par la pratique des notaires ruraux, qu'il était fortement inégalitaire, et qu'il encourageait (tout comme du reste les coutumes les plus archaïques du monde orléano-parisien), l'exclusion des enfants dotés. Il s'agissait toujours, en l'occurrence, de préserver autant que faire se pouvait, l'indivisibilité

---

[1]. Sur l'inégalitarisme persistant du « Midi profond » (Massif Central, Landes, Pyrénées, Alpes du Sud), voir la remarquable carte publiée par A. de Brandt, dans *Droit et coutumes des populations rurales de la France en matière successorale*, Paris, 1901.

familiale et patriarcale de la tenure paysanne, sous la haute autorité du seigneur du lieu, bien décrépite il est vrai.

Les tendances à la liberté d'avantager, si chères au droit romain renaissant, germeront donc dans le pays d'oc sur un sol qui par avance est fertile. Le père languedocien des temps modernes, conforté par la jurisprudence des cours locales, pourra se payer le luxe (avec l'aisance que donne une vieille habitude, et aussi avec la bonne conscience conférée par la modernité juridique), de redevenir, au temps de la Renaissance, beaucoup plus romain que chrétien. Tandis que la mère, si fortement présente dans la coutume orléanaise ou parisienne, s'efface au contraire, dans les zones du Sud, désormais, plus que jamais, parmi l'insignifiance des tâches ménagères. Sur le vaste clavier qui permettait grâce à diverses méthodes de garantir les tenures contre le morcellement abusif, le Nord, on l'a vu, jouait anciennement de l'exclusion des enfants dotés; ou bien localement, dans le cas spécial du pays de Caux et du Boulonnais, d'une rigoureuse aînesse roturière; les Normands, pourtant si strictement partageux, pratiquaient, eux, la déshérence automatique des filles au profits des mâles; le *pater familias* occitan, enfin, utilise pour lutter contre le morcellement, la liberté d'avantager, le préciput, la donation entre vifs, et l'absolutisme testamentaire du droit écrit ; tout cela étant destiné en fin de compte à tailler plus grande la part d'un des enfants, qui n'est pas nécessairement l'aîné. Ce descendant privilégié succédera ainsi pour l'essentiel à la terre ou au lopin familial (souvent après une phase de co-résidence, effectuée du vivant de ses parents). Tandis que les autres enfants devront se contenter de dots plus ou moins congrues, de miettes testamentaires, ou d'une « légitime » qui n'est qu'une réserve coutumière de quelques sous. Dès lors, ces rejetons défavorisés risquent de tomber dans le prolétariat quand ils viennent du peuple; ou dans l'état ecclésiastique, quand ils sortent des classes moyennes ou supérieures.

L'Ouest « anti-père », égalitaire, et partisan de l'automatisme successoral, se méfiait du testament. Le Midi au contraire l'utilise comme une arme efficace pour répandre l'inégalité, perpétuer l'arbitraire paternel. et conserver l'unité du bien de famille.

Du coup tombent, ou plutôt n'existent pas, dans notre Midi, les dispositions caractéristiques que les coutumes orléano-parisiennes à la fin du Moyen Age et au XVIe siècle avaient insérées pour favoriser l'égalitarisme tardif, même mitigé. La jurisprudence méridionale ignore l'option, dispense volontiers du rapport, et fait fi du dilemme « légataire ou héritier », si déchirant, au contraire, dans la région d'Orléans-Paris.

Autre donnée remarquable : même au nord de la frontière traditionnelle, qui joint la Saintonge à la Bresse et qui sépare les pays méridionaux de droit écrit, des pays septentrionaux de droit coutumier, les libertés préciputaires, absolument hostiles à l'égalitarisme, ont influencé de vastes régions. Le fait est clair à la grande époque de rédaction des coutumes (xvie siècle), et bien des indices donnent à penser qu'il s'agit là d'une situation plus ancienne. Le groupe des provinces « centrales » (qui forment en somme, selon les cas, les marges nord de l'Occitanie, ou les marges sud de la langue d'oïl) représente ainsi un champ de bataille disputé, où les influences venues du Midi, préciputaires ou anti-égalitaires, le disputent, de façon souvent victorieuse à « l'égalitarisme » du Nord; qu'il s'agisse en Poitou de l' « égalitarisme absolu » des pays de l'Ouest; ou en Bourgogne et Berry de l' « égalitarisme mitigé » du groupe orléano-parisien nouvelle manière, pratiquant çà et là, dès la fin du Moyen Age — le système de l'option-rapport. On trouve ainsi dans les divers secteurs de cette « région du Centre » (Auvergne-Marche, Poitou-Angoumois-Saintonge, Berry-Bourbonnais-Nivernais, Bourgogne) concurrençant les coutumes précitées d'égalitarisme, des traits juridiques et culturels qui, très fortement « sentent le Midi ». Citons vite en renvoyant, pour le détail, aux fines analyses de Jean Yver : des donations entre vifs, jouies par préciput, et qu'il n'est pas question de « rapporter » par la suite; des dispenses de rapport; des donations préciputaires à la réserve de la « légitime »; et le cumul des situations de légataire et d'héritier. Dans certains cas, par exemple en Berry, la coutume, à la fin du Moyen Age, était optionnelle, et relativement égalitaire; or elle bascule, pendant la Renaissance, vers les habitudes préciputaires du Midi, favorables à la « liberté » du père de famille. (D'où le nom de « libéralisation », un peu trompeur pour les non-initiés... qu'on a donné aux processus de ce genre.) On assiste en fait, de ce point de vue, à une véritable « méridionalisation » des provinces du Centre, en plein xvie siècle. Des phénomènes de ce type peuvent s'expliquer dans certaines régions (ainsi en Auvergne), par la communauté de culture occitane, qui rend tout naturelle la pénétration du droit écrit, devenu typique, en effet, de l'occitanité dominante. Il faut compter aussi avec le prestige d'un droit savant, comme est précisément le droit romain : on conçoit que la Renaissance ait été spécialement favorable à son expansion. Mais fondamentalement, la persistance ou le triomphe (selon les cas) d'un droit anti-égalitaire, hostile au morcellement, favorable à l'autorité du père, n'est-il pas lié, aussi, dans la France du Centre et du Sud, à la persistance toute récente encore des communautés familiales, voire taisibles : l'esprit qui anime celles-ci est en tout cas bien différent et celui qu'on rencontre dans les phratries égalitaires, individualistes, morceleuses... et lignagères qui sévissent en Normandie. Le fait semble assez clair en Nivernais où les analyses du juriste Guy Coquille, en plein XVIe siècle, témoignent à la fois de la forte implantation de ces communautés familiales, et du prestige inégalé du droit préciputaire. Le cas est plus net encore, ou pour être exact, il est plus nettement et plus parfaitement démontré dans les régions qui couvrent le nord-est et surtout l'extrême nord de la langue d'oïl. (Mais la démonstration septentrionale, hâtons-nous de le dire, intéresse des structures qui, pour une partie d'entre elles, ne « survivent » plus que comme des... fossiles morts au XVIe siècle.)

*

Il existe en effet, très loin des zones méditerranéennes à partir desquelles le droit romain effectua ses conquêtes successives, un « groupe préciputaire » du Nord-Est et du Nord ; il concerne à des degrés divers la Lorraine, le pays de Verdun, le Vermandois ; et surtout la Wallonie et la Picardie, à propos desquelles une comparaison systématique avec la Flandre voisine, dont les coutumes sont très différentes, est fort instructive.

La zone préciputaire de Wallonie-Picardie s'étend, *grosso modo*, d'Amiens à Liège. Elle pratique largement (au XVIe siècle de la rédaction des coutumes), le « libéralisme » du père et de la mère de famille (autrement dit la liberté d'avantager) ; l'absence ou la dispense de rapport, notamment pour les donations entre vifs ; le cumul des qualités de légataire et d'héritier (aumônier et parchonnier, en langage local) ; l'octroi d'un préciput ou « avant-part » ; la maxime générale « à l'un plus, à l'autre moins » ; et « la possibilité pour les père, mère, et ascendants de donner volontairement aux établissements dotaux en mariage un caractère préciputaire ». Nulle part ce « libéralisme » (au mauvais sens du terme !) n'est plus poussé qu'en pleine zone rurale et traditionnelle du baillage d'Orchies et de Douai où les textes proclament à la fois la dispense totale de rapport, et le cumul des qualités d'hoir et de légataire.

Le libéralisme wallon, anti-égalitaire et préciputaire, est d'autant plus suggestif et tranché, qu'il s'oppose avec violence, le long d'une frontière qui coïncide à peu près avec la limite linguistique, aux coutumiers flamands, dont on a plusieurs centaines de rédactions : celles-ci préconisent, à l'inverse des précédentes, un système d'égalité simple qui utilise l'option, et qui interdit de « faire un enfant chéri », *chier enffant*, ou *lief kindr*. Dans certains cas extrêmes (qui sont peut-être typiques de la plus ancienne strate des coutumiers flamingants), on trouve même, en Flandre, des enclaves localisées d'égalité complète, où l'on pratique le rapport forcé, et qui font penser aux structures normandes.

Précisément, la comparaison Wallonie-Flandre peut être poussée fort loin : préciput et liberté d'avantager, qui caractérisent les Francophones de l'extrême nord, font partie d'une architecture générale des coutumes et même des familles, qui s'oppose terme à terme à l'homologue flamingant. Si la jurisprudence picarde-wallonne met au premier plan les transports aisés, les attributions larges, les donations massives qu'autorise la faculté d'avantager (tandis que les lois flamandes tâchent au contraire d'expédier, jusqu'aux ramifications et bourgeonnements les plus extrêmes de la lignée, une égale et juste portion d'héritage), c'est afin d'encourager (en Wallonie) la communauté ménagère, fonctionnant au profit des époux, puis des enfants qui veulent bien s'y maintenir incrustés; et c'est (en Wallonie toujours) au détriment des intérêts des membres disséminés du lignage, des branches collatérales, des enfants « détronqués »; les membres épars de la lignée constituant, au contraire, la préoccupation cardinale du monde flamand. Dans le même ordre d'idées, la Wallonie roturière préconise (mais la Flandre refuse) le *ravestissement* (attribution, en cas de décès d'un des conjoints, du patrimoine *entier* du ménage au conjoint survivant); ce ravestissement devenant possible dès lors que les conjoints ont définitivement prouvé qu'ils n'étaient qu'une seule chair, en mettant au monde un bébé, même unique, même prématurément décédé; à condition toutefois que ce bébé ait eu le temps, ne fût-ce qu'un instant « de braire et de crier »! Contredisant ainsi la règle *paterna paternis*, et contestant la vocation « lignagère » du patrimoine pour mieux exalter la fusion « ménagère » des biens des époux, la Picardie-Wallonie ne peut que pratiquer tout naturellement le « partage par lits »; et non pas bien sûr, comme font au contraire tant de cantons flamands, le partage par tête (sans discrimination) « entre les enfants de tous les lits indistincts ». Dans ce même esprit de préférence accordée au fait communautaire, la Wallonie (à l'inverse de la Flandre, une fois de plus) adopte aussi la dévolution, qui aboutit dans les faits, à octroyer les immeubles venus de père et de mère aux enfants du premier mariage. Enfin, on retrouve en Wallonie-Picardie, conséquence analogue d'une imperturbable logique, les mesures classiques d'exclusion, chères à toutes les coutumes qui (à l'instar des plus anciennes structures orléano-parisiennes) mettent au-dessus de tout, même quand c'est aux dépens des intérêts des membres du lignage, la pérennisation de la communauté ménagère et de son unité terrienne, destinée si possible à survivre par-delà la mort des parents. Picards et Wallons connaissent donc à des degrés divers la discrimination contre les enfants dotés; la situation diminuée faite aux filles; l'exclusion des bâtards (alors que la Flandre, — décidément lignagère, et fidèle jusqu'au bout à la règle *materna maternis* comme aux droits souverains du ventre —, affirme fièrement que *nul n'est bâtard de par sa mère, een moder maakt geen bastaard*). Dans les pays francophones de l'extrême nord, on trouve, aussi, parfois, le droit de *maineté* (attribution du *mez* ou maison familiale indivisée au plus jeune des enfants, c'est-à-dire à celui qui, selon toute probabilité statistique, fera le plus longtemps, et le dernier, corésidence commune avec ses parents). Sur tous ces points, la plupart des coutumes flamandes sont, une fois de plus, en opposition radicale avec leurs homologues wallonnes et picardes.

Le test essentiel demeure, du côté de celles-ci, l'absence de représentation. Il s'agit là, dans les coutumes wallonnes, d'un véritable trait primitif, puisque comme l'écrit J. Yver, « une coutume aussi peu soucieuse de l'égalité entre enfants n'avait aucune raison en cas de pré-décès de l'un d'entre eux, d'être davantage attentive à faire parvenir en son lieu et place la part du mort aux enfants de celui-ci ». Au contraire, la Flandre (tellement désireuse, comme du reste la Normandie, de faire suivre « à chacun son dû ») pratique avec conscience, et quasiment avec perversité, la représentation à l'infini, « fût-ce au 100e degré et au-delà », comme l'écrit, sans rire, la Coutume d'Anvers de 1545. L'une des conséquences inévitables de cette divergence d'attitudes, c'est l'absence en Picardie-Wallonie de cette curieuse institution qu'est la Fente (absente aussi dans les vieilles coutumes orléano-parisiennes). Au cas en effet où, par suite de l'extinction des descendants sans postérité, les collatéraux sont appelés à succession, les Picards et les Wallons attribuent les meubles et acquêts, qui se trouvent dans le patrimoine de ces descendants décédés, au parent le plus proche. Au contraire la coutume flamande, fidèle à la distinction des lignages et à la représentation à l'infini, *fend* littéralement, comme une bûche, ce patrimoine en déshérence, pour le partager par moitié, entre les membres des lignées des père et mère ; voire même par quarts ou par huitième, entre les membres des lignées des quatre grands-parents ou des huit arrière-grands-parents !

*

Cette polarisation de la Wallonie, en direction d'une jurisprudence ménagère, voire « mansique », peu favorable au lignage, répond sans doute à l'existence d'un territoire politique et d'une aire culturelle bien délimitée, que souligne à l'envi l'individuation linguistique ; faut-il y voir, aussi, l'effet tranché d'une structure sociale ? Dans cette hypothèse, prudemment avancée par J. Yver à partir d'un texte suggestif, le droit communautaire des Wallons serait initialement celui d'une population de paysans dépendants, ou *meisenedien*, qui sont contraints de compter, précautionneusement, avec le caractère fragile et à peine héréditaire de leur tenure ou de leur manse ; et qui donc exaltent ce qui constitue leur seul recours : l'unité du couple, et la pérennité du lopin. Tandis que le droit flamand, tout comme les coutumes normandes, représenterait, au sein d'une autre ethnie et d'une culture différente, les habitudes d'une couche d'hommes libres aux coudées plus franches ; d'hommes capables de pratiquer, à l'égard des individus de leurs lignages respectifs, la formule égalitaire « à chacun selon son droit », précisément parce qu'ils ne se sentent pas enfermés dans la cage de fer de l'organisation domaniale.

*

Mais l'important bien sûr n'est pas dans cette hypothèse, dont son auteur lui-même reconnaît le caractère exploratoire. L'essentiel, c'est pour nous d'avoir obtenu, grâce à Jean Yver, une grille, qui introduit dans l'apparent fatras des coutumes françaises dont la diversité semblait évoquer le palais du facteur Cheval, une logique et une rigueur cartésiennes. Autour des deux pôles opposés, celui de la *consanguinité* généalogique et celui de l'*alliance* conjugale, des solutions antinomiques se définissent, aux deux extrêmes de l'arc des possibles ;

l'égalitarisme et l'égoïsme lignagers font ainsi contraste avec la faculté d'avantager pour les fins communautaires et ménagères. Normandie et Flandre, chacune dans leur style, sont de ce point de vue aux antipodes de la Wallonie ou du pays d'oc. Dans l'entre-deux, des constructions bâtardes ou centristes, qui sont du reste en constant déséquilibre et en mouvement (ainsi dans la région orléano-parisienne) se sont également révélées. Des traits isolés, — majeurs, ou simplement bizarres — tels que la représentation à l'infini, ou la Fente, sont venus prendre leur place logique dans telle ou telle configuration régionale. A la limite, la grille mise en cause, par son caractère de totalité rigoureuse, est susceptible de rendre compte non seulement des coutumiers réels, mais de l'ensemble des coutumes possibles, sur le territoire considéré.

Le caractère hautement déductif du modèle qui nous est ainsi proposé n'implique nullement qu'il y ait, en la circonstance, de la part de Clio, rupture avec le réel empirique, tel qu'il existait dans le passé. En tirant la géographie des coutumes, de l'ornière d'une description purement factuelle, et en l'orientant vers un comparatisme logique, J. Yver en fin de compte revient aux voies les plus éprouvées de la compréhension d'historien. La mise en évidence d'une série de régions septentrionales qui pour des raisons ethnico-lignagères pratiquent de bonne heure l'égalitarisme (Normandie, Flandre) ou qui s'efforcent d'y aboutir par une évolution mitigée mais vigoureuse (région orléano-parisienne) rejoint en effet les constatations qu'ont faites depuis longtemps ceux qui s'intéressèrent aux plus anciennes révoltes du monde rural, éprises d'égalité elles aussi; qu'il s'agisse de la rebellion des paysans normands décrits par Wace; de celle des Flamands, chère à Pirenne; des Jacques enfin, en Ile-de-France et en Beauvaisis. De formidables traditions d'égalitarisme sévissent donc souvent (mais non partout), en roture, dans la moitié septentrionale de la France. Elles intéressent les historiens du développement, attentifs à la modernité précoce du Nord français; elles devraient fasciner aussi les spécialistes de la Révolution française, concernés par l'éternel problème des origines. En fin de compte, ce qui se dégage des recherches incroyablement minutieuses et fastidieuses de J. Yver (à condition bien sûr que celles-ci soient décrochées de leur ciel intelligible, et sans cesse complétées, confortées ou rectifiées, par des enquêtes sur le terrain, au moyen des registres notariaux et des actes de la pratique), c'est une approche nouvelle de l'histoire de la famille; les familles élargies du Massif

Central et du Nivernais, les communautés ménagères de l'ancienne Ile-de-France ou de Picardie-Wallonie, les lignages flamands et normands, ceux-ci paradoxalement nourriciers d'individualisme et d'égotisme, ne sont pas seulement connaissables (tant bien que mal) au niveau de la vie intime ou des représentations collectives. Ils ont laissé, pendant le XVIe siècle et même bien avant, dans la rédaction des coutumes, la plus ineffaçable des empreintes.

Les comptes fantastiques de Gregory King [1]

Le travail de J.-C. Toutain sur « Le produit de l'agriculture française » à partir de 1700 constitue l'un des essais majeurs de quantification nationale, appliquée à l'Ancien Régime [2]. Un historien des paysanneries traditionnelles se doit d'étudier cet ouvrage longuement, afin d'en tester les méthodes et d'en éprouver les résultats.

M. Toutain prend, comme source initiale, les supputations globales des contemporains (d'où l'immense intérêt de son livre, comme mine de références, et comme répertoire). Toutefois ces supputations peuvent être de simples intuitions de type « bergsonien »; ou bien au contraire, elles résultent véritablement d'une enquête statistique. Dans les deux cas, J.-C. Toutain leur fait bon accueil.

En tant que spécialiste de l'histoire agraire du « long XVIIe siècle », j'envisagerai ici par priorité les chiffres de la décennie 1700-1710 qui forment, chronologiquement, le point de départ des travaux de M. Toutain.

Il convient de prendre, en un premier temps, l'exemple du revenu céréalier. L'auteur du « Produit de l'agriculture » utilise d'abord les données de Vauban. La fameuse « lieue carrée » [3], inspirée par l'expérience normande et morvandelle,

---

1. *Annales*, sept.-oct. 1968.
2. J.-C. Toutain, « Le produit de l'agriculture française de 1700 à 1958. 1° Estimation du produit au XVIIIe siècle », dans J. Marczewski; « Histoire quantitative de l'économie française », *Cahiers de l'Institut de Science économique appliquée*, n° 115, juil. 1961, pp. 1-216.
3. En dépit des références initiales et empiriques à la Normandie (Vauban, *La dîme royale*, éd. 1933, p. 39 *sq*.) et au Morvan (*ibid.*, p. 127 *sq*.) la lieue carrée est bien dans son principe un modèle théorique au sens le plus positif du terme. Le seul tort de son inventeur est d'avoir estimé, pour des raisons partiellement valables, que ce modèle peut s'appliquer tel quel à l'ensemble du territoire national (*ibid.*, p. 165 *sq*.). La procédure employée est la suivante : l'auteur de la *Dîme royale*

et aussi par l'imagination utopique du Maréchal, est extrapolée par M. Toutain au territoire national; puis d'autres sources sont mises à contribution dans le *Produit*. Les résultats se concrétisent par les propositions suivantes :

1. Le rendement à la semence n'augmente guère de 1700 à 1790, oscillant autour de 5 pour 1 [1].

2. Le rendement à l'hectare augmente beaucoup, passant de 6 quintaux-hectare en 1700, à 11,5 quintaux-hectare (froment) et 8 quintaux (seigle) en « 1789 ».

3. Les terres emblavées (*ibid.*, p. 77-78) changent peu en surface : 13 800 000 hectares en 1700, 10 millions (?) en 1750, 13 600 000 en 1775; entre 12 400 000 et 14 400 000 en 1789.

4. La production de céréales augmente beaucoup; elle passe en première analyse, de 87 millions de quintaux en 1701-1710, à 113 millions en 1781-1790 (*ibid.*, p. 77 et suivantes).

Il semble d'abord que la proposition 1, qui a le mérite de dégonfler certaines outrances [2], soit néanmoins trop absolue; il existe en fait, au moins en certaines provinces, une hausse légère du rendement à la semence, dans la seconde moitié du XVIIIe siècle. Mais cette hausse, reconnaissons-le immédiatement, n'est peut-être qu'en partie une croissance véritable et sans précédent; partiellement aussi, elle est récupéra-

---

imagine d'abord, à partir de sa riche expérience d'économiste rural, ce que peut bien contenir, en fait de cultures, et de pâturages, vignes, bois, etc., une lieue carrée, représentative d'un terroir fictif, qui serait lui-même considéré comme typique du finage français moyen, sous Louis XIV. En cours de calcul, ce modèle est ensuite légèrement gauchi par son créateur à l'aide de quelques pichenettes utopiques, et coups de pouces *ad usum delphini* (*ibid.*, p. 169). Finalement, Vauban calcule le revenu agricole global de cette lieue carrée (35 000 livres tournois (*ibid.*, p. 176). Il ne lui reste plus qu'à multiplier ce revenu par les trente mille lieues carrées qu'on attribuait généralement dans cette époque au territoire du royaume (cf. Mousnier, *La Dîme de Vauban*, Paris, 1968, C.D.U., p. 80 *sq.*). Le Maréchal obtient alors le revenu d'ensemble de l'agriculture française (*ibid.*, p. 176).

Il n'est pas question, dans mon analyse, de nier l'admirable effort d'information entrepris à ce propos par Vauban (voir sur ce sujet Saint-Simon, *Mémoires*, Paris, éd. 1899, tome XIV, pp. 324-325, référence aimablement fournie par P. Couperie). Simplement, j'ai voulu souligner que cet effort n'était pas exclusif de certaines carences (cf. par exemple la méconnaissance de l'assolement biennal : Vauban, éd. 1933, p. 176). J'ai tenu à rappeler avec force que la lieue carrée, dans sa forme achevée, se présente beaucoup plus comme un édifice logique, certes génial, que comme une reconstitution empirique : celle-ci, pour être mise en place, aurait nécessité l'élaboration préalable d'un série suffisante de modèles régionaux. Ce qui ne fut pas le cas.

1. J.-C. Toutain, *op. cit.*, pp. 75-76.
2. Cf. aussi dans les *Cahiers des Annales*, un passionnant ouvrage de M. Morineau sur la non-révolution agricole : « Les faux-semblants d'un démarrage économique. »

tion; elle ramène le rendement du blé, après la chute des années 1690-1710, aux niveaux anciens déjà élevés, honorables, que les agriculteurs méridionaux obtenaient, à la belle époque de Colbert.

La proposition 4 (hausse de la production céréalière) paraît conforme au bon sens. Sinon quant aux chiffres absolus (M. Toutain lors d'une autocritique, en un passage ultérieur de son livre, s'interrogera sur le bien-fondé de ceux-ci); du moins quant à la tendance : comment expliquer autrement la disparition des famines? De ce point de vue, il est remarquable de noter certaines données convergentes : les famines françaises, par exemple, sont spécialement graves dans les décennies 1690-1720, au cours desquelles la production du blé, connue par diverses sources et notamment par les dîmes, est effectivement basse, même en année commune; on s'explique, dans ces conditions, que les accidents météorologiques (1693-1694, 1709) aient pris automatiquement des allures d'apocalypse : ces catastrophes amputaient en effet jusqu'au plus strict minimum un produit brut, qui par avance était déjà déprimé, même lors des années de récoltes normales, au cours de ces trois décennies.

En outre, la thèse de M. Toutain, selon laquelle le produit brut céréalier s'est accru entre 1700 et 1790, s'harmonise avec la hausse légère des consommations du pain au XVIIIe siècle; cette hausse elle-même étant en concordance avec l'effacement des disettes et avec la baisse de la mortalité. On sait que l'affaissement progressif de la mort, à l'époque des Lumières, a été pressenti par divers auteurs : il a été récemment démontré, au plan national, et de façon péremptoire, par Louis Henry.

Je me demande toutefois si les chiffres terminaux (1780-1789) du produit brut des céréales, estimé par M. Toutain, ne sont pas gonflés à l'excès. Comment se fait-il qu'ils soient supérieurs, et de beaucoup, à ceux qu'affirmeront Chaptal et Montalivet, pour 1803-1812 (94-98 millions de quintaux)?

Passons maintenant à la proposition 2 (hausse du rendement à l'hectare) : celle-ci paraît contestable, sinon quant à la tendance, du moins quant aux chiffres proposés; un quasi-doublement du rendement à l'hectare — surtout en l'absence d'une hausse du rendement à la semence! — est un phénomène mystérieux. En fait, la proposition 3 (stabilité des superficies) est probablement à discuter; l'augmentation de la production céréalière s'est réalisée pour une part grâce à la hausse des rendements, mais aussi, sans doute, grâce à une modeste extension des emblavures. Cet accent mis sur les surfaces semées en grain est important : il implique en effet que la hausse de la production de blé a été acquise grâce à des investissements accrus en effort humain; ces investissements eux-mêmes proviennent soit d'une augmentation du nombre des gens employés dans l'agriculture; soit, hypothèse qui n'exclut pas la précédente, d'une diminution du nombre des jours chômés dans l'an par les travailleurs déjà employés. En d'autres termes, dans cette perspective, la productivité *annuelle* du travailleur agricole a pu s'accroître au XVIIIe siècle; mais non pas, ou beaucoup moins, sa productivité *horaire* (celle-ci correspondant seule au concept moderne d'accroissement de la productivité par amélioration technologique).

Notons aussi, quant à cette extension plausible des emblavures françaises au XVIIIe siècle, que le concept de *récupération*, une fois de plus, est fondamental : la « croissance » du XVIIIe siècle tient peut-être pour une part à la remise en valeur des champs marginaux, abandonnés lors des décennies noires qui jalonnent « la fin du règne » de Louis XIV.

Mais il faut s'en tenir aux problèmes du produit brut; M. Toutain lui-même, après avoir mis sur pied, de façon valable, un chiffre de *consommation* du grain pour 1701-1710 (58 à 67 millions de quintaux) admet que ses évaluations premières de *production*, extrapolées de Vauban, pour 1701-1710 (87 millions de quintaux) étaient donc beaucoup trop fortes : et il écrit (p. 88) « pour 1701-1710, il faut croire que quelqu'une de nos données est fausse; et il semble que c'est la superficie, qu'il conviendrait dans ces conditions de réduire à 10 millions d'hectares ». Je suis d'accord, sinon sur le chiffre précis, du moins sur le principe même de cette réduction. Et on ne saurait mieux dire que, dès le départ, la lieue carrée de Vauban, avec sa surestimation des emblavures et avec sa généralisation indue de l'assolement triennal, n'était pas un guide valable. Ni pour les grains qu'elle surestime. Ni non plus, comme on le verra, pour les vignes (qu'elle surestime aussi). Ni pour les bois (qu'elle sous-estime). La lieue carrée, il faut l'admettre, n'est pas toujours une image fidèle. C'est bien souvent le délassement d'un guerrier : elle devient alors jardin d'utopie, planté avec amour par un militaire éclairé, pendant les loisirs studieux que lui laisse la carrière des armes. La lieue vise souvent à prouver une thèse, plus qu'à refléter un territoire. Vauban lui-même l'avoue ingénument à propos de son estimation des vignes, quand il écrit « *les vignes y sont supposées trop fortes de quelques* arpents... Ce quy ne mettrait les peuples que plus à leur aise s'il en était ainsi [1] ».

J'en viens à la vigne, précisément. La lieue carrée, rapportée au territoire national, donne à M. Toutain 2 600 000 hectares de vignes en France, dans les années 1700. C'est bien davantage que sous l'Empire et la Restauration (2 000 000 et 2 100 000 hectares respectivement) et, plus même que sous le Second Empire (2 190 909 hectares en 1858), au temps de la Révolution ferroviaire qui couvrait de vignes le Midi de la France. Il s'agit là de la « seule évaluation plausible », dit gravement J.-C. Toutain (p. 120), à propos de ce chiffre de 1700. En fait, ces résultats démontrent surtout comme il est dangereux d'extrapoler les chiffres de Vauban, et combien la réputation du « père de la statistique », en dépit de ses mérites éclatants de précurseur, est quelquefois surestimée. Faut-il rappeler, dans cette perspective critique, que Vauban est aussi l'inventeur du système, carrément farfelu, de la dîme royale, dont l'application eût ramené la France, déjà fort archaïque en matière d'impôts, jusqu'au niveau d'efficacité peu réjouissante des fiscalités ottomanes, avec leurs escouades de percepteurs et de décimateurs en nature [2].

M. Toutain est du reste effrayé, finalement, par les comptes fantastiques du statisticien morvandiau. Le rendement moyen, très élevé pour l'époque, de 25 hectolitres à l'hectare [3] que propose Vauban pour les vignes françaises vers 1690-1710, donnerait, multiplié par le nombre d'hectares, la vendange fabuleuse de 65 millions d'hectolitres, soit annuellement 340 litres de vin par Français de tout âge et de tout acabit. Bébé, adulte ou vieillard, le Français moyen du temps du Roi-Soleil avait-il déjà, dans sa giberne, le « kilo de rouge » quotidien qui caractérisera la Troisième République à ses heures les plus glorieuses? Allons donc! Cas régionaux mis

---

1. Vauban, *Dîme royale*, Paris, Alcan, éd. 1933, p. 169.
2. L'application du système de la dîme royale eût exigé la construction d'un immense réseau de grandes décimales (Vauban, éd. 1933, p. 47). Vauban, lorsqu'il propose cette procédure, est fasciné par les modèles archaïques, lointains ou utopiques (cf. les exemples tirés de la Bible, du Grand Mogol, et du « Roy de la Chine », ibid., p. 12 de l'éd. 1933). — Cf. aussi J. Ganiage, *Les origines du protectorat français en Tunisie*, Paris, 1959, pp. 99-100. — F. Braudel, *Civilisation matérielle et Capitalisme*, Paris, 1967, vol. I, pp. 422-423. — Sur les sources chinoises de la pensée décimale de Vauban, cf. R Mousnier, *La Dîme de Vauban*, Paris, CDU, 1968, pp. 18-20, citant le Père Lecomte, *Nouveaux Mémoires sur l'état présent de la Chine*, Paris, 1696).
3. Sous le Second Empire (1858), d'après la *Statistique de la France* (Paris, 1860), le rendement français moyen n'est que de 17 hl/ha.

à part, « c'est inadmissible », comme dit avec raison M. Toutain (p. 120). Et de se rabattre sur les estimations de King. J'y reviendrai.

En fin de compte, la lieue carrée de Vauban, extrapolée à la nation, est source de déboires : nous venons de voir qu'ainsi manipulée elle donne beaucoup trop de vignes. Vauban du reste le reconnaît lui-même [1]. En ce qui concerne les bois, c'est tout le contraire. La « lieue » donne seulement 5,1 millions d'hectares, dont 1,7 de futaie et 3,4 de taillis. M. Toutain, dans une première phase, accepte ces chiffres tels quels. Ils sont pourtant inférieurs à tous ceux des décennies et siècle suivants. Inférieurs de 2 à 3 millions d'hectares ou même bien davantage aux nombres que propose la carte de Cassini en 1761, ou bien, source sérieuse, la statistique générale de la France en 1830. Il faut donc admettre, si l'on extrapole aveuglément la lieue carrée du maréchal, qu'il n'y eut jamais en France aussi peu de futaies (ce qu'on peut accepter à la rigueur), ni aussi peu de taillis qu'en 1700. Mais comment donc, dans ces conditions, les générations suivantes purent-elles opérer d'énormes ponctions sur le capital forestier? Les défrichements des XVIIIe et XIXe siècles [2] ont bien existé, nul ne le nie, même si l'on reconnaît qu'ils n'égalent pas en importance ceux du XIe siècle. Comment donc ces gens des XVIII-XIXe siècles, disons en gros 1730-1830, ont-ils pu défricher, récupérer des terres abandonnées sous Louis XIV ou vierges, et se retrouver finalement vers 1800-1830, si l'on en croit la première analyse de M. Toutain, avec un capital-bois (futaies + taillis) *supérieur* à celui dont disposaient leurs ancêtres en 1700? Le *take-off* a des limites. Et il y a quelque chose qui ne va pas, qui « cloche » dans les chiffres qu'on nous propose. La lieue carrée qui grossit les vignes tend à rapetisser les surfaces boisées.

M. Toutain, sans être tout à fait conscient de ce problème, en a néanmoins senti la difficulté, quand il en est venu à calculer, à partir d'une surface aussi étriquée, le revenu-bois vers 1700. Il trouve 25 millions de livres tournois, ce qui, il l'admet, est trop faible. Aussi décide-t-il d'adopter une autre méthode de calcul. Il prend comme base nouvelle de son estimation (p. 194), le rapport « généralement admis par les auteurs pour cette période » entre la valeur des bois et celle

---

[1]. Cité *supra*, fin du premier paragraphe.
[2]. Sur les défrichements de la Révolution française, cf. notamment l'article de François Crouzet concernant l'évolution de l'économie française pendant la Révolution, d'après le mémoire de Sir Francis d'Ivernois, *Ann. hist. de la Révol. française*, 1962, pp. 336 et suivantes (2e partie de l'article).

des céréales : 4 à 8 %. Et il aboutit ainsi à une valeur du produit forestier située entre 25 et 95 millions de livres. Mais qui sont donc les « auteurs pour cette période » (p. 187 et 194)? Vauban, bien sûr, encore lui; puis Gueuvin de Rademont qui, en 1715, se contente lui aussi d'extrapoler la lieue carrée de Vauban[1] (Gueuvin prend pour base de ses estimations les surfaces en bois et en grain proposées par la dîme royale; et il se borne ensuite à des corrections mineures : il modifie, dans les appréciations vaubaniennes, le rapport bois-fagots et les niveaux de prix[2]). Enfin le dernier auteur mis à contribution par M. Toutain n'est autre qu'un homme du XIXe siècle, Moreau de Jonnès qui, lui aussi, s'inspire sur ce point de la Dîme royale[3]. Donc Vauban, toujours Vauban; c'est encore l'increvable lieue carrée qui ressort, tel un diable de sa boîte, avec sa sous-estimation des surfaces et valeurs forestières. Cette sous-estimation est si évidente que les auteurs postérieurs du XVIIIe siècle, eux, proposeront, quant aux forêts et taillis, des millions d'hectares en plus : et les pourcentages des valeurs-bois qu'ils avanceront seront nettement plus élevés que « 4 ou 8 % » par rapport à la valeur totale des céréales produites (Toutain, pp. 128-131 et p. 187).

Les travaux de Michel Devèze[4] permettent de faire le point sur ces problèmes : en 1912, la forêt française, d'après les relevés très complets de l'administration des Eaux et Forêts, couvrait 9 860 700 hectares. Et M. Devèze ajoute *(ibid.)* : « L'époque où la forêt française a été *la moins étendue* en France est sans doute le début du XIXe siècle, avant les grands reboisements en pins des Landes, de Sologne, de Champagne. (La superficie forestière était alors descendue à 8 millions d'hectares à peine.) » Si l'on suit M. Devèze, et il y a tout lieu de le suivre, il faut admettre alors que la surface forestière avait décru au cours des siècles qui précèdent 1800-1810 : elle était donc en 1700 supérieure à 8 millions d'hectares; que penser, dans ces conditions, des propositions retenues par M. Toutain, à savoir : « 5,1 millions d'hectares de bois et taillis en 1700-1710 »; « forte croissance de la production de bois : + 72 % entre 1701-1710 et 1781-1790 » et aussi (p. 121) « forte croissance du revenu déflaté du bois...

---

1. Toutain, p. 33.
2. Gueuvin de Rademont, *Nouveau traité sur la dîme royale*, 1715, notamment pp. 146-148.
3. Moreau de Jonnès (*État économique de la France... jusqu'en 1715*, Paris, 1867), fixe en effet, d'après Vauban, le produit des bois au 1/20 de celui des céréales.
4. Michel Devèze, *La Vie de la forêt française au XVIe siècle*, Paris, 1961, tome I, p. 267.

de 116 millions à 200 millions entre 1701-1710 et 1781-1790 ».
Ces thèses, *a priori*, étaient bien étonnantes : il est difficile de concevoir en effet que blé et bois puissent progresser simultanément, dans une économie où le défrichement est la façon la plus normale d'augmenter la production des grains. Mais elles sont aussi en opposition avec les données de l'historiographie la plus récente : Devèze (*ibid.*, p. 269) montre que pour 28 départements, la surface forestière est passée de 16,3 % de la superficie départementale totale en 1550 à 9 % en 1912. A ce compte, et si l'on extrapole à la nation (démarche intellectuelle qui produit des résultats fragiles, mais moins évanescents que ceux obtenus à partir d'une généralisation sur la lieue carrée), la France aurait eu 18 millions d'hectares de forêts en 1550 contre 8 millions en 1800-1812 : soit 10 millions d'hectares de différence. Ce sont, entre autres facteurs, les « grands défrichements » de l'âge classique, destructifs de ces 10 millions d'hectares, qui ont permis la croissance démographique, puis la fin des famines, entre 1550 et 1830. Une partie de ces 10 millions d'hectares, défrichés entre 1550 et 1810, était encore sur pied, c'est probable, au temps de Vauban : dans ces conditions, il faut considérer la décroissance ou pour le moins la stabilité, non la hausse, du produit forestier déflaté comme l'hypothèse la plus raisonnable, à propos du xviiie siècle; c'est en sacrifiant le bois qu'on aurait fait du grain et qu'on aurait réussi à nourrir, pour la première fois sans grosse famine, les ventres creux du Royaume de Louis XVI; une telle explication, par le défrichement, n'est sans doute pas exhaustive. Mais il est impossible de la récuser complètement.

*

M. Toutain est conscient, sinon quant au bois, du moins quant à la vigne, des insuffisances de la lieue carrée. Il s'est donc tourné vers un autre auteur : Gregory King. La référence à King est fondamentale dans le cahier 1961 de l'I.S.E.A. Une critique préalable des bases de travail du statisticien anglais aurait été nécessaire. Certes, la démarche de M. Toutain est généreuse et même admirable : d'emblée, il fait confiance à King, et il accepte pratiquement tous ses chiffres non céréaliers, quitte à opérer sur eux par la suite quelques retouches mineures. Mais les historiens sont tatillons; ils veulent savoir, connaître ces « méchants faits », qui détruisent les belles hypothèses.
King doit d'abord être replacé dans son époque : on sait

qu'il tentait de réagir contre les exagérations de William Petty qui, dans sa *Political arithmetic* (Chap. IV), avait affirmé « *que les peuples et les territoires du Roi d'Angleterre sont naturellement presque aussi considérables que ceux de la France, quant à la richesse et quant à la force* [1] ». Ces propos, connus en France, avaient paraît-il offensé Louis XIV ; Gregory King, aussi soucieux que Petty d'établir les ressources formidables de son pays en temps de guerre, tentait cependant de parvenir à des estimations plus raisonnables que celles de son prédécesseur. Il admettait, quant à lui, que le revenu national de la France était presque double de celui de l'Angleterre. Mais il pensait pourtant (et il tentait de le prouver par ses statistiques) que la guerre de la Ligue d'Augsbourg était plus nuisible à la France qu'elle ne l'était à l'Angleterre et à la Hollande : « *de 1688 à 1695*, écrivait-il, *l'Angleterre a perdu 50 000 habitants, la France 500 000, et la Hollande en a gagné 40 000. L'Angleterre a perdu un million de revenu, et la France dix millions ; mais la Hollande est augmentée d'un demi-million* [2] ».

Le caractère hypothétique de ces conclusions ne diminue pas l'intérêt des travaux de King. Bien au contraire : son analyse statistique des effets de la guerre sur une économie du XVIIe siècle demeure un modèle de pénétration intellectuelle. M. O. Piquet-Marchal le montre fort bien, qui traduit les calculs de King dans le langage contemporain de la comptabilité nationale [3]. Sans nul doute, King combat d'avance les historiens qui sous-estimeront l'influence de la guerre, quant aux dépressions économiques du XVIIe siècle : la guerre, comme il le suggère par ses chiffres, « restreint l'épargne nationale, publique et privée, freine les investissements et compromet l'expansion à long terme du pays [4] ».

Mais une chose est d'admirer la puissance des raisonnements de King ; autre chose d'apprécier ses chiffres et notamment ses nombres français, qui sont par définition les plus contestables : King n'était pas sur place ; et nous savons par ailleurs comme étaient pauvres les moyens dont disposaient les statisticiens qui s'intéressaient éventuellement à la France en 1696, date à laquelle Gregory King proposa son manuscrit.

1. L'analyse de Paul Studenski, *The income of nations*, New York, 1958, pp. 26-40, m'a été précieuse à ce propos.
2. G. King, *An estimate of the comparative strength of Great Britain and France...*, 1696. Nous avons généralement utilisé l'édition de Baltimore de 1936, p. 56.
3. M. O. Piquet-Marchal, « Gregory King, précurseur de la comptabilité nationale », *Revue économique*, 1965, pp. 212-245.
4. *Ibid.*, pp. 241 et 245.

On disposait, il est vrai, chez Louis XIV, de recensements divers : dénombrements partiels entrepris en quelques provinces dans les années 1680; enquête nationale, mise en chantier après la famine (1693-1694)[1]. King, peut-être, eut connaissance de cette enquête; mais on ne peut affirmer que tel fut le cas. On remarque en effet que King fait partir ses extrapolations aventureuses de l'année 1688, donc bien avant l'investigation nationale qui vient d'être mentionnée. Si par aventure il l'avait connue, il n'y aurait sans doute pas trouvé de quoi meubler les multiples cases de ses tableaux statistiques. Une grande partie des chiffres de King est probablement à base de déductions, certes correctes en leur marche logique, mais pas forcément concordantes avec les faits.

A vrai dire, sur l'origine précise des chiffres *français* de King, nous ne savons rien, excepté ce qu'il en écrit dans son livre : or, son texte confirmerait plutôt, nous le verrons, qu'il opéra, initialement, par déductions brillantes et audacieuses.

L'éminent spécialiste de King, D. V. Glass, que j'ai questionné sur les sources de cet auteur, m'a répondu (lettre du 3 janvier 1968) : « Je ne puis vous donner d'indication réelle sur la façon dont King est parvenu à ses calculs pour la France. Ayant lu une bonne part des manuscrits de King, je suis convaincu qu'il doit y avoir une certaine base de fait à ses estimations. Bien qu'il allât souvent au-delà de cette base de fait, il partait presque toujours de certaines données, quel qu'ait pu être le caractère plausible ou non de ces données. Malheureusement, aucun des manuscrits que j'ai vus ne contient d'indication sur ses sources d'informations pour la France ». La question reste donc ouverte. D'où King a-t-il pu tirer ses chiffres français?

A ce propos, M. Toutain hésite entre deux hypothèses que nous appellerons par commodité hypothèse A (approche globale) et hypothèse B (approche individuelle).

L'hypothèse A est tirée du « contexte » de l'ouvrage anglais : « Du contexte de King, écrit M. Toutain, il semble se déduire que c'est de la *consommation globale* que la consommation par tête a été tirée » (p. 115). Partant de ce concept de « globalité », M. Toutain divise tous les chiffres de King par 20 millions, nombre arrondi d'habitants, dont approchait la population française en 1700. Il calcule ainsi des rations individuelles. Et il rectifie, chemin faisant, le chiffre erroné de 13,5 millions de sujets que King, par suite d'une sous-esti-

---

1. Dupâquier, dans *Rev. hist.*, 1968, pp. 47, 48, 49.

mation, appliquait au royaume de Louis XIV en 1695 [1].
Mais King est-il vraiment parti des chiffres globaux ? A
un certain moment, M. Toutain hésite à ce sujet (p. 140-141).
En ce qui concerne les fruits et légumes, il écrit par exemple
(p. 140-141) « *pour Davenant* (Davenant est l'auteur qui
reprendra par la suite les chiffres de King), *nous avons supposé
que le chiffre de consommation globale était, dans son calcul,
antérieur au chiffre de consommation par tête. Mais il se peut au
contraire que King soit parti de la consommation par tête
présumée* ». M. Toutain échafaude sur cette hypothèse passagère des calculs compliqués... qu'il se serait épargnés s'il avait
tenu compte de l'édition anglaise de King.

Mais quoi qu'il en soit, en dehors de ce cas isolé des fruits
et légumes, l'hypothèse B (approche individuelle) n'a guère
retenu M. Toutain. Dans tous les autres domaines (blé, vin,
viande, beurre, œufs, fromages), M. Toutain a simplement
conservé les valeurs de King, telles qu'elles se présentent
quand on admet que le statisticien anglais est parti de chiffres
globaux qu'on a le droit d'appliquer tels quels à une France
de 20 millions d'habitants. On s'en convaincra en consultant
dans le livre de M. Toutain le tableau 61 (p. 199 : le produit
animal), et surtout les tableaux 63 (p. 202 : produit agricole
final), et 59 (p. 191) où ne figurent pas de valeurs rectifiées
pour le vin et la viande.

En réalité, qu'en est-il ? Hypothèse A ou hypothèse B ?
Dans les faits, il semble bien que King soit parti de l'hypothèse A (approche globale), puis qu'il ait utilisé, dans des
conditions que nous ignorons, l'approche B (individuelle).
Une simple lecture, rapide et même superficielle, de l'édition
anglaise et originale, de King, aurait permis, à ce sujet, de
lever certaines hésitations de M. Toutain.

Je me référerai, en ce qui concerne le livre de King, à l'édition de Baltimore, publiée en 1936 : elle est conforme aux
textes primitifs [2].

Pour estimer le revenu de la France en 1695, King part
d'abord du niveau présumé « d'avant guerre » (1688). Il
estime celui-ci en premier lieu d'après la superficie totale
du royaume : celle-ci est évaluée par lui, — landes, montagnes,
et terres incultes comprises — à 126 millions d'acres [3], soit

---

[1]. King, d'après un calcul que nous évoquerons par la suite, comptait 14 millions d'habitants en 1688, et 13,5 millions en 1695 à cause des pertes provoquées
par la guerre et par la misère.

[2]. *Two tracts by Gregory King*, The Johns Hopkins University Press, Baltimore, 1936.

[3]. Cf. King, éd. 1936, p. 49 ; et sur les bases géographiques du calcul, cf. p. 35.

50 millions d'hectares environ (500 000 km² : le calcul, en gros, est correct).

Puis King se donne un revenu moyen à l'unité de surface (5 £ sterling par acre). Sur quelles bases? Mystère. A partir de là, une multiplication lui donne sur-le-champ le revenu foncier : 32 millions de livres sterling auquel il ajoute immédiatement 52 millions, calculés, Dieu sait comment, pour le « *Trade and Business* ». Total : 84 millions de livres sterling. Et voilà! C'est à partir de ces 84 millions, et d'eux seuls, valeur totale du revenu produit, évaluée en dix lignes ébouriffantes de brièveté, que King va calculer les « dépenses » du Royaume de France, ces dépenses qui incluent la consommation alimentaire et qui, au total, montent, elles aussi, par identification logique, à 84 millions sterling.

On avouera que le procédé initial, pour obtenir ces 84 millions, est quelque peu cavalier.

La fragilité de ces bases globales apparaît du reste avec évidence par le raisonnement analogue que Gregory King consacre à la population : King décide que la France compte 9 acres par tête d'habitant. Cette supputation n'est pas absurde; mais elle est sans base de fait; et elle est purement et simplement suggérée à cet auteur par une comparaison qu'il institue avec l'Angleterre et la Hollande. Sur ces bases, le royaume de Louis XIV aurait 14 millions d'habitants en 1688 [1].

L'ennui, c'est qu'en ce domaine démographique nous sommes informés de première main. La vraie population, connue par les dénombrements des intendants, est proche de 19 ou 20 millions d'habitants. Il n'y a aucune raison de penser que le chiffre de King relatif au revenu total soit plus exact que celui, manifestement faux parce que purement déductif, qu'il a forgé pour la population.

En tout cas, c'est bien de ces 84 millions de livres sterling que tout découle, y compris les déductions finales, rendues de ce fait fort hasardeuses, qu'en tirera M. Toutain, deux cent soixante-cinq années plus tard.

Suivons à ce propos le fil, simple et triomphant, des raisonnements de King : parti de 1688, il veut parvenir à 1695 « It may well be presumed », écrit-il, en d'autres termes : « il est permis de supposer que par l'interruption du commerce et la désertion des réfugiés, le revenu de la France est décru de 10 millions [2] ».

---

1. King, *ibid.*, p. 49 et, pour des chiffres plus exacts, Vauban, édit. 1933, p. 159, ainsi que Dupâquier, 1968, p. 54, notamment à la note 3.
2. King, *ibid.*, p. 50.

Donc, chute de 84 millions à 74 millions. Pourquoi pas en effet...!

Ce chiffre de 74 millions sterling est ensuite décomposé en divers postes (*Dyet* ou dépenses alimentaires, *Apparell, Incident charges, generall expence*) au moyen d'une grille ou d'une analyse spectrale dont King ne nous dit pas d'où il l'a tirée. En fin de compte, à la ligne suivante, King aboutit sans autre forme de procès au chapitre de 38 millions sterling relatif à la *Dyet* ou consommation alimentaire.

Ces 38 millions sont décomposés à leur tour, selon des critères dont l'origine demeure également mystérieuse, en chiffres qui concernent le pain, la viande, les vins et spiritueux, etc. Ces nombres, qui constituent l'aboutissement ultime des spéculations de King, seront repris tels quels par M. Toutain. Mais comme on a pu voir, ils sont bâtis sur le sable, initialement du moins.

*

Étant admis que la base première (les 84 millions sterling de revenu total) est douteuse, essayons maintenant d'y voir plus clair au sujet de la « grille », de l'énigmatique alchimie spectrale, utilisée par King pour faire éclater les chiffres globaux qu'il avait préalablement calculés en deux coups de crayon. Soit l'exemple du vin.

L'auteur britannique, pour des raisons connues de lui seul, évalue la consommation de vin des Français, pris dans leur ensemble, à 9 millions de livres sterling contre 10 100 000 livres sterling pour le pain : soit en livres tournois 117 et 138 millions. A première vue ce rapport vin-pain de 9 à 10, pour *toute la France* et pour *tous les Français*, n'est guère admissible. Et King, aussi bien que Vauban, paraît victime d'une sorte d'inflation bachique : on a l'impression, surtout en lisant le premier de ces auteurs, que les Français de 1700 sont souvent « soûls comme des lords » : chez King, en effet, le rapport du groupe vin au groupe céréales s'élève à près de 90 % (64 % chez Vauban).

Or au début du XIXe siècle, à une époque où, quoi qu'en pense M. Toutain[1] la viticulture pesait certainement très lourd dans le revenu agricole français, le même rapport vin-céréales, calculé par des statisticiens sérieux[2] comme Chaptal, n'est que de 39 % (30 % chez Montalivet). Il semble bien que

---

1. Toutain, *op. cit.*, p. 193.
2. *Ibid.*, p. 187.

King ait vu la consommation alcoolique des Français à travers le brouillard embué des libations qui assaisonnaient parfois la vie quotidienne de ses compatriotes les plus huppés. Le même King est souvent coutumier de ces distorsions insulaires, qui n'ont du reste rien d'impardonnable, dès lors qu'on ne songe pas à bâtir sur elles une *Statistique générale de la France* en 1695. C'est probablement parce qu'il extrapole à partir des habitudes britanniques de son temps, dans lesquelles beurre, œufs et fromage jouent un rôle important et salutaire, que King attribue, à la diététique française de l'époque de Louis XIV, une invraisemblable richesse (relative) en produits laitiers. A l'en croire [1], nos prédécesseurs consommaient pour 106 millions de livres tournois de « B.O.F. » (beurre, œufs, fromage, lait, volaille), contre 73 millions de livres tournois sous forme de viande, et 138 millions en céréales. Heureux sujets du Roi-Soleil! (nous disons « heureux » quant à la composition qualitative de leur menu quotidien, mais non pas, bien sûr, quant aux rations globales et absolues que ce menu impliquerait. Celles-ci, nous le verrons, sont beaucoup trop basses, si l'on se fie aveuglément aux chiffres totaux de Gregory King.)

Ces distorsions, cette incroyable abondance *relative* des protéines animales et des calories alcooliques devrait rendre sceptique quant à la valeur des chiffres français de King. M. Toutain lui-même est frappé par ces dissonances; et il note que les évaluations « laitières » de King sont en contradiction avec toutes les autres « estimes » du XVIIIe siècle qui donnent, elles, la valeur des « B.O.F. » comme nettement inférieure à celle de la viande [2]. Néanmoins, cela n'empêche pas M. Toutain de considérer cette estimation « kingienne » comme « raisonnable [3] ». Il la considère même comme plus plausible que celle de Goyon relative aux laits, beurres et fromages en 1751-1760. A propos de celle-ci, qui fixe de façon, semble-t-il, arbitraire la valeur des laits, beurres et fromages, à 100 millions, M. Toutain déclare positivement : « Pour 1751-1760 (nous prenons)... le chiffre de Goyon; *nous n'avons aucun élément qui nous permette de le discuter, mais nous ajouterons une dizaine de millions pour tenir compte de la volaille* [4]. »

Pourquoi 10 millions tournois pour la volaille? (Et pour les œufs, qui sont globalement inclus dans ce chiffre, semble-

---

1. Toutain, p. 176.
2. *Ibid.*, p. 189.
3. *Ibid.*, p. 176.
4. *Ibid.*, p. 176.

t-il.) Alors que la valeur totale de ces deux produits était fixée[1] par « King-Davenant » en « 1700 » à 50,7 millions, et par d'autres auteurs, ni plus ni moins sérieux apparemment, à 182 millions au moins en 1775, à 135 millions en 1789, et à 65 millions en 1803 ? Le mystère de cet effondrement provisoire et prodigieux des volailles (10 millions de livres tournois en 1751-1760, coincés entre 50,7 millions en 1700 et 182 millions en 1775) demeure entier : M. Toutain considère, semble-t-il, qu'une « catastrophe nationale », au milieu du XVIIIe siècle, est venue accabler l'aviculture française. C'est du moins ce qu'on peut inférer de ses chiffres. Mais il ne livre pas les sources d'information, qui préciseraient dans quelles conditions s'est produit, à l'époque des Lumières, ce désastre de nos basses-cours.

Revenons à King. Comment donc a-t-il pu parvenir à ces ventilations et pourcentages qui souvent ne sont ni raisonnables, ni vraisemblables ? Je ne puis sur ce point que formuler des conjectures. Selon la plus plausible, cet auteur, sûrement parti d'un modèle global, aurait bifurqué ensuite vers des analyses individuelles; celles-ci lui ont fourni, du moins l'a-t-il pensé en toute bonne foi, les « grilles » dont il avait besoin pour faire éclater ses chiffres « généraux ».

Que King ait été coutumier des monographies budgétaires de ménages et d'individus, c'est bien certain, du moins quant à l'Angleterre. L'une de ses lettres montre en effet que l'auteur des *Observations... sur la condition de l'Angleterre* a successivement évalué les dépenses individuelles, aux différents niveaux de la hiérarchie, dans la société britannique, en allant des plus pauvres aux plus riches [2]. Puis, ajoute-t-il, « I distributed my people into classes ». Sur cette base, King a pu tenir compte du nombre d'habitants inclus dans chaque groupe sociologique; il a multiplié à l'intérieur de chacun de ces groupes les consommations individuelles par les effectifs humains; et il a donné, finalement, une image approchée, qui deviendra célèbre, de la consommation nationale de l'Angleterre.

Quant à la France, on peut donc supposer que King a utilisé, du moins en partie, un type de démarche analogue; une fois en possession des chiffres hasardeux qu'il a imaginés pour évaluer le revenu global du royaume de Louis XIV,

---

1. Toujours d'après M. Toutain.
2. Cité par D. V. Glass, « Two papers on Gregory King », in *Population in History*, Londres 1965, p. 164.

King a dû tenter de se renseigner sur la ventilation coutumière des budgets, pratiquée dans les ménages français : ceci afin de pouvoir ventiler, lui aussi, ses pseudo-statistiques d'ensemble, en différents postes alimentaires.

D'où viennent ces « renseignements » monographiques de King ? D'enquêtes nationales, comme celles qu'a citées Jacques Dupâquier [1] ? C'est peu probable : à supposer même, par hypothèse pure, que King ait connu ces enquêtes, il n'y aurait pas trouvé les informations dont il avait besoin pour chiffrer, niveau social par niveau social, les consommations de 20 millions de Français.

Donc, ou bien, ce qui est peu vraisemblable, King a purement et simplement inventé ses « grilles »; ou bien il les a bâties à partir des données que lui a fournies quelque correspondant français ou anglais résidant en France. (Notons incidemment que King avait appris le français en 1665 [2].)

Mais dans ce cas, bien des questions sont posées :

Ce mystérieux correspondant n'a-t-il pas, en fonction de ses lubies personnelles, sous-estimé certains postes et surestimé certains autres ? Et comment de toute façon ce « correspondant » a-t-il pu formuler des chiffres valables pour chaque groupe social, et aussi pour toute l'immense nation, Nord et Centre, Midi viticole et Ouest cidrier ? Bien des données, répétons-le, sont suspectes dans les chiffres de King : le produit animal (viande, beurre, œufs, lait, fromage : 179 millions tournois) y est beaucoup plus élevé que le produit des céréales (138 millions), ce qui étonne, quand on connaît l'économie de l'Ancien Régime. Inversement, si l'on cesse de porter l'attention sur certains de ces pourcentages (vin, produits animaux, etc.), qui sont beaucoup trop forts en valeur relative, et si l'on considère les totaux en valeur *absolue* de King, on s'aperçoit que ceux-ci, au contraire, sont beaucoup trop bas [3] ! Ils sont, quant au produit végétal total, de trois à cinq fois inférieurs aux autres estimations relatives à la même époque. Et la prise en considération des chiffres de King par M. Toutain a contribué à déprimer les bases louis-quatorziennes de ses calculs, et à exalter vertigineusement, par contrecoup, la croissance du xviiie siècle.

En outre, si l'on veut utiliser King, dont les divers calculs reposent tous, initialement, sur une vision *globale* de l'éco-

---

1. Art. cité *supra*.
2. D'après D. V. Glass, art. cité.
3. Cf. Toutain, *op. cit.*, tableau 53.

nomie française, il faut le prendre en bloc, ou pas du tout. Si l'on retient 117 millions de livres tournois comme chiffre du vin consommé par les Français, il n'est pas possible de jeter par-dessus bord, et pour n'y plus penser, le chiffre de 138 millions tournois comme valeur des céréales consommées. En effet, tous les raisonnements du Britannique sont fondés sur la mise en cause initiale d'un « gâteau » collectif, valant 84 millions sterling : ce gâteau est partagé ensuite par King, grâce à des considérations catégorielles (certes plus ou moins valables, et même tout à fait farfelues!) en « secteurs » ou « tranches de tarte » de taille diverse : 10 100 000 sterling ou 138 millions tournois pour les grains, 9 millions sterling ou 117 millions de livres tournois pour le vin, etc. Ces « secteurs » sont probablement sans grand rapport avec la réalité, absolue ou relative. Mais du moins, ils s'intègrent à un certain ensemble, bâti par King, et hors duquel ils perdent le peu de signification logique qu'ils possèdent.

Or que fait M. Toutain? Il prend certains secteurs ou « tranches de tarte » du « gâteau » King. Il les en détache, puis il les accole à d'autres « tranches de tarte », comparativement géantes, et qui proviennent, elles, d'un ensemble beaucoup plus massif, le « gâteau Vauban ». En d'autres termes, M. Toutain utilise les chiffres King pour le vin, la viande, les légumes, le lait, le beurre, etc.; mais pour le pain, où ces chiffres King sont invraisemblablement bas, il leur substitue ceux, plus raisonnables, mais pas nécessairement plus exacts, et en tout cas immenses par comparaison, qu'il a tirés de Vauban, parfois revu et corrigé par les épigones vaubanesques. C'est ainsi que le rapport vin-céréales, qui était de 117 millions tournois (vin) contre 138 millions (grains) d'après King devient chez M. Toutain 137 millions tournois de vin (le chiffre de King étant retenu, mais avec une légère augmentation de 20 millions), contre 785 millions pour les céréales, près de six fois le chiffre King[1]!

L'estimation vinicole de King, en elle-même déjà fantastique, perd donc son reste de raison, dans la mesure où elle est arrachée au contexte qui la justifiait, fût-ce dans l'irréel, et où elle est projetée dans l'ensemble très différent que forme, à lui seul, le « complexe Vauban » : celui-ci étant cinq ou six fois plus considérable que le complexe King, pris en bloc.

Résumons-nous : une analyse conceptuelle des données de base de M. Toutain montre que ses chiffres procèdent de deux structures différentes : une structure vaubanienne

---

1. Toutain, *op. cit.*, p. 191.

pour les céréales et le bois ; une structure kingienne pour la plupart des autres produits. Comme ces deux structures sont totalement hétérogènes l'une à l'autre, il semble qu'il était illogique de les marier. De telles épousailles, pour être fécondes et bien ajustées, auraient nécessité une transformation profonde des données de King, en vue de les rendre compatibles avec celles qui sont formulées par le fortificateur de la France. A supposer que cette transformation en vaille la peine, ce qui n'est pas certain, vu le caractère fantaisiste des données King, et parfois utopique [1] des données Vauban.

Au total, c'est sur des bases d'une fragilité exemplaire, qu'est posé, colosse aux pieds d'argile, le faisceau jaillissant des courbes de M. Toutain, sur la croissance du xviiie siècle. Toutes les données King-Vauban de 1701-1710 sont en effet sciées à la base, dès qu'on regarde d'un œil critique le budget de King et la lieue carrée de Vauban, du reste contradictoires l'un avec l'autre. On sait que M. Toutain fait état, quant au produit végétal déflaté, de progressions annuelles comprises entre 0,40 et 0,47 % pour 1700-1790 ; 1,16 % quant au produit animal ; 0,60 % quant au produit agricole total, déflaté. Ces taux sont intéressants. Ils ne sont pas absolument invraisemblables ; ils ont contribué à fournir la matière d'un article stimulant [2] ; mais dans la mesure où leur base initiale (1701-1710) s'avère évanescente, ils flottent littéralement dans un vide profond, déprimés qu'ils sont, notamment, par l'emploi des chiffres absolus beaucoup trop bas de Gregory King.

Si l'on compare, en termes de production agricole, les chiffres de M. Toutain pour la France et ceux de Deane et Cole pour l'Angleterre, entre 1700 et 1790, on s'aperçoit que les taux britanniques sont calculés sur une base bien plus raisonnable : Deane et Cole mentionnent en effet une hausse de 35 % du produit agricole déflaté britannique entre 1700 et 1790, contre 60 % pour la France vue par M. Toutain, dans le même intervalle de temps. La validité de ce chiffre, comparativement très gros, de 60 % n'est pas démontrée. On ne peut donc faire grief à la Révolution française d'avoir cassé, dans l'agriculture, la croissance longue du xviiie siècle, puisque celle-ci fut probablement surévaluée par l'analyse quantitative qui vient d'être évoquée dans cet article. Au moins pour

---

1. Cf. *supra*, p. 255-256.
2. F. Crouzet, « Croissances comparées de l'Angleterre et de la France au xviiie siècle », *Annales*, mars-avril 1966.

le domaine agricole, la Révolution française ne mérite pas, dans l'état actuel de nos connaissances, le titre de « catastrophe nationale » qui lui fut récemment décerné.

En fin de compte, s'agissant des chiffres français de Vauban et King, récupérés par M. Toutain, on ne peut que souscrire au jugement cruel de M. J. Marczewski : *Nous ne mentionnons pas*, dit-il, *parmi les antécédents immédiats de l'histoire quantitative, les évaluations sporadiques du produit et du revenu national pour des années isolées, dont l'origine remonte en Angleterre et en France à la fin du XVIIIe siècle. Elles étaient trop incomplètes et trop globales pour donner une image tant soit peu figurative de l'économie à laquelle elles s'appliquaient. D'ailleurs leurs auteurs cherchaient généralement à satisfai*.*, plutôt des besoins immédiats de politique économique que des curiosités d'ordre historique* [1].

---

1. J. Marczewski, "Histoire quantitative..." *Cahiers de l'I.S.E.A.*, n° **115**, juillet 1961, p. xli.

Dîmes et produit net agricole (XVᵉ-XVIIIᵉ siècle[1])

Nous voudrions donner ici un aperçu quant aux développements des enquêtes concernant les dîmes. Notre exposé concernera simultanément les méthodes de travail, et les résultats obtenus. Par « méthodes », nous n'entendons pas seulement une méthodologie générale; nous pensons aussi aux astuces techniques, aux « recettes de cuisine » qui doivent servir à la mise au point, si possible standardisée pour tous les chercheurs, des courbes décimales; en ce qui concerne les résultats, nous envisageons de donner ici une chronologie provisoire du produit net agricole, vue plus ou moins clairement à travers les dîmes.

MÉTHODOLOGIE

La dîme est une source, souvent infidèle, néanmoins capitale pour l'histoire du produit agricole. Elle se présente sous forme de baux de dîmes (chez les notaires, depuis le XIVᵉ siècle) et sous forme de comptabilités décimales (dans les archives ecclésiastiques). Ces deux types de documents, comptes et baux, sont du reste susceptibles d'interpolations réciproques, une série lacunaire de baux pouvant être complétée à l'aide d'une file de comptes qui portent sur le territoire de la même dîmerie, et vice versa.

Un problème : la dîme est souvent confondue dans les actes et dans les faits avec les divers types de rentes foncières.

---

1. *Annales*, mai-juin 1969. (Je remercie M. Joseph Goy, sans la collaboration de qui cette enquête sur les dîmes, matérialisée en 1972 dans un ouvrage collectif édité chez Mouton, intitulé *Les Fluctuations du produit de la dîme*, n'aurait pas pu prendre son développement.)

Dans de nombreux cas, en effet, la dîme est affermée ; donc elle est décomposée, par définition, en rente qui est versée au décimateur, et en profit d'entreprise qui reste dans la poche du fermier. Nos sources dans une telle situation ne connaissent que la fraction, certes majoritaire, qui va vers la rente. En second lieu, une dîmerie peut être arrentée en bloc, dans un bail collectif qui inclut, outre la dîme, une seigneurie, un grand domaine foncier, un château, etc. D'une façon générale, il convient donc de recueillir simultanément, pour les distinguer si possible, les deux types de renseignements entrelacés : ceux de la rente et ceux de la dîme. Même quand la distinction entre ces deux catégories de revenus n'est pas réalisable, en raison de l'amalgame indivisible opéré sur eux par le document, la collecte de l'information qui les concerne en bloc reste un but valable pour le chercheur. Et de toute manière, qu'il s'agisse de revenus mixtes ou distincts, c'est la mise au jour de séries *longues* embrassant un ou plusieurs siècles, qui demeure l'objectif premier de l'investigation décimale.

Celle-ci est d'abord concernée par les dîmes en nature, qui sont versées au clergé, directement, sous forme d'une prestation matérielle (en grain, vin, huile, etc.). Il faut, dans le cas de celles-ci, noter le montant chiffré de la prestation, bien sûr, mais aussi la métrologie, la durée du bail, la signature ou non du preneur (comme contribution marginale à une histoire de l'analphabétisme). L'étape suivante de la recherche consiste à dresser un tableau de chiffres annuels et successifs, et à présenter le graphique correspondant. Celui-ci s'inscrit naturellement sur un papier semi-logarithmique, dont l'immense avantage est qu'il rend n'importe quelle courbe immédiatement comparable avec n'importe quelle autre. Pour que cette comparabilité devienne plus totale encore, il conviendrait aussi que les chercheurs se missent d'accord, les uns avec les autres, sur des conventions graphiques de chronologie. Nous proposons donc que les cent années d'un siècle quelconque soit représentées par cent colonnes consécutives du quadrillage, ni plus ni moins.

Quant aux moyennes mobiles, elles ne paraissent pas indispensables, au moins dans une première étape, pour la confection des diagrammes décimaux : ou bien ces moyennes sont inutiles, comme dans le cas des dîmes en grains, dont il n'est nul besoin de lisser les graphiques pour les rendre lisibles. Ou bien ces moyennes sont déformantes, quand il s'agit de récoltes « en dents de scie », dont la variabilité bisannuelle est extrêmement forte : il en va ainsi, par exemple, pour l'huile d'olive.

Le mieux, c'est encore de dessiner le diagramme brut de la prestation en nature, année par année, car il énonce tout : il dit le mouvement court, tout comme le *trend* long et très long. Dans le même ordre d'idées, les moyennes décennales (non mobiles) paraissent à proscrire : elles donnent des diagrammes en marches d'escalier, dont chacune représente dix ans, et qui brisent, par leur raideur, le flux vivant de l'histoire réelle.

Nous ne voulons pas, dans le cadre de ce bref exposé, discuter à fond le problème de la représentativité des dîmes en nature : disons simplement que celles-ci, toujours éclairantes quant au produit net, peuvent dans certains cas fournir des courbes dont le *trend* est grossièrement parallèle au mouvement de la production.

Quant aux dîmes arrentées en argent, elles témoignent elles aussi, plus ou moins bien, sur l'histoire du produit net agricole. Il convient de les graphiquer, mais aussi de les déflater [1], si possible au moyen d'un indice général des prix ou, à défaut, grâce à l'emploi comme déflateur d'un prix-pilote (par exemple, celui du grain). La série des prix utilisée pour ces calculs doit être adoucie par le biais d'une moyenne mobile de sept ans, neuf ans, au maximum treize ans. Les dîmes en argent, dans les cas les plus nombreux, proviennent en effet de baux étalés sur plusieurs années, et il ne serait pas raisonnable de les déflater au moyen de prix qui demeureraient strictement annuels. Enfin la source géographique des prix mis en œuvre pour cette opération déflationniste doit être proche de l'emplacement des dîmeries qui sont l'objet de la recherche du moment : la mercuriale de Toulouse, par exemple, étant utilisée comme déflatrice des dîmes en argent du Haut-Languedoc.

D'une façon générale, il convient de renoncer au procédé utilisé de temps à autre, et qui consiste à juxtaposer simplement, sur un tableau unique, la courbe nominale des dîmes en argent, et la courbe des prix nominaux, sans déflater celles-ci par ceux-là. Agir ainsi, c'est en effet supposer que les lecteurs de ces graphiques jumelés seront en mesure de

---

1. *Déflater :* en d'autres termes, étant donné un revenu, dont on connaît les valeurs successives en monnaie, calculer l'équivalent de ces valeurs sous forme de biens réels; supposons par exemple — chiffres arbitraires — que le revenu d'une dîme en l'année 1599 soit de 100 livres tournois et que le prix courant de l'hectolitre de froment, année commune, c'est-à-dire dans les années 1594-1605, soit de 10 livres tournois : la valeur déflatée de la dîme en question sera équivalente à 10 hectolitres de froment. Le même calcul sera répété pour les années suivantes, ou précédentes.

déflater à vue de nez la courbe décimale, par simple confrontation visuelle avec le diagramme des prix qui est accolé à celle-ci. Cette supposition est illusoire ; nul historien n'étant tenu d'être un calculateur prodige. Il vaut mieux fusionner totalement les deux courbes : donc prendre le temps de faire le calcul déflateur, et construire patiemment la courbe unique du produit effectif et original de la dîme monétaire, exprimé en un bien réel tel que le blé.

Si possible, il faut aussi faire des totaux : par exemple, les totaux successifs, année par année, de toutes les dîmes villageoises d'un diocèse donné. Néanmoins, ces totalisations sont souvent impraticables, car beaucoup de séries de base sont lacunaires, et rendent les additions incomplètes. On se contentera dans ce cas d'élaborer des moyennes, locales ou régionales. L'idéal sera même pour certaines époques privilégiées d'aboutir à quelques moyennes nationales. En vue de rendre possible la mise au point future de ces moyennes, il convient de stocker les informations au fur et à mesure qu'elles sont mises au jour. Nous suggérons donc que soient conservés, puis versés à une collectivité d'historiens, tous les chiffres relatifs aux dîmes, chiffres qui seraient ainsi regroupés dans une « banque de données ».

*

Au terme de ses longs calculs, l'historien économiste demeurera prudent, parfois sceptique, sur la valeur du matériau décimal, qu'il a extrait. La plus belle dîme du monde ne peut donner que ce qu'elle a : en d'autres termes, elle reste avant tout, et par définition, l'instrument de mesure d'un revenu ecclésiastique. Elle nous renseigne fort bien sur elle-même ; assez bien ou assez mal, selon les cas, sur ce qui est hors d'elle-même, c'est-à-dire sur la production agricole, par rapport à laquelle elle demeure entachée d'un pourcentage variable d'incertitude.

Il est à souhaiter, dans ces conditions, qu'on s'efforce toujours d'obtenir des données sur le taux de la dîme [1] et sur la superficie de la dîmerie ; les changements dans le temps, relatifs aux taux et aux surfaces, risquent en effet de faire monter ou baisser le revenu de telle ou telle dîme, sans que la production de base, par unité de surface, ait vraiment varié. Mais la connaissance des superficies, des taux, et de leurs

---

1. Selon que celle-ci est au 1/10, au 1/11, au 1/13, etc. On ne peut exclure des changements.

modifications respectives dans la longue durée n'est pas un *préalable* à la collecte des données numériques, relatives au revenu d'une dîme donnée.

*

Nous avons raisonné jusqu'ici comme si la dîme était l'unique mode d'accès à l'histoire du produit agricole. Il va de soi qu'un tel monopole n'est qu'une chimère; bien d'autres techniques d'enquête sont à la disposition des chercheurs. Nous ne mentionnerons ici, brièvement, que deux d'entre elles, symbolisées par les noms de MM. Slicher Van Bath et Toutain [1].

La méthode de M. Slicher Van Bath est basée sur l'évolution du rendement des grains à la semence. Ce type d'approche est remarquable, et même génial de simplicité dans son principe. Mais les résultats publiés à ce jour n'emportent pas toujours la conviction, du moins pour la France. Les chiffres du chercheur hollandais sous-estiment parfois les rendements du Moyen Age; et surtout ils surestiment ceux des XVIe et XVIIe siècles. Ils aboutissent ainsi à la vision jaillissante d'un essor soutenu des rendements français, du XIIIe au XVIIe siècle. En fait, cette surestimation grandiose n'est pas réaliste : les rendements vrais sont stabilisés des XIIIe-XIVe siècles jusqu'au XVIIe siècle, voire même au XVIIIe : 6 à 8 pour 1 dans les très bons terroirs du Nord, 4 ou 5 pour 1 dans le Midi. La « Révolution agricole », pour une part du moins, fait figure de mythe...

Quoi qu'il en soit, les enquêtes à base de dîme demeurent pour nous une source essentielle. Leurs résultats, provisoires, s'inscrivent dans les grandes lignes, ci-dessous résumées, d'une chronologie plusieurs fois séculaire.

*

Cette chronologie suppose une observation initiale. Sur la périodisation : il va de soi que notre découpage par périodes cinquantenaires n'a qu'une valeur de commodité. Ensuite sur la géographie : l'absence de l'Ouest français, dans nos données, représente une lacune fâcheuse, et qu'il conviendrait de combler.

Voici maintenant un schéma d'ensemble, dont on trouverait le détail, indispensable, dans notre exposé à la fin de notre

---

1. Cf. *supra*, p. 252 sq.

livre collectif ; intitulé *Les Fluctuations du produit de la dîme :*

a) 1400-1450 : on note une chute dramatique du produit net dans les campagnes parisiennes, entre 1420 et 1445. Une évolution analogue est probable en beaucoup d'autres régions françaises (mais dans leur cas, Provence et Forez mis à part, nous ne disposons pas encore de séries décimales). En revanche, l'Artois et la Flandre ne sont guère atteints par cette crise des « guerres de Cent Ans », et se trouvent alors dans une phase relative de haute production.

b) 1450-1500 : une remontée d'ensemble, qui n'est peut-être, pour tout ou partie, qu'une récupération plus ou moins réussie du niveau d'avant-guerre ou d'avant-Peste enregistré au XIVe siècle, intervient dans toute la France connue... ou mal connue. En revanche, une grosse crise régionale sévit dans le Cambrésis et la Flandre autour de 1480 (date large), à cause peut-être des opérations armées menées par le Téméraire, et surtout par Maximilien.

c) 1500-1550 ; cette époque est marquée par un apogée « national », le premier qui soit précisément connu et mesuré, du produit des dîmes et des rentes foncières. Cet apogée concerne les territoires actuels de la France et de la Belgique, simultanément. Des sommets du produit net sont enregistrés vers 1510-1520, et vers 1540-1550, dans la région parisienne, la Bourgogne, le Cambrésis, le Namurois, la Flandre, le Languedoc. Une crise grave, mais passagère, sévit vers 1530, notamment en Languedoc, où la production animale en sera durablement affectée. Pendant ce demi-siècle de 1500-1550, l'Alsace est, apparemment, un peu moins brillante que le reste de l'hexagone actuel (est-ce en raison de la « guerre des paysans »?), mais son niveau demeure néanmoins honorable.

En dépit de ces constatations optimistes dans l'ensemble, l'apogée de 1500-1550 a ses limites : dans l'Ile-de-France par exemple, vers 1520, les revenus nominaux des dîmes et des rentes n'atteignent même pas, en monnaie pourtant dévaluée, aux chiffres correspondants d'avant la Peste noire, ces chiffres si élevés de la période 1300-1340 qu'on a parfois qualifiée, non sans humour, de « période de crise ». En Flandre et Cambrésis, on ne dépasse pas, vers 1550, le niveau record des années 1420 ; la notion de plafonds multiséculaires est donc perceptible dès la « Renaissance » économique.

d) 1550-1600 : les guerres civiles atroces, après 1560, accompagnées de grèves décimales, aboutissent simultanément à déclencher la tornade, et à détraquer l'anémomètre ; l'instrument de mesure que constitue, pour l'historien, le prélèvement au titre de la dîme, est en effet mis parfois hors d'usage en raison de la grève perlée des décimables. En tout cas, il est hors de doute que le produit domanial et décimal tombe partout, et parfois très bas. Notamment en Languedoc, Camargue, Bourgogne, région parisienne, Cambrésis, Namurois; et en Flandre, après le sac d'Anvers. La baisse du produit net peut commencer fort tard (après 1580, dans la région parisienne); les minima sont atteints au cours de la décennie 1580 et surtout de façon plus générale à partir de 1590. Seule l'Alsace, en dépit de quelques fluctuations négatives, semble nettement moins touchée que le reste de la France actuelle : cette province, une fois de plus, fait bande à part. Rien d'étonnant à cela : étrangère encore au royaume, l'Alsace reflète probablement les conditions particulières qui dominent dans la nébuleuse germanique.

e) 1600-1650 : au début (1600-1625), c'est une belle montée. Toute la « Gaule » (la France actuelle et la Belgique) se trouve en état d'expansion plus qu'honorable du produit net agricole, jusque vers 1625-1630. Il faut noter cependant que les maxima de décimations ou fermages céréaliers atteints vers 1625 ne dépassent guère, sauf en Alsace, les plafonds, eux-mêmes assez modestes, qui furent égalés une première fois lors du « beau » xvie siècle d'avant 1560.

Après 1630, un nouveau cyclone se déplace lentement sur le nord-est du territoire : l'agriculture alsacienne s'effondre la première, engloutie dans le tourbillon et la fureur des guerres de Trente Ans. Puis, quelques années après, si l'on en juge par les courbes décimales, c'est au tour de la Bourgogne, du Cambrésis et du Namurois de faire le plongeon. La Fronde secoue rudement la Picardie et l'Ile-de-France; mais dans cette dernière région, les dîmes et les fermages ne connaissent, aux années frondeuses, qu'un effondrement passager. A plus forte raison le Midi se maintient-il assez bien sur sa lancée du temps de Sully, jusqu'au début de l'époque de Colbert. Cette bonne tenue des courbes méridionales n'est interrompue, sans plus, que par quelques bourrasques assez violentes, dues aux guerres et aux pestes, notamment vers 1630 et 1650. D'une façon générale, c'est la géographie des guerres de Trente Ans, et aussi celle de la Fronde, qui créent la démarcation des conjonctures. L'effondrement des productions au milieu du siècle, dans le Nord-Est, fait contraste avec leur maintien solide, parfois même avec leur essor, dans le reste du royaume, de l'Auvergne au Languedoc, en une série de provinces nombreuses où l'expression « crise du xviie siècle » n'a qu'un sens atténué. Et si « crise » il y a, dans le Nord-Est précisément, vers 1630-1635, elle est due aux conflits belliqueux plus qu'à la « famine monétaire » : les ravages hypothétiques de celle-ci et ses effets supposés négatifs sur le produit brut devraient, si l'on en croit la théorie classique, être portés à leur plus haut degré d'intensité pendant la phase de baisse des prix qui accompagne le ministère de Colbert. Or c'est tout le contraire qui est vrai : les moissons sont dans l'ensemble assez belles et généreuses, pendant cette période, qui marquerait pourtant, si l'on se fiait aux idées reçues, le point le plus typique de la « phase B » du XVIIe siècle.

f) 1560-1700 : la décennie du « jeune » Colbert (1660-1670, voire même jusque vers 1675-1680) est en effet presque partout favorable, et qui plus est, brillante. On note un apogée du produit net en Languedoc et Provence, Bordelais, Périgord, Lyonnais, Auvergne, Haute-Normandie. Ailleurs c'est une culmination, ou une récupération d'après-guerre et d'après-Fronde en Ile-de-France, Picardie, Cambrésis, Namurois; ou bien encore, c'est une reconstruction très vive en Alsace et en Bourgogne. L'expansion du produit des céréales à cette époque bat rarement, sauf parfois dans le Midi, les records des siècles passés. Elle est néanmoins en mesure de conjurer la famine (après 1662) pour l'espace d'une génération, ou peu s'en faut. Ces relatives pléthores frumentaires, qui font suite à la famine momentanée de l'Avènement, coïncident avec la période brillante du Roi-Soleil. Elles contribuent aussi, c'est évident, à faire basculer vers la baisse les prix du grain. Elles permettent de nourrir plus facilement, grâce au pain bon marché, les soldats des gros bataillons et les ouvriers des grands chantiers, comme ceux des quelques manufactures récentes.

Après 1680, la vraie crise commence, jalonnée par la baisse du produit des dîmes, en Languedoc et Provence, Bordelais, Périgord, Aquitaine, Lyonnais, Auvergne; ou bien elle recommence, comme une rechute; comme une répétition plus ou moins violente des désastres jadis enregistrés pendant la guerre de Trente Ans, et conjurés un moment lors de la rémission colbertienne. Ce rebondissement de la crise, à la fin du XVIIe siècle, est sensible, notamment aux frontières du royaume : en Cambrésis, Namurois, Wallonie; en Ile-de-France aussi, mais surtout après 1700. Il est impossible d'expliquer cette baisse du rendement des dîmes, après 1680, par la résistance larvée des décimables, puisqu'on est au contraire en pleine période de réaction catholique, symbolisée par la Révocation.

La fin du « règne » de Louis XIV est donc mauvaise — mais non désastreuse —, presque partout, de Cambrai à Narbonne, et de Bordeaux à Lyon et à Namur. Une exception doit être faite néanmoins pour la Bourgogne et l'Alsace : là, sur la longue lancée des reconstructions d'après la guerre de Trente Ans, une vague de hausse du produit net continue à se faire sentir jusqu'au commencement du XVIIIe siècle!

g) XVIIIe siècle : après 1720 c'est un peu partout la reprise et la mise en place d'une prospérité de récupération. Puis, après 1750 (sauf dans la France de l'Est, Alsace et Bourgogne, qui deviennent paradoxalement stagnantes à partir du milieu du siècle), c'est l'essor. Un essor qui rejoint, et qui parfois dépasse sensiblement les records spasmodiques des époques passées, et notamment les plafonds du temps de Colbert. Cette percée finale, sous Louis XV vieillissant, n'implique pas qu'il y ait eu révolution agricole, au sens technique du terme. Mais on voit se produire effectivement, si l'on en juge par les dîmes et fermages, un petit décollage post-1750, qui s'opère dans le cadre global de la technologie existante, par le jeu plausible de divers facteurs. Parmi ceux-ci figurent sans doute : la diminution du nombre de jours chômés dans l'année par tête de travailleur agricole; certaines plantations; quelques défrichements; de petits perfectionnements techniques, etc.

Au total, à en juger par les courbes décimales et de fermage d'une part, et par les critères de vraisemblance démographique d'autre part, la hausse du produit agricole réel ou déflaté paraît se situer autour de 25 % au minimum, 40 % au maximum, dans la période globale qui va de la décennie 1700-1709 à la décennie 1780-1789. Le chiffre « + 60 % » proposé par M. Toutain semble trop élevé.

Dans l'ensemble, du XIVe siècle au premier XVIIIe siècle, et jusqu'en 1750, on se trouve en présence de ce qu'on pourrait appeler, en paraphrasant C. Lévi-Strauss, une économie froide: le produit net agricole est sans doute agité de fluctuations, parfois gigantesques, mais il n'est pas animé, dans le long terme, d'un mouvement d'essor durable. Il oscille, ayant beaucoup de peine à s'élancer définitivement; et il se heurte de temps à autre à des plafonds qui s'avèrent, sauf exception régionale, rigides et presque infranchissables : ainsi vers 1520, 1550, 1625, 1670. Une vraie croissance ne se dessine un peu partout dans la France du Nord, mais de façon souvent timide, qu'après 1750. Le grand progrès du XVIIIe siècle, c'est que l'amplitude catastrophique des oscillations décroît. Cet amortissement progressif précède le décollage ; et il en prépare peut-être les conditions profondes.

Il convient d'opérer, pour l'histoire du produit campagnard, les mêmes révisions que pour celle de l'industrie : la nouveauté d'après 1750 n'est pas la Révolution agricole, c'est l'amorçage de la croissance, sans bouleversement technologique.

Mélusine ruralisée [1]

L'exposé qui suit, relatif au folklore rural ou populaire de la Mélusine « moderne » (XVIe-XVIIIe siècle) s'inscrit dans le prolongement immédiat d'une enquête de Jacques Le Goff [2], qui concerne, elle, le mythe de la Mélusine médiévale, connue par un roman du XIVe siècle : on sait que cette fée, tantôt femme, et tantôt sirène ou serpent, a été rencontrée par son futur époux, Raimondin, dans une forêt, près d'une fontaine. Mariée, elle comble celui-ci de prospérités matérielles et lignagères. Elle disparaît enfin, transfigurée en dragon, conformément à sa promesse menaçante, dès lors que son mari a eu l'audace de l'observer à la dérobée, un samedi ; c'est en effet le sixième jour de la semaine qu'elle délaisse sa peau de femme, pour reprendre, pendant vingt-quatre heures, en vertu d'un cycle hebdomadaire, sa forme alternative de sirène...

Avec l'époque moderne, Mélusine sort de la grande histoire littéraire où l'avait projetée le talent de Jean d'Arras, son romancier du XIVe siècle. Elle subsiste cependant, ou bien s'implante ou se réimplante, en catimini, dans la vie culturelle de la bourgade et du village, et plus généralement dans le flux des cultures orales-populaires [3]. N. du Fail, au chapitre V

---

1. *Annales*, 1971, pp. 603-622.
2. *Ibid.*, p. 587-602.
3. Cette partie de notre exposé s'intéresse exclusivement aux traces indubitables (*indirectement* connues par témoignage) qu'a laissées Mélusine dans la culture *non-écrite* de l'époque « moderne ». Mais la serpente occupe aussi une place importante (et qui mériterait une étude particulière) dans la production de livres qu'on associe à la *Bibliothèque bleue de Troyes*: voir à ce propos, la bibliographie de Léo Desaivre, dans *le Mythe de la Mère Lusine*, Saint-Maixent, 1883, pp. 249-252. Cf. aussi, dans le registre de « l'écrit », la médiocre *Mélusine* de Nodot, 1698.

de ses *Propos rustiques*[1] parus en 1548, place en effet
la femme-serpent dans le répertoire d'un « bon lourdaud »,
Robin Chevet : ce Robin est villageois, dans la campagne
de Rennes; laboureur habile; et conteur populaire, au sens
le plus strict et le plus professionnel de ce terme : *il apprend
par cœur*, en effet, les histoires qu'il a reçues en dépôt d'autres
conteurs plus âgés que lui, et qu'il raconte ensuite à la veillée :
« Volontiers après souper, le dos tourné au feu... le bonhomme
Robin... commençoit un beau compte du temps que les bestes
parloyent... : comme le Renard desroboit le poisson aux pois-
sonniers; comme il fait battre le loup aux lavandières, lors qu'il
apprenoit à pescher; comme le chien et le chat alloyent bien
loin; de la Corneille, qui en chantant perdit son fromage;
de Mélusine, du loup garou; de cuir d'Asnette[2]; des Fées,
et que souventes fois parfois à elles familiairement, mesme
la vesprée, passant par le chemin creux... » A en juger par
le réseau de dates relatives qu'indique çà et là Noël du Fail,
Robin Chevet était conteur actif, aux environs de 1490-1500.
Soit un demi-siècle avant la parution des *Propos rustiques;*
or l'image, qui donc est très ancienne, que Du Fail donne ainsi
de la culture paysanne et populaire, avec son répertoire et
ses formes d'expression collective, offre toutes les garanties
souhaitables de vraisemblance, quant à l'insertion réelle de
Mélusine dans le folklore vivant de la France de l'Ouest,
à la fin du XVe siècle; la veillée familiale, au cours de laquelle
Robin débite ses récits, est en effet très précisément décrite
par notre auteur; elle correspond à un *pattern* de sociabilité
traditionnelle, répandu en Armorique et ailleurs. Noël du
Fail avait assisté à ces veillées dans sa jeunesse; et les vieux
paysans, vignerons, ou maîtres d'école, qu'il rencontrait lors
de tournées dans ses domaines, lui avaient raconté des veillées
analogues, qui s'étaient déroulées une vingtaine d'années
avant sa naissance. Sur ce point comme sur tant d'autres,
Du Fail répète fidèlement les propos qui lui furent tenus par
ses informateurs. En dépit d'un style quelquefois mièvre
et fleuri, et d'une volonté nette de gommer certains aspects
tragiques de la condition paysanne, par lui peinte en rose
ou en vert, Du Fail donne un tableau exact de la vie rurale.

---

1. Nous avons utilisé l'édition qu'en a donnée Pierre Jourda (*Conteurs français du XVIe siècle*, Bibl. de la Pléiade, Paris, Gallimard, 1965; notamment p. XXIII, et pp. 620-621).
2. Sur « cuir d'Anette », voir effectivement la version bretonne (et orale), intitulée elle aussi *Peau d'Anette*, dans Sébillot, *Littérature orale de Haute-Bretagne*, pp. 73-78, cité par P. Delarue et M.-L. Tenèze, *Le Conte populaire français*, Paris, Maisonneuve et Larose, vol. II, p. 264.

Tel détail qu'il rapporte, toujours valable aux siècles qui suivront (construction d'une maison en torchis, baril de boisson des charretiers « accroché au collier du cheval de devant ») prouve l'acuité de son observation.

D'autant plus significative est la liste des contes qui encadrent Mélusine, dans ce folklore très ancien des campagnes rennaises. Les deux premiers épisodes mis en cause, tous deux relatifs au renard et aux poissons, ne sont pas seulement liés de façon intime à une culture médiévale toujours vivace. Ils correspondent aussi aux contes n° 1 et 2 de la classification des « types du conte populaire », proposée par Aarne et Thompson [1]. De ces deux contes, il existe et il existera en effet jusqu'au XXe siècle, des centaines et des centaines de versions orales, qui fleuriront sans relâche dans les pays situés entre Gibraltar et l'Oural [2]. Les autres historiettes évoquées par Noël du Fail à propos des veillées de Robin Chevet, sont elles aussi partie intégrante du « fonds de roulement » de la culture orale de l'Ouest bocager, telle qu'elle est connue par les documents, par la littérature, ou par les enquêtes plus récentes des ethnographes. Il est donc certain qu'en évoquant ainsi Mélusine, Du Fail ne se faisait pas simplement l'écho d'une tradition littéraire; il était à l'écoute du folklore vivant de son époque. Précurseur de théories qui, à tort ou à raison, connaîtront une superbe popularité, le gentillâtre breton ne se bornait pas du reste à constater ainsi la fortune coriace du mythe mélusinien. Il cherchait aussi à expliquer celle-ci, tout comme celle d'Obéron, de Merlin, ou du « cheval de Pacolet », par la survivance populaire de traditions préchrétiennes [3].

Quelques années après la parution des *Propos rustiques*, François Rabelais, à son tour, mentionne la légende de Mélusine comme bien vivante parmi les peuples du Poitou, aux lieux même où l'avait recueillie Jean d'Arras : « Après boyre, visitez Lusignan, Partenay, Vovant, Mervant et Pozauges en Poictou. Là trouverrez tesmoings vieuls de renom et de la bonne forge, lesquellz vous jureront sur le braz Saint-

---

[1]. A. Aarne, traduit et augmenté par S. Thompson, *The types of the folktale*, Helsinki, 1961, pp. 21-22. Au début du XVIIe siècle également, *Mélusine* et *le Roman de Renart* font partie du répertoire des contes de nourrices racontés aux petits enfants (Ph. Ariès, *L'Enfant et la vie familiale sous l'Ancien Régime*, Paris, 1960, p. 59).
[2]. Aarne et Thompson, *ibid*.
[3]. N. du Fail, *Contes et discours d'Eutrapel* (au chap. 33, intitulé « De la Moquerie »), p. 483 de l'édition Natoire, Anvers, 1587.

Rigomé[1], que Mellusine *leur première fondatrice* avoit corps féminin jusqu'aux boursavitz et que le reste en bas était andouille serpentine ou bien serpent andouillicque. Elle, toutesfoys, avoit alleures braves et gallantes, lesquelles encores aujourd'huy sont invitées par les Bretons balladins dansans leurs trioriz fredonnizés[2]. » Dès 1532, du reste, l'auteur de *Pantagruel*, décrivant la visite d'Épistémon aux Enfers[3], y représentait Mélusine en « souillarde de cuisine », et son fils Geoffroy-la-grande-dent, en « allumetier[4] ».

*

Les textes de Noël du Fail et du *Quart Livre* démontrent la persistance d'un folklore mélusinien, enraciné dans certaines populations du Poitou et de l'Armorique orientale. Ils sont, en revanche, beaucoup moins probants, dès lors qu'il s'agit d'apprécier le contenu de ce folklore. Cette obscurité se dissipera un peu, trente années plus tard, avec le témoignage de Brantôme : l'auteur des *Grands capitaines français*, mentionne en effet la visite que rendit vers 1575 au château de Lusignan (récemment ruiné par Montpensier), la reine mère Catherine de Médicis. A ce propos Brantôme rappelle que Charles-Quint, lors de son passage à Lusignan dans l'hiver de 1539-1540, « ne se put saouler d'admirer et de louer la beauté,

---

1. « Les reliques de saint Rigomer étaient conservées à Maillezais et fort révérées en Poitou » (Rabelais, *Œuvres complètes*, Bibl. de la Pléiade, N.R.F., Paris, 1951, p. 666, note 1, établie par J. Boulenger). Il est à noter qu'à l'abbaye de Maillezais précisément, était « enterré » Geoffroy à la grande dent, « fils » de Mélusine.

2. Rabelais, *Quart livre*, chap. 38. L'allusion finale à la Bretagne (voir, à propos des danses mises en cause, Guilcher, *La Tradition populaire de danse en Basse-Bretagne*, Paris, 1963), est intéressante dans la mesure où les textes de Du Fail et d'Étienne de Lusignan indiquent, pour les xve-xvj^e siècles, une extension de l'influence de Mélusine jusqu'en Bretagne (Étienne de Cypre de Lusignan, *Les Généalogies de 67 très nobles et très illustres maisons...*, Paris, 1586, p. 49).

3. *Pantagruel*, chap. 30.

4. Si intéressant qu'il puisse paraître au premier abord, le lien de Mélusine avec la cuisine dérive peut-être tout simplement d'une rime trop tentante Voir aussi à ce propos Corneille, *Le Menteur*, Acte I, scène vi : « Urgande et Mélusine n'ont jamais sur le champ mieux fourni leur cuisine ».

Il reste que les repas miraculeusement abondants et servis caractérisent en effet les noces de Mélusine (*Mélusine* par Jean d'Arras, édition de Ch. Brunet, Paris, 1854, p. 62); et que, en Poitou au moins, Mélusine est comestible, ayant donné son nom et ses formes à un gâteau local (Nodot, *Mélusine*, 1698, p. 13 de l'éd. Favre; cf. aussi M. de la Liborlière, dans « Gâteaux d'une forme particulière », *Bull. de la Soc. des Antiq. de l'Ouest*, 1840, et L. Favre, *Glossaire du Poitou*, éd. 1867, p. 225). Sur le nom de ce gâteau, et son lien plausible avec les dons de fertilité frumentaire de la fée, voir *infra*, page 286., note 2.

la grandeur et le chef-d'œuvre de ceste maison, et faicte, qui plus est, par une telle dame (Mélusine), de laquelle il s'en fit faire plusieurs contes fabuleux, qui sont là fort communs, jusques aux bonnes femmes vieilles qui lavent la lexive à la fontaine que la reyne mère (Catherine de Médicis) voulut aussi interroger et ouyr. » Et Brantôme enchaîne [1] : « Les unes luy disoient qu'ilz la voyaient quelques fois venir à la fontaine pour s'y baigner, en forme d'une très belle femme et en habit d'une vefve; les autres disoient qu'ilz la voyaient, mais très rarement, et ce les samedis à vespres (car en cest estat ne se laissoit-elle guières voir) se baigner, moytié le corps d'une très-belle dame et l'autre moytié en serpent; les unes disoient qu'ilz la voyoient se pourmener toute vesteue avec une très-grave majesté; les autres, qu'elle paroissoit sur le haut de sa grosse tour en femme très belle et en serpent; les unes disoient que, quant il devoit arriver quelque grand désastre au royaume, ou changement de règne, ou mort et inconvénient de ses parens, les plus grands de la France, et fussent roys, que trois jours avant on l'oyoit crier d'un cry très-aigre et effroyable par trois fois : on tient cestuy-cy pour très vray. Plusieurs personnes de là qui l'ont ouy assurent, et le tiennent de pères en filz; et mesmes que, lorsque le siège y vint, force soldatz et gens d'honneur l'affirment qui y estoient; mais surtout, quand la sentence fut donnée d'abbattre et ruyner son chasteau, ce fut alors qu'elle fit ses plus hautz cris et clameurs; cela est très-vray par le dire d'honnestes gens. Du despuis on ne l'a point ouye. Aucunes vieilles pourtant disent qu'elle s'est apparue, mais très-rarement.

« Pour fin et vraye vérité finale, ce fut en son temps une très-sage et vertueuse dame, et maryée et vefve, et de laquelle sont sortis ces braves et généreux princes de Lusignan, qui par leur valeur se firent roys de Cypre, parmy les principaux desquelz fut Geoffroy à la grand dent, qu'on voyait représenté sur le portail de la grand'tour en très grande stature. »

Un siècle plus tard (1669), dans un récit sec et ironique, Claude Perrault fait part à son tour des traditions qu'il a recueillies sur place, lors d'une excursion à Lusignan; et il écrit au sujet de « Melusine », de son « puits au trésor », de son « château », et de « la fontaine où elle a été transformée » : « Étant partis sur les trois heures (de Poitiers) nous arrivâmes à 6 heures à Lusignan, petite ville élevée sur des

---

1. Œuvres complètes de Brantôme, éd. 1869 par L. Lalanne, tome V, *Grands capitaines français*, p. 19.

rochers où l'on monte par un chemin creux, étroit, roide. On nous fit voir ce qu'on appelle le château de Mélusine qui ne parut point être autre chose que les murs de la ville qui ont quelques tours. Le tout fort ancien et fort ruiné, bâti seulement de pierres petites et non taillées comme celles de meulière. Le garçon d'un maréchal, qui a entendu conter à sa grand-mère l'histoire de Mélusine ainsi qu'il nous dit, nous servit de guide et d'interprète pour voir les antiquités de ce lieu si célèbre. Mais il ne put rien nous faire voir, après nous avoir promis en allant de nous montrer la fontaine où Mélusine se baignoit quand elle fut transformée en Mélusine et le puits où l'on entend résonner l'or et l'argent [1] dont il est plein quand on y jette une pierre; parce que ce puits s'est trouvé transformé en un trou carré revêtu de maçonnerie, large environ de 2,5 pieds en carré, et profond de 3 pieds. La fontaine fut ainsi métamorphosée en un petit morceau de mur d'environ 6 pieds en carré, au bas duquel il y avait un trou carré, de moins de 6 pouces dont il fallait supposer que l'eau avait autrefois sorti mais qui était tout à sec. Il nous vouloit mener à une autre fontaine nommée *Caillerot* [2], qui guérit toutes sortes de maladies, et qui est un présage de la fertilité de l'année quand elle a de l'eau en abondance; mais nous n'osâmes pas aller de crainte de la faire disparaître, comme les autres raretés, ce qui aurait apporté un grand préjudice à la province qui n'est pas trop fertile. »

A la fois passionnante et décevante, la relation de Claude Perrault laisse dans l'ombre certains aspects fondamentaux du folklore mélusinien, dont nous savons par d'autres sources, et notamment par un mémoire érudit de Mazet (1804) qu'ils étaient présents dans la culture poitevine aux XVIIe et XVIIIe siècles [3] : « Entre les choses mémorables de notre province de Poitou, écrit en effet Dom Mazet, rien n'a été presque plus célèbre que l'héroïne d'un roman, à laquelle on a donné le nom de Mellusine. La multitude des hauts exploits qu'on lui attribue, et dont le romancier a orné son histoire, sert depuis longtemps d'aliments à la crédule ignorance des peuples du pays. Si on les en croit, c'est à la Mellusine que la ville de

---

1. Sur les dons de métaux précieux et de pierres précieuses, dont Mélusine en effet n'est jamais avare, cf. l'édition de la *Mélusine* de Jean d'Arras, déjà citée, de 1854, pp. 41, 124 et 357.
2. Ce nom, mal orthographié par Perrault, est à rapprocher des *Coiraults* et *Koirots* (noms locaux des gâteaux Merlusins, d'après La Liborlière, dans *Bull. de la Soc. des Antiq. de l'Ouest*, 1840).
3. M. Mazet, « Mémoire sur la Mellusine du Poitou », *Athénée de Poitiers*, 8e séance publique du 11 fruct. an XII, Poitiers, Catineau, 1804, pp. 42-54.

Saintes dut en son temps la restauration de ses ruines; celle de La Rochelle, sa construction; les châteaux de Lusignan, de Pons, d'Issoudun et plusieurs autres, leur fondation. Tous les restes des monuments qui ont existé autrefois en Poitou, l'amphithéâtre de Poitiers, les aqueducs des Romains, les anciennes voies militaires et les murs de la cité, sont regardés dans le Poitou comme des ouvrages sortis de ses mains, et ne sont pas connus par le peuple sous d'autre nom que celui de Mellusine.

« On fait auteur de ce roman un certain Jean d'Arras, qui vivoit sur la fin du xive siècle. (Dom Mazet énumère ensuite d'autres écrivains qui, en France et à l'étranger, ont évoqué Mélusine). De tous les différents écrits de ces auteurs, il est arrivé que la Mellusine a été comblée d'éloges par les uns et envisagée comme une dame remplie de sagesse et de vertus; et par les autres peinte comme une femme lubrique et une magicienne versée dans ce qu'on appeloit alors les sciences noires... On la métamorphosa en fée, qu'on représenta sous la figure d'un monstre, moitié femme et moitié serpent. C'est l'idée que s'en forme encore aujourd'hui la tradition populaire. En suivant la fable du romancier, c'étoit le samedi que Mellusine se livroit à ses enchantemens... (elle engendra) des enfants monstrueux et contrefaits, tels, entre autres, que Geoffroi à la grand'dent, enfans qui devinrent autant de héros dans la maison de Lezignem *(sic)*. Cette opinion était fondée sur ce que cette origine leur avoit donné comme une moyenne nature entre les anges et les hommes, ce qui fut cause que tous les seigneurs de cette maison furent si robustes, si braves et si puissans.

« Mellusine, selon l'auteur du roman, épousa en premières noces Raimondin, comte de Poitiers... (suit un résumé par Dom Mazet du roman de Jean d'Arras, résumé plus ou moins biaisé par des considérations folkloriques ou cléricales, jusqu'à l'épisode final qui concerne la disparition de la serpente.) Depuis cette disparition, Mellusine, selon la tradition populaire, est revenue plusieurs fois à Lusignan, et a fait entendre souvent sa voix par trois cris effroyables, ce qui est arrivé surtout lorsque quelques seigneurs de la maison de Lezignem, ou quelqu'un des rois de France, étoient menacés de la mort. On a prétendu qu'elle avoit jeté ces cris quelques jours avant celle des rois Henri IV et Louis XIII. M. Robert, président et lieutenant-général de la Basse-Marche, pour en perpétuer la mémoire, a consigné dans ses écrits le récit que lui en firent dans le temps les officiers même de la ville de Lusignan et les principaux habitants du lieu. Non contens de donner un être réel à cette chimère, et de croire que la Mellusine a existé telle qu'on la peint, les pères et les mères ne cessent encore d'en perpétuer la mémoire et la prétendue réalité, par une infinité de contes ridicules dont ils entretiennent leurs enfans et ceux qui veulent les écouter. »

Ces « contes ridicules » ne sont autres, nous le savons, que la représentation populaire du mythe; on souhaiterait qu'un ethnographe poitevin du vieux temps nous en ait conservé quelques versions, puisées à la bonne source, c'est-à-dire issues de la bouche même du conteur. Exceptionnellement, cette chance conservatoire s'est-elle produite une fois? Biaille-Germont, notable vendéen [1], aurait recueilli, apparemment dans la première moitié du XIXe siècle, l'un des récits qui couraient la campagne, relatif aux aventures de Mélusine et de son fils, le désagréable Geoffroy à la grande dent : on peut donc considérer que ce récit homérique et patoisant (que nous reproduisons ci-après), propose, peut-être, l'une des formes du mythe tel qu'il vivait encore dans les milieux populaires; et tel qu'il s'était éventuellement « étoffé » à l'époque classique, en intégrant des éléments nouveaux parmi lesquels figure au premier rang... la diffusion des nouvelles plantes américaines! Précisons du reste que le texte en question, s'il est authentique, appartient davantage au cycle de Geoffroy à la grande dent qu'à celui de la femme-serpent proprement dite :

« Le borgne de Py-Chabot [2], l'âme damnée de la grand'dent [3], écrit Fillon, qui dit reproduire Biaille-Germont, a enlevé la fille de Thibault le manchot, vieillard privé du bras droit perdu à la guerre, ce qui le met hors d'état de tirer vengeance d'un tel affront. Dans sa détresse, l'infortuné père implore le secours du roi alors occupé à rosser les Anglais dans le voisinage. Le roi saint Louis [4] accourt sans plus tarder, mais le borgne trouve asile avec sa proie dans le château de Fontenay dont le siège est immédiatement entrepris et poussé avec tant de vigueur que le chevalier manchot, à la tête de mille bons compagnons, pénètre le troisième jour

---

1. Son texte est « reproduit » par B. Fillon et O. de Rochebrune, *Poitou et Vendée*, Fontenay-le-Comte, 1861, pp. 27-28. Malheureusement, B. Fillon n'est pas un historien digne de confiance, et le texte qu'il dit tenir de Biaille-Germont est de crédibilité douteuse. La tradition qu'il incorpore, relative à l'acclimatation mélusinienne du haricot est-elle d'origine authentiquement populaire? C'est possible, mais non certain.
2. Sur les liens de Mélusine avec la maison des Chabot, voir Mazet, *op. cit.*, 1804, p. 49.
3. « La grand dent », autrement dit Geoffroy à la grande dent.
4. D'après Fillon, *op. cit.*, p. 27, saint Louis lutta effectivement contre Geoffroy de Lusignan, qu'il assiégea dans Vouvent en 1242.

dans la forteresse. Déjà les cris de victoire se font entendre, déjà la porte du donjon cède sous l'effort des assaillants, lorsque à leurs yeux étonnés s'élève dans les airs la Mélusine à califourchon sur une acouette (manche à balai), emportant en croupe son terrible fils, Py-Chabot et sa captive, les 799 gibiers de potence qui défendaient la place et un gros matou noir fort occupé à ressouner (dîner) d'un moineau venu trop près de sa griffe.

« L'acouette rapide comme l'éloise (l'éclair) franchit coteaux, bois et ravines et va déposer sa charge sur la motte de Vouvent où Mélusine se hâte de ramasser dans son devanteau (tablier) de mousseline une dornée de pierres dont elle bâtit plus bas, en virant la main, " la grosse tour pour y caller sans bourder, tot le drigail qu'a traînait darc lé [1] ". A peine la porte est-elle fermée sur le dernier payen ayant le chat à ses trousses qu'on voit arriver le roi à bride abattue. Mieux édifié cette fois sur l'espèce d'ennemis qu'il a à combattre, il fait signe à l'armée de s'arrêter. Suivi d'un seul moine avec son bénitier, il s'avance à la portée du trait, saisit le goupillon et sa forte main lance une telle quantité d'eau bénite, qu'elle retombe en pluie furieuse sur la tour qui s'écroule incontinent et laisse à sa merci hommes et choses, armes et bagages, y compris l'endiablé matou. Quant à la fée, dans sa frayeur des brûlures de l'eau bénite, elle entrouve du talon la terre et va sortir à la Fumerie de Jazeneuil [2], à treize lieues de là, sous la chaise de Catûche la revêche, qui dormait en triant des mojettes au nez de son voisin Michâ. Le choc est si rude qu'il envoie la vieille, avant de retomber à la même place à côté de son jadeau, passer par-dessus la lune, où elle laisse échapper de sa main dans un champ labouré quatre mojettes qui fournissent l'espèce à ce pays réduit jusqu'alors à la gesse de Saintonge et au pois Limousin dont se nourrissent les gorets maigres et les habitants de Bourneau.

« Le borgne est pendu au chêne de la Grand'Rhée comme s'il était Jacques Bonhommet, le meunier de Pilorge; le chat noir est brûlé vif devant l'église de Vouvent; les 799 payens sont livrés aux grolles (corbeaux); et la grand'dent, que sa qualité de cousin du roi protège, se met en route, sous l'habit de moine, pour Jérusalem, afin d'y demander à Dieu pardon de ses méfaits.

« La jeune beauté, cause première de tant de bruit et de

1. « Pour y mettre sans tarder toute la bande qu'elle traînait derrière elle ».
2. Aujourd'hui la ferme de la Funerie, commune de Jazeneuil. Le changement de l'*m* en *n* est fréquent dans le patois poitevin : sener (semer), gerner (germer). (Note de L. Desaivre, *op. cit.*, p. 154).

tant de combats..., épousa le lendemain Gilles Mussaprès, le plus beau garçon du Poitou.

« Depuis cette aventure, Mélusine a cessé de hanter ses anciens domaines; et Mervent, Vouvent et Lusignan privés de leur fée s'en sont allés en devallant. »

Assez mince est finalement ce dossier des textes « d'époque » qui nous font connaître, au niveau des traditions d'Ancien Régime, la Mélusine du peuple, incarnée dans les cultures orales-populaires [1] : en Poitou, Vendée, Armorique de l'Est. Fort heureusement, il est possible sinon de compléter, du moins d'éclairer cet ensemble parcimonieux, à l'aide de confrontations et confirmations, qui nous proviennent de l'aire dauphinoise.

Loin du Poitou, en effet, une petite enclave très strictement mélusienne apparaît bien implantée déjà, au XVIIe siècle. Elle est centrée autour des domaines de la famille de Sassenage, et dans les grottes du même nom, près de Grenoble. A ce propos, il importe assez peu de savoir si les prétentions des Sassenage à descendre des Lusignan sont ou non fondées dans la réalité. Le fait est que ces prétentions, plus d'une fois tenues pour dérisoires [2], ont servi d'utile prétexte à l'installation effective d'une Mélusine dans les Alpes du Nord : la fée au nom poitevin s'étant peut-être greffée, en l'occurence, sur quelque obscure serpente locale, anonyme et préexistante [3].

Le folklore mélusinien du XVIIe siècle, dans ce domaine montagneux du Sud-Est français, est en tout cas très comparable à celui que décrivent en Poitou, vers 1570-1670, Brantôme et Perrault, cette convergence pouvant fort bien s'expliquer par une filiation, dont le principal mérite consiste à souligner commodément certains points essentiels du mythe d'origine. « Il est peu de grandes maisons, écrit à ce propos, en 1669, l'historien dauphinois Chorier [4], qui remontant jusqu'à leur origine, ne rencontrent une fable : celle de Sassenage y trouve Mélusine. Cette fable a fait tant d'impression sur

---

1. Il conviendrait d'y ajouter les nombreux témoignages oraux, qui circulaient dans les campagnes poitevines au XIXe siècle, et qu'a recueillis et rassemblés directement ou par intermédiaire, Léo Desaivre, *op. cit.*: tardifs, et publiés sous une forme ultra-condensée, ces témoignages insistent essentiellement sur les fonctions bâtisseuses de la fée.
2. Jérémie Babinet, *Mélusine*, Poitiers, 1850, p. 50.
3. Sur la présence de serpents dans les cultes folkloriques ou pré-chrétiens de Savoie et de Dauphiné, voir Louis Christillin, *Mémoires historiques sur la vallée d'Aoste*, vol. I, 1884, Aoste, p. 149.
4. N. Chorier, *Histoire généalogique de la maison de Sassenage*, Grenoble, 1669, pp. 10-20.

la crédulité des Habitants de la terre de Sassenage, qu'ils sont persuadez que leur Seigneur est du sang de Mélusine, et qu'elle a finy ses jours en ce lieu.

« On y montre une grote spatieuse dans le sein d'un rocher, où tombe impétueusement une source, qui fait un ruisseau qui coule au milieu du Bourg. On voit deux cuves que la nature a formées auprès de cette grote. Elles présagent, dit-on, la fertilité ou la stérilité de chaque année, selon qu'elles se trouvent d'elles mesmes plus ou moins pleines d'eau, la veille de la Feste des Roys... On y montre l'endroit où Mélusine avoit coutume de prendre le frais et le bain, et un peu plus haut la table où elle mangeoit, qu'on appelle la table de Mélusine. La fontaine du Chasteau de Montelliez, dans le Valentinois, qui est une des terres de cette Maison (de Sassenage), porte le nom de Mélusine : on croit qu'elle s'y est quelques-fois montrée. On voit aussi dans l'épesseur du mur du Chasteau, contigu au fossé, une ouverture ronde, qui le perce de haut en bas, dont on ne sçait pas l'usage. On l'appelle aussi le Trou de Mélusine, par où, dit-on, elle passa sa longue queue de serpent, quand elle se veut faire voir... On ajoute que trois jours avant la mort du chef de la famille (de Sassenage), ou de quelqu'un de ses enfants, les cris lugubres de Mélusine en ont esté souvent le présage; et qu'alors en l'a veue sous la forme d'une grande femme qui se promenoit à pas lents. »

Aujourd'hui encore, à Sassenage, on peut contempler dans la grotte de ce nom, près de l'entrée, les deux cuves dites de Mélusine. Dès 1656, par la plume locale de Salvaing de Boissieu, la fée elle-même s'était obligeamment chargée[1] de décrire les facilités qu'on trouvait dans sa caverne, pour la prévision des récoltes : « Voici l'antre, s'écriait-elle, que je choisis pour ma retraite (elle était en effet supposée, dans cette version dauphinoise de sa légende, s'être retirée vers les Alpes, après sa rupture avec Raymondin); et afin de ne point paraître ingrate envers les peuples qui habitent cette contrée, je veux que ces cuves, où je me baigneray doresnavant, ayent le don de présager la fertilité des années, et avec tant de certitude, que les nations en connaîtront la vérité.

---

1. Denis Salvaing de Boissieu, *Septem miracula Delphinatus*, Grenoble, 1656, pp. 99-106 *(Melusina, sive Tinae Sassenagiae)*. Sur les méthodes de prévision des récoltes par le niveau de l'eau à la veille des Rois, ou par la qualité du brouillard, au sein notamment d'une source, d'une caverne ou d'une anfractuosité quelconque, cf. la revue *Mélusine*, I, 1884 (à propos du village de Neuville-Chant-d'Oisel); voir aussi le rapport de l'abbé Boisot dans *Journal des Savants*, 1686, sur la Froidière-de-Chaux (Jura).

Tous les ans à pareil jour, que celuy que je suis arrivée aux montagnes de Sassenage, ces deux cuves répandront tout à coup des eaux en abondance. Celle-cy marquera la fertilité des moissons; celle-là des vendanges...
« Il arrivera aussi un jour que quelques-uns des mes descendans, sortans de Lusignan, deviendront seigneurs de Sassenage : ce seront de grands Guerriers, et qui feront quantité de belles actions. Enfin lorsque quelqu'un de ma Maison sera prêt de mourir, j'iray annoncer leur cruel destin par des cris, et des gémissements. »

*

Les données qu'on vient de citer, si fragmentaires qu'elles soient, permettent de se représenter, sous certains aspects, la façon dont s'est maintenue, décantée, biaisée parfois, la légende mélusinienne à l'époque moderne, dans le secteur de la transmission non-écrite. De ce point de vue, notre exposé vaudra surtout pour la période 1570-1670, où les textes sont un peu moins rares; où ils sont éclairés aussi par les méthodes régressives. Il s'appliquera d'autre part, géographiquement, aux terroirs essentiels où survit, s'enracine et se maintient le mythe : Poitou et, secondairement, Dauphiné.

1. On note d'abord une très grande simplification par rapport au récit sophistiqué, fourmillant de détails, qu'avaient proposé Jean d'Arras et Couldrette à la fin du Moyen Age. Cette simplification tient sans doute pour une part à la désinvolture des auteurs qui, tels Brantôme, Perrault, ou Dom Mazet, ne relatent la « tradition populaire » que par allusions ou références brèves et quelquefois dédaigneuses. Mais il n'y a pas de raison de douter que les versions orales du conte sont en effet plus simplistes, aux temps modernes, que ne l'était, à la grande époque des XIVe-XVe siècles, son élaboration littéraire.

2. En dépit de cette inévitable rusticité, on constate, dans le peu qu'on connaît des versions orales, une fidélité remarquable à certains thèmes fondamentaux que signalaient déjà les grands textes du Moyen Age. D'abord, et cela va de soi, Mélusine, d'un bout à l'autre de sa carrière poitevine et dauphinoise, demeure une serpente; ou du moins une demi-serpente, dont la vision fait l'objet d'un tabou, difficile à lever. Elle reste également fidèle à sa vocation constante de personnage des sources et des fontaines. De même, les « cris de la fée » annonciateurs de catastrophes pour le lignage seigneurial, voire royal, qu'elle est supposée protéger, sont

tout aussi perçants sous Louis XIII qu'ils l'étaient sous Charles VI... En cas de malheur ou de crise, Mélusine, fidèle au poste, procède au charivari de rigueur.

3. Il est incontestable cependant qu'à l'intérieur même du mythe, la tradition orale, ou peut-être l'évolution de celle-ci, a imposé certains reclassements, certains déplacements des centres d'intérêt ; le dessin fondamental de la légende subsistant néanmoins, pour autant que nous puissions le connaître, dans ses avatars successifs.

Première nuance : le thème de la fécondité démographico-lignagère, qui était au centre de toutes les versions médiévales du XIIe au XVe siècle, semble s'être quelque peu affaibli, dans les représentations qu'en Poitou et ailleurs, le peuple se fait de la fée aux temps modernes. La Mélusine de Jean d'Arras, en effet, se conformait à l'idéal de haute fertilité matrimoniale, que proposaient déjà les serpentes anonymes du XIIIe siècle. Avec ses huit enfants survenus en onze années [1], elle dépassait la fécondité des femmes du Beauvaisis au XVIIe siècle ; elle était digne de la fertilité, plus haute encore, des Bretonnes de l'Ancien Régime [2]. Elle se conformait en tout cas au schéma goubertien de la « famille complète » (d'une dizaine d'enfants), à brefs intervalles intergénésiques, ceux-ci étant du reste d'autant plus courts que Mélusine, comme il se doit pour une femme riche, confiait ses bébés à des nourrices, et jouissait de la « surnatalité des dominants [3] ». Or, cette insistance médiévale, qui souligne le foisonnement d'une progéniture, paraît s'être légèrement atténuée dans les prolongements « modernes » du mythe. Bien entendu, Mélusine reste mère, et génitrice de lignages glorieux (les Lusignan, les Sassenage) ; ou d'individus absolument détestables (Geoffroy à la grande dent). Mais ses parturitions successives et rapprochées ne semblent plus, en tant que telles, intéresser les informateurs au même degré qu'autrefois.

En revanche, deux autres fonctions, qui ne sont pas sans rapport avec la fécondité, mais qui néanmoins se distinguent des aspects strictement maternels de celle-ci, continuent à être fortement soulignées, plus fortement parfois qu'au Moyen Age, par les traditions de la période « moderne ». C'est d'abord la fonction bâtisseuse, sur laquelle insistent

---

1. Jean d'Arras, *op. cit.*, éd. 1854, p. 74 et pp. 116-118 (d'après l'âge des aînés, p. 118 ; et d'après les intervalles intergénésiques des puînés, pp. 116-117. A ces huit enfants s'ajouteront plus tard les deux derniers, Remonnet et Thierry).
2. P. Goubert, in F. Braudel et E. Labrousse, *Histoire économique et sociale de la France*, Paris, 1970, p. 32.
3. P. Chaunu, *L'Europe classique.*

tous les auteurs anciens qui s'intéressent aux données orales relatives à la Mélusine du Poitou : qu'il s'agisse de Rabelais (brève allusion à la « fondatrice »), de Brantôme et d'Yver (long développement), de Mazet et, finalement, des ethnographes du XIXe siècle, auxquels les paysans poitevins feront mainte confidence à ce sujet [1].

D'autre part, la fonction de fertilité agricole (fonction qui souvent restera inaperçue chez nos biographes récents de Mélusine) était en fait très nettement mise en valeur par la culture orale, au XVIIe siècle. Les versions écrites du Moyen Age n'en avaient parlé qu'assez peu ; ou elles n'avaient évoqué cette fonction qu'indirectement, et comme corollaire implicite de l'activité défricheuse de la fée [2]. Mélusine, en tout cas vers 1400, n'était pas considérée (au niveau de l'élaboration littéraire de sa légende) comme une surveillante attitrée des récoltes. Ni comme une dispensatrice des plantes nouvelles.

Or ce rôle de pourvoyance campagnarde, imparti par la suite à la Dame de Lusignan, est clairement affirmé au XVIIe siècle, en Poitou comme en Dauphiné, par divers auteurs qui ne se recopient pas les uns les autres, et qui signalent bel et bien ce que leur ont déclaré les indigènes [3] : Mélusine, à la grotte de Sassenage, est installée dans une fontaine, dont le niveau, repéré à la veille du jour des Rois, permet de prévoir le volume des moissons et des vendanges. A Lusignan, la fée ne dit pas elle-même le pronostic des récoltes ; mais elle fait sa résidence à proximité immédiate d'une source appelée *Caillerot*, exactement analogue à celle de Sassenage,

---

1. L. Desaivre, *op. cit.*
2. Cependant Couldrette (publié par F. Michel, *Mellusine, poème... composé à la fin du Moyen Age*, éd. de Niort chez Robin et Favre, 1854, p. 182) note (ce que ne fait pas Jean d'Arras) que Mélusine, avant de s'envoler pour toujours, déclare à propos de son fils *l'horrible*, qui doit être tué pour que survive le Poitou :

« Entens Raimon : ton fils orrible
fay mourrir...
s'il vit jamais ne faudra guerre,
En tout le pays poitevin ;
et n'y croistra ne pain ne vin
... *Tant que rien croistre ne pourroit* »

Ce texte capital donne deux indications : *a)* Mélusine se préoccupe effectivement dès le XVe siècle, et sans doute bien avant, des problèmes de fertilité agricole ; elle s'intéresse en particulier, tout comme elle le fera plus tard à Sassenage, aux vins et aux blés. *b)* Si l'on se fie à ces quelques vers, Couldrette n'apparaît pas seulement comme un plat compilateur de Jean d'Arras ; il est aussi « branché » bel et bien, comme le suggère J. Le Goff, sur des versions antérieures et fort pertinentes du mythe, dont Jean d'Arras, pour une fois mal inspiré, avait omis, lui, *certains détails* importants.
3. Cf. *supra* les textes tirés de Cl. Perrault, de N. Chorier, et plus tardivement de Biaille-Germont.

et qui fait partie, pour le touriste mélusinien, du programme de visite obligatoire. La fée poitevine, d'autre part, est-elle considérée dans sa province, comme étant la donatrice originelle de la *mojette* [1] ou haricot (dont nous savons qu'en réalité, venu d'Amérique au XVIe siècle, il s'est diffusé dans la France de l'Ouest et du Sud au commencement du XVIIe siècle)? C'est à voir. Si B. Fillon ne nous a pas menti sur ce point, on devrait admettre que les paysans poitevins avaient interprété ce « don » mélusinien du haricot comme un fait décisif pour l'amélioration de leur niveau de vie — les légumineuses médiévales, *gesse* de Saintonge et pois limousin, étant désormais réservées à la nourriture des porcs ou à celle des villages sous-développés. Par conséquent, Mélusine a pu exercer en plein XVIIe siècle encore, de plausibles fonctions d'innovation agricole.

Il y aurait donc, au total, si l'on essaie de faire un bilan de cette évolution nuancée, une maintenance des fonctions bâtisseuses de la fée; et aussi un certain reclassement des rôles dans le domaine de la fécondité; celle-ci devenant un peu moins fréquemment maternelle; un peu plus agricole aussi, que par le passé.

Ce déplacement traduit-il vraiment une évolution du mythe, entre le Moyen Age et les Temps modernes? Ou bien, hypothèse plus vraisemblable, s'agit-il simplement d'une « descente » sociale des témoignages, les textes médiévaux étant essentiellement destinés à justifier les prétentions généalogiques de nobles personnages, qui sont désireux de filiations totémiques; tandis qu'au contraire les textes mélusiniens des temps modernes sont cueillis au ras du sol par des auteurs soucieux de pittoresque, qui notent les opinions des lavandières de Lusignan, ou des tenanciers de Sassenage; à ce niveau « inférieur », les informateurs semblent tout naturellement, sauf cas d'espèce [2], être plus soucieux des rendements du vin, du grain (et peut-être du haricot), que de la splendeur prolifique des lignages nobles.

Quoi qu'il en soit de cette retombée en agriculture, et de cette Mélusine ruralisée, un dernier point reste à mentionner : il concerne, en Poitou du moins, et surtout après 1660-1670, la diabolisation progressive du mythe, sous l'influence probable d'une Contre-Réforme d'arrière-saison. Dans l'œuvre

---

1. Voir *supra*, p. 289. Sur la diffusion du haricot, *mojette* ou *mongette*, voir E. Le Roy Ladurie, *Les Paysans de Languedoc*, Paris, 1966, vol. I, pp. 71-72.
2. *Infra*, conclusion de cet article.

de Jean d'Arras, Mélusine se conduisait en bonne dévote[1], et elle n'hésitait pas entre deux tours de magie, à faire bénir son lit par un évêque. Au temps de Brantôme, la Fée, religieusement neutre, est pourtant considérée comme « une très sage et vertueuse dame », sympathique et bienfaisante. Mais, à l'âge classique, au moment où, de plus en plus, les prédicateurs et les curés durs, issus des séminaires, persécutent les superstitions villageoises, la serpente sent le fagot. On la soupçonne de connivences avec Satan, et pour le moins de pratiques de magie noire. Après tout, Lusignan, où des diables tout en feu font vers 1620 une apparition remarquée[2], n'est pas si éloignée de Loudun[3]. Cette diabolisation de Mélusine s'avère évidente, déjà, dans le texte de Dom Mazet[4].

Les données médiévales et modernes sur la Mélusine poitevine, accessoirement dauphinoise, que nous avons présentées dans cet article, mériteraient d'être complétées par une excursion vers l'Est (Allemagne, Luxembourg, Alsace), au-delà des anciennes frontières françaises. Mais la Mélusine germanique (dont le nom, certainement emprunté, recouvre une réalité originale), pose des problèmes trop complexes pour que nous puissions les expliciter ici, dans le cadre nécessairement restreint de cet article. Les mythes qui la concernent racontent, en effet, une histoire dont le déroulement sur beaucoup de points se situe à l'opposé de l'épopée du Poitou. Celle-ci était bâtie sur le thème général d'une conjonction (rencontre de Raimondin et de Mélusine), suivie d'une rupture de contrat ou d'un viol de tabou ; le tout se concluant par une disjonction (séparation ultime de Raimondin d'avec Mélusine). Or, dans la version du pays de Bade, c'est tout le contraire[5]. Sebald, l'amateur de chants d'oiseau, s'arrache d'abord précipitamment à l'étreinte, devenue odieuse, d'une très belle jeune fille (« Mélusine ») : celle-ci, qui l'avait initialement séduit par sa beauté, s'est en effet transformée par la suite, au grand effroi du jeune homme qui la tenait dans ses bras, en demi-serpente, puis en harpie. Finalement, pour punir Sebald de l'avoir délaissée en faveur d'une autre femme, Mélusine

1. Éd. 1854, p. 65.
2. Voir à ce propos un texte écrit sous Louis XIII, et qui est reproduit dans Lenglet-Dufresnoy, *Recueil de dissertations anciennes et nouvelles sur les apparitions, les visions et les songes*, Avignon, 1752, tome I, 2ᵉ partie, p. 127.
3. M. de Certeau, *Les Possédées de Loudun*, Paris, 1970.
4. Référence, *supra*, p. 286, note 3.
5. Jérémie Babinet, *Mélusine*, Poitiers, 1850, pp. 55-59 (traduction infidèle). Et surtout, *Anzeiger fur Kunde des deutschen Mittelalters*, publié par Auffess et Mone, 1834, 3ᵉ année, pp. 87-91 (texte original recueilli directement « de la bouche des conteurs populaires », par un érudit badois du début du XIXᵉ siècle).

tuera le héros au cours d'un nouveau contact, celui-là venimeux et mortel. La structure de ce mythe ouest-allemand est donc effectivement très différente de celle de la légende poitevine. Celle-ci proposait la séquence : conjonction → tabou violé → disjonction. Celui-là au contraire s'ordonne selon une succession rigoureusement inverse : disjonction → contrat rompu → conjonction léthale. Du fait même de cette disparité, certains épisodes cruciaux sont construits, respectivement, de façon radicalement opposée : dans le mythe badois, au moment de la conjonction finale, Mélusine la serpente perce le plafond; puis elle descend sur Sebald, qu'elle empoisonne de son venin. Dans le récit poitevin, au contraire, Mélusine quitte Raimondin en s'envolant par la fenêtre, et disparaît dans les airs sous forme de serpent. L'ordre des facteurs et la dynamique même des phénomènes semblent donc inversés dans les deux séries [1].

*

Mais l'étude de cette éventuelle inversion ne constitue pas l'objet immédiat de cette partie de notre article, laquelle ne traite que d'une région limitée. Nous nous sommes tenus pour l'essentiel à une étude diachronique, centrée sur la Mélusine poitevine, avec les antécédents et prolongements de celle-ci dans d'autres provinces francophones. La légende dont s'était emparée momentanément Jean d'Arras présente, en effet, l'avantage d'offrir aux historiens le spectacle et la chronologie d'un cycle presque complet : folklore médiéval; puis l'élaboration littéraire à la veille de la Renaissance; enfin ruralisation (ou re-ruralisation) moderne, dont on peut suivre les diverses phases à travers les notations des écrivains ou des érudits, les tracasseries des prêtres, et pour finir, les études consciencieuses des ethnographes du xixe siècle. Le caractère unique de cette histoire et de cette expérience n'en diminue ni l'intérêt ni la portée, car la bonne dame de Lusignan n'est certainement pas seule de son espèce. Mélusine est une serpente qui a réussi. Elle s'est intelligemment attachée, en femme féconde et bâtisseuse qu'elle était, au destin d'un grand lignage; puis, celui-ci ayant périclité, elle a su s'adapter; elle a colonisé d'autres familles ou d'autres mythes. Donneuse depuis toujours de biens culturels, elle

[1]. L'histoire de Sebald se rattache expressément au cycle de Peter von Staufenberg dont les plus anciennes versions sont attestées au commencement du xive siècle (Lütz Röhrich, *Erzählungen des späten Mittelalters und ihr Weiterleben in Literatur und Volksdichtung*, vol. I, Francke, Berne, 1962, p. 243-244).

s'est vouée, modestement, au soutien de l'agriculture; ce qui lui a permis peut-être, au XVIIe siècle, de s'associer à la diffusion de plantes nouvelles... Soignant sa publicité, négative ou positive, elle sert ensuite de repoussoir à la propagande cléricale, ennemie des superstitions; et d'objet favori d'études, pour l'ethnographie d'après 1800... Mais pour une Mélusine qui a su ainsi de toutes les façons se faire connaître, aimer, apprécier, ou redouter, combien de serpentes anonymes ont coulé des siècles sans gloire auprès des lignages qu'elles protégeaient, en attendant de s'éteindre avec eux! Le hasard d'un document ou d'une enquête permet quelquefois de repérer l'un de ces reptiles, auquel son extinction même confère une notoriété fugitive. C'est le cas, par exemple, au sein du grand lignage paysan des Jault, qui vivaient en famille élargie, dans le Nivernais fraternel, depuis une date indéterminée antérieure à 1580, jusqu'à leur dispersion finale dans les années 1840. En 1847, si l'on en croit la tradition, au moment même où le chef de famille ou « maître de la maison », eut à décider la dissolution de la communauté, la couleuvre qui veillait depuis toujours sur le foyer collectif, apparut en rampant parmi les membres de la frérèche, réunis en assemblée générale. Avant d'émettre un avis définitif, le maître décida donc d'attendre les indications que voudrait bien fournir la petite bête. Celles-ci furent catégoriques : elle mourut. Ce décès donna immédiatement le signal de la dissolution de la vieille frérèche[1]. L'humble couleuvre des Jault n'avait certes pas l'illustration de sa célèbre consœur de Lusignan. Mais d'une certaine façon, et plus peut-être encore que Mélusine, elle avait fait jusqu'au bout son métier de serpente : elle avait veillé économiquement et démographiquement sur la prospérité du lignage; et elle témoignait, par sa mort même, sur la désintégration de celui-ci.

---

[1]. Ch. Prieuret, « Histoire de la grosse communauté des Jault (1580-1847) », *Bull. de la Soc. nivernaise des lettres, sciences, et arts*, tome 28, 1929 (paru en 1930), pp. 333-386.

Troisième partie

LE POIDS DES HOMMES :
ENTRE BIOLOGIE ET MENTALITÉ,
LA DÉMOGRAPHIE HISTORIQUE

De Waterloo à Colyton :
histoire, démographie et sociétés [1]

De Rocroi à Crulai, ... de Waterloo à Colyton, ainsi pourrait-on résumer en quatre toponymes, le chemin parcouru depuis cent cinquante ans, par une certaine histoire : depuis l'historiographie événementielle et fracassante du XIXe siècle, *l'histoire-bataille*, jusqu'à la résurrection silencieuse et mathématique d'un passé total, tel qu'il s'incarne aujourd'hui dans la *démographie historique*. Crulai et Colyton, villages obscurs de Normandie et du Devon, n'ont sûrement pas la notoriété claironnante des victoires (ou défaites) de Rocroi et de Waterloo; et les travaux savants qu'ont inspiré ces petites communautés paysannes ne connaissent ni les tirages massifs, ni les prolongements cinématographiques des best-sellers, comme *Le Jour le plus long* ou *Paris brûle-t-il*. C'est pourtant grâce à ces villages et à quelques autres, grâce aux registres paroissiaux de Crulai, Colyton, Auneuil, Saint-Lambert-des-Levées, Sainghin-en-Mélantois, etc., grâce aussi aux généalogies genevoises et canadiennes, qu'ont été mises au point, puis mises à l'épreuve, d'abord par Louis Henry et l'Institut national d'études démographiques, par Pierre Goubert et par leurs émules, les techniques décisives de reconstitution des familles; ces techniques qui ont renouvelé, sans tambour ni trompette, notre vision des sociétés révolues (XVIIe-XVIIIe siècle).

Il n'est pas possible d'exposer ici, dans le cadre restreint de cet article, en quoi consistent les méthodes, quantitatives, et sophistiquées, qui aboutissent à la reconstitution intégrale de centaines et de milliers de familles, ayant vécu et disparu aux XVIIe ou XVIIIe siècles. Il convient à ce propos de se

---

1. *Times literary supplement*, 8 sept. 1966.

reporter aux ouvrages spécialisés de Louis Henry *(Nouveau manuel de dépouillement de l'état civil ancien)*, et de E. A. Wrigley (Laslett, Eversley, Armstrong, Wrigley, etc, *An Introduction to English Historical Démography)*... Ce que les études de ce type ont en effet mis en lumière, c'est tout le système démographique, tel qu'il a fonctionné pendant des siècles, dans les sociétés traditionnelles de l'Europe occidentale. Le système, ou plutôt les systèmes, variables selon les régions, cultures ou nations. Avec les trois composantes fondamentales : fécondité, nuptialité, mortalité; naissances, mariages, morts.

La fécondité : sur ce point les démonstrations fines et statistiques de Louis Henry *(Crulai; Familles genevoises)* et de Pierre Goubert *(Beauvaisis)* paraissent sans appel; il existe bien, sous Louis XIV (dans la plupart des régions françaises), des provinces rurales entières, qui ignorent à peu près totalement la limitation volontaire des naissances. La fécondité n'y est limitée, après un accouchement, que par l'allaitement, qui induit chez la jeune mère une phase temporaire de stérilité, cette phase pouvant durer en moyenne une année entière. Dans ces conditions, la plupart des couples d'âge fécond portent un enfant tous les deux ans ou tous les trente mois : c'est le régime de l'accouchement biennal. Bien plus : dans certains milieux sociaux de la France classique, où les enfants sont mis en nourrice, on voit disparaître cette unique restriction, qu'est l'allaitement maternel; et la fécondité n'est même plus limitée. Du coup, au lieu d'avoir sept ou huit enfants, les couples en donnent dix ou quinze...

Tels sont les modèles anciens de fécondité, valables en règle générale pour la France paysanne, pour le Canada (J. Henripin, *La Population canadienne au début du XVIIIe siècle*), et aussi pour l'Espagne, d'après B. Bennassar *(Valladolid au XVIe siècle)*. Mais cette règle générale comporte d'énormes exceptions, et c'est à ce point que les choses deviennent passionnantes pour un historien sociologue.

« Exceptions » géographiques d'abord. On sait que les régions du sud-ouest français ont été, aux xixe et xxe siècles, parmi les plus « malthusiennes » du monde; et l'on se doutait bien qu'un tel comportement devait avoir des origines assez anciennes. Un livre récent de Pierre Valmary *(Familles paysannes au XVIIIe siècle en Bas-Quercy)* a semblé confirmer cette impression : dès l'époque de Louis XIV et Louis XV, les indigènes du Quercy, quoique bons catholiques, analphabètes, et sous-développés, restreignaient sans bruit les naissances; si l'on en croit Valmary, leur fécondité était parmi les plus basses du royaume.

Et puis il existe une autre « exception », tellement énorme qu'elle constitue une modalité spéciale, probablement différente des cas ibérique et français. C'est ... l'Angleterre. A Colyton, village scruté à fond par E. A. Wrigley (Cf. *Economic History Review*, 1966), les villageois, entre 1650 et 1850, renoncent à l'exubérante fécondité de leurs aïeux élisabéthains; et ils optent pour un *birth control* fruste, mais efficace; celui-ci se caractérise, d'après E. A. Wrigley, par la pratique du *coitus interruptus* (pratique qualifiée dès la Bible, de crime d'Onan). Les Colytoniens de la Restauration, ces pères de peu d'enfants, apparaissent ainsi comme les précurseurs les plus nets de la contraception anglo-saxonne, institution promise au plus grand avenir. Reste à savoir, quant au XVIIe siècle, si on a le droit d'inférer du cas particulier de Colyton, au cas général de la fécondité britannique à la même époque... E. A. Wrigley, bien sûr, ne se permet pas une induction aussi audacieuse. Mais il est raisonnable de penser, avec cet auteur, que bien des villageois anglais se sont comportés comme leurs contemporains de Colyton.

Après les exceptions géographiques, viennent les exceptions sociales. En France même, dès Louis XIV, le *pattern* de fécondité débridée, qui reste caractéristique des classes inférieures, est au contraire abandonné par les groupes dirigeants : ceux-ci choisissent, délibérément, un type déjà moderne de famille restreinte. Les ducs et pairs et les bourgeois de Genève de l'époque Louis XIV, un peu plus tard les notables huguenots de Montauban, sont parmi les plus ardents dans cette première diffusion (secrète, mais très large), des méthodes contraceptives. Louis Henry *(Familles genevoises)*, André Armengaud et Marcel Reinhard (*Histoire générale de la population* et *Démographie et Sociétés*), ont donné à ce propos des exemples convaincants.

Et puis, à la fin du XVIIIe siècle, et dès la première moitié du XIXe, c'est, en France, la propagation, bientôt torrentielle, des techniques antinatales, qualifiées de « funestes secrets » et désormais pratiquées par les paysans et par les artisans. Grâce aux publications d'Hélène Bergues (Cf. *La Prévention des naissances dans la famille*), grâce aussi aux travaux de Ganiage *(Trois villages d'Ile-de-France)* et de Daniel et Henry *(Sainghin-en-Mélantois)*, nous disposons à ce propos de données très sûres : le mouvement contraceptif populaire commence, en France, dès 1770 (au moment même où, paradoxe, l'Angleterre, elle, revient à une fécondité plus élevée!). Ce mouvement s'élargit après 1790-1800, après la grande secousse révolutionnaire : il est à la fois massif et précoce, ayant cinquante, soixante ou cent ans d'avance sur les autres pays du continent européen.

Pourquoi cette précocité, cette originalité spécifique de la France? La démographie historique, si elle veut répondre à une telle question, doit nécessairement se dépasser elle-même, et déboucher, notamment, sur une anthropologie culturelle, et sur une sociologie religieuse. C'est du moins ce que suggèrent les travaux pionniers comme ceux d'Étienne Hélin et d'Hélène Bergues (*La Prévention des naissances*, *op. cit*).

Car la contraception de l'âge classique est, au premier chef, une affaire de théologie. L'Église catholique, d'avant Vatican II, se fonde sur le chapitre 38 de la Genèse (crime d'Onan), elle est traditionnellement hostile aux méthodes contraceptives : les théologiens, depuis 1600, depuis Thomas Sanchez et saint François de Sales, sont unanimes à condamner le *coitus interruptus*. Certes, ils sont divisés à ce sujet : Les *durs* (jansénistes) y voient un péché commun de l'époux et de l'épouse. Les *mous* (jésuites) au contraire jettent toute la responsabilité sur l'époux, et ils acquittent l'épouse, qui peut demeurer dans le giron de l'Église, et continuer à recevoir les sacrements. Mais les deux écoles, de toute façon, déclarent qu'il y a péché, à commettre un tel acte.

Une telle condamnation n'est pas toujours platonique. Hélène Bergues a cité à ce propos quelques textes décisifs : ainsi le *Catéchisme des jeunes mariés*, du Père Féline (1782), fait état d'opposition graves entre les fidèles, et leurs directeurs de conscience : opposition ayant trait à « l'acte d'Onan ». Et une lettre assez extraordinaire, envoyée par l'évêque Bouvier à la *Sacrée pénitencerie* du Vatican, nous montre vers 1840, les Catholiques du diocèse du Mans « fuyant la messe et les sacrements », pour éviter d'être admonestés par leurs confesseurs, qui veulent leur interdire la contraception. La limitation des naissances a fait l'objet, au xixe siècle, d'un conflit récurrent entre le prêtre et le couple. Conflit d'autant plus âpre qu'il est resté généralement secret.

Et voilà que se dégage une première explication de la « précocité » française : on sait que la Révolution a puissamment accéléré, sinon la déchristianisation totale, du moins l'indifférence religieuse, qui s'est propagée au xixe siècle, dans de larges fractions de la population française. C'est peut-être ce détachement vis-à-vis de l'Église catholique qui rend compte, entre bien d'autres raisons, de la facilité particulière avec laquelle se sont communiquées, dans la France post-révolutionnaire, les méthodes antinatales. Et le processus causal a pu jouer aussi en sens inverse...

Par-delà la sociologie religieuse, c'est en fin de compte la psychologie des profondeurs que la démographie historique et l'histoire des méthodes contraceptives obligeraient à mettre en cause. Nous n'avons (à ma connaissance) aucun témoignage de médecin ou de psychiatre sur les conséquences médicales ou psychologiques de la diffusion des mœurs antinatales, dans la France des XVIIIe-XIXe siècles. Mais nous possédons, dans le même ordre d'idées, un témoignage capital sur les phénomènes homologues dans les pays autrichiens. Dans les années 1885-1900, quand les classes moyennes de Vienne en arrivent à adopter largement les techniques contraceptives, un jeune médecin de cette ville, Sigmund Freud observe chez ses clients des phénomènes d'anxiété et même de névrose qu'il met en relation explicite avec les nouvelles pratiques conjugales (Cf. *Lettres à Wilhelm Fliess*). Les textes du jeune Freud relatifs à ces problèmes peuvent être discutés, quant à l'interprétation scientifique qu'ils donnent des faits observés. Mais ils contiennent, de toute façon, pour l'historien sociologue et psychologue, le plus précieux des témoignages médicaux. Voilà l'un des points où pourrait s'insérer, dans les faits, la collaboration tant souhaitée, dans les sciences humaines, entre histoire et psychanalyse.

La démographie historique a donc le mérite de donner des fils conducteurs, qui peuvent mener très loin vers l'histoire sociale. On le voit bien à propos de la fécondité. Et la même observation vaut, pour un autre thème essentiel des études de population : la nuptialité.

Le rôle central du mariage, dans les sociétés traditionnelles, a été mis en lumière par les ethnologues. Mais les historiens démographes, eux aussi, proposent une *philosophie du mariage*, quoique d'un point de vue assez différent de l'ethnographie. Je me bornerai ici à évoquer deux questions, du reste connexes : l'âge du mariage; et d'autre part la signification du mariage, dans la biographie d'un individu (aux siècles classiques).

Age du mariage : les historiens démographes ont mis fin au mythe du mariage précoce (à 15 ou 16 ans...). Ce mythe que d'excellents chercheurs, travaillant sur les XVIe et XVIIe siècles, avaient forgé à partir des cas individuels, et de quelques sources littéraires et non-statistiques. En fait nos prédécesseurs de l'âge classique, au moins dans les milieux populaires, se mariaient souvent assez tard; les jeunes filles à 24 ou 25 ans, les jeunes hommes à 26 ou 28 ans. Il suffit de citer à ce propos, outre les auteurs déjà évoqués (Henry, Goubert, etc.), les démonstrations statistiques de Peter Laslett *(The World we have lost)*, de Gouhier *(Port-en-Bessin)*, de Godechot et Moncassin *(Démographie et Subsistances en Languedoc)*.

Second problème : la signification du mariage, — ou du « non-mariage » —, dans la biographie de l'individu. C'est toute la question, futile au premier abord, des conceptions prénuptiales; (et aussi des conceptions « extra-nuptiales », autrement dit des naissances illégitimes).

La conception prénuptiale se traduit, comme on sait, pour un couple donné, par une première naissance avant huit mois révolus de mariage. Ce phénomène, assez fréquent dans notre société, où il est considéré avec indulgence, revêt une importance inattendue pour l'historien démographe. Mises en statistiques, les conceptions prénuptiales permettent en effet une histoire quantifiée des mœurs. Et tous les auteurs précités, Goubert, Gautier et Henry, Ganiage, Wrigley et Laslett leur font une place importante dans leurs tableaux de chiffres. On peut savoir en effet par ce biais dans quelle mesure jeunes gens et fiancés respectent les commandements de l'Église et les interdits sexuels qui les accompagnent.

En France, dans la plupart des régions *rurales* (sauf l'Ile-de-France et certains villages du Nord; sauf aussi les villages suburbains comme Sotteville, proche du libertinage des grandes villes[1]), ces phénomènes sont statistiquement insignifiants : réunies, conceptions prénuptiales et naissances illégitimes ne donnent que quelques « pour cent » des naissances. Il faut donc en conclure, comme l'a fait Henry dans *Crulai*, sur la base d'une démonstration impeccable, à l'austérité des mœurs des paysans français des XVIIe-XVIIIe siècles, à leur respect marqué pour la morale catholique et pour les injonctions du curé. Dans l'Angleterre du XVIIe siècle au contraire, d'après Wrigley et d'après les monographies villageoises citées par Peter Laslett, les mœurs rurales, tout en demeurant assez rigides, sont beaucoup plus libres qu'en France. Et les fiancés audacieux, ou les galants, du type Pepys ou Boswell, prennent beaucoup de libertés avec la vertu

---

1. Sur ces régions aux mœurs plus libérales, voir Ganiage, *op. cit.* — Daniel et Henry, *Sainghin, art. cit.* — Girard, « Sotteville », dans *Population*, 1959.

des jeunes filles. Bâtards et prénuptiaux paraissent en pourcentage assez fort dans les registres paroissiaux qu'ont laissé les prêtres de l'église anglicane (Mais en irait-il de même, quant aux résulats, si l'on dépouillait les registres des sectes non-conformistes, au comportement plus austère?)

Quoi qu'il en soit, les mœurs des deux pays, Angleterre et France, semblent assez différentes de l'image qui en est quelquefois donnée. On serait tenté d'opposer, pour les siècles classiques, une France légère et galante, voire libertine, à une Angleterre austère et « puritaine ». Mais la réalité, au niveau des masses rurales, est exactement contraire à cette « image d'Epinal » : à la limite, c'est la France qui est austère, c'est l'Angleterre qui est libertine.

Ces conclusions, parfois inattendues, de la démographie historique, ramènent au premier plan, et présentent sous un jour absolument nouveau, le vieux problème sociologique posé au début de ce siècle par Max Weber : le problème de l'austérité, de l'ascétisme dans la société traditionnelle.

Max Weber a magistralement décrit le type de personnalité ascétique, telle qu'elle s'incarne dans le monde classique, chez les puritains et méthodistes, chez les huguenots, chez les piétistes, et aussi, pourrait-on ajouter avec quelques nuances, chez les jansénistes du « Grand Siècle » et des Lumières. Mais Max Weber, au-delà de cette description, considérait la personnalité ascétique comme un antécédent direct à la formation du capitalisme. Herbert Luthy, dans un petit livre tout récent *(Le Passé présent)* a brillamment discuté cette interprétation wébérienne, et il a proposé une sociologie plus convaincante du protestantisme triomphant, et du capitalisme naissant.

Mais les choses s'éclairent encore plus avec la démographie historique. Dans les perspectives qu'ouvre cette discipline, la personnalité ascétique, au sein de la société traditionnelle, n'apparaît plus tellement comme la garantie d'un *avenir* capitaliste; elle répond simplement aux exigences d'un *présent* social. Car ces jeunes gens austères, qui se marient tard, et qui restent chastes jusqu'au mariage, sans égards pour les exigences de la Nature, font dériver leur attitude d'un système cohérent de justifications culturelles.

Justifications socio-démographiques d'abord : en se mariant tard et en restant chastes, ils limitent le nombre de leurs enfants; et ils pratiquent ce *birth control* élémentaire, fondé sur la vertu, dont Cantillon et Malthus faisaient la condition de base du bonheur social. A titre d'exemple, dans un régime sans contraception, fondé sur l'accouchement biennal, une jeune fille qui se marie vierge à 25 ans aura en moyenne, dans toute sa carrière maternelle, deux à trois enfants de moins que si elle s'était mariée sept années plus tôt, à 18 ans.

Justifications éthico-religieuses, d'autre part : elles se tirent aisément des idéologies de l'austérité, calvinisme ou jansénisme, si florissantes en Occident du xvie au xviiie siècle. Goubert l'a bien montré : le Beauvaisis rural, sans bâtards et sans conceptions prénuptiales, le Beauvaisis austère, de Louis XIV et surtout de Louis XV, est un Beauvaisis plutôt janséniste.

Dans les Cévennes huguenotes, à la fin du xviie siècle, le champ des corrélations paraît plus étendu encore (j'ai tenté de le montrer, dans un livre sur *Les Paysans du Languedoc*) : ces corrélations unissent, en un ensemble coordonné, les structures démographiques (fondées notamment sur une rigoureuse et longue chasteté préconjugale), la personnalité de base (formée dès la petite enfance par l'austérité familiale et consistoriale), enfin la psychologie des profondeurs (qui se caractérise par des tendances hystériques extrêmement marquées). Dans ce cas (privilégié grâce aux documents) du Languedoc huguenot d'autrefois, la connaissance démographique peut s'achever en histoire totale.

Après fécondité et nuptialité (ou « extra-nuptialité »), vient le troisième volet du tryptique : la mortalité. La démographie historique est aussi une méditation sur la mort.

Au départ, c'est la problématique de Malthus qui, de façon plus ou moins explicite, a servi de fil conducteur aux historiens de la mort. L'histoire démographique est alors conçue (quand elle a pour objet la société de type ancien, fondée sur la rareté), comme décrivant un affrontement dramatique, entre une population qui tend à croître, et des subsistances qui plafonnent. Dans ces conditions, tous les vingt ou trente ans, population et production règlent leurs comptes. C'est la *crise de subsistances*, dont Ernest Labrousse *(La Crise de l'économie française...)* et Jean Meuvret (dans *Population*, 1946) ont donné la problématique. En voici le schéma, souvent vérifié : à la suite d'une mauvaise récolte de céréales, le prix du grain monte violemment. Du coup, les pauvres meurent de faim, ou de maladies de carences; le nombre annuel des sépultures double, ou triple...; quant aux survivants, affligés par la disette et par le chômage, ils renvoient leur mariage à plus tard; ou bien, s'ils sont déjà mariés, ils évitent ou ils omettent de faire des enfants. Il y a davantage de tombes. Et moins de berceaux. Ainsi, en France, en 1661, 1694, 1709...

Dans toute cette affaire, rareté et cherté du grain jouent le rôle essentiel : la mort est indexée sur le prix du blé, la *population est fille de la mercuriale*[1] (Pierre Goubert).

Logique, et fortement charpentée, cette théorie de la crise de subsistances a rendu de grands services aux historiens. Elle constitue un bon outil conceptuel, et un schéma révélateur des changements sociaux (E. Labrousse); c'est, en effet, la disparition des crises de ce type, vers 1750, qui marque, en France, les commencements du *take off*[2], les débuts de la modernisation, la première décadence de la société traditionnelle et « féodale ».

Mais l'homme ne meurt pas seulement de faim; et les historiens démographes s'intéressent, de plus en plus, aux crises de mortalité pure, à caractère uniquement épidémique, où la cherté du pain ne joue aucun rôle. A propos de cette morbidité de type ancien, si mal connue encore, Joseph Ruwet a signalé récemment à Aix-la-Chapelle, en pleine période léthargique des prix du blé, les grosses mortalités urbaines de 1668-1669 (dysenterie) et de 1689-1690 (dysenterie et syphilis). Dans ces deux cas, bien sûr, le déficit momentané des grains n'est pas coupable! C'est l'hygiène déplorable, c'est aussi la sous-alimentation chronique qu'il faut accuser : autres traits négatifs, à mettre au compte des sociétés traditionnelles.

Surtout, au-delà des paroxysmes brefs et souvent locaux que dessinent les crises alimentaires et les mortalités épidémiques, la démographie historique veut discerner désormais des ensembles beaucoup plus vastes, diachroniques et synchroniques.

Diachronie : la nouvelle discipline étudie, au fil des siècles, l'équilibre changeant de la mort et de la vie; elle propose une chronologie de la longue durée, fondée elle aussi sur le rapport population-production. Et, dans cette perspective, elle se relie directement à l'histoire économique, basée sur le *trend*[3] séculaire...

Synchronie d'autre part : la démographie historique implique, dans ses développements les plus récents, une large vision spatiale, et par exemple une géographie systématique de la mort. Cette géographie simple est basée sur quelques

[1]. Mercuriale : registre des marchés où sont notés régulièrement les prix des grains.
[2]. *Take off* : "décollage" de l'économie et de la production par rapport à la population.
[3]. *Trend* : tendance longue.

grands contrastes : ainsi les crises de subsistances, déjà évoquées, sont-elles redoutables dans la France louis-quatorzienne, où elles frappent à coups redoublés. Par opposition, elles paraissent bénignes dans l'Angleterre des XVIIe et XVIIIe siècles, au point que Peter Laslett a pu récemment poser la question : *Did the English peasants really starve* [1]*?* De même, la mortalité infantile (intéressant indice du niveau de vie), est dévorante dans la France du « Grand Siècle ». Sur 1 000 bébés français de ce temps-là, 250 environ meurent avant l'âge d'un an révolu. Au contraire, en Angleterre, pays favorisé des dieux, les taux concomitants sont beaucoup plus bas : généralement moins de 200 pour mille.

Dès l'époque pré-industrielle, les systèmes démographiques anglais et français sont donc fortement contrastés, quant à la mort — et aussi quant aux mœurs. En Angleterre : population assez faible, mortalité relativement basse, contraception déjà répandue, mœurs plus libres, mariage plus tardif. En France : surpeuplement et mortalité, fécondité débridée, contraception ignorée, mœurs rurales austères, mariage plus précoce. Vue dans l'espace, la démographie d'autrefois est plus libérale au nord du Channel; plus triste et plus stricte au sud de la Manche. Et chaque système, l'anglais comme le français, a sa logique et son articulation particulière qui mériterait l'étude la plus rigoureuse : de ce point de vue, la notion de *structure*, chère aux linguistes et aux anthropologues, pourrait bien rendre quelques services aux historiens des peuplements disparus.

Quoi qu'il en soit, en deux décennies à peine, un secteur particulier de l'historiographie, le secteur concerné par les peuplements, est parvenu, position enviable, jusqu'à la maturité scientifique. Les raisons de ce succès sont évidentes : les historiens démographes ont su emprunter à temps; aux sciences sociales d'avant-garde, les méthodes qui avaient fait leurs preuves. Et ils ont renouvelé ces méthodes, en les appliquant aux populations du passé. On avait, depuis longtemps, une histoire de la population. On a désormais une démographie historique. On est ainsi passé, selon la terminologie de Michel Foucault et François Furet, du *tableau* descriptif au *système* logique.

Ces transferts de méthodes, des sciences humaines à l'histoire, ces importations technologiques, joueront aussi, sans doute, en d'autres domaines, et par exemple dans l'historio-

---

1. Les paysans anglais souffraient-ils réellement de la faim ?

graphie de la société. Nous avons déjà une histoire sociale, digne d'estime. Aurons-nous demain une sociologie historique ? Une telle mutation est souhaitable, et elle n'est pas impossible. Deux livres récents, *La Sociabilité méridionale*, de Maurice Agulhon, et *The Vendée*, de Charles Tilly, témoignent à ce propos d'une tendance féconde. Une tendance où fusionnent paradoxalement, pour l'étude des sociétés disparues, la problématique robuste héritée depuis longtemps du marxisme, et les modèles subtils, fraîchement importés de la sociologie contemporaine.

De Brantôme à Paul VI[1]

Onan, fils de Juda et de Sué, refusait d'avoir un enfant de sa femme, Thamar, et « *il répandait sa semence à terre chaque fois qu'il approchait de son épouse... ; sa conduite déplut au Seigneur qui le fit mourir* ». C'est en s'appuyant sur ce vieux récit, tiré du chapitre 38 de la Genèse, que l'Église, pendant très longtemps, a refusé de légitimer l'usage des diverses pratiques contraceptives : même quand elles sont moins frustes et plus adéquates que celle qui se trouve ainsi mentionnée dans la Bible. Une seule d'entre elles a trouvé grâce à Rome : c'est la méthode « Ogino »; non qu'elle soit spécialement efficace; mais son grand mérite est de n'avoir aucun point commun avec « l'acte d'Onan ».

Cette attitude traditionnelle va-t-elle évoluer? C'est fort possible. Une commission vaticane d'étude de la régulation des naissances s'est réunie ce mois-ci à Rome. Parmi ses membres, on compte des médecins et des sociologues. Les débats de cet aréopage sont jusqu'à maintenant secrets; mais chacun peut prendre connaissance, grâce à l'excellent livre d'Hélène Bergues[2], du dossier historico-théologique de l'affaire. Il est fort important, puisqu'il concerne quatre siècles de controverses, de proclamations dogmatiques, qui alternent avec les appels angoissés des fidèles ou des directeurs de conscience.

C'est tout au début de l'âge classique que surgissent en effet les textes et condamnations essentiels. En 1607, le jésuite espagnol Thomas Sanchez, dans sa « Disputation sur

1. *France-Observateur*, 1ʳᵉ avr. 1965.
2. *La Prévention des naissances dans la famille; ses origines dans les temps modernes*, P.U.F.

le mariage », qualifie le *coitus interruptus* ou retrait sexuel de « *péché mortel contre la nature* »; et l'année suivante, saint François de Sales, après avoir loué dans son « Introduction à la vie dévote », le « *commerce nuptial, si juste, si remarquable, si utile à la République* », déclare qu'il faut détester devant Dieu « *l'infâme et exécrable action qu'Onan faisait en son mariage* ». Voilà, posées par Sales et Sanchez, les deux malédictions capitales : l'acte sexuel, quand il est incomplet, est à la fois péché contre Dieu et crime contre la nature.

A vrai dire, les théoriciens catholiques de la Contre-Réforme n'ont guère de mal à faire admettre leur point de vue rigoriste. Les pratiques contraceptives, au début du xviie siècle, ne sont expérimentées que par des cénacles « d'avant-garde » : d'une part dans la haute société, chez les amants et couples adultères (Hélène Bergues cite à ce propos un texte admiratif de Brantôme sur le chevalier de Sanzey qui « *moulait au moulin de sa dame toujours très bien sans y faire couler d'eau* »); d'autre part chez les prostituées, dans les chambres desquelles Mathurin Régnier, bon connaisseur et fureteur, trouve, au complet, tout l'attirail contraceptif de l'époque.

Mais les couples mariés, eux, dans l'immense majorité des cas, ne pratiquent encore au Grand Siècle aucun « planning familial ». Les épouses fécondes, comme l'a montré Pierre Goubert, portent régulièrement un enfant tous les deux ans, soit une moyenne de huit enfants par famille complète. Cette natalité pléthorique n'est corrigée, tragiquement, que par une mortalité infantile dévorante.

A partir de 1650-1700, la situation — très lentement — se modifie au niveau des classes dominantes. La haute noblesse française et surtout l'austère bourgeoisie de Genève commencent à restreindre les naissances, çà et là, avec les moyens du bord, toujours inspirés d'Onan. Madame de Sévigné, mère aimante et belle-mère abusive, tance son gendre, sermonne sa fille, indique à celle-ci sans hésiter telle méthode antinatale (les « restringents [1] »), et la supplie d'éviter la grossesse au même titre que la variole : « *Vous m'obéissez de n'être point grosse, ayez le même souci de me plaire pour éviter la petite vérole.* »

Sous Louis XV, à partir de 1760, les mœurs nouvelles sont attestées à la cour et à la ville; parfois elles se répandent même chez les paysans. Confesseurs et statisticiens s'en effarent; Moheau lance en 1778 un cri d'alarme : « *Déjà les*

---

[1]. Les meilleurs spécialistes de la contraception au xviie siècle, notamment M. Philippe Ariès et l'abbé Venard n'ont pu encore déterminer quels étaient ces mystérieux « restringents ».

funestes secrets ont pénétré dans la campagne; on trompe la nature jusque dans les villages. » Un prêtre normand, le père Féline, tente d'analyser la situation, dans son *Catéchisme des gens mariés* (1782); le crime de « *l'infâme Onan,* écrit-il, *est devenu très commun parmi les époux* ». Motif : les maris sont maintenant trop complaisants pour leurs femmes, trop « *sensibles* » aux plaintes qu'elles leur adressent; ils ménagent donc l'excessive « *délicatesse* » des épouses en leur épargnant les grossesses multiples, « mais ils ne renoncent pas pour autant *au droit qu'ils croient avoir de se satisfaire* ».

Délicatesse féminine, complaisance, sensibilité et sensualité masculines, tel serait en somme, d'après Féline, le contexte psychologique dans lequel viendrait s'insérer la pratique neuve de la contraception moderne. Mais en dépit de ces prémisses favorables, le curé normand persiste à maintenir les terrifiantes interdictions théologiques.

La révolution, en déchristianisant, accentue le divorce entre doctrine de l'Église et comportement des époux; car les interdits cessent d'avoir prise et les couples sont mieux informés. Les taux de fécondité français baissent brutalement depuis 1790-1800 (avec un demi-siècle d'avance sur les autres pays d'Occident). En même temps s'affirment des divergences entre les positions des Églises : les protestants, dans l'ensemble, en dépit de leur fidélité biblique, admettent et tolèrent la contraception; l'Église catholique, au contraire, se raidit dans une attitude d'intransigeance qui ne laisse qu'une faible marge au compromis. Typique à ce propos est l'affaire de Bouvier du Mans.

En 1840, J.-B. Bouvier, évêque du Mans, s'alarme de la situation morale de son diocèse. Il constate que les jeunes époux, « *tout en usant de l'acte conjugal* », s'arrangent pour éviter d'avoir une nombreuse postérité. Interrogés, puis condamnés par leurs confesseurs, ces jeunes époux, las des crises de conscience, finissent par déserter les sacrements et la pratique religieuse. Indifférence et contraception vont du même pas. Un grand schisme s'annonce entre l'Église, immobile, et la société conjugale en pleine évolution.

« *Bouleversé d'anxiété* » par de tels faits, que lui rapportent unanimement les confesseurs, J.-B. Bouvier s'adresse à Rome pour obtenir conseil et secours. Et la réponse qui est faite, le 8 juin 1842, par la Sacré Pénitencerie du Vatican, est un modèle de rigorisme, tempéré par un chef-d'œuvre de subtilité. « *Oui,* dit la Pénitencerie, *il y a péché pour l'époux, lorsqu'il se retire du lieu de la consommation et se répand hors du réceptacle, mais l'épouse, en revanche, si elle y est contrainte par l'époux, peut se soumettre passivement à ces pratiques, sans pour autant commettre le péché.* »

Texte capital, qui sera enseigné dans les séminaires et repris dans les manuels théologiques de Bouvier, aux multiples éditions. Par ses interdits, il prolonge les condamnations anciennes; mais par ses tolérances, par son subtil distinguo entre les époux, il contribue — parmi bien d'autres facteurs — à poser l'une des bases de la pratique religieuse de notre pays, jusqu'à une date très récente, avec sa dichotomie sexuelle caractéristique : de cette pratique s'exclut en effet l'homme, pécheur; tandis que la femme, résignée, innocente, « passive », continue de fréquenter les églises, de participer à la messe et aux sacrements.

Cette position officielle du catholicisme n'a guère varié jusqu'à Pie XII et aux années 1950. C'est maintenant seulement que tout est remis en question. Et l'on se demande, non sans curiosité, ce qui va sortir des débats de la commission vaticane : de nouvelles « subtilités »? Ou bien un choix clair, sans hypocrisie ni ambiguïtés?

Démographie et « funestes secrets » : le Languedoc
(fin XVIIIe début-XIXe siècle [1])

Du point de vue des sources et des documents [2], on peut distinguer quatre périodes, dans l'histoire démographique du Languedoc.

Première période : jusque vers 1570. La population languedocienne n'est guère connue que de façon indirecte, par les sources fiscales, du reste fort riches (compoix, livres de tailles).

Deuxième période : en gros, de 1570 à 1770. On dispose désormais de registres paroissiaux (baptêmes, mariages, sépultures); et de recensements, plus ou moins valables.

Troisième période : à partir de 1770, l'Intendance, sur l'ordre du Contrôle général, se fait envoyer, par les curés et les subdélégués, des états annuels de baptêmes, mariages, sépultures; des totalisations sont effectuées; et l'on possède ainsi, pour cette grande province, des relevés globaux qui portent chaque année sur environ 70 000 naissances, et sur un nombre un peu inférieur de décès. En outre, en 1788, on dispose des éléments d'un dénombrement précis des effectifs diocésains (les diocèses civils, en Languedoc, se confondent avec les subdélégations, et ils forment à la fin de l'Ancien Régime, la circonscription administrative de base).

Quatrième période, enfin : celle des recensements systématiques, caractéristiques du xixe siècle. En Languedoc (spécialement dans l'Hérault), cette dernière époque, la plus agréable pour l'historien démographe, commence en l'an IV, avec un recensement précis, qui donne le détail de chaque ménage.

---

1. Exposé présenté en 1964 à la *Société des Études robespierristes*. Publié en 1965, dans *Annales historiques de la Révolution française*.
2. Voir la bibliographie placée à la fin du présent article, p. 329 : les notes infra-paginales y renvoient.

L'exposé qui suit portera sur la troisième période (fin du XVIIIe siècle) et sur la quatrième (début du XIXe siècle). Les problèmes envisagés concernent les effectifs globaux du peuplement, la mortalité (y a-t-il « révolution de la mortalité populaire »?), la natalité (quand se diffusent les « funestes secrets » de la contraception?).

*

Effectifs globaux d'abord. Partons du dénombrement de 1788. L'Intendance en a recueilli les éléments auprès des subdélégués. Ceux-ci, à leur tour, se sont adressés aux curés, bons connaisseurs de leurs effectifs paroissiaux. Les chiffres de base, transmis par les ecclésiastiques, ont été totalisés par diocèses. Ballainvilliers a repris ces tableaux — qu'il a parfois triturés ou indûment modifiés — dans ses *Mémoires* sur la province du Languedoc. Léon Duthil, dans sa grosse thèse de 1911, a de nouveau publié ces chiffres en les arrondissant. Cette double série de modifications, opérées par Ballainvilliers, puis par Duthil, n'apparaît pas d'une évidente nécessité. Il vaut mieux recourir aux chiffres originaux, tels qu'ils sont conservés, pour un assez grand nombre de diocèses, dans le dossier C 39 des Archives départementales de l'Hérault.

Ces chiffres originaux n'ont pas la valeur d'un recensement contemporain. Ils sont néanmoins bien supérieurs aux « dénombrements » habituels de l'Ancien Régime finissant : ceux-ci, on le sait, sont souvent le simple résultat d'une multiplication du nombre des naissances par un coefficient plus ou moins arbitraire de natalité (par exemple le coefficient 25, significatif d'un taux hypothétique de 40 ⁰/₀₀). Une telle méthode — recommandée par Necker aux administrateurs — n'est pas illégitime ; mais elle interdit, du fait même de ses présuppositions initiales, de calculer ensuite des taux de natalité réels.

Le dénombrement languedocien de 1788 n'a rien de commun avec ces opérations purement déductives. Il est le fruit d'une appréciation, d'une approximation faite sur le terrain, par des milliers de curés dans des milliers de paroisses. Approximation où, comme d'habitude, « l'exactitude est en raison inverse de la précision ». Mais approximation néanmoins valable : car les erreurs statistiques en plus ou en moins, commises par chaque curé dans la sphère étriquée de son ministère paroissial, se compensent dans les totalisations diocésaines. L'objectif statistique est toujours encadré par les estimations des curés, même si le « coup au but » (le chiffre exact) n'est pas obtenu en toutes circonstances.

Si l'on compare, par exemple, pour le diocèse de Lodève, les données du dénombrement de 1788 et celles du recensement de l'an IV, on aperçoit au niveau des villages, et plus encore au niveau des chiffres globaux, une remarquable convergence des résultats statistiques. Les « tests de concordance » sont favorables.

Dès maintenant, une confrontation générale peut être instituée : entre la population globale de 1788 telle qu'elle est connue pour douze diocèses languedociens, et le nombre des naissances de ces mêmes années (1787-1788); ces nombres sont en effet déterminés avec sûreté, grâce aux relevés des curés de paroisses et grâce aux totalisations des subdélégués (conservées aux Archives départementales de l'Hérault).

Soit l'exemple du diocèse de Narbonne : 60 850 habitants en 1788; 2 435 naissances en 1787; 2 396 naissances en 1788. Le taux de natalité pour 1787-1788, à raison de 2 415 naissances par an (moyenne arithmétique de ces deux années), s'établit dans le Narbonnais à 39,7 $^0/_{00}$.

Par la même méthode, on obtient pour les douze diocèses dont le dénombrement est conservé dans le dossier C 39, les taux de natalité, en 1787-1788.

Dans ces divers diocèses, sauf Castres et Uzès (où les naissances protestantes sont du reste comptées avec les autres), la proportion des huguenots est négligeable; elle ne saurait perturber les calculs de l'historien démographe. Les taux de natalité obtenus sont tous compris, en chiffres ronds, entre 35 et 40 $^0/_{00}$. Et ils ont tendance à se grouper autour d'une moyenne de 38 $^0/_{00}$. Le diagramme « Population-naissances », où les points qui symbolisent les taux de natalité tendent à se grouper très étroitement le long d'une droite, est significatif de cette convergence de fait : il y a probabilité pour que le chiffre moyen de 38 $^0/_{00}$ corresponde à la réalité démographique.

Comparaisons interrégionales. En Catalogne, entre 1785 et 1790, également, un taux de 36,5 $^0/_{00}$ est considéré comme un minimum : « à la campagne, les natalités au-dessus de 40 $^0/_{00}$ sont répandues [1] ». En Provence, pour une vingtaine de villes et villages, la natalité moyenne est à 40,7 $^0/_{00}$ en 1716, 39,7 $^0/_{00}$ en 1765 [2]. Tout autour du golfe du Lion, on retrouve donc, au dernier tiers du XVIIIe siècle, comme une donnée constante, une naissance annuelle pour 25 ou 26 habitants.

Sans doute, ces chiffres ne sont-ils significatifs que dans

---

1. P. Vilar, 1962, II, p. 64-65.
2. R. Baehrel, 1961, p. 277 et note 1 de cette même page.

certaines limites; les taux de natalité, on le sait, manquent de finesse, de subtilité; ils ne tiennent pas compte de la structure des groupes d'âge. Le taux le plus scientifique est celui de la fécondité. En dépit de cette insuffisance, le taux de natalité languedocien, tel qu'il est connu à la veille de la Révolution, quand il s'établit à 38 °/oo environ, autorise certaines comparaisons.

38 °/oo, c'est à peu près le taux de natalité hindoue jusqu'en 1915; c'est aussi la natalité de Porto-Rico, avant que ne se diffusent les méthodes contraceptives, qui feront baisser celle-ci à 32 °/oo en 1959 [1]. Pourtant, et si élevé qu'il soit, ce taux de 38 °/oo n'est nullement un taux maximum, qui représenterait la natalité « naturelle », débridée, sans limitations d'aucune sorte. Pour ne prendre qu'un seul exemple, les pays d'Amérique latine, qui sont actuellement parmi les plus prolifiques du monde, dépassent largement 38 °/oo et même 40 °/oo, quand on rapporte le taux de leurs naissances à leur population. Au Vénézuela, l'étude la plus sérieuse donnait 43 °/oo dans les dernières années [2].

Le taux languedocien de 38 °/oo, dans la décennie 1780, n'est donc pas incompatible avec la diffusion (restreinte) de certaines pratiques malthusiennes. Autour de Toulouse et de Montpellier, Louis XVI régnant, la contraception existe probablement comme un fait marginal et individuel, ou parmi des groupes sociaux très minoritaires.

Une lettre de l'Intendant de Languedoc au Contrôle général, le 29 mai 1778, pourrait bien en porter témoignage. « Voici, écrit l'administrateur provincial, un petit relevé qui vous fera connaître la différence qu'il y a entre les années 1776 et 1777. Vous verrez... qu'il y a eu en 1777 une augmentation de 2 220 naissances, on peut l'attribuer au plus d'aisance dans le commerce [3]. » La fréquence moins grande des naissances en 1776 est ainsi présentée dans ce texte, implicitement, comme le résultat d'une intention délibérée des parents possibles : soit que les jeunes gens, à cause des difficultés économiques, aient reculé devant le mariage; soit que les couples mariés eux-mêmes aient temporairement limité les naissances par quelque moyen contraceptif, parmi les plus frustes.

Autre problème : le taux languedocien de 38 °/oo, à la veille de la Révolution, est-il comparable aux taux observés à la même époque dans le reste du royaume?

1. Reinhard et Armengaud, 1961.
2. D'après le recensement le plus récent.
3. *A. D. Hérault*, C 15, minute de la lettre de l'Intendant à Necker.

En première analyse, oui, 40 ⁰/₀₀ est un taux généralement cité, comme représentatif de la natalité française de la seconde moitié du XVIIIe siècle [1]. Necker lui-même, dans une lettre au subdélégué de Carcassonne, en 1789, recommande de prendre le pourcentage de 4 % ou 40 ⁰/₀₀, comme base de calcul des populations, inférées du nombre des naissances. Et, très loin du Languedoc, dans la généralité prolifique de Valenciennes, les taux de natalité s'établissent de 1774 à 1787, entre 37 et 43 ⁰/₀₀ [2] !

Il ne faut pourtant pas généraliser. Dans les faits, et dès 1785-1789, un certain nombre de régions françaises (à la différence du Languedoc) n'atteignent même pas ces taux de 38 ⁰/₀₀ ou 40 ⁰/₀₀. A Crulai (Normandie [3]), village étudié à fond grâce à la reconstitution des familles, la natalité n'est que de 36 ⁰/₀₀ entre 1675 et 1760. Elle tombe même au-dessous de ce chiffre à la veille de la Révolution. Et pour l'ensemble du territoire national, à la même époque, les savantes reconstructions de Bourgeois-Pichat donnent une natalité de 36,4 ⁰/₀₀ [4], soit un taux nettement inférieur à celui qu'on rencontre encore ces années-là, autour de Valenciennes et dans la plupart des diocèses languedociens.

A la fin de l'Ancien Régime, le Languedoc apparaît donc (tout à fait à l'inverse de sa position contemporaine, très malthusienne) comme l'une des provinces françaises les plus prolifiques, grouillantes d'enfants. La carte des excédents de naissances [5], à la veille de l'Assemblée des Notables, est du reste exactement à l'opposé d'une carte homologue du XXe siècle : Languedoc et Dauphiné viennent en tête de l'accroissement démographique national, tandis que les régions nord-occidentales, sauf exceptions, restent à la traîne. Les « funestes secrets » de la contraception, quelque peu répandus déjà dans certaines régions du royaume, ne sont pratiqués qu'à un degré bien moindre dans le Midi languedocien. Et c'est à Caen, non à Montpellier, que le Père Féline publie, en 1782, le célèbre *Catéchisme des gens mariés*, dénonçant « le crime de l'infâme Onan, très énorme et très commun parmi les époux [6] ».

---

1. Reinhard et Armengaud, 1961, p. 193.
2. D'après les tableaux de population annuelle et de naissances, constitués par l'Intendant de Hainaut, et publiés par Esmonin, 1964.
3. Henry, dans Bergues, *La Prévention des naissances*, 1960, p. 375.
4. Bourgeois-Pichat, 1951 et 1952.
5. Mandrou (R.), 1958, II, p. 73.
6. Féline, éd. 1880, p. 7-9.

*

Objection : mes chiffres de base ne valent que pour douze diocèses du Languedoc (sur vingt-deux). Dans dix diocèses, les dénombrements des curés n'ont pas été conservés. Ces dix diocèses donneraient-ils, à la veille de la Révolution, des taux de natalité analogues à ceux des douze autres?

Il le semble bien. Soit, par exemple, le territoire actuel du département de l'Hérault; ce territoire se compose, à peu de chose près (il sera tenu compte de cette différence minime) des cinq diocèses civils de l'Ancien Régime : Montpellier, Bèziers, Saint-Pons, Lodève, Agde. Je n'ai pas retrouvé, pour ces cinq diocèses, le dénombrement exhaustif fourni par les curés et totalisé par les subdélégués en 1788. Mais, un peu plus tard, le recensement héraultais de l'an IV est digne de foi. Il a été réalisé ménage par ménage. Il est vérifié par les tests de concordance. Il donne, pour cette année-là (an IV), 275 628 habitants dans l'Hérault. Ces 275 628 habitants correspondent, en l'an IV, à la population des cinq « ci-devant diocèses » déjà cités; et, en plus, à celle de neuf communes et d'un canton (Capestang) ajoutés aux cinq diocèses, lors du découpage départemental mis au point par la Constituante. Ces neuf communes et ce canton surnuméraires possèdent en l'an IV, 9 022 habitants. Soit, la population des cinq ci-devant diocèses, au moment du recensement révolutionnaire : 275 628 — 9 022 = 266 606 habitants.

Un tel chiffre est sans doute assez peu différent de celui de 1789 (l'immigration, le croît naturel entre 1789 et l'an IV ont-ils été partiellement compensés par les premiers départs à l'armée?). De fait, en 1790, l'estimation de l'Assemblée nationale, citée par Young, donnait pour l'Hérault, 264 000 habitants, soit, pour les cinq diocèses, 255 000 habitants environ. Quant à l'intendant Ballainvilliers, il comptait, dès 1788, 273 000 habitants pour les cinq diocèses[1]. Mais son chiffre est trop fort, en raison d'une erreur par excès de 10 000 habitants sur la population du diocèse de Lodève. Rectifié, le total de Ballainvilliers monte à 263 000 habitants, chiffre proche de ceux de 1790 (255 000 habitants) et de l'an IV (266 000). Il faut donc compter — chiffre *maximum*, approximation raisonnable, qui n'est guère susceptible d'être améliorée — 265 000 habitants dans les cinq diocèses en 1788-1789 (la réalité est probablement inférieure de quelques milliers). Or, la

---

[1]. Sur ces chiffres de Young et Ballainvilliers, cf. Duthil, 1911.

moyenne annuelle des naissances, toujours dans les cinq diocèses, en 1787-1789, s'établit à 9 783 — y compris 200 nouveau-nés dans les familles protestantes. Soit un taux de natalité qui est, *au minimum*, de 37 ⁰/₀₀. A peine moins que dans les douze diocèses précédemment cités, qui, eux, donnent en moyenne 38 ⁰/₀₀.

La présomption d'une natalité de 37-38 ⁰/₀₀ est donc fondée dans le Languedoc pré-révolutionnaire, sur une large assise géographique : douze diocèses, sur vingt-deux ; plus le territoire d'un département contemporain ; au total seize diocèses sur vingt-deux [1].

Autre objection, autre question : ces taux de 37 ou 38 ⁰/₀₀ établis sur deux ou trois ans (1787-1788 ou 1787-1789) sont-ils purement fortuits, passagers, accidentels ? Ou bien correspondent-ils localement à des structures démographiques anciennes, durables et de longue date établies ?

Il le semble bien : calculés sur six années (1784-1789), en tenant compte année par année du mouvement naturel de la population (excédent des naissances sur les décès), les taux de natalité héraultais (5 diocèses) et languedociens (12 diocèses) persistent à s'établir, respectivement, autour de 37 ⁰/₀₀ et 38 ⁰/₀₀. C'est une validation satisfaisante.

Mais il n'est pas possible, en bonne méthode, d'utiliser ce procédé pour « remonter » beaucoup plus haut vers « l'amont » chronologique. Reconstituer la population d'un diocèse languedocien en 1770, par exemple, est une opération hasardeuse. Certes, je connais bien la population P de ce diocèse en 1789 ; je possède aussi le chiffre annuel de son croît naturel (excédent des naissances sur les décès) C, C', C'', C'''..., C^n, en 1789, 1788, 1787, 1786, et ainsi de suite « en remontant » jusqu'en 1770, et je puis ainsi, théoriquement, reconstituer la population de 1770, P^1, par la formule :

$$P^1 = P - (C + C' + C'' + C''' + ... + C^n)$$

Mais le chiffre ainsi obtenu pour P^1 ne tiendra pas compte de l'immigration, si importante en Languedoc ancien, et spécialement dans les ci-devant diocèses de l'actuel Hérault. Le chiffre obtenu pour P^1, faute de tenir compte des apports migratoires intervenus dans la période 1770-1789, sera donc nécessairement trop fort ; et, inversement, le taux de natalité, calculé à partir du nombre diocésain des naissances de 1770, et de P^1, sera, du fait même de cette erreur par excès sur la

---

[1]. Le diocèse de Lodève étant compté deux fois, d'abord dans l'échantillon initial des douze diocèses, puis parmi les cinq diocèses de l'actuel Hérault.

Démographie et « funestes secrets »

population globale, beaucoup trop faible. Il faut donc renoncer à cette méthode.

En dépit de cette renonciation fâcheuse, on peut, grâce à certaines données documentaires, remonter le cours du temps. Voici d'abord un échantillon massif, pour 1773 : dans la subdélégation languedocienne de Tournon, autrement dit dans le Vivarais, un dénombrement très sérieux [1] incluant « les garçons et les filles, les pères, mères, grand-mères, grand-pères, domestiques mâles et femelles », « y compris les clercs de procureurs et garçons de boutiques », donne, en 1773, 90 118 habitants. Or, pour cette même circonscription vivaroise et pour la même période, les naissances s'établissent en moyenne (moyenne calculée sur trois années : 1770, 1771, 1772) à 3 517 naissances par an : soit un taux de natalité de 39 °/oo, taux à peine plus élevé qu'il ne sera quinze ans plus tard, dans les autres pays languedociens.

Date	Échantillon	Taux de natalité
1716	15 localités provençales	40,7 °/oo (moyenne)
XVIIe siècle-1740	6 villages languedociens	42,4 °/oo (moyenne) 39,3 °/oo (médiane)
1765	19 localités provençales	39,7 °/oo (moyenne)
1770-1772	subdélégation de Tournon (90 118 habitants)	39,0 °/oo (moyenne)
1787-1788	douze diocèses languedociens (sur vingt-deux)	38,1 °/oo (moyenne)
1787-1789	territoire actuel de l'Hérault (265 000 habitants)	37,0 °/oo (moyenne)

Auparavant, on dispose seulement de taux dispersés, calculés sur les effectifs restreints de quelques paroisses : Blagnac aurait une natalité de 38,6 °/oo dans la période 1630-

---

1. A. D. *Hérault*, C 10.

1700; Lévignac, 40 ⁰/₀₀ en 1700-1735; Lussan, 53 ⁰/₀₀ en 1741;
Pépieux, 50 ⁰/₀₀ vers 1708; Villemoustaussou, 36 ⁰/₀₀ en 1740;
Rabat, 37 ⁰/₀₀ en 1701-1709 [1]. Dans l'ensemble, ces taux de
natalité languedociens antérieurs à 1750 s'établiraient donc
« en médiane », à 39,3 ⁰/₀₀, et, en moyenne, à 42,4 ⁰/₀₀.

On a groupé en un tableau les diverses données méridionales (Languedoc et Provence) qui ont été évoquées dans cet exposé (voir p. 323).

A en juger par ce tableau, qu'il conviendrait évidemment de compléter et d'étoffer au fur et à mesure de nouvelles découvertes, la natalité méridionale connaîtrait, au dernier tiers du XVIIIe siècle, un lent et imperceptible déclin : celui-ci imputable sans doute à la diffusion très restreinte et comme confidentielle de quelques-uns des « funestes secrets ». Néanmoins, et en dépit de cette infime décadence, elle-même discutable, cette natalité du Sud reste accrochée, en 1787-1789, à un niveau très élevé, plus élevé même, dans l'ensemble, que la moyenne nationale.

Cette persistance nataliste du Sud, et ce léger retard dans l'adoption, pourtant commencée, des premières pratiques malthusiennes, correspondent a des faits sociologiques bien précis. Et d'abord, à la situation diminuée que les Languedociens font à leurs femmes : on sait que le Sud de la France est, d'une façon générale, plus analphabète que le Nord; mais l'analphabétisme féminin atteint, dans le Midi, au XVIIIe siècle, des proportions effarantes. Illettrée, durement menée [2], la femme languedocienne est vouée, sans contestation majeure de sa part, au « métier de faire les enfants ».

Une société prolifique donc. Pour s'en convaincre encore davantage, il suffit d'enquêter sur les villes languedociennes.

A première vue, on pourrait croire celles-ci déjà malthusiennes : dans la décennie 1770-1780, le rapport B/M (nombre des baptêmes rapporté au nombre des mariages) y est de 3,9 ou 4,0; en gros, quatre naissances pour un mariage; alors que dans les campagnes environnantes ce rapport est plus élevé, montant à 4,5 ou 5 pour un. Les villes, Montpellier, Nimes, Toulouse..., si l'on en croit ces chiffres, seraient donc, dès l'époque de Turgot, des îlots de malthusianisme, au sein d'une campagne encore arriérée et traditionnelle; des îlots de « vice » pour reprendre l'expression employée par Malthus, quand il qualifie sans indulgence les premières pratiques contraceptives auxquelles, plus tard, on accolera son nom.

---

1. Godechot et Moncassin, 1964; et, pour Blagnac, Y. Ben Samoun.
2. Fleury et Valmary, 1957. Vilback, 1825.

Mais ce fruste rapport B/M, si éclairant à première vue, risque d'induire en erreur. Si, en effet, on s'efforce de voir au-delà de B/M, si on calcule, pour les villes en question, des taux de natalité, on s'aperçoit que ces taux purement citadins sont égaux, ou à peine inférieurs, aux taux moyens des diocèses languedociens à majorité rurale : en 1787-1789, la natalité de Montpellier s'établirait à 39 °/oo, celle de Nîmes à 37 °/oo, celle de Toulouse (peut-être discutable) à 39,9 °/oo. Les villes, en dépit des apparences, demeurent donc excessivement prolifiques, elles aussi; elles grouillent d'enfants; et l'on y naît presque autant que dans les campagnes. Certes, B/M y est plus faible; le nombre de naissances par ménage est moins élevé à la ville qu'il n'est à la terre; mais ce n'est pas tellement parce que les citadins font moins d'enfants, c'est plutôt parce qu'ils font davantage de mariages. Une telle propension conjugale, dans les villes, s'explique aisément : la population y est, en moyenne, moins âgée par suite de l'immigration de jeunes hommes et de jeunes filles en provenance du plat pays; peut-être les remariages y sont-ils plus faciles et plus fréquents qu'au village. Si B/M est bas dans les villes, ce n'est pas tellement parce que le dividende B tend à décroître, c'est surtout parce que le diviseur M est très élevé.

*

A natalité forte, mortalité relativement basse : excédent de naissances. La situation, de ce point de vue « populationniste », est fort « satisfaisante » dans les diocèses du Haut-Languedoc. Le taux de mortalité en 1787-1788 est de 26,6 °/oo au diocèse d'Alet; de 28,6 °/oo au diocèse de Limoux; 24,7 °/oo au diocèse de Comminges; 28,0 °/oo au diocèse de Rieux; 29,1 °/oo au diocèse de Bas-Montauban; 25,7 °/oo au diocèse de Lavaur; 28,3 °/oo au diocèse d'Albi; 26,2 °/oo au diocèse de Castres; les excédents annuels des naissances, dans ces conditions, atteignent et dépassent 10 °/oo; à un tel rythme, la population du Haut-Languedoc doublerait en deux générations. (Mais ce rythme ne sera pas tenu au XIXe siècle.)

En Bas-Languedoc, du moins pour les quelques diocèses dont j'ai pu calculer les taux, la situation paraît moins favorable. La mortalité monte à 32,1 °/oo au diocèse de Lodève; 34,1 °/oo au diocèse d'Uzès; 32,4 °/oo au diocèse de Carcassonne; 35,0 °/oo au diocèse de Narbonne. Pour les cinq diocèses qui forment l'actuel département de l'Hérault, la mortalité serait de 32 °/oo dans la décennie 1780; elle monterait jusqu'à 33,4 °/oo dans les trois années 1787-1789. A quoi imputer ces différences, dans les taux de mortalité, entre l'est et l'ouest de la province? Peut-être aux disparités des niveaux de vie? Davantage sans doute aux conditions sanitaires de l'est : la côte languedocienne est bordée d'étangs fiévreux, réserves à moustiques et anophèles, à virus et miasmes paludéens.

En dépit de ces difficultés locales, l'impression d'ensemble demeure excellente. Calculé sur douze diocèses d'est et d'ouest, le taux moyen de mortalité est de 29,2 °/oo en 1787-1789; contre 38,1 °/oo pour la natalité. L'excédent annuel est de 9,1 °/oo. Comme en Catalogne à la même époque, les excédents de naissances sont considérables.

S'agit-il, quant aux mortalités, d'une situation très ancienne? Non. Le plus ancien taux de mortalité connu, celui de Blagnac (1630-1700) donnerait 38 °/oo, autant que la natalité[1]. Il y a eu, à un certain moment, « révolution de la mortalité sociale[2] ». Les diagrammes tirés de l'état civil languedocien permettent de dater cet épisode avec précision : il se produit un peu plus tôt, un peu plus tard selon les régions : vers 1740, 1750, ou 1760-1770, quand les graphiques locaux des sépultures tombent, résolument, au-dessous des courbes correspondantes des baptêmes[3]. D'après un travail récent[4], cette baisse de la mortalité affecterait essentiellement (en Languedoc) la mortalité des adultes; et les débuts de la croissance économique, la progression lente du niveau de vie, l'effacement des disettes, la hausse modérée des salaires réels suffiraient, comme en Catalogne, à expliquer cette amélioration : dès la seconde génération du XVIIIe siècle, les adultes languedociens vivent un peu moins mal que par le passé; et donc ils meurent plus âgés.

On se trouve ainsi, dans cette région, vers 1785-1789, en face d'une situation démographique qui se répétera encore assez souvent, dans divers pays, aux XIXe et XXe siècles. D'une part, la mortalité « décroche », sous l'influence stimulante d'un premier développement de l'économie. D'autre part, la natalité conserve un taux traditionnel, exubérant. Du coup, l'homme foisonne.

Après 1789, ces données de base se modifient. Du côté de la mortalité d'abord; sans doute, celle-ci, à l'époque révo-

---

1. Ben Samoun.
2. E. Labrousse, 1953, p. 346; Goubert, 1960.
3. Diagrammes dans Le Roy Ladurie, *Les Paysans de Languedoc*. Plus tôt même (vers 1720) d'après la thèse de M. G. Frêche.
4. Godechot et Moncassin, 1964.

lutionnaire et impériale, est-elle difficile à connaître. Beaucoup de soldats languedociens meurent hors des départements de l'ancienne province, ou hors de France. Et c'est seulement avec le retour de la paix, dans les premières années de la Restauration, qu'on peut comparer valablement le taux de mortalité avec celui de l'Ancien Régime. Dans l'Hérault, ce taux passe de 33,4 °/oo en 1787-1789, à 27,4 °/oo, moyenne quinquennale de 1816-1820. C'est une baisse normale, classique : elle prolonge celle qu'on enregistrait déjà au XVIIIe siècle, depuis Louis XIV et Louis XV.

Plus facile à connaître, plus significative aussi, après 1789, est la chute du taux de natalité. Au XVIIIe siècle, celui-ci résistait, baissait très peu, paraissait conserver la rigidité d'une loi naturelle et s'établissait solidement à un niveau très élevé : on restait encore, en ce domaine, en plein archaïsme démographique, contrastant avec le modernisme d'une mortalité en régression. Or, dans la période suivante, Révolution, et surtout « Consulat et Empire », cette situation se débloque ; les « funestes secrets » de la contraception, auxquels n'accédait jusque-là qu'une minorité d'initiés, pénètrent assez largement dans la région languedocienne.

En 1813-1820, en effet, les relevés systématiques de l'administration préfectorale indiquent des taux de natalité bien inférieurs à ceux d'avant la Révolution : 1813 : 32,1 °/oo ; 1814 : 33,8 °/oo ; 1815 : 32,9 °/oo ; 1819 : 33,4 °/oo ; 1820 : 32,3 °/oo.

Même régression dans les départements du Haut-Languedoc : en 1787-1789, la natalité, à 38 °/oo, était encore toute proche des taux à peine plus élevés de l'époque louis-quatorzienne. Mais quarante à cinquante ans plus tard (1830-1840), la natalité s'y établit entre 21 °/oo (taux minimum) et 27 °/oo (taux maximum [1]) ; soit un chiffre inférieur à la moyenne nationale (29 °/oo).

Dans ce cas, la situation est donc totalement renversée puisque le Languedoc, avant la Révolution, avait, au contraire, un taux de natalité *supérieur* à la moyenne nationale. Et l'on ne peut pas parler, dans ces conditions, de continuité avec l'époque pré-révolutionnaire : car la tendance à la restriction des naissances n'était qu'à peine amorcée avant 1789. La natalité, sous la Révolution, l'Empire et les monarchies censitaires, est tombée de façon brutale, comme un compartiment géologique. En un peu plus d'une génération (de 1789 à 1830), il y a eu modification radicale du comportement d'un

---

1. Armengaud, 1960, p. 53.

grand nombre de couples; rupture déjà massive avec la conception traditionnelle de la morale conjugale; introduction statistiquement significative de la contraception ou, pour reprendre à nouveau l'expression de Malthus, du « vice [1] ».
Car on voit mal quel autre facteur pourrait expliquer cette première limitation des naissances : les départs aux armées, sous la Révolution et l'Empire? En fait, ces départs, ces mobilisations induiraient plutôt une augmentation du nombre des mariages; car les jeunes espèrent ainsi échapper à la conscription. Et de toute façon, la « dénatalité » relative persiste bien au-delà de 1815, bien au-delà des guerres de l'Empire.

Il faut donc en rester à l'explication la plus simple : la contraception. Dans l'Hérault, où l'on possède de bons repères chronologiques et statistiques, celle-ci fait des progrès rapides entre 1789 *(terminus a quo)* et 1813 *(terminus ad quem)*; autrement dit, pendant les années cruciales de la Révolution et de l'Empire. Cas isolé? Probablement pas; ailleurs aussi, en Normandie [2], en Ile-de-France [3], la décennie révolutionnaire paraît bien marquer le tournant décisif à partir duquel s'accélère progressivement le *déniaisement* des populations, seulement amorcé sous l'Ancien Régime. Plus généralement, à l'échelle nationale, le graphique de Biraben [4] sur la baisse de la fécondité française, confirme et précise cette chronologie : la baisse en question commence dès 1789; elle se poursuit pendant et après la Révolution.

*

On dispose ainsi d'une certaine chronologie de la contraception, et de ses progrès en Languedoc, ce pays qui deviendra pour elle une terre d'élection. Il resterait à déterminer de façon plus précise, la « problématique » du phénomène.

Problèmes d'abord des « funestes secrets ». Y a-t-il eu, comme dans d'autres régions de France et comme dans l'Autriche du XIXe siècle [5], prédominance par rapport aux autres méthodes, du *coitus interruptus*, aux conséquences psycholo-

---

1. On sait que Malthus reconnaît trois méthodes pour limiter l'essor de la population : la misère calamiteuse, facteur de mort; la « vertu » (l'abstinence); et le « vice » (lequel inclut la contraception).
2. Henry, dans Bergues, 1960, p. 375.
3. Ganiage, 1964.
4. Biraben (J.) à la Conférence démographique européenne de Strasbourg (Conseil de l'Europe, 1966).
5. Cf. par exemple Hilaire, 1964, p. 109. — Bergues, 1960, p. 230. — Zola. Freud, éd. 1956, p. 50, 61-65, 70-71, 78-83, 88, 103, 149, etc.

giques et parfois psychopathologiques non négligeables [1]?
Problèmes ensuite du contexte social, culturel et religieux, dans lequel s'est opérée la propagation des méthodes contraceptives : celle-ci est inséparable, semble-t-il, dans le cas original et précoce de la France, d'une rupture, avant tout masculine, avec l'Église catholique[2]. Cette rupture est-elle stimulée, au moins dans certains cas, par la déchristianisation révolutionnaire, qui coïncide, dans le temps, avec une vague évidente de limitation des naissances? C'est une hypothèse de travail, parmi d'autres. La Révolution française, phénomène total, a pu agir à bien des niveaux (niveaux juridique, religieux, culturel...) sur les structures familiales.

De toute façon, la double rupture, mutuellement et réciproquement conditionnée, rupture avec l'Église, rupture avec les structures natalistes traditionnelles, sera définitive à la fin du XIXe siècle, quand prendra forme le nouveau visage du Midi français : républicain, anticlérical, et résolument malthusien.

BIBLIOGRAPHIE

ARMENGAUD (A.), « De quelques idées fausses concernant les pays de la Garonne vers 1840 », in *Revue d'histoire moderne et contemporaine*, 1960.
BAEHREL (R.), *Une croissance, la Basse-Provence rurale*, 1961.
BEN SAMOUN (Y.), *La Démographie de Blagnac (Haute-Garonne)*, diplôme d'Études supérieures, inédit (Université de Toulouse), cité par BLAQUIÈRE, *Annales de l'Institut d'Études occitanes*, 1960.
BERGUES (H.), ARIÈS (P.), HÉLIN (E.), HENRY (L.), RIQUET (M.), SAUVY (A.), SUTTER (J.), *La Prévention des naissances dans la famille*, Paris, 1960.
BOURGEOIS-PICHAT (J.), « Évolution de la population française... », in *Population*, 1951, p. 635, et 1952, p. 319.

1. *Ibid.*
2. Cf. à ce sujet les textes décisifs des XVIIIe et XIXe siècle cités par Hélène Bergues, notamment celui de Bouvier, évêque du Mans (« les époux abandonnent la pratique religieuse, en murmurant contre leurs confesseurs, parce que ceux-ci leur enjoignent, sous peine de péché mortel, de renoncer à la contraception »); et la réponse à Bouvier, donnée en 1842 par la Sacrée Penitencerie du Vatican, réponse largement diffusée dans les Séminaires par les ouvrages de Bouvier, aux multiples éditions : en cas de *coitus interruptus*, dit la Pénitencerie, l'homme est responsable et pécheur (et il doit donc, s'il persiste dans ce péché, s'abstenir de la pratique religieuse), la femme au contraire, considérée comme passive, demeure innocente (et elle peut continuer à fréquenter la messe et les sacrements). (Bergues, 1960, p. 229-230.)

DUTHIL (L.), *L'État économique du Languedoc*, Paris, 1911.
ESMONIN (E.), « La Population en France de 1770 à 1789 », in *Bulletin de la Société de démographie historique*, 1964, n° 1.
FÉLINE (Le P.), *Catéchisme des gens mariés*, Rouen, éd. 1880.
FLEURY (M.) et VALMARY (P.), « Les progrès de l'instruction élémentaire en France de Louis XIV à Napoléon III », in *Population*, 1957.
FREUD (S.), « Lettres à Wilhelm Fliess, 1887-1902 », in *La Naissance de la psychanalyse*, Paris, trad. A. Berman, éd. 1956.
GANIAGE (J.), *Trois villages de l'Ile-de-France*, Paris, 1964.
GODECHOT (J.) et MONCASSIN (S.), « Démographie et subsistances en Languedoc du XVIIIe au début du XIXe siècle », in *Bulletin d'histoire économique et sociale de la Révolution française*, 1964.
GOUBERT (P.), *Beauvais et le Beauvaisis au XVIIe siècle*, Paris, 1960.
HENRY (L.), cf. BERGUES, 1960.
HILAIRE (M.), « Communication », in *Cahiers d'histoire*, t. IX, 1964, n° 1, p. 109.
LABROUSSE (E.), dans MOUSNIER (R.) et LABROUSSE (E.), *Le XVIIIe siècle*, Paris, 1953.
LE ROY LADURIE (E.), *Les Paysans de Languedoc*, Paris, 1966.
MANDROU (R.), dans DUBY (G.) et MANDROU (R.), *Histoire de la civilisation française*, Paris, 1958.
MOHEAU, *Recherches et considérations sur la population de la France*, Paris, 1778.
REINHARD (M.) et ARMENGAUD (A.), *Histoire générale de la population mondiale*, Paris, 1961.
VILAR (P.), *La Catalogne dans l'Espagne moderne*, Paris, 1962.
VILBACK (R. de), *Voyage dans les départements de Languedoc*, Paris, 1825.
ZOLA (E.), *La Terre*.

N.B. — Depuis la rédaction de cet article, j'ai pris connaissance d'un travail récent de J.-C. Perrot, qui confirme l'existence de très forts contrastes régionaux dans la natalité et la mortalité nationales, pour l'Ancien Régime finissant (J.-C. Perrot, dans *Contributions à l'histoire démographique de la Révolution française*, Paris, 1965).

L'aménorrhée de famine
(XVIIᵉ-XXᵉ siècle [1])

Dès 1946, Jean Meuvret [2], travaillant sur les famines louis-quatorziennes, diagnostiquait, comme phénomène concomitant, outre une prévisible mortalité, la très forte raréfaction des naissances. Il en offrait le premier un diagnostic fin, qui acheminait vers une explication causale, sans pour autant proposer celle-ci avec certitude. Compulsant les registres paroissiaux, et spécialement les chiffres de baptêmes, Jean Meuvret décida de ne plus raisonner en termes de naissances, mais de conceptions. Pour aboutir à cette donnée primaire, il décala, comme on sait, de neuf mois vers l'amont chronologique toutes les dates des baptêmes; et il parvint ainsi à suivre, mois par mois, le mouvement des conceptions elles-mêmes. Du coup se fit jour, avec force, une vérité qu'on avait seulement soupçonnée : au moment précis où culminaient les prix du grain, et où se multipliaient les morts de faim et d'épidémies, on voyait s'effondrer le nombre des conceptions. Le diagramme présentait littéralement « le phénomène se produisant ». Le lien entre famine et stérilité qu'avaient perçu, à tort ou à raison, les gynécologues de deux guerres mondiales devenait lisible, par une astuce graphique, en pleine crise de subsistances du xviiᵉ siècle. Restait à expliquer le processus : pourquoi des femmes mariées, normalement fertiles, devenaient-elles brusquement infécondes lors des pires semaines ou mois de la faim ?

---

1. *Annales*, nov.-déc. 1969.
2. J. Meuvret, « Les crises de subsistance et la démographie de la France d'Ancien Régime », in *Population*, 1946, pp. 643-650. Voir aussi D. S. Thomas, *Social and Economic Aspects of Swedish Population Movements, 1750-1933*, New York, 1941.

Huit années plus tard, Pierre Goubert [1], à son tour, posait des questions de même type ; il étudiait, sur documents beauvaisins, la disette géante de 1693-1694 dont il avait constaté le caractère d'épouvantable massacre : il signalait la diminution du nombre des naissances (— 62 % dans six paroisses) lors de la pointe cyclique des prix et des morts. Invoquant un texte de la Genèse, il expliquait, en première analyse, cette grève mystérieuse des ventres par un *birth control* de catastrophe.

Diverses explications, concurrentes, étaient cependant proposées par d'autres chercheurs. Joseph Ruwet, se penchant lui aussi sur la famine liégeoise de 1693-1694, y notait, comme prévu, la baisse effrayante des conceptions [2]. Sans écarter l'hypothèse d'une fruste limitation des naissances, à déterminations volontaires, il proposait également, comme autres facteurs possibles de dénatalité provisoire en temps de crise : l'abstinence sexuelle par prévoyance ascétique ou manque d'appétit, la baisse momentanée du nombre des mariages, enfin, la crue plausible des avortements précoces et spontanés, provoqués par la mauvaise santé des femmes enceintes, sous le coup de la faim, des infections, des épidémies ; incidemment, Ruwet signalait d'autre part qu'avaient pu se produire en 1694 des événements semblables à ceux qui furent enregistrés aux Pays-Bas, lors de la famine de 1944-1945 : en ces deux années plus de la moitié des femmes fécondes, dans les grandes villes hollandaises, furent frappées d'aménorrhée temporaire (suspension des règles, accompagnée de stérilité). Ce qui vaut pour 1944, déclarait Ruwet, ne vaut-il pas aussi, *mutatis mutandis*, pour 1693 ou 1661 ?

Cette argumentation, ses propres recherches, et les progrès de la démographie historique amenèrent finalement P. Goubert, en 1960, à réviser ses positions initiales. Les recherches de Louis Henry, notamment, avaient montré que le *birth control*, dans les milieux populaires, était beaucoup moins répandu, aux XVIIᵉ et XVIIIᵉ siècles, que les historiens avaient pu le penser [3]. Goubert, en 1960, rejette donc, d'une phrase

---

1. P. Goubert, « Une richesse historique : les registres paroissiaux », in *Annales*, 1954, p. 92.
2. J. Ruwet, « Crises démographiques : problèmes économiques ou crises morales, le pays de Liège sous l'Ancien Régime », in *Population*, 1954, pp. 451-476.
3. Étienne Gautier et Louis Henry, « La population de Crulai, paroisse normande », in *Travaux et documents de l'I.N.E.D.*, Paris, 1958. Dans les villes cependant, grandes et petites, les « funestes secrets » de la contraception se répandent au XVIIIᵉ siècle, surtout après 1750 : cf. notamment les travaux de A. Chamoux et C. Dauphin sur Châtillon-sur-Seine (*Annales*, 1969, pp. 662-684) ; de M. Lachi-

superbe, l'interprétation contraceptive et volontariste qui fut un moment la sienne, à propos de la baisse des conceptions en période de famine. Forçant peut-être sa pensée, il écrit : « Plus on connait les paysans beauvaisins du XVIIe siècle, et quelques autres, et moins on les voit capables d'exercer fréquemment, fût-ce en temps de crise, le *birth control* le plus élémentaire [1] ». Dans la logique de cette prise de position, l'auteur du *Beauvaisis* met désormais, au premier plan des explications possibles, l'aménorrhée de famine comme cause importante (mais non exclusive) de stérilité temporaire. Il rappelle à ce propos que Moheau, en 1778, signalait comme allant de soi « le défaut de reproduction à laquelle sont inhabiles des êtres souffrants et exténués [2] ».

Le même historien pose enfin, judicieusement, la question documentaire : « On nourrit l'espoir, écrit-il, que quelque mémoire de vieux médecin nous fera confidence... des phénomènes d'aménorrhée en temps de famine [3]. »

*

Les problèmes ainsi proposés, voici près de dix ans, aux réflexions des chercheurs, n'ont pas dans l'intervalle reçu de réponse ou de solution bien nouvelles ou consistantes. Sans nous aventurer sur le terrain technique de l'histoire médicale[4], qui n'est pas le nôtre, nous voudrions simplement, comme historien d'histoire sociale et régressive, et pour une contribution indirecte à la connaissance des crises de subsistances anciennes, rouvrir le dossier de l'aménorrhée de famine. Ce dossier, en effet, est beaucoup plus important que ne le laisseraient croire les seules allusions, aujourd'hui bien connues, aux événements précités de la disette hollandaise.

En conclusion, nous tenterons d'élargir le débat; nous

---

ver, sur Meulan (E.P.H.E., 1969); de El Kordi, sur Bayeux; des élèves de P. Goubert, sur Argenteuil; et bien entendu, pour une période un peu antérieure, la démonstration de Louis Henry, « Anciennes familles genevoises. Étude démographique », in *Travaux et documents de l'I.N.E.D.*, Paris, 1956.

1. P. Goubert, *Beauvais et le Beauvaisis*, Paris, 1960, pp. 49-50.
2. Moheau, *Recherches et considérations sur la population de la France*, 1778, cité par P. Goubert, *ibid.*, p. 50.
3. *Ibid.*, p. 50.
4. On se reportera, pour une mise au point médicale, à A. Netter, *Comment soigner les aménorrhées*, Paris, 1955, p. 61, et du même auteur, en collaboration avec P. Lumbroso, *Aménorrhées, dysménorrhées*, Paris, Baillière, le Précis du Praticien, 1962, p. 58, et *passim:* l'aménorrhée de dénutrition y est définie parmi les diverses aménorrhées *secondaires*. Cf. aussi, récemment « Les aménorrhées non ménopausiques », *Les Assises de médecine*, t. XXIII, 26e année, n° 2, mai 1968, notamment p. 102.

essaierons aussi, éventuellement, de répondre à la question précise qu'a posée Pierre Goubert sur les témoignages possibles des médecins de jadis.

Les premières observations rigoureuses, quant à l'aménorrhée dite de famine [1] ou de guerre *(Kriegsamenorrhoe)* sont le fait d'un médecin polonais : en août 1916, J. von Jaworski, gynécologue à l'hôpital Saint-Roch de Varsovie, découvre chez les clientes très pauvres qui viennent à sa consultation une fréquence insolite des cas d'aménorrhées (suppression des règles), accompagnées, sauf exceptions, d'une stérilité temporaire [2]. Il croit pouvoir expliquer ces faits par les carences alimentaires, de plus en plus graves, dans les Empires centraux, du fait de la guerre : le prolétariat varsovien mange si mal, en 1916, que nombre de femmes et de jeunes filles, qui sont au bord de l'inanition, sont en même temps victimes d'une absence insolite de règles. D'où le nom d'aménorrhée d'inanition quelquefois employé pour caractériser ces phénomènes.

Bon premier en tout cas, Jaworski publie, dans le *Wiener Klinische Wochenschrift*, les cent cas initiaux d'aménorrhée qu'il a constatés. Très vite, des faits analogues sont signalés un peu partout. Les médecins allemands voient venir à eux de nombreuses jeunes femmes qui, apeurées ou joyeuses, s'imaginent enceintes [3] : elles apprennent avec stupeur, au terme de l'examen, qu'elles sont seulement aménorrhéiques. A Vienne, « l'épidémie » signalée dans les consultations d'assurances sociales commence en octobre 1916. A Hambourg, les premiers cas sont signalés le 2 octobre. A Fribourg, en novembre de la même année. Toutes les grandes villes de l'Allemagne impériale, Berlin, Cologne, Kiel, etc., sont touchées.

1. J. V. Jaworski, « Mangelhäfte Ernährung als Ursache von Sexualstörungen bei Frauen », *Wiener Klinische Wochenschrift*, août 1916, n° 24, p. 1068 sq. Il est à noter que dès le temps de paix (1898), on signalait encore, dans les régions arriérées et misérables de Galicie polonaise, une influence négative des mauvaises récoltes et des hauts prix du blé sur le nombre des naissances; alors qu'une telle corrélation, caractéristique de l'ancien régime céréalier, avait disparu depuis longtemps des régions développées d'Europe (« En Galicie, après la très mauvaise récolte de 1897, le nombre des mariages baissa de 3 506, mais celui des naissances de 45 438 », d'après Buzek, « Der Einfluss der Ernten, resp. der Getreidepreise auf die Bevölkerungsbewegung in Galicien, 1878-1898 », *Der statistische Monatschrift*, 1901, cité par Julius Wolf, *Der Geburtenruckgang*, Iéna, G. Fischer, 1912, pp. 124-125).

2. Sur ces phénomènes, sur les données cliniques et le syndrome biologique qui les accompagne, et sur les exceptions mentionnées, cf. « Les aménorrhées non ménopausiques », *op. cit.*, pp. 101-102.

3. A. Giesecke, « Zur Kriegsamenorrhoe », *Zentralblatt fur Gynäkologie*, 1917, 2, pp. 865-873. — K. Czerwenka, « Über Kriegsamenorrhoe », *Zentralbl. f. Gyn.*, 1917, 2, pp. 1162-1165.

Seule paraît épargnée la région de Tübingen. L'apogée du phénomène se situe au printemps de 1917, vers mars-avril [1]. Les aménorrhées sont en général assez brèves : deux ou trois mois, six mois quelquefois. Chez certaines femmes spécialement fragiles (comme sont, à Berlin, les pensionnaires d'une clinique pour épileptiques, affectées par les restrictions d'aliments), les règles disparaissent beaucoup plus longtemps : pendant deux années en moyenne. Divers symptômes, dont naturellement la stérilité, accompagnent ces épisodes.

Dès l'origine, et Jaworski en tête, les gynécologues incriminent la mauvaise nourriture : à Hambourg, Spaeth constate que la grande vague des troubles menstruels fait suite à l'introduction de la carte de viande, au renchérissement des produits alimentaires : « Les œufs sont introuvables... les pommes de terre sont remplacées par des raves. » Les femmes sont perturbées par cette dénutrition. « Aucun médecin qui a des yeux pour voir ne le contestera. » Ailleurs c'est le manque de pain, farine, graisse, viande qui est mis en cause. Le plus souvent du reste, en supprimant la cause, et en donnant, quand c'est possible, un régime plus nutritif aux femmes atteintes de ce mal étrange, on les guérit : « Heureusement pour l'avenir de la patrie, tout revient en ordre quand la nourriture s'améliore », écrit Giesecke, qui souhaite une reprise de natalité, et qui ordonne à ses clientes du lait, des œufs, des légumes frais. Dans le Sleswig-Holstein, en 1917, lard, œufs, pain, farine et gruau manquent cruellement et ces carences sont rendues responsables de l'aménorrhée très fréquente. A Berlin, enfin, on dispose d'évaluations chiffrées : dans la clinique berlinoise déjà évoquée, on peut comparer les données précises qui concernent l'aménorrhée et la ration alimentaire. Entre 1914 et 1918, sur 142 femmes internées, âgées de seize à quarante-quatre ans, 129 (soit 90,8 % proportion énorme) furent affectées par l'aménorrhée; et la plupart d'entre elles à partir de 1916. Ces phénomènes étaient consécutifs à la réduction draconienne de l' « ordinaire » des repas. Le rationnement de la viande, à Berlin, fut en effet institué à Pâques de 1916; en octobre, c'était le tour du lait; simultanément topinambours et rutabagas remplaçaient les pommes de terre, et faisaient leur entrée dans le pain et la marmelade. Suite aux restrictions, l'aménorrhée battait tous ses records dans cette clinique au dernier trimestre de 1916 et au premier de 1917.

---

1. *Ibid.* Voir aussi F. Spaeth, « Zur Frage der Kriegsamenorrhöe », *Zentralbl. f. Gyn.*, 1917, vol. 2, n° 27, pp. 664-668. — C. Kurtz, « Alimentare Amenorrhöe », *Mönatschrift fur Geburtshilfe und Gynäkologie*, 1920, pp. 367-378.

Or, la disette y était bel et bien traduisible en chiffres [1] : les malades non travailleuses, nourries à la clinique, consommaient en moyenne, d'après la comptabilité de l'établissement, 2 955 calories par jour en août 1914, et seulement 1 961 calories en décembre 1916. Quant à leur ration de graisse elle avait baissé, dans le même intervalle, de 69,2 %.

Les causes alimentaires de l'aménorrhée, de l'avis des médecins allemands de l'époque, sont corroborées par les données sociologiques. Dans la clientèle viennoise du médecin Czerwenka (1917), par exemple, deux groupes s'affirment [2] : les aménorrhéiques d'une part qui sont d'origine populaire et inscrites aux caisses d'assurances sociales; et, d'autre part, les femmes mieux nourries de la clientèle privée, qui sont épargnées par cet « accident ». A Königsberg, la même année, le docteur Hilferding [3] constate des faits semblables : dans une consultation d'hôpital, où viennent chaque année plusieurs milliers d'assurées, le nombre des aménorrhéiques passe de 0,55 % en 1912 à 14 % dans l'année 1917, en pourcentage du total des clientes. Au contraire, dans la clientèle privée, moins pauvre, qui consulte chez Hilferding, seulement 5 % des femmes (dix sur deux cents) sont dans la même situation. A Hambourg enfin [4] le contraste est semblable, toujours en 1917, entre la clientèle payante, totalement exempte d'aménorrhée, et les jeunes femmes inscrites aux *Krankenkasse*, ouvrières, filles de salle, midinettes, qui sont mal nourries et dont un grand nombre ne sont plus réglées.

La recherche la plus détaillée est celle de Teebken [5], sur Kiel : 375 cas sont présentés pour la période 1916-1919. Les femmes affectées sont pour 33 % d'entre elles des ouvrières et employées de maison, pour 7,5 % des « employées » (postières, vendeuses, et lingères) et pour le reste essentiellement des ménagères, femmes d'ouvriers et d'artisans. Alors que la clientèle de la polyclinique qu'étudie Teebken se compose à 65 % de citadines, le groupe des femmes aménorrhéiques est urbain à 84 %, rural à 16 % seulement : les mauvaises conditions de vie de la ville en disette sont évidemment à mettre en cause; chronologiquement, les aménorrhées apparaissent

---

1. Kurtz, *art. cité*, 1920, pp. 371-372.
2. Czerwenka, 1917, *art. cité*. Czerwenka insiste beaucoup sur le manque d'hydrates de carbone : on notera qu'il s'agit là d'un trait commun avec les disettes françaises du xviie siècle.
3. Hilferding, « Zur Statistik der Amenorrhöe », *Wiener Klinische Wochenschrift*, 1917, n° 27, d'après le c.r. du *Zentralblatt f. Gynäk.*, n° 50, 1917, col. 2, p. 1139
4. Spaeth, *art. cité*, 1917.
5. G. Teebken, : Amenorrhöe in der Kriegs-und Nachkriegszeit, ein Rückblick um 10 jahre nach dem Kriege », *Zbl. f. Gynäk.*, vol. 52, 1928, t. III, pp. 2966-2978.

en août 1916, après qu'ait commencé la baisse de la ration de pain, et au moment même où s'instaure le rationnement de la viande : elles se multiplient pendant l'automne de 1916 quand les rations individuelles tombent à 1 558 calories (48 g de protéines, 27 g de graisse, 274 g d'hydrates de carbone). Elles sont au maximum de fréquence dans l'hiver de 1916-1917, au moment où le rutabaga remplace, tout à fait, la pomme de terre et la « marmelade ». A partir de l'automne 1917, les rations remontent, de grosses distributions de pommes de terre sont effectuées, les aménorrhées régressent. A Kiel, il s'est agi en somme, dans l'année récolte 1916-1917, d'une crise de subsistances modérée, et comparable à une disette relativement bénigne de l'Ancien Régime... une disette dont on aurait pu mesurer les effets, grâce aux observations des médecins, avec beaucoup plus de précisions qu'on ne le faisait réellement au xviie siècle.

A Lille [1], en territoire envahi par l'Allemagne, mais aussi en pays classique des études de démographie historique, la situation, en 1914-1918, semble avoir été beaucoup plus grave : sur 200 Lilloises, d'une clientèle d'hôpital, interrogées par le médecin Boucher, 79, normales avant-guerre, furent affectées par une aménorrhée, qui, pour 57 d'entre elles, dura plus de six mois. La moitié des cas se produisit pendant la dernière année du conflit, « année des plus grandes restrictions [2] »; sans nier l'influence des facteurs psychologiques, Boucher incrimine surtout la « dénutrition profonde [3] »; il cite la réduction draconienne, pire qu'en Allemagne, des rations alimentaires; et il signale que sur une vingtaine de femmes aménorrhéiques, qui notèrent leur poids pendant le conflit, douze lui indiquèrent « des chiffres précis d'amaigrissement de 10 kg ou plus [4] ».

En Allemagne, cependant, dès la dernière année de la guerre (1918), la situation s'améliore : le nombre des aménorrhées diminue. La nourriture germanique est-elle redevenue plus substantielle une fois passée la disette de l'hiver 1916-1917, connu depuis sous le nom *d'hiver des rutabagas* [5]? C'est bien possible, mais il est douteux que la moisson de 1917 ait réel-

---

1. M. Boucher, *L'Aménorrhée de guerre dans les régions envahies*, Thèse de la Fac. de méd. de Lille, Lille. imp. centrale du Nord, 1920, notamment p. 24.
2. *Ibid.*, p. 51.
3. *Ibid.*, p. 28.
4. Le poids médian de ces douze personnes passa en effet de 65 kg à 49,5 kg, (*Ibid.*, p. 29.)
5. T. Heynemann, « Die Nachkriegs-amenorrhöe », *Klinische Wochenschrift*, 26 mars 1948, pp. 129-132.

lement ramené l'abondance. Faut-il penser, avec Selye [1] et d'autres auteurs, qu'après le premier choc brutal des restrictions (1916), les organismes humains se sont progressivement adaptés à la pénurie ? Nous n'en savons rien, et à vrai dire nous nous garderons bien de proposer une explication : *ne sutor ultra crepidam*. Mais pour l'historien, du simple point de vue bibliographique, certains faits sont évidents : à partir de cette année-là (1918), les discussions sur l'aménorrhée, un moment très vives dans la presse médicale allemande, se calment [2]. En 1920, la nourriture redevient à peu près normale, et les femmes d'Allemagne n'ont plus « statistiquement », de problèmes de ce genre. C'est en Russie pendant les années décisives (1917-1921) que s'effectuent maintenant les observations topiques : à Pétrograd, où les restrictions sur le pain et la graisse sont accablantes, Leo Von Lingen voit apparaître en 1916, comme partout, les premiers exemples d'aménorrhées insolites dans sa consultation [3] : en quelques années il observe 320 cas, dont les plus nombreux surgissent dans l'hiver 1918-1919, quand les jeunes femmes des milieux populaires, à Pétrograd, souffrent et travaillent durement, dans d'invraisemblables conditions de faim et de froid. Par suite, Von Lingen émigre et ses observations s'interrompent. Mais un chirurgien soviétique, W. Stefko, est là pendant les années de la faim (1920-1921). A la suite d'interventions effectuées pour des raisons diverses, et qui rendent possible une étude histologique de l'ovaire, il diagnostique chez 120 femmes affectées par la disette et par l'aménorrhée, en ces années-là, un « blocage » plus ou moins complet des processus physiologiques qui rendent possible l'ovulation [4].

Le deuxième conflit mondial est « riche », hélas, en données

---

1. H. Selye, *Stress, The physiology and pathology of exposure to stress...*, Montréal, 1950, pp. 366-367.

2. Aux articles déjà cités, il faut ajouter : Schilling, « Kriegsamenorrhöe », *Zentralblatt für innere Medizin*, 1917, n° 31, (c.r. dans *Zentralblatt für Gynäk.*, 1918, 2, p. 712). — Graefe, « Uber Kriegsamenorrhöe », *München Med. Wochenschrift*, 1917, n° 32, (c.r. in *Zentralblatt für Gynäkologie*, n° 50, 1917-2, p. 1140). En 1916, une polémique importante oppose, d'une part, A. Hamm de Strasbourg (« Geburtshilflich-Gynakologische Kriegsfragen », *Zentralblatt für Gynäk.*, 1918, I, p. 82) qui croit davantage au rôle des traumatismes psychiques dans le déclenchement de l'aménorrhée de guerre, et, d'autre part, les tenants de la thèse du rôle dirimant de la sous-alimentation (ceux-ci s'exprimant notamment dans les travaux de Graefe et Spaeth, *art. cit.*; de Dietrich et Pok, *Zblt. f. Gynäk.*, 1917, n°s 6 et 20; de Schweitzer, *Münch. med. Wochenschrift*, 1917, n° 17).

3. L. Von Lingen, « Kriegsamenorrhöe in Petersburg », *Zentralblatt für Gynäkologie*, vol. 45, sept. 1921, pp. 1247-1248.

4. W. H. Stefko, in *Virchows Arch.*, 252, an 1924, p. 385, d'après T. Heynemann, *art. cité.*, 1948, pp. 130 et 132.

semblables; et le dossier de l'aménorrhée, à nouveau, devient considérable pendant la décennie tragique entre 1936 (guerre d'Espagne) et 1946 (dernières pénuries alimentaires).

Cette fois, les informations débordent le monde austrogermanique; elles s'étendent à toute l'Europe, y compris la France, où les restrictions de nourriture en 1940-1944 sont plus pénibles que pendant la guerre de 1914-1918. Les médecins des pays alliés [1], dans le premier conflit, n'avaient connu l'aménorrhée de guerre que par ouï-dire, et par la lecture lointaine des revues gynécologiques d'Allemagne et d'Autriche. Les recensions exhaustives de Teebken [2] en 1928 ne signalèrent dans la presse médicale d'Angleterre, de France et d'Amérique, pour le temps de guerre et d'après-guerre, qu'un seul article consacré à la question et publié par *The Lancet*, en 1918 [3] : lecture faite, il ne s'agit que d'une note brève, anonyme, et faiblement informée.

Vingt ou vingt-cinq ans plus tard, il n'en est plus de même dans les grands pays de l'Ouest [4]. En Espagne, à Madrid et Barcelone, les cas d'aménorrhée sont nombreux en 1936-1938; ils ne rétrocéderont qu'après la guerre civile [5]. En France, à partir de 1940, et surtout 1942, les médecins sont alertés : en juin 1942, lors d'une « soudure difficile » (stocks alimentaires vidés par l'occupant, moisson qui se fait attendre), la société d'obstétrique, à Paris, s'inquiète de la fréquence croissante des aménorrhées : les signes de la puberté (premières règles) apparaissent plus tard chez les écolières parisiennes : soit à treize ans et demi ou quatorze ans, au lieu de douze ans et demi en 1937, dans les groupes scolaires de la banlieue prolétarienne. Beaucoup de femmes, qui sont en proie au surmenage, aux troubles nerveux, et par-dessus tout aux carences alimentaires, n'ont plus leurs règles. Il semble

---

1. Il faut mettre à part bien entendu le cas des territoires occupés (Boucher, *op. cit.*).

2. *Art. cité*.

3. « Amenorrhoea in Wartime... », 1918, *The Lancet*, p. 712.

4. Pour la France, la bibliographie du sujet cette fois est vaste : cf. notamment les *Questions gynécologiques d'actualité* (t. III, 1943, recueil collectif); et aussi G. Laroche et E. Bompard, « Les aménorrhées de guerre », *Paris médical*, 30 août 1943, pp. 217-219; les mêmes auteurs, et J. Tremolières, « Les aménorrhées de guerre », *Revue française de gynécologie et d'obstétrique*, mars 1943, p. 65 et suiv.; G. Cotte, in *Lyon médical*, vol. 169, 28 mars 1943, p. 263 (qui insiste surtout sur les facteurs psychologiques); M. Sendrail et J. Lasserre dans *Revue de Pathologie comparée et d'hygiène générale*, vol. 48, janv.-fév. 1948, pp. 63-75 (importante bibliographie). Les renseignements qui suivent sont tirés, sauf indications particulières, de ces articles.

5. E. Olivier-Pascual, in *Clinica y laboratorio*, nov. 1941, d'après Sendrail et Lasserre, *art. cité*.

bien, tous comptes faits, que l'année 1942 marque l'apogée des aménorrhées françaises de la seconde guerre (tout comme l'an 1917, dans l'Allemagne du premier conflit). Après 1942, le ravitaillement français reste mauvais; néanmoins, par suite d'accoutumances possibles [1], ou pour toute autre raison, le nombre des aménorrhées plafonne ou même décroît. Le phénomène est tel, pour en revenir à 1942, que Laurent Quéméré, jeune docteur du Finistère, en fait le sujet d'une thèse soutenue à Paris en novembre de cette année [2]. Malheureusement, Quéméré se borne à compiler certains résultats déjà observés par les auteurs allemands et par Boucher, en 1914-1918 : ses aménorrhées sont en retard d'une guerre. Il faut attendre l'année suivante pour avoir quelques chiffres, raisonnables, mais approximatifs et trop généraux (de l'avis même de leurs auteurs) pour être solides : d'après Guy-Laroche, Bompard et Trémolières, 4 à 7 % des femmes françaises, d'âge fertile, sont affectées par « l'aménorrhée de guerre », en ces dernières années de l'occupation. Dans une grande usine, le pourcentage atteint 12,6 % du personnel féminin. Le premier chiffre (4 à 7 %) est proche de celui, indiscutable, que proposait Teebken (5,11 %) pour Kiel [3], en 1917.

Quels que soient les pourcentages exacts, la répartition géographique est digne d'intérêt : le Midi français [4], sous-alimenté, paraît spécialement atteint, notamment à Toulouse, Bordeaux, Montpellier... Veut-on un exemple « régional » spécialement net et tragique ? C'est hors de France qu'il convient de le chercher : le nord-ouest des Pays-Bas, en 1944-1945, expérimente en plein XXe siècle une détresse analogue à celle qui accompagnait les pires famines médiévales, ou classiques.

Le 17 septembre 1944, autour d'Amsterdam, Rotterdam et La Haye [5], la grève générale des transports commence, déclenchée à la demande du gouvernement hollandais de Londres. La libération paraît toute proche... Erreur. Elle n'interviendra qu'en mai 1945. Mais les grévistes s'obstinent, les chemins de fer demeurent frappés de paralysie. Les Alle-

---

1. Laroche et Bompard, *art. cités*.
2. F. L. Quéméré, *Les Aménorrhées de guerre*, thèse, Paris, 1942.
3. Mais il est vrai qu'il s'agit de 5,11 % d'une clientèle d'hôpital.
4. Thèses de S. Vidal, 1945 (Toulouse) et de Castan-Pollin (Montpellier), citées par Sendrail et Lasserre, *art. cité*.
5. Sur ce point, les articles essentiels, et remarquables, sont ceux de C. A. Smith, « Effects of maternal undernutrition upon the newborn infant in Holland (1944-1945) », *The Journal of pediatrics*, vol. 30, mars 1947; et « The effect of wartime starvation in Holland upon pregnancy », *Amer. J. obst. and gynec.*, avril 1947, pp. 599-608.

mands, par représailles, bloquent les routes et les canaux. Les villes ne reçoivent pas ou peu de nourriture : c'est l'hiver de la faim ; à La Haye, plus de cent personnes meurent de faim, chaque semaine, de janvier à mai 1945. A Rotterdam, davantage encore. Les rations officielles des femmes enceintes, relativement favorisées, tombent à 1 144 calories par jour, au début de 1945. Tout s'effondre à la fois, qu'il s'agisse de l'apport en protéines, en graisses, hydrates de carbone. De ce fait, l'aménorrhée atteint des proportions énormes, historiques, inconnues dans l'Allemagne de 1917 et dans la France de 1942, où la disette n'était vraiment tragique qu'au niveau des minorités les plus pauvres : dans la Hollande citadine, en ce dernier hiver de l'occupation nazie, pratiquement toutes les femmes souffrent de la faim. Résultat : 30 % seulement demeurent normalement réglées. Le chiffre des conceptions, tel qu'il est connu par les naissances neuf mois plus tard, tombe au tiers de sa valeur normale. L'aménorrhée, et la stérilité qui l'accompagne, sont évidemment l'une des causes — mais pas la seule! — de cette dénatalité temporaire. A Utrecht un autre auteur aboutit, indépendamment, à des conclusions analogues : tous autres facteurs élucidés, l'hiver de la faim, dans cette ville, fait 33 % d'aménorrhéiques chez les femmes d'âge fertile [1].

Ces pourcentages effrayants, jamais vus jusqu'alors dans la littérature médicale, sont encore peu de chose à côté des données que décèlent, dans l'immédiat après-guerre, les révélations des déportées : au camp de Theresienstadt, 54 % des 10 000 internées cessèrent, au bout d'un, deux ou trois mois d'enfermement, d'avoir leurs règles. Après dix-huit ou vingt mois de camp, l'immense majorité des survivantes parmi ces « 54 % », furent réglées de nouveau. Les conditions de vie ne s'étaient pourtant pas améliorées à Theresienstadt mais un phénomène d'adaptation s'était produit : l'organisme de ces femmes s'était involontairement « accoutumé » à l'intolérable [2]. Bien des faits semblables ont été signalés, notamment à Auschwitz [3]. Et les médecins hon-

---

1. J. A. Stroink, « Kriegsamenorrhöe », *Gynaecologia*, vol. 123, 1947, pp. 160-165.
2. Selye, *op. cit.*, 1950, pp. 366-367.
3. A. Binet, « Les aménorrhées chez les déportées », *Gynécologie et obstétrique*, t. 44, nos 1-2-3, « 1944 » (1945), p. 417. Voir aussi L. S. Copelman, « L'aménorrhée des déportées », *Revue de path. comp. et d'hyg. gén.*, 48e année, 1948, pp. 102-107 (386-391), qui conclut son étude détaillée par ces réflexions : « La proportion des cas d'aménorrhée est en relation directe avec l'intensité de la famine... (dans les camps). La reprise de l'activité ovarienne a lieu immédiatement après la reprise de l'alimentation. »

grois [1] notent en 1944-1945 quelques pourcentages effarants, dont certains sont peut-être exagérés :

	Pourcentage de femmes aménorrhéiques
Femmes habitant à Budapest pendant le siège de la ville (1944-1945)	50 à 60 %
Femmes déportées par les Allemands	99 %

A. Netter, dans les deux ouvrages qu'il a consacrés à la question, note à ce propos : « Tous les états de dénutrition et surtout les carences protéiques peuvent déterminer une aménorrhée. Cela a été de constatation fréquente pendant la dernière guerre, et en particulier chez les déportées... Au retour des déportées, lorsque les conséquences de la famine étaient surmontées, seul demeurait encore, comme cause d'aménorrhée, le souvenir des conditions psychologiques atroces de la déportation [2]... »

A côté des pénuries alimentaires, si évidentes dans les camps de la mort, les facteurs psychiques ou psychosomatiques ont donc joué un rôle important, quant au déclenchement et au prolongement des aménorrhées. La famine après tout est un phénomène total, qui provoque la dénutrition, mais qui cause également une anxiété débilitante. Ces facteurs psychosomatiques [3] apparaissent bien dans les publications des médecins américains, enfermés pendant la deuxième guerre dans les camps japonais, où se trouvaient aussi, fort nombreuses, des femmes originaires des États-Unis. A Manille, au camp de Santo Thomas, les règles avaient cessé chez 14,8 % des internées. Mais cet arrêt était antérieur aux difficultés alimentaires; il avait débuté la plupart du temps avec le bombardement de la ville, et avec les premiers jours d'internement : la cause en était tout simplement l'angoisse et le choc [4].

1. K. Horvath, C. Selle, R. Weisz, « Beiträge zur Pathologie... der Kriegsbedingten Amenorrhöe », *Gynaecologia*, vol. 125, 1948, pp. 368-374. Les conclusions de ces auteurs sur la reprise d'activité ovarienne après la famine sont plus nuancées que celles, précédemment citées, de L. Copelman.
2. A. Netter, *op. cit.*, 1962, p. 59 sq., et 1955, p. 61.
3. Cf. aussi, à ce propos, le recueil, déjà cité, des *Assises de médecine*, 1968, pp. 102-103.
4. F. Whitacre et B. Barrera, « War amenorrhea, a clinical and laboratory study », *Jour. of the am. med. assoc.*, vol. 124, n° 7, 12 février 1944, pp. 399-403.

De même à Hong-Kong, au camp Stanley (1942) l'aménorrhée frappa 60,6 % des détenues. Or, bien souvent, elle intervint dans les premières restrictions et du seul fait du choc psychique consécutif à l'enfermement. Quant au régime alimentaire lui-même, fort insuffisant au camp Stanley, il ne différait pourtant pas de celui que supportaient sans aménorrhée, et bien avant la guerre, les femmes chinoises. Mais, comme le fait remarquer le docteur Annie Sydenham, qui observa et publia ces données, c'est moins le bas niveau de la ration quotidienne, en chiffres absolus, qui importe, que la détérioration subite de celle-ci « en qualité comme en quantité [1] ».

Même aux États-Unis, où les restrictions alimentaires, en 1941-1945, furent insignifiantes ou nulles, on nota, pendant la seconde guerre, une recrudescence des aménorrhées : dans les hôpitaux de Dallas (Texas) les troubles menstruels de ce type affectaient seulement 82 femmes sur 9 141 consultantes âgées de dix-neuf à trente-neuf ans, pendant l'année « d'avant-guerre » 1940. Or, en 1945, au terme de quatre ans de tensions nerveuses et accumulées dues à la guerre, les troubles en question atteignent 368 femmes sur 2 398 consultantes [2]. Statistiquement testée [3], la différence entre 1940 et 1945 serait significative. Ces Américaines perturbées de la guerre finissante ne sont pourtant pas dénutries. Mais elles sont épouses, filles ou fiancées de combattants. Et à ce titre, anxieuses. Voilà qui contribuerait grandement, parmi d'autres facteurs possibles, à expliquer leur état.

De toute façon, l'aménorrhée « de guerre » serait, si l'on en croit les spécialistes, le résultat d'une agression multiple contre l'organisme féminin : angoisse et restrictions, privations alimentaires et frustrations morales se combinent dans le tableau des causes, en un complexe indéchirable [4]. La formation

[1]. A. Sydenham, « Amenorrhoea at Stanley Camp, Hong-Kong, during internment », *British medical journal*, août 1946, (vol. 2), p. 159.
[2]. J. S. Sweeney et collaborateurs, « An observation on menstrual misbehaviours », *The journal of clinical endocrinology*, vol. 7, 1947, p. 659 sq.
[3]. Cf. *Ibid.*, p. 660.
[4]. Il est inutile de rappeler à ce propos les définitions d'Alfred Netter : « L'aménorrhée est un symptôme, comme la fièvre ou l'amaigrissement... ce n'est jamais une maladie, ce n'est qu'un symptôme, une manifestation inquiétante d'une lésion ou d'un trouble fonctionnel qui atteint le mécanisme complexe dont l'aboutissement est le cycle menstruel... l'aménorrhée n'est bien souvent qu'un *cri de souffrance*, souffrance physique des maladies infectieuses ou cachectisantes, souffrance morale des émotions brusques...; l'enquête doit considérer la malade dans son ensemble somatique, social, psychologique... l'aménorrhée n'est pas sous la seule dépendance d'une lésion de l'utérus, des ovaires ou de l'hypophyse, elle peut relever de multiples causes, atteignant d'autres organes, d'autres fonctions... l'aménorrhée peut être « le témoin d'une souffrance organique »

même d'un tel complexe ne requiert pas de façon obligatoire l'arrière-plan traumatisant d'une guerre mondiale. La paix aussi peut aller de pair avec la faim ou l'angoisse perturbatrice : ce fait, capital pour l'élucidation des famines anciennes [5], a été mis en évidence à plusieurs reprises. En 1948, par exemple, Théodore Heynemann, résumant d'innombrables observations faites à Hambourg les années précédentes dans les hôpitaux de l'Université, a pu parler des *Nachkriegsamenorrhoe*, aménorrhées d'après-guerre. L'appellation ferait sourire... si le problème n'était réel. En deux mots : l'Allemagne hitlérienne, assez bien défendue contre la pénurie alimentaire grâce aux prestations obligatoires des nations conquises, a échappé aux plus graves disettes, et aux aménorrhées que celles-ci entraînent, jusqu'au début de 1945. Paradoxalement, c'est en 1945 et en 1946, donc pour une grande part après le conflit que les graves restrictions d'aliments, de calories et de protéines, firent sentir leurs effets maxima chez les femmes allemandes; à quoi il faut ajouter, bien entendu, les facteurs psychiques consécutifs à la défaite totale; quoi qu'il en soit, le nombre des cas d'aménorrhéiques, à la polyclinique d'Heynemann, passa de 16 (0,8 % des consultantes) en 1938, à 396 (8,7 % des consultantes) en 1946. Les pourcentages de cas semblables avaient oscillé entre 2,1 % et 3,5 % des consultantes, de 1939 à 1944. Ils étaient montés à 7,6 % de mai à décembre 1945, pour culminer ensuite, comme on l'a vu, l'année suivante, et pour décroître enfin, à partir de 1947, avec le retour à une situation plus normale.

*

En 1947, précisément, au sortir de la tragédie, deux chercheurs américains, Strecker et Emlen, décident d'étudier, de façon expérimentale, et sur des mammifères proches de l'homme, ce problème difficile du lien entre famine et stérilité. Leur méthode consiste à déclencher, dans une population de souris, une crise de subsistances, disette ou famine. Pour quiconque s'intéresse à l'histoire sociale, sans limitation anthropocentrique [2], l'épisode comparatif, (en dépit de ce qu'il peut avoir d'humainement choquant), est, malheureusement, à considérer : la crise de subsistances constitue, en effet, un

---

ou bien « le témoin d'une souffrance psychologique, émotion brutale, situation conflictuelle, épuisement nerveux » (A. Netter, *op. cit.*, 1955, pp. 5, 61 et *pass.*, et 1962, pp. 7, 59 et *pass.*).
1. T. Heynemann, *art. cit.*, 1948.
2. C. Levi-Strauss, *La Pensée sauvage*, p. 326.

moment pathétique dans la démographie des vieilles sociétés d'Occident. Hausse de la mortalité, baisse du nombre des mariages, effondrement plus que proportionnel des naissances ou plutôt des conceptions, s'y entrecroisent avec la régularité d'un mécanisme. Il est donc important de connaître ce qui se produit, en pareil cas, chez des animaux en liberté ou en laboratoire.

C'est à l'aide de souris capturées dans la ville de Madison que Strecker et Emlen ont entrepris l'expérience cruciale [1]. Ils ont enfermé ces petites bêtes dans les locaux vides, aux murs soigneusement obturés, d'une ancienne caserne du Wisconsin. Ils les ont nourries de froment, maïs, viande, sel, huile de foie de morue. Ils les ont recensées, pesées à intervalles fixes.

La crise de subsistance fut simplement déclenchée par un « laissez-faire ». Tandis que la population des souris, dans les casernements, croissait sans cesse, la ration globale de nourriture qu'on distribuait à tout l'effectif demeurait bloquée à un niveau journalier toujours constant. La ration individuelle est d'abord pléthorique. Par le jeu de la multiplication démographique, elle devient, à un certain moment, insuffisante. La disette commence.

Les premiers résultats se font sentir dans la mortalité infantile. Les jeunes souris nées avant la famine se défendent bien pourtant. Elles ne meurent pas. Mais des treize souris (en trois portées), qui naissent immédiatement après les débuts de la disette, douze meurent dans les cinq semaines qui suivent la naissance. Strecker et Emlen n'ont pu déterminer la cause exacte de ces morts. Les mères sous-alimentées ont-elles manqué de lait, et d'attentions pour leurs nouveau-nés? C'est possible. Mais non certain. Car tous ces décès infantiles sont postérieurs au sevrage. Ils peuvent dériver tout simplement de la compétition pour la nourriture, les souriceaux trop faibles étant évincés des mangeoires par les adultes plus vigoureux. Les jeunes, dans ce cas, sont condamnés à mort par inanition : d'une certaine façon, c'est de l'infanticide.

Mais un autre fait, fort important, c'est la limitation de la fécondité des souris en temps de disette. L'appétit sexuel des sujets de l'expérience diminue à la suite du jeûne, tandis que s'exaspère, insatisfait, l'appétit pour la nourriture. Cette

---

[1]. R. L. Strecker et T. T. Emlen, « Regulatory mechanisms in house-mouse populations : the effect of limited food supply », *Ecology*, 1953, p. 375 et suiv. Voir aussi B. Ball, « Caloric restriction and fertility », *American journal of physiology*, 1947, vol. 150, p. 511 sq.

réduction de l'activité génitale est quantifiable. Les deux auteurs ont observé *in vivo*, ou autopsié, un grand nombre de souris : chez celles qui jeûnent, ils n'ont pas rencontré, ou si peu, les signes habituels de l'activité génitale : grossesse, vagin perforé, etc. Quant à ce dernier critère, le pourcentage des femelles présentant une telle caractéristique tombe de 70 %, chez les bien nourries, à 17 %, parmi les jeûneuses.

Chez les mâles aussi, les deux chercheurs américains signalent, après le déclenchement de la disette, divers symptômes de ralentissement des fonctions sexuelles : diminution de la taille des vésicules séminales, etc. En fonction de toute une série de signes, observés par dissection comparée des jeûneurs et non-jeûneurs, il apparaît que le pourcentage des mâles sexuellement actifs tombe de 100 % à 80 %, dès la mise en place des restrictions alimentaires. Cette baisse est donc moins importante que celle qui affecte parallèlement les femelles : de 70 % à 17 %, comme on l'a vu.

L'expérience est décisive. Elle détruit l'image d'Épinal, selon laquelle les animaux, faute de savoir limiter leur accroissement numérique, sont promis sans remède à la misère physiologique et à la mort, dès que sévit une grave crise de subsistances. Dans le cas étudié, en tout cas, il n'en va pas ainsi : la mortalité est circonscrite aux très jeunes. Et une « politique » inconsciente, mais fort effective, de baisse des conceptions commence à jouer. Elle prévient, par le jeu de certains mécanismes physiologiques, la multiplication normale des souris, dont les conséquences, en période de disette, seraient catastrophiques. Les adultes deviennent chastes sans doute. Mais ils ne meurent pas. Mieux : ils ne maigrissent même pas. En limitant sévèrement leurs effectifs ils parviennent, tant bien que mal, à maintenir leurs rations alimentaires. On proclamerait volontiers, en usant d'une image pédagogique, inexacte et finaliste, que ces souris sont des malthusiennes-nées dont l'organisme préfère, quand il le faut, la « vertu » à la « misère ». En un vocabulaire plus scientifique, il est permis de redire à leur propos ce que A. Netter écrit [1], au sujet des aménorrhées secondaires, provoquées par la dénutrition, ou par telle ou telle affection atteignant de façon sérieuse l'état général : « Ce serait une erreur, note Netter, de traiter l'aménorrhée dans ce cas; car elle constitue sans doute une réaction de défense : tout se passe comme si l'organisme supprimait la *fonction de luxe* qu'est, au prix de la fonction vitale, la fonction de reproduction. »

---

1. A. Netter, *op. cit.*, 1962, p. 59.

*

Au terme de cette enquête, essentiellement bibliographique, une conclusion semble patente : les observations scientifiques sur les animaux proches de l'homme, et surtout l'expérience, amère et multiple, des guerres mondiales, scientifiquement enregistrée, démontrent clairement qu'il existe un lien entre famine aiguë et stérilité temporaire. Sur la nature physiologique de cette relation, nous n'avons pas à nous prononcer ici; mais l'existence même du processus est indéniable. L'aménorrhée de famine est bien l'*un* des facteurs qui rend compte de la baisse violente des conceptions [1], aux pires moments des crises de subsistances, telles que les étudie l'historien du XVIIe siècle.

Il reste à répondre, pour finir, à la question posée par P. Goubert : « On nourrit l'espoir que quelque mémoire de vieux médecin nous fera confidence... des phénomènes d'aménorrhées en temps de famine [2]. » Les recherches, certes incomplètes, que nous avons entreprises à ce propos dans les ouvrages *ad hoc* des XVIIe et XVIIIe siècles, ont été peu fructueuses. L'*Emménologie* (science des règles) du médecin anglais J. Freind (mort en 1728) ne nous a rien apporté : Freind s'attendrit sur la condition malheureuse des femmes; et il signale que les jeunes filles, en son temps, atteignent leur maturité pubertaire à quatorze ans; mais il ne dit rien de plus sur les phénomènes qui nous intéressent. En revanche, le philosophe et médecin matérialiste La Mettrie, dans son commentaire de Boerhave, est plus explicite, sans être pourtant tout à fait topique, quant à notre sujet. Il n'établit pas de lien direct entre famine et aménorrhée; mais il note que l'*atrophie*, qu'il définit par des symptômes de sous-alimentation, « grande maigreur », consomption, marasme, s'accompagne de l'arrêt des règles : « les atrophiques, écrit-il, sont peu ou rarement réglées communément [3] ». Est-il exagéré de dire, si l'on suit jusqu'au bout le raisonnement implicitement posé par La Mettrie, qu'en temps de famine le nombre de ces

1. Parmi les autres facteurs, figurent, bien entendu l'abstinence, et peut-être aussi certaines tentatives de limitation des naissances; le problème qui reste à résoudre est de savoir quel est le poids respectif de ces divers facteurs, dans le phénomène global qu'est la baisse des conceptions en période de crise aiguë des subsistances.
2. Cf. *supra*, au début de cet article.
3. H. Boerhave, *Institutions de médecine*, avec un commentaire de M. de La Mettrie, docteur en médecine, Paris, trad., t. I (éd. 1743), p. 231 et t. VI (éd. 1747), p. 108 et suiv. Il existe, d'autre part, des textes pertinents sur le retard puber-

femmes atrophiques, et donc aménorrhéiques, augmentait considérablement ?

Quoi qu'il en soit de cette exégèse, les conclusions formulées par V. C. Wynne-Edwards, dans un grand livre [1] sont pleinement fondées : il est exact que l'homme (tout comme l'animal) dispose de mécanismes capables de juguler massivement les naissances, en cas de détresse et de disette graves. La contraception volontaire n'est pas absolument indispensable pour atteindre un tel objectif. Chez la femme, comme chez la femelle du rat ou de la souris, des automatismes virtuels sont prêts à tous moments à fonctionner : ils assoupissent éventuellement cette « fonction de luxe » qu'est la reproduction; ils sont comme un pouvoir inconscient de l'humanité sur elle-même. Ils ont été mis en évidence, en pleine Europe, lors des famines de l'époque classique, et deux siècles et demi plus tard, dans les conflits mondiaux de notre époque : ceux-ci peuvent donner la mesure de celles-là. Dans les deux cas; l'aménorrhée de dénutrition est bien le *cri de la souffrance silencieuse* [2] des millions de femmes sous-alimentées et traumatisées [3].

Depuis la publication de cet article en 1969 dans les *Annales*, j'ai découvert enfin le texte qu'appelait de ses vœux Pierre Goubert (supra, p. 333) : *Les causes de la rétention et cessation [des règles] sont plusieurs comme par maladies aiguës ou longues : par tristesse, peur,* faim, *et grands travaux... ou pour être grosse d'enfant ». (Ambroise Paré, œuvres complètes, Paris, 1840, livre XVIII, chap. 61.)*

taire, spécialement marqué dans les régions misérables. Cf. par exemple (dans les données que m'a communiquées J.-P. Peter), les citations qui concernent Bressuire, et la Bretagne : « Les filles dans ce pays sont très sujettes aux pâles couleurs et sont rarement réglées avant l'âge de dix-huit, dix-neuf et vingt ans » (Archives départementales des Deux-Sèvres, C 14, Subdélégation de Bressuire : « Topographie de la ville et de la subdélégation de Bressuire » par Berthelot, docteur en médecine, juillet 1786); et encore : « Parmi les personnes du sexe, celles qui ne sont pas employées aux travaux de la campagne sont réglées d'onze à quatorze ans, celles qui y sont occupées ne le sont que de quatorze à dix-huit. » (Académie de Médecine, Archives S.R.M., Carton 179, Baudry, docteur en médecine, « Topographie de Vieillevigne, Bretagne », octobre 1787.)

1. *Animal dispersion in relation to social behaviour*, Londres, 1962, notamment le chapitre 21.
2. A. Netter, *op. cit.*
3. Je remercie Jean-Pierre Peter, Antoinette Chamoux et le docteur Michel Bitker pour les indications bibliographiques ou médicales qu'ils ont bien voulu m'apporter.

Un théoricien du développement : Adolphe d'Angeville[1]

Adolphe d'Angeville est né le 20 mai 1796 à Lompnes, village de l'Ain, d'une famille locale de petite noblesse[2] : les d'Angeville sont seigneurs du vidomnat de Bornes, de Doudans et de Montvéran. Leurs armoiries sont de *sinople à cinq faces ondées d'argent*; leur devise est plate : *In his renascimur omnes.*

Les ancêtres lointains étaient, paraît-il, originaires du Bassigny. Mais dès 1440, la maison d'Angeville était implantée en Franche-Comté[3]. Au XVIIe siècle, la famille passe pour fournir d'assez valables militaires. Vers 1650, une branche est établie à Lompnes : propriétaires fonciers, ses membres traversent, sans histoire, le XVIIIe siècle. La Révolution les étrille, mais sans les ruiner, ni les massacrer : tout au plus un d'Angeville, père de notre auteur, est-il incarcéré à Semur, en mars 1794, comme contre-révolutionnaire.

Cet emprisonné provisoire est le père d'au moins quatre enfants : Henriette, Henri, Alexandre, Adolphe. Les carrières de ceux-ci, sans être fulgurantes, sont souvent originales et jamais absolument négligeables : Henriette, vieille fille sportive et romantique, est *la* première alpiniste à parvenir au

1. Introduction à la réimpression de A. d'Angeville, *Essai sur la statistique de la population française, considérée sous quelques-uns de ses rapports physiques et moraux*, Mouton, La Haye, 1969 (première édition à Bourg-en-Bresse, impr. de F. Dufour, 1836).

2. C'est mon ami François Furet qui m'a fait connaître, voici quelques années, d'Angeville et son œuvre. Qu'il en soit remercié.

3. Les éléments biographiques et généalogiques qui introduisent cette étude sont tirés des ouvrages suivants (voir la bibliographie complète à la fin de cet exposé, *infra*. p. 388 sq.) : *Le Biographe...*, IV, 1836, p.2 78; *Biographie politique...*, 1839, p. 5; Dufay, 1874, p. 28-59; Robert, etc., 1891, I, p. 68-69; Saint-Maurice-Cabany, 1851, III, p. 225-227; Sarrut, etc., s.d. (vers 1843), tome V, première partie; Tricaud, 1872, p. 38 sq.; Tudesq, 1964, notamment p. 364, 370, 773, 997.

sommet du Mont Blanc, avec deux éventails, et une boîte de pommade pour le teint [1]. Henri, chassé de la garde royale lors des événements de 1830, opère le classique « retour à la terre » des nobles légitimistes. Il se fait agronome, maire d'un village, conseiller général, président de comice agricole; il fonde ou il encourage les fruitières (coopératives à gruyère du Jura[2]); et il devient l'un des soutiens de ce *lobby* du fromage, dont son frère Adolphe, à la Chambre, sera parfois le démarcheur abusif. Alexandre, né en 1791, fait son droit à Dijon : il est successivement avocat, substitut, procureur, enfin conseiller de cour royale à Lyon, puis à Paris : il y meurt de la typhoïde, en 1848, à cinquante-sept ans.

Adolphe est le cadet de ces deux frères. A quinze ans (1811), il devient marin. Il navigue dix années, au cours desquelles il fait deux campagnes lointaines aux Indes orientales. La première le mène jusqu'à Pondichéry, dont son unité reprend possession au nom de la France. L'autre voyage le conduit jusqu'en Cochinchine et aux Philippines. Le jeune marin est chargé d'y enrôler des « *Chinois* », ou des indigènes; et il doit les transporter jusqu'en Guyane, afin d'y développer la culture du thé. Il ne semble pas, si l'on en juge par l'évolution ultérieure de l'agriculture guyanaise, que cette mission bizarre du jeune d'Angeville aboutisse à des effets durables. Notre auteur contracte avant tout, au cours de ses périples, un insurmontable mépris pour les colonies françaises de l'époque, vestiges dérisoires d'un grand empire. A Pondichéry, première humiliation, le jeune officier doit solliciter, des autorités britanniques de Madras, le droit d'aller chasser dans un marais voisin, qui n'est distant que de trois lieues du comptoir français. A Chandernagor, Adolphe s'échoue deux fois, dans une embarcation qui n'exige même pas cinq pieds d'eau! A l'île Bourbon, il tente inutilement, à deux reprises, la construction d'un abri pour les chaloupes. De ces expériences ratées surgit un anticolonialisme sans faiblesse : bien des années après ses aventures de jeune officier, le député d'Angeville proposera de rogner les crédits de la flotte, et d'abandonner les colonies, pour mieux développer, en France, l'instruction primaire, les routes et l'agriculture.

Dès 1821, il quitte la marine, comme enseigne de vaisseau. Quatre années plus tard, il se retire sur ses terres, dans sa propriété de l'Ain. Agriculteur désormais, il développe, comme il se doit, les prairies artificielles, trèfle et luzerne, dont il

---

1. Engel, 1960.
2. Cf. sa brochure (H. d'Angeville, 1842).

enseigne l'usage à ses compatriotes encore arriérés. Beaucoup plus originale est sa contribution à l'essor du système coopératif : si l'on en croit un de ses biographes, qui peut-être exagère, c'est à d'Angeville qu'on devrait l'extension notable des anciennes fruitières, depuis longtemps implantées dans le Jura. L'autre d'Angeville, Henri, quand il s'intéressera, un peu plus tard, au développement du « système des fromageries par associations communales » ne fera, somme toute, que s'inspirer de l'exemple antérieurement donné par son frère Adolphe.

C'est en 1827, semble-t-il, que ce dernier se lance pour de bon dans l'exploitation agricole [1]. Cette année-là, son père lui laisse entièrement la gestion du domaine familial de Lompnes : 95 hectares, 6 vaches laitières, 4 chevaux, 2 bœufs et 16 moutons. D'entrée de jeu, l'ex-officier de marine entreprend d'irriguer ses terres. Il crée trois réservoirs, artificiels et communicants, qui recueillent les eaux de pluie et de neige. Il transforme ainsi en prairies, à force de canaux d'arrosage, ses mauvais prés et terres à seigle. Pour réussir cette opération, il est contraint d'acheter des terres; « il louvoie dix ans vis-à-vis de toute une commune »; il fait faire 104 actes notariés pour rassembler ainsi des parcelles infimes, et pour composer, à partir de cette mosaïque, une unité irrigable de 40 hectares. L'opération est coûteuse, mais elle en vaut la peine : d'Angeville a investi au total 33 480 francs dans ces travaux et ces acquêts. Or, ce capital lui rapportera pendant bien des années, du « douze pour cent », grâce aux améliorations. Le cheptel du domaine de Lompnes passe en 1832 à 52 vaches laitières, 1 taureau, 8 génisses, 3 chevaux, soit 64 têtes de gros bétail, contre 12 têtes seulement cinq ans plus tôt, en 1827, sous le règne finissant du père d'Angeville. En dépit de ce quintuplement du cheptel, d'Angeville junior, grâce à ses canaux d'arrosage, vend trois fois plus de fourrage que ne faisait son père! Et ses vaches, qui donnaient seulement 800 à 900 litres de lait par tête et par année vers 1827, en donneront 1 500 litres au début de la décennie 1840. L'agronome améliorateur a donc relancé tout le cycle vital de son exploitation : son bétail, devenu plus beau et plus productif, donne davantage de fumier, qui fait pousser les grains plus dru. Du coup, le maître du domaine peut renoncer à l'assolement triennal avec jachère. Il adopte la rotation quadriennale (sans repos annuel) et comportant une plante sarclée. Les cultivateurs du canton s'extasient devant le spectacle, pour eux incroyable : la terre

---

1. A. d'Angeville, 1843.

du château de Lompnes est ensemencée treize années de suite! Elle reste néanmoins toujours fertile.

D'Angeville est encouragé par cette contagion d'un progrès, qu'il a initialement déclenché. Il fait donc une nouvelle tentative. En 1840, il lance, dans sa vallée du Bugey, la mode de la machine à battre portative, mode qui, presque jusqu'à nos jours, sera durable dans toute la région de la Saône et des Alpes.

Après avoir utilisé le premier cette machine, le gentleman-farmer la prête à un voisin. Mal lui en prend. Un ouvrier maladroit, chez ce voisin, se fracture le bras en tournant la manivelle. Deux jours plus tard, un second accident est à inscrire au palmarès de la redoutable batteuse. De nouveau c'est un bras cassé, « dont l'os traverse les chairs ». Mais ces malheurs n'ébranlent pas la volonté de progrès des villageois jurassiens. La révolutionnaire machine à battre continue d'être prêtée de ferme en ferme; et l'année 1842, d'Angeville en fait venir une de meilleure qualité, qui circule elle aussi. Dès 1843, le battage mécanique est adopté un peu partout dans la région.

Ce petit bouleversement technologique s'intègre à toute une série. En ces années de monarchie censitaire, qu'on a quelquefois dépeintes comme frappées par la stagnation, d'Angeville est le témoin dans son Bugey d'une révolution agricole. Il est même l'instigateur principal de celle-ci, si l'on en croit le panégyrique, peut être vaniteux, qu'il a donné de sa propre action : partout (dit-il), et sous son influence, le trèfle et la luzerne gagnent du terrain en Bugey, dans les années 1827-1845; les bestiaux sont mieux nourris et mieux soignés; la qualité des produits s'améliore; les fruitières croissent et embellissent. Des chemins sont percés, qui joignent les villages entre eux. Et tandis que les prix des productions agricoles restent stables, la valeur vénale des terres s'accroît, multipliée par deux en l'espace d'une quinzaine d'années. Simultanément, les revenus paysans montent : grâce aux salaires, augmentés d'un tiers en valeur nominale depuis 1827; grâce aussi aux fromages, dont la vente croissante a « doublé l'aisance » des éleveurs de vaches. Autre symptôme noté par d'Angeville : les ruraux du Bugey, ainsi enrichis, boivent désormais du vin, et mangent de la viande. Et, dans les comptes des employeurs, ces « postes » grandement accrus, vin et viande, pèsent de plus en plus lourd. D'Angeville évoque l'année lointaine où il n'eut à dépenser en douze mois « que treize francs de viande pour plus de six mille journées de table du service rural ». En 1828 encore, l'agronome de Lompnes se bornait à verser 48 centimes par tête et par jour pour nourrir ses gens.

Quinze années plus tard, d'Angeville, homme éclairé, se réjouit de l'amélioration du sort des masses. Mais, il ne peut s'empêcher de pousser un soupir, quand il songe « qu'actuellement » (1843), il verse 75 centimes, au lieu de 48 centimes autrefois, pour l'alimentation quotidienne de chaque ouvrier de la terre.

Parallèlement à la nourriture, l'habitat des gens de Lompnes s'est amélioré : « de larges fenêtres ont remplacé les fenêtres insalubres des anciennes maisons »; le village n'est plus ce qu'il était vingt années auparavant.

D'Angeville est donc le témoin et peut-être l'auteur d'une modernisation agricole. En même temps, il devient homme politique.

Sous la Restauration, il se comporte à la façon de ces nobles gallicans, dont l'un des chefs de file est Montlosier. Il est ennemi des ultras et de Villèle; et bien qu'il soit favorable à l'Église, considérée par lui comme un instrument de progrès moral et social, il déteste les congrégations. Il soutient, en 1830, la campagne des 221, pour lesquels il gardera toujours une certaine tendresse.

La Révolution de 1830 lui ouvre une carrière. Adolphe d'Angeville est un chaud partisan de la dynastie dont Louis-Philippe est le chef. Dès 1832, il se lance dans les controverses politiques; et, se souvenant de son ancienne profession d'officier de marine, il publie une pétition sur les colonies et sur le système naval de la France. C'est aussi dès cette époque, peut-être, qu'il prépare à l'occasion de séjours à Paris les dossiers de l'*Essai sur la statistique*. Les émeutes populaires l'alarment; et ce « révolutionnaire » de 1830, qui n'a jamais cessé d'être un homme d'ordre, se range dans le parti de la *Résistance*. En 1834, il se présente aux élections dans l'arrondissement de Belley (Ain), et il est élu contre le libéral Cormenin. Voilà notre auteur en personnage typique de « grand notable » : maire de sa commune, il restera député de l'Ain jusqu'en 1848, et aussi conseiller général pendant vingt ans. En 1837, paraît l'*Essai sur la statistique* : le livre, obscurément édité, n'a aucun succès. Il vaut cependant à son auteur, si l'on en croit l'un de ses biographes [1], le titre de membre correspondant

---

1. Saint-Maurice-Cabany, 1851, III, p. 225-227. Comme on peut s'en convaincre par l'Appendice placé à la fin de l'*Essai*, l'ouvrage, théoriquement édité en 1836, n'est paru en fait qu'en 1837.

de l'Institut. En 1837 également, les électeurs (censitaires) de sa circonscription réélisent d'Angeville « en triomphe » à la députation, par 142 voix sur 145.

A la Chambre, le représentant de Belley vote toujours avec la majorité gouvernementale, sauf sur les questions de douanes et de marine, où il lui arrive de faire de l'opposition. On l'accuse volontiers de ne pas oublier ses spéculations lors de ses votes; mais il déclare, en guise de réponse, qu'il ne fait que défendre les intérêts de son arrondissement. Conçu dans cet esprit de « synthèse », l'amendement d'Angeville en faveur des *fromages mous* fait rire toute la Chambre : notre homme tente, en effet, de faire modifier, en faveur de ce produit local, la politique douanière du gouvernement... Les journalistes s'esclaffent : « *Cette hardiesse révolutionnaire aurait ébloui la France, si l'on n'avait pas su que M. d'Angeville se livrait avec succès à la fabrication de cette intéressante denrée* [1]. »

Ce fabricant de fromage ne passera jamais pour une vedette. On le considère à Paris comme un original, dru, sympathique, un peu « disparate ». Les contemporains ont quelque difficulté à le cataloguer. Aristocrate, il a des allures d'ours mal léché. Royaliste, il se conduit comme un démocrate. Raffiné, amateur de danse, il a été surpris, paraît-il, à se rendre grotesquement à la Cour en souliers ferrés, « *tout comme l'honorable et lourd M. Dupin* ». D'Angeville, pour les salons, demeure donc un montagnard du Jura, intelligent mais indécrottable : un paysan du Danube.

A l'Assemblée, sa réputation est assez semblable. On le tient pour un bourru, qui met volontiers les pieds dans le plat; pour un Caton ou un Burrhus. Il susciterait, s'il était plus connu, davantage de scandale que d'admiration. Certes, il est ministériel, et il vote avec le gouvernement, sur les questions de politique générale. Mais ce centriste ou *centrier* n'a rien d'un *compère*, ni d'un *chaland dévoué*. Ses patrons de la majorité le trouvent difficile à manier. Il ne se sent pas nécessairement lié au groupe des Ministériels, et il se sépare parfois de ses collègues, qu'il larde de « *boutades féroces* », empreinte d'une « *antique sincérité* ». L'ancien marin, devenu parlementaire, ne mâche pas ses mots. Le 9 juillet 1839, il accuse un sous-secrétaire d'État *de n'être pas franc et de tromper les Chambres*. Scandale, rappel à l'ordre. D'Angeville accepte alors « *d'adoucir* » ses expressions, et il déclare qu'en fin de compte il a seulement voulu mettre en cause certaines *soustractions frauduleuses* opérées par le ministre dans les dossiers soumis aux

---

[1]. *Le Biographe...*, IV, 1836, p. 278.

Chambres... Ce soi-disant rectificatif n'apparaît, aux yeux d'une majorité reptilienne, que comme une outrecuidance, un éclat de franc-parler supplémentaire.

D'Angeville manque de souplesse d'échine. Mais c'est un homme fidèle, dans ses amitiés, dans ses dévouements. Cette fidélité têtue est même « *la véritable boussole de cette tête un peu orageuse* ». D'Angeville vénère Molé. Et il est tout affection pour Louis-Philippe, au point qu'il se compromet en votant la dotation si discutée du duc de Nemours, « *jeune et auguste progéniture du Roi-citoyen* ».

L'activité parlementaire de notre auteur demeure obscure. Pacifiste, il n'aime pas Thiers; et son intervention la plus remarquée se situe à l'époque où l'historien marseillais est président du Conseil (1840) : l'amendement d'Angeville hostile au Cabinet propose, en mars 1840, une réduction de 100 000 francs sur les fonds secrets. Le texte en est repoussé, par 251 voix contre 158[1]. Un peu plus tard, en 1841, une brochure signée d'Angeville attaque l'humeur belliqueuse d'Adolphe Thiers, encore lui, à propos de la question d'Orient. Incidemment, cet opuscule réaffirme la primauté des facteurs économiques et sociaux, par rapport aux institutions politiques : « *le mode de gouvernement*, écrit-il, *n'est pas une condition indispensable au progrès des sociétés* ».

En 1842 et 1846, le député de l'Ain est réélu, mais avec des majorités moins confortables. Sa santé décline[2]. Ses préoccupations d'homme politique se restreignent de plus en plus au domaine de la technologie, de la productivité et de la croissance des richesses. Il écrit sur les canaux, et il réfute la thèse selon laquelle la fiscalité française est plus lourde que l'anglaise, quant aux péages de la batellerie. Toute la supériorité britannique, en matière de navigation intérieure, tient, selon lui, simplement, à l'efficacité plus grande des méthodes d'outre-Manche, dans la traction pour les péniches. Notre auteur s'intéresse aussi aux statistiques, aux chemins de fer; aux capacités du cheval de trait; à la comparaison de la charrette et du chariot. Sardonique, il attaque le corps des Ponts et Chaussées, que soi-disant l'Europe nous envie; les ingénieurs de ce « corps », si l'on en croit d'Angeville, ont fait des ponts suspendus qui tombent : sur six ponts de ce genre qu'ils ont réalisés, trois ont chuté, « *dont*, paraît-il, *celui des Invalides*[3] ».

---

1. Thureau-Dangin, 1887, IV, p. 130; Tudesq, 1964, I, p. 370.
2. Saint-Maurice-Cabany, 1851, III, p. 225-227.
3. Cf. à la bibliographie, les diverses brochures de d'Angeville (A.), postérieures à 1836.

Le 1er mars 1844 cependant, notre homme sort de sa réserve. Contre l'Angleterre et Pritchard, contre Pomaré et Victoria, l'amiral Dupetit-Thouars, dans un accès de zèle, a pris possession de Tahiti. D'Angeville, adversaire depuis toujours des colonies lointaines, soutient le gouvernement de Guizot qui, par déférence pour l'Angleterre, désavoue le bouillant marin du Pacifique. Il monte à la tribune, en s'excusant de son intervention *(« vous savez que je ne suis pas orateur »)* ; et il peste contre les chauvins, et contre les officiers de marine, qui engagent inutilement le drapeau tricolore, et qui brisent l'Entente cordiale avec la Grande-Bretagne [1].

Les événements de 1848 replongent le comte d'Angeville dans le néant politique dont l'avaient tiré les Trois Glorieuses. Et cette chute [2] s'accompagne de quelques cahots : autour de Belley, jusque-là fief électoral du gouvernement, une agitation populaire se développe, conséquence de la révolution parisienne. Les Jurassiens brocardent les curés, les châtelains... et les machines à battre, dont d'Angeville était si fier, mais qui, à tort ou à raison, étaient probablement accusées, par les ouvriers, de répandre le chômage autour d'elles. La foule prétend que la bourgeoisie locale veut rétablir la dîme et les droits féodaux : « *Ils* (les bourgeois) *avaient demandé ce rétablissement dans leurs pétitions, ils avaient volé les papiers des pauvres à la mairie, ils s'étaient gorgés à Paris, dans les places qu'ils occupaient, de l'argent des contribuables.* »

Le nom de d'Angeville est l'objet d'une particulière exécration. On accuse l'ex-député conservateur d'avoir mis neuf millions dans ses poches ou dans ses coffres, et de les avoir rapportés depuis la capitale jusqu'à Lompnes, après la dispersion de la Chambre. « *On a bien remarqué*, déclarent gravement les démocrates de Belley, *le tintement métallique ou trémoussement qu'avait produit sa chaise de poste passant au grand trot.* » L'anecdote est sans doute inventée par des populations en délire ; elle a tout de même un mérite : elle confirme qu'Adolphe d'Angeville était tenu dans son pays pour un grippe-sous. Cette réputation était-elle entièrement imméritée ?

Elle devait jouer un mauvais tour à notre auteur. A Belley, dans les premiers jours de la République de 48, on apprend que d'Angeville est de passage dans la ville. Aussitôt des manifestants hostiles, avec charivaris, insultes et menaces, se

---

1. *Moniteur universel*, 2 mars 1844, p. 467 (voir Tudesq, 1964, volume 2, p. 773).
2. Tout ce qui suit d'après L. de Tricaud, 1872, p. 38 *sq.* ; cette référence m'a été suggérée par Tudesq, 1964, II, p. 997, note 35.

rassemblent sous les fenêtres de la maison qui héberge l'ex-député. Celui-ci parvient à s'esquiver par une porte de derrière, et il se réfugie dans son château de Lompnes. Mal lui en prend. Les populations de plusieurs villages, soulevées à leur tour, se rassemblent pour incendier cette résidence campagnarde. Les injures pleuvent à nouveau contre d'Angeville et ses séides : « Blancs », « Jésuites », et même « Malthusiens », cette dernière épithète étant considérée, paraît-il, comme la pire insulte dans le Jura de 1848. (En ce qui concerne d'Angeville, ce qualificatif qui se voulait flétrisseur, n'était pas dénué de justification. Précurseur, l'auteur de l'*Essai sur la statistique de la France*, s'est, en effet, nettement prononcé, dès les années 1830, pour la « prudence dans le mariage », euphémisme qui, d'après le contexte, ne peut désigner dans sa pensée que la première diffusion des pratiques malthusiennes et contraceptives.)

Quoi qu'il en soit, l'émeute de Lompnes tourne court : un maire de village réussit momentanément à fléchir la colère des émeutiers; il les empêche de piller le château des d Angeville. Désormais, les mouvements populaires et paysans du Jura vont oublier le député déchu; et ils vont reporter leur hargne sur les mairies, et sur les grandes forêts des communes et de l'État; les villageois en rébellion décident d'y scier et d'y fagoter librement, malgré les règlements protecteurs des arbres.

Ces incidents sont topiques : face au petit peuple paysan et coléreux, ennemi des machines et craignant le chômage, ils situent d'Angeville. C'est l'homme de l'agronomie savante, du machinisme, de la grande entreprise agissante et concentrationnaire, de la forêt jardinée, mise à l'abri des déprédations et des boisilleurs; c'est le pionnier parfois écœurant[1], mais efficace, d'un capitalisme agricole; logiquement, cette pratique d'entrepreneur se double dans l'*Essai* d'une théorie quantifiée du développement.

Après 1848, cependant, d'Angeville n'a plus que la carrière végétative d'un politicien en retraite. Conseiller général de l'Ain, il rapporte encore, en 1850, sur les chemins vicinaux. Il meurt dans son village natal, le 16 mai 1856, à soixante ans.

L'essentiel bien sûr, n'est pas dans cette vie, dénuée d'éclat, mais dans l'œuvre elle-même, sans commune mesure avec l'horizon borné d'une existence agrarienne. D'entrée de jeu,

---

1. Cf., dans l'*Essai sur la statistique* à la fin du livre, le paragraphe répugnant que d'Angeville consacre aux prisons.

l'*Essai sur la statistique* met au centre de son analyse une certaine conception du progrès économique et social, probablement importée, par emprunt direct ou indirect, du saint-simonisme. Et, dans le même temps, l'*Essai* jette les bases d'une anthropologie sociale de la France, dans la société d'ancien type, en gésine de révolution industrielle [1].

D'Angeville part du modèle que proposait en 1827 le baron Charles Dupin dans un livre au titre marxiste avant la lettre : *Forces productives et commerciales de la France*. Selon cet ouvrage, il existe, dans les premières décennies du XIXe siècle, un espace privilégié de modernisation française. Cet espace est situé pour l'essentiel au nord d'une ligne qu'on appellera, en simplifiant et par pédagogie, la ligne Saint-Malo-Genève. D'Angeville, séduit par cette conception, s'empare du problème, au point exact où l'avait laissé Charles Dupin. Il reprend à son compte l'hypothèse géographique du baron : « Saint-Malo-Genève »; mais cette hypothèse, il l'étaye et il l'enrichit, par des considérations statistiques, sur la culture et sur la société, sur le « moral » et sur le « physique ». D'emblée vole en éclats le cadre restreint de la géographie industrielle et scolaire, où Dupin avait circonscrit ses recherches. D'Angeville, en effet, intègre au modèle primitif des données innombrables et neuves; parmi celles-ci figurent en bonne place les recensements démographiques; les modèles conjugaux et familiaux, voire les conduites sexuelles, telles qu'on peut les inférer, par une déduction implicite ou indirecte, à partir des chiffres qui intéressent les premières limitations des naissances et les faits d'illégitimité ou d'abandons d'enfants. Plus original encore est l'appel à l'anthropologie physique; l'un des premiers parmi les chercheurs français, d'Angeville fait entrer dans sa cartographie la stature des jeunes recrues; et il considère avec raison ce caractère biologique comme étant *aussi* un indicateur socio-économique : les hautes statures accompagnent bien souvent, comme l'ont prouvé des travaux récents, les hauts niveaux de vie, et les régions développées.

D'autres indices, qui intéressent les anomalies physiques des conscrits, sont également mises à contribution dans l'*Essai*, grâce à la source inépuisable que constituent, pour l'auteur, les archives du recrutement militaire : ainsi, informations qui deviendront classiques, les pourcentages de conscrits atteints de goitres; et de même les teignes et gales,

---

1. Nous nous excusons, à défaut d'une expression plus correcte, d'utiliser ce terme vieilli.

les pertes de dents, les « faiblesses de constitution », « faiblesses » identifiables, pour une part, avec la rachitisme du vocabulaire d'aujourd'hui, enfin les scrofules (dont nous savons de nos jours toute l'importance pour une géographie des affections tuberculeuses, dans la France ancienne).

Ces données proviennent, répétons-le, des comptes rendus statistiques du recrutement, centralisés à Paris par l'administration, et longuement compulsés par d'Angeville dans les années 1830. Grâce à ses sources, notre auteur peut mettre sur pied, dans les grandes lignes, une vision régionale de la stature et de la santé (D'Angeville, cartes 5 et 6). Simultanément, il tire de ces archives, et aussi des dossiers fiscaux, les bases d'une étude sur l'intégration nationale : celle-ci étant explorée grâce à ces deux variables essentielles que sont l'insoumission d'une part, et d'autre part la résistance à l'impôt.

Notre auteur, ensuite, propose une géographie culturelle; elle met en cause l'alphabétisation populaire, et les données de la ferveur catholique; c'est un demi-siècle d'avance sur l'enquête Maggiolo, relative à l'instruction élémentaire [1]; et cent années d'avance sur le chanoine Boulard qui donnera en 1947 la carte de la pratique religieuse, dans la France contemporaine [2].

Avec les moyens du bord, l'auteur de l'*Essai* propose également, dans une autre partie de son travail, une étude géographique des professions. Sans doute les recensements proprement dits lui font-ils défaut pour une telle entreprise. Mais qu'à cela ne tienne. D'Angeville part des chiffres fournis par le recrutement, source décidément inépuisable : les métiers des jeunes conscrits s'y trouvent dénombrés, département par département.

Bien d'autres variables encore sont quantifiées et cartographiées dans l'*Essai* : et parmi elles, le crime, l'esprit de chicane, et l'alimentation populaire. Au terme de cette énorme enquête, parfois fastidieuse, mais fortifiée de vastes tableaux statistiques, illustrée de cartes, le livre propose une conclusion simple, trop simple sans doute, mais illuminante ... et méritoire (qu'on songe en effet aux difficultés d'exploration qu'impliquait la mise en œuvre des statistiques inédites, et parfois broussailleuses, au dépouillement desquelles d'Angeville avait dû s'atteler). Cette conclusion, c'est qu'il y a « deux France » : « *et l'on serait tenté de croire que deux popu-*

---

1. Cf. Fleury, 1957.
2. Carte reproduite, par exemple, dans *Atlas historique*, 1966, p. 147.

lations sont venues se heurter à l'intérieur du territoire national sur la ligne qui joint le port de Saint-Malo à la ville de Genève ».

On serait tenté de le croire, mais précisément d'Angeville ne cède pas tout d'un bloc à cette tentation dogmatique. Simplement, il inventorie des chiffres, il propose des cartes, car compte tenu des techniques graphiques de l'époque, l'ancien marin devenu sociologue restera toute sa vie un excellent cartographe. Ses cartes n'impliquent pas une bipartition à frontière rigide : elles dessinent simplement une géographie tendancielle. En gros donc, et en gros seulement, deux France. D'une part, celle du Nord, plus exactement du Nord-Est, qui contient, dès avant 1830, les pôles essentiels de la domination, du mouvement industriel et du progrès agricole : les paysans y sont proportionnellement moins nombreux, en pourcentage de la population totale, que dans les régions du Sud, du Centre et de l'Ouest. Et cette relative faiblesse numérique est déjà le signe d'une modernisation : qui dit ruraux moins prépondérants, dit en effet villes plus étoffées, activités plus diversifiées.

Moins importants quant au pourcentage démographique, ces agriculteurs du Nord-Est sont néanmoins plus efficaces et plus productifs que leurs congénères des autres régions. Par voie de conséquence, ils s'alimentent mieux (carte 8 [1]) et se nourrissent de froment. Ils n'imitent pas les Bretons, ni les citoyens du Massif Central qui, eux, consomment du seigle et des châtaignes.

Les régions du Nord-Est (Champagne exceptée) ont du bon pain blanc. Elles ont aussi les meilleures écoles. D'Angeville, avec Dupin, et bien avant Maggiolo, découvre qu'au nord de la ligne Saint-Malo-Genève, les conjoints et les conscrits savent lire et écrire, et signer leur nom, pour un grand nombre d'entre eux. Au sud de la ligne, en revanche, les pourcentages d'hommes instruits baissent beaucoup. Et il existe à ce propos un rapprochement assez piquant : l'auteur de l'*Essai* s'est amusé à cartographier l'impôt des portes et fenêtres; il a constaté que dans la zone instruite, ci-dessus définie, les maisons sont ajourées, claires, percées de portes et de fenêtres multiples. On tiendrait donc là, pense d'Angeville, une sorte de zone des « lumières », où les gens savent lire et *peuvent* lire ... au grand jour de leurs larges fenêtres. Disons, en un style moins plaisant et peut-être plus véridique, qu'une coïncidence régionale est perceptible; architecture populaire

---

[1]. Les références aux cartes, dans cet exposé, renvoient au livre de D'Angeville.

plus ouverte, instruction de base plus poussée semblent liées entre elles. Quel contraste avec les cahutes aveugles, aux ouvertures minuscules, de la Bretagne et du Massif Central ignorantins !

Dernier critère enfin, et fort logique, d'un « développement » plus marqué : la stature des hommes est plus haute dans la zone du Nord-Est; le pourcentage des tout petits individus (moins de 1,56 m) y est plus faible qu'au sud et qu'à l'ouest. Est-ce la conséquence d'un niveau de vie plus élevé, dont bénéficierait une assez large part des populations? Cette hypothèse est raisonnable, à la lumière des travaux récents. Mais elle n'implique pas nécessairement que la santé des peuples soit en meilleure posture dans le nord-est, notamment chez les classes les plus défavorisées.

Dans le nord-est développé s'individualisent, en effet, les principaux foyers de l'industrie nationale (d'Angeville, carte 4). Et simultanément, corrélativement peut-être, les tares et misères physiologiques sont plus fréquentes dans cet espace à vocation manufacturière. La révolution industrielle, surtout à ses débuts, se paye cher, en poids de détresses humaines. Les « vices de constitution », les « anomalies physiques » que traquent les conseils de révision, les hernies, défauts des yeux, « maladies de poitrine » et scrofules paraissent plus répandus chez les hommes grands et fragiles qui forment le fond des populations « développées » du nord-est (du nord-est normand, parisien, champenois, lorrain, flamand, etc.) que chez les petits gaillards courtauds et robustes qui fournissent le contingent annuel des conscrits méridionaux et armoricains (mais peut-être y a-t-il un correctif à cette affirmation : dans le Midi, où la taille est en moyenne plus petite, beaucoup de porteurs d'anomalies physiques ont dû être éliminés *ipso facto* des statistiques intéressant leur cas, du fait même que leur petite taille, — moins de 1,56 m — les avait fait *a priori* exempter de service militaire, préalablement à toute autre expertise médicale. Ainsi s'expliquerait que ces hommes disgraciés, confondus dans la masse des toutes petites statures, passent inaperçus par ailleurs en tant qu'handicapés physiologiques : la « meilleure santé » du Midi ne serait dans ce cas qu'une illusion statistique).

Mais passons sur ce problème qu'une étude plus précise résoudra peut-être. A défaut des fléaux physiologiques, dont les chiffres ne sont pas certains, les fléaux sociaux, qui sont inséparables des premiers systèmes industriels, paraissent effectivement plus répandus dans la France du Nord. C'est en effet cette portion du royaume qui offre autour de 1830 le plus grand nombre de mendiants et d'assistés (avec, il est vrai, une restriction : beaucoup parmi ces pauvres gueux du Nord furent, à leur point de départ, des immigrés originaires du Centre ou du Midi). Quant au suicide, autre plaie sociologique, connexe d'un certain niveau de civilisation, il se localise effectivement, autour de 1830, dans les régions industrielles et développées de la France septentrionale : région parisienne, haute Normandie, extrême nord [1]. Au sud et à l'ouest, et notamment dans les régions arriérées de Bretagne et du Massif Central, on se suicide fort peu pendant la même période.

En ce qui concerne les mœurs, d'Angeville n'a guère peuplé ses tableaux statistiques que de données qui intéressent les bâtards et les enfants trouvés. Les bâtards sont spécialement nombreux au nord d'une ligne Saint-Malo-Rennes-Genève : tout se passe comme si les mœurs étaient devenues plus libres, dans la région développée du Nord-Est. Inversement, le Midi donne, en pourcentage des naissances totales, des enfants naturels moins nombreux que le Nord. Plus archaïques, plus fidèles aux règles religieuses de la moralité traditionnelle, les Méridionaux seraient donc dans l'ensemble plus respectueux de la virginité des jeunes filles. Il est vrai que les hommes du Midi, quand ils commettent « le péché » (ce qui leur arrive tout de même de temps à autre, notamment dans le Sud-Ouest) ont tendance à se désintéresser des conséquences possibles de leur acte. Ils abandonnent volontiers leurs petits bâtards, et c'est au sud qu'on trouve en règle générale le maximum d'enfants trouvés. Les Septentrionaux, eux, une fois la faute (fréquente) sanctionnée par une grossesse illégitime, manifestent davantage d'esprit de responsabilité : les cartes de d'Angeville (carte 12) enregistrent moins d'enfants trouvés, en pourcentage, dans la France du Nord.

Développement de l'économie et de la société, liberté des mœurs, et respect de l'enfant naturel, seraient donc liés tous trois par une sorte de corrélation positive, sans doute bien lâche... Tel est du moins le tableau, trop optimiste quant au troisième point, que présente d'Angeville quand il commente ses cartes de la France du Nord; mais il souligne lui-même qu'il existe une énorme exception et même un démenti à ce schéma : l'agglomération parisienne est le grand carrefour nordique des enfants trouvés; bien des filles mères venues des provinces proches y viennent abandonner leurs bébés.

Dans le domaine de l'intégration nationale, les résultats

---

[1]. Cf. la carte du suicide en France, dans Guerry, 1833.

proposés par d'Angeville, à partir de statistiques peu connues, sont éclatants. Les chiffres sont nets : les populations du Nord, et spécialement celles du grand Nord-Est, sont dociles à l'État. Elles payent fidèlement l'impôt du fisc et l'impôt du sang. Par contraste, on voit s'étendre largement vers le sud-ouest, vers le Massif Central et les Alpes, une grande zone d'insoumission militaire et de résistance à l'impôt : ces mentalités, « poujadistes » avant la lettre, ne datent pas d'hier (cartes 15 et 16).

La géographie du crime, chère à l'auteur de l'*Essai*, serait également typique d'une partition nationale (carte 13) : les crimes de sang, *crimes contre les personnes*, ont tendance à régresser dans le Nord où sévit au contraire la délinquance anti-propriété : celle-ci, également appelée *crime contre les choses* est très fréquente dans la région parisienne et en Normandie [1]. Les délinquants septentrionaux sont des *filous*, déjà modernisés. Les truands du Midi au contraire restent typiquement des *assassins*. Ils demeurent fidèles à une criminalité de type ibérique ou méditerranéen, telle qu'on la pratiquera encore longtemps dans la Corse des bandits d'honneur; cette délinquance sanglante est fortement représentée au sud d'une ligne Nantes-Genève, dans les régions les moins contaminées par le progrès des « lumières » et de l'instruction.

Ainsi se définirait, — par contraste avec les modalités septentrionales — la vaste zone des régions les moins développées : cette zone inclut à la fois le Sud, le Centre, et l'Armorique. Les populations qu'on y rencontre sont violentes et austères, physiquement rabougries mais robustes, volontiers rebelles à la prestation étatique, celle de l'impôt comme celle de l'armée.

Tout cela, dira-t-on, est beaucoup trop schématique... Bien sûr. Mais d'Angeville lui-même [2] n'est pas dupe du schéma dualiste que, pour des raisons pédagogiques, il a présenté. Sans doute la zone développée du nord-est offre-t-elle, par elle-même, une sorte d'unité : croissance et modernisation créent dans cette zone les éléments d'une communauté géographique. Mais en revanche, au sud de la ligne Saint-Malo-Genève, il existe une pluralité des sous-développements, et les archaïsmes diffèrent les uns des autres. Les niveaux d'arriération ne sont pas les mêmes selon qu'on se trouve dans les régions celtiques, occitanes, ou dans les marges sud de la

---

1. D'Angeville, p. 162 *sq.* et 125 *sq.*; Guerry, 1833, planche 2.
2. Cf. la p. 127 de son livre.

France d'oïl : les « retards sociaux » de la Vendée catholique et royale, ne sont pas ceux du Limousin, qui deviendra bientôt politiquement « rouge », ni ceux de l'Aquitaine ou de la Corse. A elles seules, les différences linguistiques suffisent pour introduire ou préserver divers contrastes; elles différencient des cultures régionales, des « sub-cultures » *(ibid.)*.

L'intéressant, chez d'Angeville, c'est le quantitatif : les appréciations, sous sa plume, sont motivées par des chiffres. Et de ce fait, elles ont un contenu substantiel, qu'elles n'offraient guère dans les récits des voyageurs d'autrefois, même les plus succulents, ou dans les comptes rendus des fonctionnaires de l'Ancien Régime. Qui n'a lu, dans ces récits ou dans ces relations, des phrases à la manière de celles-ci : dans telle province les habitants sont généralement *doux et laborieux*, les femmes sont *belles*, une *apparence de richesse* est répandue sur les cultivateurs, et dans le peuple des villes[1]... De telles formules peuvent être pertinentes; mais, fleurs de rhétorique, elles seraient bien en peine de se réclamer d'une base quantitative et statistique. Parfois, ces jugements lapidaires sont en réalité superficiels : ils doivent leur existence à des propos de table d'hôte, pieusement recueillis par le voyageur ou le fonctionnaire, et présentés par lui comme vérités d'évangile. Chez d'Angeville, rien de semblable : chaque affirmation descriptive, même fleurie d'épithètes, est lourde d'un contenu statistique, quantitatif, cartographique, issu des dossiers les plus massifs et, simultanément, les plus personnels qui soient. Car le député de Belley a parcouru d'un bout à l'autre les possibilités de la statistique française de son temps; il la connaît à fond, comme il connaît les chemins de son Jura. La limpidité de son style ne doit donc pas rendre sceptique sur la densité de sa réflexion.

Soit, par exemple, cette phrase de l'*Essai* (d'Angeville, page 125) : « La France du Nord forme la partie industrieuse, riche et éclairée du Royaume et les populations y sont faciles à gouverner. » Sentence banale, dira-t-on, peuplée des mêmes truismes que les affirmations gratuites des textes préstatistiques... En fait, il n'en est rien : chaque épithète (« industrieuses », « éclairées », « faciles à gouverner ») implique une réflexion sur des nombres, et repose solidement sur de multiples colonnes de 90 chiffres départementaux, issus eux-mêmes de millions d'actes à portée statistique posés par

---

[1]. Nombreuses formules de ce genre dans les rapports d'intendants réunis par Boulainvilliers, éd. 1737, et dans les dossiers Orry cités par F. de Dainville, 1952.

l'administration, les préfets, les juges, les fonctionnaires de l'impôt, les scribes du recrutement militaire.

Bien des recherches anciennes ou récentes, et dont les auteurs ignoraient jusqu'à l'existence de d'Angeville, sont venues confirmer les thèses de l'agronome jurassien. Dans le domaine d'abord de l'histoire ethnographique : en 1952, François de Dainville a publié les résultats peu connus de l'enquête d'Orry (1745). Il les a juxtaposés, par des cartes, aux travaux de Quesnay et de Musset sur les animaux de labour, et aux réflexions de Young et de Dion, sur les structures agraires [1]. S'opposent, en effet, dès le XVIIIe siècle, et sans doute bien avant, deux catégories de paysages français : dans les grands *openfields* limoneux et disciplinés du Nord-Est, le labour à cheval prédomine, la grande culture à tendance capitaliste est souvent implantée; elle coexiste avec une petite culture parcellaire et qui, en Flandre notamment, peut être, elle aussi, très productive. Enfin, les peuples de ces *openfields* vivent « à l'aise », si l'on en croit du moins les appréciations simplistes qu'ont formulées les enquêteurs des dossiers Orry.

Au contraire, dans les autres paysages français, bocages de l'Ouest et du Centre, *openfields* irréguliers et indisciplinés du Sud-Ouest, les oasis de richesse sont plus rares et isolées; des bœufs souvent, quelquefois des mules, rarement des chevaux sont attelés à l'araire; les pilotes de ces attelages, gratteurs de sol, ne sont par fermiers à leur aise; mais métayers, sans le sou, et qui tirent le diable par la queue. Dans ces zones de deuxième catégorie, les peuples sont fréquemment dans la « pauvreté », ou tout au plus, « ils vivent » d'une vie chiche, sans pouvoir beaucoup s'enrichir, comme le peuvent au contraire les fermiers-laboureurs de la Brie ou les petits propriétaires de la Flandre et de l'Alsace [2].

A juste titre, on peut reprocher à ces appréciations des dossiers Orry leur caractère impressionniste : les notations qualitatives (telle région est « riche »; telle autre « à l'aise »; telle autre enfin « dans la pauvreté »), ne remplacent pas une bonne série de chiffres sur le revenu par tête, région par région.

Par chance, ces chiffres existent; mais ils concernent une

---

1. F. de Dainville, 1952; Quesnay, éd. 1958, vol. II : notamment l'article *Grains*; Dion, 1934.
2. F. de Dainville, 1952.

période plus tardive; pour les années 1860, en effet, Nicole Delefortrie et Jeanne Morice[1] ont établi les éléments d'une statistique du revenu agricole. Leurs travaux sont fondés sur l'enquête décennale de 1862. Grâce à celle-ci, ces deux auteurs ont déterminé le revenu brut de l'agriculture (tel qu'on peut le connaître par la statistique de la production, en nature et en valeur); à partir de ces données, elles ont chiffré le revenu net de l'agriculture (en retranchant du « brut » les dépenses afférentes à l'exploitation); finalement, elles ont calculé le revenu net des exploitants agricoles, en ôtant du revenu net de l'agriculture, évoqué ci-dessus, les salaires et les fermages. Les résultats sont substantiels; mais il restait encore à déterminer au moyen d'une simple série de 90 divisions le revenu par tête d'exploitant, dans chaque département. Claude Gérard a réalisé cette ultime manipulation des données[2]. Sa carte du revenu agricole par tête confirme, avec 30 années de retard, les données de Dupin et d'Angeville. Il existe bien une zone agricole à fort revenu individuel : elle est située dans les départements de grande culture (ou de petite culture intensive) : Flandre, nord du Bassin parisien. Par contre, les revenus par tête d'exploitant décroissent au sud d'une ligne Saint-Lô-Dijon-Strasbourg. Seuls, au sud de cette « ligne » la basse Loire, la Charente, la Gironde, et surtout l'Hérault, en plein apogée viticole vers 1860, constituent des îlots de richesse, où, par exception, le revenu par tête est plus élevé.

Les statistiques de Delefortrie et Morice confirment donc les premières intuitions des enquêteurs d'Orry. Parallèlement la photographie aérienne corrobore au ras du sol les notations de Young, scrutant les paysages de l'ancienne France : tout récemment, Clos-Arceduc[3] a dépouillé, cliché par cliché, la couverture photo-grammétrique du territoire, telle que l'ont réalisée les aviateurs de l'Institut géographique national. Il a délimité avec exactitude les vieux paysages, bocages et *openfields*, qui sont comme la projection, sur le terrain, des contrastes ethnographiques dont est composée la nation. Il a ressuscité, grâce à l'avion, par grandes masses de verdure bocagère ou de terroirs nus, le royaume de Louis XVI, à peine transformé, tel que Young l'avait parcouru : au nord-

---

1. Delefortrie et Morice, 1959
2. *Atlas historique*... p. 67. Pour l'étude particulière d'une grande région « moins développée », cf. Armengaud, 1961.
3. Carte inédite, réalisée par M. Clos-Arceduc et consultable à l'Institut géographique national.

est sont les *openfields* majeurs, coupés eux-mêmes, très au nord, de quelques « bocages à pommiers centrés sur l'habitat ». Et puis, au-delà d'une ligne Rouen-Genève, se développent sur la carte de Clos-Arceduc comme dans le journal de marche de Locke[1] ou de Young, les massifs bocagers de l'Ouest et du Centre, éventrés par le Val de Loire.

Ces contrastes sont donc anciens, ... et toujours actuels, en dépit des planificateurs du « remembrement » qui détruisent le réseau de haies à coup de bulldozer. Ils intéressent aussi l'habitat rural, bien connu grâce au recensement de 1891 et grâce à l'enquête de l'I.N.S.E.E. en 1962[2]. La zone des *openfields* disciplinés du Nord-Est, celle-là même qui se montre accueillante au développement, à l'innovation, et à l'instruction, c'est en effet, presque rigoureusement, l'aire de l'habitat groupé des villages septentrionaux où les maisons se blotissent autour d'un clocher; et où, de ce fait, les villageois d'une même paroisse « voisinent » étroitement les uns avec les autres; cette aire est dessinée avec rigueur, au nord d'une ligne qui court depuis Rouen et depuis Évreux jusqu'à Genève. Au sud de cette ligne, au contraire (Midi méditerranéen excepté), les fermes et hameaux tendent souvent à s'égailler, loin de l'église centrale, dans le fouillis des haies, des chemins creux ou des murettes : là, faute de gros noyaux d'habitat villageois, la vie rurale se désurbanise totalement. La France sauvage commence avec la dispersion, en vertu d'une antithèse depuis longtemps perçue : « *les pouvres paysans espars à la campagne, rustiques au possible et inciviliséz logéz ... parmi leurs guerets et pasturages à l'escart, et les uns hors de la communauté des autres* » ne sauraient prétendre, en effet au niveau social des habitants des villages qui « *joins ensemble ont estably quelque figure de police pour vvre plus heureusement les uns avec les autres*[3] », écrivait dès 1596 un gentilhomme gascon, bon connaisseur des pays d'habitat dispersé.

Communauté oblige, parfois : les villages groupés du Nord-Est, quant à eux, se distinguent des « dispersés » du Centre et de l'Ouest par leurs contraintes collectives, et aussi par la présence envahissante d'un gros capital forestier, tel

---

1. Locke, éd. 1953 : cf. notamment les premières journées du voyage de Paris à Lyon en 1675, où le philosophe note soigneusement les limites bocage-openfield.
2. Dion, 1936 (carte); *Espace économique français*, 1965, p. 227, carte 2-1-1 (pour 1962).
3. Rivault de Flurance, 1596, p. 364-368 (référence signalée par C. Vivanti, 1964, p. 957).

que l'a illustré, en 1910, la *Statistique des forêts de France*. Les paroisses de bocage et d'habitat épars se caractérisent au contraire par l'absence de forêts domaniales et bien souvent par l'irrespect de l'arbre : les boqueteaux loqueteux du Massif Central contrastent avec les futaies séculaires de l'Ile-de-France et de la Lorraine [1].

Par-delà les contrastes des systèmes agraires, c'est la technologie qui est en cause. Une antithèse nord-sud, fort ancienne, oppose en effet le labourage « moderne » (par charrue) qui reste confiné jusqu'au XIXe siècle dans la moitié nord de la France et dans l'étroit liseré du littoral atlantique; et d'autre part le labourage sous-développé, à l'araire, tel qu'il a longtemps sévi dans le centre et dans le sud de la nation [2]. L'araire, instrument symétrique, égratigne le sol sans le retourner; d'un strict point de vue technologique, il met les paysans français d'autrefois, dans le Midi et dans le Massif Central, au niveau misérable des fellahs de l'Atlas ou de l'Anatolie. La charrue, au contraire, instrument puissant, dyssymétrique, souvent tracté par des chevaux, retourne depuis bien longtemps les terres lourdes du nord de la France et de la moitié nord de l'Europe; elle en extrait les éléments fertilisants, elle multiplie la productivité des labours septentrionaux.

La charrue stimule la production. Elle implique aussi, du moins au nord-est, l'usage du cheval de labour; les habitants retirent, de ce trait culturel, tout un système d'habitudes. Ils sont accoutumés au cheval, comme bête de trait, peut-être aussi comme animal de guerre. André Corvisier, dans son livre sur l'armée française au XVIIIe siècle, donne à ce propos une cartographie suggestive [3]. Celle-ci intéresse le recrutement des cavaliers dans l'armée royale au temps des « Lumières » : en contraste total avec le recrutement des fantassins (qui, lui, est assez largement dispersé sur toute la France, de l'Alsace au Languedoc), les lieux d'origine de la cavalerie, quant à eux, sont littéralement collés aux provinces frontalières nord et nord-est du royaume de France. Ce recrutement privilégié peut s'expliquer, bien entendu, par la proximité stratégique de la frontière; et par les hautes statures des « vaillantes populations de l'Est », ces hautes statures dont sont friands les officiers de cavalerie, amateurs de beaux hommes dans

---

1. Daubrée, 1912, II, p. 336-337 (réf. fournie et carte reproduite par Dion, 1934).
2. Haudricourt, 1955, p. 376.
3. Corvisier, 1964, p. 432.

l'intérêt du service[1]. Mais l'habitude du cheval, que supposent dans ces régions d'*openfield* les techniques agricoles prédominantes, est aussi un facteur à considérer.

L'usage du cheval est un fait social, et même affectif, de première importance. C'est un trait précieux pour la définition d'une aire culturelle. Mais tout aussi valable, de ce point de vue, est la répartition du métayage. Celui-ci accompagne la petite culture et les labours bovins, symptomatiques du Sud-Ouest; et il est sous-jacent aux structures féodales, épanouies en Gâtine et en Vendée[2].

Déjà les physiocrates, en 1760, évoquaient avec condescendance l'agriculture parcellaire du métayage et du bœuf de labour, qui caractérisait selon eux la paysannerie périphérique, sise hors des provinces septentrionales; celles-ci au contraire — « Normandie, Beauce, Ile-de-France, Picardie, Flandre française, Hainaut, et peu d'autres[3] » — étant vouées à la grande culture. D'Angeville, quant à lui, n'a pas cherché à visualiser par une carte le métayage de son temps. Mais, s'il avait eu les moyens statistiques de le faire, il aurait probablement détecté des répartitions concordantes avec celles de ses autres indices. La première cartographie nationale du partage à mi-fruits, institution stable et de longue durée, est en effet postérieure d'un demi-siècle à peine à l'*Essai sur la statistique*; elle date de 1882. D'autres cartes suivront (1955), et leurs conclusions seront convergentes. Où donc, en 1882, le métayage existe-t-il, comme force reconnue, groupant plus de 5 % des exploitants agricoles? Il est absent, comme tel, au nord d'une ligne qui va de Saint-Malo à Vesoul. Il s'épanouit en revanche, au sud de cette diagonale, et souvent dans les régions arriérées : en Vendée, dans le Sud-Ouest, et aussi, fait moins connu, dans le Midi corse et provençal[4].

D'autres facteurs encore décident de l'archaïsme ou du développement des régions. Parmi eux le réseau routier. Considérons, ce que n'a pas fait d'Angeville, la carte des routes de poste, à la fin de l'Ancien Régime[5]. On y retrouve, parfaitement dessinée, la zone privilégiée du Nord-Est, hos-

---

1. *Ibid.*, p. 639-642.
2. Merle, 1958.
3. Quesnay, éd. 1958, tome II, p. 461.
4. Cartes du métayage en France, à diverses époques dans Musset, 1917, et dans *Atlas historique*, p. 48.
5. Carte reproduite, par exemple, dans Duby et Mandrou, 1958, vol. II, p. 91, et dans *Les Routes de France...*, 1959.

pitalière au développement. Autour de Caen, Rouen, Paris, Amiens, Strasbourg, le tissu des routes postières est dense et serré, ramifié, bouclé sans cesse et rebouclé sur lui-même. Le carroyage des routes principales léguées par la monarchie devient en revanche très lâche dès qu'on descend au sud d'une ligne brisée Saint-Malo-Chartres-Autun-LesRousses-Genève. Cette zone sud de la carte routière est pleine de taches blanches. Les culs-de-sac, impasses et chemins perdus y sont nombreux, et ils signalent notamment la zone la plus arriérée du Massif Central : Rouergue, Velay et Cantal, entre Albi, Villefranche-de-Rouergue, Aurillac, et Brioude.

On a le réseau routier qu'on mérite. Au nord-est tout le monde voulait la route, les militaires comme les civils : garnisons et frontières stratégiques, habitude du roulage et du cheval de traction conjuguaient leurs effets pour favoriser la construction de bonnes et multiples chaussées. Les muletiers du Massif Central, eux, n'en demandaient pas tant : ils se contentaient bien souvent, pour leurs caravanes à bât, de quelques pistes grossières.

Cette prééminence du Nord-Est routier ne cessera, postérieurement à l'*Essai*, qu'avec les chemins de fer. La centralisation parisienne, symbolisée par la pieuvre ferroviaire dont les tentacules, de toute part, investiront le Sud, sera bien des fois critiquée. Elle aura cependant ses mérites : elle brisera un isolement séculaire, elle désenclavera le Centre et le Midi français. D'un certain point de vue, elle abolira, pour son propre compte, la ligne Saint-Malo-Genève.

Développement et réseau routier, longtemps polarisés au Nord-Est, contribuent-ils à dessiner la carte des migrations vers Paris, pôle de croissance et d'attrait? C'est assez probable. En 1833 encore, la zone migrante vers la capitale, département par département [1], correspond exactement à l'aire développée du Nord-Est, telle que d'Angeville la décrit pour les mêmes années. Ces structures migratoires sont anciennes, attestées déjà aux XVIIe et XVIIIe siècles [2]. Elles sont favorisées par l'existence sous-jacente d'un bon réseau d'écoles et de routes, élargissant les horizons, stimulant la mobilité géographique, excitant les désirs ou les mirages d'ascension sociale. *A distance égale de Paris*, une région mieux desservie par les routes de postes (département du

---

1. Carte de l'immigration départementale à Paris en 1833, dans Pouthas, 1956. On a critiqué, à juste titre parfois, la carte de Pouthas. Elle est néanmoins valable en ce qui concerne les « grandes masses » : voir la carte de Bergeron, 1970, p. 235 qui confirme le diagnostic géographique d'ensemble de Pouthas.

2. Bourgeon, 1962, p. 60.

Nord ou de la Moselle) migre plus vers cette grande ville qu'une région située plus au sud, et moins bien parcourue de bons chemins carrossables (par exemple l'Indre-et-Loire ou l'Allier). Tout se passe comme si le taux d'attraction parisienne au début de la monarchie de Juillet, constituait, pour un département donné, un indice imprévu mais plausible de modernisation régionale.

Naturellement, ces données sont antérieures à la révolution ferroviaire et à la « montée » massive des méridionaux vers Paris : en 1833, les Auvergnats sont presque les seuls Occitans à prendre *massivement* le chemin de la capitale, dont ils constituent l'élément folklorique, souvent misérable [1]. Les voies ferrées, dans les décennies suivantes, bouleverseront cet état de choses : on assistera désormais à la mise en perce du Midi, dont les réserves humaines seront partiellement captées par Paris. Les Rastignac ne seront plus l'exception littéraire et glorieuse, mais la règle; devenus prosaïques, ils arriveront désormais par le train, bien plus nombreux qu'au temps de Balzac.

Avant même les chemins de fer, une géographie du développement doit inclure les faits d'industrie. D'Angeville le sait : et il tente de mettre en œuvre une cartographie statistique des manufactures et du commerce. Sa carte est plus à jour que celle de son prédécesseur, le baron Dupin. Celui-ci ne craignait pas d'affirmer la prépondérance des fabriques du Nord : mais, pour étayer cette thèse raisonnable, il s'était fondé, en 1827, sur les statistiques de Chaptal, déjà vieilles d'une quinzaine d'années. D'Angeville, décidément, rajeunit ces chiffres ; il tient compte, tout à la fois, du secteur secondaire (industrie) et du « tertiaire » (services et commerce). Il élabore à cet effet plusieurs indices quantifiés : densité des forges et des usines, pourcentages d'ouvriers parmi les recrues du contingent, nombre et quotité des patentables. Enfin, il combine ces indices entre eux, pour obtenir sa carte 4 : celle-ci place en tête du développement industriel et (ou) commercial la Normandie, la région parisienne, le Nord, la Champagne, l'Alsace, et enfin, isolés au sud, les départements du Rhône et des Bouches-du-Rhône. Ces localisations paraissent incontestables : réunies elles constituent pratiquement l'épreuve négative de la carte des « agriculteurs » (D'Angeville, carte 3). Cependant, elles appellent un supplément d'enquête, puisqu'elles ne discriminent pas, autant qu'il le faudrait, entre l'industrie et le commerce.

---

[1]. Pouthas, même carte; et Bergeron, *ibid.*

Ce « supplément d'enquête », élaboré bien après d'Angeville, est aujourd'hui disponible. Des cartes précises, et qui tiennent compte du seul facteur industriel, à l'exclusion du commerce, sont publiées par les historiens français de notre temps, spécialistes du xixe siècle : parmi celles-ci citons la carte des machines à vapeur en 1841 [1]; celle de l'industrie textile en 1861 [2]; et celle de l'industrie lainière et cotonnière en 1875 [3].

Ces documents confirment l'impression d'ensemble qui se dégage des travaux de Dupin et des cartes de l'*Essai*. Machine à vapeur et filature de coton, ingrédients du capitalisme moderne, s'implantent, en 1841, dans un triangle « nordique » dont les sommets sont l'Alsace, l'extrême nord et la Normandie. Dix ans plus tard, les régions décisives de la « grande industrie », celles où le peuplement « grand-industriel » dépasse 10 % de la population active, sont groupées, de même, au nord d'une zone qui court du Haut-Rhin à la Mayenne. Plus au sud, seule la région Lyon-Saint-Étienne, isolée, offre des concentrations manufacturières comparables à celles de la région normande, alsacienne ou nordiste. Le siècle suivant, de 1851 à 1936, et jusqu'en 1962, modifie ces localisations : il ne les abolit pas fondamentalement, malgré l'énorme afflux de la main-d'œuvre vers l'industrie [4].

Tous ces documents, dira-t-on, sont plus ou moins tardifs, par rapport aux années 1820-1830, envisagées par d'Angeville : ils datent, en effet, de 1841, 1851, 1875, etc. Mais un ouvrage récent lève cette objection : Maurice Lévy-Leboyer montre que dès le premier tiers du xixe siècle les foyers de la Révolution industrielle sont implantés, en France, dans les secteurs est et nord, de préférence aux autres régions [5].

Sous le Consulat et l'Empire, en effet, les indiennages et toiles peintes, inséparables du nom d'Oberkampf et de la fabrique de Jouy, sont concentrées à Mulhouse, Rouen, Paris, Gand, accessoirement à Nantes et à Lyon. Cette géographie s'explique aisément : la production de ces « denrées », stimulée par les nouvelles techniques du blanchiment au chlore et du rouleau de cuivre, est en plein essor de 1760 à 1806. Et tout cela s'installe non loin des marchés du luxe, et notamment près de Paris où la demande se fait très intense, avec les modes légères du Directoire.

1. Carte de Lévy-Leboyer, reproduite dans *Atlas historique*, p. 87.
2. Dans Pouthas, 1956.
3. *Atlas historique*, p. 100.
4. *Atlas historique*, p. 46-47.
5. Lévy-Leboyer, 1964.

Le tableau est analogue, dans les grandes lignes, pour la filature de coton. Lévy-Leboyer, pour 1810, compte 520 000 broches dans le groupe Lille-Amiens-Gand-Saint-Quentin, 350 000 à Rouen, 325 000 à Paris et à Troyes, 100 000 en Alsace et à Bar-le-Duc, 170 000 à Lyon, et seulement 25 000 à Cholet. Belgique en plus, ces chiffres disent bien la prédominance du Nord-Est, auquel il faut joindre, isolé, l'îlot lyonnais.

Dans le domaine du coton, toujours, la géographie du tissage n'est pas tellement différente des répartitions de la filature : en 1810, le tissage cotonnier se localise pour l'essentiel entre Rouen et Anvers; on compte 16 000 métiers dans les Flandres, et dans le « Nord » au sens strict du terme; 16 000 à Saint-Quentin; 13 200 entre Rouen et Amiens; et seulement 4 250 métiers en Basse Normandie [1].

Par la suite, entre 1810 et 1850, le tissage du coton essaimera vers le bocage normand : il se développera de façon vive sur le versant alsacien des Vosges, à Sainte-Marie et Ribeauvillé, etc. Cependant, au sud d'une ligne Cholet-Mulhouse, cette activité ne s'enracinera vraiment que dans le Beaujolais : l'isolat de Tarare s'y vouera aux mousselines, aux gazes et aux *organdis*.

L'industrie lainière est, par excellence, traditionnelle; elle dispose au départ de localisations plus variées que le coton. En Languedoc, par exemple, dans la première moitié du XIXe siècle, à Castres, Mazamet, Saint-Pons, Bédarieux, Lodève et Clermont-l'Hérault, la draperie est encore vivace... Mais elle connaît déjà la décadence. Dès cette époque, le secteur lainier n'est vraiment dynamique et progressif que dans les grands centres du Nord et de la Champagne, spécialisés en draperie de luxe. La fabrique de Reims, sous l'impulsion de capitalistes comme Ternaux, se lance après 1800 dans la mode des châles et du cachemire, et dans les nouveautés parisiennes; à Roubaix, entre 1800 et 1836, l'essor est le plus vif de France : la population locale, qui vit surtout de l'industrie de la laine, augmente entre ces deux dates de 195 %, passant de 8 000 à 23 500 habitants.

C'est précisément dans le Nord, au département qui porte ce nom, qu'a lieu, pendant les années 1830, l'acte central de la révolution industrielle [2], acte comparable à celui qui s'était déchaîné, quelques décennies plus tôt, dans le Lancashire. De façon brusque, entre 1829 et 1839, les machines

---

1. Lévy-Leboyer, 1964, p. 66, note 3.
2. Cf. *supra*, p. 358, note 1

à vapeur, clairsemées jusqu'alors, surgissent en foule dans cette région, et elles marient le charbon d'Anzin et du Borinage aux entreprises textiles de Lille, de Roubaix ; le nombre des « machines fixes » autorisées annuellement dans le département du Nord passe de 2 en 1829 à 7 en 1830, à 8, 39, 50, 54 et 104, aux années successives qui courent de 1831 à 1835 [1]. Ces chiffres correspondent à l'irrésistible montée du Nord usinier, qui inclut Lille, Roubaix, Tourcoing, Fourmies, Marcq-en-Barœul, et les petits centres des Ardennes.

Simultanément se développe, autour de cette région, tout un réseau de transports actifs, réseau branché sur la Basse Seine, sur l'Oise, et sur les parcours obligés du charbon belge, à travers les rivières et canaux du Nord. Dans un espace plus large, la Loire peu praticable aux vapeurs et le vieil entrepôt d'Orléans se dévalorisent au profit de la Seine : les méandres rouennais de celle-ci étaient jadis trop compliqués pour que les navires à voile pussent les remonter correctement. Mais, les bateaux à roue, eux, n'ont pas besoin de tirer des bordées, pour vaincre les boucles de la Seine : ils desservent cette rivière plus que jamais. Axes fluviaux, pôles de croissance parisiens et septentrionaux conjuguent ainsi leurs effets, avant les chemins de fer, pour enraciner au nord-est les principaux bastions de la révolution industrielle : la thèse d'un historien d'aujourd'hui rend pleinement justice à l'*Essai sur la statistique* et à sa cartographie, vieille d'un bon siècle.

Par-delà les régions, plus ou moins actives ou développées, d'Angeville cherche les hommes. Ses préoccupations le conduisent d'abord à l'anthropologie physique : l'*Essai* propose, dès 1836, la division qui deviendra classique entre zones des hautes tailles (Nord-Est), et zones des statures basses et moyennes (Centre, Ouest, Sud). Le critère choisi est celui du pourcentage de conscrits exemptés pour défaut de taille. Critère insuffisant, sans aucun doute : il faudrait tenir compte aussi des statures des conscrits normaux, non exemptés. Telle quelle cependant, la carte obtenue sera maintes fois confirmée jusqu'à la fin du siècle par des études anthropométriques, à critères de stature plus complexes et plus raffinés : la ligne Saint-Malo-Genève (avec au nord des enclaves dans le Loiret et dans l'Yonne) sépare au XIXe siècle les grands « nordiques » des petits « sudistes » ou « occidentaux ». D'Ange-

---

[1]. Lévy-Leboyer, 1964, p. 167-168, note 37.

ville, le premier semble-t-il, signale ce clivage qu'affirmeront et préciseront les travaux de ses successeurs.

Cette partition régionale est fort ancienne : elle s'affirmait dès 1715-1750. Soit, en effet, 110 hommes du régiment Vivarais-Infanterie, dont on possède les dossiers, sous la Régence et sous Louis XV [1]. Parmi eux, 54 sont nés dans les généralités méridionales (Perpignan, Aix, Montpellier, Toulouse, Auch, Pau, Bordeaux, Montauban). Ils ont en moyenne 1,697 m. Le reste, soit 56 soldats, provient des généralités du grand nord-est (Lille, Valenciennes, Amiens, Soissons, Châlons, Metz, Alsace) : la taille moyenne de ce second échantillon est de 1,716 m. La différence atteint presque 2 cm (19 mm), au profit des Septentrionaux : cet écart est significatif, puisqu'on le retrouve identique à lui-même à l'intérieur des diverses compagnies dont est composé ce régiment.

En 1763, on dispose d'un échantillon beaucoup plus large : 7 000 soldats dont 5 000 français et 2 000 étrangers. Le sondage national n'est pas complet, puisque certaines provinces ne sont pas représentées parmi les lieux d'origine de ces 5 000 hommes : la Normandie, notamment, est absente. Cependant des clivages très nets apparaissent, les mêmes, en fin de compte, qu'en 1715, 1830, ou 1860. Les hommes de haute stature ($>$ 1,718 m) viennent des généralités d'Amiens ou de Valenciennes, des Trois Évêchés, d'Alsace, et aussi d'Allemagne. Les hommes de taille moyenne (dont la stature est comprise entre 1,710 et 1,718 m) sont provençaux, dauphinois, italiens aussi. Enfin, les « petits hommes » (moins de 1,710 m) se recrutent avec prédominance en Auvergne et Bretagne, et dans les généralités de La Rochelle, Toulouse, Montpellier, Perpignan. Les Bretons et les Auvergnats sont les plus petits, dans ce troisième groupe.

Ces résultats statistiques sont d'autant plus intéressants que les soldats de l'Ancien Régime sont des engagés, des « volontaires » acceptés par l'armée royale à condition qu'ils soient de haute stature. Les chefs de corps et les racoleurs sélectionnent, dans ce « vivier » national qu'est la jeunesse masculine, les individus dont la taille est la plus élevée : beaucoup d'officiers sous Louis XV ou Louis XVI ont la folie des hommes grands. Or, en dépit de cet écrémage préférentiel, les différences régionales des grands aux moins grands, du nord-est au sud-ouest, se retrouvent nettement marquées, jusque dans cet échantillon des « géants », réservés au recrutement militaire du XVIIIe siècle.

---

1. Corvisier, 1964, p. 433, 537, 644 sq.

Autant dire que la répartition des faits de stature, cartographiée pour la première fois par d'Angeville, était mise en place sur le terrain, bien avant d'avoir été formulée par cet auteur. Et cette géographie de longue durée survit à l'*Essai*. De 1831 à 1860, en effet, les tailles s'allongent, le nombre des exemptés pour cause de petite stature diminue fortement ; en Savoie, par exemple, on voit disparaître dans les années 1850-1860 les foyers misérables d'anomalies physiques — nanisme, goitres, crétinisme — qui étaient si nombreux encore à la fin du Premier Empire [1] ; on assiste là, grâce aux progrès du bien-être, à la liquidation pacifique d'une sorte de prolétariat des statures. Or, en dépit de cette poussée, plus exactement de cette « pousse » humaine, les vieilles dénivellations régionales restent attestées pour quelque temps : la « diachronie » de l'allongement des statures n'abolit pas du premier coup la « synchronie » des contrastes géographiques. En 1860, par exemple, Broca prend la suite des travaux de d'Angeville, et il cartographie la stature à l'aide des dossiers militaires, relatifs aux hommes exemptés comme trop petits entre 1831 et 1849 [2]. Sa carte divise la France selon les zones diagonales qui prennent le territoire en écharpe : au nord-est sont les départements « grands », limités par une ligne allant de Rouen au Jura, et qui comptent seulement moins de 4 % d'exemptions. Dans une zone intermédiaire, qui va du Cotentin aux Alpes, les exemptés pour cause de stature basse font de 4 à 6 % des effectifs. Enfin, le troisième groupe de départements couvre entièrement le sud, le centre et l'ouest de la nation : 7 à 10 % des jeunes hommes y sont exemptés pour le même motif ; et les hommes très petits, les plus diminutifs, s'y concentrent notamment dans les zones classiquement sous-développées de Bretagne, du Massif Central et des Alpes du Sud.

En 1906 encore, Deniker [3] retrouve à peu près la France de d'Angeville : sa carte établie sur 447 172 sujets fait cependant ressortir un glissement géographique et le début d'une rotation d'axe, laquelle s'accentuera au XXe siècle : la zone des petites statures (avec des îlots de nanisme dans les Landes, dans le Tarn et la Bretagne, et dans les régions frontalières de Corrèze-Dordogne) est désormais reléguée au sud-ouest d'une ligne Cherbourg-Marseille (et non plus Saint-Malo-Genève).

---

1. Billy, 1962 ; Boudin, 1863 et 1865 ; Carret, 1882 ; Bertillon, 1885, p. 481.
2. Broca, 1860.
3. Deniker, 1906 (carte publiée en 1908).

C'est tout récemment que ces travaux encore partiels, menés par de courageux tâcherons entre 1830 et 1906, ont pu être replacés dans une synthèse d'ensemble qui les éclaire et qui les fortifie. On savait, depuis d'Angeville et Broca, que l'anthropologie physique était dans l'histoire, qu'elle était objet d'histoire. Marie-Claude Chamla, dans un article capital, en a fait de nouveau la preuve, en 1964[1] : trois années de travail aux archives de la guerre lui ont permis de suivre, de décennie en décennie, et département par département, « l'accroissement de la stature en France, de 1880 à 1960 ». Cartes, courbes, tableaux statistiques, bibliographie exhaustive viennent à l'appui du texte dense de cette anthropologue.

La méthode d'enquête, exposée en détail (modes de sondage, données retenues, écarts-types, etc.) semble irréprochable. Les résultats généraux concernent d'abord l'évolution de la taille moyenne. Le conscrit français, sous la toise, gagne 4,6 cm entre 1880 et 1960, passant de 165,3 cm à 169,9 cm. Cet accroissement, d'abord infime, s'accélère ensuite progressivement, à partir de 1890, et pendant la belle époque. La guerre de 1914-1918, au contraire, marque une régression, la plus forte dans la période séculaire. Entre 1920 et 1940, la croissance reprend, à très vive allure, bien plus rapide qu'avant la guerre. Et de ce point de vue, le contraste est total avec l'Allemagne voisine. Outre-Rhin, la crise économique des années 1930, tellement néfaste au niveau de vie, se traduit, momentanément, par un véritable traumatisme biologique (cf. le graphique de M.-C. Chamla). En France, rien de tel; les statures continuent de s'allonger gaillardement, dans la quatrième décennie du siècle, jusqu'aux combats de 1940.

La deuxième guerre marque en effet un second coup d'arrêt. Sur les graphiques, cette interruption belliqueuse est très nette, quoique moins marquée qu'en 1914-1918. Enfin, la courbe se termine, provisoirement, par la rapide montée des années 1950 et le maximum de 1960.

En somme, deux périodes néfastes : les conflits mondiaux. Une époque de stagnation, puis d'accroissement lent : l'avant-guerre de 1914. Et deux moments de spectaculaire croissance : l'entre-deux-guerres, et la décennie 1950. L'histoire biologique a sa conjoncture, souvent saccadée.

L'étude régionale offre des contrastes, révélateurs. Au départ, en 1880, 1890, et dans une moindre mesure en 1900,

---

[1]. Chamla, 1964, pp. 201-278.

378   *Le poids des hommes*

deux France s'opposent, celles-là même qu'avait déjà dessinées d'Angeville. La France des hautes et moyennes statures (> 1,67 m), est confinée, pour l'essentiel, au Nord et à l'Est. Une frontière [1] approximative, qui court de la

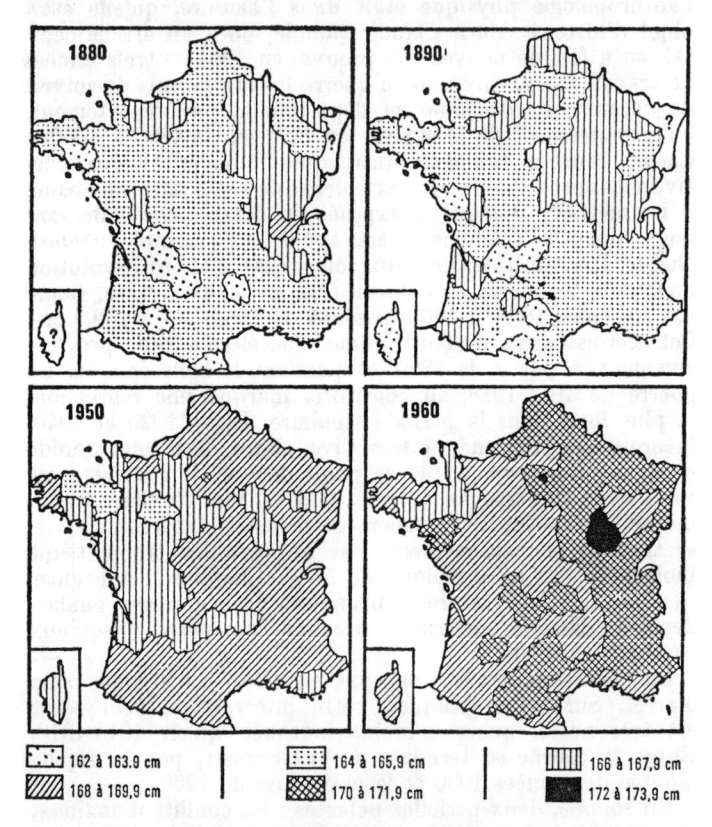

Évolution des moyennes départementales entre 1880 et 1960.
(D'après M.-C. Chamla, dans le Bulletin de la Société d'antrhropologie de Paris, *VI, 1964.)*

---

[1]. Sur cette vieille « frontière », qui intéresse à la fois l'anthropologie culturelle et l'anthropologie physique, voir aussi F. de Dainville (« L'enquête d'Orry », *Population*, 1952) et Fleury et Valmary (« L'instruction élémentaire... », *Population*, 1957).

Normandie à la Savoie, la sépare des provinces du Sud, du Centre et de l'Ouest, vouées aux petites tailles (< 1,66 m).

A partir de 1910, ces vieilles structures géographiques se déforment, pour faire place, en fin de compte, à des répartitions assez différentes. Une véritable rotation d'axes se produit. Aujourd'hui (1960), l'opposition n'est plus entre Nord et Sud, mais entre Est et Ouest. La France des hommes grands (> 1,70 m) couvre désormais presque toute la moitié orientale du territoire, de la Méditerranée à la mer du Nord, de Narbonne et Nice à Dunkerque et à Strasbourg. Les hommes moyens ou petits (< 1,68 m) prédominent au contraire dans la moitié occidentale, — souvent sous-développée —, qui va de l'Aquitaine au Cotentin. Quant aux petits hommes (< 1,60 m), ils abondaient encore, en 1880, dans l'Ouest, le Sud-Ouest et les Alpes. En 1960, on n'en trouve plus guère qu'en Bretagne, où ils constituent plus de 10 % de l'effectif des conscrits. Le fait capital, dans cette évolution différen-

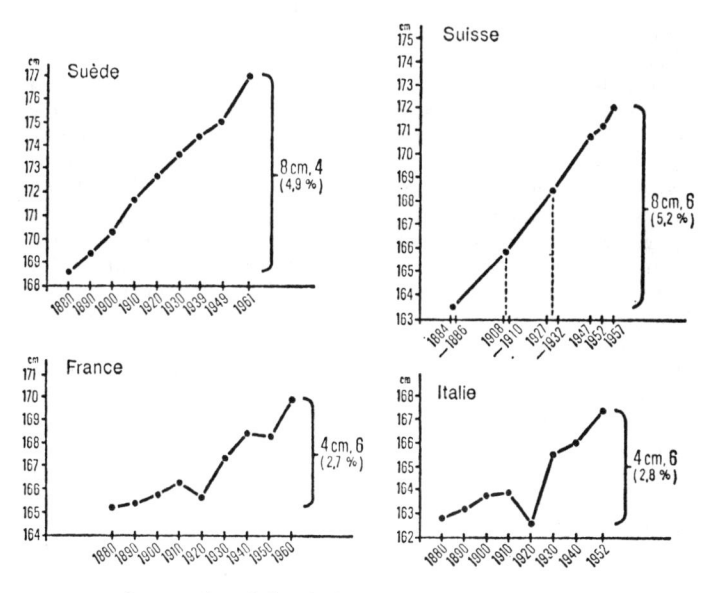

Comparaison de l'évolution diachronique de la stature dans quelques pays d'Europe occidentale.

tielle, c'est la promotion méridionale, c'est l'accroissement plus que proportionnel du Midi, où de vastes régions, à partir de 1910, rattrapent à grande allure les départements du Nord, peuplés d'ancienneté par les hautes statures.

La France, comme il est bien connu, n'est pas isolée dans cette évolution : Scandinavie, Allemagne et Suisse grandissent très vite, beaucoup plus vite que les Français, entre 1880 et 1960 : de 8 à 10 cm en quatre-vingt ans. L'Italie du Nord et du Centre grandit, elle, à peu près, au rythme de notre pays. L'Europe la moins développée, en revanche (Italie du Sud, Sicile, Sardaigne, Espagne) est à la traîne : seulement 3 cm d'accroissement moyen, en presque trois générations.

Ces rythmes de croissance peuvent varier, de décennie en décennie, au gré des conjonctures nationales. Suède et Suisse, nations heureuses, sans guerres, grandissent sans discontinuer, au long d'une pente régulièrement et fortement ascendante. Les courbes d'accroissement des grands pays (France, Allemagne, Italie surtout), sont au contraire hachées d'accidents tragiques, la guerre de 1914-1918 constituant souvent le principal traumatisme.

En dépit de certaines permanences génétiques, la stature est donc un caractère instable; son accroissement est révélateur (et intégrateur) de modifications des styles de vie, caractéristiques des sociétés contemporaines : parmi les facteurs stimulants, qui exacerbent la pousse humaine, M.-C. Chamla cite en effet la meilleure nourriture, la scolarisation (travail physique plus tardif), la régression de quelques fléaux (goitre, tuberculose), enfin la rupture des isolats démographiques. Une telle constellation d'éléments favorables se rencontre dans les classes aisées, et aussi dans les nations et les provinces qui sont en voie de se moderniser. Voilà pourquoi les hommes y ont tendance à grandir. Inversement, classes inférieures, régions arriérées restent ou restaient peuplées d'hommes de petite taille. L'histoire et l'anthropologie, sur ce point, sont unanimes : au XVIIIe comme au XXe siècle, la stature est tout à la fois un fait de la Nature, et un trait de la Culture [1]. Dans un article récent, M. Bouisset [2] a du reste montré que les différences géographiques quant à la stature recouvraient *en fait* des différences socio-économiques et des contrastes entre zones plus ou moins développées. Ses conclusions ne valent pas seulement pour le XXe siècle : dès l'époque de d'Angeville

---

1. Le paragraphe ci-dessus, consacré aux travaux de M.-C. Chamla est tiré d'une note brève de l'auteur, parue dans *Annales*, juil. 1966, pp. 913 *sqq.*
2. Bouisset, 1965.

et de Villermé, les régions et groupes sociaux plus développés étaient généralement peuplés d'hommes plus grands [1].

Dans l'*Essai sur la statistique*, l'anthropologie physique se double, comme on l'a vu, d'une anthropologie culturelle. Le test de celle-ci, c'est l'instruction élémentaire, l'accès à l'écriture (cet accès qui signale, selon *Tristes Tropiques* [2], l'arrachement ultime au néolithique, et le passage à une société hiérarchique et policée, étatique et oppressive). On sait bien que la conversion totale à l'écriture est loin d'être un fait accompli, dans la France du baron Dupin et du comte d'Angeville. 48,6 % des conscrits sont illettrés en 1830-1833, et les masses analphabètes dominent largement au sud de la ligne Saint-Malo-Genève : notamment dans le Massif Central et en Bretagne. Au contraire le décrassage culturel est presque achevé au Nord-Est; il est entrepris largement dans le Nord et en Normandie.

Sur ce point les analyses de d'Angeville ont reçu confirmation pleine et entière. L'enquête Maggiolo-Fleury (1877-1957) démontre que les clivages culturels, matérialisés par l'analphabétisme, sont parmi les plus anciens qu'on puisse imaginer : les historiens de l'ignorance populaire travaillent dans la « longue durée [3] ».

Dès Louis XIV, aux années 1686-1690, les « deux France » (que Dupin et d'Angeville diagnostiqueront, un siècle et demi après l'époque du Roi-Soleil), s'opposent déjà. Sans doute les pourcentages ne sont-ils pas les mêmes : le royaume, au temps de Louvois, compte au bas mot 70 % d'analphabètes mâles, beaucoup plus que sous Louis-Philippe. Mais les grands blocs d'ignorance crasse et de relative instruction sont déjà en place. Les analphabètes louis-quatorziens, en foule compacte, se pressent au midi de la ligne durable qui court du sud du Cotentin au sud du Jura; au nord de cette frontière en revanche, les provinces sont passablement alphabétisées.

Cent années plus tard, en 1786-1790, l'alphabétisation a beaucoup progressé. Mais les contrastes écologiques entre le grand Nord-Est instruit, et les régions situées plus au sud restent bien tranchés de part et d'autre et de la démarcation Cotentin-Jura [4]. Tout au plus peut-on remarquer une nuance intéressante : en pays occitan et notamment dans le secteur Sud-Est, les petites lumières de l'instruction commencent à briller..., chez les mâles. Mais les femmes méridionales, elles,

1. Villermé, 1829.
2. Lévi-Strauss, éd. 1962 « 10-18 », p. 264-266.
3. Fleury, 1957.
4. Carte de Fleury, 1957, pour 1786-1790.

restent fidèles à l'ignorance de leurs aïeules; de ce fait s'accroît, dans cette région, la distance intellectuelle entre la population féminine et masculine, entre les époux et les épouses. C'est l'un des indices de cette « masculination » des sociétés méridionales, si nette au XVIIIe siècle [1].

Par la suite, l'enquête Maggiolo, en 1816-1820, révèle le retard, sinon le recul de l'alphabétisation populaire; car la Révolution française entre-temps a compromis, sans le vouloir, la tâche des enseignants du bas degré; elle a sapé, notamment en Bretagne, l'action du clergé, patron des petites écoles. Mais, en dépit de ces régressions, les géographies fondamentales restent inchangées. Maggiolo pour 1816, Dupin en 1827, d'Angeville en 1836, décrivent toujours les mêmes territoires d'analphabétisme, bornés au nord par la « sécante » Saint-Malo-Genève [2].

Ces aires culturelles survivent à l'*Essai*. Dans les années 1851-1855, en dépit de la loi Guizot, en dépit des progrès de l'éducation de base, la ligne Avranches-Genève est en pleine vigueur, comme on peut le voir par la statistique des signatures, celles des conscrits et celles des conjoints [3].

Sous le Second Empire, enfin, les écoles primaires réussissent la percée en masse vers le Sud-Est qu'elles avaient déjà tentée sous Louis XVI. Au terme de ce processus, tout le nord des Alpes (en 1871-1875) est arraché à l'obscurantisme. En 1888, les bastions celtiques et occitans de l'analphabétisme sont largement tournés par le sud : Auvergne et Languedoc se convertissent à l'instruction, et les conjoints hommes y signent à signature complète. En 1913 enfin, le « rouleau compresseur » des lois Ferry achève de passer sur le territoire, de Dunkerque à Brest, et de Nancy à Bayonne. La ligne Saint-Malo-Genève, enfoncée de toutes parts depuis cinquante ans, n'est plus qu'un souvenir. Les derniers foyers d'ignorance massive sont écrasés. Le paysage culturel hérité de l'Ancien Régime, avec ses contrastes entre Nord-Est et Centre-Sud-Ouest, qui paraissaient indéracinables, est aboli. Inversion paradoxale : certains départements du « grand Nord-Est » (Seine Inférieure; et tout le Nord industriel : Pas-de-Calais, Nord, Somme, Aisne) qui jadis étaient relativement alphabétisés passent désormais dans le peloton de queue, bien après les départements autrefois ignares des régions occitanes ou bretonnantes [4] : il ne s'agit pas là, semble-t-il, chez ces nouveaux traî-

---

1. Agulhon, 1966, I, p. 408.
2. Cartes dans Fleury, 1957, et Dupin, 1827. Cf. aussi d'Angeville, 1836, carte 9.
3. *Atlas historique*, p. 170.
4. Pour tout ce paragraphe, *Atlas historique*, *ibid.*

nards, d'une ignorance de type traditionnel; mais plutôt d'une inculture de seconde origine, qui accompagne, parmi bien d'autres fléaux, la révolution industrielle et l'accroissement d'un prolétariat, autour de Rouen et de Lille. A la veille de la première guerre mondiale, la France de d'Angeville a donc doublement disparu : l'enseignement primaire a tout balayé devant lui; et l'analphabétisme, ou ce qu'il en reste, a changé de gîte géographique et social.

Deux variables restent à considérer qui pourraient s'articuler avec le système proposé par d'Angeville.

La première, c'est la résistance à l'impôt : l'auteur de l'*Essai*, comme on l'a vu, localise au centre et au sud-ouest de la nation les zones essentielles où se manifeste le sabotage antifiscal. Bien de livres récents pourraient appuyer, nuancer ou compléter sa géographie : qu'ils soient « croquants » ou « nus-pieds », par exemple, les révoltés d'avant la Fronde, décrits par Porchnev, sont hommes du Sud-Ouest, du Centre, du Midi, de l'Ouest bocager. A l'époque même de d'Angeville, les troubles agraires de 1838-1848 sont déclenchés par la pénurie des subsistances; ils affectent l'Ouest, dans un triangle Caen-Châteauroux-Bordeaux. En 1848, enfin, éclate dans le Limousin la révolte contre l'impôt des quarante-cinq centimes [1].

Ces émotions populaires, à fleur de peau, soulignent les difficultés spécifiques et durables de la France sous-développée : violence primitive [2] et pauvreté monétaire y marchent ensemble; l'argent y manque, et le contribuable en devient d'autant plus rétif au percepteur [3]; l'économie de subsistance, bâtie sur l'agriculture, y manifeste en revanche une prépondérance parfois écrasante : les soubresauts cycliques de cette économie — matérialisés par les disettes et par les chertés des céréales — sont d'autant plus cruels au pauvre monde. Enfin, d'une façon générale, le Sud et le Centre occitans sont moins intégrés à la nation que ne l'est le pays d'oïl, et ils ressentent instinctivement les inconvénients et les coûts de l'unité française, plus qu'ils n'en saisissent les profits et les avantages. D'où la double allergie méridionale, qui multiplie les insoumis au recrutement et les mauvais payeurs des contributions.

---

1. Porchnev, éd. 1963; Lévy-Leboyer, 1964, carte de la p. 533; Ardant, 1965, vol. 2, p. 779.
2. *Supra*, p. XX.
3. Ardant, 1965, vol. 2, p. 762-834.

Les régions « à la traîne » ou moins développées font donc preuve d'une instabilité particulière. Celle-ci se reflète-t-elle, une fois légalisé le suffrage universel, jusque dans la géographie électorale? La réponse, dans certains cas, pourrait bien être affirmative. Sans doute, ces zones attardées, du fait même de leur traditionalisme intrinsèque, peuvent-elles jouer le rôle de bastions conservateurs et catholiques : ainsi l'Ouest armoricain. Mais, ailleurs, elles sont susceptibles de basculer vers un extrémisme « de l'autre bord », de type opposé. Soit, par exemple, la toute première extrême-gauche, formée par les Montagnards de 1849 : celle-ci recrute, sans doute, dans quelques départements industriels et « modernes » (Seine, Nord). Mais les gros bataillons d'électeurs lui viennent essentiellement des aires sous-développées, ou du moins des régions qui, sans être pleinement arriérées (comme c'est le cas de l'Armorique), sont moins avancées dans le processus de modernisation que ne le sont les provinces du Nord-Est : je pense aux zones « rouges » de 1849, zones avant tout rurales, qu'on trouve — « extrême-gauchistes » désormais pour un bon siècle! — dans les départements souffreteux du Centre et du Sud-Est français. Tout se passe, du côté de ces zones, comme si l'avant-garde politique de la nation allait chercher son soutien le plus massif chez les protestataires du sous-développement. Fait classique, dont le XXe siècle donnera des exemples, qui ne seront plus seulement français, mais planétaires [1].

Autre variable à envisager, dans un domaine différent : le taux de natalité. La dénatalité (au sens purement objectif du terme) est l'un des faits majeurs de la période post-révoutionnaire en France [2]. Les contemporains ressentent fort bien à l'époque, et par leur propre expérience, le lien qui unit ce phénomène obscur aux valeurs montantes de la société nouvelle : lumières, éducation, sensibilité, *prévoyance* familiale [3]; c'est-à-dire, en fin de compte : développement. Aussi bien la ligne Saint-Malo-Genève, frontière approximative de la France moins développée, constitue-t-elle pendant les premières décennies du XIXe siècle, une sorte de barrière qui

---

1. Bouillon, 1956 (texte, et cartes) : cf. dans cet excellent article la liste des départements rouges, votant montagnard, en majorité ruraux, souvent en proie au chômage, à la mévente et à la mendicité : Cantal, Puy-de-Dôme, Indre, Creuse, Corrèze, Haute-Vienne, Allier, Dordogne, Cher, Haute-Loire, Nièvre, Saône-et-Loire, Isère, Jura, Drôme, Rhône, Ain, Loire, Ardèche, Basses-Alpes.
2. Biraben, 1966; cf. aussi Le Roy Ladurie, 1965 et 1966.
3. Cf. à ce propos le texte capital de Pecqueur, 1840, p. 129-132; et aussi Sénancour, 1808, p. 143-151.

fait obstacle à la diffusion, vers le sud, des « funestes secrets » de la contraception; ces secrets très parisiens, qui dès le premier Empire sont au contraire si répandus en Normandie, et qui sont déjà quelque peu diffusés dans les pays du grand Nord-Est et notamment en Champagne (mais non en Alsace-Lorraine). La diagonale résistante à la contraception va de la Bretagne au Jura; elle est nettement tracée en 1800-1840 : elle sépare deux niveaux de fécondité [1].

N'exagérons pas pourtant le rôle de cette zone de démarcation, qui demeure perméable et lacunaire. Dès 1801-1810, *a fortiori* en 1831-1840, l'Aquitaine en pleine aire de développement moindre, est fortement contaminée par les habitudes de limitation des naissances. Il s'agit d'une situation très ancienne, peut-être endogène. Et dans la seconde moitié du XIXe siècle les mœurs nouvelles se répandent, torrentiellement, sur tout le territoire, Nord et Midi, villes et campagnes. Seules quelques régions attardées, comme la Bretagne, isolées de la culture dominante par leurs traditions, par leur langue et par leur prodigieuse religiosité, échapperont, pour quelque temps encore, et dans une certaine mesure, à l'épidémie.

On pourrait étudier jusqu'à l'infini, à partir de tel ou tel caractère, la pertinence des critères géographiques proposés dans l'*Essai sur la statistique*. Mais il faut conclure, et laisser la parole à d'Angeville. L'œuvre de celui-ci peut se définir, d'un point de vue actuel, comme une contribution à l'écologie quantitative de la France traditionnelle, « l'écologie » étant l'étude sociologique et statistique des groupes humains, envisagés quant à leur répartition dans l'espace.

L'*Essai* pourtant n'est qu'une Introduction à cette « écologie quantitative ». En vue de fonder, dans la pratique, une telle discipline, il faudrait satisfaire, pour le moins, à quatre conditions.

1. Il conviendrait d'abord de dépasser le cadre trop vaste et trop vague des départements, ce cadre si cher aux auteurs français : la bonne solution dans cette perspective consisterait à employer, comme l'a fait R. Mendras en son *Atlas sociologique de la France rurale*, un filigrane plus fin, à base d'arrondissements, de cantons, sinon de villages. Les belles cartes de la population française, distribuée par *commune*, telle qu'on les trouve au début de l'*Atlas historique*, sont de ce point de vue un modèle du genre.

2. Il faudrait aussi discriminer les uns des autres les niveaux sociaux. La cartographie de d'Angeville est trop globale. Elle

---

[1]. Cartes de Bertillon, 1911, p. 104, et de Levasseur, dernier volume, p. 25.

scotomise les différences hiérarchiques; elle écrase, au plus bas de l'échelle, la stratification sociale. Un exemple : parler comme le fait notre auteur, de nourriture « des Français » n'est vrai qu'en première analyse. Sans doute, les répartitions provinciales ou départementales des aliments ruraux — seigle, froment et châtaignes — sont-elles assez conformes aux aires désignées par d'Angeville. Mais, l'alimentation urbaine ou bourgeoise, dès 1830 est plus sophistiquée; elle n'a pas grand-chose à voir avec la géographie de l'*Essai* (D'Angeville, carte 8) qui n'est pertinente qu'au niveau des majorités paysannes.

3. Il ne suffit pas de passer la France « au peigne fin » en s'aidant de subdivisions administratives et sociologiques toujours plus subtiles. Par-delà le découpage géographique ou social, si ténu et si précis qu'il puisse être, il faudrait « descendre » encore, par sondages locaux ou même par enquêtes globales, jusqu'au niveau des individus eux-mêmes, qui sont les unités insécables, les atomes de toute recherche sociale. Dans un article important, W. S. Robinson a signalé en effet les dangers de la « tromperie écologique » *(ecological fallacy[1])*.

A l'appui de sa mise en garde, W. S. Robinson donne l'exemple de la corrélation entre analphabétisme et négritude. Il est exact, écrit-il, que dans les États cotonniers du sud des U.S.A., où la population noire est la plus forte, l'ignorance élémentaire est plus répandue que dans les autres régions des États-Unis. Il existe donc une corrélation géographique (« écologique ») entre analphabétisme et peuplement noir. Mais celle-ci s'évanouit, ou peu s'en faut, dès qu'on descend au niveau le plus vrai : celui des Afro-Américains eux-mêmes, pris individuellement. Leur ignorance réelle, à l'époque des statistiques envisagées par Robinson (celle des années 1930)

Coefficient de corrélation entre la couleur et l'analphabétisme aux États-Unis en 1930	
— calculé sur la base d'une division des U.S.A. en neuf grandes régions :	0,946
— calculé sur la base des États :	0,773
— calculé au niveau des individus eux-mêmes, noirs et blancs	0,203

1. Robinson, 1950.

n'est pas tellement plus élevée que celle de leurs voisins pauvres blancs, victimes d'un sous-développement analogue. La corrélation écologique est donc trompeuse; elle masque l'absence, ou la faiblesse des corrélations individuelles.

L'argumentation de Robinson mérite d'être reprise pour d'autres thèmes. Et, par exemple, à propos des thèses de d'Angeville : il est exact qu'on trouve, vers 1830, dans une série de départements, à l'ouest, au centre et au sud de la France, des pourcentages plus élevés qu'ailleurs de paysans, une stature en moyenne moins haute, enfin une alphabétisation moins poussée. Mais cette constatation ne signifie pas encore que ce sont les paysans pris un à un qui sont en moyenne moins instruits et moins grands que les hommes des autres catégories sociales. Sans doute une telle affirmation n'est-elle pas absurde. Mais elle demande à être vérifiée, par des sondages qui portent sur les individus eux-mêmes. Les documents *ad hoc* ne manquent pas, qui rendent ou qui rendront ces sondages possibles : on songe aux répertoires nominatifs des recensements, aux listes électorales, aux registres des paroisses et de l'état civil, aux dossiers fiscaux, judiciaires, militaires. Au prix de cette enquête nominative, on pourra donc vérifier, en profondeur, la validité du *pattern* de modernisation qui semble se faire jour au XVIIIe siècle, et au premier XIXe siècle, dans la France du Nord-Est. Les caractéristiques mises en cause (instruction plus poussée, socio-profession plus diversifiée, stature plus haute, etc.) correspondent-elles vraiment, prises toutes ensemble, à une constellation de traits *individuels*, qui tendent à s'organiser en système autour de la « personne humaine », dans la majorité des populations du Nord-Est ? Ou bien s'agit-il simplement de caractères culturels, certes diffus dans la zone en question, mais trop peu reliés les uns aux autres pour affecter vraiment la morphologie de l'individu pris comme unité ? Telle est la question à laquelle les recherches nominatives actuellement poursuivies permettront de répondre [1].

4. Dernier problème enfin : chacune des cartes présentées par d'Angeville ne met en œuvre qu'une seule donnée à la fois. Or, il serait souhaitable de combiner les variables entre elles, et de procéder à des analyses « multivariantes ». Notamment au niveau des unités administratives (départements, cantons, voire même communes). Les sociologues nous ont accoutumés à des travaux de ce type. Pour en donner un exemple, Frank

---

[1]. Cf. les articles de *Studi Storici* et de *Daedalus*, ce dernier republié *supra*, dans la première partie de ce volume.

L. Sweetser, en 1966, dans une étude comparative, envisage successivement, pour chacun des quartiers de Boston et d'Helsinki, un certain nombre de données : ainsi la dimension moyenne des appartements du quartier; le degré de surpeuplement des logements; la structure socio-professionnelle (prédominance de l'industrie ou des services); le pourcentage des employés en « cols blancs », et celui des diplômés universitaires; l'éducation supérieure ou secondaire reçue par les femmes; la densité démographique; la présence ou l'absence de bâtiments publics; le nombre de logements neufs ou minuscules; la qualité moyenne du chauffage central et de la plomberie domestique, etc. (au total 33 variables [1]). Par des procédés mathématiques relativement simples (matrices, analyse factorielle) Sweetser combine ces variables entre elles; et il donne, à chaque quartier de Boston ou d'Helsinki, une note globale, qui correspond à la moyenne des diverses performances de ce quartier, confrontées les unes avec les autres, dans les trente-trois domaines ainsi mis en cause.

A partir de variables différentes, et convenablement sélectionnées, une opération analogue serait concevable non plus pour quelques dizaines de quartiers urbains, mais pour les milliers de cantons qui composent au temps de D'Angeville, le territoire national : au terme d'un calcul de ce genre, on pourrait chiffrer, puis cartographier, le fait global de la modernisation, telle qu'elle intervient dans le premier XIXe siècle.

Cette entreprise constituerait un premier jalon, pour une anthropologie du peuple français, à l'usage de l'historien. Elle serait aussi un hommage raisonnable, pour l'agronome obscur qui, à coup d'intuitions et de travail, composa et fit imprimer (à Bourg-en-Bresse), sans récompense autre que d'amour-propre, cet *Essai*, qui n'eut pas de lecteurs.

BIBLIOGRAPHIE

AGULHON (M.), *La Sociabilité méridionale*. Aix-en-Provence, Publications des Annales de la Faculté des lettres, 1966; et *Pénitents et Francs-Maçons de l'ancienne Provence*, Paris, Fayard, 1968.

ANGEVILLE (comte A. d'), *Essai sur la statistique de la population française, considérée sous quelques-uns de ses rapports physiques et moraux*. Bourg. impr. de F. Dufour, 1836 (1837 en fait).

---

1. Sweetser, 1966.

— *Aperçu sur nos colonies.* Lyon, C.L. Babeuf, 1832.
— *Lettre au ministre des travaux publics, pour la publication d'une statistique des rivières de France de M.-B. Dausse,* 23 février 1846. Paris impr. de Mallet-Bachelier, 1863.
— *Rapport au conseil général de l'Ain sur le service des chemins vicinaux en réponse à la circulaire ministérielle du 12 août 1850.* Séance du 2 septembre 1850. Bourg, impr. Dufour.
— *Réflexions 1° sur quelques points des « Études pratiques » de M. Aulagnier, 2° sur le projet de loi de rachat des actions de jouissance des canaux soumissionnés en 1821 et 1822.* Voir AULAGNIER (François) : *Complément d'études pratiques sur la navigation intérieure...* Paris, 1842.
— *La Vérité sur la question d'Orient et sur M. Thiers.* Paris, Delloye, 1841.
— *Note sur la police de roulage* (19 avril 1843). Paris, impr. de Panckoucke.
— *Proposition sur les irrigations* (19 mai 1843). Paris, impr. de Panckoucke.
— Chambre des Députés. Session 1845. *Extrait du rapport fait au nom de la Commission chargée d'examiner le projet de loi relatif à la navigation intérieure* (27 mai 1845). Paris, impr. de Lacrampe.
ANGEVILLE (comte Henri d') : *Recherches sur les améliorations agricoles applicables aux cantons de Brenod, Champagne, Hauteville et S.-Rambert.* Lyon, 1842.
ARDANT (G.), *Sociologie de l'impôt.* Paris, 1965.
ARMENGAUD (A.) : *Les Populations de l'est Aquitain au début de l'époque contemporaine.* Paris, 1961.
Atlas historique de la France contemporaine, 1800-1965. Paris, 1966.
BERGERON (L.), « Recrutement et engagement à Paris sous le Consulat », in *Études sur la population parisienne, Contribution à l'histoire démographique de la Révolution française,* sous la direction de M. REINHARD, comm. d'hist. écon. et soc. de la Rév. franç., *Mém. et Doc.,* XXV, Paris, *Bibl. nat.,* 1970.
BERTILLON, « La taille en France[1] », in *Revue scientifique,* volume de juillet à décembre 1885, p. 481 sq.
BERTILLON (Jacques), *La Dépopulation de la France.* Paris, 1911 (cf. notamment la carte de la page 104).
BILLY (G.), « Anthropologie de la Savoie », in *Bulletin et Mémoires de la Société d'anthropologie de Paris,* 1962, vol. 3, p. 161.
Le Biographe et le Nécrologe réunis (publication périodique), tome IV, 1836, p. 278.
Biographie politique et parlementaire des députés, guide des élections par l'un des rédacteurs du *Ménager.* Paris, Jules Laisné, 1839, p. 5.
BIRABEN (J.-N.), « Évolution de la fécondité en Europe occidentale », *Conférence démographique européenne,* Strasbourg, août-septembre 1966.
BOAS (F.), « The relation between civilization and stature », in *Journal of sociological medicine,* 1917, tome XVIII, p. 397-401 (d'après CHAMLA, etc., 1959).

---

1. Cf. surtout la carte de la page 485.

BOUDIN (J.), *Études sur l'accroissement de la taille*. Paris, 1863.
— « L'accroissement de la taille [1] », *Mémoire de la société d'anthropologie de Paris*, 1865, tome II, p. 221-259.
BOUILLON (J.), « Les démocrates-socialistes aux élections de 1849 », in *Revue française de Science politique*, vol. 6, 1956, p. 80-87.
BOUISSET, « Anthropométrie des Français », in *Bulletin et Mémoires de la Société d'Anthropologie de Paris*, vol. 7, janvier-mars 1965.
BOULAINVILLIERS (H. de), *État de la France...* Londres, éd. 1737.
BOURGEON (J.-L.), « L'île de la Cité pendant la Fronde », in *Paris et Ile-de-France*, tome XIII, 1962 (Paris, 1963).
BROCA (P.), « Recherches sur l'ethnologie de la France », in *Mémoires de la Société d'anthropologie de Paris*, tome I, 1860.
CARRET (J.), *Études sur les Savoyards* [2]. Paris, 1882.
CHAMLA (M.-C.), « L'accroissement de la stature en France de 1880 à 1960 ; comparaison avec les pays d'Europe occidentale », in *Bulletin de la Société d'anthropologie de Paris*, XIe série, 1964, p. 261-278.
CHAMLA (M.-C.), MARQUER (P.), et VACHER (J.), « Les variations de la stature en fonction des milieux socio-professionnels », in *L'anthropologie*, vol. 63, 1959, p. 37 *sq*., et p. 269-294.
CORVISIER (A.), *L'armée française de la fin du XVIIe siècle au ministère de Choiseul*. Paris, 1964, notamment p. 644-648 (cartographie et sociologie de la stature) et p. 433-2 et 537 (comparaison possible avec les faits culturels et d'alimentation).
DAINVILLE (F. de), « L'enquête d'Orry », in *Population*, 7, 1952.
DAUBRÉE (L.), *Statistique et Atlas des forêts de France*. Paris, 1912, II, p. 336-337.
DAUPHIN (C.) et LE ROY LADURIE (E.), « Archives militaires pour l'histoire sociale », in *Social science information*, 1967-1968 (7), 7, p. 83.
DELEFORTRIE (N.) et MORICE (J.), *Les Revenus départementaux en 1864 et 1954*. Paris, 1959.
DENIKER (J.), *Les races de l'Europe*. Paris, 1889-1908 ; cf., notamment dans le second volume la carte de la stature en France en 1906, établie sur 447 172 sujets.
DION (R.), *Essai sur la formation du paysage rural français*. Tours, 1934.
DUBY (G.) et MANDROU (R.), *Histoire de la civilisation française*. Paris, 1958, 2 vol.
DUFAY (C.-J.), *Biographie des personnages notables du département de l'Ain, Galerie militaire de l'Ain*. Bourg, 1874, p. 28 sq.
DUPIN (Charles), *Forces productives et commerciales de la France*. Paris, 1827.

---

1. Article très utile par ses cartes et son introduction historique.
2. Études présentées à l'*Association française pour l'avancement des sciences*, Congrès d'Alger, 1881. Cet article de Carret contient de remarquables corrélations, parfois indirectes (notamment p. 16), entre analphabétisme, pauvreté et petite stature : « En Savoie, sur 1 000 conscrits, il y a 82 illettrés. Leur taille moyenne est inférieure de 1 cm à la moyenne totale. Ils sont petits parce qu'ils appartiennent à des familles généralement pauvres. »

ENGEL (C.-E.), *Le Mont Blanc*. Paris, 1960.

Études et conjoncture, l'espace économique français (fascicule I, Démographie générale). Paris, I.N.S.E.E., 1965.

FLEURY (M.) et VALMARY (P.), « Les progrès de l'instruction élémentaire de Louis XIV à Napoléon III », in *Population*, 1957.

GUERRY (A.-M.), *Essai sur la statistique morale de la France*. Paris, 1833.

HAUDRICOURT (A.) et JEAN-BRUNHES-DELAMARE (M.), *L'Homme et la charrue à travers les âges*. Paris, 1955.

HOVELACQUE (A.), « La taille dans un canton ligure (Saint-Martin-Vésubie) », in *Revue de l'école d'anthropologie de Paris*, tome XVI, 1896, p. 51.

JUILLIARD (E.) et MEYNIER (A.), etc., *Structures agraires et paysages ruraux*. Nancy, 1957.

KAPLAN (B.), « Environment and human plasticity », in *American Anthropologist*, 1954, tome 56, p. 780-800.

LE ROY LADURIE (E.), *Les Paysans de Languedoc*, vol. II, p. 887, annexe 42.

— « Révolution française et contraception, dossiers languedociens », *Annales de démographie historique*, 1966.

— « Révolution française et " funestes secrets " », *Annales de l'histoire de la Révolution française*, 1965, p. 386-400 [1].

LEVASSEUR (E.), *Histoire de la population française* (dernier volume, cartes de la p. 25, 1831-1849).

LÉVI-STRAUSS (C.), *Tristes tropiques*. Paris, 1962, collection 10-18.

LÉVY-LEBOYER (M.), *Les Banques européennes et l'industrialisation internationale dans la première moitié du XIXe siècle*. Paris, 1964.

LOCKE (J.), *Travels in France* (edited by John Lough). Cambridge, 1953.

MENDRAS (H.), *Atlas sociologique de la France rurale*. Paris, A. Colin, 1968.

MERLE (L.), *La Métairie et l'évolution agraire de la Gâtine poitevine, de la fin du Moyen Age à la Révolution*. Paris, 1958.

MUSSET (R.), *L'Élevage du cheval en France*. Paris, 1917.

PECQUEUR (C.), *Des améliorations matérielles dans leur rapport avec la liberté*. Paris, 1840.

PORCHNEV (B.), *Les Soulèvements populaires en France de 1623 à 1648*. Paris, 1963.

POUTHAS (Ch.), *La Population française pendant la première moitié du XIXe siècle*. Paris, 1956.

QUESNAY, Article « Grains », dans *François Quesnay et la physiocratie*. Paris, 1958 (vol. II).

RIVAULT DE FLURANCE (David de), *Les Estats esquels il est discouru du Prince, du Noble et du Tiers État*. Lyon, 1596.

ROBERT (A.), BOURLOTON (E.), et COUGNY (G.), *Dictionnaire des parlementaires français*, Paris, 1891, tome I, p. 68-69.

ROBINSON (W. S.), « Ecological correlation and the behaviour of individuals », *American Sociological Review*, vol. 15, 1950, p. 351-357.

---

1. Article reproduit *supra*, p. 316 sq.

Les Routes de France, depuis les origines jusqu'à nos jours. Paris, Association pour la diffusion de la pensée française, 1959.

SAINT-MAURICE-CABANY (E.), *Galerie nationale des notabilités contemporaines.* Paris, 1851, tome III, p. 225-227.

SARRUT (Germain) et SAINT-EDME (P.), *Biographies des hommes du jour.* Paris, s. d. (vers 1843), tome V, première partie.

SÉNANCOUR, *De l'amour.* Paris, 1808.

SWEETSER (F. L.), « Ecological factors in metropolitan zones and sectors », communication au *Colloque sur l'analyse écologique quantitative dans les sciences sociales.* Évian, 12-16 septembre 1966.

THUREAU-DANGIN (P.), *Histoire de la monarchie de Juillet.* Paris, 1887, tome IV.

TRÉNARD (L.), « De la route royale à l'âge d'or des diligences », dans *Les Routes de France*, 1959, p. 109.

TRICAUD (L. de), *Histoire du département de l'Ain, du 24 février au 20 décembre 1848.* Bourg, 1872, p. 38 sq.

TUDESQ (A.-J.), *Les Grands Notables en France*, Paris, 1964 (notamment p. 364, 370, 773, 997).

VILLERMÉ (Docteur), « Sur la taille »[1], in *Annales d'hygiène publique et de médecine légale*, tome I, 1829, p. 354-397.

VIVANTI (C.), « Le rivolte popolari in Francia », in *Rivista storica italiana*, 1964, p. 957.

---

1. Article fondamental, et qui pose les bases d'une anthropologie physique enracinée dans l'étude des conditions de vie. Villermé y cite (p. 395) un manuscrit de Tenon, qui établit lui aussi une corrélation entre stature et niveau de vie.

Chaunu, Lebrun, Vovelle :
la nouvelle histoire de la mort [1]

Le thème historique des attitudes changeantes par rapport à la mort et indirectement au moins par rapport à la vie, a fait récemment l'objet de divers travaux d'historiens. Je pense notamment aux écrits de Pierre Chaunu, de François Lebrun, et de Michel Vovelle. Je voudrais simplement présenter ici un dossier des résultats obtenus, en ce qui concerne l'histoire des derniers siècles, notamment depuis le XVIIe. Il s'agit en l'occurrence des pays chrétiens, et particulièrement de la France, bien connue grâce à d'abondantes archives notariales. Celles-ci permettent d'explorer le problème, non pas tellement au niveau des très grands esprits : un Pascal, un Montaigne, un Bossuet... Mais aussi au niveau de la foule anonyme des élites, bourgeoisie et noblesse de province; et même au plan sous-jacent du peuple citadin ou rural.

Pour Pierre Chaunu, qui s'est exprimé à ce propos dans un récent et brillant article [2], le XVIIe siècle et les commencements du XVIIIe étaient marqués par une véritable socialisation de la mort. La mort elle-même était spectacle pour les proches et pour les moins proches; l'enterrement était l'occasion d'un festival grandiose de participation urbaine dont la locution demeurée usuelle « les pompes funèbres », et les obsèques de Churchill en Angleterre, restées sans répondant de ce côté-ci du Channel, donnent aujourd'hui un écho affaibli mais authentique. Aux XVIIe-XVIIIe siècles, l'expression publique de la douleur, par les membres de la famille du disparu, et au besoin par des pleureuses à gages, autorisait un défoulement salutaire des émotions, et une décharge de la souffrance.

---

1. Communication à la réunion annuelle des intellectuels catholiques, Paris, 1972.
2. Article paru dans *Les Informations*, 1972.

L'explosion sincère ou même théâtrale des larmes, permettait au travail du deuil de s'opérer à peu près correctement, dans un monde où n'existaient par définition, ni psychiatres ni tranquillisants. L'homme moyen ayant dans l'immédiat ou à long terme l'espoir du salut, affrontait la mort avec peut-être plus de sérénité qu'aujourd'hui. La véritable panique n'était pas tellement concernée par l'instant suprême; elle s'investissait davantage sur la comparution devant le Souverain juge. De pieuses personnes, après sainte Thérèse d'Avila, appelaient même de tous leurs vœux le moment du décès. « Je meurs de ne pas mourir » disait la sainte. Sans qu'on puisse toujours être absolument sûr de la signification de ce souhait d'une prompte mort : quasi-certitude du salut céleste... ou désir d'auto-destruction, dans le cas des épigones les moins valables.

A partir de 1740-1750, dit Chaunu, se produit, en Occident, la désocialisation déjà évoquée, de la mort. Les excès des cortèges funèbres, avec leurs processions de pauvres, de pénitents, de porteurs de torches et de draps mortuaires emblasonnés, appellent inévitablement de la part des consciences jansénistes, ce qu'il faut bien appeler avec Michel Vovelle la contestation des pompes. On demande davantage de simplicité dans les obsèques. La mort se désolidarise ainsi de la société urbaine et englobante. Elle se replie sur l'univers familial (voir à ce propos, dès la période néo-classique ou de « style Louis XVI », certains tableaux de Greuze). Pourtant, les pompes républicaines au XIXe siècle, telles qu'elles se déploient lors de l'enterrement de Victor Hugo, signalent encore çà et là l'existence de ce qui n'est plus qu'un folklore résiduel des cortèges funéraires. En Corse, le culte des morts a peut-être jeté ses derniers feux, lors de l'enterrement des grands insulaires de Pigalle, avec leurs tombes cyclopéennes, dans l'Ile de Beauté, vers 1920-1930.

Cependant le fait même de la désocialisation des décès, et de leur privatisation au sein des familles ne constitue qu'une étape. Au stade suivant, atteint par la civilisation des États-Unis, la mort banale peut devenir totalement individuelle, et n'être plus vécue que comme une tragédie personnelle. La ségrégation du troisième âge, dans les ghettos luxueusement installés en Floride, permet aux jeunes et aux adultes de donner le minimum d'importance au décès, désormais géographiquement lointain, des grand-mères cosmétiquées. La mort, comme l'a écrit Chaunu, va jusqu'à remplacer le sexe dans la catégorie ci-devant victorienne de l'obscène. « Chacun pour soi et Dieu pour personne » (P. Chaunu). Ou encore le célèbre : « Mourez, nous faisons le reste », des *funeral homes*...

La civilisation baroque, à l'*acmé* de ses accomplissements, avait su, elle, intégrer le squelette et le cercueil dans les entrelacs du style nouille, si cher au rococo bavarois. La société industrielle ou post-industrielle, en revanche, au niveau de sa manifestation la plus massive, qui est l'activité publicitaire, évacue le décès, la vieillesse et la laideur, afin de pouvoir mieux célébrer les valeurs auxquelles il lui plaît de rendre hommage. Les divinités qu'elle honore de la sorte, avec une sincérité quelquefois douteuse, étant bien entendu, la jeunesse, la vie, la beauté physique et désirable, surtout féminine.

Dans ce monde climatisé, la mort, comme un diable irrépressible, fait pourtant sa réapparition quasi hebdomadaire, à l'heure du comptage des accidents de voiture du week-end; le caractère scandaleux de ceux-ci vient de ce qu'ils tuent aussi, et surtout, des êtres jeunes, au mépris des statistiques globales sur l'allongement de l'espérance de vie. Thanatos revient également de façon régulière dans les séquences télévisées relatives aux confins plus ou moins lointains du Tiers Monde (Viêt-nam ou Sinaï) : la planète est en effet devenue un « village global », où pour la première fois les faire-part de décès, souvent massifs, circulent d'un bout à l'autre de l'habitat; mais ceux-ci sont trop nombreux et trop variés pour qu'il soit possible de s'en attendrir profondément. Notons enfin le surgissement mythique et culturel de la mort, dans les films d'ultra-violence.

Ces socialisations mythiques de la mort devraient-elles nous faire regretter l'époque, — pas tellement aimable — où cette socialisation fonctionnait de façon réelle? Le livre de François Lebrun sur *La Mort en Anjou au XVIIIe siècle* apporte quelques éléments de réponse. Cet ouvrage a le mérite, qui n'est pas mince, d'allier en effet la recherche démographique la plus stricte et la plus quantitative, à l'étude du donné culturel et du mental collectif, dans le cadre d'une grande province. Parti d'une constatation très terre à terre, qui concerne l'absence d'essor démographique au xviiie siècle en Anjou, Lebrun révèle, grâce aux registres paroissiaux, la formidable emprise de la mort, et la faible espérance de vie, dans les populations de cette province, à l'époque mise en cause... La mortalité infantile de 300, voire 350 pour mille avant l'âge d'un an, l'indifférence avec laquelle les adultes, chez les paysans et parmi les classes moyennes, accueillent la mort d'un être très jeune (destiné dans ce cas, de toute manière, à monter automatiquement au Paradis), autant de faits que note soigneusement l'historien d'Angers; ces faits l'incitent à rallier la thèse selon laquelle les sentiments qui se font jour à l'occasion du décès d'un petit enfant, et surtout d'un bébé, ne connaissent pas la même intensité aux xviie-xviiie siècles que celle qu'on leur découvrira de nos jours : un avocat d'Anjou, Pierre Audouys, vers 1660, note sans commentaire et sans sourciller la mort de quatre de ses enfants en bas âge, à moins d'un ou deux ans révolus. C'est seulement à propos du décès de son cinquième enfant (alors âgé de cinq ans et demi) qu'Audouys daigne insérer une remarque dans son journal. Celle-ci témoigne du reste davantage sur l'égocentrisme de son auteur que sur sa sensibilité : « *Que cet enfant*, écrit-il, *me fasse la grâce de prier Dieu pour moi.* » Sur ce point, cependant, peut-être conviendrait-il de nuancer les appréciations de François Lebrun, — qui demeurent parfaitement valables, bien entendu, mais seulement en première approximation. Le livre de raison d'un petit avocat de province ou d'un marchand de vaches du xviie siècle n'est pas toujours le lieu le plus indiqué pour les épanchements du cœur...

Par ailleurs, l'ouvrage de Lebrun laisse déjà pressentir quelques-unes des découvertes qui seront pleinement réalisées par Vovelle : en Anjou, le tournant vers la laïcisation des testaments s'opère entre 1760 et 1775 : désormais, qu'il soit sain ou malade, l'adulte, qui teste, cesse ou néglige de recommander son âme à tous les saints du ciel; ou du moins à quelques-uns d'entre eux, saints folkloriques ou saints de la Contre-Réforme. Il cesse aussi de se faire enterrer dans les églises... et cela avant même que l'ordonnance royale de 1776 ait interdit cette pratique. Enfin, le cimetière qui avait longtemps constitué une sorte de place commune, utilisée non seulement pour les sépultures, mais aussi pour les foires, les bals populaires, la fête du village et même les ébats nocturnes des amoureux, devient au milieu du xviiie siècle un espace fermé, dont les ténèbres intérieures sont désormais soigneusement délimitées du reste du monde par la ségrégation d'un mur de clôture : le grand enfermement vaut aussi pour les décédés. Si l'on en croit François Lebrun, ces divers phénomènes font partie d'une double rupture : le peuple des vivants rompt avec le peuple des morts et avec celui des saints. Tout se passe en somme comme si la communauté chrétienne, ou ci-devant chrétienne détachait les amarres qui la relient à l'Église triomphante, autrement dit à la collectivité des saints; comme si d'autre part cette communauté détachait aussi, dans une certaine mesure, les liaisons qu'elle entretient avec l'Église souffrante, autrement dit avec les âmes du Purgatoire... La désocialisation du décès, dont parle Pierre Chaunu, se traduit donc par un divorce, qui dissocie le village des vivants d'avec le village des morts.

Michel Vovelle, dans une thèse encore inédite, donne à ces analyses leur plein développement[1]. Voulant obtenir une vision à la fois massive et historique des attitudes humaines vis-à-vis de la mort, Vovelle utilise un document sériel, et finalement quantitatif : le testament. Bien entendu, il n'est pas question, avec ce type de sources de faire jaillir des intuitions comparables à celles que nous livrent, sur le même problème, les pensées de Pascal... Mais l'historien de l'université d'Aix-en-Provence, armé de ses milliers de testaments, va, d'une certaine façon, plus loin que ne font les spécialistes d'histoire littéraire ou pascalienne. Car il atteint l'homme moyen, c'est-à-dire en fin de compte, l'homme historique. La technique de Vovelle, mettant en fiches les dernières volontés des Provençaux, est-elle si différente de celle qu'utilise l'Institut français d'opinion publique ou bien Gallup, pour tester les opinions des citoyens? Les esthètes, à ce propos, feront peut-être la fine bouche. Mais ceux qui croient en la valeur de l'histoire sociale liront Vovelle, quand il sera édité.

Première constatation de notre auteur : vers 1720 encore, la profusion baroque environne la mort et la sépulture dans cette Provence qui, pour des raisons de circonstances et de principe, aura constitué le champ initial de l'historiographie des testaments : l'enterrement d'un notable et même d'un petit bourgeois implique un « tour de ville », effectué par le cortège funèbre; et puis, dans ce cortège encore, on note la participation d'un orchestre ambulant, et de treize ou de vingt-six enfants pauvres — treize garçons plus treize filles —, qui représentent les douze apôtres plus Juda. Les cloches qui sonnent à toute volée pendant les inhumations, au-dessus des villes aux cent clochers, si typiques de la province française, rappellent opportunément que la ville avant de devenir de nos jours le théâtre stéréotypé de la déchristianisation fut d'abord le lieu privilégié de la christianisation maximale. Celle-ci étant menée, à la belle époque de la Révocation, parmi un environnement rural, qui, quoique chrétien, restait fidèle, lui, à une spiritualité plus relaxée, encombrée de tendances folkloriques et de survivances païennes.

A partir de 1750, se multiplient au sein des élites, et plus

---

[1]. La thèse de Michel Vovelle, relative à l'histoire sérielle des testaments en Provence, doit paraître chez Plon, prochainement.

spécialement dans l'aristocratie, les demandes de simplicité dans l'inhumation, pas toujours sincères du reste : en région niçoise, restée très italienne et très baroque au xviiie siècle, un testateur demandera que son enterrement ait lieu « en toute simplicité »... mais c'est pour préciser immédiatement qu'il veut être seulement accompagné à sa dernière demeure par vingt-six enfants pauvres, trois rangées de pénitents, tant de volées de cloches, etc. Le plus strict incognito en quelque sorte, comme le fait remarquer non sans humour Michel Vovelle. L'exigence de simplicité, donc, n'est pas toujours sincère. Mais la tendance vers la décadence du baroque est, quand même, indubitable.

Régresse aussi, en Provence, comme en Anjou, l'élection de sépulture. De par cette élection, ceux qui testaient en ce sens choisissaient, moyennant finances et relations, d'avoir leur tombeau dans un couvent. Ou bien sous le pavé de l'église paroissiale, près de l'autel d'un saint. Renoncer à dormir du dernier sommeil près de ce saint, c'est s'abstenir de bénéficier du flot d'indulgences et de grâces qui, selon une théologie à vrai dire primitive et superstitieuse, coule et découle de la proximité géographique de l'autel en question. Une telle renonciation implique donc : soit l'attitude janséniste (qui fait fi des superstitions; qui voit tout autrement le problème de la grâce; et qui veut retrouver un rapport authentique de l'âme à Dieu). Soit, dans une tout autre perspective, l'indifférence (au moins partielle) qui minore l'importance des secours surnaturels pendant et après la mort.

Un autre aspect de l'historiographie quantitative, « à la Vovelle », des attitudes devant le décès, est constitué par l'étude des demandes de messes pour le repos de l'âme du défunt, et... par les offrandes de cierges effectuées dans une intention semblable. Un critique anglais a exercé son ironie antiquantitative, — peut-être justifiée en l'occurrence, — sur le critère du poids moyen des cierges, qui en effet diminue radicalement après 1770. Mais l'indice du nombre des messes demandées paraît, lui, beaucoup plus convaincant. A la fin du xviie siècle, les testateurs procèdent à des fondations de messes perpétuelles, qui, théoriquement, devraient encore être dites de nos jours, si les célébrants avaient conservé suffisamment de conscience professionnelle. Mais l'inflation, dans le très long terme, ronge les salaires de ces messes « à perpétuité ». Voilà pourquoi après 1700, les testateurs, qui demeurent très pieux, et fidèles aux dévotions redondantes de l'âge baroque, demandent des messes non plus perpétuelles, mais par milliers, dès lors qu'ils sont suffisamment riches et notables pour s'offrir ce luxe. Puis, après 1760, ce sera là aussi le déclin. De moins en moins nombreux, minoritaires même, au-delà de cette date, deviennent les auteurs de testament qui requièrent des messes après leur mort. Quant au nombre des messes demandées, par testateur désireux d'en obtenir, il décroît lui aussi de façon radicale. Au point qu'en ce domaine certains stéréotypes, devenus très courants (et très valables) aux XIXe et XXe siècles, commencent à s'appliquer dès le second XVIIIe siècle : les femmes provençales du temps des Lumières, par exemple, sont plus constantes et plus fidèles dans leurs demandes de messes mortuaires et post-mortuaires que ne le sont les hommes; au commencement du XVIIIe siècle pourtant, on comptait autant de dévots que de dévotes; mais après 1720-1730, les nouvelles attitudes, soit jansénistes, soit indifférentes, vis-à-vis de la mort chrétienne se répandent davantage dans la fraction mâle de la population que parmi les filles, les épouses ou les mères.

A propos de cette étude sur les messes, Vovelle fait, du reste, la part chronologique des divers facteurs, à base de jansénisme ou bien d'indifférence, qui peuvent être rendus légitimement responsables du déclin du geste des messalisants. A la période proprement baroque et ultra-dévote succède en effet, à partir de 1730, un épisode janséniste; lequel fait place ensuite à une vaste poussée d'indifférence (celle-ci bien moins aiguë, naturellement, que de nos jours) au cours de la seconde moitié du XVIIIe siècle. Entre ces deux épisodes, — le « janséniste », et « l'indifférent », — s'intercale souvent mais non toujours un bref retour de flamme de la dévotion de type baroque vers 1750 : il est bien loin d'être attesté universellement dans la région provençale.

Restons-en au problème terminal, qui concerne la montée de l'indifférence : sans qu'on puisse parler pour autant de déchristianisation au sens plein du terme, on doit quand même constater une convergence : les recherches de François Furet, à base de statistique des titres d'ouvrages imprimés, et même celles de Daniel Mornet, relatives aux origines intellectuelles de la Révolution française sont confortées par les analyses précitées de Vovelle; s'il m'est permis d'employer pour une fois le langage désuet de la causalité, je dirai que la Révolution française, par rapport à l'indifférence, voire à la déchristianisation des élites et même des masses, est effet tout autant que cause.

D'autres critères très impressionnants, repérés par Vovelle, sont constitués par les invocations à la Vierge : 80 à 85 %

des testaments provençaux, dans les débuts du xviiie siècle, recommandaient l'âme du fidèle à la Vierge Marie ; au besoin, ils complétaient cette recommandation par un legs à une chapelle mariale située dans quelque église ou couvent. A la fin du xviiie siècle, ces chiffres tombent à 25 ou 30 %. Il est vrai qu'on est là dans cette Provence où en dépit d'invocations (d'époque relativement tardive) à Notre-Dame-de-la-Garde et à la Bonne-Mère, les cultes de la mère du Christ n'ont pas l'intensité qu'on leur connaît par exemple dans l'Italie voisine... Mais en dépit de cette incontestable différence de potentiel, il n'en demeure pas moins que la popularité de la Vierge Marie est en baisse chez les Provençaux pendant le xviiie siècle. On en dira autant du bon Ange ou Ange gardien, et du saint patron ; et aussi plus généralement de tous les saints du Paradis : un certain nombre parmi ceux-ci sont mentionnés de façon usuelle dans les dernières volontés des citoyens provençaux au début du xviiie siècle ; mais, en revanche, ils sont presque oubliés des testateurs au terme d'un délaissement plus ou moins graduel, pendant les dernières décennies qui précèdent la Révolution. Cette débâcle sans gloire s'accompagne aussi d'une décadence de la dévotion aux couvents : ils perdent graduellement leur prestige durant le Siècle des Lumières, au rythme même où les moines cessent de faire l'objet d'invitations aux dîners en ville. Déclinent également les legs que fait éventuellement le testateur à ceux de ses cousins, oncles ou neveux qui sont membres du clergé : tout simplement parce que, en raison d'un certain tarissement des vocations en ce temps des philosophes, ledit testateur, en moyenne, a de moins en moins d'ecclésiastiques dans sa parenté. Se modifie par ailleurs, toujours en liaison avec le changement des conceptions relatives à la mort, l'attitude vis-à-vis du pauvre : celui-ci dorénavant n'apparaît plus comme l'image du Christ sur la terre, ni comme capable de transférer par virement, dans l'au-delà, une somme de mérites au compte de ceux qui ont bien voulu « l'aumôner ». Il devient l'objet de la charité anonyme du gouvernement et de la ville : les politiciens, les édiles, les bureaucrates, peuvent donc procéder avec une conscience d'autant plus pure au grand renfermement des pauvres gens dans les hôpitaux. Du coup, on ne voit plus le pauvre, parce qu'il est enfermé ou parce qu'il est devenu transparent. Et donc on ne lui donne plus. Quant aux confréries des pénitents à cagoule, qui investissaient la pieuse énergie de leurs adhérents dans les soins dévolus à l'inhumation des pauvres ou des confrères, elles sont après 1750 désertées par l'élite urbaine et nobiliaire.

A la fin du XVIIIe siècle, ces confréries tendent à devenir de simples petits repaires de gastronomie, de folklore et de lubricité, voire de franc-maçonnerie (cf. les travaux de Maurice Agulhon)...

*

Après cet exposé, au cours duquel j'ai voulu faire le point de la question d'après les recherches récentes, je voudrais proposer quelques réflexions générales. Et d'abord, comme le fait remarquer Michel Vovelle, il semble qu'on doive rejeter catégoriquement l'hypercritique qui consisterait à mettre en doute la valeur sérielle du testament comme document-miroir des mentalités sur la mort. Bien entendu, chacun des phénomènes mis en évidence par Vovelle peut être mis au compte des bizarreries personnelles des notaires qui rédigent les testaments; ou bien il peut être expliqué par l'exigence accrue, formulée par les testateurs, d'une religion plus pure, plus directe, moins matérielle. Cette exigence induisant le *de cujus* à réduire l'assistance à son cortège mortuaire; ou bien à diminuer le poids des cierges qu'il fait brûler à son service funèbre... Mais l'ensemble des « indices Vovelle » est trop convergent et trop consistant pour pouvoir indiquer autre chose qu'un détachement progressif à l'égard du surnaturel; autre chose aussi qu'une laïcisation et une désocialisation du décès. Ce qu'il faut mettre en cause après 1750, c'est bien (en dépit, — ou à cause! — de la phase janséniste intermédiaire vers 1730-1750) un véritable tournant vers l'indifférence; il mène à désacraliser comme à dénuder la mort; et même à y incorporer des préoccupations vitalistes, qui étaient demeurées étrangères à l'époque baroque; qu'on songe par exemple à cette angoisse panique d'être enterré vivant, laquelle caractérisera bien des testateurs au temps des Lumières et au XIXe siècle...

Vovelle et surtout Chaunu nous placent, par ailleurs, devant un problème proprement historiographique : selon l'auteur de *L'Europe classique*, en effet, l'émergence du dossier de la mort, à l'agenda des historiens d'aujourd'hui, est inséparable d'une crise de civilisation (celle-ci étant caractérisée, bien entendu, et sur un plan beaucoup plus large, par la contestation généralisée, par la perspective lointaine mais fréquemment agitée d'un jugement dernier écologique, etc.). Ainsi s'expliquerait, dit à peu près Chaunu, « qu'à l'histoire telle que l'ont faite Labrousse, Meuvret, ou Goubert, centrée sur les questions de la croissance ou de la non-croissance, succède aujourd'hui (pour une part), une histoire à la Vovelle ou à la Lebrun, qui s'intéresse, elle, aux images sérielles de la mort dans la culture ». Sans nier la pertinence d'une telle analyse, je dirai cependant qu'elle me semble spécifiquement française. Aux États-Unis, on le sait bien, la crise de civilisation est aussi nette et même plus marquée qu'en France. Or si je considère les courants actuels de l'historiographie américaine, je n'y vois rien qui ressemble à la fascination des historiens français pour la mort. Les historiens d'outre-Atlantique, ou du moins les plus « avant-gardistes » d'entre eux, s'intéressent en ce moment — question de mode ou de conjoncture —, au passé des Noirs, et autres minorités ethniques du continent nord-américain; à l'histoire des femmes, en relation avec le renouveau récent du féminisme; à l'histoire des villes, en raison de la crise urbaine; enfin à des spécialités qui concernent l'histoire économétrique, quantitative, ou tout simplement le passé d'autres pays ou d'autres continents. Il n'y a pas à ma connaissance, de Vovelle ou de Lebrun du côté de Yale ou de Harvard. Et si Philippe Ariès fait école aux États-Unis, c'est en raison de ses travaux sur l'enfance, et non pas par suite de ses recherches récentes sur la mort sous l'Ancien Régime. Le courant d'histoire thanatologique qui vient d'être présenté ici me paraît donc être spécifiquement français, ou italo-français ou néerlandais (je pense aux travaux de Tenenti, et aussi à ceux toujours actuels de Huizinga), plutôt que totalement international. L'isolationnisme américain en ce domaine peut du reste fort bien s'expliquer : en dépit ou à cause de la crise actuelle, les historiens, aux U.S.A. sont influencés par les tendances dominantes de leur culture nationale, et ils demeurent profondément, incorrigiblement optimistes. Faut-il donc être européen, et du pays de Pascal, pour penser que l'histoire est une méditation sur la mort et pas seulement une réflexion sur la vie?

Même sur ce point, du reste, on aurait tort, en ce qui concerne l'œuvre de Vovelle, de conclure sur une impression par trop unilatérale. Le second volume du livre de l'historien d'Aix-en-Provence délaisse la question de la mort proprement dite. Il s'intéresse bien davantage et tout uniment, à de simples travaux de sociologie religieuse du passé provençal. Il y a donc un au-delà du décès sinon peut-être dans la réalité des choses, du moins à coup sûr dans les travaux des bons historiens. Grâce à Vovelle, la sociologie religieuse, — celle de la mort, et celle de l'existence terrestre —, a dépassé quant à l'Ancien Régime le stade des comptages : comptages des récipiendaires de sacrements, comptages des assistants à la messe. Elle aboutit enfin à une véritable histoire, sérielle et massive, des mentalités religieuses.

Le diable archiviste [1]

Pour Michel de Certeau, théologien et historien, le diable est partout, sauf à l'endroit précis où les chasseurs de sorcières ont cru l'avoir détecté. Satan n'est donc pas à Loudun. Mais dans cette petite ville, plus passionnante qu'une capitale, tout le XVIIe siècle baroque, qui croit à l'enfer et qui pratique la Contre-Réforme, semble s'être donné rendez-vous : Loudun, c'est Lourdes à l'envers.

Déjà les paysans du Béarn et du Jura, vers la fin du XVIe siècle, avaient lancé ou subi l'épidémie de sorcellerie des montagnes : ils avaient ainsi jeté, dans le grand foisonnement d'idées qui caractérise la Renaissance et la Post-Renaissance, les bases d'une contre-culture populaire et folklorique, celle-là même que les promoteurs américains de la sorcellerie contemporaine s'efforcent tant bien que mal de ressusciter. Les Ursulines de Loudun, vers 1630, soi-disant ensorcelées par le curé Grandier, travaillent en pleine pâte urbaine, dans un milieu qui donc est déjà moderne. Elles vivent dans une ville moyenne, typique de l'urbanisation d'époque Louis XIII.

Possédées par les diables et atteintes des convulsions les plus extravagantes, ces nonnes annulent la relation barbare, à deux personnages, qui s'établissait dans la sorcellerie classique entre le sorcier et le juge inquisiteur, et qui n'autorisait pas beaucoup de variations : la seule tâche de l'inquisiteur étant de torturer et de faire brûler le sorcier. Elles mettent en scène une relation à trois personnages, exorciste-possédée-sorcier, qui permet l'installation d'un véritable théâtre où interviennent encore bien d'autres individus (médecins,

---

1. *Le Monde*, 12 nov. 1971. Compte rendu du livre de Michel de Certeau, *La Possession de Loudun*, Paris, Julliard, coll. Archives, 1970.

Le diable archiviste

confesseurs, mystiques, juges, etc.). Le succès de la pièce est garanti d'avance dans tout le Poitou. Et même bien au-delà. Et même de nos jours, car Loudun est toujours vivant, et pas seulement au cinéma.

Jeunes et ardents, hystériques et fanatiques, pauvres et mal logés, les couvents des Ursulines sont tout désignés, comme l'indique Michel de Certeau, pour accueillir des manifestations infernales de cette espèce. Il s'en produit au XVIIe jusqu'en ceux du Québec.

Ces combats sont liés, bien sûr, aux catastrophes de l'époque. Tel diable qui porte le nom de « Charbon d'impureté » n'hésite pas à se loger précisément tout comme un vulgaire bouton de peste sous la hanche gauche d'une des religieuses possédées : c'est une façon comme une autre de rappeler qu'à Loudun, comme ailleurs, au couvent comme à la ville, la peste de 1632 est toute proche encore. Elle avait terrorisé le pays.

Pire que la peste, il y avait les huguenots : à Loudun, sur une frontière de catholicité, la Réforme, les guerres de religion, la nécessité pour les catholiques de se battre contre le protestantisme, enraciné en Poitou et à La Rochelle, demeuraient vers 1630 des réalités vivantes et brûlantes. Alors pour mettre en déconfiture le mal, ce mal qui s'appelle tantôt Calvin et tantôt Grandier, le mieux n'est-il pas de traquer et de matraquer Satan une fois pour toutes. Grandier brûlé, c'est La Rochelle prise une seconde fois.

Tout le monde, du reste, trouve son compte à cet hallali satanique. Et d'abord le pouvoir royal : Richelieu, le cardinal à poigne, a délégué en Poitou un commissaire, afin de raser les tours et les murailles des villes qui pourraient abriter la rébellion. Bon centralisateur, celui-ci en profite pour réprimer au passage les sorcelleries de Loudun. La formidable entreprise connue sous le nom de Contre-Réforme ou de renaissance catholique, a besoin de Loudun tout comme, de nos jours, les chasseurs de sorcières ont besoin de grands procès politiques. Le curé Grandier et ses Ursulines exposent utilement, par leur châtiment ou leurs souffrances, les vérités de la religion, les dangers de l'Enfer, la puissance difficile des exorcismes. Le moment, en 1632-1634, est particulièrement bien choisi. Jamais la France n'a été aussi catholique que sous Louis XIII et sous Louis XIV. Pourtant, au grand scandale des prêtres, l'athéisme déjà progresse depuis que Vanini, en 1619, est mort sur un bûcher à Toulouse, la langue arrachée. Beaucoup d'esprits forts déjà ne croient plus en Dieu. Mais presque tout le monde croit encore au diable. Le temps est donc venu, ou jamais, de frapper un grand coup, en profitant du crédit de Lucifer pour faire monter les actions du Ciel.

Et puis Michel de Certeau prolonge Sigmund Freud : les secousses infernales qu'infligent les démons aux corps des religieuses représentent en effet, tout comme l'hystérie des Camisards ou celle des convulsionnaires de Saint-Médard, la mise au jour d'un « langage du corps » : à travers ce langage, la sexualité des nonnes s'exprime d'une façon inhabituelle, baroque, mais incontestable. Entre les flagellants du Moyen Age et les *revivals* jansénistes et protestants des « Églises de la Sainte-Culbute » des XVIIIe et XIXe siècles, la possession conventuelle des Ursulines affirme donc l'un des plus sûrs moyens d'exhibition gestuelle dont ait disposé un clergé pour faire pénétrer jusque dans les foules sa propagande par le fait.

Ajoutons, et sur ce point la démonstration de Michel de Certeau est extrêmement forte, que Loudun permet le lancement d'une grande carrière féminine, celle de la Mère Jeanne des Anges, projetée par son couvent, et par le Père Surin, son *manager* et directeur de conscience, dans le *star system* de la Contre-Réforme. Jeanne des Anges, nonne possédée devenue sainte femme, sera promenée partout, de son vivant, comme une grosse relique. Elle sera vénérée, au cours de tournées triomphales, par Richelieu et par Louis XIII. Elle va parcourir, dans le ciel étoilé du siècle des Saints, la plus éblouissante des trajectoires. Encore fallait-il trouver un vilain pour tenir dans cette tragédie du baroque la place du sorcier : prêtre et play-boy, digne et séduisant, hétérodoxe et hétérosexuel, plaisant aux femmes et spécialement aux bigotes, Urbain Grandier est l'homme de la situation. Ce Don Juan de sous-préfecture, à l'heure du supplice, se transforme en un martyr très convenable. Ses derniers mots font de lui un témoin qui force aujourd'hui encore notre admiration et notre émotion.

Le Père de Certeau, dans ce recueil de textes par lui magnifiquement liés, a su jouer de toutes les paroles et prendre successivement tous les langages. Il est tour à tour historien de la médecine et de la société, théologien psychanaliste, quantificateur, disciple de Freud ou de Foucault... Parfois obscur, il lui arrive d'écrire comme l'Ange des ténèbres. D'où l'irritation qu'ont pu quelquefois éprouver, en lisant cet ouvrage, les lecteurs de toute espèce, ceux qui croyaient au diable et ceux qui n'y croyaient pas. Par-delà les rideaux de fumée de Loudun et autres sorcelleries sulfureuses que le livre analyse superbement, on voudrait comprendre l'auteur lui-même et sa visée essentielle. Sur ce point, on sera déçu : le Père ne baisse jamais sa garde. Il demeure indéchiffrable. En présentant cette astucieuse *Possession de Loudun*, Michel de Certeau a donc écrit le livre le plus diabolique de l'année.

Clio en enfer [1]

Les livres sur l'histoire de la sorcellerie ou de la magie s'amoncellent. L'épidémie vient d'atteindre la France, où l'excellent ouvrage de Michel de Certeau sur Loudun constitue tout juste un symptôme. En Angleterre, cependant, et aux U.S.A., les œuvres de Keith Thomas, de Mac Farlane, de Chadwick Hansen, sont les tout derniers produits d'une lame de fond puissante.

En Espagne, Julio Caró Baroja a donné, sur le même sujet, une étude importante, heureusement traduite dans la « Bibliothèque des Histoires », aux éditions Gallimard. Du Massachusetts au Pays basque, le sabbat et le bûcher n'ont pas fini d'inspirer les historiens et de fasciner les lecteurs.

Salem, petite bourgade du Massachusetts, où sévit, en 1692, le plus grand procès et l'ultime accès du diabolisme en Amérique du Nord, attendait depuis longtemps qu'un chercheur d'archives, plus attentif aux textes qu'aux racontars, voulût bien se consacrer aux sabbats locaux du XVIIIe siècle. Hansen, professeur en Pennsylvanie, s'est montré l'homme de la situation : son livre en témoigne.

Qui sont, que sont, d'après l'entourage, les femmes diaboliques ou pseudo-diaboliques de Salem? Certaines d'entre elles d'abord sont maléfiques « pour de vrai », et sur ce point la démonstration d'Hansen est neuve et convaincante. L'historien américain ne réhabilite pas les chasseurs de sorcières. Mais il souligne qu'en Massachusetts sévissaient de dangereuses harpies ou chipies qui terrorisaient de propos délibéré

---

[1]. *Le Monde*, 7 avr. 1972. Compte rendu du livre de Chadwick Hansen, *Sorcellerie à Salem*, Paris, 1972.

leurs voisins : lesdits voisins étaient persuadés, dur comme fer, des pouvoirs thaumaturgiques des harpies-chipies. Celles-ci croyaient elles-mêmes à leurs propres dons. Toutes les conditions nécessaires à une agression psychosomatique se trouvaient donc réunies.

Il était criminel de pendre ces méchantes femmes, mais on devait quand même se prémunir contre leurs coups. Bien sûr, à côté des vraies coupables, odieusement châtiées, il y avait aussi et surtout des innocentes. Bonnes chrétiennes, elles n'en furent pas moins pendues comme les autres.

Par-delà les femmes maléfiques vraies ou supposées vient le second cercle des ensorcelées, celui des pures jeunes filles de Salem ; celles-ci, par rapport aux sorcières du Massachusetts, occupent (dans le protestantisme) le rôle même que tinrent, au couvent de Loudun, les nonnes et Mère Jeanne des Anges par rapport à Urbain Grandier.

Les vierges puritaines de Salem sont en effet rendues hystériques en un clin d'œil par le simple signal, vrai ou faux, que leur transmet soit la sorcière elle-même, soit le *corps spectral* de celle-ci, emprunté commodément par le diable. Les filles ainsi agressées connaissent l'hystérie, aujourd'hui quasi disparue de nos sociétés ; il s'agit de ces contorsions, de ces entrechats et de ce « grand arc » d'un corps tendu à se briser qu'apercevront encore Charcot, Breuer et le jeune Freud dans les dernières décennies du XIXe siècle. Les jeunes filles de Salem, hystérisées, sont donc battues par des mains invisibles, qui laissent sur les corps et sur les visages des bleus indéniables, ou des yeux au beurre noir d'origine psychosomatique.

Honorées de ces grâces particulières, à causalité « démoniaque », les jeunes filles sont désormais promues, pour le compte des maniaques de la persécution, au rôle de machines à dépister la sorcière : en grande pompe, on les transporte de ville en ville pour qu'elles détectent, par leurs convulsions, la présence locale des suppôts du Diable, susceptibles ensuite d'être envoyés au gibet. Le couvent de Loudun était un théâtre fixe. Le carnaval tragique de Salem se transforme en cirque ambulant. Si on avait laissé faire cette brigade volante de vierges affolées, elle aurait fait pendre, n'en doutons pas, des centaines de gens dans le Massachusetts.

On n'en vint pas là. Et les dégâts furent finalement limités. Hansen tente même, à ce propos, de blanchir la Nouvelle-Angleterre au moyen d'une comparaison avec les dossiers de la sorcellerie française que, du reste, il connaît mal (il utilise surtout le procès de la Voisin, où fut impliquée la Montespan, vieille maîtresse de Louis XIV : or il s'agit là d'une affaire marginale par rapport aux grandes épidémies de sorcellerie qui, chez nous, sont antérieures à Salem et prennent place vers 1560-1640). Hansen pense que l'Amérique anglaise, durement secouée par Salem, a tout de même stoppé — immédiatement après — les chasses aux sorcières et qu'elle a précédé ainsi l'Europe papiste d'une bonne longueur.

Mais, sur ce point, notre auteur se laisse influencer par un chauvinisme de religion, fréquent chez certains Américains, grands enfants de Calvin et de Coca-Cola. Ceux-ci sont toujours prêts, Max Weber en main, à décréter, dans tous les domaines, la supériorité des pays protestants sur les malheureux papistes. En fait, le contraire est vrai, dans ce cas particulier. Salem jalonne une explosion de forces diaboliques et de persécutions obsessionnelles à une époque (1692) où, en France, la chasse aux sorcières a déjà perdu son acuité. Rien d'étonnant à cela : le puritanisme, avec son insistance sur la faute originelle et sur le rôle du Diable, exposait son pays d'élection à toutes les entreprises de falsification du Malin.

Dans un domaine, pourtant, la fierté nationale d'Hansen, si naïve qu'elle soit, s'avère justifiée. Je veux parler de la formidable rapidité avec laquelle la religion puritaine du péché, de la culpabilité individuelle et du retour sur soi-même sut reconnaître sa propre faute, quelques mois après les événements de Salem, afin d'en effacer courageusement les conséquences : peu d'années après les pendaisons et les supplices qui avaient déshonoré le Massachusetts, une vague de repentance, de réflexion équitable et de miséricorde lucide à l'égard des victimes des procès, désormais reconnues innocentes, submerge la communauté puritaine. « *Comment avons-nous pu pécher à ce point, nous qui sommes si sincères* », se demandent — avec une gentillesse nationale et avec une honnêteté désarmante — les pendeurs de la veille, devenus les réhabiliteurs du lendemain.

Il faudra attendre, en France, l'affaire Dreyfus — beaucoup plus tardive! — pour voir un pays, ou du moins une portion de pays, reconnaître ses propres erreurs de la même façon et tenter de réparer le tort fait aux condamnés. Au XVIIe siècle, en revanche, la France catholique, qui, jusqu'aux années 1660, fit pendre tant et tant de malheureuses sorcières, n'en manifeste guère de repentir.

Trop événementiel, trop constamment proche du déroulement minutieux des faits, un peu dénué de perspectives et de comparatismes, traduit enfin avec plus de fidélité pédestre que d'entrain endiablé, le livre de Chadwick Hansen n'est pas toujours d'une lecture facile. Peu importe. **Par son souci de** vérité poussé à l'extrême, cet ouvrage (qui contient quelques textes admirables où des « sorcières » crient leur innocence) passionnera les lecteurs qui restent fascinés par Salem et par sa folie.

Traitant précisément de folie satanique, Alain Besançon, dans le beau livre qu'il a donné sur *Histoire et expérience du moi*, a récemment proposé, après la lecture de Michelet, une théorie freudienne de la *Sorcière*, « image maternelle dans sa dualité bonne et mauvaise... mère phallique à qui est confiée la charge de l'agression..., support de scénarios imaginaires de grossesse ». La sorcière nord-américaine, blanche et protestante de 1692, correspond-elle à cette image de sa consœur d'Europe ainsi déchiffrée par Besançon? Hansen, à ce propos, nous laisse un peu sur notre faim. Excellent historien des faits, il est peu attiré, et c'est dommage, par le psychisme profond de ses ensorcelées de Salem. Après trois siècles ou presque, elles attendent toujours leur psychiatre, ou tout simplement leur historien psychanalyste. Sont-elles vraiment trop exigeantes?

Le sabbat et le bûcher [1]

Autant qu'historien, Baroja est ethnographe; l'un des meilleurs, et peut-être l'un des seuls du monde basque et castillan. Dénué de rigidité puritaine, l'auteur de ces *Sorcières* pratique de temps à autre un style quelque peu impressionniste. En ce livre (qui par ailleurs est fâcheusement dénué d'analyse sérielle ou quantitative), cet impressionnisme nous débarrasse de toute obscurité ou jargon sociologique, lequel n'aurait fait en l'occurrence qu'embrumer davantage un dossier diabolique qui, par la nature des choses, était déjà compliqué. L'œuvre de Baroja se veut d'intérêt général; elle court le grand galop à travers les siècles; tout autre auteur, à ce rythme, se serait vingt fois rompu le cou. Mais Baroja réussit en fin de compte son histoire des sorcelleries à travers les âges; irritante quelquefois, excitante toujours. Question d'objectif, peut-être : par choix délibéré, cet historien des Pyrénées basques a décidé d'explorer davantage la paranoïa des ensorcelées plutôt que les manigances des suppôts des diables. En ce sens, son livre est complémentaire de celui de Chadwick Hansen, analysé précédemment.

D'emblée, Baroja s'est placé sur le terrain des faits et des textes. Il n'aime pas extrapoler et il ne croit guère à ce dieu cornu et fertile de la préhistoire, que Margaret Murray, l'historienne des sorcières, avait cru pouvoir déchiffrer, par-delà le masque du Diable chrétien. Humaniste, Baroja part donc non pas des peintures de grotte, mais des grands textes de l'antiquité. Il note que Lucien de Samosate dès le

---

1. *Le Monde*, 7 avr. 1972. Compte rendu du livre de Julio Caro Baroja, *Les sorcières et leur monde*, Paris, Gallimard, 1972.

Le sabbat et le bûcher

IIe siècle de notre ère avait signalé « l'onguent » des sorcières, toujours dénoncé dix-huit cents années plus tard par les inquisiteurs : les bonnes dames décrites par Lucien s'enduisaient tout le corps d'une certaine pommade, jusqu'à ce qu'un bec et des ailes leur poussent sur le visage et sur le dos; elles s'envolaient alors par la fenêtre, en croassant de façon épouvantable.

Autre trait de longue durée : chez les anciens Scandinaves il existait déjà, comme plus tard dans la France du XVIIe siècle, des lignages spécialisés de femmes ensorceleuses. Quant aux poupées de cire qui servent à l'envoûtement et qu'on fait brûler à petit feu, ou bien qu'on perce avec des épingles, elles sont elles aussi fort anciennes, puisque attestées dès le IXe siècle après Jésus-Christ. Le chaudron des sorcières enfin est signalé pour la première fois, au très haut Moyen Age, dans la loi salique. (A cette époque, les sorcières qui mangeaient des hommes étaient condamnées à 200 sous d'amende.) Un peu plus tard, au XIe siècle (d'après les *Décrétales*), d'autres sorcières (leur époux endormi continuant à reposer sur leur sein), quittent le lit conjugal; elles traversent des portes closes, franchissent l'espace, et assassinent à distance Untel ou Untel... Jusqu'au XIVe siècle on reste indulgent à ce genre de sortilèges : un curé de campagne, par exemple, se borne à administrer une bonne volée à l'une de ses paroissiennes qui, pendant qu'il dormait, était entrée dans sa chambre à travers le trou de la serrure. C'est que la sorcellerie est considérée, à tort ou à raison, comme très utile par les gens du Moyen Age : ceux-ci, quand ils ne se sentent plus protégés par leur seigneur de village, se vouent au Diable, pour qu'il leur serve de protecteur féodal. Et, inversement, des paysans anticléricaux d'Allemagne qui font la grève des dîmes contre leur évêque se détournent du même coup du christianisme : ils en viennent, dit-on, à adorer un crapaud gros comme un jars ou comme la gueule d'un four.

Selon Baroja, les choses se sont corsées, dans le midi de la France, avec l'agonie du catharisme. Vers 1330, un inquisiteur, à l'époque où ses collègues en Inquisition sont mis au chômage par suite de l'extermination des derniers hérétiques, reconvertit son organisation en l'orientant vers la chasse aux sorcières. Avec des éléments *réels* du folklore pyrénéen et aquitain, et en s'aidant de racontars de bonne femme probablement obtenus par la torture, ce persécuteur-bricoleur fabrique la version fameuse et standardisée du sabbat, où les participantes adorent de toutes les manières un diable-bouc ; cette version contient également quelques thèmes anticathares et antisémites : les crises de la fin du Moyen Age, au cours desquelles on cultive volontiers le *bouc émissaire*, popularisent ce nouveau stéréotype du sabbat, qu'on appelle précisément *synagogue pute*. Le sabbat-stéréotype en question, vulgarisé par les procès d'Inquisition eux-mêmes, se répand sans tarder, au prix de quelques adultérations, hors de son aire folklorique originelle (Pyrénées, Aquitaine, Catalogne, nord de l'Espagne). Les montagnes de Suisse, fort ensorcelées depuis belle lurette, sont spécialement réceptives à cette propagande. Et puis, en 1486, deux frères prêcheurs d'Allemagne reprennent à leur compte ce bric-à-brac médiéval. Ils publient le célèbre *Malleus maleficarum* ou « Maillet des Maléfiques ». Avec la puissance de multiplication propre aux nouveaux *mass media* de l'époque, ce livre d'antisorcellerie — le premier à être lancé dans la « Galaxie de Gutenberg », — va désormais imposer à tout l'Occident l'image standardisée du diable-bouc. Le reste n'est plus qu'affaire d'exécution : un peu partout, du Pays basque au Jura et de l'Écosse à la Haute-Allemagne, les juges civils (qui contrairement à une légende tenace se montreront, à l'usage, beaucoup plus durs et répressifs que l'Inquisition) se procurent le *Malleus maleficarum* : d'une main tenant ce manuel, et de l'autre torturant leurs victimes, ils suggèrent aux pauvres bonnes femmes incarcérées, qui ont ou qui n'ont pas pratiqué quelque maléfice, qu'elles ont participé au fameux sabbat. De gré ou de force, le vieux folklore païen ou préchrétien des paysans, qui, au départ n'avait rien de satanique, est couché dans le lit de Procuste des élucubrations du *Malleus*, sous l'œil complaisant de tortionnaires qui s'avèrent psychopathes ou sadiques.

Deux types de sorcières ou de sorciers (vrais ou faux, innocents ou coupables, peu importe en l'occurrence) se détachent alors sur l'arrière-plan rougeoyant et fumeux des grands bûchers. D'une part, les magiciens citadins, qui sont incarnés par la Célestine ou par Urbain Grandier. D'autre part, les sorciers ruraux, très nombreux dans les Pyrénées, le Jura, les Highlands. Quelques penseurs sceptiques, tel le jésuite allemand Spée, ou bien Montaigne, ou Cervantès, ne réussissent pas à ébranler une opinion publique paranoïaque, qui croit aux sorcières parce qu'elle a de bonnes raisons pour y croire. En Suède, en 1670 encore, trois cents gamins mythomanes, devenus dénonciateurs de diabolisme, font brûler soixante-dix femmes et en font fouetter quarante autres. L'image du sabbat devient si commune que Jérôme Bosch peint des couples qui s'y rendent à cheval sur un poisson volant, avec leur chaudron attaché au bout d'une perche. Le sommet fou de la répression paraît avoir été atteint avec le célèbre Pierre de Lancre, juge persécuteur de type quasi hitlérien. Originaire de Bordeaux, il alluma, vers 1600, quantité de bûchers dans le Pays basque.

On aurait trop beau jeu cependant à se débarrasser aujourd'hui du problème diabolique en imputant tous les dégâts et tous les bûchers de jadis au sadisme ou à la stupidité des juges. A la base, la sorcellerie basque, lorraine ou franccomtoise constitue aussi pour les villageois un moyen d'exprimer leur culture et surtout de régler leurs comptes entre eux : les personnages qui se prétendent persécutés par les sorcières peuvent aboutir, ce faisant, de bonne ou de mauvaise foi, à se débarrasser de leurs ennemis personnels puisqu'ils les dénoncent comme maléfiques à l'Inquisition ou à la justice. Dans cette perspective, la sorcellerie devient un enjeu des conflits pour le pouvoir, ou même un objet des luttes de classes à l'intérieur du village. Elle constitue de toute façon un acte de violence symbolique.

Aux XVIIe et XVIIIe siècles, enfin, la raison classique, sous sa forme chrétienne (Malebranche) ou laïque (Voltaire), mettra bon ordre à tout cela. Les juges, devenus éclairés, cesseront d'ajouter foi aux inventions des névrosés des paroisses. Et les croyants de la sorcellerie retourneront à leur pur et simple folklore, dont ils font aujourd'hui encore leurs délices, et dont ils n'auraient jamais dû s'évader...

Tel est ce grand livre d'ethnographie basque et d'histoire occidentale, un peu décousu parfois, mais tellement vif qu'on s'essouffle à le suivre dans sa chasse fantastique, étalée sur deux millénaires. Il se lit d'un trait, difficilement de temps à autre, mais sans qu'on y ressente jamais cette impression de fatigue indigeste et pâteuse que donne trop souvent l'histoire d'un grand phénomène social, étudiée sans faiblir depuis ses origines les plus lointaines. Désormais, à quiconque, diable ou sorcière ou chercheur du C.N.R.S., prétendra s'intéresser à l'histoire du satanisme, je poserai la question de confiance : « Avez-vous lu Baroja? »

Quatrième partie

L'HISTOIRE SANS LES HOMMES : LE CLIMAT, NOUVEAU DOMAINE DE CLIO

En 1601, des villageois épouvantés transmirent à la Chambre des comptes de Savoie le texte d'une bien curieuse pétition. Ces villageois résidaient dans une paroisse misérable et presque inconnue du Haut Faucigny, nommée Chamonix. Nul ne se préoccupait jusque-là des habitants de cette montueuse bourgade, sinon quelques colporteurs de fromages ou chasseurs de chamois, et quelques prêtres qui, de temps à autre, se rendaient « là-haut » pour percevoir les dîmes (ils y étaient accueillis, souvent, à coups de pierres et de bâtons). Or brusquement, l'année 1601, les indigènes de Chamonix se signalent à l'attention des autorités. « D'effroyables glaciers, écrivent-ils en leur patois, et notamment le glacier d'Argentière et celui des Bois *(ce dernier plus connu aujourd'hui sous le nom de Mer de Glace)*, viennent, au cours d'une progression continue, de recouvrir deux de nos villages, et d'en détruire un troisième... »

La pétition des Chamoniards ne suscita ni l'affolement, ni même l'intérêt du gouvernement de Savoie. Elle fut tout bonnement classée aux archives, au fond d'un placard où l'archiviste Letonnelier la retrouva vers 1920, trois siècles et demi après les événements, à une époque où les érudits déjà commençaient à se préoccuper de glaciologie historique.

*Les phénomènes décrits dans le texte de 1601 n'étaient pas les seuls de leur espèce. Dans toutes les Alpes, à l'extrême fin du XVI*e *siècle, au commencement du XVII*e*, les glaciers effectuent des attaques frontales, et le dossier de ces épisodes est probablement la meilleure introduction possible, pour quiconque s'intéresse à l'histoire climatique et glaciaire du XVII*e *siècle. A Grindelwald (Oberland bernois), les glaciers donnent l'assaut vers 1600-1601, et ils occupent l'emplacement de la* *chapelle désaffectée de Sainte-Pétronille, et de quelques granges ci-devant florissantes. Au Vernagt (Tyrol), comme au Ruitor (Aoste), la glace vive, en progrès rapide, forme vers 1596-1603 des lacs de barrage dont les débordements recouvrent des prairies, et ravagent les paroisses. Partout à cette époque, les langues glaciaires s'installent sur des emplacements très avancés, dont elles ne déguerpiront définitivement que deux cent cinquante années plus tard, à partir de 1855-1860, quand commencera le grand dégel des glaces d'Occident, dégel poursuivi jusqu'à nos jours. Les spécialistes ont été si frappés par ces deux siècles et demi d'impérialisme glaciaire (1600-1850), qu'ils ont donné à toute cette période le nom, peut-être abusif, mais imagé de « petit âge de glace » (little ice age).*

Le « petit âge glaciaire » n'est pas le seul épisode de ce type qu'on puisse recenser dans l'histoire récente (histoire « récente », c'est-à-dire concernant les trois ou quatre derniers millénaires, par opposition à l'histoire « géologique » des glaciers qui, elle, compte par dizaines de millénaires et par millions d'années). Le glaciologue autrichien Franz Mayr a eu, ces dernières années, l'idée féconde d'étudier le glacier de Fernau (Tyrol), dont la langue terminale débouche tout droit dans une tourbière bourbeuse. Mayr a pu retrouver, dans l'empilement stratifié des couches de tourbe et de graviers morainiques qui forment le sous-sol de ce marécage, les traces de cinq avances multiséculaires du glacier de Fernau (séparées les unes des autres par de longs intervalles de retrait). Ces avances interviennent aux XIVe-XVe siècles avant Jésus-Christ, au premier millénaire avant notre ère (deux épisodes), aux Ve-VIIIe siècles après Jésus-Christ, au XIIIe siècle, et enfin, naturellement, de 1600 à 1850.

Depuis le milieu du XIXe siècle, il n'est plus question, provisoirement peut-être, de phénomènes de ce genre. La Mer de Glace qui, de 1600 à 1850, s'arrondissait « comme un bras qui se recourbe » (Hugo) au-dessus de la vallée de Chamonix, a depuis entièrement disparu du paysage, et elle n'est plus visible à partir de la petite plaine rubanée qui va de Chamonix aux Praz et aux Bois. Le glacier du Rhône, qui formait autrefois sur toutes les anciennes gravures, un gigantesque pâté de glace ou « pecten », obstruant le fond du vallon de Gletsch, s'est désormais retiré beaucoup plus haut, à un kilomètre en amont, dans le verrou rocheux que domine l'hôtel du Belvédère : le « pecten » de glace a été anéanti par le réchauffement.

On pourrait multiplier les exemples : il est bien connu que tous les glaciers des Alpes ont spectaculairement reculé depuis cent ans. Certains d'entre eux, les plus petits, ont même entiè-

rement disparu. Le facteur principal de ce retrait, c'est en gros (le détail des causes exigerait tout un autre article[1]), le réchauffement, tel qu'on l'enregistre depuis un siècle dans les stations météorologiques. Réchauffement modeste, mais dont les effets sont « multiplicateurs ». Quelques dixièmes de degré centigrade, ou un degré à peine, en plus, dans les moyennes annuelles, ont suffi, depuis 1860, pour liquider de gigantesques langues glaciaires, dans les massifs montagneux d'Occident.

*

C'est donc une histoire séculairement fluctuante, (sur la toile de fond d'un climat qui n'est stable que dans le très long terme), que mettent en cause les grands glaciers des Alpes, et les observations des météorologistes. Histoire fluctuante, et non pas comme on l'écrit parfois, d'une expression inadéquate, « changements de climat ». Les fluctuations ainsi dessinées sont longues et lentes..., et variables quant à la durée. Il serait vain d'y chercher des « cycles », ou des périodicités régulières, de onze ans, de trente-cinq ans, etc. Celles-ci n'existent que dans l'imagination d'estimables chercheurs qui, à l'exemple de Jevons et de Moore (1923), se laissent fasciner par le cycle de onze ans des taches solaires, et croient le retrouver dans les oscillations du climat terrestre.

Cette « histoire fluctuante », on pouvait s'en douter, n'a pas dit son dernier mot : les travaux précis des météorologistes Mitchell, Lamb, Von Rudloff, Callendar et Willett montrent que le réchauffement séculaire connaît une pause, après avoir culminé vers 1940-1950. Du coup le recul des glaciers lui-même a pu sembler stoppé depuis peu. Une phase nouvelle de « rafraîchissement » (cooling) s'instaure au cours des vingt dernières années. Cette phase marque-t-elle vraiment, comme on l'écrit quelquefois, le début d'un retour aux conditions thermiques légèrement plus froides du siècle passé ? Ou bien s'agit-il seulement d'un épisode passager insignifiant et momentané ? Qui vivra verra.

*

L'important, c'est que, depuis une génération, par un processus intellectuel généralement ignoré du grand public, une histoire scientifique du climat « récent » s'est enfin constituée, en corps de méthodes et de résultats. La situation, de ce point de vue, a

1. Cf. à ce propos, L. Lliboutry, *Traité de Glaciologie*, 1965, vol. 2.

radicalement changé. Il y a vingt ou trente ans, l'histoire du climat était encore une sorte de tarte à la crème, de fourre-tout pour historiens pressés, amateurs de causalités simplistes. Avait-on besoin, en ce temps-là, d'une explication vite forgée, pour un grand phénomène du passé, apparemment irréductible à toute autre analyse causale? On invoquait alors, pour peu qu'on fût amateur de sensationnel, l'influence sous-jacente d'un soi-disant « changement de climat »! Ainsi Huntington « expliquait-il » la décadence de l'Empire romain par une déviation des routes des cyclones, celle-ci entraînant un assèchement progressif et néfaste du Bassin méditerranéen. Olagüe mettait en cause un assèchement du même genre, pour rendre compte de la décadence de l'Espagne, mais il plaçait cet épisode en des temps moins anciens qu'Huntington. Brooks, lui, expliquait les migrations des Mongols, au Moyen Age, par des caprices de pluviométrie : c'est la sécheresse qui, réduisant de temps à autre à l'état de paillasson les pâturages de l'Asie centrale, aurait incité les Mongols, peuple de pasteurs, à émigrer vers des cieux plus humides. Il serait aisé d'énumérer d'autres spéculations du même type, aussi naïves que stériles.

On n'en est plus là. L'histoire du climat est passée de cet âge métaphysique à l'âge positif. Glaciologie et météorologie conjuguées dessinent désormais l'image de fluctuations réelles, qui ne sont pas inventées pour les besoins d'une causalité. Dans des domaines proches, d'autres disciplines s'affirment, qui étayent ces premières conclusions. Aux U.S.A., la dendroclimatologie travaille sur de très vieux arbres. Elle dessine, sur plus d'un millénaire, les courbes pluviométriques, grâce aux anneaux de croissance annuels des séquoias et autres conifères : dans le Sud-Ouest aride des États-Unis, en effet, les années ultra-sèches donnent un anneau de croissance très mince, tandis qu'un cortège d'anneaux épais à croissance plantureuse signale les années relativement humides et favorables à la pousse forestière. En France, on manque de séquoias millénaires... Mais la phénologie [1] *repère les dates de maturité des fleurs et des fruits. Cette maturité étant d'autant plus précoce que la saison végétative a été chaude, et vice versa. Utilisant cette corrélation providentielle entre températures et maturité, la phénologie travaille sur les dossiers de dates de vendanges, qui, grâce aux archives, sont connues, pour chaque année, en Bourgogne, en Suisse, et dans le Midi, depuis le commencement du XVIe siècle. Mises en graphiques, ces dates de vendanges autorisent, comme l'a montré*

---

1. Phénologie : cette partie de la biologie végétale, qui traite de « l'apparition » de phénomènes végétatifs.

le météorologiste M. Garnier en 1955, des conclusions solides sur le caractère des étés successifs, chauds ou frais, pendant les quatre cents dernières années, c'est-à-dire bien avant le début des observations rigoureuses à base thermométrique. En Allemagne, en Hollande, la palynologie *(science des pollens) explore les tourbières. Elle y détecte, pincées entre les strates de tourbe, les « surfaces de récurrence », où la pousse momentanée des* sphaignes *et plantes hygrophiles a jalonné les décennies d'humidité du Moyen Age. Les historiens et archéologues médiévistes ne sont pas en reste : John Titow, Gabrielle Démians d'Archimbaud ont apporté ces dernières années des contributions décisives sur la météorologie du XIIIe siècle. Au niveau le plus élevé, on trouve enfin la* climatologie dynamique, *récemment renouvelée, en U.R.S.S., par les travaux de Dzerdzeevskii. Cette discipline classe et décrit les changements qui affectent la circulation générale de l'atmosphère. Elle tente ainsi d'expliquer les fluctuations du climat, qu'ont empiriquement constatées les météorologistes et les historiens.*

Ces trouvailles convergent. Elles inaugurent, sous l'angle du climat, une historiographie spécifique des conditions naturelles, une « histoire géographique » ou géohistoire. *Ainsi se trouve réalisé, sans tapage, à propos d'un sujet passionnant, le fameux* travail interdisciplinaire, *qu'appellent de leurs vœux depuis longtemps les spécialistes des sciences morcelées, nostalgiques le l'unité du savoir.*

Histoire et climat [1]

Les rapports entre l'histoire du climat et l'histoire des hommes n'ont plus cette importance, ce caractère d'urgence qu'ils eurent jusqu'au xviiie siècle dans des sociétés essentiellement agricoles, dominées par le problème toujours difficile des subsistances. Malheureusement, sur les températures et les précipitations, ces sociétés de type traditionnel ne nous ont pratiquement pas laissé de séries d'observations longues, continues, quantitatives, homogènes. Du fait de cette absence de documentation immédiate et solide, le problème des fluctuations météorologiques et de leur incidence sur l'histoire économique a été souvent mal posé, et passablement embrouillé. Aussi notre propos, dans cet article, est-il essentiellement méthodologique ; plutôt que des solutions exhaustives qui n'existent pas encore, nous voulons signaler les voies d'accès qui peuvent mener à un début de solution concrète.

A vrai dire, les chercheurs qui se sont occupés de la question, en furent réduits bien souvent à glaner, sans grand esprit de méthode, les événements qui, à des titres divers, avaient frappé l'imagination des contemporains : sécheresses « effroyables », gelées « épouvantables », « grands » hivers, « déluges » de pluie, inondations. C'est dire le caractère subjectif, hétérogène, discontinu, bref événementiel d'une telle documentation. Une hirondelle ne fait pas le printemps : une série de gelées catastrophiques, à quelques années de distance, ne fait pas non plus *a priori* une « période froide ».

Aussi, beaucoup plus que les faits, — rares et peu convain-

[1]. *Annales*, E.S.C., janv.-mars 1959. Cet article, aujourd'hui dépassé du fait de trouvailles plus récentes, a cependant le mérite de situer l'état des questions sur ce sujet à la fin des années 1950.

cants, — ce fut, en général, une foi robuste qui soutint ce genre de recherches météorologico-historiques : ainsi Huntington expliquant hardiment la chute de l'Empire romain par une déviation de la route des cyclones et un dessèchement des terres méditerranéennes. A la base de tels travaux se trouve le postulat paresseux et hautement contestable de l'influence fondamentale et déterminante du climat sur l'histoire.

I

De ce double travers — méthode anecdotique, postulat climatologique — n'est pas exempt le travail, intéressant pourtant et bien informé, de l'historien scandinave Gustav Utterström : « Climatic Fluctuations and Population Problems in Early Modern History [1]. » Cet article rassemble presque toutes les données possibles sur l'influence exercée par le climat sur l'histoire médiévale et moderne; il représente en quelque sorte un des points extrêmes atteints par la méthode traditionnelle, et, à ce titre, il n'est pas inutile de l'analyser ici assez longuement, avant d'en venir à l'exposé d'autres méthodes.

L'auteur s'efforce de prouver l'existence de périodes séculaires de détérioration des conditions climatiques, périodes dont les effets auraient été désastreux sur l'économie européenne : sa démonstration porte essentiellement sur les XIVe et XVe siècles, d'une part, sur le XVIIe d'autre part.

Il y aurait eu refroidissement général du climat aux XIVe et XVe siècles. A l'appui de cette première affirmation, Gustav Utterström avance de nombreux faits, mais assez hétérogènes. Premier symptôme : entre 1300 et 1350, la culture des céréales cesse d'occuper la première place dans l'économie islandaise; elle cède le pas à la pêche. Événement essentiellement ambigu, dira-t-on, et justiciable d'une interprétation économique, autant que climatologique. Mais précisément, la chronologie glaciaire, invoquée, vient au secours de l'interprétation climatique : l'avance des glaciers, commencée « après 1200 », se poursuit en Islande aux XIVe et XVe siècles, elle « continue » au XVIe siècle et atteint son maximum avec les XVIIe et XVIIIe siècles. La poussée glaciaire serait à la fois confirmée et datée par la ruine des colonies normandes au Groenland, au XIVe siècle. Ruine subtilement conduite par le climat

1. *The Scandinavian Economic History Review*, vol. III, n° 1, 1955. Cet article contient une bibliographie très abondante et très utile d'articles récents sur l'histoire du climat.

puisque les Normands auraient été victimes et de la progression de l'inlandsis, et de sa conséquence imprévue : la descente en masse des Esquimaux, qui poursuivaient vers le Sud les phoques et les icebergs.

Autre témoignage : le recul de la viticulture anglaise au XIVe siècle, après le maximum atteint par elle au XIIIe, serait lui aussi une conséquence de la révolution climatique et non plus, comme on le croyait, un simple symptôme de régression économique. L'apogée du vignoble anglais aux XIIe et XIIIe siècles n'a-t-il pas conduit, du reste, un météorologiste britannique à affirmer hardiment que les étés anglais étaient plus chauds aux XIIe et XIIIe siècles qu'aujourd'hui?... Le vignoble allemand, il est vrai, n'a pas reculé dans les mêmes proportions après 1300-1350; mais il serait constant que, en dehors de quelques courtes périodes, les années de bon vin furent seulement « occasionnelles » en Allemagne aux XIVe et XVe siècles : nouvel indice d'une détérioration d'ensemble des conditions climatiques.

La fin du XVe siècle, après 1460, et la première moitié du XVIe siècle auraient, d'après l'historien scandinave, bénéficié d'un climat beaucoup plus clément que celui de la période précédente; puis une nouvelle période de refroidissement et d'adversité s'ensuivrait autour des années 1560, pour s'étendre ensuite sur le XVIIe siècle. Des preuves? En Suède, le rendement des grains « diminuerait » entre 1554 et 1640; à vrai dire, on aimerait savoir par quelle méthode ont pu être mesurées les variations du « rendement des grains » en Scandinavie aux XVIe et XVIIe siècles. Mais n'insistons pas; notons qu'alors le Sud-Ouest de la Baltique et la Tamise qui n'avaient pas gelé entre 1460 et 1550 connaîtraient à nouveau des hivers très rigoureux dans la seconde moitié du XVIe siècle et la première du XVIIe. En Angleterre, le cerisier remonte vers le Nord au début du XVIe siècle, mais à l'époque d'Elisabeth un temps « plus frais » règne à nouveau. Enfin, l'avance des glaciers reprend à la fin du XVIe siècle et au XVIIe. C'est le « petit âge glaciaire » *(little ice age)*. Le maximum de cette avance glaciaire, « la plus forte depuis l'âge post-glaciaire », se situerait dans les Alpes et en Islande au milieu du XVIIe siècle [1]. Un recul marqué, après diverses péripéties, ne se fait sentir que depuis 1890 environ.

A l'appui de sa thèse, l'auteur cite encore les années catastrophiques qu'a connues l'économie scandinave au XVIIe siècle : 1596-1603, les années qui précèdent et suivent immédiate-

---

[1] Le maximum glaciaire du XVIIe siècle a été également noté dans le Caucase.

ment 1630, 1649-1652, 1675-1677, ainsi que les années 1690. L'afflux des grains de la Baltique vers la Méditerranée à partir des années 1590, la dépopulation de l'Espagne au XVIIe siècle sont présentés également par M. Utterström comme des symptômes évidents d'un renversement climatique. La réduction du nombre des moutons en Espagne après 1560, et surtout après 1600, serait un autre indice du *change of climate.*

Bref, la crise du XVIIe siècle, d'une si considérable portée historique, serait aussi d'origine climatique : il serait vain de vouloir l'expliquer exclusivement par une analyse interne de l'économie et de la société européenne de ce temps.

Au total, voilà une très riche moisson de faits et de données diverses. Mais certains de ces faits nous paraissent appeler la critique. Répétons-le, un grand nombre d'entre eux, tout d'abord, ne sont pas *a priori* climatiques (recul de la vigne ou du mouton, avance du blé ou du cerisier, à plus forte raison transformation du commerce des grains). Dans l'état actuel de nos connaissances, ils s'expliquent aussi bien, voire beaucoup mieux, par des considérations purement économiques. Par contre, lorsque l'auteur évoque certaines années d'adversité climatique et de déficit agricole qu'ont connues le XIVe ou le XVIIe siècle, il nous met en face de données qui sont, elles, réellement météorologiques. Mais il lui faudrait démontrer de façon statistique et rigoureuse que ces années terribles sont issues de conditions météorologiques à peu près analogues; ceci admis, qu'elles se présentent avec une fréquence remarquable au cours de la période longue envisagée, tandis qu'elles font à peu près défaut, ou en tout cas sont notablement moins fréquentes, dans la période précédente ou la suivante. Tant que cette démonstration d'un écart significatif entre deux périodes n'a pas été faite, il faut bien considérer que ces années terribles ne forment pas de longues séries, qu'elles participent seulement des fluctuations courtes de la météorologie. En bonne méthode, l'auteur a-t-il alors le droit, comme il le fait, de les annexer à son propos, qui est de déceler les fluctuations longues, les ondes séculaires de la climatologie? Imaginons un historien ou un économiste qui prétendrait prouver une hausse durable et prolongée des prix en arguant seulement de quelques pointes cycliques remarquables de la courbe qu'il veut interpréter, alors qu'il négligerait, qu'il ignorerait même l'allure générale de la courbe en question? Ne l'accuserait-on pas de verser indûment, au dossier du mouvement de longue durée, des données, qui n'appartiennent qu'à la conjoncture courte ? En vertu du même raisonnement, nous admettrons que quelques hivers remarquablement froids, répandus çà et là au cours du XVIIe siècle, ne font pas, jusqu'à plus ample informé, un « XVIIe siècle froid ».

Parmi les données retenues par G. Utterström, seuls en somme les faits glaciaires sont réellement expressifs d'un mouvement climatique long, aux pulsations séculaires; mais la chronologie de ces mouvements longs est trop imprécise, leur ampleur et leur signification réelle trop incertaine pour qu'on puisse tirer d'eux seuls des conclusions aussi ambitieuses que celles qui nous sont proposées par notre auteur. Que penser d'un historien qui entreprendrait d'expliquer tous les progrès économiques de l'Europe depuis 1850 par le recul des glaciers, notoirement constaté dans les Alpes et un peu partout depuis cette date ? Serait-ce pourtant plus injustifié que d'établir, comme le fait M. Utterström, un lien étroit entre la progression des glaciers et les crises économiques européennes aux XIVe, XVe et XVIIe siècles ?

Il semble donc que, pour sortir de l'impasse des méthodes traditionnelles, la recherche doive emprunter des voies nouvelles. Il lui faut s'adresser à des méthodes de connaissance climatologique, méthodes biologiques ou au moins méthodes historico-statistiques qui, s'interdisant dès le départ toute idée préconçue, bref essentiellement positives, visent d'abord à établir avec rigueur des séries d'éléments météorologiques annuelles, continues, quantitatives, homogènes. Cette démarche préalable accomplie et le facteur climatique isolé et reconnu, l'historien peut alors s'efforcer de déterminer l'influence éventuelle de ce facteur dans l'histoire des hommes; cette influence dont à l'heure actuelle il sait seulement, de façon vague, qu'elle ne fut jamais totalement déterminante, mais jamais non plus négligeable dans les sociétés de type ancien.

II

La première, la mieux développée des méthodes biologiques, c'est la « dendroclimatologie [1] »; l'idée de base en est bien

---

[1]. Sur la dendroclimatologie, deux séries de publications : publications d'avant guerre, A. E. Douglass, *Climatic cycles and Tree growth*, Carnegie Institute ot Washington, Public. n° 289, 3 vol., 1919, 1928, 1936. — Antevs, *The big Tree as a climatic measure*, Carnegie Institute of Washington, Publ. n° 352; — Id.,

connue : toute section, toute coupe transversale effectuée dans le tronc d'un arbre fait apparaître une série d'anneaux concentriques; chaque anneau représente la croissance annuelle de l'arbre et le décompte de tous les anneaux donne immédiatement l'âge de l'arbre.

Cependant, si l'ensemble des anneaux d'un arbre donné présente ainsi une évidente valeur chronologique, chaque anneau pris à part possède en lui-même sa valeur climatologique; il est le reflet d'une histoire, l'histoire des conditions météorologiques favorables ou défavorables qui ont présidé à sa croissance au cours de l'année qui l'a vu se former. Année favorable : anneau large, épais; année défavorable : liséré mince, étroit, à peine marqué parfois. L'anneau de croissance, le *tree ring*, intègre bel et bien les données météorologiques de l'année où il a grandi. Il donne en quelque sorte une note climatique à cette année-là. En portant sur un graphique, en abscisse la suite des années, en ordonnée l'épaisseur des anneaux, on obtient la « courbe de croissance » de l'arbre, courbe dont les fluctuations correctement interprétées sont révélatrices de fluctuations météorologiques, d'une année à l'autre [1].

Mais une question surgit : que faut-il entendre par « conditions météorologiques favorables ou défavorables »? Et d'abord, quelles sont les conditions déterminantes, température ou précipitations? Le raisonnement comme l'expérience conduisent à la même réponse : tout dépend du lieu.

En pays semi-aride, — Afrique du Nord, Sud-Ouest des

Rainfall and Tree growth in the great Basin, Ibid., Publ. n° 469 — W. S. Glock *Principles and Methods of Tree Ring Analysis, Ibid.*, Publ. n° 486.

Publications d'après guerre qui renouvellent complètement la question et sur lesquelles se fonde notre exposé : toute la série des *Tree Ring Bulletin* publiée par l'Université de l'Arizona et deux articles fondamentaux d'Edmond Schulman, « Tree Ring and History in the Western United States », *Smithsonian Report for 1955*, p. 459-473, Smithsonian Institute of Washington, 1956, et « Tree Ring Indices of Rainfall, Temperature and River Flow », *Compendium of Meteorology*, p. p. The American Meteorological Society, Boston, 1951. Voir aussi J. L. Giddings, « Mackenzie River Delta chronology », *Tree Ring Bulletin*, avril 1947.

Ouvrages européens qui font état de ces travaux : F. E. Zeuner, *Dating the past, Introduction to geochronology*, Londres, Methuen, 1949 (chap. 1er). — A Laming, *Découverte du passé*, Paris, 1952. — A. Ducrocq, *La Science à la découverte du passé*, Paris, Amiot-Dumont, 1955.

1. Il est impossible de donner dans cet article un aperçu complet des méthodes employées par les dendroclimatologistes; rappelons seulement que l'épaisseur moyenne des anneaux diminuant du centre (année de jeunesse, croissance vigoureuse) à la périphérie de l'arbre (sénilité), on tient compte non pas de l'épaisseur absolue de chaque anneau, mais de l'écart qui existe entre cette épaisseur absolue et l'épaisseur moyenne que devrait avoir l'anneau, étant donné sa distance au centre.

430   *L'histoire sans les hommes*

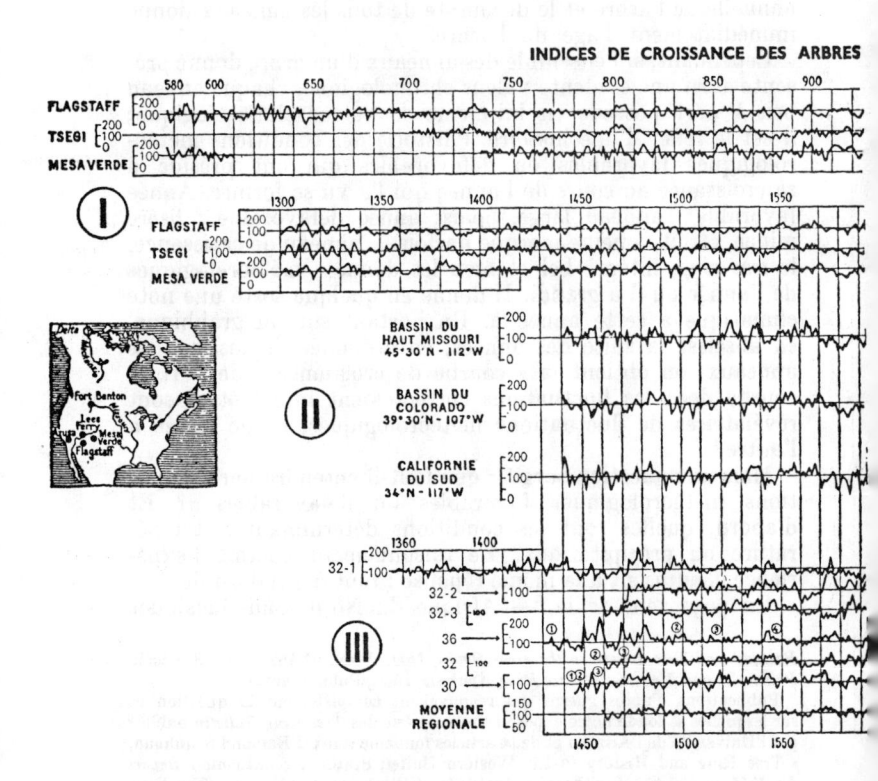

INDICES DE CROISSANCE DES ARBRES

Histoire et climat 431

EN AMÉRIQUE DU NORD (V°-XX° SIÈCLE)

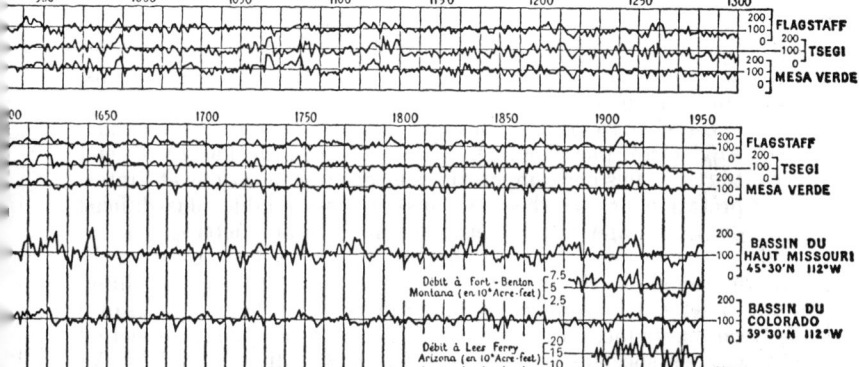

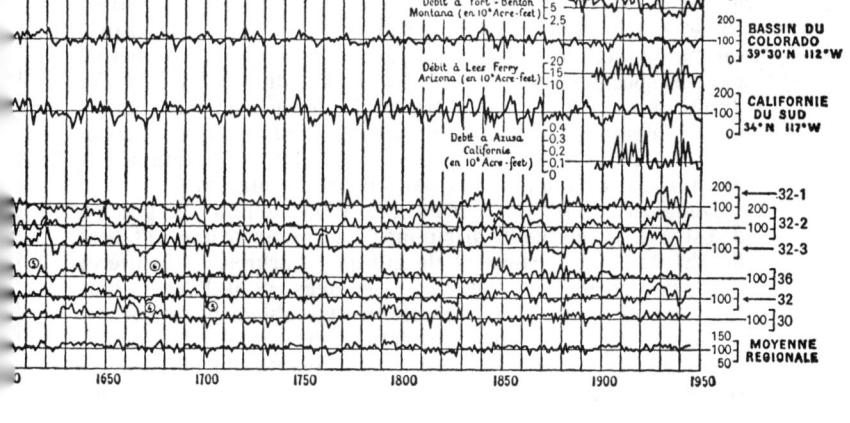

États-Unis, par exemple, — où le déficit des précipitations est chronique, alors que la chaleur ne fait guère défaut à l'arbre dans la période végétative, une longue série d'anneaux en majorité très minces traduit immédiatement une période de sécheresse prononcée; inversement, un cortège d'anneaux épais signale les périodes humides.

Dans les zones situées tout près du cercle polaire, — en Scandinavie, en Alaska par exemple, — la température constitue le facteur critique, et l'on peut dire sans crainte : anneau mince, année particulièrement froide; anneau épais, année moins froide [1].

Dans les zones moyennes, — Europe de l'Ouest, Nouvelle-Angleterre, par exemple, — la croissance de l'arbre dépend tout à la fois des températures et des précipitations et l'interprétation des courbes de croissance est rendue plus difficile du fait d'une interpénétration de facteurs hétérogènes.

Ce n'est donc pas absolument par hasard si la dendroclimatologie s'est surtout développée dans des régions climatiquement marginales où la lecture des courbes de croissance est univoque, et immédiate : les zones les plus prospectées par les spécialistes sont en effet la Scandinavie et l'Alaska d'une part, le Sud-Ouest semi-aride des États-Unis d'autre part (Colorado, Californie, Arizona). L'université d'Arizona, avec A. E. Douglas et aujourd'hui Edmond Schulman, a obtenu d'intéressantes réalisations en la matière [2].

Douglass, à partir des années 1900, donna l'impulsion décisive à la nouvelle discipline. La présence dans l'Ouest des États-Unis d'arbres et de groupes d'arbres, — conifères de toutes sortes, en particulier séquoias, dont l'âge variait entre 500 et 1 500 ans, — stimula considérablement ses recherches. Une de ses premières directions de travail fut l'archéologie : ayant établi à partir d'arbres vivants une chronologie rigoureuse des années remarquablement sèches et humides à partir du XIVe siècle, il put retrouver sur les poutres des *pueblos* indiens un certain nombre de ces années remarquables, dans leur succession caractéristique. Sachant ainsi à quel siècle vivait l'arbre dont les Indiens avaient fait une poutre, déterminant avec une parfaite précision, grâce au dernier anneau de croissance avant l'écorce, l'année où cet arbre avait été coupé, Douglas datait avec exactitude

---

1. Année froide s'entend ici en bref pour période végétative froide.
2. L'école américaine s'est du reste trouvé d'illustres précurseurs : Léonard de Vinci, Buffon, Duhamel du Monceau, Candolle envisagèrent tour à tour de s'attaquer au problème « dendroclimatologique ». Cf. R. A. Studhalter, « Early History of crossdating », *Tree Ring Bulletin*, avril 1956

le pueblo pour la construction et l'entretien duquel ces poutres avaient été employées. Cette méthode, aujourd'hui relayée par les techniques de datation fondées sur la vie des corps radio-actifs (carbone 14), a permis de situer à leur place exacte dans la chronologie un nombre considérable de pueblos indiens.

Cependant Douglas vit aussi tout l'intérêt que présentaient ces travaux pour l'étude même de l'histoire du climat : et son œuvre, continuée aujourd'hui par ses élèves, a permis d'aboutir, dans ce dernier domaine, à des résultats remarquables, dont les graphiques I et II représentent l'aboutissement et comme la synthèse (voir graphique I).

Dans les trois courbes de ce graphique I, les temps, — plus d'un millénaire au total, — ont été portés en abscisse et l'épaisseur relative des anneaux de croissance en ordonnée : pour construire ces trois courbes, Schulman a utilisé des données de trois groupes de conifères très sensibles à la sécheresse. De ces trois groupes d'arbres bien plus que centenaires, voire millénaires, deux sont situés dans le Nord de l'Arizona, respectivement à Flagstaff et à Tsegi; le troisième se trouve dans le Sud-Ouest du Colorado, à Mesa Verde. A Mesa Verde et à Tsegi, les conifères utilisés sont des sapins *Douglas*; à Flagstaff, une variété de pins. Chacune des trois courbes, notons-le, a une grande valeur représentative, puisqu'elle met en cause une moyenne construite à partir non pas d'un arbre, mais d'un groupe d'arbres dispersés dans une des trois régions précitées. Les avatars biographiques de chaque arbre (maladies, etc.) se compensent pour ne laisser subsister que la tendance générale du climat régional : à un niveau supérieur, la concordance des trois courbes, qu'on vérifie aisément sur le graphique, permet de se faire une idée de la marche générale du climat dans toute une aire géographique (graphique II).

Le graphique II présente une moindre valeur historique puisqu'il « démarre » seulement en 1440, mais une plus grande valeur géographique : ses courbes sont construites en effet à partir de neuf groupes forestiers provenant pour trois d'entre eux du Sud de la Californie, pour trois autres du bassin du Colorado, pour les derniers, enfin, du bassin du haut Missouri; au total, 51 arbres, — tous des conifères, avant tout sensibles à la sécheresse —, ont été mis à contribution. C'est donc un aperçu général sur le climat de tout l'Ouest des États-Unis que ces courbes nous livrent. En outre, pour la période 1900-1950, E. Schulman a adjoint au graphique trois courbes hydrologiques représentant le volume d'eau débité par des rivières voisines de la région où grandirent les arbres examinés. La concordance entre les données hydrologiques et celles tirées des anneaux de croissance est remarquable. Elle confirme que les arbres en question sont d'excellents indicateurs des précipitations, qu'ils sont en somme de véritables pluviomètres naturels.

*

Quelles conclusions nos auteurs tirent-ils de leurs patientes recherches? La première, c'est la stabilité générale du climat dans le dernier millénaire, et en fait depuis 2 000 ans au moins : « Des poutres coupées il y a 1 700 ans ont des anneaux de croissance tout à fait semblables à ceux d'arbres de même espèce vivant actuellement sur les mêmes sites. » Conclusion qui rejoint celle d'autres auteurs, à partir de phénomènes différents [1].

Mais une seconde conclusion, beaucoup plus intéressante pour l'historien, concerne l'existence d'assez larges fluctuations météorologiques, ici pluviométriques. Pendant des périodes qui peuvent atteindre vingt ou trente ans, et parfois même un siècle, la courbe s'écarte notablement de la position moyenne et permet de déceler des ondes de sécheresse ou d'humidité prolongées. La plus puissante de ces fluctuations se situe autour des années 1300 : « On a l'impression très nette, — écrit E. Schulman, — d'après l'étude des conifères très âgés, qu'à un siècle de grande sécheresse dans le Sud-Ouest succéda, à partir des années 1300, un siècle — presque sans interruption, — d'années pluvieuses. Cet intervalle très humide fut peut-être le plus long dans cette région au cours des deux derniers millénaires. » Les courbes tirées non plus d'arbres encore vivants, mais de poutres de *pueblos* indiens tendent à confirmer cette manière de voir.

Ainsi, dans l'Ouest des États-Unis, il y aurait eu un XIIIe siècle aride, un XIVe siècle humide. Cette fluctuation climatologique est-elle limitée à l'Amérique ou s'étendit-elle à l'Europe? Impossible de trancher ce point tant que des études analogues n'auront pas été menées avec le même esprit systématique sur le vieux continent.

Cette puissante oscillation de la pluviométrie, qui affecta au total deux siècles, fut par sa longueur et son intensité la

---

1. V. M. Garnier, « Contribution de la phénologie à l'étude des variations climatiques », in *La Météorologie*, oct-déc. 1955.

plus remarquable de toutes celles qu'enregistrèrent les pins et les sapins d'Amérique du Nord dans le dernier millénaire. Bien loin derrière elle, et pourtant au second rang des grandes fluctuations dans l'ordre d'importance, vient la longue sécheresse américaine de la fin du XVIe siècle : « Les 25 ou 30 dernières années du XVIe siècle dans le Sud-Ouest — écrit Schulman — furent caractérisées en général par un sévère déficit dans la poussée des arbres, dans les précipitations et dans le débit des rivières, déficit beaucoup plus marqué que lors des célèbres sécheresses des années 1900 et 1934; les données à partir de très vieux arbres tendent à montrer, en fait, que ce fut la pire sécheresse jamais connue depuis celle, longue d'un siècle, des années 1200. » Schulman note du reste d'importantes nuances régionales dans la répartition de cette sécheresse; très forte en Californie (où elle dura de 1571 à 1597 et où le déficit pluviométrique, tel qu'il s'inscrivit dans la pousse ralentie des arbres, fut presque deux fois plus important que tout autre déficit analogue enregistré entre 1450 et 1950), très intense également dans le Colorado (où elle se situe exactement entre 1573 et 1593), elle fut beaucoup moins prononcée dans le Nord, — en l'occurrence dans l'Orégon (où elle ne se manifesta que par un déficit faible et intermittent de la pousse des arbres entre 1565 et 1599).

Une telle différenciation géographique a son importance, et revêt une portée générale; il est tout à fait vain d'étendre abusivement et absolument aux régions tempérées humides les conclusions valables pour les zones arides : ce qui vaut pour Los Angeles ne vaut pas forcément pour Portland; en Europe, ce qui vaudrait pour la Méditerranée ne vaudrait pas nécessairement pour les pays riverains de la mer du Nord, à plus forte raison de la Baltique.

Quoi qu'il en soit, cette longue et dure sécheresse de la fin du XVIe siècle eut certainement des conséquences considérables dans la région où elle se fit le plus durement sentir, dans le Sud-Ouest des États-Unis actuels : elle fut, nous dit Schulman, beaucoup plus intense que les plus graves sécheresses du XXe siècle, dans la même zone, celle de 1900 et celle de 1934. Ces deux derniers épisodes eurent pourtant un caractère assez effroyable, à en juger par deux romans de John Steinbeck qui leur sont consacrés : *Au Dieu Inconnu*, et *Les Raisins de la colère* (épisode de 1934). La grande sécheresse de la fin du XVIe siècle eut certainement des répercussions plus dévastatrices encore sur l'économie arriérée et clairsemée des Indiens qui, groupés dans leurs *pueblos*, pratiquaient une agriculture irriguée dans l'Arizona, le Colorado, le Nouveau-Mexique [1]. Il est vraisemblable également qu'elle exerça une influence dépressive sur la jeune économie coloniale du plateau Mexicain tout proche. L'épidémie du Matlazahualt (1576-1579) et la dépression économique concomitante dont Pierre Chaunu signale les répercussions négatives sur les trafics atlantiques [2] ne seraient-elles pas à mettre en rapport avec cette ample fluctuation météorologique, qui s'intégrerait par un tel biais à la grande histoire économique ?

A tous ces travaux sur la pluviométrie et les précipitations, menés dans les zones arides, font pendant des travaux historiques analogues sur les températures, menés dans les régions arctiques. Ici, l'épaisseur de l'anneau est proportionnelle à la somme de chaleur reçue pendant la période de croissance. Giddings [3] a pu ainsi restituer cinq siècles d'histoire climatique dans la région arctique (1450-1945), à partir de groupes d'arbres situés près du delta de la rivière Mackenzie (au nord du cercle Polaire, près de la frontière du Canada et de l'Alaska). Là encore, la conclusion essentielle c'est la grande stabilité de la courbe qui oscille au cours des siècles autour d'une même moyenne, pour se relever seulement légèrement à partir de 1850 [4] (graphique III).

Nous avons quelque peine à trouver sur cette courbe si précise ces refroidissements séculaires, responsables selon Gustav Utterström des grandes périodes de dépression économique. En revanche, les fluctuations décennales, et même inter-décennales, de température se lisent aisément sur le graphique : une des plus remarquables est la série d'étés chauds entre 1628 et 1650. Nul doute que des fluctuations du même genre, non synchronisées comme on le voit avec les fluctuations américaines, n'aient exercé en Europe, particulièrement dans les pays du Nord et dans les régions montagneuses, des effets dévastateurs, ou réparateurs, suivant le sens où elles se produisaient. Là aussi, le travail reste à faire pour l'Europe.

Au total, et d'une façon générale, l'intérêt des travaux dendroclimatologiques nous paraît double. Intérêt d'ordre métho-

1. R. Mousnier, *Les XVIe et XVIIe siècles*, Paris, P.U.F., p. 394.
2. Pierre Chaunu, « La grande dépression du Mexique colonial », in *Annales*, 1957, n° 3, p. 514.
3. Giddings, « Mackenzie River... », *op. cit.*
4. Ce relèvement est sans doute à mettre en relation avec le léger échauffement qu'implique le recul général des glaciers dans le monde depuis cette même date : mais Giddings n'exprime aucun avis sur ces questions.

dologique, essentiellement : la chronologie rigoureuse, le caractère absolument annuel et continu des courbes, l'emploi de moyennes locales et régionales et leur comparaison entre elles, l'utilisation d'essences forestières et de zones particulièrement sensibles à tel ou tel facteur climatique, expliquent le malaise que nous éprouvons à relire ensuite les travaux traditionnels d'histoire du climat, utilisant comme base des faits décousus, dispersés, disparates et parfois peu significatifs.

Mais aussi, dans une certaine mesure, intérêt d'ordre directement historique : certes, rien n'autorise à conclure d'une météorologie américaine à une météorologie semblable en Europe : Schulman s'est élevé énergiquement contre les tentatives dites de « téléconnection » du Suédois E. de Geer. Celui-ci avait prétendu dater des poutres de forteresse scandinave en situant leurs séries d'anneaux caractéristiques sur une échelle de référence tirée... de sequoias californiens. Tentative vouée à l'échec! On ne déduit pas une météorologie d'une autre, quand l'épaisseur d'un continent et d'un océan les sépare; les arbres américains ne peuvent nous éclairer sur ce qu'il appartient aux arbres européens de nous révéler. Cependant, ils peuvent nous apporter des présomptions, nous fournir d'utiles hypothèses sur certains aspects de notre propre histoire climatique : par exemple, l'absence ou l'insignifiance de toute fluctuation séculaire dans la croissance des arbres aux États-Unis et au Canada entre 1450 et 1850 conduit à douter, non certes de l'existence du petit âge glaciaire (elle est à peu près certaine), mais de l'ampleur réelle et de l'influence profonde de cet épisode. Si les indicateurs biologiques, en Europe même, se montraient, pour l'époque moderne, aussi indifférents et insensibles aux fluctuations séculaires qu'en Amérique, il faudrait admettre que le petit âge glaciaire ne fut qu'une oscillation longue, mais faible, de la climatologie, sans importance pour la vie des hommes.

Inversement, l'existence attestée d'oscillations séculaires du climat dans l'Ouest américain, autour des années 1300, offre un argument assez plausible pour la thèse de M. Utterström sur l'existence d'oscillations analogues en Europe à la même époque; cela ne veut nullement dire que cette idée de l'historien scandinave se trouve par là même confirmée. Elle reste, au contraire, entièrement à démontrer. Dans cette perspective, on peut seulement dire que l'existence d'une longue phase humide en Amérique au xive siècle, l'existence généralement attestée d'une progression glaciaire en Islande et au Groenland et d'un niveau très élevé de la Caspienne à la même époque[1], suggèrent la possibilité d'une longue phase d'adversité climatique au xive siècle. Il resterait encore à déterminer dans quelle mesure cette « phase », si elle a réellement eu lieu, a contribué à aggraver une balance économique et démographique qui, sans elle, était déjà devenue fort précaire du fait de l'entassement progressif en Europe, dans les siècles antérieurs, d'une population « devenue trop nombreuse dans l'état de la production alimentaire[2] »; il faudrait par exemple se demander si un tel épisode climatique, aggravant encore des conditions économiques et sociales en elles-mêmes défavorables, a pu contribuer au déclenchement et à la propagation des grandes pandémies du xive siècle, soit directement, par une action sur les germes pathogènes, soit — ce qui est plus probable — de façon indirecte par le biais des difficultés de subsistances et de la misère physiologique, nées des conditions d'adversité agricole, elles-mêmes filles de l'adversité climatique... Telle nous paraît la position du problème; quant à sa solution, elle ne sera en vue que le jour où des études systématiques analogues aux études américaines auront apporté sur la climatologie européenne des xiiie, xive et xve siècles des lumières qui, pour l'heure, font totalement défaut.

*

Des présomptions, des hypothèses de travail, voilà ce que nous suggèrent les arbres américains pour le mouvement de longue durée du climat en Europe. En revanche, sur les mouvements plus courts, nous disposons déjà d'une certitude : l'étude systématique d'arbres très âgés, entreprise en Écosse[3] à propos des xvie et xviie siècles, a mis en évidence non point une oscillation séculaire, mais des cycles approximativement décennaux qui groupent des séries d'étés, tantôt chauds, tantôt frais dans leur majorité. Ce sont les mêmes cycles déjà découverts en Amérique, analogues, quoique non synchrones. Quand ces études auront été multipliées, la connaissance de ces cycles jettera sans doute une clarté nouvelle sur l'histoire agricole et donc économique. Encore conviendra-t-il de ne pas imaginer de façon simpliste les effets sur les récoltes de telle ou telle météorologie : soit par exemple

1. D'après Gustav Utterström, *art. cité*.
2. E. Perroy, *Le Moyen Age* (*Histoire générale des Civilisations*, Paris, P.U.F.), p. 406.
3. Schove, « Tree Rings and Summer Temperature A. D. 1501-1930 », *The Scottish Geographic Magazine*, juin 1950, d'après Gustav Utterström, *art. cité*.

une alternance de cycles d'années humides et d'années sèches : en pays méditérranéen, la série d'années très sèches est catastrophique ; dans la partie Nord de la France, au contraire, c'est bien souvent l'été pluvieux qui est dévastateur. Gaston Roupnel [1] l'a bien montré pour la Bourgogne des années 1640-1650, et l'expérience agricole des étés de 1957 et 1958 le confirme. Sous l'effet de pluies prolongées, les moissons sur pied versent ; plus tard les gerbes pourrissent sur le champ et le grain coupé germe sur place ; la récolte la plus prometteuse, faute d'être séchée et rentrée à temps, peut être, en grande partie perdue, du fait de l'humidité.

Un dernier point : les données tirées des arbres présenteraient un intérêt plus grand encore si elles nous révélaient, non seulement les cycles météorologiques dans leur succession empirique, mais aussi une loi de régularité qui permettrait de prévoir le retour de ces cycles, leur périodicité ; ainsi serait introduit dans l'Histoire comme dans la prévision un élément pleinement rationnel.

Il est vrai qu'un grand journaliste, s'appuyant sur des travaux déjà anciens de Douglas et d'Antevs, a cru pouvoir affirmer que la dendroclimatologie établissait de façon décisive l'influence du cycle de 11,4 ans des taches solaires sur le climat. La courbe de croissance des arbres présenterait des oscillations périodiques de caractère « undécennal », évoquant parfaitement le cycle solaire. L'évanouissement temporaire de ce cycle undécennal entre 1645 et 1715, dans les courbes de croissance, fit même supposer à Douglas que le règne de Louis XIV fut marqué par une véritable pénurie de taches solaires. Et à l'usage de ceux qui aiment le sensationnel, le même journaliste a pu écrire : « Les arbres avaient dit vrai : nous savons par une curieuse décision du sort que le règne du Roi Soleil fut marqué par l'absence presque complète de taches à la surface de l'astre du jour [2]. »

En fait, sur cette question si controversée, les continuateurs de Douglas sont beaucoup plus prudents que leur maître. Commentant les affirmations de Douglas, Edmund Schulman écrit : « Quelques exemples de parallélisme direct qui ont été notés entre le cycle solaire et la croissance de certains arbres sont souvent cités et, de fait, peuvent ne pas être entièrement dus au hasard. » Et après cette formule fortement dubitative, il livre le fond de sa pensée : « Les cycles trouvés dans la crois-

---

1. *La Ville et la campagne au XVIIe siècle. Étude sur les populations du pays dijonnais*, Paris, S.E.V.P.E.N., 1957, p. 33.
2. A. Ducrocq : article dans *Science et Avenir*, déc. 1955, et *La Science à la découverte du passé, op. cit.*

sance des arbres semblent être caractérisés par la variabilité en longueur, en amplitude et en forme et tendent à apparaître et à disparaître sans qu'aucune loi générale se fasse jour, et à se produire pratiquement dans n'importe quelle succession. Une explication physique satisfaisante de ces caractéristiques n'a pas encore été fournie [1]. »

Il faut donc cesser de demander aux courbes de croissance des arbres des renseignements sur une loi universelle d'évolution cyclique du climat. Tout comme les courbes de prix, les courbes climatiques sont pour le moment purement empiriques : il est impossible de les déduire à partir d'une quelconque périodicité; il faut les établir pour chaque continent, pour chaque grand ensemble régional [2].

III

En attendant l'établissement pour l'Europe de bonnes séries « dendroclimatologiques », ce qui demanderait du temps et des moyens importants, il existe une méthode plus simple et plus rapide qui permet de se faire une idée du climat ouest-européen depuis le XVIe siècle. Cette méthode, connue depuis trois quarts de siècle en France, est fondée sur l'étude et la connaissance des dates de fructification des végétaux.

C'est la méthode dite « phénologique [3] ». Le principe en est très simple : la date de maturité des fruits est fonction pour l'essentiel des températures reçues par la plante entre la formation des bourgeons et l'achèvement complet de la fructification. Plus cette période a été chaude et ensoleillée, plus la maturité, — donc la récolte, s'il s'agit d'une plante cultivée,

1. Schulman, « Tree Ring and History », *op. cit.*, p. 473, et « Tree Ring indices », *op. cit.*, p. 1028.
2. B. Huber et W. von Jazewitsch, « Tree Ring studies », *Tree Ring Bulletin*, avr. 1956, p. 29.
3. Sur la phénologie, cf. l'article fondamental de A. Angot, « Étude sur les vendanges en France », *Annales du Bureau Central météorologique en France*, 1883. — Voir aussi Garnier, « Contribution de la phénologie » (*art. cité*) et J. Sanson, « Températures de la biosphère et dates de floraison des végétaux », in *La Météorologie*, oct.-déc. 1954, p. 453-456. — Duchaussoy, « Les bans de vendange de la région parisienne », *ibid.*, mars-avr. 1934. — Exemples convaincants de la méthode phénologique dans A. A. Lindzey et J. E. Newman, « Use of official data in spring time, temperature Analysis of Indiana phenological Record », in *Ecology*, Publication of the Ecological Society of America, vol. 37, n° 4, oct. 1956 (contient une très bonne démonstration de la corrélation étroite entre la température et les dates de floraison d'un grand nombre de plantes). — Sur les applications pratiques de la phénologie en agriculture, voir Golzov, Maximov, Iaroschevski, *Praktische Agrarmeteorologie*, Berlin, Deutsches Bauernverlag, 1955 (traduit du russe).

— est rapide et précoce. Inversement, si ces mois de la végétation ont été froids, nuageux, peu lumineux, la maturité et la récolte seront tardives. Il existe une corrélation étroite, et vérifiée avec précision, sur un grand nombre de végétaux, entre les sommes de températures des périodes végétatives et les dates de floraison et de fructification, dates qui s'avèrent ainsi de précieux indicateurs climatologiques.

A vrai dire, pour un historien, le champ des recherches dans ce domaine est immédiatement très limité : l'ancien régime ne nous a guère laissé de documents sur les dates annuelles de floraison des lilas et des roses... Il est une seule date que bien des registres de délibérations ou de police municipale notent fidèlement chaque année, c'est celle des vendanges, lorsque celles-ci sont réglées par un ban. Cette date, fixée par des experts nommés par la communauté urbaine ou villageoise, est évidemment fonction de la maturité du raisin et constitue de ce fait un bon indicateur de la météorologie moyenne de l'année pour la période de végétation, de mars-avril à septembre-octobre. « Les raisins sont assez meurs et mesmes par endroits se seichent », écrivent le 25 septembre 1674 les experts, « juges de la maturité du raisin » et les neuf prud'hommes nommés par la communauté de Montpellier. Et de fixer la vendange « à demain » et la première cuvée « contée de judy prochain 27 du courant... unanimement conclu [1] ». « Les raisins sont à maturité », déclarent le 12 septembre 1718 les experts de Lunel [2] qui fixent la vendange au 19 septembre et leur avis rejoint ceux exprimés par toute l'Europe viticole, puisque cette année 1718, du Languedoc à la Forêt Noire, les vendanges furent particulièrement précoces.

Naturellement, des facteurs d'ordre économique et social interfèrent avec les facteurs purement climatiques dans la fixation du ban des vendanges. En Bourgogne, au début du XIXe sicèle, les propriétaires de vignes fines, en général aisés et capables de prendre des risques, recherchent la qualité et préfèrent les vendanges tardives. Les propriétaires des vignes communes s'inquiètent assez peu de la qualité de leur vin et cherchent à vendanger tôt [3]. D'autre part, l'époque de la maturité du raisin varie suivant les cépages. Malgré ces facteurs « parasitaires », Garnier a pu montrer qu'il existe une concordance excellente, sinon une corrélation

---

1. Archives municipales de Montpellier, HH 20.
2. Archives municipales de Lunel, BB 21.
3. R. Laurent, *Les Vignerons de la Côte d'Or au XIXe siècle*, Dijon, 1958, chap. III.

parfaite, entre la courbe phénologique des vendanges d'Argenteuil, de Dijon et de Volnay au XIXe siècle et les températures moyennes d'avril à septembre des années correspondantes, telles qu'elles furent relevées par l'observatoire de Paris (graphique IV).

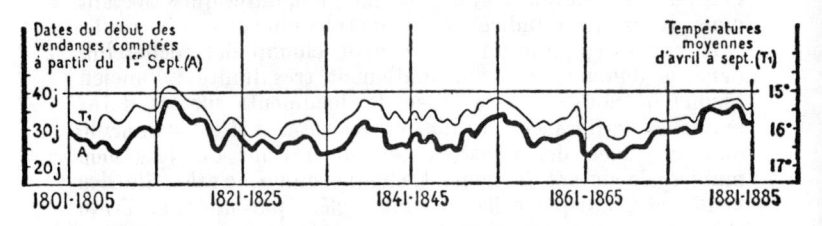

GRAPHIQUE IV. — *Dates de vendanges et températures (moyennes mobiles quinquennales).* [Nota : *pour permettre une comparaison avec la courbe phénologique A, la courbe des températures T a été inversée.*]
Source : M. Garnier, « *Contribution de la Phénologie à l'étude des variations climatiques* », La Météorologie, oct.-déc. 1955.

Le graphique IV permet d'affirmer le principe suivant : vendanges précoces, année chaude; vendanges tardives, année froide, ou plus exactement période végétative froide [1]. On conçoit l'immense intérêt que présente la connaissance des dates de vendanges pour les périodes sur lesquelles nous n'avons pas de séries continues d'observations de température, et en particulier pour le XVIIe siècle européen, à la climatologie si controversée parce que si mal connue.

La source à peu près unique pour la connaissance des dates de vendanges reste le grand article d'Angot qui a centralisé les résultats d'une enquête nationale (et même européenne) faite par le bureau central météorologique de France vers 1880 : pour le XVIIIe et le XIXe siècle, de très nombreuses stations viticoles ont livré d'abondants renseignements à Angot. Pour le XVIIe et la fin du XVIe siècle, Dijon, Salins, Kürnbach (Forêt Noire), Lausanne, Lavaux, Aubonne (Suisse) ont donné des séries à peu près sans lacunes de dates de vendanges. Les séries de Dijon, Salins, Lausanne remontent au début du XVIe siècle, avec des lacunes. Celle de Dijon au XIVe siècle. Résumons : les données phénologiques sont surabondantes

---

1. Cette idée est surtout valable pour la zone septentrionale de culture de la vigne : dans le Midi de la France, la sécheresse interviendrait à côté de la température pour fixer la date de maturité du raisin. Aussi n'avons-nous utilisé dans ce travail que des séries de vendanges septentrionales.

pour le XIXe siècle, extrêmement fournies pour le XVIIIe, suffisantes pour le XVIIe, trop rares auparavant.

Au terme de son enquête, Angot a conclu — comme aujourd'hui les dendroclimatologistes américains — à la stabilité du climat français et ouest-européen du XVIe siècle à nos jours. Cependant, n'étant pas historien et seulement météorologiste, il ne s'intéressa qu'à cette idée de stabilité et n'étudia pas les fluctuations pour elles-mêmes : c'est sur ces fluctuations que nous voudrions attirer l'attention (graphique V).

Le graphique V, construit par nous d'après les données publiées par Angot, présente en ordonnée les dates de vendanges comptées à partir du 1er septembre d'un certain nombre de villes ou localités, toutes comprises entre Alpes, Forêt Noire et Massif Central; en abscisse les temps (de 1600 à 1800).

On y note tout d'abord l'excellente, — sinon totale, — concordance annuelle qui se fait jour entre ces courbes diverses; ainsi l'année 1675, où les vendanges sont universellement et remarquablement tardives dans toute l'Europe, de la Forêt Noire au Languedoc. L'été y fut effectivement très froid, et Mme de Sévigné écrit à sa fille, alors en Provence : « Il fait un froid horrible, nous nous chauffons et vous aussi, ce qui est une bien plus grande merveille » (28 juin 1675); le 3 juillet la marquise note à nouveau « un froid étrange »; en plein été, le 24 juillet 1675, encore : « Vous avez donc toujours votre bise. Ah! ma fille, qu'elle est ennuyeuse! » et de se demander « si le procédé du soleil et des saisons étoit changé[1] ». De même, l'année 1725, qui fut marquée par une nébulosité et des pluies continues pendant tout l'été, et par un formidable enchérissement des grains dont la plupart pourrirent sur pied dans les champs, est remarquable par ses vendanges partout très tardives. Inversement, l'année 1718, dont le printemps[2] et l'été[3] furent très secs et très chauds, où les fontaines et les puits s'asséchèrent, où le foin manqua dans tout le Languedoc, se signale sur le graphique IV par ses vendanges universellement précoces. De même, l'année

1. *Lettres* de Mme de Sévigné, Paris, Hachette, 1862, t. III, p. 499, 506, 523.
2. Notation d'un curé : « depuis le dernier jour de Mars, nous n'avons pas veu de pluye et nos fontaines sont bien basses... les ollives et les raizins sont presque tous séchés et les ollives tombées des arbres » (Aniane, Arch. Municip. AA 2, vol. 67, 25-8-1718).
3. « Les chaleurs furent extrêmes cette année-là; elles durèrent tout le mois de juillet et d'août et ce ne fut qu'au sixième de septembre qu'on commença d'avoir de la pluye qui rafraîchit toute la campagne. » (D'Aigrefeuille, *Histoire de Montpellier*, t. II).

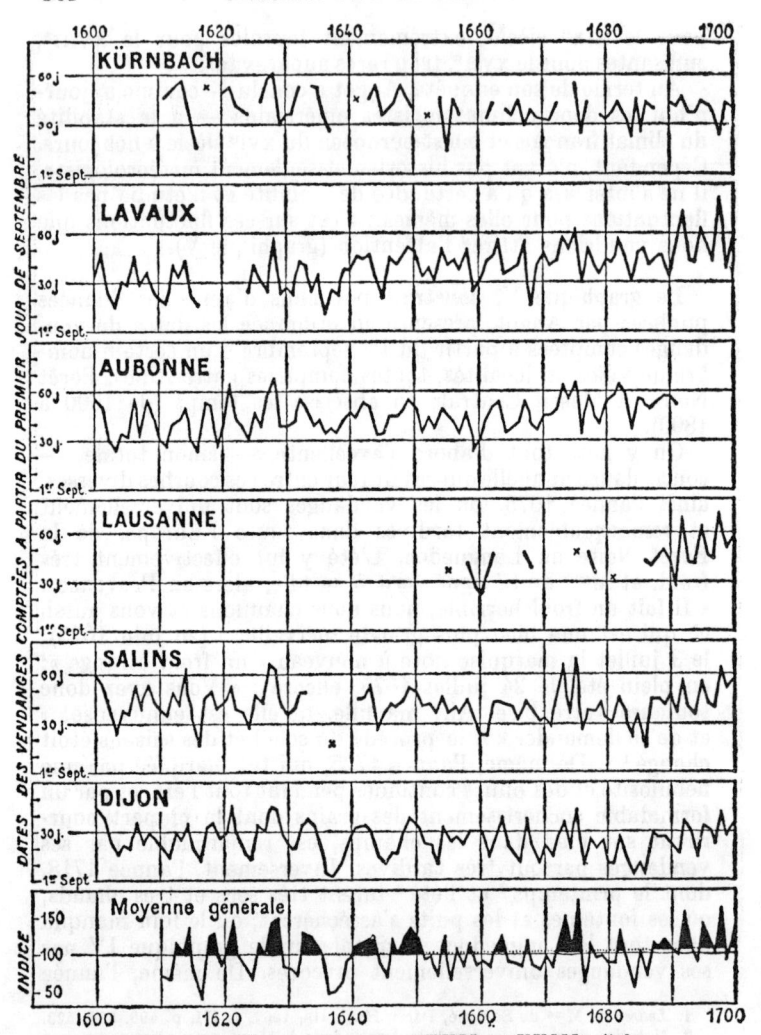

GRAPHIQUE V : *Les vendanges aux XVIIᵉ et XVIIIᵉ siècles.*

Les courbes et la moyenne générale ont été construites d'après les chiffres d'Angot. Quelques dates manquantes ont été interpolées, lorsque c'était possible, à partir de courbes concordantes provenant de localités voisines.

Pour permettre la comparaison avec les fluctuations agricoles, nous avons fait figurer, en bas de ce tableau, la courbe des prix du blé au XVIIIᵉ siècle, due à M. Labrousse (Esquisse, p. 98).

… Histoire et climat 445

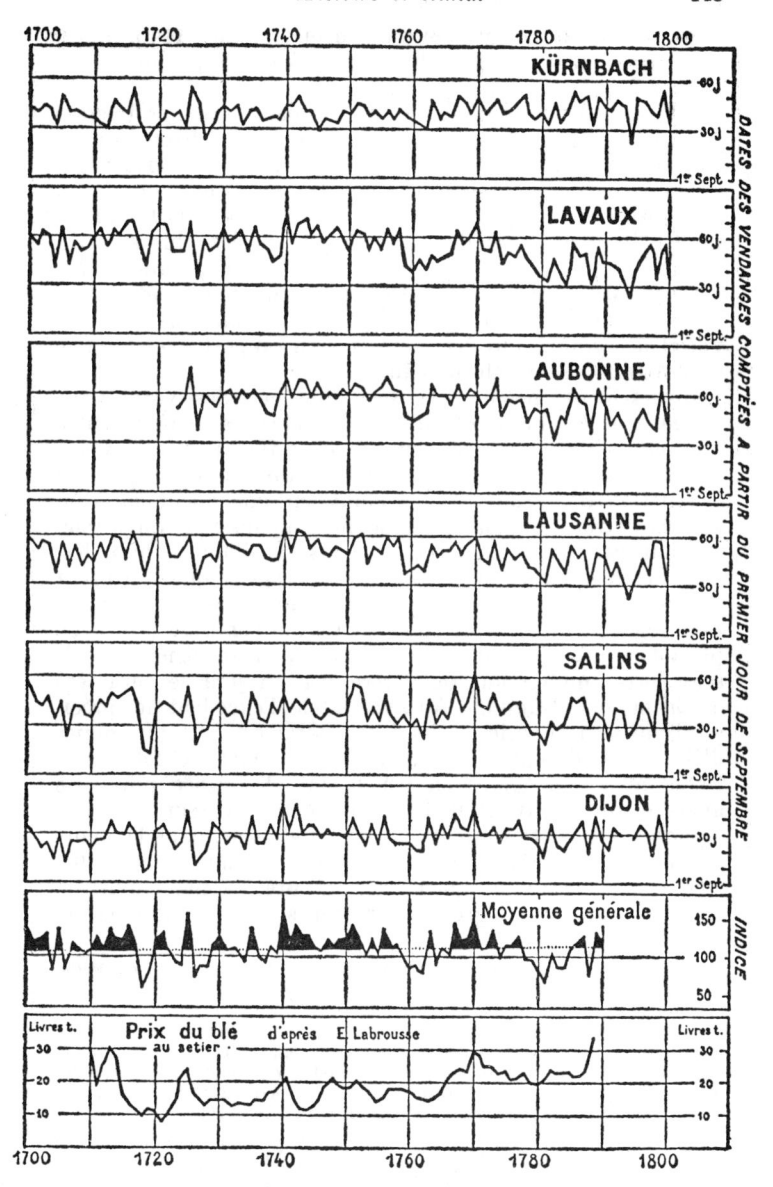

1636, année de très grande sécheresse [1], l'année 1645, année belle et chaude, année d'un fort beau vin, d'un « vin furieux [2] ».

La concordance apparaît également bonne entre nos diverses localités dans les cycles courts, entre 2 ou 3 ans et 10 ou 15 ans [3]. Des séries d'années (ou plus exactement de périodes végétatives) particulièrement chaudes apparaissent de façon lisible sur nos graphiques : 1635-1639; 1680-1686; 1704-1710 [4]; 1718-1719 (deux étés des plus chauds et des plus secs du XVIIIe siècle); 1726-1728; et aussi 1757-1762, enfin 1777-1785. Ces dernières années particulièrement chaudes et sèches, s'accompagnent d'une surproduction et d'une mévente du vin et des grains, qui sont à mettre en rapport avec la crise économique pré-révolutionnaire.

Inversement, notons des séries de périodes végétatives froides : le graphique confirme que la France a connu entre 1639 et 1643 et à nouveau entre 1646 et 1650 une série d'étés froids et humides qui se révélèrent catastrophiques pour la production des grains. Se fondant sur une documentation purement traditionnelle, Roupnel note lui aussi : « Après 1646 au contraire, on rencontre une succession d'années humides, avec des printemps glacés et des étés orageux qui détruisent partout les récoltes déjà fort insuffisantes de ces pays [la Bourgogne] dépeuplés et ruinés. » Ce qui confirme la courbe phénologique. Il ajoute une réflexion d'ordre général : « Il sera certes intéressant de déterminer un jour le caractère de ces périodes humides. Au XVIIe siècle, l'excédent des précipitations atmosphériques est donné, semble-t-il, par les pluies d'été, c'est-à-dire par les orages de juin et juillet. Actuellement, les plantes fourragères en bénéficient et l'année pluvieuse apporte ainsi souvent le bien-être au cultivateur. Dans le vignoble, elle reste toujours un désastre. Mais, dans la Bourgogne du XVIIe siècle, l'année sèche était mieux accueillie de nos anciens que de nous. Au contraire, l'année pluvieuse, avec ses orages et ses grêles, entraînait souvent la destruction

---

1. J. Sanson, « Y a-t-il une périodicité dans la météorologie? » in *La Météorologie*, 1955.
2. Roupnel, *op. cit.*, p. 33, citant le journal du curé Macheret.
3. J. Garnier, ingénieur de la météorologie, définit ainsi les cycles de la courbe phénologique : « Les variations des vendanges se font tantôt dans le sens de la précocité, tantôt dans celui de la tardivité. » On retrouve, ajoute-t-il, « des périodes plus tardives et plus précoces correspondant aux périodes sèches et chaudes ou aux périodes humides et froides » (J. Garnier, *art. cité*, p. 299).
4. Malgré l'hiver de 1709, situé hors de la période végétative; d'une façon générale, la phénologie ne donne aucun renseignement sur la période de repos de la végétation océanique et continentale, sur l'hiver.

des céréales qui étaient alors la culture essentielle et la ressource presque unique de l'alimentation [1]. » Il n'hésite pas à écrire encore : « Six années pluvieuses, de 1646 à 1652, provoquent au printemps de 1652 une terrible misère. »

Il serait certes absurde d' « expliquer » la Fronde par ces conditions météorologiques défavorables des années 1640. En revanche, il est plausible d'admettre que dans une société en état de crise latente « depuis 1630, 1635, 1637 », les difficultés agricoles, filles de l'adversité climatique, ont joué un rôle provocateur; les mauvaises récoltes ont déclenché les « extraordinaires pointes cycliques » de 1647-1650. Elles n'ont pas causé, au sens profond du terme, mais elles ont provoqué, comme un catalyseur, l'immense « bouleversement économique, social et surtout démographique » qui s'est incomplètement et maladroitement exprimé dans les révoltes de la Fronde [2].

*

Après deux pointes très violentes en 1673, et surtout 1675, on ne trouve réellement une « série noire » d'années très froides qu'à l'extrême fin du XVIIe siècle, entre 1687 et 1704. Presque partout, les vendanges de 1692 et 1698 sont les plus tardives connues entre 1675 et 1725; et dans cette même décennie, à Salins comme à Dijon, il n'y a pas de vendanges précoces comparables à celles de 1684, 1686 ou 1718. On connaît déjà l'effet catastrophique de la famine de 1693 sur l'économie européenne [3]. On sait moins sans doute que c'est l'ensemble des années 1690 qui ont été marquées, quant à la période végétative, par un déficit thermique prolongé, déficit qui, dans les pays de la Baltique, grands fournisseurs de céréales, a dû retarder, entraver, parfois même empêcher complètement la maturation des « bleds ». Ainsi s'éclaireraient, — du moins en partie, — les difficultés persistantes d'approvi-

---

1. G. Roupnel, *La Ville et la campagne au XVIIe siècle...*, op. cit., p. 33. — Les dictons paysans confirment les idées de Roupnel : « Année pluvieuse, année malheureuse »; et, de même, « Année de foin, année de rien ». Inversement : « Année sèche n'amène jamais famine »; « Année sèche n'appauvrit pas le maître »; « Année sèche n'est pas affamée »; « Année sèche, année de vins » (d'après J. Sanson, « En marge météorologique de la petite histoire », in *La Météorologie*, juin 1956).
2. Les citations sont extraites de P. Goubert, « Ernst Kossmann et l'énigme de la Fronde », in *Annales*, 1958, n° 1, p. 117.
3. P. Goubert, « Problèmes démographiques en Beauvaisis », in *Annales*, 1952, n° 4, p. 461. — J. Meuvret, « Les crises de subsistances et la démographie de la France d'Ancien Régime », in *Population*, oct.-déc. 1946.

sionnement en grains, notamment dans les pays du Nord[1] à cette époque, les cours élevés des céréales, et les émeutes de subsistances générales dans toute l'Europe et jusqu'en Sibérie[2], pendant toutes ces années : émeutes et difficultés que le seul hiver de 1693 et les guerres ne suffisent pas à expliquer[3].

Après une accalmie (1704-1710), une nouvelle série d'années froides s'ouvre entre 1710 et 1717 : au total, la période 1687-1717 semble avoir été particulièrement desservie par le climat, puisque, outre les deux longues séries d'années froides que nous venons d'énumérer, elle a essuyé les deux hivers catastrophiques de 1693 et 1709.

Le hasard a voulu que la seconde partie du règne de Louis XIV soit en grande partie une période d'adversité climatique : une telle situation n'est sans doute pas entièrement étrangère aux difficultés de subsistances et au marasme économique généralement baptisé « crise de la fin du règne ». Par la suite, les « périodes froides » les plus remarquables se situent entre 1740 et 1752, autour de 1770, enfin en 1785-1789. Là encore, la comparaison instituée avec la courbe des prix du blé au XVIIIe siècle, d'après E. Labrousse[4], indique que ces périodes froides s'accompagnent assez souvent de la cherté des blés et des difficultés de subsistances. A partir de 1765, cette amorce de corrélation entre cycle économique et cycle phénologique se transforme en un parallélisme assez étroit ; les vagues de hauts prix et de bas prix, de surproduction et de déficit des récoltes coïncident assez exactement avec les séries d'années froides autour de 1770 et d'années chaudes autour de 1780. Cela tient sans doute au fait, très net sur notre courbe, que ces cycles météorologiques des années 1770 et 1780 ont été beaucoup plus groupés, beaucoup plus marqués et tranchés que les cycles analogues dans la période antérieure du XVIIIe siècle et qu'ils ont dû peser ainsi d'un poids beaucoup plus lourd sur l'économie agricole. La production céréalière sur le plateau central, par exemple,

---

1. J. Meuvret, « Les mouvements des prix, de 1661 à 1715, et leurs répercussions », in *Bulletin Soc. statistique de Paris*, mai-juin 1944.

2. R. Portal, « Russes en Sibérie au XVIIe siècle », in *Revue d'Histoire moderne*, juin 1958.

3. Par d'autres méthodes, Manley aboutit également à la conclusion qu'une période froide s'est instaurée entre 1691 et 1702 : Manley, « Variations in the mean température of Britain since glacial time », *Geologische Rundschau*, 1952, p. 125-127, d'après G. Utterström, *art. cité*.

4. E. Labrousse, *Esquisse du mouvement des prix et des revenus au XVIIIe siècle*, Paris, Dalloz, 1933, p. 98.

a durement ressenti ces années froides; entre 1767 et 1773, le blé du Causse fait à peu près défaut sur le marché de Montauban [1]. Inversement, la crise de surproduction viticole de 1777-1785 a été aggravée par les successions de printemps doux et d'étés chauds et secs que révèle notre graphique.

*

Jusqu'ici les conclusions qu'on peut tirer de la phénologie ouest-européenne rejoignent celles inférées de la dendroclimatologie ouest-américaine, du moins pour la période postérieure au XVIe siècle : primauté des fluctuations décennales (la plus remarquable étant la variation froide de 1687-1704); existence assez plausible de fluctuations interdécennales, qui s'ordonneraient ainsi (voir graphique V, à la moyenne générale), pour les plus nettes d'entre elles :

Série d'étés et de printemps dans l'ensemble	
Chauds	Frais
1651-1687 1717-1739	1687-1717 1739-1758

A l'échelle interdécennale le lien avec la conjoncture agricole et par là même avec la conjoncture générale reste vraisemblable, en particulier sous Louis XIV; pour le froment de la Brie et pour le seigle des pays du Nord, le tournant de 1687 est décisif : Jean Meuvret [2] a bien montré qu'à une période de bas prix et de surproduction (toute relative) de céréales qui durait pour le moins depuis 1661, succède à partir de 1685-1690 jusque vers 1715 une longue période de difficultés de subsistance et de hauts prix : printemps et étés plus frais, céréales plus rares et plus chères? Notons enfin, sur nos graphiques, l'absence totale de périodicité régulière de ces cycles : est-il besoin de dire, en effet, que le cycle solaire [3] n'exerce aucune influence sur les courbes phénologiques?

1. « Les années où les absences du blé du Causse ont été les plus nombreuses (9 mois sur 12) entre 1739-1789 s'échelonnent sur une période de cinq années de 1767 à 1771. Nous pouvons déjà inférer que les conditions météorologiques ont été peu favorables au blé » (Robert Ancely, *Le Prix des céréales à Montauban* [*1691-1789*]. Diplôme d'Études supérieures [inédit]).
2. J. Meuvret, *Les mouvements des prix, art. cit.*
3. Cf. Angot, *art. cité.*

Par-delà les fluctuations courtes et moyennes sur lesquelles la méthode phénologique nous apporte de précieux renseignements, est-il possible de déceler à partir de 1550-1600 des fluctuations séculaires, un mouvement de longue durée du climat? Question capitale pour la connaissance de l'histoire économique de cette période.

A vrai dire, une vue superficielle de telle ou telle courbe phénologique pourrait faire croire à l'existence décelable de tels mouvements : ainsi, les vendanges de Lavaux sont devenues de plus en plus tardives entre 1640 et 1710; dans la première moitié du XVIIe siècle, on vendangeait à Lavaux entre le 20 septembre et le 10 octobre; au XVIIIe siècle, nettement plus tard : c'est entre le 10 et 30 octobre que les raisins sont cueillis.

Magnifique exemple, dira-t-on, du refroidissement progressif qui s'instaura pendant le règne de Louis XIV. Mais, comment expliquer alors que ce retard des vendanges ne se soit manifesté à Dijon que cinquante ans plus tard? Quant à Salins et à Kurnbach, la date moyenne des vendanges n'y a pratiquement guère varié au XVIIe siècle et au début du XVIIIe; s'il y a eu changement, ce serait plutôt dans le sens de la précocité. Les vignerons franc-comtois ou allemands seraient-ils soumis à d'autres conditions climatiques que leurs confrères suisses ou bourguignons? Évidemment, non. L'excellente concordance des cycles phénologiques de courte et moyenne durée dans les vignobles les plus éloignés les uns des autres prouve bien qu'un seul et unique facteur prédomine dans ce premier cas : le climat, qui unifie les décisions des communautés villageoises, de l'Allemagne au Midi français. Inversement, la discordance évidente dans les mouvements de longue durée, même entre les vignobles très proches, ne saurait être le fait du climat. Le retard des vendanges, lorsqu'il a lieu à Lavaux ou à Dijon, par exemple, est dû à l'action de l'homme. On en connaît la raison : ici, au XVIIe siècle, là au XVIIIe, le vigneron, stimulé par une demande plus forte et plus exigeante, renonce à sa traditionnelle piquette et cherche à obtenir un vin de qualité et d'une meilleure conservation[1]; ou encore, en Guyenne, en Languedoc, il brûle son vin pour en tirer de l'eau-de-vie; dans les deux cas, il a intérêt à vendanger plus tard : il obtient ainsi

---

[1]. Cf. H. Enjalbert, « Naissance des grands crus », in *Annales*, oct.-déc. 1953, p. 462.

un raisin plus longuement mûri, ayant une plus forte teneur en sucre, susceptible de donner plus de « degré ». A la limite, c'est la « pourriture noble ». Et cette pratique décale vers le haut la courbe phénologique dans son ensemble. Signe d'une révolution viticole et non d'une révolution climatique, le retard des vendanges révèle en somme une intéressante donnée d'histoire économique; pour que ce retard des vendanges revête une signification météorologique et dénonce un mouvement de longue durée du climat, il faudrait qu'il ait lieu dans tous les vignobles au même moment. Or, nous avons vu qu'il n'en est rien. Ainsi, l'indicateur biologique ne décèle pas aux XVIIe et XVIIIe siècles d'onde longue de la météorologie qui se superposerait aux cycles courts et moyens, ceux-ci parfaitement nets et synchrones sur tous les graphiques. Autant dire que cette onde longue, — si elle a existé, — reste négligeable pour l'historien, puisque ses conséquences biologiques, les seules qui compteraient, furent insignifiantes. Certains auteurs ont du reste estimé que les oscillations longues concernaient essentiellement la période hivernale (qui n'a pas d'action sur la phénologie du raisin); nous discuterons plus loin leurs raisons.

Au témoignage des anciens vignobles d'Allemagne, de France et de Suisse, fait du reste écho, lointain et concordant, celui des forêts millénaires de l'Alaska ou de l'Arizona : dans la période moderne, postérieure à 1500, la « documentation végétale » montre d'innombrables fluctuations brèves et moyennes, mais pas de fluctuation séculaire : « le XVIIe siècle n'a pas eu une météorologie pire que le XVIIIe [1] ».

Autrement dit, les crises géantes du XVIIe siècle, celle de la Fronde, celle des années 1690-1700 ont sans doute été provoquées par des séries d'années climatiquement et écologiquement défavorables; la connaissance des données phénologiques constituera sans doute une contribution nécessaire à l'étude de ces épisodes essentiels, comme à la connaissance des crises agricoles qui ont précédé la Révolution française. En revanche, « la crise du XVIIe siècle », au sens le plus vaste du terme, la longue dépression, la conjoncture séculairement défavorable où s'enracinèrent et s'exaltèrent ces crises géantes et courtes ne saurait s'expliquer, elle, par le climat qui, pour la période végétative à coup sûr, était le même qu'au XVIe [2] et au XVIIIe.

Dans l'explication du mouvement économique de longue

1. E. Labrousse, *La Crise économique à la veille de la Révolution*, Paris, P.U.F., 1944, p. 182, n. 1.
2. Les séries lacunaires de vendanges dont nous disposons pour le XVIe siècle ne montrent pas de différence climatique d'ensemble avec le XVIIe, à Dijon, Salins, Lausanne.

durée, à l'échelle d'un siècle, l'histoire des conditions économiques et sociales, l'histoire proprement humaine reprend donc ses droits souverains, éclipsant les facteurs climatologiques et leurs cycles trop courts [1].

Ces derniers facteurs nous paraissent vraiment et surtout importants pour l'histoire économique à l'échelle annuelle et décennale, voire interdécennale. A l'échelle séculaire, ils se compensent. Le mouvement court leur appartient; le mouvement long leur échappe, du moins après 1500, pour la période que nous pouvons connaître.

IV

Les indications détaillées que nous fournissent les méthodes biologiques restent incomplètes sur un point essentiel : elles sont saisonnières, elles concernent uniquement les mois où se développent l'aubier et le raisin (printemps-été); elles ignorent l'hiver, période d'arrêt total de la croissance et de mort provisoire de la végétation dans les pays tempérés. C'est sans doute une des raisons essentielles de leur désaccord avec la chronologie glaciaire, où les fluctuations hivernales jouent certainement un grand rôle.

Faute de sources biologiques pour l'étude des hivers, il faut bien recourir à la méthode événementielle et documentaire évoquée et critiquée au début de cet article. Sous sa forme fruste et purement qualitative, cette méthode appelle, nous l'avons vu, les plus grandes réserves. En revanche, maniée avec prudence et rigueur, elle peut donner des résultats intéressants. Un météorologiste anglais, D. J. Schove [2], a ainsi tiré du fatras anecdotique légué par la tradition écrite, un recensement systématique et chronologique des hivers réputés « froids » ou « doux » et des étés catalogués « chauds » ou « frais [3] » dans l'Europe du Nord-Ouest depuis 1450. A partir d'une dizaine de séries régionales ainsi mises au point, il a construit des moyennes décennales, elles-mêmes fondues en moyennes mobiles de trente ans (1501-1530, 1511-1540,

---

1. Nous réservons à nouveau le cas du xive siècle, où une fluctuation séculaire du climat, quoique non démontrée pour le moment, n'est pas inconcevable.
2. « Discussion : post-glacial climatic change », communication de D. J. Schove, *The quarterly Journal of the Royal Meteorological Society*, avril 1949; s'y reporter pour les tableaux I et II, souvent cités dans notre exposé, mais qui n'ont pu être reproduits ici.
3. Notons qu'un tel effort statistique paraît superflu pour l'été, où les renseignements phénologiques nous semblent suffisants. En revanche, pour l'hiver, il a permis de constituer un « catalogue » irremplaçable.

1521-1550, etc.). Il a donc épuré, amendé, transcendé la méthode « anecdotique » par l'élaboration statistique, et il est parvenu à passer, en quelque sorte, du qualitatif au quantitatif. Notons que D. J. Schove écarte systématiquement toutes les données dont l'interprétation est ambiguë. Il n'utilise que des événements strictement météorologiques; si ses raisonnements sont rigoureux, sa base de départ, elle, est solide. Ses conclusions sont donc dignes d'intérêt; nous les exposons ici, sans pour autant les reprendre toujours à notre compte. Nous les tenons plutôt pour d'utiles hypothèses de travail.

A vrai dire, ces conclusions sont très différentes selon qu'il s'agit de l'hiver ou de l'été, et le tableau que notre auteur a dressé du XVIe siècle climatique permet de s'en rendre compte (tableau I). Les séries d'étés y présentent des fluctuations qui peuvent atteindre et dépasser vingt ans, mais aucune tendance séculaire vers le réchauffement ou le refroidissement. Autrement dit, selon les décennies, il y a plus ou moins d'étés chauds ou frais; mais au total ces variations se compensent à l'échelle du XVIe siècle, pour ne laisser subsister qu'une impression de stabilité générale [1]. La source événementielle rigoureusement exploitée recoupe donc parfaitement, en ce qui concerne l'été, les conclusions tirées, de façon indépendante, de la source phénologique.

Il en va tout autrement des hivers; des données provenant d'Italie, comme de Bâle, des Flandres et d'autres régions de l'Europe (résumées dans le tableau I) font la preuve qu'à partir des années 1540, le nombre des hivers doux diminue brutalement, tandis que celui des hivers rudes augmente brusquement et nettement, et cela jusqu'en 1600 au moins.

Ainsi, à la constance relative des étés, à l'absence de *trend* estival, s'oppose à partir de 1540, la dégradation des hivers. Plus que l'avance des glaciers, plus que le refroidissement absolu des mois d'hiver, c'est leur refroidissement relatif par rapport à l'été, c'est cet écart qui se creuse entre des saisons de plus en plus tranchées qui constitue, selon D. J. Schove, l'indice essentiel de la « continentalisation » du climat, de l'entrée dans le « petit âge glaciaire ». D'après lui en effet, cette dégradation des hivers, cette tendance continentale, persisterait bien après le XVIe siècle (tableau II), et, malgré d'importantes fluctuations (en particulier une période « interglaciaire » d'hivers doux de 1681 à 1740), elle n'aurait pris

---

[1]. Depuis la date, lointaine, où fut écrit cet article, j'ai, à ce propos, changé de point de vue : voir ma contribution avec Mme M. Baulant, aux *Mélanges en l'honneur de Fernand Braudel*, vol. II, p. 31-48 (Privat, Toulouse, 1973).

fin — provisoirement peut-être — que vers 1890. Le tournant des années 1890, spectaculairement marqué par le recul des glaciers, continu depuis cette date, serait, — d'après Manley, autre météorologiste anglais cité par D. J. Schove, — « un changement dans les températures d'hiver, en liaison avec un accroissement de l'élément " maritime ", dans le climat européen ». Ce tournant signifierait la fin du « petit âge glaciaire », ou au moins une nouvelle période interglaciaire. Les deux grandes discontinuités du climat hivernal en Europe seraient ainsi : 1540 et 1890.

★

Toutes ces conclusions, au moins en ce qui concerne le climat européen, n'ont évidemment qu'un caractère provisoire et méritent d'être revisées, à la lumière de faits nouveaux. Certaines observations méthodologiques nous paraissent cependant incontestables. Résumons-les. Des quatre méthodes que nous avons exposées, la première (méthode anecdotique traditionnelle) est à rejeter; la seconde (méthode dendroclimatologique) est parfaitement scientifique, mais lente, délicate, pénible, coûteuse, elle n'est guère à la portée du chercheur isolé. En revanche les deux dernières méthodes évoquées sont à la fois d'un maniement facile et d'un rendement sûr; elles offrent en outre l'avantage d'être rigoureusement complémentaires. C'est donc dans leur direction qu'il faut organiser la recherche; vers la connaissance des périodes végétatives et, dans une certaine mesure, des fluctuations agricoles par la phénologie [1]; vers l'étude de la morte-saison, des fluctuations hivernales, par une statistique des témoignages; et, au total, vers une connaissance synthétique de l'histoire du climat par la mise en parallèle, ou, si l'on préfère, la mise en opposition des deux séries, hivernale et estivale, ainsi obtenues.

De telles séries sont parfaitement réalisables pour la période qui va de 1500 à 1800 [2]. Elles ont un intérêt intrinsèque. Elles

1. Notons ici une autre supériorité de la phénologie sur la dendroclimatologie : un anneau d'arbre n'est que le témoignage en quelque sorte biographique des avatars annuels subis par un seul individu biologique. Il faut plusieurs dizaines d'arbres pour constituer une moyenne valable. Au contraire, une date de vendange représente déjà une évaluation moyenne de la maturité du raisin sur plusieurs milliers (ou dizaines de milliers) de ceps de vigne : elle possède d'emblée une valeur statistique.

2. Après 1800, ces séries sont inutiles : elles sont en effet relayées par les observations de température et de précipitations. Avant 1500, il semble bien difficile de constituer des séries « phénologiques », par défaut de documents. L'exemple de Dijon (où la série « démarre » à la fin du XIVe siècle) montre cependant qu'il peut en exister.

sont également utiles, nécessaires même, à l'édification d'une histoire totale véritable : la mise en évidence des fluctuations météorologiques telles qu'elles ont réellement eu lieu exorcisera en effet une fois pour toutes ce déterminisme paresseux qui, à chaque grand fait économique ou démographique mal expliqué, ajuste gratuitement une explication climatique. Mais elle permettra aussi de donner au climat la part qui lui revient dans l'histoire des sociétés traditionnelles, part qui n'est ni la première, ni la dernière; elle permettra de déterminer dans quelles mesures le hasard et la contingence des saisons et des récoltes a servi, contrarié, dévié parfois les tendances profondes et la nécessité interne du développement historique.

Elle donnera, en somme, une coloration nouvelle, un aspect pleinement concret à l'histoire économique et sociale.

Pour une histoire de l'environnement : la part du climat [1]

Deux livres, tous deux composés par des météorologistes professionnels, l'un allemand, l'autre britannique, viennent d'approfondir et de renouveler l'idée que nous nous faisons de l'histoire du climat « récent » (cet adjectif concerne en l'occurrence le dernier millénaire, ou, plus modestement, les derniers siècles, depuis 1670).

Hans von Rudloff [2] dont l'ouvrage sur les fluctuations et oscillations du climat d'Europe, depuis le XVIIe siècle jusqu'à nos jours, a été récemment publié en Allemagne occidentale, est, en toute sa biographie, un historien du climat, par vocation et par excellence. Il est né en 1922, « année extrêmement froide et humide » comme il aime à le dire par plaisanterie... S'étant formé au métier de météorologiste, von Rudloff est devenu, selon l'expression de ses collègues allemands, un *Langfrister* (spécialiste du long terme). Et son livre, relatif au mouvement du climat d'Occident, depuis le début des observations instrumentales (soit de 1670 à 1965), permet de faire le point sur le réchauffement récent, replacé dans le contexte climatique des derniers siècles.

Cette histoire purement météorologique, dessinée par le chercheur allemand, est parfaitement originale par sa trame, par son écriture, par ses dates quelquefois précises comme des années de bataille, d'autres fois nécessairement plus élastiques; elle commence très mal... et ne se termine pas bien. La terminaison, on le verra, c'est le *cooling*, le rafraîchis-

---

1. *Annales*, sept.-oct. 1970.
2. H. von Rudloff, *Die Schwankungen und Pendelungen des Klimas in Europa seit dem Beginn der regelmässigen Instrumenten-Beobachtungen*, Braunschweig (Vieweg, éditeur), 1967. L'autre ouvrage est celui de H. H. Lamb, *The changing climate*, Londres (Methuen), 1966.

sement récent, plutôt fâcheux, inauguré en Europe depuis une quinzaine d'années après les fastes et les belles chaleurs des années 1942-1953. Quant aux commencements des séries Rudloff, ils coïncident avec la fin assez glaciale du XVIIe siècle : au moment même où démarrent, très rares encore, ces séries instrumentales régulières, dont la mise en évidence forme le tissu même du livre de notre auteur.

Le grand froid du XVIIe siècle finissant représente, en effet, l'une des découvertes importantes, réalisée par Gordon Manley dans son archéologie des températures anglaises, dont les conclusions sont reprises par von Rudloff [1]. Autour de 1690, printemps, étés, automnes, hivers, mesurés par les thermomètres déjà valables de cette époque, sont plus froids de près de 1° C, qu'ils ne le seront jamais, au cours des deux siècles et demi d'observations régulières qui suivront, jusqu'en 1950-1960. On l'a dit ailleurs, à propos des dates de vendanges, on peut le redire, en s'aidant des données instrumentales : s'il y a une période où l'on peut parler de *pessimum*, de *little ice age*, c'est bien cette décennie 1689-1698, marquée en toute saison par des températures moyennes inférieures à la normale; de là les grands hivers (1693-1694; 1694-1695) où le Bodensee est gelé à porter charrettes, où l'Islande est, entièrement ou presque, entourée de glaces; de là la forte hausse décennale des prix du blé, suscitée notamment par les grandes famines, par le grain mûrissant mal, pourrissant sous les pluies, gelant : c'est l'horrible disette de 1693-1694; ou celle de 1696-1697 par suite de laquelle le tiers de la population finlandaise est couché dans la tombe [2].

Dans la suite, au cours de la première moitié du XVIIIe siècle, une amélioration sensible est enregistrée. Printemps, étés, automnes se réchauffent sensiblement, tandis que les situations anticycloniques se répandent sur l'Europe, et que les trajectoires des dépressions, caractéristiques du flux d'ouest, se déplacent vers le nord. Cet échauffement dont les travaux de Gustav Utterström [3] permettent de mesurer, en Suède,

---

1. Sur les séries thermométriques de la fin du XVIIe siècle, cf. H. H. Lamb, *The changing climate*, Londres, 1966, p. 175; von Rudloff, *op. cit.*, 1967, pp. 98, 102, 108, 114, 120.

2. P. Jeannin, *L'Europe du Nord-Ouest et du Nord aux XVIIe et XVIIIe siècles*, Paris (P.U.F.) 1969, p. 94, note 4.

3. Utterström, dans *Scand. econ. hist. rev.*, 1954 et 1962. D'une façon générale, le réchauffement estival du XVIIIe siècle, par contraste avec des périodes plus fraîches à la fin du XVIIe siècle, et au début du XIXe, paraît être un fait assez général, non seulement en Europe, mais aussi aux hautes latitudes de l'hémisphère Nord, proches de l'Arctique : voyez, d'après les *tree-rings*, la forte pousse des arbres stimulée par la chaleur de l'été, au XVIIIe siècle en Scandinavie en Oural polaire

les heureuses conséquences agricoles et démographiques, culmine autour des années 1730-1739, magnifiquement ensoleillées, marquées par un bref optimum. Seuls les hivers paraissent réfractaires à cette « détente » du premier xviii® siècle. Ils demeurent très froids et neigeux ; et cette rigueur s'affirme notamment lors de l'épouvantable hiver de 1709, qui détruit les moissons, crée la famine après la récolte, ou plutôt après la non-récolte qui suit, et fait ainsi en Europe, au bat mot, des centaines de milliers de morts tués par la faim ou par les épidémies ; celles-ci fleurissant sur le terrain infectieux d'une dénutrition exaspérée.

Après 1709, toutefois, on note une certaine accalmie hivernale (toute relative ! car les hivers de cette période un peu adoucie restent néanmoins nettement plus froids, de près de 1 °C, que pendant l'optimum du xx® siècle). Cette accalmie est maximale, elle aussi, dans la belle décennie 1730, qui décidément voit culminer la chaleur de toutes les saisons.

Par la suite, et toujours selon von Rudloff, un nouveau refroidissement s'instaure : il est perceptible aux quatre saisons dans la décennie 1740. Il démarre durement avec l'année 1740, elle-même uniformément froide, en hiver, printemps, été, automne. Ces rudes saisons de 1740 compromettent les récoltes et répandent donc la disette, quoique à un degré bien moindre qu'en 1709 : les spécialistes de démographie historique considèrent que dans les régions d'agriculture évoluée de la France, comme est le Bassin parisien, la disette de 1740-1741, consécutive à la mauvaise moisson de 1740, représente la dernière crise de subsistances digne de ce nom ; accompagnée ou parfois précédée d'épidémies, elle a entaillé d'un ultime coup de hache, et de morts nombreuses, les populations d'Ancien Régime. Après cette date, grâce à divers progrès relatifs à l'agriculture, grâce aux routes et au commerce des blés, il n'y aura plus, en France du Nord, de vraie famine, causant massivement morts d'hommes par faim brutale.

Quoi qu'il en soit, les quarante premières années du xviii® siècle, jusqu'en 1739 inclusivement, constituent bel et bien la phase d'un certain attiédissement, lequel est perceptible par comparaison avec les rigueurs du xvii® siècle finissant et avec celles, précitées, de la décennie 1740. Attiédissement insuffisant pour faire reculer en profondeur les glaciers alpins ! Ceux-ci sont, en effet, trop bien nourris

et Nord-Ouest canadien (Bray, dans *Nature*, 205, p. 441, 30 janvier 1965, et dans *Journ. of glac.*, 1966, p. 322 ; Bray et Struik, dans *Canad. Journ. of Bot.*, 1963, p. 1245 ; Adamenko, dans *Journ. of glac.*, 1963, pp. 449-451).

grâce à l'occurrence persistante d'hivers froids et neigeux, qui favorisent l'accumulation glaciaire. Mais cet attiédissement modéré du premier xviiie siècle est tout de même assez marqué pour que ne se produisent plus, relativement aux sociétés humaines, ces catastrophes d'années glaciales ou pourries que furent, respectivement, les famines de 1693 et 1709. Dans l'intervalle qui sépare la grande disette de 1709 de la crise de subsistances de 1740, soit pendant une trentaine d'années, on note en effet, dans la France limoneuse du Nord, la bonne tenue du climat de blé, l'inexistence de cataclysmes *majeurs* de l'alimentation céréalière; en bref, l'immunisation partielle et momentanée aux crises de subsistances, due notamment à l'absence bénéfique de ces « désastres froids » que furent ou que seront les années famineuses de 1693, 1709, 1740.

En dépit d'une chronologie naturellement capricieuse, la deuxième moitié du xviiie siècle (connue elle aussi grâce aux analyses de von Rudloff) n'offre pas de caractères qui soient fondamentalement différents de ceux de la première : les hivers pour lesquels on possède désormais *huit* séries, s'échelonnant de la Scandinavie à la France, en passant par la Pologne, la Hollande et, bien entendu, l'Angleterre, restent décidément inclinés vers la rigueur, une rigueur nettement plus marquée qu'au cours de notre période contemporaine d'hivers doux, s'échelonnant, elle, de 1897 à 1939. Les autres saisons en revanche dessinent, après 1750, des sarabandes plus fantaisistes : les printemps de la période 1750-1800 sont, dans l'ensemble, à en juger par les nombreux diagrammes de von Rudloff, nettement plus frais que ceux de l'optimum du xxe siècle. Les automnes en revanche sont presque aussi chauds; les étés tout aussi chauds que les nôtres. Il est vrai qu'une décennie d'étés froids et souvent humides et pourris intervient entre 1765 et 1775. Elle incite, pendant les plus mauvaises années, les paysans bretons aux ventres creux à ne pas attendre la moisson, tant ils sont démunis de céréales : ces malheureux mangent donc leurs seigles en vert; et beaucoup, parmi ces consommateurs imprudents, contractent des dysenteries, infections intestinales, maladies digestives, qui leur sont mortelles [1]... Les difficultés de subsistances, consécutives à la décennie des étés froids et pluvieux et des mauvaises récoltes de 1765-1775, sont l'une des causes de l'échec de la politique frumentaire de Turgot; l'une des causes aussi

---

[1]. J.-P. Goubert, dans *Annales*, 1969 (numéro spécial sur *Histoire biologique et société*).

de la révolte des consommateurs pauvres, connue, autour de Paris, sous le nom de *guerre des farines*, en 1775, précisément [1].

Cependant, une fois passées ces quelques années cycloniques, un magnifique optimum estival se détache autour de 1780, à travers une série d'étés brûlants jamais égalée depuis, en termes de moyennes thermométriques décennales. Cet optimum des chaleurs d'été, bien signalé par la précocité des dates de vendanges et par l'excellente qualité des millésimes correspondants des vins du Rhin, crée pour quelques années au royaume de Louis XVI et pratiquement dans tout l'Occident l'abondance relative du blé, la surabondance absolue du vin. D'où l'effondrement des prix de cette boisson, longuement étudiés par Ernest Labrousse.

Mais ces beaux étés, localisés dans les environs de 1780, ne suffisent pas à renverser la tendance, *aux quatre saisons*. Hivers très froids, printemps et automnes généralement frais ou un peu frais, en cette seconde moitié du XVIIIe siècle, donnent au climat d'Europe une nuance d'ensemble qui, en gros, est plutôt rafraîchie, de quelques dixièmes de degrés °C en moins, par rapport aux moyennes du XXe siècle. Ce simple facteur frais, ajouté à des tendances qui, en haute montagne, sont logiquement plus neigeuses qu'aujourd'hui, suffit à conserver aux glaciers alpins les dimensions énormes et « sublimes » que découvrent vers 1770-1789, les premiers graveurs préromantiques.

Ces nuances thermiques, plutôt négatives, s'aggravent momentanément avec la *première moitié du XIXe siècle* : les quatre saisons, et surtout l'hiver, sont alors nettement plus fraîches que pendant la période de référence choisie par von Rudloff (1850-1950). Un pessimum très net afflige la décennie 1810, principalement quant à l'hiver, l'été, l'automne. Quelques grosses disettes, en particulier 1816-1817, en sont la conséquence; et ce pessimum de la seconde décennie du siècle pose les bases de la poussée glaciaire, qui affecte toutes les Alpes vers 1820. C'est du reste dans ces années 1800-1850 qu'on rencontre tout à la fois l'été le plus frais (1816) et l'hiver le plus froid (1829-1830), des séries longues et thermométriques d'observations européennes.

A partir de 1856, au terme d'une dernière grande décennie de fraîcheur (printemps et étés frais; crises de subsistances; avance glaciaire; le tout terminé vers 1855), les choses s'éclairent, et le grand réchauffement s'annonce : une première

---

1. G. Rudé, « La guerre des farines », in *Annales d'Hist. de la Révol. franç.*, 1956 et 1961.

flambée « optimale » illumine et réchauffe les paysages climatiques de l'Europe occidentale. Elle correspond, en ce qui concerne les étés, à la décennie 1856-1865 (et aussi 1871-1880) ; à la décennie 1857-1866 pour les automnes ; 1858-1867 pour les hivers ; enfin, plus tardivement, 1862-1874 pour les printemps. Chaudes et sèches, peu neigeuses quant à l'hiver, ces groupes de saisons tièdes culminent dans les années 1858-1865, si brillantes quant à l'abondance agricole. Par ailleurs, ces décennies au souffle brûlant, où pour la première fois depuis longtemps l'hiver et l'été simultanément se réchauffent, portent un coup de grâce initial aux glaciers alpins : ceux-ci connaissent, au cours des années 1860-1870, un recul comme on n'en avait jamais vu au cours des deux siècles qui précèdent. C'est vraiment, pour de bon, la fin du *little ice age*.

Par la suite, les choses vont se gâter un peu ; et l'on note, après ces brillants débuts du réchauffement contemporain, un retour offensif du froid, très sensible, par exemple, au cours de la décennie 1880. Faut-il incriminer, entre autres facteurs, comme le fait von Rudloff avec prudence, l'explosion gigantesque du volcan du Krakatoa (août 1883), projetant vers le ciel 18 km^3 de poussières destinées à rester en suspension quelques années dans l'atmosphère du globe, où elles filtrent et diminuent très légèrement le rayonnement solaire ? Les climatologistes, c'est un fait, croient de plus en plus à l'importance des éruptions volcaniques, comme facteurs de pollution de l'atmosphère et comme cause de fluctuations négatives et momentanées des éléments thermiques du climat [1].

Quoi qu'il en soit, c'est seulement à la fin du XIXe siècle, à partir de 1889 pour les étés, de 1890 environ pour les automnes, et surtout à partir de 1897 pour les hivers, que le réchauffement reprend ses droits : et il se dirige désormais avec plus de résolution (quoique encore avec bien des hésitations, des « remords » et des retours en arrière) vers l'optimum du XXe siècle ; cette chronologie étant valable, comme toujours dans ce paragraphe, pour l'Europe occidentale et centrale, essentiellement.

Dans les régions précitées, cet optimum contemporain, qui fut celui de notre jeunesse, est en quelque sorte à double face. Pour les printemps, étés, automnes, bref pour les trois saisons du triptyque qui constituent la période végétative de l'année, il culmine, au terme d'une montée plus ou moins régulière, pendant la douzaine d'années splendides (« splen-

---

[1]. H. Lamb, *Communication au Congrès de l'I.N.Q.U.A. (Association internationale pour l'étude du quaternaire)*, Congrès de Paris, 1969.

dides » en terme de climat, seul domaine mis en cause par cet adjectif!), qui se situent entre 1942 et 1954. Chacune des trois saisons du triptyque a naturellement, au sein de cette chronologie, sa périodisation particulière, Les printemps d'abord, sous l'influence d'une circulation zonale de plus en plus marquée, s'échauffent résolument à partir de 1920 : les températures printanières, ainsi mises en mouvement, atteignent leur apogée de 1942 à 1954, le culmen se situant en 1947-1949 : du coup, la végétation, stimulée par ces chaleurs printanières, qui établissent sur l'Europe centrale un climat de type « pannonien », démarre plus tôt pendant les années optimales. Puis, après 1954, jusqu'en 1965 et au-delà, un certain rafraîchissement (d'environ 0,5 °C en moyenne) affecte à nouveau les printemps d'Europe.

La même analyse, avec des nuances, vaut pour les étés : ceux-ci s'échauffent un peu plus tard que les printemps, soit dans la décennie 1930. L'optimum estival se déplace du reste du nord au sud, et il balaie lentement le vieux continent, depuis l'Arctique jusqu'à la Méditerranée. La chaleur d'été culmine en effet au Groenland dès 1927-1937; dans la Laponie et la zone baltique du Nord en 1932-1942; dans l'Europe septentrionale et maritime en 1937-1947; dans l'Europe centrale en 1942-1953. Ces dix années (et notamment, parmi celles-ci, 1942, 1943, 1944, 1946, 1947) qui sont millésimes de bons vins superbement mûris par le soleil, sont aussi, dans les Alpes germaniques, la période même où les glaciers sont les plus maltraités par une fusion portée à son comble. Les appareils glaciaires en arrivent, en ce temps-là, à perdre annuellement 10 à 15 m de longueur, mesurés à leur langue terminale; et jusqu'à 60 m d'épaisseur annuelle. Quelques esprits chagrins n'hésitent pas à parler, à cette époque, de mort prochaine des glaciers; pronostic pessimiste qui sera démenti par les rafraîchissements de la fin des années 1950.

L'optimum estival du xxe siècle culmine en 1947, quand une ramification anticyclonique, lointain pseudopode des hautes pressions des Açores, vient s'attarder sur la Scandinavie et y répandre la chaleur. « L'été 1947, écrit von Rudloff, se place, vers le haut, aux limites extrêmes du climat actuel. » D'une façon générale, ceux qui, de par leur trop jeune âge, n'ont pas mémoire des beaux étés de l'après-guerre (1947, 1949, et encore, en Europe centrale, 1950, 1952...), ceux-là peuvent se dire qu'ils n'ont pas connu ce qui aurait pu être, en d'autres circonstances d'histoire humaine, une certaine « douceur de vivre » climatique...

Après 1952, et notamment de 1953 à 1962, l'extension

septentrionale du climat méditerranéen et « pannonien » cesse de se faire sentir en Europe; la belle saison redevient tendanciellement plus nuageuse et plus fraîche; les valeurs thermiques retournent à des niveaux plus modérés; quelques beaux étés, ensoleillés, surviennent encore de temps à autre; mais ils sont isolés; ils ne se produisent plus avec cette répétition, cette fréquence qui firent le charme de l'optimum estival entre 1942 et 1953.

L'histoire des automnes du xxe siècle, sur le vieux continent, se conforme elle aussi, en gros, au *pattern* des printemps et des étés, tel qu'il vient d'être dessiné, si l'on suit von Rudloff. Le réchauffement automnal, amorcé à la fin du xixe siècle, reprend ensuite avec force, dans l'Europe du Nord et de l'Est, au cours de la décennie 1916-1925. Au centre et à l'ouest européens, ce démarrage, ou plus exactement ce second souffle, est un peu plus tardif : il commence seulement durant la décennie 1920-1929, et très précisément à partir de 1926. Depuis cette date, les automnes dans les vieilles nations sises à l'est de l'Atlantique, demeurent constamment accrochés à de hautes températures; on n'avait en effet jamais connu, en aucune époque antérieure surveillée par les thermomètres, de réchauffement automnal qui fût comparable, par l'amplitude et par la durée, à celui qui intervient à partir du second quart du xxe siècle : après 1926, c'est un long automne doré qui n'en finit plus! Ces chaleurs d'arrière-saison, caractéristiques de l'optimum contemporain, prolongent de beaucoup la période végétative, retardent la chute des feuilles et provoquent, en Europe, de véritables phénomènes d' « Indian Summer », ou d' « été de la Saint-Martin » qui, d'ordinaire, sont plus fréquents en Amérique. Chronologiquement, l'optimum automnal glisse, lui aussi, du nord au sud, et de l'est à l'ouest : il culmine en effet en 1929-1938, de la Russie à la Pologne et à la Laponie (en cette dernière région, le bouleau, du coup, repousse en des zones qui l'avaient oublié depuis longtemps). En Europe centrale, ce même optimum est décalé : il intervient un peu plus tard, en 1942-1951 : la coïncidence est, dans cet espace, presque complète avec l'optimum estival. Enfin, la culmination est encore plus décalée dans l'Europe du Sud-Ouest. Quant à la phase de *cooling* qui, logiquement, si l'on se réfère à l'exemple des autres saisons, devrait clore ces splendeurs automnales, elle est finalement très tardive, plus tardive que pour les étés. Les automnes de la décennie 1953-1962 restent assez chauds, bien que les zones de forte activité frontale des cyclones, déjà, commencent à glisser vers le sud, ce qui induit un début de refraîchissement.

Un refroidissement bien tranché ne s'instaure qu'avec les automnes de 1963 et 1964.

Dans l'ensemble, et une fois cumulées les trois saisons d'ablation glaciaire (printemps, étés, automnes), l'optimum de 1942-1953, avec ses températures printanières-estivales supérieures de 1 °C à 1,3 °C aux valeurs « normales » (1850-1950), s'est avéré très néfaste aux glaciers alpins. De ce point de vue, l'année 1946-1947 (hiver 1946-1947 presque sans neige en montagne, et donc sans accumulation glaciaire; printemps, été, automne chauds et secs en 1947) marque un paroxysme du démantèlement des glaciers.

L'hiver, enfin, est le dernier volet de cette chronologie saisonnière; il se réchauffe, lui aussi, mais selon une périodisation bien différente des neuf autres mois du cycle annuel : l'adoucissement hivernal, caractéristique du réchauffement long du xxe siècle, commence en effet en 1897, année séculaire, à partir de laquelle s'accroissent fortement, et la circulation zonale, et le transport d'air océanique sur l'Europe de l'Ouest. La culmination, sur le vieux continent, de ce climat zonal-maritime à hivers doux se situe non pas en 1942-1953 comme c'est le cas pour les trois autres saisons; mais en 1910-1928 (plus exactement vers 1910-1920 pour une douzaine de stations; vers 1920-1930, pour six autres; vers 1930-1940 pour une dizaine d'autres postes ou villes pourvues d'observations météorologiques).

Les hivers relativement tièdes et océaniques, enregistrés pendant cet optimum précoce et original de la saison froide, sont en même temps plutôt pluvieux, du fait de l'influence privilégiée du flux d'ouest qui s'y fait sentir; pendant la période quasi optimale 1901-1930, comparée à la « normale » 1851-1930, la hausse moyenne (en janvier) des températures allemandes est d'environ 1,4 °C; celle, correspondante, des précipitations est de 17 mm. Cependant, et en dépit de ces pluies accrues, les années 1925-1934 sont très pauvres en neige d'hiver sur l'Europe centrale : elles contribuent donc à freiner l'accumulation glaciaire dans les Alpes germaniques. Les malheureux glaciers sont destinés à être rongés aux deux bouts! défaut d'accumulation par en haut pendant l'optimum hivernal des années 1920-1930; excès d'ablation par en bas pendant l'optimum des autres saisons des années 1942-1953.

Cependant, l'hiver très froid de 1939-1940 sonne le glas de l'optimum hivernal et marque un tournant vers une nouvelle vague longue du froid d'hiver. Ce phénomène d'*Abkühlung*, essentiellement limité aux trois mois de la « mauvaise » saison, de décembre à février, caractérise la décennie 1940 : les hivers rudes de cette période, dite de guerre et d'après-guerre, se trouvent donc en contraste total avec les optima de printemps, d'été et d'automne qui signalent, à l'inverse et simultanément, les mêmes années, 1942-1953.

Pourquoi ces nouvelles rigueurs de la saison froide, depuis une trentaine d'années en Europe? Parce que, dit von Rudloff, la période de circulation zonale intense qui était à l'origine de l'optimum hivernal prend fin vers 1938-1939. (Elle prend fin..., à tout le moins pendant les trois mois de la saison froide. Car pour les autres saisons de l'année, il est évident qu'il en va autrement, la chronologie n'étant pas la même.)

L'analyse climatologique du chercheur allemand dénonce donc des phénomènes que nous retrouverons ailleurs, en évoquant la synthèse de H. H. Lamb. « Au cours des hivers postérieurs à 1940, écrit en substance von Rudloff, les routes des cyclones ont tendance à se situer plus au sud. Du coup, l'Europe centrale, notamment germanique, se trouve désormais replacée plus fréquemment sous l'influence des masses d'air froid, arctique et polaire-maritime, dont l'invasion est favorisée par le creusement des basses pressions sur l'espace méditerranéen. » En altitude, au niveau de la surface de 500 millibars, à 4 ou 5 km de hauteur dans l'atmosphère, une vallée froide *(cold trough)*, orientée du nord au sud, a tendance à se localiser plus à l'ouest qu'elle ne faisait pendant l'optimum hivernal. De la Norvège à la Méditerranée, cette vallée froide, nouvellement déportée vers l'ouest, canalise donc sur l'extrémité occidentale du vieux continent des vagues d'air glacé productrices d'hivers très froids : tel est le cas, par exemple, au cours de l' « hiver du siècle », 1962-1963. Ces phénomènes représentent, dans une certaine mesure (car l'acquis du réchauffement séculaire est loin d'être entièrement annulé) la fin européenne de l'adoucissement hivernal.

*

Reste à donner l'explication climatologique de tels phénomènes : de ce point de vue, c'est H. H. Lamb qui, dans le développement logique d'une évolution inaugurée par Rossby et Willett, et prolongée (hors des pays de langue anglaise) par Flohn et Pédelaborde, a donné les tableaux les plus compréhensifs et les plus vastes, embrassant à la fois l'interprétation climatologique, et les descriptions historiques, récentes ou anciennes.

Historien du climat, H. H. Lamb voit se dérouler devant lui

la succession des phases d'optimum et de pessimum. Soit, d'une part, le grand optimum atlantique de la préhistoire, le bref optimum des environs de l'an mil et qui dure quelques siècles; le réchauffement de notre époque enfin. D'autre part, le pessimum « subatlantique » de l'âge du fer, vers 500 B.C.; enfin, démarrant autour de 1200 après J.-C. et culminant lors de la pire période du *little ice age* (celle-ci, vers 1550-1700), le pessimum de l'époque moderne, dont les phases de froid ou de fraîcheur les plus intenses se situent lors des années 1590, 1640, 1690; cette décennie 1690, dont le présent article a déjà dénoncé les rigueurs, connues par les températures britanniques et par les dates de vendanges françaises.

Cumulation d'un pessimum européen, les années 1690, tissées d'étés pourris, d'hivers, très rudes, de moissons détruites et de famines, s'intègrent à un contexte plus général. Fondamentalement, en effet, si l'on suit l'analyse de Lamb, l'alternance des phases de pessimum et d'optimum, à toutes les époques, s'explique, dans la mesure où l'on veut bien entreprendre une analyse dynamique, et par là même historique, de la circulation générale de l'atmosphère : cette analyse s'attache, en particulier, à définir le flux d'ouest de la zone tempérée : ce grand mouvement « zonal » et circulaire qui, entre le 40e et le 70e parallèle, charrie d'ouest en est, parallèlement aux latitudes, les particules d'air, encerclant le globe comme un anneau.

On sait, depuis les travaux décisifs de Rossby (1947), que ce flux d'ouest est sujet à d'immenses variations, variations qui commandent l'évolution du temps sur l'Amérique du Nord, l'océan Atlantique, la Grande-Bretagne et l'Europe continentale; ces modifications et déformations affectent toutes les composantes et caractéristiques du flux d'ouest.

En effet :

1. Elles concernent d'abord, dit Lamb, les positions en latitude, plus ou moins déportées vers le sud ou vers le nord, qu'occupent en surface (au niveau de la mer) les trajectoires des dépressions. Ces trajectoires, orientées d'ouest en est, peuvent en effet selon les années, les siècles et le type de climat du moment, emprunter des chemins qui, s'agissant par exemple de l'été, peuvent passer sur le nord de la Scandinavie; ou bien, au contraire, nettement plus au sud : sur l'Écosse, le Danemark et la mer Baltique.

2. Les déformations et variations précitées affectent d'autre part toute l'épaisseur du flux d'ouest *(en hauteur)*, et notamment ce qu'on appelle les *Upper Westerlies*, dont l'action se fait sentir à 4 ou 5 km d'altitude; ces Upper Westerlies,

dont les itinéraires ouest-est sont étroitement liés à ceux des trajectoires des dépressions au niveau de la mer, peuvent, elles aussi, et corrélativement avec celles-ci, emprunter des routes qui sont situées tantôt plus au nord et plus proches du pôle, et tantôt plus au sud. Mais cette dérive du flux d'ouest vers le pôle ou vers l'équateur, s'accompagne au sein des Upper Westerlies de changements de structure et d'intensité. Quand les Upper Westerlies dérivent vers le nord, elles accroissent leur énergie, deviennent plus intenses et plus rapides, et charrient vers le continent davantage de chaleur, d'humidité et d'influence océanique. Quand, au contraire, elles se laissent aller vers le sud, elles se ralentissent, leur énergie est plus faible; et du coup, en Europe au moins, les influences continentales l'emportent sur celles de l'océan.

Les changements de structure des Upper Westerlies concernent aussi la distribution géographique de leurs accidents caractéristiques. Les Upper Westerlies engendrent, en effet, quant aux masses d'air qu'elles mettent en mouvement, un système de crêtes chaudes et de vallées froides; les unes et les autres déformant en altitude, vers le haut ou vers le bas respectivement, la topographie de la surface à 500 millibars (celle-ci étant, rappelons-le, sise à 4 ou 5 km de hauteur). Quand la circulation devient, comme il a été dit précédemment, plus septentrionale et plus rapide, la « longueur d'onde » qui sépare une vallée froide de la précédente se fait plus grande : les vallées froides deviennent donc moins nombreuses et leur répartition se desserre et s'élargit vers l'est. La tendance est inverse dans le cas d'une circulation affaiblie et qui dérive vers le sud : on obtient alors des « vallées » plus nombreuses, plus resserrées, et qui tendent (à partir de la perturbation quasi permanente des montagnes Rocheuses, prise comme point d'origine) à se situer plus à l'ouest. Pour fixer les idées, disons qu'on peut, dans ces conditions, et pour les latitudes tempérées de l'hémisphère nord, passer (en été) d'un système à quatre vallées froides (l'une sur le détroit de Behring; une sur la côte atlantique des U.S.A.; une sur une ligne Finlande-Adriatique; une sur le Baïkal) à un système à cinq vallées (deux sur l'Amérique du Nord; une sur l'Angleterre; une sur la mer d'Aral; une sur la Mandchourie). Notons incidemment que le système à quatre vallées est plutôt représentatif d'un climat d'optimum (tel que celui du xie ou du xxe siècle), alors que le système à cinq vallées est typique d'un pessimum (comme est, par exemple, le *little ice age* à la fin du xvie ou du xviie siècle).

Telles sont, schématiquement résumées d'après le livre

de Lamb, quelques-une des variations qui affectent les « Westerlies » de la zone tempérée. Or, fait capital pour l'historien du climat (qui cherche légitimement à systématiser ses trouvailles empiriques, à découvrir des faits pour mieux fabriquer des modèles), ces variations peuvent se ramener notamment à deux types principaux : « la donnée essentielle dans ce domaine, écrivait fort bien Pierre Pédelaborde, c'est l'existence de deux types de circulation...; leur alternance permet d'expliquer les variations du climat à toutes les échelles et à toutes les époques ». Appelons ces deux types, pour simplifier, modèle I et modèle II.

Modèle I, d'abord : le type de circulation épanoui vers l'équateur, écrit Lamb, domine pendant les périodes de refroidissement et de « pessimum »; il implique, du moins dans la zone américano-européenne, le rejet vers le sud des trajectoires des dépressions qui désormais se situent, durant l'été, vers 57°-60° N : pendant les célèbres « décennies pourries » des années 1590 et 1690, huit sur dix des étés ont pu ainsi se caractériser par des trajectoires de dépressions passant relativement très au sud, sur l'Écosse et le Danemark, entre 56° et 60° N; dans une telle situation, des torrents de fraîcheur et d'humidité se déversent sur l'Europe occidentale, pendant la « belle » saison; ils peuvent éventuellement, dans les conditions de l'agriculture ancienne, détruire les moissons et provoquer la famine. Corrélativement, et toujours dans cette conjoncture d'évolution vers le pessimum, où la circulation se fait plus méridionale, l'hiver tend à se refroidir : en effet, en même temps que les trajectoires de dépressions dérivent vers le sud, on note, en hiver, « que la zone des vents prédominants d'est et du nord tend à dériver vers le sud : cette dérive étant associée avec des chutes de neige plus fréquentes dans les Iles britanniques ». Double phénomène donc, intimement lié au mouvement glaciaire; les étés, d'une part, se rafraîchissent et sont donc moins actifs quant à l'ablation des glaces. Les hivers d'autre part ont davantage de vents du nord et de chutes de neige, ce qui accroît l'accumulation dans la partie amont des glaciers. Ces divers facteurs, qui agissent cumulativement, provoquent l'accroissement classique des glaciers alpins et, plus généralement, des glaciers d'Europe et d'Amérique, en période de circulation déportée vers le sud et de *little ice age*.

Le *Modèle I* est contraignant à plusieurs niveaux, y compris en ce qui concerne la mer elle-même! En un mouvement grossièrement parallèle à celui des trajectoires des dépressions atmosphériques, les courants marins, d'origine septentrio-

nale et de tendance froide, tel que celui du Labrador, tendent
eux aussi à « descendre » vers le sud ; et avec eux, les isothermes
océaniques. L'Atlantique nord, aux latitudes du Canada et
de la France en hiver, de l'Angleterre en été, se refroidit donc
en période de *little ice age*, et par exemple pendant le premier
tiers du XIXe siècle.

Déportée vers le sud, la circulation atmosphérique du
Modèle I se caractérise, d'autre part, par son énergie moindre,
par l'affaiblissement général des « gradients de pression pour
les principaux courants de vents dominants ». Dans la mesure
où les Westerlies font partie d'un système général de transfert
de l'air chaud depuis les tropiques jusqu'aux zones polaires,
cette déperdition d'énergie « implique une diminution du
transport de chaleur et d'humidité vers les régions polaires ».
On est donc là en présence d'un facteur capital de refroidissement, aux latitudes hautes et tempérées.

Tandis que, en période de *Modèle I*, le système général de
la circulation et des Westerlies se déplace ainsi vers le sud
et s'affaiblit, la structure même des Upper Westerlies (circulation en altitude, dessinée d'après la surface de 500 mb)
se modifie : les vallées froides se resserrent vers l'ouest, les
unes vers les autres. Et, par exemple, la vallée froide qui
surplombe le vieux continent se déplace de l'Europe de l'Est
vers l'Europe centrale et occidentale. Voilà qui explique, dans
les siècles de *little ice age*, la fréquence plus grande des incursions d'air froid, en provenance du nord et filant vers le sud,
à partir de la mer de Norvège, et jusqu'en Méditerranée
occidentale.

On a donc d'une part un *Modèle I :* type de circulation
épanoui vers le sud, affaibli quant à son énergie intrinsèque;
avec un espacement moindre et un resserrement vers l'ouest
de la structure « en crêtes et vallées » des Upper Westerlies.
Le tout étant en corrélation (par suite de nombreux facteurs
imbriqués les uns aux autres) avec les périodes de refrois-
sement et de pessimum nord-américain et européen (par
exemple entre 1550 et 1850).

Le *Modèle II*, au contraire, est caractéristique des phases
de réchauffement et d'optimum, anciennes ou récentes. Lors
des épisodes au cours desquels sévit ce second modèle, le
tourbillon ou « vortex circumpolaire » des Westerlies, au
lieu de s'épanouir largement vers l'équateur, se contracte
désormais autour du pôle. Les trajectoires des dépressions
deviennent en majorité septentrionales; et pendant l'été,
elles abandonnent désormais l'Écosse et le Danemark, pour
passer beaucoup plus au nord, par la pointe du Groenland,

l'Islande, la Laponie, et la presqu'île de Kola. D'où l'installation d'un climat plus chaud, notamment sur l'ouest du vieux continent; les étés, en effet, y deviennent plus brûlants et plus lumineux, dans la mesure où l'Europe occidentale, délivrée des cyclones, qui passent désormais plus au nord, tombe de plus en plus sous l'influence réchauffante des anticyclones méridionaux. Quant à l'hiver, il s'adoucit lui aussi du fait de la circulation intensifiée, dans les périodes où règne le *Modèle II* : le flux dorénavant renforcé des vents d'ouest apporte, pendant la saison « froide », chaleur et humidité océanique sur l'Europe occidentale. Ces doubles caractéristiques, d'hiver et d'été, finalement, convergent : elles permettent de définir les périodes d'optimum, longues ou brèves, passées ou présentes, comme étant paradoxalement celles d'un « oceanic and summer-anti-cyclonic » régime.

De ce point de vue, l'opposition du *Modèle I* (pessimum, froid) et du *Modèle II* (optimum, chaud) peut s'interpréter, selon les lignes de force d'un autre vocabulaire, en termes de circulation plus *méridienne* ou plus *zonale*.

Le *Modèle II* (réchauffement), où est plus intense la circulation d'ouest en est, affirme une influence croissante des facteurs *zonaux* et océaniques, producteurs de réchauffement. Le *Modèle I* (refroidissement) se définit, au contraire, du moins sur le vieux continent, par la prépondérance *méridienne* des facteurs d'action continentaux, des échanges nord-sud et des coulées d'air froid en direction du midi : celles-ci accompagnant logiquement l'affaiblissement et la fragmentation des Westerlies et la mise en place d'une vallée froide, en altitude, sur l'Europe de l'Ouest.

Pour en rester, cependant, au *Modèle II* (réchauffement), il se caractérise, quant à l'océan, par une remontée vers le nord de ce courant chaud qu'est le complexe « Gulf-Stream / dérive Nord-Atlantique ». Et, d'autre part, en ce qui concerne la structure « en crêtes et vallées » de la circulation de la haute atmosphère, on note des changements qui sont inverses de ceux que Lamb mentionnait précédemment pour le *Modèle I* (pessimum, froid). Dans les conditions d'optimum-réchauffement, en effet, en même temps qu'augmentent la force et la vitesse des Upper Westerlies, leur longueur d'onde s'accroît corrélativement [1]. Du coup, les « cold troughs » ont tendance à s'espacer vers l'est, à épargner l'Europe occidentale. Cet effacement de la vallée froide *en altitude* explique

---

[1]. Selon les formules de Rossby, citées par Lamb, *op. cit.*, pp. 31-32, cette longueur d'onde s'accroît avec la racine carrée de la vitesse générale des Westerlies. Cf. aussi Lamb, *op. cit.*, pp. 207-208.

probablement, *en surface* et au niveau de la mer, la remarquable diminution du nombre des irruptions d'air froid septentrional dans le secteur européen au cours des périodes de circulation zonale et de réchauffement : et, par exemple, entre 1890 et 1950, lors d'une culmination notoire de l'optimum récent. Rien d'étonnant à cela : irruptions d'air froid moins nombreuses, c'est par définition temps plus doux. Finalement, tous ces facteurs réunis — adoucissement *océanique* et « zonal » de l'hiver, échauffement *anticyclonique* de l'été, diminution de la fréquence des irruptions froides — se résument en une remontée générale des moyennes thermiques, génératrice d'intense fusion pour les glaciers.

Tels sont ces deux livres, l'un davantage historique et descriptif, l'autre plus explicatif et climatologique : ils témoignent chacun à sa façon de l'immense progrès accompli, depuis une vingtaine d'années, dans le domaine des séries et des principes, par l'historiographie scientifique du climat. Ils défrichent le terrain, lèvent les obstacles, factuels ou théoriques, qui seraient encore susceptibles de s'opposer à l'approche essentiellement documentaire que pourront désormais pratiquer, sans inhibition, les historiens professionnels, dans leurs contributions à l'histoire du climat. Avec Lamb et von Rudloff, celle-ci, de toute façon, est bien partie.

Le climat de la France (1776-1792) :
séries thermiques [1]

En 1774, l'importation, dit-on, de quelques cuirs infectés dans le Sud-Ouest français, déclenchait, au détriment du cheptel local, une impressionnante épizootie [2]. Dans les deux années 1774-1775, près d'un cinquième du troupeau gascon et languedocien était anéanti... Est-ce vraiment, comme l'ont écrit de bons historiens [3], cet épisode, qui au début de 1776, incita Turgot à créer, par arrêt du Conseil (29 avril 1776), la Commission médicale, dont devaient sortir et la Société royale de Médecine, et par contrecoup le premier Office de météorologie nationale? La réponse précise à une telle question, quant au fléau particulier qui fut initiateur de l'affaire, importe assez peu. Le fait capital, c'est que des contagions nombreuses, effroyables, éclatent dans la décennie 1770. Epizooties, elles appauvrissent la nation, dont elles déciment les bestiaux. Épidémies, elles la saignent, en tuant ses hommes; et elles parviennent même à modérer l'essor démographique, un moment déchaîné, du quart du siècle précédent [4]. Indépendamment de tel ou tel paroxysme, l'ensemble de ces fléaux, pris globalement, suffit à fournir, pour une part, les justifications dont s'inspire la décision

---

1. Étude écrite en collaboration avec J.-P. Desaive, et parue dans le recueil collectif *Climat, médecins, épidémies à la fin du XVIIIe siècle*, édité chez Mouton, Paris-La Haye, 1972.
2. E. Faure, *La Disgrâce de Turgot*, Paris, Gallimard, coll. « Trente journées qui ont fait la France », 1961, p. 110.
3. M. Foucault, *Naissance de la clinique: une archéologie du regard médical*, Paris, P.U.F., 1963, p. 26.
4. Y. Blayo et L. Henry, « Données démographiques sur la Bretagne et l'Anjou de 1740 à 1829 », *Annales de Démographie historique*, 1967, p. 102; M. Reinhard, A. Armengaud et J. Dupâquier, *Histoire générale de la population mondiale* Paris, 1968, p. 67.

du ministre. Du côté du gouvernement, se révèle en effet, dans l'acte du 29 avril 1776, la volonté têtue d'un politicien modernisateur, Turgot, qu'épouvante la mauvaise santé du peuple et la diffusion incontrôlée des contagions. A travers cette démarche ministérielle, on devine aussi le souhait du Contrôle général, qui veut garder sous sa coupe la gestion des enquêtes statistiques. Du côté des savants, d'autre part, l'Académie des Sciences réagit contre l'obscurantisme des Facultés médicales : elle encourage la création de la commission spécialisée, qui deviendra la S.R.M.[1]. Vicq d'Azyr est le secrétaire de cette organisation débutante. Fort heureux, sans doute, de réaliser, grâce à celle-ci, un vieux projet personnel, il lance, dès le début de 1776, son enquête en partie double sur les épidémies et le climat.

Le plus étonnant, pour un esprit « rationnel » du XXe siècle, est en effet de constater que les préoccupations médicales, justifiées par les hécatombes d'hommes et d'animaux, débouchent, comme en plein ciel, sur la mise au point, fil à fil, du premier écheveau de séries météorologiques, qu'un groupe de chercheurs ait jamais édifié, dans les différentes régions de la France. Le secret de cette corrélation bizarre, que les hommes de 1775 établissent entre l'infection et le climat, c'est, on le sait mieux depuis quelques travaux[2], la théorie aériste : reprise de Sydenham, et, par-delà ce vieil auteur, de Galien et d'Hippocrate[3], cette conception venue du fond des âges, assignait aux épidémies des causes écologiques, liées au climat. Les raisons profondes de telle ou telle épidémie sont en effet déterminées, si l'on en croit l'aérisme, par les « constitutions », c'est-à-dire *hic et nunc* par le temps et le lieu. La « *constitution* » générative du mal, ce peut être « cet air *vif, piquant, subtil, pénétrant*, qui est celui de Nîmes pendant l'hiver; cet autre *poisseux, épais, putride*, que l'on connaît à Paris lorsque l'été est long et lourd[4] ». Passant de la maladie au remède, mais toujours fidèle à l'aérisme le plus strict, l'arrêt du conseil[5], précité, n'hésite même pas à écrire que « si le ciel est sec et le baromètre est très haut, la saignée est utile et même nécessaire ». Les médecins, qui

---

1. S.R.M. : Société Royale de Médecine (les archives en sont conservées à l'actuelle Académie de médecine à Paris).
2. M. Foucault, *op. cit.*; J. Meyer, « L'enquête de l'Académie de médecine sur les épidémies », J.-P. Peter, « Une enquête de la Société royale de Médecine : Malades et maladies à la fin du XVIIIe siècle ». (Ces articles de Meyer et Peter sont parus dans le recueil *Climat, médecins...*, cité *supra*, p. 472, note 1.)
3. J. Meyer, *op. cit.*
4. M. Foucault, *op. cit.*, p. 23.
5. Cité par Meyer, *ibid.*

s'inspirent de cette problématique sont contemporains des
« Lumières »; pourtant, ils se comportent, dans les faits,
comme des paysans de la thérapeutique. Ils sont à l'image des
agriculteurs d'autrefois, qui lisaient dans les fluctuations de
la pluie et des saisons, dans les alternances de la lune, le
secret de la récolte à venir. Les correspondants de Vicq
d'Azyr, à l'instar de celui-ci, pensent que le microcosme est
sous la dépendance du macrocosme. Et qu'il est sensible, tel
une plante, aux influences changeantes des constitutions
climatiques.

Ce lien étrange, établi entre l'air et le mal, n'a plus aujourd'hui, scientifiquement, d'existence reconnue. On aurait
tort pourtant de tourner en ridicule l'équipe Vicq d'Azyr,
parce qu'elle s'est inspirée d'un postulat climatologique :
celui-ci était faux... mais stimulant. Il a conduit à la collecte,
pendant une quinzaine d'années, d'une double série de documents inestimables. Les médecins de province, qui formaient
le réseau des correspondants de la S.R.M. ont envoyé, mois
par mois, au secrétariat parisien de Vicq d'Azyr, des rapports
circonstanciés, qui concernaient, simultanément, et les épidémies, et les éléments du climat, au sens scientifique de ce
terme (autrement dit, températures, précipitations, pressions,
etc.).

Deux masses documentaires, l'une concernant la morbidité,
l'autre la météorologie, sont ainsi venues au monde, au terme
de gestations parallèles. Le lien, si fragile, qui, dans la logique
de l'époque, unissait ces deux ensembles, s'est aujourd'hui
rompu. Chacun d'eux mène maintenant sa vie à part, comme
un corpus distinct, et comme source autonome d'information,
pour l'historiographie contemporaine. C'est la seconde source,
celle qui concerne le climat, que nous comptons exploiter
dans cet article. A vrai dire, elle est immense : la mise en
œuvre, qui en sera faite ici, ne sera que partielle.

En outre, il serait inexact de penser, qu'aux termes du
paragraphe qui précède, l'enquête de la S.R.M. est entièrement dominée par les postulats de l'aérisme, — la finalité
médicale, en fin de compte, aboutissant alors à biaiser les
recherches climatiques. Dans les intentions de Vicq d'Azyr,
animateur de l'entreprise, il est possible que cette finalité
ait prévalu, quoique avec bien des nuances. Mais Vicq d'Azyr
ne remplit, quant aux observations météorologiques à proprement parler, qu'une fonction d'imprésario lointain,
suprême. Le vrai chef d'orchestre qui oriente d'un bout à
l'autre, avec minutie, les observations instrumentales, quant
aux variations des éléments du climat, c'est le Père Cotte.

Or Cotte est l'un des fondateurs de la météorologie contemporaine. C'est un spécialiste, un pur savant, qui vise à développer les séries thermométriques ou barométriques pour elles-mêmes; les méthodes employées étant exemptes de préoccupations extérieures au climat proprement dit. Sans doute Cotte mentionne-t-il, au passage, en des termes assez vagues, que ses travaux pourraient servir à détecter telle ou telle influence « sur l'économie animale et sur les productions de la terre », voire même « intéresser aussi l'astronomie pour l'aider à connaître les lois de la réfraction de l'atmosphère [1] ». Mais il ne s'agit pour lui, par rapport au centre de son œuvre, que de retombées marginales. Le seul et vrai souci de Cotte, c'est d'organiser pour elle-mêmes, dans leur rigueur expérimentale, les observations météorologiques; indépendamment de leurs applications, immédiates ou supposées, pour le bien-être des hommes.

Soulignons donc que Cotte a été, dès l'origine, le secrétaire scientifique de la partie de l'enquête qui concernait le climat; enquête à laquelle Vicq d'Azyr n'a donné que l'impulsion initiale, et l'appui administratif d'un secrétariat. En veut-on la preuve? Dans un texte inédit, rédigé en l'an III de la République, Cotte raconte que la S.R.M. lui faisait passer chaque mois, au fur et à mesure qu'elle les recevait de ses correspondants de province, les fiches dûment remplies par ceux-ci. Il transcrivait alors tous les chiffres ainsi collectés, puis les reportait à la fin de l'année sur de nouvelles tables statistiques « où les lieux des observations étaient rangés suivant l'ordre des latitudes [2] ». Ces tables étaient ensuite publiées dans les Mémoires de la S.R.M. D'autre part, dès l'origine de l'enquête, les méthodes d'observation du Père Cotte, telles qu'il les a judicieusement préconisées dans son *Traité de météorologie* [3], sont présentées aux correspondants de la S.R.M. comme des règles à suivre [4] : c'est bien, dans de telles conditions, *tout* le déroulement de l'investigation, depuis l'observation

1. Début d'un manuscrit intitulé : *Plan d'un cours d'observations météorologiques par le citoyen Cotte, observateur météorologiste, membre de plusieurs sociétés savantes, à Mont-Émile (Montmorency)*, S.R.M., 154.
2. Cotte, *ibid.*, paragr. 2. Qui plus est, dans les volumes de l'*Histoire et Mémoires de la Société royale de Médecine*, c'est Cotte qui rédige chaque année la synthèse météorologique des tableaux reçus par la S.R.M. (1776-1786).
3. Paris, 1774.
4. J. Meyer, *op. cit.*, citant les recommandations contenues aux Arch. dép. Il.-et-Vil., C. 1323.
Sur les tableaux d'observations (les « bordereaux ») que la S.R.M. faisait imprimer, une note « invite les Observateurs à se servir de la Méthode publiée par le Père Cotte, et que la Société Royale a adressé à ses Membres et à ses Correspondants ».

initiale jusqu'à la publication partielle, qui s'opère sous l'œil vigilant d'un météorologiste authentique. L'aérisme a joué, certes, le rôle d'excitateur que lui ont reconnu Foucault, Meyer et Peter. Mais ses conceptions irrationnelles n'ont nullement faussé les relevés du climat, qui, Cotte aidant, sont constamment marqués de l'objectivité la plus stricte.

Il est possible de pousser plus loin encore cette mise en évidence de la rigueur scientifique des enquêtes sur le climat, effectuées par la S.R.M. Cotte écrit en l'an III [1] que « son observatoire de Montmorency est depuis trente-six ans le centre où sont venues se réunir toutes les observations faites sur la surface du globe ». Cotte a donc commencé à centraliser des données de provenance nationale ou internationale, depuis 1760 au plus tard. En ce sens l'entreprise de correspondance, à rayonnement français et même mondial, lancée sous le nom de Vicq d'Azyr et de la S.R.M. en 1776, n'est, du point de vue de Cotte, que la continuation collective d'une œuvre qu'il avait entreprise, par ses propres moyens, bien des années auparavant. Le Père a le sentiment d'exploiter, de cette façon, les bonnes dispositions administratives de Vicq d'Azyr. Mais dans la pratique il fait peu de cas des présupposés aéristes du médecin : il inscrit d'emblée les recherches de la S.R.M., dont on lui confie la partie « météorologie », dans le droit chemin scientifique, qui depuis longtemps est le sien.

En fin de compte, l'enquête de la S.R.M. n'est qu'en apparence une entreprise « aériste ». Dans la réalité, c'est une opération Cotte, rigoureuse : les billevesées climatico-médicales de Vicq d'Azyr, heureusement introduit dans le gouvernement, ont le simple avantage de fournir à cette recherche le support bureaucratique dont elle avait besoin pour se développer. Une fois celle-ci lancée, Cotte a pu laisser celles-là au vestiaire; en 1776, au moment où démarre l'enquête, la météorologie est déjà discipline constituée, quant aux méthodes et prémisses : paru en 1774, le *Traité de météorologie* du Père Cotte a posé les bases rigoureuses de l'observation sur thermomètres. Les postulats aéristes, en dépit ou à cause même de leur fausseté, jouent un rôle salutaire et provocateur, dans la mesure où ils font croire que la meilleure méthode, pour connaître les causes des épidémies, consiste à déclencher une enquête sur le climat ! Mais cette enquête, ils ne la faussent ni ne la font dévier de sa démarche correcte.

---

1. Manuscrit précité de Cotte, *ibid.*

Notre recherche, sur les données ainsi accumulées dans le dernier quart du xviiie siècle, est au second degré : nous mettons en chantier une enquête actuelle, centrée sur une enquête ancienne. Rendons à chacun ce qui lui est dû : Jean Meyer, le premier, voici dix ans, a commencé aux Archives de l'Académie de médecine, à défricher le fonds, ce fonds Vicq d'Azyr-Cotte, oublié pendant un siècle et demi. Une équipe a poursuivi l'effort engagé par Meyer : Jean-Pierre Peter, d'une part, s'est chargé de la partie proprement médicale des dossiers. Nous avons assuré, d'autre part, avec l'aide de Mme F. Baudry, le dépouillement des séries météorologiques.

Deux mots d'abord sur nos documents de base. Cotte et Vicq d'Azyr avaient construit, à l'intention de leurs correspondants de province et de l'étranger, des « fiches-types » : plus exactement de grands bordereaux ou tableaux (de 48,5 cm × 37 cm) destinés à recevoir dans des cases ad hoc les informations et les chiffres que la S.R.M. demandait à ses observateurs bénévoles, à ces médecins dont le réseau quadrillait le royaume. Ces tableaux-types, imprimés à Paris, et expédiés par ballots chez les intéressés, jusque dans le fond des provinces, ont été utilisés sans modifications appréciables d'un bout à l'autre de la période, au cours de laquelle se sont constitués les dossiers que nous étudions. Soit de 1776 à 1792. Le médecin qui acceptait de tenir à jour régulièrement ces bordereaux, et de les réexpédier à Paris une fois remplis, prenait en considération les cases et légendes inscrites sur les deux faces, recto et verso, de la fiche-type. Liquidons d'abord la question du verso, qui ne concerne pas cet article : sur l'envers du bordereau, le médecin note en effet les appréciations relatives à la santé publique, les comptes rendus d'épidémies locales, bref les données, qui intéressent l'autre volet des recherches de notre équipe [1]. Nous ne tiendrons compte dans le présent article que du recto de la fiche-type; Cotte et Vicq d'Azyr ont, en effet, consacré celui-ci, dans son entier, à leur enquête sur le climat.

Sur ce côté « face » de la fiche, un réseau de « lignes » et de « colonnes » est destiné à recevoir les indications météoro-

---

1. Cf. *supra*, p., 473, note 2 (travaux de Peter et de Meyer).
Exceptionnellement, le verso du bordereau est utilisé pour les indications météorologiques quand celles-ci sont trop longues pour le recto : par exemple, Montdidier, juil. 1788 (S.R.M., 175).

logiques. Dans les « lignes », figurent les 30 ou 31 jours successifs du mois (chaque bordereau concerne en effet un mois d'une année donnée : le correspondant de la S.R.M. remplit douze bordereaux par an).

Sur les « colonnes », apparaissent les différents paramètres dont il convient d'enregistrer journellement les variations : température (trois observations par jour); pression *(idem)*; hygrométrie, etc. Des colonnes supplémentaires sont prévues pour inscrire, de façon journalière également, les appréciations qualitatives et empiriques sur la température et l'humidité : ces notations indiquent par exemple que le jour a été « beau » ou « couvert »; d'autre part elles signalent pour la journée mise en cause les faits de pluie, neige, brouillard, tonnerre, aurore boréale... Les directions changeantes du vent, selon les points cardinaux, font elles aussi l'objet d'une mention. Une récapitulation mensuelle est enfin prévue, toujours au recto, sur le côté droit du bordereau. Prenons l'exemple de celle qui concerne les observations de Marseille, en janvier 1780. On peut y lire entre autres données la plus grande chaleur observée dans le mois : $10°5$ (Réaumur); la moindre chaleur mensuelle (minimum observé) : $-3,0°$; enfin, donnée beaucoup plus intéressante, la température moyenne du mois, calculée par les soins de l'observateur, à partir des 30 ou 31 observations, trois fois journalières. A Marseille, en janvier 1780, celle-ci est de $4°5$. En vertu d'un schéma semblable à celui qu'on vient d'évoquer pour les températures, les observations mensuelles indiquent la plus haute pression du mois (28 pouces, 3 lignes et 8 douzièmes de ligne) la plus basse pression (27 pouces, 4 lignes, zéro); la pression moyenne (27 pouces, 10 lignes, 1 douzième). Le nombre de jours de pluie, dans le port provençal, en ce mois de janvier 1780, est de 10 jours (sur 31); la quantité de pluie tombée est évaluée, d'après le pluviomètre, à 1 pouce, 1 ligne et 6 douzièmes de ligne; les vents dominants sont nord-ouest et sud-est.

Une partie de ces chiffres a fait l'objet d'une publication, dès le temps de Vicq d'Azyr et par les soins de Cotte : la revue *Histoire et Mémoires de la Société royale de Médecine*, pour chaque mois, depuis 1776 jusqu'à 1786, donna les moyennes *mensuelles*, obtenues à partir des données journalières qui furent recueillies chez les observateurs provinciaux. Ce travail d'édition, qui concerne notamment les températures et la pluie, est précieux, mais pas exhaustif. Il se termine en effet prématurément, soit en 1786. Or bien après cette date, les médecins correspondants de la S.R.M., continuent, imperturbables, de remplir les bordereaux, de calculer les moyennes et d'expédier le tout à Paris. Mais désormais ces envois obscurs ne connaissent plus la lumière des éditions de *Histoire et Mémoires de la S.R.M.* Ils sont destinés à rester enfouis, sous forme de manuscrits inédits, que notre équipe exhume pour la première fois.

Ainsi se justifie notre démarche : nous avons d'abord relevé tous les chiffres publiés dans le bulletin de la S.R.M., de 1776 à 1786. Puis, ayant ainsi défriché l'imprimé, nous avons repris toute la documentation manuscrite, conservée aux Archives de l'Académie de médecine. Cette double prospection nous a permis d'étoffer beaucoup, grâce à l'inédit, les maigres séries qu'avaient offertes au public *Histoire et Mémoires de la S.R.M.* En outre, nous avons pu, par ce procédé, vérifier l'exactitude des chiffres déjà publiés sous Louis XVI, en les collationnant sur le manuscrit. Dans quelques cas, cette vérification *a posteriori* nous a mis en mesure de rectifier certaines erreurs de transcription, du reste rares, imputables aux typographes du journal précité de la S.R.M.

Enfin, dernier avantage, non négligeable, les séries issues d'une même station d'observation n'étant pas classées toutes ensemble, mais se trouvant souvent dispersées entre plusieurs cartons, déposés aux Archives de la S.R.M., nous avons pu, grâce à notre prospection systématique des manuscrits, reconstituer l'unité de chaque série, relevant d'une station donnée; unité que les conservateurs de ces dossiers au siècle passé avaient parfois désarticulée, entre des « chemises » différentes.

Nous avons dû confectionner, préalablement à notre collecte de données, notre propre bordereau de dépouillement. Ce bordereau au second degré, conçu par nous pour être adapté aux documents de base conservés à la S.R.M., nous l'appellerons désormais fiche de dépouillement, ou tout simplement *fiche*; ceci afin de le distinguer du formulaire ou bordereau originel, mis au point au XVIIIe siècle par la S.R.M. et décrit ci-dessus : à celui-ci nous conserverons, par convention, le nom de *bordereau*. On remarquera que les *bordereaux* originels sont à la fois journaliers et mensuels, alors que nos *fiches* sont seulement mensuelles : en d'autres termes, au cours de notre dépouillement, nous avons laissé de côté tout ce qui concernait l'évolution du temps, telle que les médecins l'analysaient *jour par jour*. Nous nous sommes bornés à recueillir les moyennes mensuelles, afin d'obtenir un premier aperçu sur le climat des années 1776-1792. La documentation journalière, source précieuse pour maint chercheur futur, météorologiste ou historien, demeure un chantier ouvert et inexploité, dans les cartons de la S.R.M., pour quiconque veut en tirer des monographies sur « le temps qu'il a fait, tel jour », ou, mieux, sur les « types de temps [1] ».

Il est possible maintenant de mesurer la base, géographique et documentaire, sur laquelle s'appuie notre enquête. Au terme de notre dépouillement de l'imprimé et des manuscrits, nous nous sommes trouvés en face d'un certain nombre de séries (plus d'une centaine), définies chacune par une station géographique : dans cette station (Chartres, ou Montdidier, par exemple), un observateur, ou parfois plusieurs observateurs successifs, correspondants de la S.R.M. ont opéré, enregistré les variables, rempli et expédié les bordereaux, au cours de la période dont le terminus *a quo* est 1776 et le terminus *ad quem* 1792. Nous recensons au total 206 stations de ce type. La grosse majorité parmi celles-ci (Chartres, Montauban, Oloron, Dax, etc.) se trouve sur le territoire du royaume de France. Quelques dizaines cependant sont à l'étranger, là où le hasard d'une carrière a fait d'un médecin, français ou non, le correspondant local de la S.R.M. C'est ainsi que Vicq d'Azyr a reçu des bordereaux, en provenance de Bassorah, de Bagdad, de Saint-Petersbourg, de New York et de la Guadeloupe... Plus proches de l'hexagone, les stations de La Haye (Hollande), Francfort sur l'Oder, Copenhague et Londres fournissent également des données. La Hollande avec Lewarden, La Haye, Leyde, Amsterdam et Rotterdam s'est montrée spécialement généreuse en observateurs et correspondants de la S.R.M.

Dès l'abord, un tri purement manuel, et des plus simples, s'est imposé; toutes les stations, pour lesquelles le nombre d'observations portait en tout *sur moins de six mois* ont été par nos soins éliminées de notre lot de fiches, et considérées comme nulles et non avenues; citons parmi les victimes de cette ablation, Limoges (où le correspondant de la S.R.M. ne s'est manifesté que pendant une courte période au début de 1783), Montréal au Canada (*idem*, au début de 1779 seulement), Rambouillet (données à la fin de 1786 uniquement), etc. Au total, nous avons exclu par ce procédé 34 stations. Il en est resté 172, survivantes, dont 137 sont sises en France, et 35 sont étrangères. Si ces 172 stations avaient toutes

---

1. Cf. J. A. Kington, « A late eighteenth century source of meteorological data », *Weather*, 25, 4, avr. 1970.

fonctionné sans interruption pendant les 17 années où la S.R.M. a régulièrement réceptionné des bordereaux, nous devrions avoir (à raison de 12 bordereaux par an pendant 17 années pour chacune des 172 stations) :

$$17 \times 12 \times 172 = 35\,088 \text{ bordereaux.}$$

Mais en fait, les médecins et autres correspondants de la S.R.M. n'ont travaillé, pour la plupart d'entre eux, que pendant quelques années de la période de référence. Les courtes séries ainsi obtenues sont elles-mêmes hachées parfois d'interruptions, dues à divers empêchements ou déplacements. Bien entendu, certains correspondants de la S.R.M. sont exemplaires par leur assiduité. Mais beaucoup d'autres sont sujets à éclipses et disparitions fâcheuses. Cet absentéisme fait contraste avec la permanence des stations contemporaines d'observation, qui jouissent aux xixe et xxe siècles de la pérennité des personnes morales. Nos séries sont incomplètes, pleines de trous et de lacunes. Leur ensemble fait penser parfois à un tissu serré, presque homogène; d'autres fois, hélas, à une sorte de dentelle.

Qu'on en juge. Au lieu des 35 088 fiches dont nous devrions disposer, nous en possédons seulement environ 8 300, ce qui donne une moyenne de 48 fiches par station; autrement dit 48 mois d'observations en moyenne, continues ou discontinues, par station.

Cependant, cette « moyenne » de 48 mois ne signifie pas grand-chose en tant que telle. Elle masque des écarts considérables. Nous avons d'une part des séries relativement longues qui s'étendent sur plus de 4 ans, 6 ans, 8 ans... Ce sont évidemment les plus intéressantes du lot, surtout quand elles sont à peu près continues. Et nous avons d'autre part des séries assez brèves et sans grand intérêt, qui couvrent dix-huit mois, un an, ou moins encore. En gros, tandis qu'un tiers des villes a plus de quatre années d'observations, un autre tiers ne dépasse guère la durée d'une année.

Nous avons donc opéré une second tri qui, cette fois, intervient non plus au niveau de la prise en considération initiale des chiffres; mais au moment de la présentation finale des résultats. Nous avons distingué :

a) Les « villes importantes » (importantes, du point de vue de notre recherche, bien sûr). Ce qualificatif s'applique à toutes les stations pour lesquelles nous recensons 45 bordereaux ou davantage; soit 45 mois d'observations intéressant une variable donnée (température, ou précipitation, etc.) : en ce qui concerne, par exemple, la température (qui forme le sujet principal de nos réflexions dans cet article), 56 stations françaises méritent ce qualificatif de « ville importante ». C'est sur ces localités majeures que portera notre effort essentiel quant à l'analyse des résultats : les données issues de stations de ce type, en effet, reposent sur une base temporelle large, et peuvent donc être considérées comme plus significatives que celles qui proviennent de localités moins « suivies »;

b) Le second groupe comprend, par définition, toutes les autres stations : celles qui ont moins de 45 données. Nous n'évoquerons leurs résultats que pour mémoire : ceux-ci peuvent être intéressants pour une recherche localisée ou monographique. On ne peut guère leur demander, tant ils sont fragmentaires, d'étayer des conclusions à portée générale.

Cependant, cette distinction entre « villes importantes » et « non importantes » est peut-être prématurée au stade actuel de notre exposé. Dans la mesure où elle concerne les présentations finales des résultats, elle suppose en effet résolus les problèmes que posent, et la critique des sources, et l'élaboration du matériel statistique. Ce sont ces problèmes qui sont évoqués dans la version complète du présent article [1]...

Quant aux résultats, nous les présenterons d'abord région par région, et, si l'on peut dire, graphiquement et monographiquement. Puis nous tâcherons d'aboutir à des conclusions plus générales. Chemin faisant, la considération des données obtenues nous permettra de régler certains points supplémentaires de méthode.

La présentation des résultats suppose un découpage régional. Le plus simple était d'utiliser celui qui avait fait ses preuves, et qui était accepté par les hommes de l'art, autrement dit par les météorologistes : nous nous sommes donc inspirés des « quatorze régions », couramment utilisées par la météorologie française [2]; quitte à simplifier ou à modifier celles-ci, puisque notre documentation est plus fragmentaire que celle des climatologues contemporains.

Nos stations *françaises*, au niveau des résultats sortis de l'ordinateur, se répartissent donc en quatorze régions [3] soit :

---

1. Cf. *Climat, médecins et maladies à la fin du XVIIIe siècle*, Mouton, 1972.
2. Cf. par exemple la carte reproduite dans *Météorologie nationale, supplément au résumé mensuel du temps en France*, oct. 1966.
3. La France météorologique est divisée en six régions : Nord, Nord-Est, Centre-Est, Ouest, Sud-Ouest et Sud-Est. Les climatologues, eux, en distinguent quatorze (*cf.* liste ci-après). A chacune de ces quatorze régions correspond un

région I   (Picardie, Flandre, Nord, Ardennes);
— II (Champagne, Bourgogne, Lorraine de l'Ouest);
— III (Alsace, Moselle, Vosges);
— IV (Franche-Comté, Bourgogne orientale, Beaujolais, Lyonnais);
— V   (Dauphiné);
— VI (Massif Central);
— VII (Val de Loire, Berry, Nivernais);
— VIII (Beauce, Ile-de-France, Beauvaisis);
— IX (Normandie);
— X   (Bretagne);
— XI (Poitou, Maine, Anjou, Charente);
— XII (Guyenne, Gascogne, Béarn, Aquitaine);
— XIII (Languedoc, Provence, Dauphiné méridional);
— XIV (Côte d'Azur, Corse).

Ces quatorze régions s'individualisent toutes, sans exception, au niveau de la présentation des résultats chiffrés[1]. En revanche, quand il s'est agi de confectionner des graphiques, certains des quatorze groupes offraient des courbes par trop fragmentaires et hachées; nous avons donc procédé à quelques regroupements et modifications. C'est ainsi que nous n'avons formé pour la France que neuf groupes de graphiques; soit Paris, Champagne, Haute Normandie (groupe I); pays de la Saône (groupe II); Alsace, Vosges, Franche-Comté (groupe III); Dauphiné (groupe IV); Provence-Languedoc (groupe V); Pyrénées (groupe VI); Bretagne, Charente-Poitou, Mayenne et Vendée (groupe VII); Flandre, Artois, Cambrésis (groupe VIII); Bordeaux (groupe IX).

groupe de stations météorologiques : le plus souvent une par ville, parfois plusieurs dans une grande ville ou autour d'elle, parfois isolées en dehors des agglomérations (stations d'altitude). L'idéal eût été de retrouver des données météorologiques du xviiie siècle précisément pour les mêmes villes qui ont des stations d'observation actuellement. Dans le cas de la région I (Picardie, Flandre, Nord, Ardennes), Dunkerque et Lille ont eu des correspondants « importants » qui laissèrent au moins 45 relevés mensuels, mais non Boulogne-sur-Mer (6 relevés), ni Abbeville (aucune donnée), ni Saint-Quentin *(idem)*. Le groupe VI (Massif Central) est moins favorisé : sur les onze stations qu'il compte, Clermont-Ferrand seulement, avec 45 données tout juste, a eu un météorologiste valable pour nous. Il a donc fallu essayer un compromis, et combiner dans la mesure du possible l'originalité des climats régionaux avec la répartition *de facto*, d'ailleurs assez harmonieuse, de nos séries du xviiie siècle. C'est l'origine des groupes de graphiques que l'on trouvera en annexe.

1. Il s'agit des résultats tels qu'ils sont sortis des imprimantes de l'ordinateur. Nous n'avons publié, dans l'ouvrage collectif *Climat médecins, épidémies...*, que ceux qui, testés par les corrélations mutuelles et par les graphiques, se sont avérés être de la meilleure qualité.

Dès l'abord, ces différentes collectivités de graphiques accusent, les unes par rapport aux autres, des inégalités considérables quant à la valeur des sources, telle qu'on peut juger celle-ci par les résultats [1].

Prenons deux exemples extrêmes : « Paris et Ile-de-France » (groupe I) [2] et « Languedoc-Provence » (groupe V). Le groupe I se compose d'observations bonnes, assez bonnes ou passables : le groupe V, lui, est gâté par l'intrusion de séries exécrables ou médiocres : nos conclusions factuelles seront affectées, bien sûr, par de tels jugements de valeur méthodologiques : venons-en à ces conclusions, et jugements, inséparables les uns des autres.

Dans le groupe parisien (tout comme dans les huit autres groupes de graphiques) l'écheveau de diagrammes du bas de page (cf. graphique « groupe I ») représente les données « d'hiver » au sens large : les moyennes étant calculées sur les quatre mois de la saison froide (par exemple, pour l'année 1783, le calcul de la moyenne hivernale inclut : décembre 1782, janvier, février et mars 1783). L'échelle est en degrés centigrades.

Quant à l'écheveau de diagrammes qui est en haut de page, il concerne les données de la « belle saison », elle aussi entendue en un sens assez large (ce qui ne nous empêchera pas de parler, à ce propos, par commodité, de « données d'été »). Pour chaque année, en effet, nous avons calculé la moyenne thermique sur les cinq mois, qui vont de mai à septembre inclus. Ce choix présente l'avantage de permettre une comparaison avec la date des vendanges, dont les déterminants thermiques se situent en grande partie dans la période mai-septembre : si cette période est chaude, les vendanges sont précoces, et vice-versa.

Une première observation saute aux yeux : les données « d'hiver » sont meilleures que celles « d'été ». Pour les années qui vont de 1776 à 1784 inclus, les données hivernales sont même excellentes : Chartres, Paris, Montmorency, Troyes et Laon manifestent une concordance mutuelle qui est remarquable : on se trouve, autour de la capitale, en présence d'observateurs consciencieux, dignes de foi, sérieux, ponctuels et dont les instruments sont de bonne qualité. Le Père Cotte, dont les données nous ont fourni le diagramme de Montmo-

---

1. Il nous a paru inutile de publier les courbes rares, lacunaires ou médiocres : celles des groupes IV (Dauphiné), V (Provence-Languedoc), VI (Sud-Pyrénées) et IX (Bordeaux).
2. Cf. graphique, « groupe I ».

Le climat de la France 485

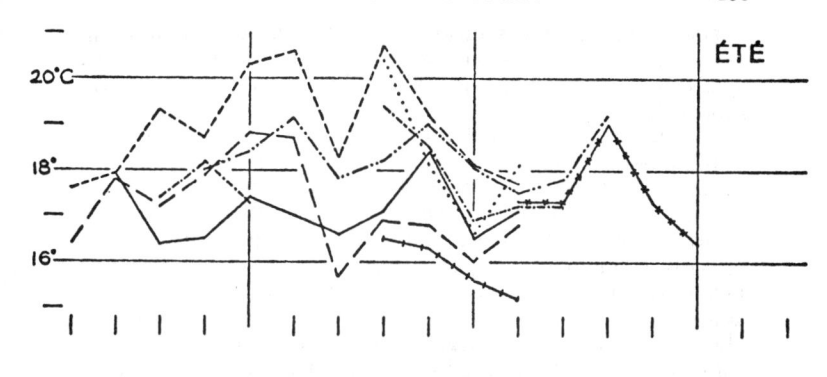

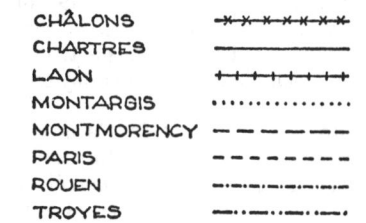

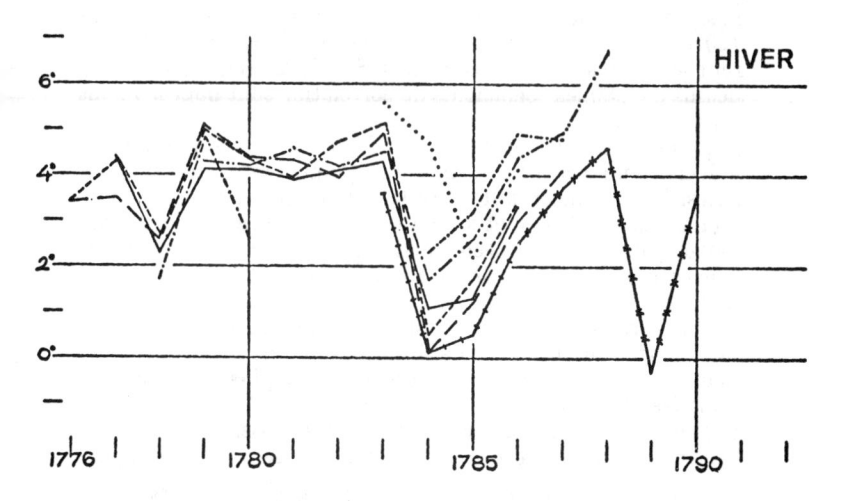

ÉTÉ

CHÂLONS —×—×—×—×—
CHARTRES ————
LAON +—+—+—+—+
MONTARGIS ················
MONTMORENCY — — — —
PARIS - - - - - -
ROUEN —·—·—·—·
TROYES —··—··—··

HIVER

Groupe I : Ile-de-France.

rency, n'apparaît pas seulement à travers ces données comme un observateur de grande classe : c'est aussi un animateur, à la tête d'une pléiade régionale de bons correspondants, qui sont météorologistes de vocation, sinon de profession. Trois grands hivers se détachent avec netteté sur les séries du groupe I, (et aussi sur celles des autres groupes...) : ce sont ceux de 1784, 1785 et 1789; l'hiver de 1789 étant l'un des plus froids que la France ait jamais connu. La période 1776-1783 au contraire se signale par sa relative douceur quant aux hivers.

C'est le moment de parler des *corrélations* : l'excellente tenue de nos courbes hivernales du groupe I, et leur accord mutuel presque parfait (à l'exception de quelques fantaisies dans les séries de Montargis et de Rouen), nous incitent en effet à jeter un coup d'œil de ce côté-là. On a vu que pour vérifier nos séries, nous utilisons une double méthode; la méthode graphique, bien connue des historiens : celle des « tests de concordance ». Et d'autre part, la méthode numérique : celle des coefficients de corrélation, obligeamment calculés par l'ordinateur.

De ce point de vue, la série de Paris s'articule presque parfaitement avec celle de Montdidier (36 données communes [1], coefficient de corrélation 0,96). Les corrélations parisiennes sont bonnes également avec Meaux, Laon, Mulhouse et Troyes, respectivement pour 30, 50, 112 et 98 données communes. Avec Montmorency et Chartres (respectivement 132 et 120 données communes) les corrélations parisiennes demeurent correctes, respectivement 0,85, 0,82. (On sait qu'au-dessus de 0,80 les coefficients de corrélation sont pour le moins dignes d'intérêt.)

Première conclusion : les tests de concordance, graphiques, affirment un accord satisfaisant, quant aux courbes hivernales. Les coefficients de corrélation (calculés, eux, sur toute l'année, saison froide et saison chaude) confirment cet accord mutuel, mais ils proposent aussi certaines nuances, et divergences possibles entre les stations. D'où viennent ces dissonances ?

Une première réponse (qui est loin d'être exhaustive) nous permet de poser une affirmation que nous croyons assez neuve : à savoir que les divergences les plus marquées (et donc les plus inquiétantes, quant à la validité de telle ou telle partie des données), proviennent des observations de la saison chaude [2]. C'est évident pour les séries du groupe I

---

1. « 36 données communes », autrement dit 36 relevés mensuels effectués aux mêmes mois (ceux-ci étant au nombre de 36) à Paris et à Montdidier.
2. Cf. le graphique, relatif au groupe I, aux courbes du haut du tableau « été ».

(région parisienne). Celles-ci (courbes d'été) sont à la fois intéressantes, par l'accord de fond qu'elles manifestent ; et partiellement suspectes, du fait d'écarts insolites (et plus marqués en été qu'en hiver), entre les courbes.

Premier point : ces courbes d'été sont intéressantes : en dépit de leurs imperfections graves, elles proclament sans équivoque un mouvement d'ensemble, quant aux données thermométriques de la période mai-septembre. Un maximum de chaleur (qui fait suite à une montée à peu près continue depuis les froids relatifs de 1776-1777), se dessine en effet en 1780-1781. Il culmine à nouveau, en 1783, après l'interruption fraîche de 1782, (le maximum thermique est en quelque sorte dédoublé, à deux pics : 1780-1781 d'une part, 1783 d'autre part). Puis un groupe d'années fraîches se dessine derechef, pratiquement ininterrompues de 1785 à 1790, si toutefois l'on excepte 1788 « année chaude », quant à mai-septembre. En somme, si l'on essaie d'exposer le mouvement d'ensemble de ces courbes estivales, on trouve un groupe d'étés brûlants autour de 1778-1783, coincé entre deux séries d'années fraîches avant 1778 et après 1783. Cette ondulation caractéristique, on la rencontre également dans d'autres faisceaux régionaux de séries valables, et notamment dans les courbes estivales du groupe de l'Est (graphique groupe III). Les dates de vendanges du nord de la France présentent une allure semblable avec alternance de creux et d'envolées concomitantes : culmen d'étés brûlants et de précocité du raisin entre 1778 et 1784 : vendanges tardives (1788 excepté) en 1776-1777 et 1784-1790.

Cela dit, qui est essentiel, nos courbes estivales de la région parisienne sont loin d'être aussi satisfaisantes que les hivernales : leurs tendances sont communes... en général... quoique avec de fâcheuses exceptions ; la courbe estivale de Chartres par exemple est aberrante entre 1778 et 1784 (alors que la courbe hivernale de Chartres, concomitante avec les autres séries régionales, est, elle, très correcte). Et surtout, même quand les séries estivales sont grossièrement concordantes entre elles dans le trend pluriannuel (comme c'est le cas si l'on confronte, courbe à courbe, Paris, Troyes, Montmorency, Laon, Rouen et Montargis), les discordances que révèle cette confrontation, quand on pousse l'analyse suffisamment loin, sont nettement plus criardes en saison chaude qu'elles ne le sont en hiver : entre Paris et Montmorency par exemple, pour la période 1778-1783, la discordance occasionnelle est de quelques dixièmes de degrés centigrades en hiver, mais elle dépasse 1 °C voire 2 °C pour la belle saison. Rien dans la réalité physique des phénomènes du climat ne peut justifier (quant aux dissonances entre stations) ces forts contrastes de comportement, de l'hiver par rapport à l'été. En fait, il faut invoquer certaines erreurs systématiques des observateurs, plus marquées pendant la belle saison. Parmi les causes de ces erreurs, faut-il incriminer le mode de vie des correspondants de la S.R.M., médecins ou notables qui, l'été, sont davantage accaparés qu'en hiver par leur clientèle, par leurs affaires, ou par leurs récoltes; et qui de ce fait observent moins ponctuellement et s'écartent davantage en été qu'en hiver des heures prescrites pour la lecture de leurs instruments?

Autre éventualité : en dépit des précautions que prenaient les observateurs, les thermomètres de l'époque Vicq d'Azyr n'étaient pas pourvus d'abris très adéquats. Même quand ces instruments étaient soigneusement exposés au nord, ils n'étaient pas totalement protégés contre les excès les plus vifs du rayonnement solaire, tel qu'il intervient au cours de l'été. M. Brochet, de la météorologie nationale, que nous avons consulté à ce sujet, pense, après lecture de nos courbes, que des erreurs de ce type, inégales, selon les stations, peuvent s'être produites. Rendent-elles compte, elles aussi, des divergences estivales [1] entre nos séries?

Dans le groupe II (Bourgogne), certaines des qualités déjà mentionnées se retrouvent, mais les imperfections et discordances signalées au paragraphe précédent s'aggravent.

D'une part, les hivers bourguignons semblent assez correctement indiqués : les trois grands hivers de 1784, 1785 et 1789 sont bien inscrits; les concordances hivernales sont bonnes entre Villefranche et Tournus; moins affirmées déjà en ce qui concerne Seurre et Dijon.

Dijon a des corrélations assez satisfaisantes, notamment avec Troyes : coefficient de corrélation 0,92 pour 74 données. Mais Seurre et Tournus sont trop fragmentaires ou incertaines pour qu'on puisse asseoir sur leurs diagrammes des conclusions bien motivées...

Ce pessimisme bourguignon (Dijon excepté) s'accroît quand on en vient à considérer les séries estivales. Ici aucun test de concordance n'est possible : les courbes, assez proches les unes des autres en hiver, deviennent décevantes pendant l'ensemble des mois qui vont de mai à septembre. Elles divergent, se trouent de lacunes... D'un point de vue méthodologique, l'été paradoxalement est bien la « mauvaise saison »,

---

1. « Estivales » : relatives à la belle saison (de mai inclus à septembre inclus).

Le climat de la France 489

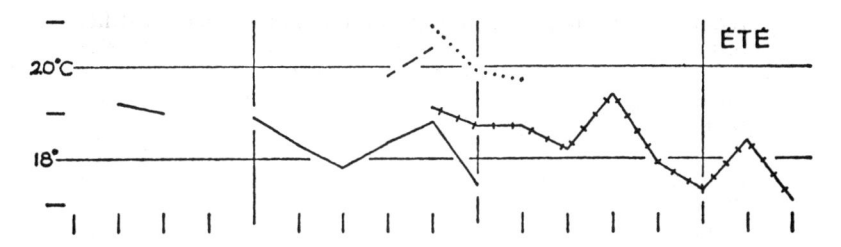

ÉTÉ

DIJON ———
SEURRE – – –
TOURNUS +++++++
VILLEFRANCHE ·············

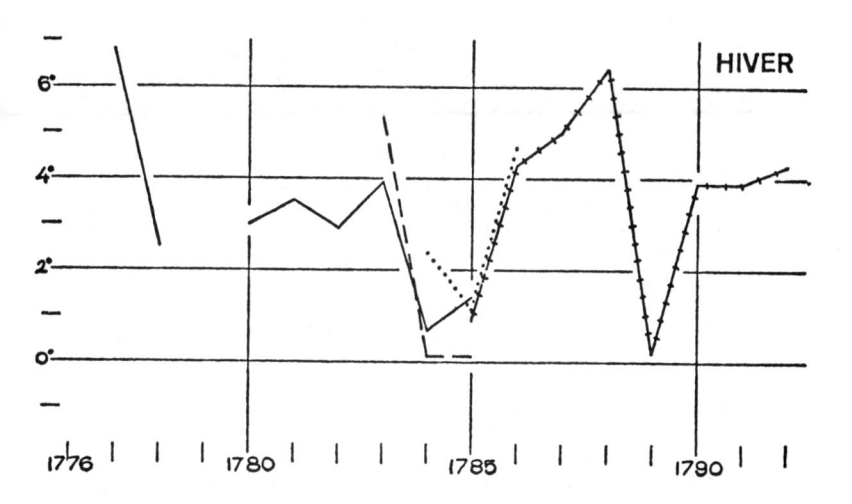

HIVER

1776 1780 1785 1790

Groupe II : Bourgogne.

celle qui révèle le plus les faiblesses des observateurs de type ancien.

Nous passons maintenant au troisième groupe : celui de l'Est. Ici les observations remontent, en quantité comme en qualité. Sans égaler celles du groupe I (Paris) elles sont néanmoins d'un intérêt plus élevé que celles, déficientes, du groupe II (Bourgogne).

L'hiver offre les points de repère familiers, rassurants pour le chercheur : grands hivers de 1784, 1785, 1789. Cela dit, en dépit d'un certain accord des courbes maîtresses (notamment Haguenau et Mulhouse), les observateurs de l'Est, même en hiver, ont été parfois négligents. Paris et la férule du Père Cotte étaient déjà loin. Certaines divergences semblent même assez scandaleuses, et peuvent difficilement s'expliquer par le seul écart des conditions géographiques : voyez les écarts fantaisistes entre Mulhouse, Pontarlier et Nancy pendant l'hiver assez rude de 1778, et comparez ces caprices au sérieux et à la concordance des courbes du groupe I (Paris-Rouen, etc.) en cette même saison et en cette même année. Même impression mélangée, même optimisme... modéré, quand on considère les tests de corrélation : la série la plus longue, Haguenau (140 données) ne se tire pas trop mal de l'épreuve (le meilleur coefficient de corrélation y atteint 0,90 pour 73 données communes avec Mulhouse); Pontarlier est déjà beaucoup moins bon : coefficient 0,78 pour 56 données communes avec Dijon; Mulhouse et Metz sont nettement meilleurs (corrélations élevées avec Laon), mais s'entendent assez mal entre eux. Saint-Dié, n'atteint pas 0,90 (0,87 avec Dunkerque pour 41 données communes); Besançon, Nancy, Lons-le-Saunier ne sont pas excellents. De façon générale [1], aucun coefficient de corrélation pour ces villes de l'Est ne dépasse 0,90. Notons au passage que la série de Laon sort grandie de toutes les comparaisons avec l'Est comme avec l'Ouest, avec le groupe III comme avec le groupe I.

Toujours dans le groupe III (Est), les observations de belle saison (mai-septembre) sont elles aussi entachées de quelques fausses notes : par exemple dans l'année 1786, l'écart entre les séries est plus fort en « été » qu'il n'est en « hiver ». Ces « discrepances » confirment la leçon des coefficients de corré-

---

[1]. Il va de soi que la qualité des données est d'autant plus forte que le niveau des coefficients de corrélation est élevé; mais cette qualité, d'autre part, s'affirme d'autant plus que le nombre des données communes est plus grand. Mieux vaut travailler sur 100 données communes que sur 60.

Le climat de la France 491

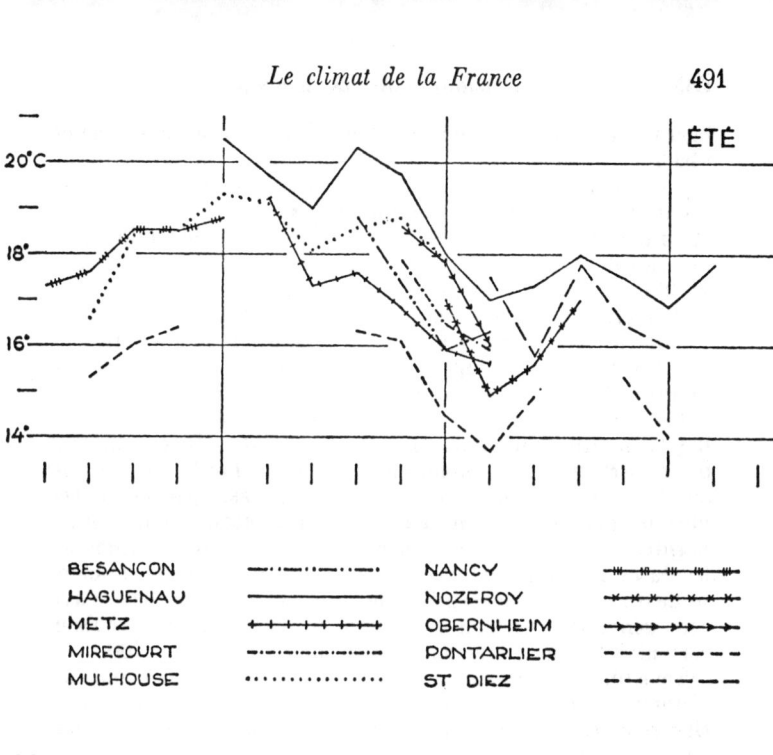

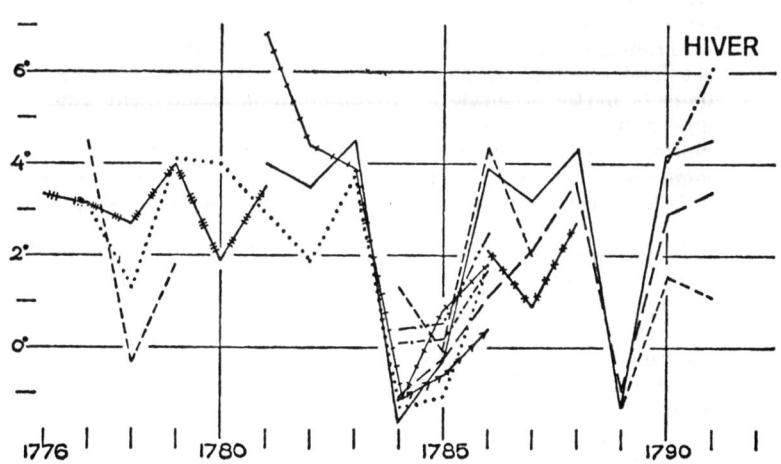

Groupe III : Est.

lation : les valeurs *absolues* de température proposées par ces séries de la France orientale sont sujettes à maintes critiques.

Néanmoins, en ce qui concerne le mouvement relatif (autrement dit la tendance interannuelle, vers le froid ou vers le chaud, vers le « moins » ou vers le « plus », indépendamment des chiffres absolus), l'écheveau des graphiques est rassurant : ses fluctuations d'ensemble, compte tenu de la différence due à l'éloignement géographique, corroborent bien celles qu'on a déjà inférées d'une part de l'écheveau homologue des courbes estivales du groupe I (Ile-de-France), d'autre part du diagramme des dates de vendanges.

Là aussi, toujours pour l'été, après le creux de 1776-1777, il y a montée, puis maximum en 1780-1781. Intervalle frais ou pourri en 1782. Remontée nette en 1783. Incertitudes en 1784 (cette année-là, en effet, les courbes, à cause d'observations mauvaises, sont parfois contradictoires entre elles). Ensuite vient une chute générale comme à Paris, comme sur les dates de vendange : de 1785 à 1790, une vague de fraîcheur se dessine en mai-septembre; les étés en ces six années s'avèrent généralement frais et pourris, à l'exception des chaleurs estivales qui sont bien marquées, mais isolées en 1788.

Insistons à nouveau sur la concordance tendancielle qui s'affirme, entre cette série de mai-septembre, connue par les thermomètres de la France de l'Est, et la courbe des dates de vendanges.

L'immense majorité des dizaines de vignobles sur lesquels est fondée notre courbe des vendanges est en effet localisée dans la partie orientale du royaume, plus exactement dans une région qui intéresse la Bourgogne, l'Alsace, la Forêt Noire, le Jura, la Suisse : la concordance entre dates phénologiques et thermométriques est d'autant plus significative qu'elle s'enracine ainsi dans une communauté géographique.

Les données du groupe IV (Dauphiné), dans l'ensemble, sont décevantes : peu nombreuses, isolées, plus d'une fois contradictoires entre elles, quand il est possible de les tester mutuellement, elles se résolvent en maigres écheveaux qui n'offrent rien de bien intéressant.

Aucune série dauphinoise n'atteint la « fiabilité » des diagrammes parisiens.

A Vienne (département actuel de l'Isère), le coefficient de corrélation le plus élevé est à 0,90 (avec Troyes : pour 62 données). A Montdauphin, on n'arrive au maximum qu'à 0,75 (avec Mulhouse : pour 31 données communes). A Saint-Paul-Trois-Châteaux, la série n'est pas mauvaise (corrélation de 0,94 avec Villefranche-en-Beaujolais); mais elle est si courte, qu'il ne vaut guère la peine de s'en occuper. En bref, cette collection de relevés dauphinois n'est pas fameuse.

On en dira autant, avec quelques circonstances aggravantes, des séries méridionales (groupe V : Provence-Languedoc). Celles-ci sont très discordantes entre elles, et on y est à cent lieues de l'harmonie du groupe parisien. Sans doute on peut invoquer comme excuse, la multiplicité des microclimats méridionaux. Bien des contrastes sont possibles, au même mois, dans la même saison, entre Marseille, et Perpignan; les estivants d'aujourd'hui en savent quelque chose! Mais tout de même! La variabilité d'une station à l'autre, dans le même intervalle de temps, a des limites. Il est invraisemblable qu'en une même période (mai-septembre 1779) on ait concomitamment cuit à Montpellier, et qu'on se soit trouvé au frais à Marseille. Les tests de corrélation indiquent du reste que la série de Marseille est exécrable : ses coefficients les plus élevés sont à 0,40. Ces discordances intraméridionales, au sein du groupe V, proviennent, bel et bien, de la mauvaise qualité d'une grande partie des observations[1].

Soyons nets : relativement nombreuses, les séries méridionales sont détestables. Les médecins du Sud-Est français, observateurs fantaisistes et qui n'en faisaient qu'à leur tête, nous ont laissé un groupe de données qui ne concordent pas entre elles, et qui dénoncent les déficiences de leurs auteurs. On est loin du sérieux parisien, et de la rigueur des maîtres d'œuvre de la capitale.

Seuls quelques fragments hivernaux de ces courbes méridionales échappent au naufrage : Arles, Montauban, et Rieux concordent bien pour les hivers de 1785 à 1790... ce qui nous permet d'affirmer que les hivers de 1785 et 1789 ont été sûrement très froids dans le Midi. Malheureusement si l'on s'intéresse aux étés (période mai-septembre), on constate que l'ivraie y étouffe presque totalement le bon grain; Rieux et Arles, correctement corrélés l'un avec l'autre en hiver, divorcent dans la période mai-septembre. Il se vérifie, là aussi, que les observations hivernales sont, en règle usuelle, meilleures (groupe I), ou en tout cas moins mauvaises (groupe V) que celles de mai-septembre.

Testées par les coefficients de corrélation, ces diverses séries

---

[1]. Bien entendu, tout n'est pas à rejeter dans ces séries méridionales. Mais il faudrait une étude monographique pour chaque mois de chaque année de chaque série, étude accompagnée d'un test de concordance ou de discordance avec les autres séries : ceci afin de séparer l'ivraie du bon grain.

du groupe V se tirent assez mal de l'épreuve : Montpellier ne dépasse pas 0,88 (pour 60 données seulement avec Metz); Tarascon culmine avec 0,83 (pour 36 données seulement avec Viviers); Perpignan arrive à 0,59 (pour 67 données, avec Saint-Maurice-le-Girard); Toulon est à 0,68 (pour 32 données avec Vienne en Dauphiné), Marseille, à 0,40 (pour 43 données communes avec Montlouis en Roussillon!) Seuls Arles et Rieux se comportent un peu mieux au vu de ces comparaisons :

	Meilleurs coefficients de corrélation	Avec la station de	Nombre de données communes
Arles	0,89	Tournus	53
Rieux	0,89	Dax (Gascogne)	35

Montauban enfin n'a pas assez de données pour être testé.

Plantons là ce Midi du groupe V si décevant. Le groupe VI (Pyrénées) ne vaut guère mieux : courbes rares, courtes, bâties à la diable, sur des données mal observées... N'insistons pas. Le graphique à lui seul est un procès-verbal de carence, qui dénonce la nullité des correspondants pyrénéens de Vicq d'Azyr, aussi maladroits que bien intentionnés.

La France du Sud, depuis les Alpes jusqu'aux Pyrénées en passant par la Provence et Languedoc, n'aura été dans l'ensemble qu'une longue déception. Faut-il invoquer un sous-développement culturel de ce grand Midi du royaume, où les observateurs en puissance sont plus prompts à s'enthousiasmer pour le vaste projet de Vicq d'Azyr qu'à s'acquitter scrupuleusement de l'observation journalière qui leur est prescrite? On ne peut que poser la question. Rappelons que les historiens de la démographie du XVIIIe siècle eux aussi sont souvent irrités par la mauvaise tenue de l'état civil dans le Sud-Ouest français, en contraste avec la crédibilité plus grande des actes de catholicité septentrionaux.

La détestable qualité des séries climatiques du Sud est en tout cas confirmée par notre dernière escale en Aquitaine : à Bordeaux, unique station du groupe IX, les diagrammes sont étrangement horizontaux, comme si l'observateur avait recopié toujours les mêmes chiffres, d'année en année, sans observer le thermomètre. (En fait, ce ne fut pas le cas : cette horizontalité des hivers de 1779 à 1783, n'est que le résultat cumulé d'observations trop grossières et approximatives, dont les écarts assez fantaisistes se compensent par le jeu des moyennes pluriannuelles : quand un écart vraiment très fort intervient, comme c'est le cas pendant l'hiver glacial de 1785, l'observateur bordelais, dont le thermomètre a tout de même une sensibilité rudimentaire, ne peut pas ne pas l'enregistrer ; et la courbe dans ce cas se creuse au bon endroit, en l'année 1785, précisément pendant les mois d'hiver). Les coefficients de corrélation confirment la tenue plutôt médiocre de la série girondine : les corrélations bordelaises les plus élevées sont à 0,88 avec La Rochelle, pour 53 données; à 0,83, avec Troyes en Champagne, pour 97 données... On est loin des performances parisiennes ou picardes.

Notre tour de France nous amène ensuite vers l'Ouest (groupe VII : Val de Loire, Vendée, Bretagne).

La première impression, dans l'ensemble, est réconfortante : on se retrouve, du point de vue météorologique, en pays civilisé. La concordance intrarégionale des observations d'hiver y est même très belle parfois. Au moment des deux grands hivers (1784 et 1785) qu'on retrouve là comme ailleurs, les courbes tombent; puis à partir de 1786, elles se redressent avec un bel ensemble, comme sous la baguette d'un chef d'orchestre clandestin. La bonne tenue de ces courbes de saison froide permet de penser que la relative modération de l'hiver de 1789, en ces régions de l'Ouest, découle bien d'un fait réel; et pas simplement d'une surestimation des températures, imputable à la mauvaise qualité des observations. L'hiver de 1789 (décembre 1788 surtout), tellement rude dans toute la France de l'Est et du Sud, aurait donc été pour des raisons de répartition des masses d'air froid, relativement bénin dans la France de l'Ouest [1].

Si les hivers, surtout à partir de 1781, semblent correctement notés dans cette région, il n'en va pas de même pour la période mai-septembre : certes, celle-ci dans l'Ouest, n'est pas aussi mal chiffrée que dans le Midi. Mais la qualité des observations qui la concernent est tout de même inférieure à celle des données hivernales. Sans doute, les médecins de Bretagne, de Vendée, de Basse-Loire, sont-ils sur les routes en été; ou bien faut-il admettre que leur thermomètre est

---

[1]. Dans quelle mesure la conjoncture météorologique et agricole n'a-t-elle pas été plus clémente dans l'Ouest, Bretagne et Vendée, en 1789? C'est une question que la relative douceur de l'hiver incite à poser.

496   *L'histoire sans les hommes*

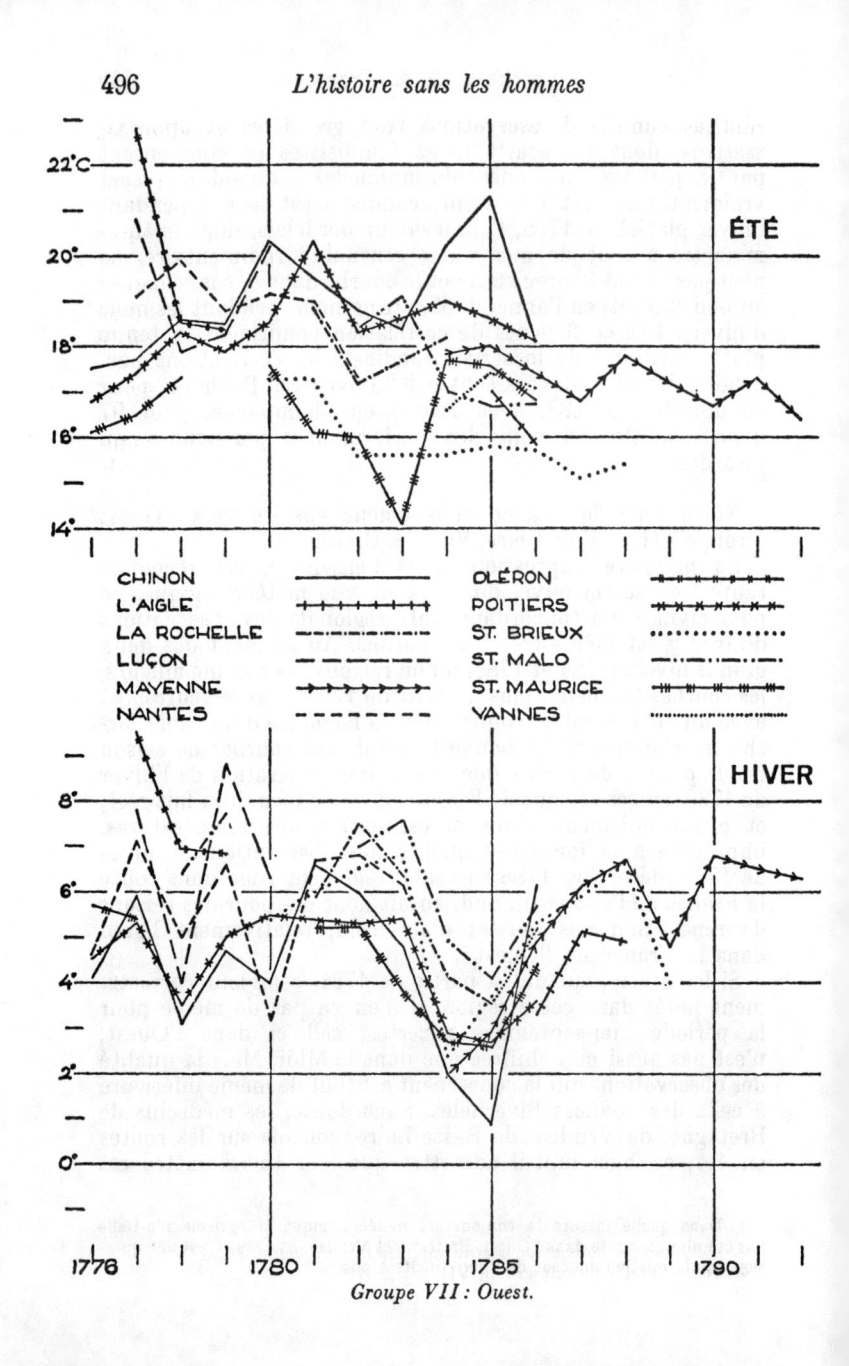

ÉTÉ

CHINON	———	OLÉRON	—#—#—#—
L'AIGLE	++++++	POITIERS	—*—*—*—
LA ROCHELLE	— — —	ST. BRIEUX	············
LUÇON	— — —	ST. MALO	
MAYENNE	→→→→→	ST. MAURICE	—#—#—#—
NANTES	— — — —	VANNES	············

HIVER

Groupe VII : Ouest.

mal protégé du rayonnement solaire, qui darde pendant les jours chauds?

Quoi qu'il en soit, certaines discordances estivales sont criardes : la série de Saint-Brieuc, à peu près correcte en hiver, devient horizontale, et d'une désespérante platitude, au moins après 1782, quant à ses données de mai à septembre : c'est à croire, au vu de telles moyennes, que le dévoué docteur Bagot, correspondant briochain [1] de la S.R.M., surchargé de malades [2] en été, se bornait alors à recopier d'une année sur l'autre ses observations [3]. Dans un ordre d'idées analogue, la série de Saint-Maurice-le-Girard (Vendée) qui en hiver est médiocre, mais tout de même grossièrement concordante avec ses voisines, devient, par moments, franchement mauvaise et même détestable en saison chaude : les valeurs de la période mai-septembre, pour 1781 et 1783, par exemple, à Saint-Maurice-le-Girard, n'inspirent aucune confiance, tant elles s'écartent de la tendance des séries sœurs de l'Ouest [4]. Conséquence logique : les corrélations de Saint-Maurice ne sont guère élevées; leur maximum est à 0,86 pour 53 données, avec La Rochelle (Aunis).

De même Oléron et Luçon, passables en hiver, deviennent quelquefois exécrables en été : à tout le moins pour 1777, où ces deux stations donnent des chiffres invraisemblablement élevés : l'ordinateur a du reste affligé d'un astérisque (« valeur sujette à caution ») les chiffres de mai et juin 1777 pour Oléron.

Autre inconvient : nous ne disposons pas, dans l'Ouest de la France, d'un écheveau serré de dates de vendanges, qui permettrait de contrôler ces séries du groupe VII, pour la période mai-septembre. Aussi, dans nos conclusions, nous n'utiliserons pas les données estivales de l'Ouest qui, en l'état actuel de notre savoir, sont trop défectueuses. Elles sont décidément inférieures en qualité à celles, imparfaites mais néanmoins plus solides, que nous avons graphiquées pour la région parisienne (groupe I), et même pour la France de l'Est (groupe III).

Le groupe VIII intéresse le Nord de la France proprement dit : soit les séries de Montdidier, Arras, Lille, Cambrai,

---

1. Briochain : habitant de Saint-Brieuc.
2. J. Meyer, in *Climat, médecins, op., cit.*
3. En fait, les causes de cette « platitude » sont plus complexes : cf. *supra*, p. 494-495. ce que nous avons dit au sujet de la série bordelaise.
4. Voir les graphiques du groupe VII.

Dunkerque. Notons qu'Arras et Montdidier sont excellents, concordants, tant en hiver qu'en été.

Dans l'ensemble, ces séries « nordistes » sont très bonnes, même en été. Elles parachèvent le tableau national que nous avons esquissé : par contraste avec un Midi encore sous-développé quant aux observations météorologiques, la moitié nord du royaume se distingue par le zèle et par la compétence de ses observateurs, excellents pour l'époque (même s'ils apparaissent médiocres relativement aux critères sophistiqués des XIXe et XXe siècles). Les vieux stéréotypes des provinces (« Méridionaux » enthousiastes mais décousus et trop hâtifs; « Septentrionaux » plus sérieux, appliqués, dignes de confiance; « Nordistes » enfin, de l'extrême Nord, certes bovins et lourds, mais combien efficaces et consciencieux !), s'appliquent fort bien à nos équipes de météorologistes du XVIIIe siècle. Bien entendu, il serait néanmoins grotesque d'exalter à ce propos le « chauvinisme de latitude » des Français du Nord ! Cette distribution inégale, quant aux performances des observateurs, peut s'expliquer soit pour des raisons fortuites, soit par un sous-développement méridional, qui persistera tard encore quelque temps, disons jusqu'au début du XIXe siècle, dans le domaine culturel.

Cette précellence septentrionale est très marquée dans l'extrême Nord : on peut en juger par les coefficients de corrélation, ou par la concordance des données estivales avec les dates de vendanges.

Coefficients de corrélation d'abord : à Montdidier, ce coefficient s'établit à 0,97, chiffre record, éblouissant, pour 97 données communes avec Arras; Arras et Montdidier fournissent d'excellentes séries qui s'épaulent réciproquement : ce sont les deux meilleures [1] parmi la centaine de villes que nous avons explorée. Quant aux autres stations nordistes, à savoir Lille (corrélation de 0,97 avec Laon, pour 41 données communes), Cambrai (corrélation de 0,93, pour 34 données communes avec Montdidier), Dunkerque (corrélation de 0,94 pour 39 données communes, avec Montdidier également), elles sont valables, mais leur qualité n'égale pas celle que nous avons diagnostiquée pour Arras et Montdidier.

Si maintenant l'on jette un coup d'œil sur les courbes hivernales de ces villes, on y note aussitôt les grands hivers,

---

1. Arras est cependant meilleur encore que Montdidier. Il est arrivé à l'excellent Chandon, observateur de cette ville, de commettre quelques erreurs dans ses calculs de moyennes (notamment en janvier 1787) : nous les avons rectifiées à partir de ses propres relevés quotidiens.

Le climat de la France   499

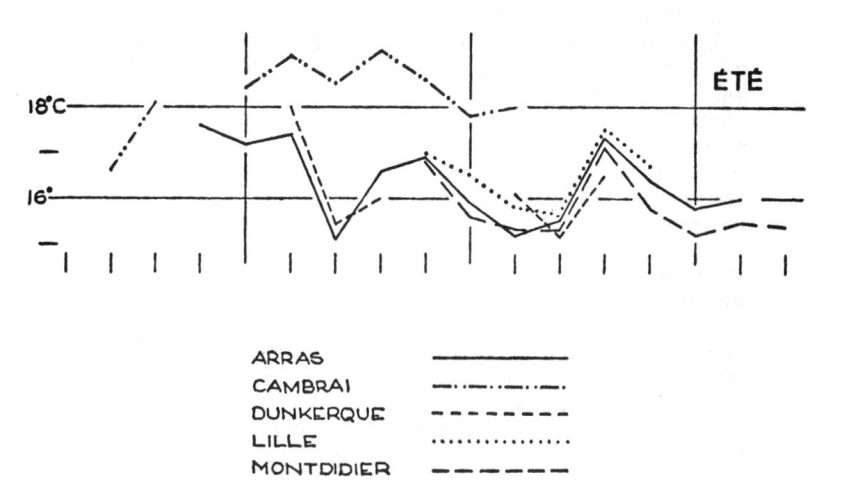

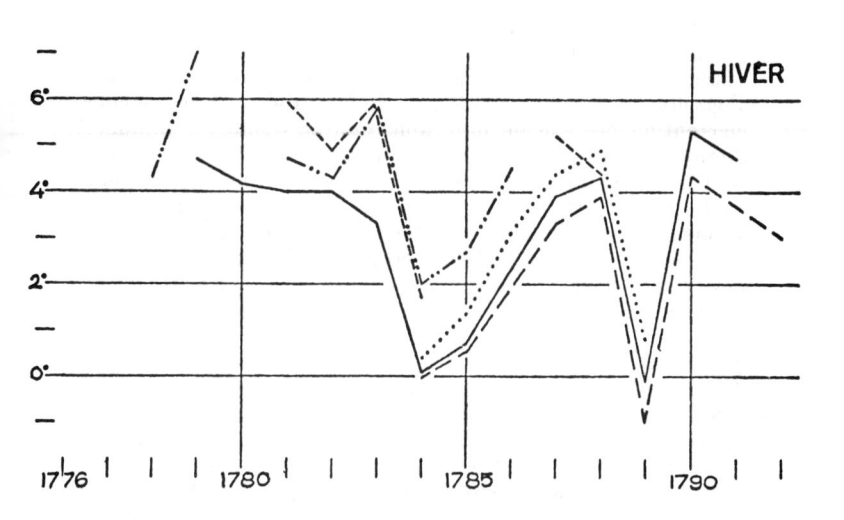

Groupe VIII : Nord.

qu'on retrouve au Nord, comme précédemment à Paris et dans l'Est : 1784, 1785 et 1789.

Dans ces séries du groupe VIII (extrême Nord français) on est d'autre part impressionné par la très bonne concordance enregistrée pour la période estivale. C'est même en cela que réside leur supériorité par rapport aux données des autres régions de France. Le parallélisme en tout cas est net, pour la belle saison et pour la période 1777-1790, si l'on compare ces tendances avec les *trends* homologues que nous avons précédemment décrits pour la région parisienne et pour la France de l'Est : culmination de la chaleur estivale en 1779-1780-1781 ; nouveau culmen chaud en 1783 ; puis l'habituelle fraîcheur de 1785 à 1792, à l'exception du « grand été » brûlant, de 1788.

Au terme de ce voyage autour de la France, on peut dresser un palmarès, et décider quelles sont parmi nos séries les meilleures. Bornons-nous pour le moment à celles qui dépassent huit années, et qui comportent, par conséquent, plus de 96 données mensuelles. Ce sont les plus intéressantes, puisqu'elles sont assez longues pour que leurs fluctuations puissent être étudiées sur plusieurs années ; en même temps, le calcul de leurs moyennes basées sur un nombre d'années non négligeable, autorise la comparaison, aux fins d'expérience, avec les moyennes décennales ou pluridécennales représentatives d'observations plus récentes (XIXe et XXe siècles).

Indiscutablement, les séries *longues* qui se tirent le mieux de l'épreuve, sont celles d'Arras et de Montdidier. Elles se comportent même de façon admirable. Pour 97 données communes, Arras offre une corrélation presque parfaite (0,97) avec la série voisine de Montdidier. Vient ensuite, déjà un peu moins bonne la série de Paris : celle-ci présente une corrélation de 0,96 (mais pour 36 données seulement) avec Montdidier ; et des corrélations de 0,88 ; 0,88 et 0,86 pour 112, 108 et 98 données communes avec Mulhouse, Arras et Troyes, respectivement. Mulhouse suit : corrélation de 0,95 pour 42 données communes avec Laon, de 0,90 pour 73 données avec Haguenau, de 0,88 pour 112 données avec Paris. Puis c'est le tour de Troyes, Haguenau et enfin Montmorency (dont la corrélation maximale est à 0,90 pour 30 données communes avec Meaux ; et à 0,85 avec Paris pour 132 données). Montmorency clôt la liste des séries bonnes ou très bonnes. Après, très loin derrière, viendra Mayenne (corrélation de 0,85 pour 65 données avec Troyes ; et de 0,80 pour 108 données avec Montdidier). Finalement, nous donnons la palme aux sept meilleures séries *longues* : Arras, Montdidier, Paris, Mulhouse, Troyes, Haguenau, Montmorency. Certaines d'entre elles pourront même servir pour un essai d'étude comparative avec le présent.

Nous en arrivons à un point difficile de l'enquête : à savoir la corrélation possible de nos séries climatiques avec les phénomènes agricoles et humains.

La comparaison s'impose avec le mouvement des récoltes de vin. En effet, nous disposons là de beaucoup de données : la date des vendanges (corrélée avec les températures) est connue; le volume des récoltes de vin est élucidé grâce aux grands travaux d'Ernest Labrousse. Or, dans la région septentrionale, et notamment en Champagne où la vigne est collée à sa limite nord de culture, le rendement du vin dépend en partie de l'indice héliothermique, c'est-à-dire d'un apport assez abondant de chaleur et d'ensoleillement.

Plaçons-nous au centre approximatif de nos séries, en ces années 1780-1781 qui voient culminer à la fois la chaleur de la période mai-septembre, et le produit de la récolte du vin [1].

La leçon des courbes est claire : en 1776, où la fin du printemps et l'été sont plutôt frais, la récolte de vin est moyenne; les vignes, en Bordelais, sont atteintes par la coulure, compagne des étés pourris. En 1777, gelée d'avril, été frais : « ni récolte, ni stock »; en Champagne et dans la plupart des vignobles français, les prix du vin vont donc bondir par suite de la rareté. Ils culminent en 1778, sous l'impact de cette faible vendange de 1777. A partir de 1778, et pendant 4 années, les étés se réchauffent en direction d'un apogée brûlant (1780-1781). Ragaillardies par ce rayon de soleil, les vignes produisent de plus en plus et de mieux en mieux. Leur rendement, dans le vignoble nordique (Champagne) monte sans arrêt à partir de 1778, jusqu'au culmen viticole, exactement contemporain du culmen estival de 1780-1781 [2]. Les vignerons rhénans, sur les rives françaises et allemandes du fleuve, dénoncent les étés chauds, les vendanges précoces, les vins surabondants des années 1779-1781. En France [3], comme en Allemagne [4], la vendange de 1781 est remarquable par son extraordinaire précocité. Mais c'est bien l'ensemble des étés de 1778, 1779, 1780 et 1781 qui sont de plus en plus chauds et précoces : et si l'on prend l'exemple des quantités de vin pro-

---

1. E. Labrousse, *La Crise de l'économie française à la fin de l'Ancien Régime et au début de la Révolution*, Paris, P.U.F., 1944, pp. 273 sq.
2. Courbe dans Labrousse, *ibid.*, p. 94.
3. E. Le Roy Ladurie, *Les Paysans de Languedoc*, 1966, première partie.
4. K. Müller, *Geschichte des badischen Weinbaus*, Lahr in Baden, 1953, p. 214.

duites en Champagne [1], on s'aperçoit que, considérées comme moyennes en 1779, elles deviennent abondantes en 1780, exceptionnelles et surabondantes en 1781 « année qui dépasse l'année commune de plus du double [2] ». C'est seulement à partir de 1782, où l'on enregistre un été plus frais (notamment dans les régions de Paris, du Nord et de l'Est) que la situation se renverse, le charme viticole étant rompu.

C'est net en Champagne et Bourgogne : par suite du mauvais été, le vin de 1782 est « vert, faible, de peu de couleur, absolument mauvais [3] ». C'est que le raisin dont ce vin est tiré a eu peine à mûrir : le fruit d'abord attaqué par les gelées blanches, avait ensuite pourri sur pied à la veille des vendanges [4]. L'année suivante [5] (1783), qui pourtant n'est point trop fraîche dans son ensemble, les froids tardifs et les brouillards font couler les vignes en fleur; du coup, la Champagne donne une récolte inférieure de près de 20 % à la normale. Et ça continue! Désormais, les récoltes de vin n'étant plus stimulées par une série persistante d'années chaudes et ensoleillées vont retomber à un bas niveau : en 1784, les quantités produites tombent à près de 60 % au-dessous de la normale champenoise [6]. En outre, ces années 1783 et 1784 se signalent par la mauvaise qualité de leurs produits expressément dénoncée par les vignerons.

Après la grosse récolte, exceptionnelle, de 1785, les volumes des vendanges tombent de nouveau, en Champagne, à partir de 1786 à des planchers assez bas : et sur ce point les appréciations empiriques des vignerons coïncident avec les chiffres des températures de nos courbes : « à cause des longs froids tardifs et des pluies d'étés de 1786, le raisin en Champagne n'a pu venir à maturité et commence à pourrir sur pied [7] ». « Les vignobles sont dans la désolation [8]. » La production de vin, en Bourgogne aussi, recule dans l'année 1786.

1787, autre année fraîche, quant à mai-septembre, est également médiocre : « atteint par les gelées et les pluies [9] », « le vignoble de Champagne ne donne qu'une production inférieure de 40 % à la normale. Si 1786 reste encore une année moyenne, bien qu'inférieure de plus de moitié à la précédente,

1. Courbe dans Labrousse, *op. cit.*, p. 94.
2. E. Labrousse, *ibid.*
3. E. Labrousse, *op. cit.*, p. 286.
4. *Ibid.*, p. 288.
5. *Ibid.*, p. 324.
6. *Ibid.*, p. 326.
7. *Ibid.*, p. 327.
8. *Ibid.*
9. *Ibid.*, p. 363.

1787, inférieure des 2/3 aux 3/4 est très faible, ou même mauvaise ; surtout, la qualité s'annonce très basse. Le raisin, en retard de plus d'un mois, pourrit sans parvenir à maturité. Les vendanges seront tardives. Il ne faut pas espérer les commencer avant le 25 octobre [1]... » Typiquement, 1786 et 1787 sont donc, en Champagne, des années de vins verts et rares, engendrés par une météorologie défavorable. On en dira autant de la Bourgogne, elle aussi affectée en 1787 par les gelées, par les pluies froides, et les vendanges tardives qui surviennent sur un été pourri ; les cueillettes des vignes bourguignonnes en 1787 sont misérables en quantité, par rapport à l'année record que fut 1785. Après une légère remontée en 1788, où la période de mai-septembre est favorable, la catastrophe finale survient en 1789 où nos courbes dénoncent un hiver glacial, et une période mai-septembre des plus fraîches. Les vignerons de leur côté ne s'y trompent pas [2] : A la suite des longues et terribles gelées de l'hiver 1788-1789, aggravées au printemps, par des gelées tardives, et, durant l'été, par des pluies froides et prolongées « la récolte de vin de 1789 totalement manquée doit être comptée pour rien en Champagne ». En Bourgogne, la situation n'est pas meilleure [3].

Résumons : en dépit de la complexité des facteurs mis en cause, il est clair que la productivité viticole, dans les vignobles septentrionaux, a connu de 1778 à 1781 des conditions de plus en plus favorables à la quantité, et aussi, dans une certaine mesure à la qualité : tout cela culminant dans la récolte de 1781, abondante, précoce et délicieuse, hautement favorisée par une succession cumulée de saisons positives, hivers doux, printemps et surtout été brûlants. Cette série de grosses récoltes (1778-1781) contribue à faire crouler les prix du vin [4] : ceux-ci, partis d'un niveau très haut en 1777-1778, dégringolent de façon continue sous l'impact des étés chauds et des grosses vendanges à partir de 1778 pour tomber au plancher, un plancher très bas situé, après la récolte monstrueuse de 1781.

Et puis à partir de 1782, le style change : en dépit d'exceptions (1783, 1788), les étés, ou plus exactement, toute la période mai-septembre, basculent alors vers la fraîcheur et vers le pourrissement viticole. Trois grands hivers sans équivalent dans la période antérieure (celle qui allait de 1776 à

---

1. Texte cité par Labrousse, *ibid.*, p. 363.
2. Cf. E. Labrousse, *op. cit.*, p. 364, textes tirés des états de subdélégation et de l'intendance.
3. E. Labrousse, *ibid.*
4. E. Labrousse, *ibid.*, graphique de la page 269.

1783) interviennent entre 1784 et 1789 (il s'agit des hivers de 1784, 1785 et 1789). Sans doute, chacun de ces épisodes, frais ou froid, pris en lui-même, n'est-il pas nécessairement désastreux ; mais leur succession entre 1782 et 1790 crée pour la vigne des conditions d'adversité, et des probabilités de catastrophes, qui interdisent, à une exception près (1785), les très bonnes récoltes. De fait, de 1782 à 1789, on ne rencontre en tout et pour tout qu'une seule vendange gigantesque : celle de 1785 ; toutes les autres 1782, 1783, 1784, 1786, 1787, 1788 et 1789 sont, dans le vignoble septentrional, moyennes, médiocres ou mauvaises [1]. A la longue, cette déficience de l'offre, finit par faire remonter les prix du vin : ceux-ci qu'avaient « cassés » les trop bonnes récoltes de la période 1778-1781, s'élèvent d'abord lentement [2] en 1783 et 1784, puis momentanément déprimés, de nouveau, par la grosse vendange de 1785, ils s'orientent franchement vers la hausse, à partir de 1786 et surtout de 1787. Par comparaison, la période 1778-1781 semble marquée par l'instauration progressive d'un état de grâce viticole [3] : les récoltes bondissent ; les prix tombent. Nul doute : ces quatre années, de plus en plus chaudes, sans rigueur hivernale, sans pourrissement estival, sont optimales pour la production de vin, surtout dans la moitié Nord de la France. Les bons auteurs, en effet [4], insistent sur l'idée d'une *succession* d'années chaudes, pour stimuler durablement la végétation de la vigne, et parvenir à l'optimum viticole. Cet optimum culmine pour l'essentiel en 1779, 1780 et 1781, quand les hivers sont doux, les printemps-été brûlants, les récoltes abondantes en quantité (1779 et surtout 1780 et 1781) et excellentes en qualité (1779 et 1781). Un tel paroxysme de l'offre fait tomber les prix (en une dialectique du bonheur et du malheur, de l'abondance et de la mévente) : voilà qui contribue à faire naître dans le secteur viticole la dépression fameuse étudiée par Ernest Labrousse.

Cela dit, un monisme climatique, là comme ailleurs, serait absurde. Il est certain en effet que l'exaltation de l'offre des vins qui fit tomber les prix, fut déterminée *aussi* par une vague de plantations excessives dans la décennie 1770 [5]. Des facteurs

---

1. Cf. E. Labrousse, *op. cit.*, graphiques, pp. 325 et 365, pour la Champagne et la Bourgogne.
2. *Ibid.*, graphique, p. 269.
3. Cette expression vaut pour la vigne, bien sûr, comblée par les bonnes récoltes ; mais non pour les vignerons, éventuellement ruinés par la surproduction qui en résulte.
4. Notamment K. Muller, *op. cit.*, p. 240.
5. J. Godechot, *Les Révolutions* (1770-1799), 2ᵉ éd., Paris, P.U.F., 1965, p. 117.

purement humains contribuèrent donc à faire mûrir les raisins trop nombreux et la surproduction déprimante. Mais de par notre sujet, nous n'avons voulu étudier que la partie « climat et récoltes » du phénomène; de toute façon, pour connaître l'effet des plantations massives de la décennie 1770 sur la phase de surproduction de la décennie 1780, il faudrait au préalable mesurer l'ampleur de celles-ci. Cette mensuration n'a pas été faite, et nous ne pouvons qu'évoquer en passant cet aspect du problème.

Les années chaudes, autour de 1780, en ce qui concerne la vigne, ont donc fait de leur mieux pour accentuer « l'intercycle » de baisse des prix. En va-t-il de même pour le blé ? Nous avons déjà signalé à ce propos que la vague d'étés frais et pourris qui culminent autour de 1770, et la vague d'étés chauds qui par la suite prend le relais autour de 1780, coïncidaient respectivement l'une avec une phase de mauvaises récoltes de céréales, l'autre au contraire avec une période de moissons plantureuses, autour de 1780. C'est du moins ce qu'indiquent les diagrammes affrontés des dates de vendanges du Nord, et des prix du blé parisien. Les séries thermiques de la S.R.M., et les données sur les récoltes beauceronnes recueillies par M. Morineau [1] confirment bien cette liaison : après les étés brumeux et mouillés de la période 1766-1776 qui firent pourrir et verser les moissons [2], les belles saisons, lumineuses et chaudes, qui fleurissent autour de 1780, se traduisent par de magnifiques récoltes de froment, qui culminent, comme pour le vin, pendant les deux années splendides : 1780 et 1781. Le soleil en Beauce et Champagne fait donc basculer, pour quelques années, les productions végétales (blé et vin) vers la hausse; et inversement, les prix vers la baisse (mêmes constatations à Cambrai sur la courbe des dîmes-grain [3]). En bref,

1. *Annales E.S.C.*, janv.-févr. 1968, p. 204, fig. 6.
2. Il faudrait tenir compte aussi des hivers froids de cette même période, et jusqu'en Provence, à en juger par un mémoire des Procureurs des Gens des Trois États (Aix, 31 déc. 1770) : « Le territoire de Provence semble malheureusement destiné depuis quelques années à changer de face. On n'y éprouvait autrefois qu'un hyver rigoureux sur dix. Mais, Sire, voici quatre années de suite que les gelées continuelles font sans cesse périr nos oliviers, et nous dépouillent ainsi de la plus précieuse de nos plantations. Le cep ayant résisté au froid des trois premières, avoit produit des rejettons de belle espérance, mais l'hyver dernier a été si long et si vif, que ces jeunes arbres sont morts presque partout, et que la plupart des cultivateurs découragés par ces mortalités continuelles, après avoir arraché le tronc n'ont plus osé le remplacer, craignant de le voir encor périr... », (Arch. Nat., H¹. 1262-1265).
3. M. Morineau, *Les faux-semblants d'un démarrage économique*, Paris, 1970 (Cahiers des Annales), p. 160-161, graphiques des dîmes du froment.

l'absence, durant plusieurs années, de grands hivers et de gelées tragiques, et la succession d'une série d'étés éblouissants sont bien les facteurs qui, pendant quelques récoltes successives, produisent l'exaltation de l'offre, et, conséquence logique, la plongée concomitante des cours agricoles, le « baquet » des prix. L'intercycle de baisse touche alors le fond de l'abîme.

Notons au passage que ces années 1778-1781, ou 1778-1782, sont celles de la guerre d'Amérique. Éventuellement, le financement de la guerre aurait pu par la constitution de stocks d'intendance, par la pression inflationniste exercée du fait de l'impôt faire monter les prix, comme cela se produisait au cours des guerres précédentes. Or, il n'en a rien été : une telle bonace a bien entendu des raisons multiples. Mais il est certain que la pression de l'offre agricole, elle aussi, a contribué à tenir les cours déprimés. Une fois n'est pas coutume : Louis XVI a eu de la chance ; pour faire sa guerre d'Amérique, il a eu de bonnes récoltes, et de bas prix. De quoi nourrir sans trop de frais ses marins, ses recrues et ses sujets.

Cependant, les printemps-étés chauds et secs n'ont pas toujours une influence univoque. Ils sont, en gros, favorables aux grains, en France du Nord, en Europe du Nord-Ouest : là en effet, le facteur sécheresse-chaleur constitue le paramètre marginal, de l'absence ou présence duquel dépend le déficit ou l'excédent des blés. Néanmoins, chaleur et sécheresse peuvent aussi, même dans les zones septentrionales du Bassin de Paris, exercer, en certains cas, une influence désastreuse. Un coup de chaleur aride, s'il intervient de façon pour ainsi dire minutée, dans un moment bref et critique de la végétation de la plante (à l'instant précis où le grain est laiteux ou pâteux, pas encore durci), peut griller l'épi, et tuer, en quelques jours, l'espoir de récolte : c'est *l'échaudage*. Un phénomène de ce type, expressément signalé, s'est produit en 1788 : année de grand été, aux vendanges précoces, aux mauvaises moissons : dont les déficits par échaudage prépareront la crise de subsistances, la Grande Peur, et le mécontentement des ventres creux, à la veille de la « soudure » de 1789. Cette année 1788 est donc décisive par ses effets à court terme ; elle est bien décrite, dans le journal d'un paysan-vigneron du pays de Meaux[1] :

« L'année 1788 il n'a point fait dhivers leprintems na pas

---

1. *La Chronique villageoise de Vareddes (Seine-et-Marne)*, publiée par J.-M. Desbordes, Paris, éd. de l'École (vers 1960).

été favorables au bien de la terre il a fait froids au printems les seigles netoit guerefort les bleds étions assez fort mais la trop grande challeure afait Echaudée les bleds desorte que la récolte des grain aété petite il ne rendoit guere de gerbes ny de minot il a eté remy bien certin pour lavandage aeté forbonne et du tres bons vin vandange alafin deseptembre levin valloit 25 L aprest vandange et le bled valloit 24 L aprest Laoust le 13 Juillet il est arrivez une nuée de grelle qui a commancée au dela deparis a traversez toute la france Jusque dans lapicardy elle afait un grand tor la grelle pesoit 8 livres elle a hachée les grain et les abre par ou elle apassez elle atraversez deux lieu de large sure cinquante lieu de long il sest trouvez des chevau de tue. »

Reprenons ce texte, épisode par épisode, en le commentant et en le justifiant au moyen d'une des meilleures séries météorologiques du Bassin parisien, celle de Montdidier.

« Il n'a point fait d'hiver. » Effectivement, à Montdidier, décembre 1787, janvier et février 1788 sont très doux en excédent de 1° à 3° sur la normale (on sait du reste que l'hiver trop doux, favorable aux mauvaises herbes et aux insectes prédateurs, peut quelquefois poser les prémisses d'une mauvaise moisson pour l'été qui suit).

« Il a fait froid au printemps » : il faut voir là, sans doute, une allusion au petit épisode frais de mars 1788 : car les températures, en ce mois-là, sont à peine en excédent sur la normale : seulement d'un dixième de degré. D'où l'impression de « froid » ressentie empiriquement par le paysan de Vareddes.

« *La trop grande chaleur a fait échaudée les blés de sorte que la récolte des grains a été petite. Il ne rendait guère de gerble ny de minot, il a été remy* »; ici s'intercale le processus d'échaudage qui a dû intervenir en mai, juin, ou (peut-être ?), au tout début de juillet : la moisson [1] en effet, d'après le même texte, a été antérieure au 13 juillet. De fait, si l'on contrôle le document de Vareddes par la série de Montdidier, on constate que ces trois mois ont été chauds ou très chauds, en excédent de 2°2 (mai), et 1°5 (juin et juillet), par rapport à la normale : rien ne s'oppose donc à ce qu'un épisode particulièrement brûlant, survenant sur ce fond de chaleur soutenue, ait, comme l'affirme le journal du paysan de Vareddes, grillé les blés.

Enfin, se produit la grêle du 13 juillet qui parachève le désastre des grains. Cette grêle est bien connue : elle a même polarisé l'attention des historiens, soucieux d'expliquer la

---

[1]. Rappelons que la moisson est appelée « l'aoust » dans ces régions.

mauvaise moisson de 1788, comme cause partielle de la disette et de la cherté à venir, qui à leur tour engendreront des troubles en 1789. Mais cette polarisation des chercheurs est peut-être excessive ; car la grêle de 1788 ne saurait rendre compte, à elle seule, de l'ampleur du déficit céréalier de cette année-là. Si intense qu'elle soit, une grêle ne concerne jamais qu'un pourcentage minoritaire des villages, dans un pays donné. Même celle, géante, du 13 juillet 1788, qui aurait déversé, paraît-il, 400 000 tonnes de grêlons (?), n'aurait touché et haché au total que « deux lieues de large sur cinquante de long » ; ou encore selon une autre source 1 039 villages et terroirs, parmi la dizaine de milliers de paroisses que compte au bas mot la France du Nord de la Loire. On ne peut donc expliquer la mauvaise récolte de 1788, et la disette consécutive du printemps 1789, uniquement ni même essentiellement par la grêle. La cause fondamentale du manque des grains c'est bien, antérieur à la grêle, l'épisode d'échaudage qui a racorni *partout* la moisson de 1788, dans les derniers mois qui préludaient à la maturité.

Cela posé, le coup de grêle du 13 juillet constitue la suite logique du processus implacable qui avait mené durant les mois précédents, au coup d'échaudage. Les grêles les plus violentes surgissent en effet (en climat parisien) quand stagne sur l'Occident le poids bloqué d'un anticyclone saharien, venu par l'Espagne, très chaud et très lourd. C'était probablement le cas en 1788, comme ce le sera en 1947, ou au début de mai 1969. A ce moment, dans cette situation de chaleur écrasante qu'attestent les séries thermométriques, il suffit de l'irruption d'une simple bouffée d'air humide et frais venue de l'Atlantique, pour créer au contact de l'air saharien, si brûlant, des phénomènes de front froid et d'ascendances vives : ces mécanismes fabriquent alors les grêlons énormes qui, en retombant, cisaillent les récoltes, cassent les vitres, tuent les chevaux. La moisson de 1788 a donc été doublement victime d'un afflux d'air torride, originaire du Sahara ; elle fut grillée par cette masse brûlante ; puis ce qu'il en restait fut partiellement haché par les grêlons qui se développèrent au sein des masses d'air chaud, troublées par une irruption d'air maritime. Au bout de ce désastre, à cause unique, à développement complexe, il y aura bien sûr, tenue en réserve pour l'année qui suivra, la cherté des grains qui secouera les mercuriales en folie[1], l'accaparement du panifiable par les amateurs de

---

1. J. Dupâquier, M. Lachiver et J. Meuvret, *Mercuriales du Pays de France et du Vexin Français* (1640-1792), Paris, S.E.V.P.E.N., 1968.

stockage, l'errance des mendiants quêteurs de substances raréfiées. Quant au paysan français des pays de panique, il sera, du coup, conséquent avec sa propre expérience : il se souvient, à la veille de la soudure de 1789, d'avoir raté déjà sa maigre récolte de 1788 par la faute du climat; il est désormais anxieux, à l'idée de perdre aussi, du fait des brigands et des affamés, sa belle moisson sur pied de 1789, qui devrait normalement le dédommager des pertes de l'année précédente. C'est l'un des facteurs, parmi d'autres, de la Grande Peur, réflexe rural d'angoisse, de défense, et de contre-offensive, pour faire échec aux brigands.

Ce paragraphe relatif à « Climat et récoltes » clôt ainsi un premier exposé sur notre enquête. Nous nous sommes essentiellement intéressés au court terme. La question du long terme, elle, ne sera qu'effleurée ici, car elle devrait en raison de son ampleur faire l'objet d'un autre travail. On peut tout de même la formuler de façon simple : le climat de 1775-1790 était-il « le même » que le nôtre ? ou plus froid ? ou plus chaud ? ou plus continental ? ou plus maritime ?

Ainsi posée, la question, en *première analyse* n'admet guère qu'une seule réponse : le climat de l'époque Louis XVI était, bien entendu, fondamentalement semblable au nôtre. La fixité longue des conditions agricoles et phénologiques, et de l'éventail des plantes cultivées, suffit à démontrer cette vérité de bon sens.

Mais qu'en est-il *dans le détail?* A cette seconde interrogation, nous répondrons que nos séries, trop courtes pour offrir une réponse sûre quant au long terme, ne sont pas néanmoins en contradiction avec les données généralement admises, quand il est question de ces problèmes. Contentons-nous du témoignage des meilleures sources : Montdidier (1784-1792), Arras (1777-1792), Paris (1776-1786), que les coefficients de corrélation désignent unanimement comme bien supérieures aux autres séries d'observations. Comparées avec les moyennes *actuelles* (1931-1960) des mêmes stations ou des stations voisines [1], les moyennes de la fin de l'Ancien Régime en ces trois villes, bien desservies par leurs observateurs, indiquent qu'à températures annuelles supposées égales, les *hivers* de cette période du XVIIIe siècle étaient un peu plus froids que les nôtres; quant aux étés, ils étaient probablement un peu plus chauds. Il semble peu probable que cet écart soit dû *totalement* à une erreur systématique des instru-

[1]. Respectivement Beauvais, Lille et Paris.

ments du XVIIIe siècle. L'erreur, si erreur il y eut, aurait joué dans un sens unique, vers le chaud *ou* vers le froid ; mais pas *dans les deux sens*, vers le chaud en été, vers le froid en hiver ! L'écart systématique qui sépare les observations du XVIIIe siècle de celles du XXe semble donc indicatif d'une tendance plus continentale dans les années 1780, plus maritime actuellement. Une telle constatation correspond bien aux conclusions proposées par von Rudloff [1], dans son livre sur les fluctuations du climat d'Europe, depuis le XVIIIe siècle. Le climat du « little ice age » (XVIIe siècle-1850) se caractérisait en effet, nous dit von Rudloff, par des hivers généralement plus froids (d'à peine un degré centigrade en moyenne), par rapport à ceux du XXe siècle. En revanche, si l'on s'intéresse plus spécialement aux années 1775-1790, on constate, toujours selon l'auteur allemand, que celles-ci ont connu l'une des séries d'étés les plus chauds qu'aient jamais enregistrés les stations d'Europe depuis la mise au point des thermomètres. Cette surchauffe estivale décennale et momentanée, on la retrouve clairement inscrite dans nos séries anciennes, du moins dans les meilleures et les plus fiables d'entre celles-ci : elle s'affirme au niveau des moyennes, approximativement décennales ; elle s'exalte surtout lors des paroxysmes d'étés brûlants (1778, 1781, 1783 et 1788). Elle provoque les pléthores viticoles, et probablement céréalières, dénoncées par Labrousse et Morineau. Elle est aussi la cause du coup d'échaudage, puis de grêle, aux conséquences incalculables, enregistré pendant le *bel été* de 1788.

---

1. Hans von Rudloff, *Die Schwankungen und Pendelungen des Klimas in Europa seit dem Beginn der regelmässigen Instrumenten Beobachtungen* (1670), Vieweg, Braunschweig, 1967. Voir à ce propos, dans le présent livre, le chapitre qui précède.

L'histoire de la pluie et du beau temps [1]

Les méthodes pour l'histoire du climat ont connu, ces dernières années, des développements significatifs et pleins d'intérêt. Avant d'exposer ceux-ci, je commencerai cependant par quelques mots de rappel sur les différentes techniques, les plus connues, de l'historiographie du climat, appliquée au dernier millénaire :

1. En ce qui concerne la fin de cet ultime millénaire (les deux derniers siècles), l'historien du climat se doit de recueillir, de tester, de tabuler et de publier... tout simplement les séries météorologiques. Dès le XVIIIe siècle ou dès le début du XIXe, elles sont en effet très nombreuses. En guise de modèle, on peut se référer aux séries de températures qu'ont données Gordon Manley et les chercheurs hollandais (en Angleterre et aux Pays-Bas), pour les trois derniers siècles [2]. Les séries thermométriques en provenance de régions qui sont voisines les unes des autres présentent l'avantage de pouvoir être corrélées mutuellement : on peut donc, une fois qu'on en a découvert et exhumé de nouvelles, les tester par corrélation, et s'assurer ainsi leur fiabilité. Puis, ayant balisé le terrain, on détecte grâce à elles, à l'échelle régionale, nationale, ou même européenne, des fluctuations momentanées vers le chaud ou vers le froid, qui peuvent être, chronologiquement, d'amplitude décennale, interdécennale, séculaire. On ne devrait pas oublier non plus, en vue des recherches à venir,

---

1. Texte publié, en 1973, dans le recueil collectif sur *L'Histoire nouvelle et ses méthodes*, présenté par Jacques Le Goff et Pierre Nora (Gallimard, Paris).
2. Voir Manley et Labrijn (sauf indications additionnelles, les notes infrapaginales renvoient à la bibliographie détaillée qu'on trouvera à la fin de cet article).

qu'il existe aussi (en plus des relevés du thermomètre), des séries anciennes d'observations *pluviométriques* ou *barométriques*, relatives au XIXe et même au XVIIIe siècle. Souvent moins fiables que les relevés thermométriques, elles ont tout de même une valeur essentielle pour définir les types de temps et les situations atmosphériques du passé. Nombreux et précieux, les dossiers de ce type dorment, aujourd'hui encore, dans les archives des observatoires, des académies de médecine ou de province, et des sociétés savantes.

2. Pour les périodes antérieures au XVIIIe siècle, la dendrochronologie (étude des anneaux de croissance des arbres) produit un savoir de tout premier ordre, en ce qui concerne la sécheresse dans les pays arides et subtropicaux; la pluviosité dans les pays tempérés; le froid dans les régions nordiques. Ces trois phénomènes étant, dans l'optique du présent article, envisagés du point de vue de leurs fluctuations.

3. La phénologie, ou étude des dates annuelles de floraison et de fructification des végétaux se résume, jusqu'à ce jour, en un document presque unique : la date des vendanges, enregistrée par les archives, est en effet significative, en moyenne, du « chaud » ou du « frais », pour la période mars-septembre d'une année donnée. Dès lors que ces dates font série, dans une localité ou dans un groupe de localités, elles illuminent les fluctuations thermiques d'une année à l'autre, ou d'une décennie à l'autre, mais non pas jusqu'à nouvel ordre, d'un siècle à l'autre [1].

4. La méthode événementielle se ramène à une accumulation rigoureuse d'observations empiriques et qualitatives sur le climat, telles que les ont formulées en leur temps les contemporains, dans leurs correspondances, livres de raison, registres paroissiaux, etc. Le modèle en a été donné, dès 1960, par Titow dans son grand article de *Economic History review*, sur le climat anglais du XIVe siècle : et dès 1949, par D. J. Schove [2], dans une synthèse qu'il a présentée sur le mouvement du climat d'Europe au XVIe siècle, et sur le refroidissement des hivers depuis 1540-1560 jusqu'à 1600.

5. La méthode glaciologique a été récemment illustrée par J. Grove, à propos de la Norvège, aux XVIIe-XVIIIe siècles

---

1. Angot, 1883. — Le Roy Ladurie, 1967 et 1971.
2. Titow, 1960 et 1970. — Schove, 1949.

(article dans *Artic and Alpine research*, 1972). Elle implique que soient combinées les recherches qui mettent en cause les textes (archives de Chamonix; registres relatifs aux fermes sous-glaciaires de Norvège; sagas islandaises...); et aussi les enquêtes à base géomorphologiques (étude des moraines); à base palynologique (étude des marécages et des tourbières situées en aval des glaciers); ou à base biologico-nucléaire (datation au carbone 14 des débris d'arbres qui furent délaissés dans les moraines, ou qui sont enracinés dans les lits rocheux qu'ont découvert récemment les langues glaciaires en déroute). Ainsi parvient-on à repérer les fluctuations séculaires et même multiséculaires des glaciers : elles sont connaissables grâce à de telles méthodes, en Occident, tout au long du dernier millénaire; et elles constituent un révélateur déformant, mais précieux, quant aux fluctuations du climat, en particulier dans le domaine thermique [1].

Diverses remarques de méthode ou même de fond me paraissent cependant indispensables, à propos des techniques qui viennent d'être évoquées.

1. Le *but* de l'histoire climatique n'est pas d'expliquer l'histoire humaine, ni de rendre compte, en un style simpliste, de tel ou tel épisode grandiose (crise du xive ou du xviie siècle, essor du xviiie siècle...). Même quand cet épisode stimule, pour des raisons valables, la réflexion des férus d'histoire. Le « but », en première analyse, est tout autre : il consiste d'abord, à dessiner les linéaments d'un devenir météorologique, dans l'esprit de ce que Paul Veyne appelle « une histoire cosmologique de la nature ». Certes, cette « cosmologie chronologique », modestement limitée à l'étude d'un climat de région, peut servir de discipline d'attente, pour un projet tout autre, et plus ambitieux, qui vise, lui, l'histoire humaine : les « retombées » de l'histoire du climat intéressent en effet la chronologie des famines, et peut-être aussi celle des épidémies; mais il ne s'agit là que de conséquences dérivées : si importantes et même passionnantes qu'elles soient, elles demeurent marginales. Par-delà les tactiques du moment, il semble que la stratégie de l'historien du climat consiste à se porter d'abord en première ligne, avec les hommes des sciences de la nature, au coude à coude d'une collaboration interdisciplinaire; ces hommes, au début, accueillent-ils comme un intrus, qui ne leur dit rien qui vaille, l'échappé de Clio? Tant pis. L'historien dans ce cas dévore l'humiliation et s'efforce de faire admettre la contribution spécifique qu'il

---

1. L.R.L., *ibid.*

est seul à pouvoir apporter. Pierre Chaunu disait, voici quelques années, que l'historien de l'économie devait d'abord, modestement, fournir des matériaux de base aux économistes professionnels. De la même façon, l'historien du climat est d'abord là pour ravitailler les spécialistes des sciences de la Terre ou de l'Air (météorologistes, glaciologistes, climatologistes, géophysiciens, etc.) en matériaux d'archives. Les raisons d'une telle division du travail sont évidentes et prosaïques : de par sa formation (paléographie, connaissance du latin, et surtout, maîtrise du « métier d'historien ») le professionnel de l'histoire est seul en mesure d'accéder à certaines données qui furent consignées, voici quelques siècles, dans d'illisibles paperasses. Quant aux météorologistes, ils ont depuis longtemps cessé d'être latinistes, et ils n'ont jamais été (nul ne leur en fera grief!) paléographes, ni « cliométristes ».

Une seconde remarque concerne l'arrière-plan, nécessairement climatologique, de toute recherche effectuée dans ces directions. Sous peine de s'adonner au pur et simple récit des intempéries, l'historien de la pluie et du beau temps se doit d'inscrire son enquête dans une compréhension d'ensemble du donné de base, relatif aux masses d'air et à la circulation atmosphérique. Les théories et synthèses générales qui concernent ce donné, existent; elles sont même en constant développement. La dernière en date, et la plus *up to date* est celle du H. H. Lamb; j'ai donné de son ouvrage, en 1970, un résumé [1] qui ne dispense pas le lecteur de se reporter à l'original.

Telles sont les présuppositions essentielles sur lesquelles s'est fondée depuis une quinzaine d'années mon enquête, et celle qu'ont menée de leur côté quelques autres chercheurs, à propos de l'histoire récente du climat. Je me bornerai à signaler, par rapport à ces présupposés initiaux, les développements plus récents, dont certains s'inscrivent dans les directions précitées; dont d'autres au contraire sont franchement originaux. Je noterai aussi au passage quelques lacunes parmi les plus béantes, dans l'espoir que de nouveaux ouvriers viendront un jour mettre bon ordre à celles-ci.

1. En ce qui concerne la première méthode évoquée, celle qui consiste à recueillir, à tabuler, à bâtir, à graphiquer et, le cas échéant, à compléter, par interpolations judicieuses, les séries météorologiques très anciennes, je dirai que les

---

1. L.R.L., 1970; et surtout H. Lamb, 1966. Voir aussi *supra*, p. 456 sq.

résultats récemment obtenus ne sont pas toujours à la hauteur des travaux passés de Gordon Manley, qui constitua, dans les années 1950, sa série des températures britanniques de 1690 à 1955 [1]. Depuis Manley, la performance la plus remarquable demeure celle de von Rudloff (1967) : dans un grand livre, peu connu en France, ce météorologiste allemand a mis au point, grâce à des dizaines de séries déjà publiées, un tableau européen du mouvement du climat depuis 1700 ou 1750 jusqu'à nos jours; ce mouvement comporte bien sûr ses phases caractéristiques : petit âge glaciaire, puis réchauffement fluctuant et irrégulier après 1850 ou 1900, de l'ordre d'un degré centigrade au grand maximum; enfin rafraîchissement tout récent depuis 1953-1955 [2]. Le mérite du livre de von Rudloff consiste moins, du reste dans l'élucidation de ces larges phases, déjà pressenties avant lui, que dans le fait qu'il a su les décrire de façon nuancée, précise et fort saisonnière.

Mais chacun voit, ou ne voit pas, midi à sa porte. Même quant il s'agit des perspectives qu'ont ouvertes, ailleurs, Manley ou Rudloff. En ce qui concerne la France, je formulerai donc un simple regret qui sera également un *mea culpa* : on attend toujours qu'un chercheur, dans notre pays, veuille bien mettre sur pied une série fiable et annuellement chiffrée, de températures mensuelles, qui s'étendrait sans interruption depuis le commencement du xviiie siècle jusqu'à nos jours. L'entreprise pourrait être réalisée grâce aux superbes archives d'observations journalières, qui sont conservées à l'Observatoire de Paris, et ailleurs. Elle devrait normalement concerner la moitié septentrionale de la nation, et plus précisément les régions parisiennes et nordistes, qui sont les mieux fournies en séries anciennes. Mais les météorologistes professionnels de chez nous sont absorbés par la tâche écrasante qui consiste à prévoir, chaque jour, le temps qu'il fera demain... Ils n'ont donc pas l'opportunité ni le loisir de nous donner ce genre de résultats. Même M. Dettwiller [3], dans le très beau travail qu'il a publié sur le climat parisien n'a pas cru devoir prolonger son analyse en amont du xixe siècle. Souhaitons donc

---

1. G. Manley, article dans *Quart. Journal of the Roy. Met. Soc.*, 1946, et 1953 pp. 242-252 et p. 358, et dans *Archiv für Met. Geophys. und Bioklimatol.*, 1959.
2. H. von Rudloff, *Die Schwankungen und Pendelungen des Klimas in Europa seit dem Beginn der regelmässigen Instrumenten Beobachtungen*, Braunschweig (Vieweg, édit.), 1967. Voir aussi le long résumé, que j'ai publié à propos de ce livre dans *Annales*, sept. 1970. Repris dans cet ouvrage, p. 456 sq.
3. J. Dettwiller, *Évolution séculaire du climat de Paris...*, *Mémorial de la Mét. nat.*, n° 52, Paris, 1970.

qu'un historien professionnel ou bien une équipe de spécialistes venus d'horizons divers se lance dans une entreprise sérielle de cette envergure.

En attendant que soient obtenues ainsi des courbes très longues, l'exploitation, déjà commencée, de vastes gisements documentaires à contenu météorologique, permet d'obtenir d'intéressants résultats partiels. Soit l'exemple (topique quant à la méthode), des archives parisiennes de l'Académie de médecine : l'enquête collective, impulsée par Vicq d'Azyr, de 1775 à 1790, est conservée dans ces archives : elle contient plus de 150 séries d'observations météorologiques journalières en provenance du « monde entier » (de l'époque)... et surtout du territoire français [1].

L'emploi de l'ordinateur voici quelques années nous a permis de trier cet énorme fatras de paperasses et de relevés, parmi lesquels on a pu séparer le bon grain de l'ivraie, et les valables séries d'avec les mauvaises. Toutes les séries suffisamment longues, et qui dépassent pour chacune d'entre elles quatre années d'observations, ont été mutuellement corrélées : l'utilisation d'un test statistique qui est devenu d'emploi banal en histoire et dans les sciences humaines, nous a mis en mesure de sélectionner hors du lot ou hors du tas, celles des séries qui, régionalement, présentent, confrontées à leurs homologues, un coefficient de corrélation élevé, supérieur à 0,80 et de préférence, supérieur à 0,90, pour un grand nombre de données mensuelles. L'équipe de recherche de la VIe Section de l'École pratique des Hautes Études, qui s'est livrée à cette enquête, a pu ainsi éliminer, ou laisser hors sélection, les séries en provenance de la France méridionale : elles sont inadéquates, mal corrélées entre elles, et elles proviennent d'observateurs qui ne sont ni zélés, ni consciencieux, ni scrupuleux. En revanche, un certain nombre de séries locales, qui surgissent de la région parisienne, de la France de l'Ouest et surtout de l'extrême Nord du royaume (Arras, Montdidier, etc.) sont sorties triomphantes de l'épreuve informatico-statistique que nous avons instituée : elles offrent en effet des coefficients de corrélation mutuels, qui sont supérieurs à 0,90. Elles ont donc été retenues « pour la suite de l'enquête », et grâce à elles, on a pu asseoir une étude solide sur le climat des deux dernières décennies de l'Ancien Régime; en guise de retombées (cf. *supra*) cette recherche a même produit, à son tour, une contribution qui s'avère inté-

---

[1]. Voir l'enquête menée à propos de ces archives par l'auteur et par d'autres historiens, dans le recueil collectif *Climat, médecins, épidémies*, Mouton, 1972. Et *supra*, p. 472 sq.

ressante pour la connaissance des crises de mévente agricole, qui jalonnent « l'intercycle » pré-révolutionnaire, illustré déjà par les travaux d'Ernest Labrousse : notre équipe a pu démontrer que, en ce qui concerne du moins leur aspect climatique, les phénomènes de surproduction viticole et de bas prix, décelés par Labrousse, proviennent en grande partie d'une succession d'années tièdes, et spécialement de printemps et d'étés chauds, autour de 1780 et après 1780. De même, ont pu être précisées, courbes en mains, les raisons météorologiques qui ont conduit à la mauvaise récolte de 1788, elle-même productrice de « Grande Peur » et de désordres sociaux pendant le printemps et l'été critique de 1789; parmi ces raisons, signalons, bien sûr, la grêle de juillet 1788, depuis longtemps connue; mais aussi, — donnée exhumée par notre équipe, — l'échaudage des grains au moment précis de la maturation des blés, avant la moisson de 1788; et les pluies sur les semailles, dans l'automne de 1787. Tous ces petits faits représentent, dans l'analyse causale des développements qui ont conduit à 89, la part imprescriptible du hasard.

2. En ce qui concerne la seconde discipline, mentionnée plus haut — la dendrochronologie, — il me semble que les progrès méthodologiques qui viennent d'être mis tout récemment à la disposition de l'historien, ont été enregistrés dans deux directions; d'abord, on a dépassé la vieille formule ou la vieille recette, aussi éprouvée qu'unilatérale, des dendrologues de jadis : elle consistait, on s'en souvient, à mettre en rapport une série dendrologique (qui provenait, par exemple, de telle variété de pins, dans tel canton de l'Arizona) avec un paramètre climatique : soit la pluviosité ou, à la rigueur, l'aridité (celle-ci étant fonction à la fois des précipitations, — ou de l'absence de celles-ci, et de l'évaporation — température). A ce type d'approche, partiel et partial, les nouveaux dendrochronologistes américains, tel Harold Fritts, ont voulu substituer des méthodes plus globales et synthétiques : ils cartographient désormais, au fil du temps, la croissance annuelle ou décennale des conifères dans un très vaste ensemble continental, tel que le sud-ouest entier des États-Unis actuels; ils obtiennent au terme de cette opération, une succession chronologique de cartes géographiques — presque un film — dont chacune porte, sur fond de carte territorial, un réseau de lignes d'isochronie, et d'isocroissance forestière, celle-ci faible ou forte selon les régions. Au vu du film, ou du « quasi-film », de cartes ainsi construits, on obtient une vision non seulement ponctuelle,

mais « spatialisée », du devenir du climat, et même du mouvement décennal des masses d'air, dans l'ensemble continental mis en cause. La série de cartes qu'a donnée Harold Fritts à ce propos pour de vastes régions qui vont du territoire actuel de San Francisco à celui de Los Angeles, est très parlante à cet égard ; elle décèle en effet les grandes vagues multi décennales de chaleur-sécheresse, ou de fraîneur-humidité, qui balaient alternativement, depuis le XVIe siècle, la côte pacifique et l'intérieur du pays.

En second lieu, Fritts n'étudie plus seulement un paramètre (l'aridité, dans les zones de désert ; ou la température estivale dans les forêts arctiques) ; il s'intéresse à l'ensemble des types de temps d'une année donnée (avec leurs composantes à la fois pluviométriques, thermométriques et saisonnières) ; cet ensemble annuel est en effet statistiquement associé à un « *tree-ring* concomitant moyen annuel », qui, lui, est éventuellement mince, moyen ou épais. Quand les corrélations entre tel « type de type de temps » et tel « type de *tree-ring* » ont été ainsi établies, l'historien peut, courbes des arbres en main, écrire l'histoire du climat global d'une région donnée, avec ses complexités sinueuses et ses variations temporelles [1].

Ces renouvellements méthodologiques de la dendrochronologie, à l'origine desquels se situe l'œuvre d'Harold Fritts, sont spécifiquement américains. En Europe, nous n'en sommes pas là... et c'est dommage ; surtout quand on songe à l'ampleur des questions qui pourraient être soulevées, puis résolues, par une recherche de ce type ; ces questions intéresseraient en effet aussi bien l'histoire humaine que, plus abstraitement, la cosmologie diachronique.

La dendrochronologie européenne, au cours de la dernière décennie, a cependant produit des résultats neufs : du point de vue des faits ou des méthodes, ils ne manquent pas d'intérêt. Les travaux essentiels sont ceux de Huber pour la Hesse, et de Hollstein pour les régions occidentales de l'Allemagne de l'Ouest (série annuelle du chêne, 820/1964 AD.). Exemplaire du point de vue de ses techniques d'établissement, la série Hollstein, dans sa portion récente et terminale, s'appuie sur une quinzaine d'arbres vivants, centenaires et ultra-centenaires. Pour les siècles plus anciens (« modernes », médiévaux ou « haut-médiévaux »), la courbe Hollstein utilise des dizaines d'échantillons de bois tirés d'anciennes

---

1. Fritts, (voir bibliographie *infra*).

poutres, et qui proviennent pour l'essentiel de vieilles bâtisses ou de monuments historiques, voire de fouilles. Au terme de datations soigneuses [1], ces échantillons ont permis de prolonger très longuement vers l'amont chronologique la chaîne allemande des *tree-rings*, tirée des arbres vivants. Commencées voici trente-cinq années, les enquêtes de Huber puis de Hollstein ont utilisé des centaines de milliers d'anneaux de croissance annuels; leurs auteurs ont donc pu retrouver ou découvrir certains épisodes essentiels de l'histoire climatique ouest-européenne; ils ont pu confirmer, avec éclat, l'existence, déjà mentionnée sans tapage dans une publication plus ancienne, de la *Sägesignatur*, ou signature en dent de scie : pendant les onze années qui vont de 1530 à 1541, dans l'Ouest-Allemagne, et dans l'Alpe et le Jura franco-suisses, l'été chaud succède en effet à l'été frais, et l'été sec à l'été humide, en vertu d'une implacable alternance biennale; on retrouve celle-ci tout à la fois, sur le zigzag des courbes des vieux arbres, et sur les dates de vendanges « franco-helvétiques »; puisque, dans les vignobles de ces régions, les récoltes précoces alternent rigoureusement avec les tardives entre 1530 et 1541. Pendant ces onze années fatidiques, l'alternance biennale représente, du reste, à beaucoup plus long terme, l'une des très rares régularités, — on n'ose pas dire d'assolement! — qu'on observe, avec une fidélité approximative, la météorologie d'Occident. Mais il est très rare que cette « alternance biennale » atteigne la ponctualité d'horloge qu'on lui reconnaît, de part et d'autre du Rhin, durant la longue décennie 1530 [2].

La *Sägesignatur*, de 1530-1541 fournit ainsi l'une des « empreintes » les plus sûres qui permettent, (par un avantage supplémentaire), d'attribuer au xvie siècle d'éventuelles poutres dont l'âge était jusqu'alors mal précisé. Du point de vue des méthodes et du contenu d'une histoire à la fois climatique et agricole, les séries d'Huber et d'Hollstein ont également apporté beaucoup : elles ont par exemple confirmé le caractère très humide de la décennie 1310; celle-ci fut marquée, assombrie même, en toutes saisons et en beaucoup d'années, par d'invraisemblables chutes d'eau; cette eau excessive fit pourrir les semailles puis les moissons, jusqu'à

---

1. Sur les problèmes de la datation absolument précise des poutres anciennes par *cross-dating* avec des arbres vivants, voir mon *Histoire du Climat*, 1966, chap. ii; cf. aussi la bibliographie *(infra)*, les articles cités de Huber et de Hollstein.
2. L.R.L., *ibid.* (1967 et 1971), chap. vi.

déclencher les grandes famines de 1315-1316. Elle fut mère aussi de *tree-rings* épais et plantureux ; (faut-il rappeler en effet que les arbres qui sont indigènes d'Europe occidentale sont aussi dans un grand nombre de cas, amateurs de précipitations! En quoi ils diffèrent notablement des blés, immigrants venus de l'Orient aride, et qui ne se sont jamais accoutumés tout à fait aux ciels plombés de notre Europe tempérée). Sur toutes les courbes dendrologiques d'Allemagne, la décennie 1310 est donc signalée par un dôme proéminent, indicateur d'anneaux épais, gorgés d'eau. L'histoire du bois, et l'histoire du blé (ou du manque de blé) se complètent ainsi, et elles s'éclairent de façon inverse.

Suivant l'exemple d'Huber et d'Hollstein, un certain nombre de chercheurs, outre-Rhin, tâchent de construire en d'autres zones de l'Allemagne des séries dendrologiques annuelles, relatives au dernier millénaire. (Voir par exemple les travaux en préparation de Mme Siebenlist.) Il serait souhaitable, qu'à l'exemple de ce que projette, à Nancy, M. de Martin, on en fît de même pour la France, et notamment pour nos provinces de l'Est. Là, les confrontations toujours possibles avec les grandes séries germaniques qui ont le singulier mérite... d'exister, et qui sont géographiquement toutes proches, devraient permettre d'aller vite et même de brûler certaines étapes.

Enfin, il convient de mentionner, toujours à propos des *tree-rings*, une ultime méthode. Elle est importante pour l'historien, même s'il ne la pratique pas personnellement ; elle lui fournit, en effet, un aperçu fin et précis sur le climat « intra-annuel » des années et des périodes très reculées. Cette ultime méthode implique l'examen, au microscope et aux rayons X, de chaque anneau de croissance d'une poutre donnée, relatif à une année donnée. La pousse et les dimensions des cellules qui constituent le *tree-ring* se modifie en effet de façon appréciable, au fur et à mesure de l'avancement de la saison végétative ; au fur et à mesure aussi que fluctuent les caractères plus ou moins pluvieux, secs, chauds ou frais, des mois et des semaines qui se succèdent pendant l'année mise en cause : il est donc théoriquement possible, grâce à l'examen microscopique des cellules, rangées en « lits » concentriques, d'être informé de première main sur les influences climatiques qui ont successivement prévalu, tout au long du printemps, de l'été et de l'automne, pendant l'année 1284, ou 1558, en Lorraine ou bien en Würtemberg! Il est vrai que les travaux qui utilisent ces méthodes (recherches de Fletcher à Oxford, et de Polge à Nancy) sont souvent arrivées, au stade du laboratoire, mais rarement à celui de la publication [1].

Conclusion sur les méthodes dendrochronologiques : la mise au point, selon les modèles proposés par Huber ou par Hollstein, des grandes séries millénaires ou intermillénaires pour l'Allemagne, la France ou la Grande-Bretagne, rendra de grands services aux historiens du climat ; mais ces séries seront plus utiles encore pour les archéologues qui, à propos du Moyen Age ou de l'époque moderne, s'intéressent aux poutres des vieux immeubles, intacts ou croulants : ces archéologues pourront en effet dater en toute sécurité les poutres de chêne qui font partie du bâtiment qu'ils examinent ; ils n'auront, pour ce faire, qu'à comparer les courbes de croissance, dessinées à partir desdites poutres, avec le diagramme-maître qui concerne l'histoire millénaire de tous les chênes, dans la région étudiée, ou dans une zone proche. (Voir, de ce point de vue, les maisons lorraines que P. de Martin a pu, par une telle méthode, attribuer à la phase de reconstruction, postérieure aux guerres de Trente Ans [2].) La méthode dendrologique apparaît ainsi comme fondamentale pour les repérages chronologiques ; en revanche, elle est plus marginale, quant aux préoccupations majeures des historiens du climat.

3. Cependant, pour notre propos, l'histoire des dates de vendanges demeure centrale. L'affinement des méthodes, et la découverte par Mme M. Baulant d'archives *ad hoc* dans la région parisienne, nous a permis de prolonger vers l'amont les séries phénologiques dont nous disposions jusqu'à présent. Elles étaient fiables après 1600. Elles le sont désormais, avant cette date, à partir de 1490-1500 et pendant tout le xvie siècle. D'un point de vue méthodologique, il est intéressant d'indiquer comment cette « fiabilité » a pu être éprouvée au départ : Mme Baulant avait repéré pour le xvie siècle une documentation phénologique « en dentelles », avec beaucoup de trous et de lacunes ; cette documentation concernait des séries de dates de vendanges dispersées autour de Paris ; chacune de ces séries, fort heureusement, avait ses lacunes spécifiques, susceptibles elle-mêmes d'être comblées ou d'être interpolées grâce aux données qui étaient fournies par les autres séries circumparisiennes... On détenait également d'autres séries concomitantes pour le xvie siècle, en

---

1. Polge, *infra*.
2. De Martin.

Bourgogne, en Franche-Comté, en zone helvétique. Elles étaient moins « trouées » en général que celles qui viennent d'être mentionnées, et qui proviennent, elles, du vignoble d'Ile-de-France. Au point initial de la mise en œuvre de tout ce « fatras », on a pris comme « base de référence » celle des séries parisiennes qui était la plus complète ou la moins incomplète (en l'occurrence celle de Chartres) On a rendu comparables à celle-ci les autres séries parisiennes, au moyen de corrections appropriées [1]. On a pu ainsi, à partir de ces diverses courbes, rectifiées ou non, obtenir une courbe parisienne moyenne, presque complète et sans lacunes; elle synthétise toutes les séries de base, dispersées dans la proximité de la capitale. A partir de là, une comparaison a pu être instituée entre ce diagramme parisien d'une part, et d'autre part les courbes des vendanges bourguignonnes, comtoises et suisses; cette comparaison a révélé une concordance mutuelle qui est satisfaisante, au niveau des mouvements interannuels, intradécennaux et décennaux. Sur la base de cette concordance, il est devenu légitime de « moyenner » entre elles toutes les séries précitées, depuis Lausanne jusqu'à l'Ile-de-France : au terme d'une telle opération, un diagramme unique a été obtenu pour tout le vignoble septentrional (france-suisse). Une étude serrée de la courbe globale qui fut ainsi élaborée permet ensuite de montrer que cette courbe n'est pas déformée de manière artificielle par une tendance intra-séculaire à l'avancement ou au retard des vendanges; tendance qui, à supposer qu'elle se soit manifestée, eut été dans ce cas d'origine humaine (on sait en effet qu'aux XVIIe-XVIIIe siècles par exemple, les vignerons de Bourgogne retarderont de plus en plus leurs vendanges, d'une décennie sur l'autre et d'un siècle à l'autre; afin d'obtenir une maturation plus poussée, mère d'un jus plus sucré, qui se transformera ensuite en un vin très alcoolique; ce retard, c'est la « pourriture noble » dont les progrès, continus d'un siècle à l'autre, interdisent d'attribuer une quelconque signification climatique au retard séculaire des vendanges, que manifestent les courbes bourguignonnes, de 1650 à 1780).

Or, notre nouvelle courbe du XVIe siècle ne présente elle aucun symptôme « humain, trop humain » de ce type. Son interprétation climatique en devient d'autant plus passionnante. Il apparaît en effet que cette courbe témoigne bien sur l'évolution de la température printanière-estivale *tout*

[1]. Voir le détail de ces corrections dans l'article de M. Baulant et E. Le Roy Ladurie, paru dans les Mélanges en l'honneur de Fernand Braudel, Privat, Toulouse, 1973.

au long du XVI⁰ siècle; et pas seulement sur les fluctuations courtes de celle-ci; et pas du tout, Dieu merci, sur les fantaisies personnelles des vignerons qui, en la circonstance, seraient irrelevantes à notre propos historico-climatique. D'un tel point de vue, la conclusion la plus intéressante qu'on puisse tirer de ce diagramme d'ensemble concerne le caractère plus frais des printemps-étés pendant la seconde moitié de ce siècle; spécialement de 1560 à 1600 : ce rafraîchissement est en parfait accord avec la puissante avance des glaciers alpins, stimulée par le déficit de l'ablation estivale, pendant la même période. L'étude archivistique des dates de vendanges, converge donc avec les documentations alpines, depuis longtemps rassemblées par les glaciologues; elle apporte un exemple réel, à l'appui de l'idéal des « recherches interdisciplinaires » souvent prêché dans le vide, mais rarement actualisé dans la pratique.

Restons-en cependant à nos vins, tonneaux et bouteilles : petit dieu de la méthode, Bacchus est décidément un fournisseur intarissable d'informations climatiques! Ce n'est pas seulement la date des vendanges, désormais bien connue des historiens [1], c'est aussi la qualité du vin qui constitue un document climatique de premier ordre. Formulons, après l'étude statistique d'Angot la règle suivante, valable dans nos vignobles septentrionaux, et dans les vignes d'Allemagne, — où la ration de soleil est souvent insuffisante pour le raisin : qui dit bon vin, pour une année donnée, dit été chaud. L'exemple des très grands millésimes de l'après-guerre (1947, par exemple) illustre cette proposition; et les séries météorologiques, comparées aux données annuelles de l'œnologie, la démontrent avec exactitude. Inversement, pendant les étés froids, frais, pourris, la grappe, faute de soleil, entre en sénilité ou en déliquescence, avant même d'avoir eu le temps de mûrir convenablement; avant même d'avoir produit une quantité de sucre suffisante pour obtenir plus tard un bon degré alcoolique; de là, les vins détestables qu'on a connus, par exemple, après les vendanges de 1675 ou 1968. Angot, précurseur, avait déjà signalé, souligné même les remarquables possibilités qu'offraient, pour une historiographie des étés, l'étude systématique et annuelle de la qualité du vin dans les derniers siècles : il avait publié en 1895 une excellente série annuelle étalée sur plusieurs centaines d'années, relative aux qualités changeantes des vins bour-

---

1. Voir à ce propos les recherches de F. Lebrun, *Les Hommes et la mort en Anjou*, Paris-La Haye, Mouton, 1971 *(in fine).*

guignons; elle remontait au XVIIe siècle. Malheureusement, après Angot, les historiens français ont fait faux bond. Grâce à l'accès aux archives, ils eussent été les mieux placés pour tirer parti d'une telle méthode; mais ils ont délaissé la chronique des vins, tantôt bons, et tantôt mauvais ou imbuvables. En Allemagne cependant et au Luxembourg, Müller et Lahr ont respectivement constitué de remarquables séries, qui concernent la qualité du vin chaque année : elles proviennent de plusieurs vignobles (sis près du Rhin, du Neckar, en Forêt-Noire, etc.). Von Rudloff a utilisé ces séries pour étoffer son histoire du climat d'Occident, depuis 1670 jusqu'à nos jours. Deux mots donc ne sont pas inutiles à leurs propos...

Les adjectifs ou épithètes variés relatifs à la qualité du vin germanique en telle ou telle année (« acide », « détestable », ou « délicieux », « extra-gut », etc.) sont plus subjectifs et moins précis qu'une date de vendanges : celle-ci tombe, elle, comme un couperet sur un point donné d'une chronologie. Il n'en reste pas moins que la méthode Lahr-Müller, si qualitative qu'elle soit, se prête à l'élaboration sérielle, chère aux historiens des *Annales*; elle fournit ainsi de remarquables indications de tendance. Si je reprends le cas (toujours pédagogique, et déjà largement évoqué) du XVIe siècle, je constate que la qualité du vin y dit, elle aussi, à sa façon, le *trend* séculaire. Les années 1453-1552, envisagées en bloc, ou bien décennie par décennie, sont en moyenne des années de bons vins allemands (ce qui n'exclut pas bien sûr qu'un certain nombre d'entre elles, prises individuellement, au cours de ce siècle favorisé des dieux, soient productrices de vins aigres ou piqués). En revanche, et sous réserve d'une remarque inverse de celle qui vient d'être faite, les cinq décennies qui courent en Allemagne de 1553-1562 à 1593-1602 se caractérisent toutes en moyenne, par des années de vins exécrables ou piqués [1]. Le témoignage, plus que séculaire, des séries d'outre-Rhin est d'autant plus pertinent à cet égard que les vignobles allemands mis en cause sont typiquement marginaux, et nordistes; donc ultra-sensibles, dans un registre positif, à l'ensoleillement, lequel y est rarement excessif, et souvent déficitaire. D'autre part, il n'existe à cette époque aucun procédé de sucrage ou de médication chimique qui permette de soigner les vins ratés, et de maquiller une piquette en grand cru. Il apparaît donc bien, — triple corroboration méthodologique —, que le témoignage des glaciers, sur le

---

[1]. Cf. le tableau des pp. 371-375 dans l'édition en anglais de mon *Histoire du Climat*, New York, 1971.

rafraîchissement momentané du climat, entre 1560 et 1600, est conforté par deux séries viticoles disponibles : dates des vendanges ; et qualité des vins, (mauvaise qualité, en l'occurrence). Les étés (et les printemps) des années 1553-1602 ont été décidément moins chauds que ceux des années 1452-1553 ; d'où, vendanges plus tardives ; vins détestables ; et glaciers finalement plus gros, dangereux même ; au point qu'ils submergent, en 1595-1605, quelques hameaux de Chamonix ou de Grindelwald. La contre-épreuve pourrait être fournie, entre autres, par les vins souvent délicieux des années 1860 1870, et 1940-1953, en Allemagne et France : celles-ci voient culminer le réchauffement estival du xixe siècle, et du xxe siècle, respectivement.

Souhaitons donc que la méthode Müller-Lahr soit appliquée aussi en France ; nation dont il faut rappeler, au nom d'un truisme utile, qu'elle est, depuis le Moyen Age, royaume du bon vin : les connaisseurs y notèrent donc fidèlement, dans des dossiers de toutes sortes, les années de bouteilles délectables ou détestables. Ces dossiers, il faudrait les mettre en forme et en série, mieux que ne le fit Angot voici près d'un siècle. Qu'on nous donne pour la Bourgogne, pour la Champagne, pour l'Ile-de-France, des courbes fiables, *up to date*, de la qualité annuelle des vins depuis le xvie siècle : on disposera dès alors d'un outil de recherche puissant qui, couplé avec d'autres méthodes, résoudra quelques questions, relatives au climat de l'âge moderne.

4. On a mentionné, au début de cet article, les possibilités qu'offre pour des régions comme les nôtres, à grosses densités d'archives, la « méthode événementielle ». Récemment, François Lebrun a donné à celle-ci un gros développement dans son livre sur *La Mort et les hommes en Anjou aux XVIIe et XVIIIe siècles :* il a fiché dans sa province, pour chaque année, et pour chaque mois de chaque année, les épisodes respectivement chauds, froids, secs, humides : avec indication (approximative) d'intensité pour chaque épisode. Les sources en sont les registres paroissiaux, les livres de raison, etc. Quant au « graphique » final, qui visualise dans l'œuvre de Lebrun les résultats de cette recherche, il comprend plusieurs bandes d'histogrammes ; on y lit l'histoire, en bandes dessinées, de la météorologie angevine sur près de deux siècles... Ainsi bâti, ce diagramme a rendu possible une typologie septentrionale des faits de famines au xviie siècle, et des déficits frumentaires au xviiie : ces épisodes étant considérés les uns et les autres — surtout les premiers — *comme expressifs*

de la météorologie désagréable du petit âge glaciaire. Les combinaisons climatiques qui se sont avérées les plus propices pour l'éclosion de grandes famines sont donc maintenant connues, grâce à Lebrun; elles sont au nombre de deux. En l'occurrence, d'après notre auteur :

a) ou bien l'association (pendant une ou plusieurs années consécutives) *d'hivers très froids, et de printemps et d'étés frais et humides* (soit la combinaison la plus typique du petit âge glaciaire : hiver froid + été frais). Le cas paraît s'être réalisé en 1660-1661, en 1692-1694, en 1709 dans une certaine mesure; et enfin en 1740;

b) ou bien *une combinaison un peu plus complexe qui associe à un hiver très humide et éventuellement doux, noyant les semences, un printemps et un été humides et froids.* Dans ce cas, seuls le printemps et l'été appartiennent typiquement au petit âge glaciaire (*a*). Quant à l'hiver humide et possiblement doux, il relève plutôt d'une autre tendance climatique, un peu différente (*b*) : celle-ci n'a en tout cas rien de glacial. C'est l'association de (*a*) et de (*b*) au sein de cette seconde combinaison qui crée (1630) ou qui entretient (1662) certaines grandes famines du xviie siècle (ou de la décennie 1310). Cette association du deuxième type s'avère du reste relativement rare, comme le montre la faible fréquence, en tout état de cause, des très grandes crises de l'époque classique.

Les travaux de Lebrun, quant à la méthodologie, sont donc doublement féconds, à la fois pour la pure climatologie historique, et pour l'histoire catastrophique des famines. Ces recherches sur l'Anjou cependant, et aussi celles, convergentes, dans lesquelles De Martin a rassemblé les faits de météorologie consignés parmi les lettres de Mme de Sévigné, ne prendront tout leur sens [1] que si leurs résultats sont versés, en fin de compte, à une « banque d'archives » ou à une « banque de données » : au sein d'une telle « banque », les séries d'informations collectées par tel ou tel érudit viendraient se fusionner avec d'autres séries recueillies par différents auteurs; elles constitueraient ainsi, à la longue, un corpus sériel de données sur le climat. Ces données seraient relatives à tel siècle; à telle grande région, à telle nation ou portion de continent.

---

1. Lebrun, De Martin, à paraître dans la revue *La Météorologie*.

*

Quant à la méthode glaciologique, allégoriquement personnifiée, elle devrait se poser à elle-même, crûment, une question simple : « Suis-je au bout de mon rouleau ? » Il est certain que beaucoup de textes exploitables, sur les glaciers alpins et scandinaves, ont déjà été reconnus, publiés, tabulés, mis en série. Le temps des rendements décroissants est peut-être arrivé... Même dans ce domaine cependant, de beaux coups de filets archivistiques restent encore possible; Jean Grove [1], qui travaille sur la Scandinavie, a pu apporter récemment de nouvelles précisions, grâce aux registres du fisc, sur les destructions et sur les appauvrissements des fermes locales, qui furent perpétrés en Norvège par les glaciers en furie, dans le massif de Jostedal, entre 1695 et 1750, et aussi peut-être dès 1340. Dans les Alpes, la découverte de nouveaux textes par les méthodes usuelles de l'historien d'archives, supposerait qu'un médiéviste se plongeât dans les papiers municipaux et ecclésiastiques de Chamonix, si riches et si mal connus encore, en ce qui concerne, du moins, les XIVe et XVe siècles. En Suisse allemande, d'autre part, l'absence — par ailleurs bénéfique — de centralisation, a laissé vierges et disponibles bien des gisements d'archives dispersés dans les villages, cantons ou évêchés, ceux-ci étant les uns et les autres proches des grands appareils glaciaires (Grindelwald, Aletsch, Rhonegletscher, Allalin, etc.) : de véritables découvertes restent donc possibles en Helvétie, même pour la période classique du petit âge glaciaire (1570-1850). Il va de soi que l'historien, qui s'essayerait à une recherche de ce genre, devrait être non seulement un fourrageur de paperasses dans la meilleure tradition bénédictine, mais aussi, dans une certaine mesure, un géomorphologue, capable de reconnaissances sur le terrain. Une telle exigence, du reste, ne terrifiera pas les historiens français, académiquement formés, dès leur apprentissage, aux rudes exigences de la géographie.

Les nouvelles percées du savoir, cependant, quant à ce domaine particulier de l'histoire des glaces, peuvent venir de deux autres méthodes; celles-ci reposent sur des techniques fort différentes de celles que je viens à l'instant d'évoquer ou d'effleurer. Toutes deux du reste nous arracheront aux territoires habituels de notre recherche; elles nous transporteront dans ce paradis perdu de l'histoire des climats, qui se trouve

---

1. Article paru dans *Artic and Alpine Research*, 1972.

situé quelque part aux abords des glaces du Groenland... La première de ces deux méthodes est spécifiquement cartographique; elle est aussi, c'est le moins qu'on puisse dire, incertaine et discutable. On sait que tout récemment, grâce aux belles recherches des bibliothécaires de l'université de Yale [1], un nouveau document, aussi controversé qu'insolite, est venu s'ajouter au dossier de l'histoire nordique. C'est la sensationnelle Carte du Vinland *(Vinland Map)*, peut-être composée au milieu du xve siècle [2], et dont on a pu penser qu'elle condensait les informations recueillies par les marins scandinaves dans leurs voyages des xe-xiie siècles. Cette carte contient une représentation assez exacte du pourtour de tout le Groenland. Telle quelle (et en admettant qu'elle soit un document authentique!) elle pourrait confirmer la chronologie bien connue d'Ivar Baardson, laquelle se décompose en deux périodes [3] : d'abord (fin du xe siècle, et xie-xiie siècle), la moitié sud de la côte orientale du Groenland, au niveau des Gunnbjorn's Skerries [4], est relativement libre de glaces, ce qui permet aux navigateurs originaires d'Islande d'aborder en droite ligne au Groenland, quand ils viennent d'est en ouest; plus généralement, les colons et marins nordiques sont censés acquérir, à cette époque du « beau Moyen Age », une connaissance adéquate — expérimentale et même quasi cartographique —, de tout le pourtour du Groenland, connaissance qui trouvera, nous dit-on, un écho lointain dans la *Vinland Map* [5]. Puis dans la phase suivante [6] (xiiie-xive siècle), peut-être même dès le xiie siècle, les glaces flottantes, qui descendent vers le sud interdisent l'ancien accès du Groenland par les Gunnbojrn's Skerries; elles forcent les navigateurs d'Islande et de Norvège en route pour le Groenland, à faire voile beaucoup plus au sud; du coup, les circumnavigations du Groenland, à supposer qu'elles aient jamais existé, cessent.

Une telle périodisation a l'avantage de s'accorder avec les découvertes récentes, qu'ont réalisées les chercheurs américains et danois [7] quant aux fluctuations médiévales du climat

---

1. Skelton, Marston, Painter & Vietor, 1965, p. 3.
2. Skelton, *ibid*, 1965, p. 156 et p. 230.
3. Voir à ce propos Skelton, 1965 pp. 169-170 (carte). et p. 186; le texte de Baardson est dans L.R.L., 1971, pp. 253-258.
4. Skelton, 1965, p. 170, et *Graenlandica Saga*, éd. 1965, p. 16.
5. Telle est du moins l'opinion de Skelton, 1965.
6. A partir du xiiie siècle, si l'on en croit le texte d'Ivan Baardson. A partir de 1140 AD, si l'on se fie aux datations climatiques du *ice core* de Camp Century (*infra*, p. 529 sq.) et L.R.L., 1971, pp. 257-264.
7. Dansgaard, 1969; cf. *infra*, p. 529 sq.

groenlandais, mesuré par les « carottes glaciaires ». Mais... la *Vinland Map* est-elle un document valable? G. R. Crone[1] le conteste formellement : son scepticisme devrait nous rendre prudents et nous inciter pour le moins à l'attente de nouvelles données. Le fait même que la *Vinland Map* contienne une représentation du pourtour du Groenland constitue pour Crone un motif supplémentaire de méfiance! Et son argumentation sur ce point prend exactement le contrepied de celle de Skelton, qui est l'un des « inventeurs » de la carte : « Une autre difficulté de la *Vinland Map*, écrit en effet G. R. Crone, est l'apparente exactitude du pourtour, proposé par elle, du Groenland; pourtour qui cependant n'a pas fait l'objet d'une véritable circumnavigation jusqu'au XIXe siècle. On admet généralement que, premièrement, cette grande île n'a pas pu être circumnaviguée dans les périodes anciennes, en dépit d'un climat un peu doux; deuxièmement que les Vikings n'avaient aucune raison pour entreprendre un tel voyage; et troisièmement que les Vikings n'utilisaient ni ne confectionnaient des cartes géographiques. On peut penser, certes, que la carte a été construite en 1448 ou bien auparavant, à partir des traditions orales ou de la lecture des sagas, encore que cette hypothèse elle-même ne rende pas compte de l'exactitude du pourtour du Groenland... A l'heure actuelle, tout cela demeure une énigme[2]. »

Abandonnons-donc pour le moment cette énigme, et venons-en aux certitudes que viennent de livrer, toujours au Groenland, les méthodologistes de la glace fossile, qui nous fourniront en ce domaine notre ultime et seconde approche. En effet, pendant l'année 1966, un organisme de recherche américain, le C.R.R.E.L. *(Cold region research and engineering laboratory)* réussissait à extraire une carotte de glace *(ice core)* qui traversait à la verticale toute l'épaisseur du champ de glace, au lieu dit Camp Century (Groenland); l'échantillon ainsi obtenu mesurait 12 cm de diamètre... et 1 390 m de long. L'âge approximatif des différentes sections de cette colonnette de glace, depuis le haut jusqu'en bas, était obtenu par les chercheurs du C.R.R.E.L. au moyen d'une formule complexe : celle-ci tient compte de la vitesse d'accumulation de la glace (35 cm par an), et de l'écrasement progressif de celle-ci, sous le poids des couches supérieures. Plus de mille siècles de glaces,

---

1. G. R. Crone, 1966, pp. 75-78. M. George Kish, que j'ai interrogé à ce sujet, considère que la carte est authentique. Mais il réserve son jugement sur les marges extrêmes occidentales de cette carte (Vinland et Groenland)...; là aussi, donc, la meilleure attitude semble être celle de l'attente critique.
2. Crone, 1969, p. 23.

progressivement empilées jusqu'à nos jours, se trouvaient ainsi disponibles, pour une recherche systématique. Dansgaard et d'autres auteurs ont donc entrepris l'étude de cet immense échantillon [1].

Un document de ce type intéresse, de toute évidence, et au premier chef, l'histoire du climat; avec l'isotope de l'oxygène O 18, contenu en quantités plus ou moins grandes dans la glace des glaciers, on dispose en effet d'un indicateur de premier ordre, pour l'exploration « intra-glaciaire » des conditions thermiques du passé : car la concentration en O 18 dans les précipitations pluvieuses ou neigeuses (qui seront ensuite « mises en conserve » dans les inlandsis sous forme de glace fossile) est déterminée principalement par la température à laquelle se sont condensées les précipitations mises en cause : « *Decreasing température leads to decreasing content of* O 18 *in rain or snow; and vice versa* »).

L'échantillon de glace de Camp Century indique d'abord, tout en haut de la « colonnette » (au niveau des couches les plus récemment formées), de hautes concentrations en O 18; elles correspondent à l'optimum climatique bien caractérisé des années 1920-1930; ensuite, dès qu'on s'enfonce dans la couche de glace de Camp Century, en dessous des années chaudes et récentes (1900-1950), on rencontre, caractéristiquement pauvres en O 18, les niveaux du *little ice age;* celui-ci s'étale, *grosso modo*, du XIIIe siècle au XIXe siècle, il se décompose en trois vagues de froid fondamentales : la première intervient entre 1160 et 1300. Elle est suivie, non sans à-coups, par une rémission modérée, pas trop glaciale (1310-1480). Ensuite, le culmen du froid, annoncé dès le XVIe siècle, se produit comme il se doit au XVIIe siècle, puis à nouveau vers 1820-1850. Par contraste, le XVIIIe siècle (1730-1800) apparaît comme une période nette et momentanée de réchauffement.

Bien entendu, cette périodisation n'est pas définitive, ni achevée une fois pour toutes. D'autres *ices cores* venus d'autres champs de glace seront étudiés : ils rectifieront ou préciseront cette chronologie. L'important, c'est qu'à travers des fluctuations séculaires qui s'ordonnent autour d'un « cycle » (fort approximatif) de cent vingt ans, la grande période froide, signalée dans les Alpes par les poussées glaciaires des XIIIe, XVIIe et XIXe siècles, se retrouve, située désormais avec précision, au Groenland; et cela compte tenu des différences importantes qu'introduit l'écart géographique entre le continent européen et le sous-continent groenlandais.

---

1. Dansgaard; et L.R.L., 1971, pp. 257-264.

Et puis, toujours en descendant plus profond dans les couches de glace, le diagramme de Camp Century rencontre, enfin, les fastes chauds du petit optimum du haut Moyen Age! Brusquement, dans les cinq siècles qui précèdent 1125 AD (soit de 610 AD à 1125 AD) le niveau de la courbe s'élève et plafonne; la concentration en O 18 demeure pendant toute cette période constamment plus forte qu'elle ne sera au cours des siècles glacés qui marqueront le *little ice age* (XIIIe-XIXe siècle). Cette richesse haut-médiévale en O 18 souligne bien la continuité d'une phase de réchauffement qui persiste de façon intense et soutenue, durant un demi-millénaire (VIIe-XIe siècle). Les hommes du Nord ont donc profité[1], sans aucun doute, des facilités que leur offraient alors certains rivages arctiques, plus libres de glace qu'à l'ordinaire. Ils ont débarqué à qui mieux mieux sur les terres marginales qui forment les royaumes de Thulé. La colonisation de l'Islande au IXe siècle, celle du Groenland au Xe siècle, ont bénéficié, la première peut-être, la seconde sûrement, de ce bonus climatique. Dans la période « favorable » qui court de 610 à 1125 AD deux maxima thermiques se détachent en effet nettement sur les courbes de Camp Century : l'un pendant le dernier tiers du Xe siècle; l'autre pendant le premier quart du XIIe siècle. On n'en retrouvera l'équivalent que beaucoup plus tard, lors des belles pointes de chaleur groenlandaise, qui se détacheront à l'extrême fin du XVIIIe siècle (1780-1800); et surtout lors du récent optimum (1920-1930). Or, on remarquera que les deux culminations haut-médiévales du petit optimum groenlandais présentent d'intéressantes coïncidences avec deux épisodes essentiels de l'histoire du sous-continent de l'Arctique. De 978 à 986, Snaebjorn Galti, puis Erik le Rouge, profitant d'une mer relativement libre de glaces, piquent droit vers l'ouest depuis l'Islande, et parviennent jusqu'au Groenland au niveau des Gunnbjorn's Skerries; de là, Erik descend vers le sud de la grande île où il crée, en même temps que le *Eastern settlement*, sa grande ferme de Brattahlid [2]. Deux siècles et demi plus tard, au sommet de la fortune climatique et démographique de ce peuplement ultra-septentrional, un évêché de Groenland est fondé à Gardar [3] en 1126.

Le grand *ice core* de Camp century confirme ainsi les patientes recherches des archéologues danois qui, dès 1925,

1. Dansgaard, 1969, *ibid.*, p. 378.
2. *Graenlandica Saga*, pp. 17-18 et p. 50.
3. *Ibid.*, p. 21 et p. 52.

avaient pressenti puis démontré l'existence d'un petit optimum médiéval au Groenland.

Ajoutons que, si on remonte plus loin encore, dans le passé, l'immense échantillon glaciaire prélevé par le C.R.R.E.L. éclaire et confirme bien d'autres épisodes capitaux : c'est ainsi que le maximum des glaciers alpins, dénoncé par la tourbière de Fernau pour une date mal déterminée mais sûrement comprise entre 400 et 750 AD, trouve désormais son équivalent probable au Groenland, avec l'épisode froid que signale la « carotte » de Camp Century entre 340 et 620 AD. Il s'agit là probablement (tout comme pour le *little ice age* de 1580 à 1850), d'un épisode intercontinental, qui intéresse pour le moins l'Europe et l'Amérique. John Mercer, en effet, dans le grand article, qu'il consacra, en 1965, aux *Glacier variations in Patagonia* [1] note, d'après les datations au carbone 14, que les glaciers du continent américain (Alaska et Patagonie) après avoir marqué certains symptômes d'avance dès 250 AD, sont en état de maximum vers 450 AD. Si l'on remonte plus haut encore [2] au début de notre ère (50 BC-200 AD), on verra que la courbe du Camp Century souligne, avec force, l'ampleur du refroidissement subatlantique, qui concerne tout le dernier millénaire avant le Christ (la période la plus froide se situant entre 500 et 100 B.C.). Là aussi, l'analyse de J. Mercer généralise cette conclusion ; c'est l'ensemble des glaciers, non seulement du Groenland, mais aussi des Alpes, d'Islande, de Suède, de Nouvelle-Zélande et de Patagonie, — ceux-ci magnifiquement datés, — qui saluent, d'un maximum puissant, entre 500 B.C. et 300 B.C. l'apogée des fraîcheurs subatlantiques [3].

Enfin, *last but not least*, la carotte glaciaire de Camp Century confirme définitivement l'existence de l'optimum climatique de la préhistoire. Celui-ci au Groenland connaît son maximum de chaleur entre 5 200 B.C. et 2 200 B.C., et plus précisément entre 4 000 BC et 2 300 BC. Le quatrième millénaire avant notre ère (4 000 BC-3 000 BC), en Europe comme au Groenland, est donc bien le « millénaire ensoleillé » que dénonçaient depuis longtemps les diagrammes polliniques des pays du Nord.

La prodigieuse « mémoire » des glaces de l'Inslandsis, conserve ainsi, grâce à l'O 18, le « souvenir des fluctuations du

1. Mercer, 1965.
2. Dansgaard, etc., 1969, fig. 4.
3. Dansgaard, *ibid.*; Mercer, pp. 410-412.

climat, depuis les grands âges glaciaires [1] jusqu'au réchauffement tout récent.

*

L'oxygène O 18 a encore rendu d'autres services; il a offert aux recherches historico-climatiques une méthode supplémentaire, et prometteuse. En 1967, Labeyrie et ses collègues ont analysé les variations qui affectent la teneur en O 18 du carbonate de calcium (CO_3 Ca) qui lui-même est présent dans les divers anneaux concentriques d'une stalagmite blanche de calcite très pure, repérée dans l'Aven d'Orgnac (Ardèche). La stalagmite a près de 7 000 ans d'ancienneté. Les variations de la teneur en O 18 (voir *supra*) indiquent des changements dans la température ambiante de la grotte. Résultats :

xe siècle AD	12,1 °C
Vers 1150 AD	11,5 °C
Vers 1450	11 °C
Vers 1750-1800	12,3 °C
Vers 1940	11,7 °C

Avec les réserves d'usage, sur le caractère très partiel et très préliminaire de ces résultats, l'Aven d'Orgnac témoignerait donc sur les optima de l'an mil; et des XVIIIe et XXe siècles; et sur une détérioration bas-médiévale, vers 1450. Malheureusement Labeyrie ne donne pas d'indications relatives au XVIIe siècle, qui vit culminer le petit âge glaciaire. Mais le chantier qu'il a ouvert s'offre à de plus amples recherches, qui sont accessibles aussi aux historiens.

*

On me permettra de conclure ce bref exposé relatif aux méthodes récentes et variées de l'histoire du climat, par une proposition d'ordre général : au vu de ces techniques très diverses, dont les unes relèvent du strict métier d'historien interprété selon des lignes nouvelles, et dont les autres sont, initialement du moins, étrangères aux démarches classiques préconisées par Clio, une idée-force s'impose : en ce qui concerne la période récente d'après le Christ : il n'est de bonne histoire du climat qu'interdisciplinaire et compara-

---

1. Le *Ice core* de Camp Century, dont la partie inférieure est vieille de plus de 100 000 ans, permet en effet de corroborer également la chronologie des grandes glaciations quaternaires.
2. Labeyrie, Duplessis, Delibrias, et Letolle.

tive. De l'étude des glaces à celle des vendanges, de l' « oxygène 18 » aux *tree-rings*, des chroniques médiévales aux relevés rigoureux des thermomètres, la météorologie diachronique témoigne, par des voix multiples, pour l'unité profonde (mais diversifiée quant aux méthodes) du savoir qu'elle nous dispense.

BIBLIOGRAPHIE

On se reportera pour une bibliographie et pour une information plus complète, à mon ouvrage Times of feast, Times of famine, A history of climate since the year 1 000, *New York, Doubleday, 1971,* et Londres, Armand Unwin, 1973. *Ce livre représente l'édition anglaise, très fortement complétée, corrigée et mise à jour, de mon* Histoire du Climat depuis l'an mil, *Paris, Flammarion, 1967.*

ANGOT (A.), « Études sur les Vendanges en France », in *Annales du bureau central Météorologique de France*, 1883.
— « Premier catalogue des observations métérologiques faites en France depuis l'origine jusqu'en 1850 », in *Annales du bureau central météorologique de France*, 1895, I.
CRONE (G. R.), *The Discovery of America*, Londres, 1969.
— « How authentic is the Vinland Map? », in *Encounter*, févr. 1966, p. 75-78.
DANSGAARD (W.), JOHNSEN (S. J.), MOLLER (J.) et LANGWAY (C.), « One thousand centuries of climatic record from Camp Century on the Greenland ice sheet », in *Science*, 17 oct. 1969, vol. 166, p. 377-381.
DANSGAARD (W.) et JOHNSEN (S.), « A time scale for the ice core from Camp Century », in *Journ. of glaciol.*, 1969, p. 215-223.
FRITTS (H. C.), « The relation of growth rings in American beech and white oak to variation in climate », in *Tree-ring Bull.*, 1961-1962, vol. 25, 1-2, p. 2-10.
— « Dendrochronology », in *The Quaternary of the United States. A review volume for the VII Congress of the International association for Quaternary research*, Princeton, 1965, p. 871-879.
— « Tree-ring evidence for climatic changes in western North America », in *Monthly Weather Review*, 1965, vol. 93, n° 7, p. 421-443.
— « Tree-ring analysis : for water resource research », *I.H.D. Bulletin, U.S. National Committee for International Hydrological Decade*, janv. 1969.

L'histoire de la pluie et du beau temps 535

— « Growth rings of trees and climate », in *Science*, 25 nov. 1966, 254, p. 973-979.
— « Bristlecone pine in the White Mountains of California », in *Papers of the lab. of tree-ring Research*, 1969, n° 4, (Tucson, Ariz).
— « Growth rings of trees : a physiological basis for their correlation with climate », in *Ground level climatology* (Symposium, déc. 1965; Berkeley). *Amer. Assoc. for the advancement of Science*, Washington, D. C., 1967.
FRITTS (H. C.), SMITH (D. G.) et HOLMES (R. L.), « Tree-ring evidence for climatic changes in western north America from 1500 a.d. to 1940 a.d. », in *1964 Annual Report to the United States Weather Bureau*, Washington (Project, dendroclimatic history of the United States), 31 déc. 1964.
FRITTS (H. C.), SMITH (D. G.), CARDIS (J.) et BUDELSKY (C.), «Tree-rings characteristics along a vegetation gradient in Northern Arizona », in *Ecology*, 1965, vol. 46, n° 4.
FRITTS (H.), SMITH (D.) et STOKES (M.), « The biological model for paleoclimatic interpretation of tree-ring series », in *Amer. Antiquity*, oct. 1965, vol. 31, n° 2-2.
FRITTS (H. C.), SMITH (D.), BUDELSKY (C.) et CARDIS (J.), « Variability of tree-rings... », in *Tree-ring Bulletin*, nov. 1965.
GRAENLANDICA SAGA in *The Vinland Sagas, The Norse discovery of America*, translation and introduction by M. Magnusson and H. Palsson, Penguin Books, Baltimore, 1965.
HOLLSTEIN (E.), « Jahrringchronologische Datierung von Eichenhölzern ohne Wald-Kante (Westdeutsche Eichenchronologie) », in *Bonner Jahrbücher*, 1965, 165, p. 1-27.
HUBER (B.). « Seeberg... Dendrochonologie », in *Acta Bernensia*, 1967.
HUBER (B.) et JAZEWITSCH (W.), « Tree-ring studies », in *Tree-ring Bulletin*, avr. 1956, p. 29.
HUBER (B.) et SIEBENLIST (V.), « Das Watterbacher Haus in Odenwald, ein wichtiges Bruckenstück unserer tausendjahringen Eichenchronologie », in *Mitteilungen der floristischsoziologischen Arbeitsgemeinschaft*, N. F., 1963, Heft 10.
HUBER (B.), SIEBENLIST (V.) et NIESS (W.), « Jahrringchronologie hessicher Eichen », in *Budinger Geschichtblatter*, 1964, Band V.
HUBER (B.) et GIERTZ-SIEBENLIST (V.), « Tausendjährige Eichenchronologie », in *Sitzungssberichten der Osterr.-Akademie der Wiss.*, *Mathem. naturw. Kl.*, Vienna, 1969, Abt. 1, 178 Band, 1-4 Heft.
LABEYRIE (J.), DUPLESSY (J.-C.) DELIBRIAS (G.) et LETOLLE R., « Températures des climats anciens, mesure d'O 18 et C 14 dans les concrétions des cavernes », in *Radioactive dating and methods of low-level counting*, Symposium de Monaco, 1967 (*International Atomic Energy Agency*, Vienna, 1967).
LABRIJN (A.), « Het klimaat van Nederland gerudende de laatste twee en cen halve leuw », (avec résumé en Anglais), Koninklijk Nederlandsch Met. Inst., n° 102, *Meded. Verhandeligen*, Gravenhage, 49, 1945.
LAHR (E.), *Un siècle d'observations météorologiques en Luxembourg*, publié par le Min. de l'Agr. Serv. mét., Luxembourg, 1950.

LAMB (H. H.), *The Changing Climate*, Londres, 1966.
LE ROY LADURIE (E.), « Pour une histoire de l'environnement : la part du Climat », in *Annales*, 1970. (Cf. aussi les ouvrages cités au début de cette bibliographie.)
MANLEY (G.), « Temperature trends in Lancashire », in *Quart. Journ. of the Roy Met. Soc.*, 1946.
— « The range of variation of the British climate », in *Geog. Journ.*, mars 1951, p. 43-68.
— « Variation in the mean temperature of Britain since glacial times », in *Geologische Rundschau*, 1952, p. 125-127.
— « The mean temperature of central England, (1698-1952) », in *Q.J.R.M.S.*, 1953, p. 242-262, et p. 558.
— « Temperature trends in England », in *Archiv. für Met. Geophys. und Bioklimatol.*, 1959. (Les articles les plus importants de G. Manley, pour notre propos, sont ceux de 1946 et 1953.)
DE MARTIN (P. de), « Dendrochronologie et maison rurale », in *Annales*, 1970.
MERCER (J.), « Glacier variations in Patagonia », in *Geog. Rev.*, 1965, p. 390-413.
MULLER (K.), « Weinjahre und Klimschwankungen der letzten 1000 jahre », in *Weinbau, Wissenschaftliche Beiheft*, 1947 Mainz, I, 83, 123.
— *Geschichte des Badischen Weinbaus (mit einer Weinchronik und einer Darstellung der Klimaschwankungen in letzen Jahrtausend)*, Lahr in Baden, 1953.
POLGE (H.) et KELLER (R.), « La Xylochronologie perfectionnement logique de la dendrochronologie », in *Annales des sciences forest.*, 1969, 26 (2), p. 225-256.
RUDLOFF (H. von), « Die Schwankungen der Grossirkulation innerhalb der letzten Jahrhunderte », *Annalen der Meteorologie*, 1967.
— *Die Schwankungen und Pendelungen des Klimas in Europa seit dem Beginn der regelmässigen Instrumenten-Beobachtungen*, Braunschweig, Vieweg, 1967.
SCHOVE (D.), « Contribution to Post-Glacial climatic change », in *Quart. Journ. of the Roy. Met. soc.*, 1949, p. 175-179 et p. 181.
— *Climatic fluctuations in Europe in the late historical period*, M. Sc. Thesis, Université de Londres, 1953, (non publié).
— « Medieval Chronology in the USSR », in *Medieval Archecology*, 1964, vol. 8, p. 216-217.
— « The biennial oscillation », in *Weather*, oct. 1969, p. 390-396.
— « Fire and drought 1600-1700 », in *Weather*, sept. 1966; (corrélation entre *tree-rings* étroits et années sèches).
SKELTON (R. A.), MARSTON (T. E.) et PAINTER (G. D.), *The Vinland Map and the Tartar Relation*, with a foreword by A. O. Vietor, New Haven, Yale Univers. Press, 1965.
TITOW (J.), « Evidence of weather in the account of the bishopric of Winchester, 1209-1350 », in *Economic History Review*, 1960.
— « Le climat à travers les rôles de comptabilité de l'évêché de Winchester (1350-1450) », in *Annales*, 1970.

Apologie pour les damnés de la thèse[1]

Jugée sur un groupe d'œuvres importantes, la thèse française de doctorat d'État est une éclatante réussite. Dans le domaine de l'histoire, qui m'est le plus familier, c'est évident : aux origines des courants novateurs, on trouve souvent la thèse d'un grand historien, qu'il s'agisse des *Paysans du Nord* de Georges Lefèvre, de *La Crise de l'économie française* d'Ernest Labrousse, de *La Méditerranée* de Braudel, ou du *Beauvaisis* de Goubert. L'an dernier encore, les chercheurs de notre pays ont donné, dans le cadre de leurs thèses, des œuvres impressionnantes de science et de qualité. Pour me borner, une fois de plus, au cas des historiens, je pense à *Valladolid au Siècle d'or* de B. Bennassar, aux *Navires et gens de mer au XVe siècle* de P. Bernard, et à tant d'autres livres. Les bibliothèques d'université, à l'étranger, font venir de confiance tous ces ouvrages. Elles plébiscitent, à leur façon, les thèses françaises. Disons les choses autrement : en France, une grande partie de la recherche, en certaines disciplines, passe par les thèses.

Mais tout se paye. Et bien des hommes responsables se demandent aujourd'hui si le prix qu'il convient d'acquitter, pour des réussites exceptionnelles, n'est pas trop lourd. Il en va des thèses comme des autres secteurs de notre Université : le rendement est faible; les sacrifices humains en pourcentage de personnes laissées sur le bord de la route sont considérables. Pour un individu, coureur de fond, qui parcourt jusqu'à son terme le trajet prescrit et qui commence sa thèse, l'achève et la réussit, combien nombreux sont ceux qui n'ont pas l'âme d'un Zatopek, qui abandonnent et se découragent. Échec

[1]. *Le Monde*, 19 sept. 1968.

et stérilité fréquente, parfois tragédie personnelle, tel est le lot de ceux qui ne terminent pas, dans la course à la soutenance.

Cette issue déplorable, on peut l'éviter. Voyez l'Amérique qui sur ce point (une fois n'est pas nécessairement coutume) est exemplaire : à trente-cinq ans, un universitaire américain, dans un département d'histoire ou de littérature, est un adulte : sa thèse, œuvre de jeunesse, deux cents ou trois cents pages au maximum, est publiée depuis longtemps. Elle a suscité l'intérêt, poli ou sincère, de ses amis et de ses aînés; mais son auteur parle volontiers d'elle avec condescendance, car il a, depuis, donné plusieurs articles à des revues de spécialistes et de grand public, il a édité un second livre, il en prépare peut-être un troisième... Image d'Épinal, dira-t-on. Dans certains cas, oui. Mais la contrepartie française, elle, est beaucoup moins attrayante! A trente-cinq ans, l'universitaire de notre pays, dans les facultés de lettres, n'est, sauf exception, qu'un étudiant très prolongé : il *prépare sa thèse* (thèse de doctorat d'État). S'il délaisse celle-ci, pour écrire un autre livre, il court certains risques : on l'accusera volontiers de *se disperser*. Un simple article sera reçu avec plus de faveur. Mais l'auteur de l'article devra veiller à traiter un thème marginal, si possible extérieur à son sujet de thèse; agir autrement serait *déflorer* sa grande œuvre, en la publiant par morceaux, avant qu'intervienne la soutenance. La thèse, c'est une coutume admise, doit donc être soutenue strictement vierge [1]. Et tout se passe dans ces conditions comme si subsistait, autour des recherches qui la préparent, une ambiance bizarre de mystère. Les origines de cet ésotérisme se perdent dans la nuit des temps. Elles remontent probablement au chef-d'œuvre médiéval que l'artisan ne dévoilait qu'en tremblant, après de longues années de préparation et de secret. Mais dans le monde actuel, ces méthodes cryptiques sont périmées : la vie scientifique exige qu'une fois obtenus, les résultats des recherches soient publiés sans délai.

Il n'y aurait cependant que demi-mal si la thèse ainsi élaborée était d'exécution rapide et de dimensions raisonnables. Mais comme il est impossible, dans les sciences humaines, de définir des critères de qualité admis par tous, on a valorisé, pour bien des raisons, la quantité. Que celui qui n'a jamais péché jette la première pierre! Beaucoup de thèses récemment publiées sont en plusieurs volumes, et chaque exemplaire dépasse couramment deux kilogrammes. D'où le nom de

---

1. Les mœurs, dans ce domaine comme dans d'autres, ont quelque peu évolué, fort heureusement, depuis la publication de cet article.

brique ou *pavé* qu'a reçu cette sorte d'ouvrage dans le jargon académique. En soi, rien de critiquable à cela : un livre, surtout d'érudition, peut être à la fois gros et grand. Mais la généralisation de cette pratique suscite l'inquiétude. Maîtres et jurys s'insurgent contre la longueur excessive des recherches qu'ils dirigent ou qu'ils jugent. Leurs récriminations cependant trouvent peu d'écho chez les *thésards* (Thésard : familièrement, chercheur qui prépare une thèse), car, à tort ou à raison, ceux-ci estiment qu'à côté de la règle officielle *(« tu feras une thèse courte »)* il existe aussi une loi non écrite dont s'inspirent inconsciemment les délibérations de leurs juges : en vertu de ce dogme informulé, le jury considérerait que toute thèse de trois cents pages a des chances d'être un livre *léger*, dont on soupçonne qu'il fut bâclé en des délais trop brefs. Sans doute les membres des jurys démentiront-ils avec indignation, en toute bonne foi et à juste titre, l'existence de cette échelle de valeur clandestine, graduée sur le nombre des pages. Mais l'important n'est pas que cette échelle existe; l'important est simplement que les victimes possibles croient à son existence, ou qu'elles y aient cru. Pour ne pas être taxé de légèreté, reproche mortel au cours d'une soutenance, bien des chercheurs ont préféré écrire long, très long; *j'ai fait mille pages, c'est plus prudent*, me disait, voici quinze années, un thésard obscur, aujourd'hui professeur illustre.

Une sorte de cercle magique et d'émulation quantitative s'est du reste créée. Par suite de la forte concurrence et des pénuries de postes disponibles dans l'Université, telle qu'elle fonctionnait autrefois, les jeunes chercheurs s'étaient résignés à « soutenir » tard, et à passer un temps d'autant plus long à préparer leur thèse. Or, plus on dépense d'années sur un sujet de recherche, même restreint, plus les documents qu'on accumule deviennent massifs et conduisent à la confection d'un livre gigantesque. L'effet réagit sur la cause : plus les thèses, en moyenne, se font volumineuses, plus s'allonge le délai considéré comme nécessaire à leur préparation... En même temps, l'énormité des investissements consentis par les docteurs, en termes d'années de vie totalement sacrifiées à la recherche, leur rendent, et c'est compréhensible, leur titre d'autant plus précieux : certains détenteurs de ce titre se résignent donc difficilement à l'idée que la prochaine génération des professeurs n'aura pas eu à subir l'épreuve, dont eux-mêmes se sont tirés avec honneur, intelligence et courage. La défense du doctorat d'État se charge ainsi d'un contenu émotionnel, qui rend d'autant plus malaisée la réforme du système.

Cette réforme est pourtant indispensable : car les exigences du genre et les règles du jeu, réelles ou supposées à tort par les joueurs, sont devenues telles que beaucoup d'universitaires, même remarquables, ont simplement choisi d'abandonner. Ils donneraient volontiers quelques années de leur temps pour des recherches destinées à un livre neuf et de taille normale. Mais ils renoncent à écrire le chef-d'œuvre colossal que dans le système actuel, ils imaginent qu'on attend d'eux. Ils se réfugient dans le silence, ou bien ils se consacrent à telle ou telle enquête individualiste ou collective, que ne couronnera aucun titre officiel. La sanction de leur carence en matière de thèse est imparable; ils n'accéderont pas à une chaire. A soixante ans encore, professeurs diminués quant au salaire et quant au statut, ils seront marqués du commentaire ironique ou flétrisseur : *Untel n'a pas fait sa thèse.* Si l'un d'eux pourtant se décide un peu plus tôt à sauter le pas, et vers quarante-cinq ou cinquante ans parvient à publier son *magnum opus*, et à le soutenir en Sorbonne, le caractère insolite de sa démarche et de sa classe d'âge éclate au grand jour; quadragénaire infantilisé, entouré pour comble d'humiliation par un public où se trouvent sa femme et ses enfants déjà grands, le candidat comparaît, respectueux, voire même petit garçon, devant les examinateurs qui quelquefois ne se gênent pas pour lui reprocher son grand âge, et la durée abusive de ses travaux : « *Mais, Monsieur, vous avez quarante-neuf ans!* » disait, lors d'une soutenance, un professeur sarcastique au candidat chenu qu'il avait devant lui.

Passons sur d'autres côtés désuets du doctorat d'État. Et par exemple sur certaines préfaces, heureusement de plus en plus rares, où l'auteur célèbre le culte de la personnalité de ses patrons qui n'en peuvent mais. Il faut en venir au fait essentiel : on ne sait pas assez que certains aspects négatifs du doctorat suprême se sont accentués depuis quelques années. D'abord, et avec les meilleures intentions du monde, on a rendu obligatoire d'imprimer la thèse avant de la soutenir[1]. Résultat, le chercheur qui souvent a passé plus d'une décennie à préparer son livre, est en outre pénalisé d'une année entière, consacrée à l'impression, avant qu'il puisse recevoir le titre de docteur. Sa carrière, déjà très lente, se trouve encore retardée de ce fait. Les inconvénients intellectuels du procédé sont beaucoup plus graves : dans l'ancien système (impression *après* soutenance) l'auteur ayant doublé le cap du jury, pouvait tenir compte des remarques de celui-ci, et surtout élaguer sa

---

1. Depuis la publication de cet article, cette obligation a été supprimée.

thèse, afin de la rendre, une fois éditée, accessible à des lecteurs nombreux. Dans le régime actuel au contraire, (impression *avant* soutenance) le candidat est contraint d'ajuster tout son livre imprimé, non pas en fonction des goûts d'un public, même restreint, mais en vertu des exigences d'un groupe de juges. Au nombre de ces exigences se trouvent parfois, il faut avoir le courage de le dire, les lubies personnelles de tel ou tel membre du jury. L'auteur de thèse, pour désamorcer toute critique possible en cours de soutenance, sera donc incité à farcir son exemplaire définitif d'un nombre encore plus grand de notes infra-paginales, de références bibliographiques ou érudites, dont l'utilité n'est pas toujours évidente, et qui parfois confinent, hélas, à la cuistrerie. Le caractère invendable et hermétique de l'œuvre s'en trouve trop souvent garanti. Elle est désormais incapable en plus d'un cas de percer le mur du silence, de déboucher sur un public, voire même de trouver un éditeur. En bref, l'impression de la thèse avant soutenance, répond à des normes archaïques, où le livre est conçu, comme les incunables de jadis, en fonction d'un public de cinq personnes. Nous sommes ramenés, paradoxalement, avant Gutenberg.

Si le doctorat d'État devient de plus en plus ardu, c'est aussi dans la mesure où il surajoute, aux normes traditionnelles et déjà difficiles de la rhétorique et de l'érudition, les exigences nouvelles de la recherche et du calcul, et parfois même de l'informatique. Le thésard peut-il être à la fois un styliste délicat, un érudit de la vieille école, et un spécialiste qualifié de la statistique et des ordinateurs? Devant tant de sollicitations contradictoires qui mêlent inextricablement les impératifs du passé et ceux de l'avenir, le candidat et parfois le jury ne savent plus à quel saint se vouer. Certains maîtres pensent que le futur docteur doit administrer la preuve qu'il sait bien écrire; en bref, il doit avoir un style littéraire. D'autres, au contraire, tordent son cou à l'éloquence et souhaitent que le candidat se borne à énoncer platement les données que sa recherche a mises à jour. On se souvient de l'incident célèbre dont fut victime un chercheur, qui, croyant bien faire, avait tenté d'égayer par une écriture poétique et imagée, le sujet parfois aride de sa thèse. « *Mais Monsieur*, s'écria courroucé un membre du jury, *mais Monsieur, vous avez un style! A la page tant de votre livre, il y a une image*», etc.

Enfin dernière aggravation, à propos de laquelle, une fois de plus, un mal est sorti d'un bien et d'une réforme heureuse : la thèse de troisième cycle, création par elle-même excellente, comporte pour le doctorat d'État, certaines conséquences fâcheuses. Autrefois, un jeune agrégé, libéré du service militaire à vingt-cinq ans, pouvait d'emblée commencer sa « grosse thèse ». En travaillant « comme un fou », en escamotant vacances et week-ends, il parvenait dix années plus tard, entre trente-cinq et quarante ans, à finir son livre, à le soutenir et à le publier. Il n'en va plus de même aujourd'hui : le jeune chercheur, avant de se lancer dans un doctorat d'État, doit d'abord passer deux, trois ou quatre années, ou parfois plus, consacrées à la thèse de troisième cycle. Le *cursus honorum* s'en trouve allongé d'autant; et dans l'interminable escalier qui mène au plein professorat, s'intercale une nouvelle marche à gravir. On semble prendre son parti de cette rallonge : « *la carrière idéale*, a dit récemment un doyen, *c'est l'agrégation plus les thèses* (thèse de troisième cycle plus doctorat d'État) ». Prise au pied de la lettre, une telle formule est profondément malthusienne : elle conduit à bâtir des carrières qui ne déboucheront sur la chaire qu'après quarante ans bien sonnés, ou beaucoup plus.

Que faire? Non pas nécessairement supprimer le doctorat d'État : il a des mérites et même des titres de gloire incontestables. Mais à mon sens il convient d'accorder avec discernement et générosité, comme cela se fait dans les facultés scientifiques, l'équivalence : bien des chercheurs, dont les noms sont largement connus, ont donné des articles, des livres magistraux mais qui néanmoins ne portent pas le nom de thèse. De ce fait, ces hommes éminents, qui jouissent d'une réputation internationale, font l'objet d'une discrimination morale et financière. A côté d'eux, souvent dans la même faculté, tel autre, auteur d'une thèse estimable, mais qui depuis celle-ci est entré, tel un trappiste, dans un silence de plusieurs décennies, jouit des avantages de poste et de traitement que procure la chaire. Il n'est pas question certes de porter atteinte aux droits acquis des docteurs. Mais on peut et on doit mettre fin aux frustrations du non-docteur, quand celui-ci est pleinement méritant. L'équivalence, accordant le titre de « doctorat d'État » à un ensemble de travaux importants (livre, articles, accomplissements pédagogiques) devrait permettre de réparer certaines injustices. Elle donnerait surtout à des hommes remarquables, mais qui n'ont pas voulu ou pas pu passer sous les fourches caudines de la « grosse thèse », la possibilité d'accéder aux plus hauts postes des facultés. Sur les modalités de cette équivalence, on devra débattre longuement. Sur son principe même, l'accord devrait se faire rapidement, sinon aisément. La reconstruction de l'Université dans le secteur des lettres et sciences humaines est *aussi* à ce prix.

PREMIÈRE PARTIE

DU COTÉ DE L'ORDINATEUR :
LA RÉVOLUTION QUANTITATIVE EN HISTOIRE

L'historien et l'ordinateur	11
La révolution quantitative et les historiens français : bilan d'une génération (1932-1968)	15
Du quantitatif en histoire : la VIe Section de l'École pratique des Hautes Études	23
Exploitation quantitative et cartographique des archives militaires françaises (1819-1826)	38
Étude sur un contingent militaire (1868) : mobilité géographique, délinquance et stature, mises en rapport avec d'autres aspects de la situation des conscrits	88
Le mouvement des loyers parisiens de la fin du Moyen Age au XVIIIe siècle	116
Le Potosi et la physique nucléaire	130

DEUXIÈME PARTIE

L'HISTORIEN AUX CHAMPS :
LA NOUVELLE HISTOIRE RURALE

La civilisation rurale	141
Événement et longue durée dans l'histoire sociale : l'exemple chouan	169
La verdeur du bocage	187
Système de la coutume	222
Les comptes fantastiques de Gregory King	252
Dîmes et produit net agricole (XVe-XVIIIe siècle)	271
Mélusine ruralisée	281

TROISIÈME PARTIE

LE POIDS DES HOMMES :
ENTRE BIOLOGIE ET MENTALITÉ,
LA DÉMOGRAPHIE HISTORIQUE

De Waterloo à Colyton : histoire, démographie et sociétés	301
De Brantôme à Paul VI	312
Démographie et « funestes secrets » : le Languedoc (fin XVIIIe-début XIXe siècle)	316
L'aménorrhée de famine (XVIIe-XXe siècle)	331
Un théoricien du développement : Adolphe d'Angeville	349
Chaunu, Lebrun, Vovelle : la nouvelle histoire de la mort	393
Le diable archiviste	404
Clio en enfer	408
Le sabbat et le bûcher	412

QUATRIÈME PARTIE

L'HISTOIRE SANS LES HOMMES :
LE CLIMAT, NOUVEAU DOMAINE DE CLIO

Introduction	419
Histoire et climat	424
Pour une histoire de l'environnement : la part du climat	456
Le climat de la France (1776-1792) : séries thermiques	472
L'histoire de la pluie et du beau temps	511

Apologie pour les damnés de la thèse	537

DU MÊME AUTEUR

Aux Éditions Gallimard

LE TERRITOIRE DE L'HISTORIEN. Bibliothèque des Histoires, t. I, 1973, repris dans « Tel », n° 19 ; t. II, 1978.

MONTAILLOU, VILLAGE OCCITAN DE 1294 À 1324, Bibliothèque des Histoires, 1976.

LE CARNAVAL DE ROMANS, Bibliothèque des Histoires, 1979.

PARIS-MONTPELLIER. P.C.-P.S.U., 1945-1963, Témoins, 1982.

PARMI LES HISTORIENS. Témoins, 1983.

Chez d'autres éditeurs

HISTOIRE DU LANGUEDOC, PUF, coll. « Que sais-je ? », 1962.

LES PAYSANS DE LANGUEDOC. Mouton, 1966, édition complète ; Flammarion, 1969, édition abrégée.

HISTOIRE DU CLIMAT DEPUIS L'AN MIL, Flammarion, 1967 ; nouvelle édition, 1983.

HISTOIRE ÉCONOMIQUE ET SOCIALE DE LA FRANCE, t. I, vol. 2, en collaboration avec Michel Morineau, PUF, 1977.

HISTOIRE DE LA FRANCE RURALE, direction du vol. 2, Seuil, 1977.

HISTOIRE DE LA FRANCE URBAINE, direction du vol. 3, Seuil, 1981.

L'ARGENT, L'AMOUR ET LA MORT EN PAYS D'OC, Seuil, 1980.

LA SORCIÈRE DE JASMIN, Seuil, 1983.

*Ouvrage reproduit
par procédé photomécanique.
Impression S.E.P.C.
à Saint-Amand (Cher), le 18 décembre 1985.
Dépôt légal : décembre 1985.
Premier dépôt légal : octobre 1977.
Numéro d'imprimeur : 2191.*
ISBN 2-07-029778-0./Imprimé en France.